World Book 106

Charlotte Brontë

JANE EYRE

제인 에어

C. 브론테/박순녀 옮김

동서문화사

디자인 : 동서랑 미술팀/일러스트 : Fritz Eichenberg

제인 에어
차례

주요인물

제인 에어 여주인공. 결코 미인은 아니지만 아름다운 정신과 뛰어난 재능, 굳센 의지와 정열을 지닌 여성.

리드 제인의 외숙부. 제인이 부모님을 여의었을 때 그녀를 입양한다. 죽기 전에 아내에게 제인을 돌봐주겠다는 약속을 하도록 한다.

리드 부인 제인의 외숙모. 리드 치안판사의 미망인. 제인을 싫어하고 학대한다.

존 리드, 일라이자 리드, 조지아나 리드 리드 부인의 자녀들. 제인의 사촌들.

로이드 인정많은 약제사. 제인이 학교공부를 할 수 있도록 권고한다.

브로클허스트 로우드 자선 학교 감독.

헬렌 번스 로우드 자선 학교에서 만난 천사 같은 제인의 친구.

에드워드 페어팩스 로체스터 손필드 저택의 주인.

버사 메이슨 에드워드 페어팩스 로체스터의 미친 아내. 정신병은 집안 내력이며, 로체스터는 그녀의 아름다움과 집안 재력에 넘어가 그녀와 결혼한다.

리처드 메이슨 버사 메이슨의 오빠. 로체스터와 제인의 결혼을 방해한다.

앨리스 페어팩스 부인 나이 지긋한 과부이자 손필드 저택의 가정부. 제인을 친절하고 정중하게 대하지만 로체스터와의 약혼에는 반대한다.

세인트 존 에어 리버스 제인의 친가쪽 사촌이자 젊은 목사. 광적인 기독교인으로서 칼뱅주의적 성향이 강하다.

다이애너 리버스, 메리 리버스 존 리버스의 누이동생들이자 제인의 사촌들. 친절하고 지적인 젊은 여성들로서, 특히 다이애너는 오빠와 제인의 결혼을 반대한다.

로저먼드 올리버 아름답고 성격이 좋은, 모튼 지방의 큰부잣집 딸. 존 리버스를 사랑하지만 그가 그녀를 거부하자 부유한 그랜비와 약혼한다.

존 에어 제인의 숙부. 그녀에게 2만 파운드의 큰 재산을 남긴다. 존 리버스와는 먼 친척 사이이다.

1

그날, 산책은 더 이상 할 수 없는 날씨였다. 아침에는 한 시간쯤 숲속을 돌아다녔으나, 점심을 들고 난 뒤에는(리드 부인은 손님이 없을 때 식사를 일찍 한다) 겨울의 차가운 북풍이 먹구름을 몰고 와 피부를 찌르는 듯한 비가 쏟아져 밖에서 운동 같은 건 할 수 없었다.

나는 기뻤다. 지루하게 돌아다니는 산책은 싫었다. 더구나 날씨가 으스스한 오후 같은 때는 더욱 그랬다. 오싹오싹 한기가 스며드는 썰렁한 해질녘 집으로 돌아올 때 그 괴로움, 손발이 꽁꽁 언 채 유모 베시의 잔소리를 듣고 기가 죽어, 리드네 집 아이들, 일라이자나 존, 조지아나에 비해서 나의 체력이 떨어짐을 뼈저리게 느낀다는 것은 끔찍한 일이었다.

그 일라이자와 존, 그리고 조지아나는 지금 응접실에서 저희 엄마 둘레에 모여 있었다. 리드 부인은 난로 앞 긴 의자에 몸을 기대어 (지금은 누구도 싸우지 않고 울지 않는다) 귀염둥이들에게 둘러싸여 행복에 겨운 표정을 짓고 있다. 리드 부인은 이렇게 말하며 나를 그들과 어울리지 못하게 한다. "널 따로 떼놔야 하는 건 참 유감이구나. 하지만 네가 좀더 붙임성이 있고 어린애다우며 남들이 좋아하는 명랑한 아이가 되기 위해, 그래, 얌전하고 고분고분한 아이가 되기 위해 진심으로 애쓰고 있다는 걸 베시 입으로부터 듣기 전에는, 그리고 내 눈으로 그걸 확인할 때까지는 부족함이 없이 행복한 아이들에게만 주어지는 것을 너에게 줄 수 없구나."

"제가 어쨌다고 베시가 말했기에요?"

"제인, 나는 말야, 그런 식으로 말대꾸 하는 아이는 싫단다. 어린애가 어른에게 그런 태도를 취하다니 절대로 용서할 수 없어. 어디 딴 데로 가 있거라. 고분고분하게 말할 수 있을 때까지 그 입을 닫치고 있어."

좁은 조반실은 방은 응접실 옆에 붙어 있었다. 나는 그 방으로 살며시 들어갔다. 거기에는 책장이 있었다. 나는 바로 그림이 든 책 한 권을 뺐다. 창가에 놓인 긴 의자에 기어올라 터키인처럼 책상다리를 하고 앉은 후 두터운 커튼을 두르자 그것으로 완벽한 은신처가 되었다.

오른쪽은 붉은 커튼으로 가려서 아무것도 보이지 않는다. 왼쪽은 투명한 유리창이 비바람을 막고는 있었지만 음울한 11월의 낮 풍경까지 차단해 주지는 않는다. 책장을 넘기면서 이따금 겨울 오후의 경치에 눈길을 준다. 멀리에는 파르스름한 안개와 구름이, 가까이에는 축축한 잔디와 돌풍에 시달리는 관목숲, 비는 끊임없이 옆으로 휘몰아치고 바람은 비명을 지르며 불어재치고 있었다.

나는 책으로 눈길을 돌렸다―비윅의 〈영국조류사(英國鳥類史)〉, 활판 인쇄의 글자에는 별로 흥미가 없었다. 그래도 서장(序章) 몇 페이지는 나 같은 어린애라도 그냥 넘겨버릴 수는 없었다. 바닷새의 서식지에 관한 내용이 쓰여 있었다. 바닷새들만이 살고 있는 암벽이나 곶(串)에 관한 것들이었다. 남쪽 끝의 린데네스, 일명 네이즈에서 노르 곶에 이르기까지, 작은 섬이 흩어져 있는 노르웨이 해안―

북해가 큰 소용돌이가 되어,
북녘 끝의 암울한 섬들의 둘레를 소용돌이치는 곳
질풍이 불어닥치는 헤브리디스 섬들로
대서양의 노도가 밀어닥치는 곳.

또 라플란드·시베리아·스피츠베르겐·노바야젬랴·아이슬란드·그린란드 등 황막한 해안에 관한 기록, '북극권의 드넓은 지역, 황량한 영역, ―얼음과 눈의 저장고, 여러 세기에 걸친 겨울의 비축, 알프스처럼 높게 쌓여 빛나는 빙원이 극지를 둘러싸고 가혹한 극한(極寒)을 한 점에 집중시키고 있다.' 이런 죽음과 같은 하얀 세계에 대해서 나는 내 나름대로의 상상을 하였다. 어린아이의 머릿속에 희미하게 떠오르는 모호한 생각과 마찬가지로 그것은 어렴풋한 것이지만 이상하게도 마음에 깊이 새겨져 있었다. 이런 서장(序章)에 쓰인 말은, 그 후의 스케치풍의 그림과 연관되어, 물보라를 일으키는 파

도의 바다에 튀어나온 단 하나의 바위, 황량한 해안에서 좌초된 난파선, 지금 당장이라도 가라앉을 것 같은 부서진 배를 구름 사이로 내려다보고 있는 파리한 달 등을 더욱 돋보이게 하고 있었다.

비문이 새겨진 묘석이 서 있는 쓸쓸한 교회의 묘지에 어떤 정감이 떠돌고 있었는지 나는 모른다. 그 문, 두 그루의 나무, 낮은 지평선, 묘지를 둘러싼 무너져가는 벽, 그리고 지금 막 떠오른 황혼의 초승달.

조용한 바다에서 움직이지 않은 채 떠 있는 두 척의 배는 바다의 유령이라고 생각하였다.

도둑이 짊어진 짐을 뒤에서 밀어부치고 있는 마귀의 그림은 얼른 넘겼다. 무서웠기 때문이었다.

바위 위에 앉아 있는 뿔이 난 검은 괴물이 교수대를 둘러싼 군중을 바라보는 그림도 무서웠다.

어느 그림에나 이야기가 있었다. 나의 미숙한 이해력과 감정으로는 따라갈 수 없는 것도 있었으나 어느 것이나 재미있고, 겨울 밤, 유모 베시가 기분이 좋을 때 들려주는 이야기처럼 재미있었다. 베시는 육아실 난롯가에 다리미판을 갖다 놓고 우리를 그 둘레에 앉히고는, 리드 부인의 레이스 장식을 다리미로 펴거나 나이트 캡 가장자리에 주름을 잡으면서, 옛날의 요정 이야기나 오래된 민화 등에서 따온 사랑 이야기나 모험담, 때로는 (훗날에 안 일이지만) 〈패멀러〉나 〈모어랜드의 헨리 백작〉의 이야기에서 따온 것을 열심히 귀를 기울이고 있는 우리에게 들려주는 것이었다.

비윅의 책을 무릎에 놓고 나는 행복했다. 말하자면 내 나름대로의 행복이었지만. 그러나 방해받을 것만을 걱정하고 있자 그것은 이내 현실이 되었다. 아침 밥 먹는 방의 문이 열렸다.

"요게 어디 있을까?" 존 리드가 소리를 질렀다. 그 목소리가 멈추어졌다. 방이 텅 비어있다는 것을 안 것이다.

"요게 어디 있지?" 존은 말을 이었다. "리지! 조지!"(하고 누이동생들을 부르고) "제인이 여기에 없어. 어머니에게 알려 드리고 와. 틀림없이 빗속으로 뛰어나갔을 거야—어쩔 수 없어!"

'커튼을 쳐 두길 잘했어' 나는 생각했다. 그리고 이 은신처가 발각이 되지 않기를 빌었다. 존 리드 혼자선 나를 찾아내지 못할 것이다. 그 애는 감도 둔하고 눈이 빠르지도 않으니까. 그런데 그 때 일라이자가 문 뒤에서 머리를 디밀고 이렇게 말했다.

"창가 벤치에 앉아 있을 거야. 틀림없어, 존."

그래서 나는 곧 그의 앞으로 나아갔다. 존에게 끌려 나갈 거라고 생각하기만 해도 몸이 떨렸다.

"왜 그러니?" 나는 주춤거리며 물었다.

"'리드 도련님, 왜 그러세요' 이렇게 말해 봐." 이것이 그의 대답이었다. "이리 와." 그는 안락의자에 덥석 앉았다. 그리고 자기 앞으로 오라는 몸짓을 했다.

존 리드는 열네 살 먹은 학생이었다. 열 살인 나보다 네 살 위였다. 그는 나이에 비해 몸집이 크고 튼튼했고, 피부는 거무스름해서 건강하지 못한 빛을 띠고 있었다. 멍청한 얼굴에 뭉툭한 이목구비, 굵은 사지와 큰 손과 발. 평소에 마구 먹어 대서 담즙증이 되어 눈은 침침하고 뺨은 축 늘어져 있었다. 지금쯤 학교에 있어야 했지만 그의 어머니가 '워낙 선병질(腺病質)이라' 해서 그를 집으로 데리고 와 한 달이나 두 달 동안 집에 묶어두고 있었다. 학교의 마일스 선생님은 집에서 리드에게 보내주는 케이크나 사탕 과자를 좀더 적게 줄이면 몸의 컨디션이 좋아질 것이라고 말하고 있었다. 그러나 어머니의 마음은 그런 엄격한 지적에는 등을 돌리고 존의 얼굴빛이 나쁜 것은 공부를 지나치게 하고 집을 그리워하는 데에 기인한다는 그럴듯한 생각으로 기울고 있었다.

존은 어머니나 누이동생에게 그다지 정감(情感)을 느끼고 있는 것은 아니었고 특히 나를 까닭 없이 미워하고 있었다. 나를 학대하고는 체벌까지 가했다. 그것도 한 주에 한두 번, 또는 하루에 두 번 하는 식이 아니라 끊임없이 나를 괴롭히고 못살게 굴었다. 그가 내 곁에 오면 나의 모든 신경은 두려움에 떨리고 뼈를 싸고 있는 모든 살이 오므라들었다. 그가 자아내는 이런 두려움에 어찌할 바를 모르는 일까지도 자주 있었다. 왜냐하면 그의 위협이나 처벌을 다른 사람에게 호소할 방법이 없었기 때문이다. 하녀들은 내 편을 들어가면서까지 도련님의 기분을 상하게 하고 싶지 않았고 리드 부인은 이 일에 대해서는 전혀 모르는 체했다. 그가 나를 때리거나 나무라거나 하는 현장은 리드 부인에게는 결코 보이지 않은 것이다. 때로는 어머니 면전에서 하는

15

일도 있었지만 어머니 몰래 하는 경우가 많았다.

여느 때처럼 존이 하라는 대로 의자 앞에 섰다. 그는 3분쯤 나를 향해 혀 뿌리가 아프지 않을 정도로 힘껏 혀를 내밀어 보였다. 나는 그가 곧 나를 때리리란 걸 알고 있었다. 그것을 두려워하면서도 지금 막 공격으로 옮기려 하고 있는 그의 추하고 혐오스런 얼굴을 물끄러미 바라보았다. 내 얼굴에서 그런 빛을 느꼈기 때문이었을까? 그는 아무 말도 하지 않고 느닷없이 나를 때렸다. 나는 비틀거리면서 자세를 가다듬고 한 발, 두 발 그의 앞에서 물러섰다.

"이건 아까 엄마한테 뻔뻔스럽게 말대꾸한 벌이다." 그는 말했다. "그리고 커튼 뒤에 남몰래 숨은 벌, 그리고 2분 전의 너의 눈초리에 대한 벌이다. 요 계집애!"

존 리드의 욕지거리에는 익숙해 있었으므로 나는 말대꾸할 생각 같은 것은 전혀 없었다. 나의 걱정은 이 욕지거리 다음엔 틀림없이 따라오는 매질을 어떻게 견디어 내느냐는 것이었다.

"커튼 뒤에서 뭘 하고 있었어?" 그는 물었다.

"책 읽고 있었어."

"그 책 내놔."

나는 창가로 가 책을 가지고 왔다.

"우리 집 책을 읽다니 무슨 짓이야. 엄마가 그러셔. 너는 무일푼이라고. 너의 아버지는 너에게 아무것도 남긴 것이 없으니까 말야. 넌 빌어먹어야해. 나 같은 신사 집안의 아이와 함께 생활하고, 다른 사람과 같은 것을 먹고, 어머니가 사 주시는 옷을 입다니 어림없는 소리다. 내 책장을 뒤적거리면 어떻게 되는지 가르쳐 주겠다. 저기에 있는 책은 내 거야. 이 집안에 있는 건 모두 내 거야. 앞으로 몇 년만 있으면 정말로 내 것이 된다. 문 옆으로 가. 거울과 유리창에서 비켜서 있어."

처음에는 무슨 의도인지 몰라 나는 시키는 대로 따랐다. 그러나 그가 책을 들고 던질 자세를 하고 있는 것을 보고 나는 순간적으로 비명을 지르고 뒤로 물러났다. 그러나 때는 늦었다. 책이 날아와 나를 때렸고 나는 머리를 문에 부딪혔다. 머리가 찢어져서 피가 나왔다. 쑤시듯 아팠다. 이제 두려움은커녕 다른 감정이 솟아났다.

"심술쟁이!" 나는 말했다. "넌 살인자와 같아! —노예 감독과 같아—로마의 폭군 황제야!"

나는 골드스미스의 〈로마사〉를 읽고 있었다. 그래서 네로와 칼리굴라 (로마의 포악한 황제) 등에 대해서 내 나름대로 의견을 가지고 있었다. 그리고 나는 속으로 존이 그들과 비슷하다고 인정하고는 있었지만 설마 입 밖에 내서 말하리라고는 생각지도 않았었다.

"뭐라고! 뭣이 어떻다고!" 그는 소리쳤다. "나한테 무슨 말 버릇이야? 일라이자, 조지아나, 너희들도 들었지? 엄마한테 일러바치지 않을 줄 아니? 그렇지만 우선……."

그는 나에게 마구 달려들었다. 머리채와 어깨를 잡는 것을 느꼈다. 그는 필사적으로 나에게 덤볐다. 나는 바로 그런 그에게서 폭군의 모습을 보았다. 살인자의 모습을 보았다. 피가 머리에서 한두 방울 목덜미로 흘러내리는 걸 느꼈고 쑤시는 듯한 아픔이 왔다. 너무나 아파서 나는 잠시 두려움마저 잊고 미친 듯이 그에게 대들었다. 나의 두 손이 무엇을 했는지 몰랐지만 그는 "요것이! 요것이!" 하고 소리쳤다. 구원의 손길은 가까이에 있었다. 일라이자와 조지아나는 2층에 있는 리드 부인을 부르려고 달려갔다. 리드 부인이 모습을 나타내고 그 뒤를 베시와 애버트가 뒤따라왔다. 존과 나는 떼어 놓아졌다. 이런 말이 들렸다.

"어머나! 어머나! 존 도련님에게 덤벼들다니!"

"이런 난장판이 어디 있담!"

그러자 리드 부인이 덧붙였다.

"이 아이를 '붉은 방'에 가두어 두어라."

곧 네 개의 손이 뻗어 왔다. 그리하여 나는 2층으로 끌려갔다.

2

나는 계속 반항했다. 나로서는 경험이 없는 일이었다. 평소에 나를 그다지 좋지 않게 생각하고 있었던 베시와 미스 애버트는 이 광경을 보고 더욱더 그런 생각을 굳히고 말았다. 사실을 말하자면 나는 조금 이상해진 상태였다. 프랑스 사람이었다면 '정신을 두고 왔다'고 말했을 것이다. 순간적인 반항이 이런 엄한 징벌을 받는 처지가 되어 버린 것이다. 반란을 시도한 노예처럼 나는 구석에 몰려 이제 갈 데까지 가보겠다는 마음이 생겼다.

"두 팔을 잡아요, 미스 애버트. 미친 고양이 같아요."

"부끄럽지도 않니! 부끄럽지도 않니!" 마나님 하녀는 외쳤다. "이게 무슨 짓이야. 에어 아가씨, 도련님을 때리다니, 은인의 아드님인데! 아가씨의 젊은 주인이에요."

"주인이라니! 어째서 저 아이가 내 주인이지? 내가 하인이란 말야?"

"아냐, 넌 하인보다도 못해. 아무런 벌이도 못하고 있지 않아. 자, 앉아. 그리고 자기 행동을 반성해 봐."

두 사람은 나를 리드 부인이 지시한 방으로 끌고 가서 의자 위에 내동댕이쳤다. 나는 스프링처럼 벌떡 일어서려고 했다. 그러나 두 사람의 양손이 이내 나를 짓눌렀다.

"가만히 앉아 있잖으면 묶어 버릴 테야." 베시가 말했다. "애버트, 양말대님 좀 빌려 줘. 내 것은 금방 끊어 버릴 거야."

애버트는 몸을 돌리고 굵은 다리에서 부탁 받은 양말대님을 풀려고 했다. 묶인다고 하는, 지금부터 나에게 주어질 굴욕을 생각하자 나의 흥분도 어느 정도 가라앉았다.

"그것 풀지 말아요." 나는 외쳤다. "법석 떨지 않을 테니까."

그것을 증명하려고 나는 의자를 두 손으로 꽉 붙들었다.

"움직이면 안 돼." 베시가 말했다. 그리고 내가 정말 얌전해진 걸 확인하자 그녀는 나를 붙잡고 있던 손을 늦추었다. 그리고 베시와 애버트는 팔짱을 끼고 내가 제정신이 들었는지 의심스럽다는 듯이 험한 표정으로 나를 노려보았다.

"전엔 이런 일이 없었는데." 마침내 베시가 하녀를 돌아보며 말했다.

"하지만 그런 소질이 본디 있었어요." 하녀의 대답이었다. "이 아이에 대해서는 전부터 가끔 마님께 말씀드리고 있었어요. 마님께서도 나와 마찬가지 생각이시던데요. 정말 엉큼한 애예요. 그 나이에 저렇게 겉 다르고 속 다르니 말이에요."

베시는 대꾸하지 않았다. 이윽고 나에게 이렇게 말했다.

"마음속에 단단히 새겨 두세요, 아가씨. 당신은 리드 집안의 마나님 덕택으로 여기에 있을 수 있다는 걸 말이에요. 마나님이 당신을 기르고 있는 거예요. 만일 마님께서 아가씨에게 정이 떨어지면 당신은 곧장 구빈원(救貧院)으로 가게 돼요."

나는 이 말에 대꾸할 아무런 말이 없었다. 처음 듣는 말이 아니었다. 바로 내가 철이 들어서부터 귀가 따갑도록 들어온 말이었다. 내가 남에게 얹혀 있다는 말은 나의 귀에는 희미하게 들리는 노랫소리 같았다. 가슴이 짓눌리는 듯한 괴로움은 느꼈으나 말의 참뜻은 어렴풋하게만 이해될 뿐이었다. 미스 애버트가 말참견을 했다.

"아가씨는 리드네 아가씨나 도련님하고 대등하게 생각하면 안 돼요. 제아무리 마나님이 친절하게 여기서 살도록 허락하셔도 말이에요. 도련님은 앞으로 막대한 재산을 이어받지만 아가씨는 아무것도 없어요. 아가씨는 고분고분하게 이 댁 자제분들의 말을 잘 들어야 하는 처지예요."

"모두가 아가씨를 위해서 하는 소리에요." 베시는 목소리를 누그러뜨리면서 말하였다. "모두에게 쓸모가 있도록 상냥하게 행동하고 있으면 이 집이 내 집이 될 수 있지만 심술을 부리거나 대들면 마님께서 쫓아내셔도 할 수 없지요."

"게다가," 애버트가 말했다. "하느님께선 그런 아이를 벌하세요. 한창 심술을 내고 있을 때 갑자기 지옥에서 목숨을 앗아 가실지도 몰라요. 그럼 어디로 갈 거라고 생각해요? 자, 베시, 이 아이는 여기 두고 가요. 난 이렇게 심보가 비틀어진 아이는 질색이야. 혼자 남으면 기도를 해요, 에어 아가씨. 회개하지 않으면 저 굴뚝에서 무서운 것이 내려와 잡아갈지도 몰라요."

두 사람은 문을 꽝 닫고 나가 버렸다.

이 '붉은 방'은 손님을 위한 방으로 사람이 자는 일은 좀처럼 없었다. 한 번도라고 말하는 것이 옳을지도 몰랐다. 단, 게이츠헤드 저택에 갑작스러운 손님이 있어서 이 집의 모든 방이 필요하게 될 때에는 사정이 달랐다. 그러나 이 '붉은 방'은 이 저택에서 가장 격조가 높고 가장 넓은 방의 하나였다. 침대는 육중한 마호가니 기둥으로 받쳐져 있고 진홍색 다마스크 비단장막이 드리워져 방 한가운데 신전처럼 놓여 있었다. 두 개의 커다란 창은 항상 덧문이 닫혀 있었고 붉은 꽃무늬 줄로 장식된, 깊은 주름이 잡힌 같은 비단의 커튼이 창문을 반쯤 덮고 있었다. 융단도 붉은 빛깔이었다. 침대 발치에 놓인 테이블도 새빨간 천으로 덮여 있었다. 벽은 엷은 황갈색이었고 연한 분홍빛을 띠고 있었다. 옷장과 화장대, 그리고 의자는 검게 윤이 나는 오래 된 마호가니였다. 이런 짙은 사면의 빛깔 속에서, 높이 쌓인 매트리스와 베개를 덮는 눈처럼 흰 마르세유풍 침대보가 눈부시게 돋보였다. 마찬가지로 침대 머리맡 가까이 놓인, 속을 채운 아늑한 하얀 안락의자도 돋보였는데, 자락 쪽에 발판을 놓은 그 의자는 마치 푸르스름한 옥좌(玉座)처럼 보였다.

이 방은 좀처럼 불을 지피지 않아 썰렁했다. 육아실과 부엌에서 멀리 떨어져 있었으므로 조용했다. 사람들이 별로 드나들지 않았기 때문인지 어딘가 엄숙한 느낌이 들기까지 하였다. 토요일이 되면 하녀가 혼자 이 방에 들어와 거울이나 가구에 소리 없이 쌓인 1주일분의 먼지를 털고 간다. 리드 부인은 가끔 옷장의 어느 비밀 서랍에 들어있는 물건을 살피러 온다. 거기에는 양피지에 적힌 여러 가지 서류며 보석함이며 죽은 남편의 초상화 등이 간직돼 있었다. 죽은 남편이라는 말 속에 이 방의 비밀이 숨겨져 있었다. 이 말이 주술적인 속박력을 지녀, 이토록 장엄한 모습을 갖추었으면서도 이 방은 평소에도 조용히 버림을 받고 있었다.

리드 씨는 9년 전에 세상을 떠났다. 숨을 거둔 것이 이 방이었다. 여기에 정장을 한 유해가 안치되었다. 관은 장의사 사람들의 손에 의해 여기서 운반되었다. 그날부터 어둡고 신성한 장소라고 하는 관념이 사람들의 발을 여기에서 멀리하게 한 것이다.

베시와 심술궂은 애버트가 나를 꼼짝못하게 앉혀 놓고 간 것은 대리석 벽난로 가까이에 있는 나지막한 긴 의자였다. 눈앞에 그 침대가 웅장하게 놓여 있었다. 오른쪽에는 높고 검은 옷장이 있었다. 부드럽고 끊어질듯말듯하는 반사광이 옷장 표면의 광택을 여러 가지로 바꾸고 있었다. 왼쪽에는 커튼으로 가린 창문이 있고 창문과 창문 사이에 있는 커다란 거울에 침대와 이 방의 텅 빈 위용이 비치고 있었다. 그들이 문을 잠그고 갔는지 어떤지 알 수 없었다. 용기를 내어 일어나 확인하러 가보니 아! 역시. 이토록 튼튼한 감옥이 따로 있을까? 돌아올 때 거울 앞을 지나지 않으면 안 되었다. 나의 눈은 빨려 들어가듯이 거기에 비친 심연(深淵)을 바라보지 않을 수 없었다. 그 환상의 공간은 현실의 것보다도 더욱 차갑고 어둡게 보였다. 그리고 거기에서 나를 물끄러미 바라보고 있는 기묘한 작은 사람, 해쓱한 얼굴과 검은

얼룩이 묻은 팔, 모든 것이 움직이지 않는 가운데 두리번거리며 빛나는 두려움의 눈 등이 마치 진짜 망령처럼 보였다. 반은 요정 같고 반은 작은 마귀의 괴물 같다고 나는 생각하였다. 베시가 저녁이면 들려주던 얘기에 의하면 그런 괴물은 황야의 양치류가 우거진 적막한 골짜기 사이에서 나와 가다가 해저문 어두운 길을 가는 나그네의 눈앞에 나타난다고 한다. 나는 긴 의자가 있는 곳으로 돌아왔다.

그 순간, 나는 미신에 사로잡혔다. 그러나 아직 미신이 완전히 승리를 거둘 시간은 아니었다. 나의 피는 아직 뜨거웠다. 반란을 일으킨 노예의 기분이 벅찬 힘으로 나를 자극하고 있었다. 음울한 현재에 기죽지 않고 분류처럼 밀어닥치는 지난 일에 대한 회상이 갑자기 밀려오는 것을 막아야 했다.

존 리드의 포악한 행동, 그의 누이들의 냉대, 그의 어머니의 노골적인 증오, 하인들의 편애, 이 모든 것이 마치 흐릿한 우물 속의 더러운 찌꺼기처럼 나의 어수선한 마음속에 떠올랐다. 왜 나만이 이런 꼴을 당해야 하는가, 왜 항상 야단을 맞고, 항상 책망당하고 항상 처벌을 받아야 하는가? 왜 나는 남의 호감을 살 수 없는가? 남의 마음에 들게 하려고 해도 왜 그것이 보답을 받지 못하는가? 고집이 세고 이기심이 강한 일라이자는 모든 사람들로부터 사랑을 받고 있다. 신경질적이고 심술궂고 남의 결점만을 찾고 있는 오만한 조지아나는 어디서나 응석을 부리도록 대우를 받는 것은 왜 그런가? 그녀의 아름다움이나 불그레한 뺨, 황금색의 고수머리가, 보는 사람의 눈을 부드럽게 하고 모든 결점을 덮어 버리는 것일까? 존으로 말할 것 같으면 그에게 거스르는 사람은 아무도 없다, 하물며 벌 같은 것이 주어지는 일도 없다. 비둘기의 목을 비튼다, 새끼공작을 죽인다, 개를 양에게 내놓아 물게 한다, 온실의 포도를 따거나 가장 소중히 여기는 화초의 순을 꺾어도 누구 하나 존을 나무라는 사람도 없고 하물며 벌을 주는 사람은 아무도 없다. 어머니를 '할멈'이라고 부르고 있는 것도 그였다. 어떤 때는 자기가 닮은 어머니의 거무스름한 피부를 언짢게 책망하고 어머니가 바라는 것은 전적으로 무시하고 어머니의 비단옷을 갈기갈기 찢어버리는 일도 자주 있었다. 그래도 그는 여전히 어머니의 '귀염둥이'다. 나는 절대로 잘못을 저지르지 않았다. 하라는 일은 제대로 하려고 노력해 왔다. 그런데도 나는 마음이 비뚤어진 데다가 귀찮은 존재이며, 항상 뾰로통하고, 몰래 무엇인가를 하고 있다는 말을 아침부터 낮까지, 낮에서 밤까지 듣고 있는 것이다.

아까 존한테서 얻어맞고 넘어져 다친 머리에서는 피가 흐르고 지끈지끈 아팠다. 존이 마음 내키는 대로 나를 쳐도 누구 하나 꾸짖는 사람이 없었다. 당치도 않는 폭력을 피하려고 대항했으므로 나는 이런 굴욕을 당하고 있다.

"불공평하다! 불공평해!" 내 이성(理性)은 괴로움에 찬 격정에 떠밀려, 비록 잠시나마 나이에 걸맞지 않은 힘을 얻어 이렇게 외쳤다. 이렇게 해서 북돋운 결의가, 이 견딜 수 없는 고난으로부터 벗어나기 위해서는 어떤 기묘한 수단을 취하라고 부추겼다—여기서 도망가든가, 그것이 불가능하다면 단식으로 죽음을 기다리든가.

그 음산하던 날 오후, 나의 마음은 얼마나 당황하고 있었던가! 머리는 혼란에 빠지고 마음은 얼마나 미칠 듯이 요동치고 있었던가! 이 터무니없는 어둠 속에서 나의 마음은 고투를 계속하다니 어쩐된 일인가! 끊임없이 나의 가슴 깊은 곳에서 솟아오르는 의문에 나는 대답을 할 수 없었다—무엇 때문에 나는 이토록 괴로움을 받아야 하는가? 이 정도의 시간이 지난 오늘—어느 정도의 시간이 흘렀는지 말하고 싶지 않으나, 나는 이제 분명히 그것을 알 수 있는 것이다.

나는 게이츠헤드 저택에는 어울리지 않는 존재였다. 나는 이곳의 그 누구와도 달랐다. 리드 부인이나 그 집 아이들, 그녀에 의해 선택된 하인들과 상통되는 점은 하나도 없었다. 그들이 나를 좋아하지 않는 것과 마찬가지로 나도 사실 그들을 좋아하지 않았다. 그들로서도 서로 마음이 통하지 않는 사람에게 애정을 쏟을 의무는 없는 것이다. 기질이나 능력, 성질들이 모두 다른 사람들과 반대로 나가는 이단아(異端兒). 무용지물, 쓸모없는, 아무런 위안도 되지 않는 무용지물. 불쾌한 자, 그들의 처사에 노여움의 싹을, 그들의 판단에 경멸의 싹을 간직하고 있는 자. 만일 내가 쾌활하고 명랑한데다가 느긋하고 깐깐하며, 재능과 기량이 뛰어나고 예쁘게 생긴 말괄량이였다면—의지할 곳이 없고 친구도 없는 아이라 해도—리드 부인은 나의 존재를 너그럽게 보아 주었을 것이다. 그녀의 아이들도 좀더 따뜻한 우정으로 대해 주었을 것이고, 하인들도 나를 육아실의 속죄양으로 만들거나 하지는 않았을 것이다.

햇빛이 '붉은 방'에서 엷어지기 시작했다. 이미 4시가 지났고 구름이 낀 오후는 음산한 황혼으로 접어들고 있었다. 비가 계단의 창문을 두드리고 바람은 저택 뒤편의 숲을 불어 제치고 있었다. 나의 몸은 차츰 돌처럼 식어 갔다. 그와 동시에 나의 용기도 차츰 꺾였다. 여느 때와 같은 굴욕감, 자기 회의, 우울한 마음이 시들어가고 있던 노여움의 불꽃을 완전히 꺼버리고 말았다. 모두 나를 나쁜 아이라고 말한다. 그럴지도 모른다. 자기를 굶어 죽이겠다고 방금 생각하지 않았는가! 그런 일을 생각한다는 것은 분명히 죄악일 것이다. 게다가 죽기 위한 준비가 되어 있단 말인가? 게이츠헤드 교회의 지하 납골당이 그토록 매력이 있는 곳이란 말인가? 리드 외삼촌은 그와 같은 곳에 묻혔다고 한다. 생각이 여기까지 미치자 나는 리드 외삼촌이 생각나 더욱더 두려움에 싸였다. 나는 리드 외삼촌을 잘 기억하고 있지는 않았으나 그분은 내 외삼촌이라는 것은 잘 알고 있다. 부모를 잃고 고아가 된 나를 이 저택으로 데리고 와 주었다는 것도, 임종 때 리드 부인에게 나를 자신의 자식이라고 생각하고 소중하게 기르라고 부탁했다는 것도 잘 알고 있다. 리드 부인은 아마 그 약속을 잘 지키고 있다고 생각하고 있을 것이다. 분명히 리드 부인이라고 하는 사람이 할 수 있는 범위 안에서 약속을 지켜왔을 것이다. 하지만 자기 혈연도 아닌 짐 덩어리, 하물며 남편이 죽은 후에는 아무런 인연도 없게 된 아이를 어떻게 사랑스럽게 생각할 수 있단 말인가. 리드 부인은 억지로 강요된 약속에 묶여 애정도 솟지 않는 남의 자식의 부모노릇을 하고, 성질이 전혀 맞지 않는 존재가 자기 가족들 안에 자리를 차지하고 있는 것을 볼 때마다 무척 골치 아픈 일이었음에 틀림없으리라.

어떤 묘한 생각이 언뜻 머리에 떠올랐다. 만일 리드 외삼촌이 살아계셨다면 나를 귀여워해 주었으리라는 걸 꿈에도 의심하지 않았다. 지금 여기에 앉아서 저 하얀 침대와 어두워지는 벽을 바라보고—때로는 정신이 팔린 눈을 희미하게 빛나는 거울 쪽으로 돌리면서—언제가 들은 그 이야기가 생각이 났다. 그것은 최후의 소원을 풀지 못한 사자(死者)가 무덤 속에서 고민한 끝에 학대 받은 자의 원한을 풀어주기 위하여 지상으로 되돌아온다는 이야기였다. 리드 외삼촌의 영혼은 자기 누이동생의 아이가 학대를 받는 일을 고뇌하고 그 장소를—교회의 무덤인지 죽은 자가 알 수 없는 세계인지는 몰라도—떠나 이 방 안에 있는 내 앞에 나타날지도 모른다. 나는 눈물을 씻고 흐느낌을 참았다. 슬픔에 잠긴 나를 위로하려고 저승의 목소리가 눈을 뜨는 것이 무서웠다. 희미하게 빛나는 얼굴이 어둠 속에서 나타나 동정하듯이 나에게 몸을 숙이는 것이 무서웠다. 생각하는 것만이라면 그것도 위로가 될 것이다, 그러나 그것이 실제로 일어나면 틀림없이 무서울 것이라고 나는 생각하였다. 나는 있는 힘을 다하여 흐느낌을 참고 기운을 차리려고 하였다. 눈 위로 내려온 머리카락을 쓸어 올리고 얼굴을 들어 용기를 내어 방을 둘러보려고 하였다. 그 순간, 한 줄기의 빛이 방 안을 비추었다. 덧문 틈새로 스며드는 달빛일까? 나는 나의 가슴에 물었다. 아니다, 달빛이면 머물러 있을 텐데 그것은 흔들리고 있다. 지켜보는 동안에 그 빛은 천장으로 미끄러져가서 나의 머리 위에서 흔들거렸다. 지금 같으면 그 빛이 아마 잔디밭을 걸어오는 사람이 가진 랜턴의 불빛이라고 추측할 수 있었을 것이다. 그러나 그때의 내 마음은 두려움에 떨고 신경이 불안에 사로잡혀 있었다. 저 번쩍이는 빛은 저승에서 오는 망령의 사자가 아닌가 하고 생각한 것이다. 가슴이 마구 두근거리며 머리가 차츰 화끈거렸다. 귀가 윙윙거렸다. 내 귀에는 퍼덕이는 날개 소리같이 들렸다. 무엇인가 가까이 다가오고 있는 것 같았다. 숨이 막혀 당장이라도 가슴이 메어질 것 같아 나는 마침내 참을 수 없어서, 벽으로 달려가 필사적으로 자물쇠를 흔들어댔다. 바깥 복도를 달려오는 발소리가 들리고 열쇠를 돌리는 소리가 나더니 베시와 애버트가 들어왔다.

"에어 아가씨, 어디 아파요?" 베시가 물었다.

"무슨 짓이야! 사람이 놀라지 않아!" 애버트가 떠들어댔다.

"내봐 줘요! 제발 육아실로 데리고 가 줘요!" 나는 울부짖었다.

"왜 그래! 어디 다쳤니? 뭘 본 거야?" 다시 베시가 물었다.

"그래! 불빛을 봤어, 유령이 오는 줄 알았어." 나는 이때 베시의 손에 매달렸으나 베시는 내 손을 뿌리치려고 하지 않았다.

"일부러 악을 쓴 거 아냐?" 밉살스럽다는 듯이 애버트는 내뱉듯이 말했다. "무슨 소릴 그렇게 질러! 정말 아파서 그런다면 할 수 없지만. 이건 우리를 불러들이려고 그랬지 뭐야. 잔꾀가 뻔해."

"왜들 야단이냐?" 다른 목소리가 단호한 어조로 울려 퍼졌다. 리드 부인이 잠자리모자가 뒤로 날릴 정도로 요란스레 가운을 스치며 달려왔다.

"애버트, 베시, 제인 에어는 내가 용서를 할 때까지 '붉은 방'에 넣어 두라고 일렀을 거야."

"마님, 제인 아가씨가 고함을 지르는 통에." 베시가 변명을 했다.

"그냥 내버려 둬." 무정한 대답이었다. "자, 베시의 손을 놔라. 그런 수를 써도 여기서는 나갈 수 없어, 알겠지. 어린아이인 주제에 그런 잔꾀를 꾸미다니! 그런 수에 속을 사람이 없다는 것을 너에게 가르쳐 주는 것이 나의 임무란다. 앞으로 한 시간 이 방에 더 있어. 얌전하게 있어야 한다. 그렇게 할 수 있으면 내보내 주겠다."

"외숙모님, 부탁이에요! 용서해 주세요! 못 견디겠어요. 딴 방법으로 벌을 주세요! 이렇게 되면……전 죽을 거예요."

"시끄러워! 이렇게 소란을 피우다니 불쾌하구나." 그것이 리드 부인의 본심이었다. 그녀의 눈에 비치는 나는 잔재주를 부리는 아이일 것이다. 증오를 불태우는 오기 덩어리, 천한 심성과 무서운 이중성격의 화신이라고 리드 부인은 마음속으로 여기고 있었을 것이다.

베시와 애버트는 물러나고 리드 부인은 나의 미친 듯한 몸부림과 울음소리에 화를 내면서 나를 밀어 넣고 아무 말도 없이 자물쇠를 잠가 버렸다. 성큼성큼 가버리는 소리가 났다. 발소리가 사라지자 나는 가벼운 발작을 일으켰는지 의식이 없어지고 눈앞이 캄캄해졌다.

3

그 후 생각이 나는 것은 마치 무서운 꿈을 꾼 것과 같은 느낌으로 눈을 뜨자, 쇠몽둥이가 몇 개 가로놓인 저편에 번쩍번쩍 빛나고 있는 붉은 빛이 눈앞에 보였다는 것이다. 불어 재치는 바람인지 분출하는 물소리에 당장이라도 지워질 것 같은 이야기 소리가 들렸다. 혼미, 불안, 그리고 밀어닥치는 두려움이 나의 머리를 어지럽게 하였다. 이윽고 그 누군가의 손이 나를 안아 올려서 등을 받치고 앉혀주는 것을 느꼈다. 이제까지 경험한 적이 없는 부드러운 손이었다. 머리를 베개인지 남의 손인지 알 수 없는 것에 기대자 기분이 편해졌다.

그러고 나서 5분쯤 지나자 의혹의 구름은 걷혔다. 나는 내 침대에 누워 있고 빨간 빛은 육아실의 난롯불이라는 걸 알았다. 이제 밤이었다. 책상 위에는 촛불 하나가 켜져 있었다. 베시는 대야를 들고 침대 끝에 서 있었고 신사한 분이 내 베개 곁 의자에 앉아 나를 들여다보고 있었다.

방안에 낯선 사람이 있고 더욱이 그 사람은 게이츠헤드에 사는 사람도 아니고 리드 부인과도 관계가 없는 사람이라는 것을 알자 말할 수 없는 안도감을 느꼈다. 내가 든든한 보호를 받고 있다는 안도감이었다. 나는 베시로부터 눈을 돌려서 (그녀가 옆에 있다는 것은, 이를테면, 애버트가 곁에 있는 것보다는 훨씬 더 좋았다) 그 신사의 얼굴을 물끄러미 바라보았다. 아는 사람이었다. 약제사 로이드 씨였다. 하인들이 앓으면 리드 부인은 이 사람을 불렀고 자기나 자기 아이들이 아프면 의사에게 왕진을 부탁하였다.

"자아, 내가 누군지 알겠니?" 그 사람이 물었다.

나는 그의 이름을 대면서 손을 내밀었다. 그는 내 손을 잡고 미소를 지으며 "곧 좋아져" 하고 말하였다. 그리고 손을 놓고 베시에게 오늘 밤은 푹 자도록 충분히 주의해 달라고 말하였다. 몇 마디 더 지시를 하고 내일 또 오겠다고 하고는 돌아갔다. 나는 슬펐다. 나는 그가 내 베갯머리의 의자에 앉아 있는 동안은 아늑했고 내 편이 있다는 느낌이었다. 그러나 그가 나가 버리자 방안은 다시 캄캄해지고 마음은 다시 무거워졌다. 말할 수 없는 슬픔이 마음을 무겁게 눌렀다.

"아가씨, 잠들 수 있을 것 같아?" 베시가 조금 부드러운 목소리로 물었다.

곧 대답할 용기가 없었다. 퉁명스러운 대답이 돌아올까 봐 두려웠기 때문이었다. "자볼게요."

"뭘 좀 마시고 싶니? 무엇인가 먹을 수 있겠어?"

"아냐, 괜찮아요, 베시."

"그럼 난 가 자겠다. 벌써 12시가 지났어. 밤에 볼일이 있으면 불러."

이 얼마나 놀랍도록 상냥한 말씨이며 태도인가! 그래서 나는 용기를 내어 물어보았다.

"베시, 나 어떻게 된 거야? 나, 아픈 거야?"

"병이 난 거겠죠. '붉은 방'에서 그렇게 울었으니. 하지만 곧 좋아질 거야."

베시는 가까이에 있는 하녀들 방으로 돌아갔다. 이렇게 말하는 소리가 들려왔다—"세라, 육아실에서 같이 자. 저 불쌍한 아이와 단 둘이서 잘 수 없어. 저 애는 죽을지도 몰라. 기절을 하다니, 무엇인가 이상한 거라도 보았음에 틀림 없어. 마나님도 좀 심하셨어."

세라가 함께 왔다. 두 사람은 침대로 올라왔으나 그로부터 잠이 들 때까지 30분쯤 소곤소곤 이야기를 주고받았다. 말소리가 간간이 들렸으나 두 사람 사이에 오간 이야기의 대체적인 줄거리는 알 수가 있었다.

"무엇인가가 저 아이의 옆을 지나간 거야. 온통 흰 옷을 입은 것이 말야. 그러고 나서 연기처럼 사라져서"—"뒤에서 큰 개가"—"그 방문을 세 번 두드리는 소리가 나서"—"교회 묘지의 주인님 무덤 바로 위에서 빛이"—이런 식으로 이야기가 계속되었다.

마침내 둘은 잠이 들었다. 난롯불과 촛불도 꺼졌다. 나는 기나긴 한밤을 뜬눈으로 새웠다. 두려움에 사로잡혀 귀를 기울이고 눈을 부릅뜨고 신경을 곤두세운 채 뜬눈으로 새웠다. 그 두려움은 어린아이밖에 모를 것이다.

'붉은 방' 사건이 있은 후, 나의 병은 심해지지도 않고 오래 끌지도 않았다. 다만 신경에 심한 타격을 입었을 뿐이나 지금까지도 영향을 미치고 있다. 그래요, 리드 부인, 당신 덕분에 무서운 정신적 괴로움을 겪었어요. 그러나 나는 당신을 용서하겠어요. 당신은—'자기가 무슨 일을 저질렀는지 모르고 있으니까'요. 나의 어린 마음의 심금을 갈기갈기 찢어놓고 자신은 나의 근성을 고쳤다고 생각하고 계셨으니까요.

다음날 낮에 나는 자리에서 일어나 옷을 입고 숄을 걸친 채 육아실 난롯가에 앉아 있었다. 어쩐지 몸이 허약해지고 힘이 없었다. 그러나 그에 못지않게 말할 수 없는 비참한 심정이 나의 마음을 짓누르고 있었다. 눈물이 남몰래 하염없이 솟아나는 그런 비참한 심정이었다. 찝찔한 한 방울의 눈물을 닦아 내기가 무섭게 또 다른 방울이 떨어졌다. 그래도 지금의 나는 행복하다고 해야 할 것이다. 그건 리드네 식구가 한 사람도 여기에 없기 때문이다. 모두 리드 부인과 함께 마차를 타고 외출하고 없었다. 애버트는 다른 방에서 바느질을 하고 있었고 베시는 부지런히 돌아다니면서 장난감을 치우고 서랍을 챙기기도 하고 이따금 내게 전에 없이 다정스레 말을 건다. 이런 정황은 평소에 끊임없이 야단을 맞고 가차 없이 혹사당하고 있는 나로서는 평화의 낙원으로 여겨질 수밖에 없었을 것이다. 그러나 가차 없이 상처를 받은 나의 신경은 그 어떤 평온한 한 때에도 치유되지 않고 그 어떤 즐거운 시간에도 마음이 들뜨는 일이 없었다.

베시는 주방으로 내려가서 밝게 채색을 한 접시에 과실 파이를 담아 가지고 왔다. 메꽃과 장미 봉오리를 곁들인 화관(花冠) 안에 극락조(極樂鳥)가 몸을 담고 있는 그림이 있는 이 접시를 나는 항상 매혹된 기분으로 바라보고 있었던 것이다. 손에 들고 좀더 자세히 살펴볼 수 있게 해 달라고 부탁해도 너 같은 사람에게는 어림없는 일이라고 거절당해 왔던 것이다. 그런 소중한 접시가 지금 내 무릎에 놓여 있고 그 접시 위에는 맛있어 보이는 작은, 둥근 과자가 얹혀 먹으라는 듯이 도사리고 있었다. 얼마나 헛된 친절인가! 이제 때는 늦은 것이다! 나는 그것을 먹을 마음이 내키지 않았다. 새의 깃털이나 꽃의 빛깔도 묘하게 빛바랜 것처럼 여겨졌다. 나는 접시와 파이를 옆으로 밀었다. 베시가 책을 읽지 않겠느냐고 물었다. 책이라는 말을 듣고 조금 기운이 생겨 도서실에서 〈걸리버 여행기〉를 가져다 달라고 베시에게 부탁하였다. 이 책은 내가 몇 번이고 되풀이해서 재미있게 읽은 일이 있었다. 이것은 사실을 이야기로 꾸민 것이라고 줄곧 여기고 있었다. 그리고 그것은 옛 이야기보다 더 재미있었다. 옛 이야기의 요정이라고 하면, 디기탈리스 잎이나 잔대꽃 사이나, 버섯 밑이나 낡은 돌담 구석을 가득 덮고 있는 병꽃풀 아래를 아무리 찾아보아도 찾을 수가 없었으므로 요정들은 모두 영국을 떠나, 울창한 숲이 우거진 숲으로 둘러싸인, 인적이 드문 야만국으로 옮겨갔다고 하는 슬픈 진실을 마주볼 결심을 하고 있었다. 이에 반해서 소인국이나 거인국이라고 하는 것은 이 지상의 엄연한 일부라고 믿고 어느 날엔가 긴 항해 끝에 나의 눈으로 저 작은 야산이나 집과 나무, 소인이나 작은 소나 양이 있는 왕국을 볼 수 있을 것이라고 믿어 의심치 않았다. 그리고 거인국의 숲과 같은 보리밭, 작은 산과 같은 마스티프 개, 괴물 같은 큰 고양이, 탑처럼 솟아 있는 사람도 볼 수 있을 것이라고 생각하고 있었다. 그런데 지금 이 소중한 책이 내 손에 놓여 있고—나를 그토록 매혹시켰던 것을 저 불가사의한 그림 속에서 찾아보았으나 그것은 아무래도 찾을 수 없었다—모든 것이 으스스하고 기분이 나쁘고 따분했다. 거인들은 엄청나게 큰 악귀였고, 소인은 심술궂은 무서운 꼬마 도깨비이고, 걸리버는 무서운 위험이 널려 있는 땅을 혼자서 헤매는 가엾은 여행자로 보였다. 그 이상 볼 마음이 내키지 않아 덮어버린 책을 테이블 위, 입을 대지 않았던 파이 옆에 놓았다.

베시는 청소와 정돈을 끝마치고 손을 씻자 작은 서랍을 열고 안에서 예쁜 비단과 새틴 조각을 꺼내어 조지아나의 인형의 새 모자를 만들기 시작했다.

그러면서 그녀는 노래를 부르고 있었다. 이런 노래였다.

    집시처럼 헤매고 다녔다,
    옛날 옛날의 일이었다.

　이 노래는 이전에도 가끔 들었던 것이라 들을 때마다 언제나 발랄한 기쁨으로 들었다. 워낙 베시의 음성이 아름다웠기 때문이었다—적어도 나는 그렇게 생각하고 있었다. 그러나 지금은, 그 목소리는 여전히 아름다웠지만 그 가락 속에는 헤아릴 수 없는 슬픔이 깃들어 있었다. 베시는 가끔 열심히 일을 하면서 그 노래의 후렴을 낮은 목소리로 느리게 끌면서 부르고 있었다. '옛날 옛날의 일이었다'라는 대목이 장송곡처럼 매우 슬프게 들렸다. 베시는 다른 노래를 부르기 시작했다. 이번 것은 정말 슬픈 노래였다.

    발은 아프고 몸은 괴롭네 ;
    길은 멀고 산은 험하고 ;
    이제 곧 해는 지는데
    아, 고아가 가는 길, 어둠이 깊구나.

    왜 멀리 쫓겨났는가?
    바위가 쌓인 잿빛 황무지에 혼자서,
    사람은 모두 무정해도, 상냥한 천사가
    아, 고아의 발걸음을 돌봐 주네.

    저 멀리에 밤바람이 일고,
    맑은 하늘에 별이 깜박이며.
    자비로운 하느님은 가리켜 주시네,
    아, 고아에게 위안과 희망을.

    썩은 다리를 건너다 떨어져도,
    도깨비불이 뜨는 늪 속을 헤매어도,

자비로우신 나의 아버지는 약속하시네,
　　아, 불쌍한 고아를 품에 안으신다고.

　　의지할 곳과 친지를 모두 빼앗겨도,
　　나를 격려하는 그 생각 ;
　　하늘은 나의 집, 안식이 찾아와 ;
　　하느님은 고아에게 손을 뻗으시네.

　"이봐, 제인 아가씨, 울지 말아요." 노래를 끝마치자 베시가 말했다. 불을 향해 "타지 말아요!" 하는 격이지. 그러나 나를 좀먹는 이 병적인 괴로움을 베시인들 어찌 알아 낼 수 있을까? 오전 중에 로이드 씨가 다시 찾아왔다.
　"아니 벌써 일어났어!" 육아실로 들어서자마자 그는 말했다. "그런데, 아가씬 그 후 어땠어요?"
　많이 나아졌습니다, 하고 베시는 대답했다.
　"그럼 좀더 기운을 차리고 있었을 텐데. 제인 아가씨, 이리와요. 이름이 제인이라고 했지?"
　"네, 제인 에어에요."
　"그런데 울고 있었군 그래, 제인 에어 아가씨. 왜 울었는지 내게 말할 수 있어요? 어디가 아파요?"
　"아뇨."
　"아아 참! 마님과 같이 마차를 타고 나가지 못해 운 거예요." 베시가 말했다.
　"설마! 이 나이의 아이가 그런 일로 훌쩍훌쩍 울 때가 아니지."
　나도 그렇게 생각했다. 자존심이 당치않은 중상으로 상처를 입었으므로 나는 이내 대답하였다.
　"전 여태까지 그런 일로 울어 본 적은 없어요. 마차를 타고 외출하는 건 싫어해요. 저 자신이 슬퍼서 운 거예요."
　"온 참, 아가씨두!" 베시가 말했다.
　사람 좋은 약제사는 조금 어리둥절한 표정을 지었다. 나는 약제사 앞에 서 있었다. 그는 나를 물끄러미 바라보고 있다. 그의 눈은 조그맣고 잿빛이었다. 날카롭게 빛나는 눈은 아니었으나 사물을 꿰뚫어보는 힘은 있는 것 같았다. 위엄이 있어 보이지만 사람이 좋을 것 같은 얼굴이었다. 찬찬히 나를 살피고 나서 약제사는 말하였다.

"어제는 왜 기분이 나빴지?"

"넘어졌어요!" 베시가 또 참견을 했다.

"넘어져? 그럼 어린애로 되돌아갔단 말인가! 이 나이에 제대로 걸을 수도 없어? 여덟 살이나 아홉 살은 됐을 텐데."

"저를 밀쳤어요." 노골적인 말이 모욕을 당한 자존심의 아픔을 못 견뎌 나의 입에서 튀어나왔다. "하지만 그것 때문에 병난 건 아녜요"하고 나는 덧붙였다. 그 사이에 로이드 씨는 한 줌의 코담배를 맡고 있었다.

로이드 씨가 담뱃갑을 조끼 주머니에 도로 넣으려고 했을 때 하인들이 치는 식사 종이 울렸다. 로이드 씨는 그것이 무슨 신호인지 알고 있었다. "당신을 부르고 있어요" 하고 말했다. "갔다 오세요. 돌아올 때까지 제인 아가씨에게 잘 타이를 테니까."

베시는 움직이고 싶지 않은 것 같았다. 하지만 게이츠헤드 저택에서는 식사 시간을 정확히 엄수하도록 정해져 있었으므로 가지 않으면 안 되었다.

"그래, 넘어져서 병난 게 아니라면 뭣 때문이지?" 로이드 씨는 베시가 나가는 것을 기다렸다가 물었다.

"유령이 나오는 방에 어두워진 후에도 갇혀 있었으니까요."

나는 로이드 씨가 미소와 더불어 눈살을 찌푸리는 것을 보았다. "유령이라구! 역시 어린애군 그래. 유령이 무서운가?"

"리드 외삼촌의 유령이 무서워요. 리드 외삼촌은 그 방에서 돌아가시구, 또 관도 거기 모셨었어요. 되도록이면 베시나 다른 사람들도 밤엔 그 방에 안 들어가려구 해요. 촛불 하나 없이 나 혼자 그곳에 가둔다는 건 너무해요. 저는 평생 못 잊을 거예요."

"거참! 그것이 그렇게 서러웠단 말이냐? 지금처럼 대낮에도 무서우냐?"

"아니에요. 하지만 곧 밤이 될 테니까요. 그리구 저는 불행해요. 아주 불행해요, 여러 가지 일로."

"여러 가지 일이라니? 하나라도 좋으니 이야기해 보렴."

이 물음에 얼마나 시원히 대답하고 싶었던가! 그러나 제대로 대답한다는 것은 매우 어려운 일이었다. 그동안의 일을 조금이라도 분석을 했다 해도 분석 결과를 말로 나타낼 방법을 몰랐다. 하지만, 남에게 말함으로써 자기 슬픔을 조금이라도 덜 수 있는 처음이자 마지막 기회를 놓치는 것이 무서워서 나는 잠시 망설인 후, 조금이라도 진실을 전할 수 있는 말을 생각해 내려고 애를 썼다.

"그 중의 하나란, 아버지도 어머니도, 그리고 형제자매도 없다는 거예요."

"친절한 외숙모님과 사촌들이 있잖아."

나는 다시 입을 다문 끝에 어설프게 대답하였다.

"하지만 존 리드는 저를 쓰러뜨렸고 외숙모는 저를 '붉은 방'에 가뒀어요."

로이드 씨는 다시 코담뱃갑을 꺼냈다.

"게이츠헤드 저택은 참 훌륭한 집인데 이처럼 훌륭한 곳에서 사는 걸 아주 고맙다고 여기지 않니?"

"저의 집이 아니니까 나 같은 건 여기에 살 권리가 하인만큼도 없다고 애버트가 말하고 있어요."

"바보 같은 소리! 설마 이런 훌륭한 집을 떠나구 싶다는 그런 어리석은 생각은 아니겠지?"

"제게 갈 곳이라두 있으면 얼른 나가겠어요. 하지만 어른이 될 때까진 게이츠헤드를 떠날 수 없으니까요."

"나갈 수 있을지도 모르지. 그야 알 수 있나? 리드 부인 외에 딴 친척은 없니?"

"없는가 봐요."

"아버지 쪽으로도 없니?"

"몰라요. 언젠가 리드 아주머니께 여쭤봤더니 에어라는 성을 가진 가난한 사람은 있는지 모르지만 외숙모는 아무것도 모르신대요."

"혹시 그런 친척들이 계시다면 그리 가구 싶니?"

나는 생각에 잠겼다. 가난이란 어른에게도 무섭게 보이는 것 같지만 아이들에게는 더욱 그러했다. 부지런해서 일 잘 하고 존경을 받는 가난뱅이란 있을 수 없다고 어린 마음으로도 생각하였다. 어린아이에게 가난이라고 하는 말은, 누더기 옷에 하잘것없는 음식에다 불기 없는 난로, 거친 태도, 천한 행동 같은 것을 연상하게 하였다. 나에게 가난이라고 하는 것은 타락과 같은 말이었다.

"아뇨, 전 가난한 사람이 되고 싶진 않아요." 나의 대답이었다.

"네게 친절한 사람들이라두 싫으니?"

나는 머리를 저었다. 가난뱅이들이 어떻게 친절하게 해 줄 수 있는지 알 수 없었다. 게다가 그들처럼 말하는 방법과 거동을 몸에 지니고, 교육도 못 받고, 게이츠헤드 마을의 농가 문 앞에서 갓난아이에게 젖을 주거나 아이들 옷을 빠는 것 같은 가난한 여자는 되고 싶지 않았다. 그렇다, 나는 사회적인 신분을 버리고 자유를 손에 넣을 정도로 용기가 있는 인간은 아니었다.

"하지만 너의 친척들은 그렇게두 가난하니? 노동자들이야?"

"모르겠어요. 리드 아주머니 말씀이 만일 제게 친척이 있다면 거지들일 거라고 했어요. 거지 노릇 하긴 싫어요."

"너 학교에 가고 싶지는 않니?"

나는 다시 생각에 잠겼다. 학교가 어떤 곳인지 거의 몰랐다. 베시가 때때로 해 주는 말에 의하면, 학교란 젊은 아가씨들이 등에 널빤지를 대고 차꼬가 채워진 채 품위 있게 앉아 있지 않으면 안 되는 곳이라고 했다. 존 리드는 학교를 싫어하여 자기 선생님을 얕잡아보았지만 그의 기호가 나의 기호는 될 수 없었다. 만일 베시가 말한 것 같은 (게이츠헤드에 오기 전에 있던 집의 젊은 숙녀들로부터 들은 이야기라고 했다) 학교 규율에 관한 이야기를 들으면 어쩐지 기가 죽지만, 그 숙녀들이 몸에 지닌 소양에 대해 베시가 자세히 말해 준 데에 대해서는 매우 마음이 끌렸다. 베시는 아가씨들이 그린 풍경화나 꽃 등의 아름다운 그림을 자랑하였다. 아가씨들이 부르는 노래나 악기로 연주할 수 있는 곡, 뜨개질한 작은 주머니, 번역할 수 있는 프랑스 책에 대한 이야기를 듣고 있는 동안에 나도 어떻게 해서든지 그것을 배우고 싶은 마음이 들었다. 게다가 또 학교에 가면 기분이 완전히 바뀔지도 모른다. 긴 여행을 하여 게이츠헤드와는 깨끗이 헤어지고 새로운 생활을 시작할 수 있는 것이다.

"정말 학교에 다니고 싶어요." 이것은 내가 깊이 생각한 끝에 한 대답이었다.

"그렇구나, 그렇구나. 과연 어떻게 될지는 모르지만." 로이드 씨는 말하면서 일어섰다. "이 애는 공기나 환경의 변화가 필요해." 로이드 씨는 말했다. 그리고 "신경이 타격을 입은 것 같아" 하고 혼자말로 덧붙였다.

베시가 돌아왔다. 그와 동시에 마차가 집 앞 자갈길을 달려오는 소리가 들렸다.

"마님이 오신 건가?" 로이드 씨가 물었다. "돌아가기 전에 마님께 드릴 말씀이 있는데."

베시는 로이드 씨에게 조반실에 가시자고 하면서 앞장서 나갔다. 로이드 씨가 리드 부인을 만나서 나를 학교에 보내자고 권고했다는 것이 그 후에 일어난 일로 미루어 보아 추측을 할 수 있었다. 이 권고는 곧 받아들여진 것 같았다. 왜냐하면 어느 날 밤 내가 잠자리에 들어가고 나자 베시와 함께 육아실에서 바느질을 하고 있던 애버트가 이 일을 화제로 삼았기 때문이었다. 두 사람은 내가 자고 있는 것으로 생각하고 있었다. "마님 말씀이 저런 귀찮고 성가신 애를 쫓아내게 돼서 기뻐하고 계셨어. 늘 모두를 경계하고 남몰래 나쁜 짓만 꾸미는 애니까 말야." 애버트는 나를 아무래도 저 유명한 악한인 가이 포크스 (제임스 1세가 즉위할 때 의사당을 폭파하려다 잡힌 사람) 같다고 생각하는 것 같았다.

그 때 애버트가 베시에게 하는 말을 듣고, 나는 처음으로 우리 아버지가 가난한 목사였다는 것을 알았다. 어머니는 짝이 어울리지 않는다는 친구들의 의견을 물리치고 아버지와 결혼했다는 것도. 나의 리드 외할아버지는 자기 딸의 반항에 분통이 터져 한 푼도 주지 않고 어머니를 내쫓았다고 한다. 결혼한 지 1년 후, 부목사인 아버지는 임지의 큰 공업 도시의 빈민들을 심방하다가, 그때 유행하던 발진티푸스에 감염되었다. 어머니도 아버지로부터 전염되어 두 분이 다 한 달 새에 연달아 돌아가셨다고 한다.

이 이야기를 들은 베시는 한숨을 지었다. "제인 아가씨가 불쌍해, 애버트."

"그래요." 애버트가 대답했다. "저 애가 귀엽고 예쁜 애라면 그녀의 외로운 신세로 보아 동정을 할지도 모르지만, 저렇게 밉살스러운 애니 동정이 갈 리가 없죠."

"조금도 동정이 안 가, 정말." 베시가 맞장구를 쳤다. "적어도 조지아나 아가씨 정도로 예쁘다면 좀더 동정을 받을 텐데 말야."

"그렇게요. 나는 조지아나가 귀여워서 견딜 수 없어요!" 흥분한 애버트가 외쳤다. "정말 귀여워요—저 기다란 고수머리에 파란 눈, 그 아름다운 얼굴빛은 마치 그린 것 같아요! 베시, 난 야식으로 치즈 토스트가 좋겠어."

"나두요—구운 양파를 곁들인 거 말야. 자, 내려가 봅시다."

두 사람은 나갔다.

4

　로이드 씨와의 대화와 베시와 애버트의 얘기로 보아 나는 빨리 회복해야 겠다고 생각했다. 변화가 이미 거기까지 와 있다는 느낌이 들었다—나는 마음속으로 오직 그것을 기다리고 있었다. 그러나 그것은 좀처럼 오지 않았다. 며칠이고 몇 주일이고 아무런 소식이 없이 지나갔다. 나는 평소의 건강 상태는 회복했지만 내가 고대하고 있던 일은 전혀 언급되지 않았다. 리드 부인은 가끔 매서운 눈초리로 나를 살피곤 했으나 병이 난 이래 말을 걸어오는 일은 거의 없었다. 나와 자기애들 사이에 전보다 좀더 분명한 선을 그어놓고 있었다. 좁은 방에서 혼자 자고, 식사는 거기에서 혼자 먹고, 그리고 사촌들이 응접실에 있는 동안에도 줄곧 육아실에서 지내라는 지시였다. 그러나 나를 학교에 보내는 일에 관해선 아무런 기색도 내비치지 않았다. 하지만 나는 부인이 한 지붕 밑에서 나를 오래 두고는 견디지 못하리란 걸 본능적으로 확신하고 있었다. 그것은 그 무렵 나를 대하는 그녀의 눈초리가 전에 없이 참을 수 없는 뿌리 깊은 증오심을 나타냈기 때문이다.

　일라이자와 조지아나는 분명히 명령에 따라 행동하고 있는 듯 되도록 내게는 말을 걸어오지 않았다. 존은 나를 볼 때마다 혀를 내밀어 놀려 댔고 한 번은 나를 혼내 주려고 했지만 언젠가 나의 모진 성미를 부채질했을 때와 같은 심한 분노와 필사적인 반항심이 치솟아 내가 곧 그에게 반격을 가하자 그는 그만두는 것이 상책이라고 판단했던지, 내가 자기 코에 상처를 냈다고 욕설을 퍼부으며 달아났다. 분명히 나는 있는 힘을 다해서 우뚝 솟은 그 애 코를 마음껏 갈겼던 것이다. 이 주먹의 일격과 나의 표정에 그 애가 겁을 먹은 것을 보자 내친 김에 그 녀석을 좀더 골탕 먹이고 싶은 생각이 간절했으나 존은 이미 그의 엄마 곁에 있었다. 나는 그가 훌쩍이며 '저 고약한 제인 에어'가 미친 고양이처럼 덤벼들었다고 일러바치는 걸 들었다. 그러나 부인은 그를 도리어 잠자코 있도록 가로막았다.

　"그 계집애 얘기는 하지도 마라, 존. 내 뭐랬어. 그 애 가까이 가지 말라고 했지. 그 애는 상대가 안 돼. 너도 그렇고 너희들도 그 애와 어울려선 안 돼."

그래서 나는 층계 난간에서 몸을 내밀어 생각나는 대로 큰 소리로 외쳤다. "너희들이야말로 나와 어울릴 자격이 없어."

리드 부인은 꽤 뚱뚱한 편이었으나 그냥 듣고 넘길 수 없는 나의 이 폭언을 듣자 몸을 날려 계단을 뛰어올라와 마치 회오리바람처럼 세차게 나를 낚아채더니 육아실로 데리고 가서 작은 침대 가장자리에 나를 밀어붙이고는 종일 여기서 움직이거나 떠들면 가만 두지 않을 거라고 가시 돋친 소리로 나를 윽박질렀다.

"리드 외삼촌이 살아 계셨다면 뭐라고 말씀하셨을까요?" 이런 질문이 나의 입에서 거침없이 나왔다. 정말로 무의식중에 나온 말이었다. 마치 혀가 나의 의사를 무시하고 한 말 같았다. 무엇인가가 다짜고짜로 나의 입을 빌려 그렇게 말하게 한 것이다.

"뭐라고?" 리드 부인은 목소리를 낮추었다. 평소에는 차갑게 가라앉은 그녀의 회색빛 눈에 두려움과 같은 표정이 스치고 지나갔다. 그녀는 잡았던 내 팔을 놓으며 도대체 이 아이는 어린애인지 악마인지 도저히 알 수 없다는 듯이 나를 뚫어지게 들여다보았다. 이왕에 이렇게 된 바에는 나도 뒤로 물러설 수 없었다.

"리드 외삼촌은 천국에서 아주머니가 하시는 일이나 생각하시는 걸 모두 보고 계세요. 그리고 우리 아빠와 엄마도 그래요. 저를 종일토록 가둬 놓고 내가 죽으면 좋겠다고 생각하고 있는 것도 모두 알고 계세요."

리드 부인은 곧 기운을 되찾았다. 나를 마구 뒤흔들어 대고 뺨을 후려갈기더니 말없이 나가 버렸다. 베시는 넉넉히 한 시간 동안이나 내게 설교를 하고, 이런 마음씨 고약하고 파렴치한 아이는 없을 것이라고 단호하게 말하였다. 나는 그녀의 말을 반쯤은 믿었다. 사실 나도 내 마음속엔 나쁜 감정만이 물결치고 있다고 느껴졌기 때문이다.

11월, 12월, 그리고 1월도 절반이 지나갔다. 크리스마스와 새해는 여느 때와 마찬가지로 게이츠헤드에서 성대하고 즐겁게 축하되었다. 선물들이 오가고 만찬회며 저녁 파티도 여러 차례 열렸다. 이 모든 즐거움에서 물론 나는 빼돌려졌다. 내게 주어진 즐거움이란 매일처럼 일라이자와 조지아나가 새로운 옷차림을 하는 것을 지켜보는 일이고, 또 그들이 모슬린 옷에다 빨간 허리띠를 두르고 머리를 예쁘게 빗고 응접실로 내려가는 것을 바라보는 것이었다. 그리고 아래층에서 치는 피아노와 하프의 가락에 귀를 기울이고 집사나 하인이 돌아다니는 모습이나, 다과가 운반될 때마다 유리그릇이나 사기그릇이 서로 부딪히는 소리, 응접실의 문이 열리고 닫힐 때마다 흘러나오는 단편적인 대화에 귀를 기울이는 일이었다. 이런 즐거움에 싫증이 나면 나는 층계 꼭대기에서 떠나 쓸쓸하고 조용한 육아실로 돌아가곤 하였다. 그곳은 조금 쓸쓸하기는 했지만 그곳에서라면 비참한 생각은 하지 않아도 되었다. 사실 나는 손님들 틈에 끼이고 싶은 생각은 하나도 없었다. 그런 자리에서 나에게 신경을 쓰는 사람은 하나도 없을 테니까. 베시가 남을 배려하는 친절한 사람이라면, 리드 부인의 무서운 눈총을 받으면서까지 신사 숙녀가 모이는 큰 홀에서 밤을 새우는 것보다 베시와 조용히 밤을 지내는 것이 훨씬 좋았다. 그러나 베시는 아가씨들에게 옷을 입히고 나면 곧 촛불을 들고 법석대는 부엌이나 가정부 방으로 가 버리곤 했다. 그래서 할 수 없이 나는 무릎에 인형을 얹고 앉아 난롯불이 작아질 때까지 어두컴컴한 방에 나 외에는 아무도 없다는 것을 확인하기 위해 가끔 사방을 두리번거렸다. 그리고 난롯불이 꺼져 가면 황급히 옷 매듭과 끈을 풀어 옷을 벗고 차가워진 어둠에서 벗어나 침대로 기어들어 갔다. 침대 속에서 나는 언제나 인형을 안고 잤다. 인간이란 누구나 사랑하는 것이 필요하다. 애정을 쏟을 소중한 것이 없는 나는 이 조그만 허수아비 같은 초라하고 퇴색한 조각 인형을 소중하게 사랑하고 아끼는 데에 즐거움을 찾고 있었다. 이 조그만 인형이 살아 있고 감각이 있는 것 같은 생각이 들어 진지하게 애정을 쏟은 것을 생각하면 지금도 이상한 생각이 든다. 인형을 잠옷으로 감싸 주지 않으면 잠이 오지 않았다. 인형이 그렇게 해서 따뜻하게 보호를 받고 있다고 생각하면 인형도 틀림없이 행복할 것이라고 여겨져 나는 얼마간 행복한 기분이 들었다.

손님들이 돌아가는 것을 기다리고, 베시가 층계를 올라오는 발자국 소리에 귀를 기울이고 있는 나에게는 그 동안이 꽤 오랜 시간으로 여겨졌다. 베시는 가끔 골무나 가위를 가지러 층계를 올라오기도 했고 또는 저녁 식사의 대용이 될 만한 것을—과자빵이나 치즈 케이크 등—날라다 주는 일도 있었다. 그럴 때 베시는 내가 그걸 먹고 있는 동안 침대에 앉아 있다가 다 먹고 나면 이불을 덮어 주고 두 번 키스해 주고 나서 "잘 자요, 제인 아가씨"하고 말하는 것이었다. 이렇게 상냥스러울 때면 베시는 내게 이 세상에서 가장 좋은 사람, 가장 아름다운 사람, 가장 친절한 사람이었다. 그래서 나는 베시가 언제나 이처럼 즐겁게 해 주고 인자하게 대해 주면, 툭하면 나를 찌르거나 야단치거나 무리한 일을 시키지 않으면, 얼마나 좋을까 하고 나는 마음속으로 생각하고 있었다. 베시는 선천적으로 뛰어난 재주를 타고났음에 틀림없다고 나는 생각한다. 무슨 일이든 잘 해 넘기고 화술에도 남다른 재능이 있었다. 적어도 나는 그녀가 해 준 여러 가지 이야기에서 받은 인상으로 그렇게 믿고 있다. 얼굴이나 모습에 대한 나의 기억이 옳다고 한다면 베시는 예뻤다. 날씬한 몸매, 검은 머리, 검은 눈, 갖추어진 이목구비, 깨끗하고 맑은 피부를 가진 여자였다고 나는 기억하고 있다. 그 대신 변덕이 있고 성질이 급하고 사물의 이치나 정의에 대해서는 무관심했다. 그래도 게이츠헤드 저택에서는 누구보다도 베시가 가장 좋았다.

그것은 1월 15일 오전 9시쯤이었을까? 베시는 아침 식사를 위해 아래층으로 내려가 있었다. 사촌들은 아직 엄마한테 불려가지 않고 있었다. 일라이자는 닭에게 모이를 주기 위해 가려고 보닛(여자나 어린아이들이 쓰는 모자의 하나)을 쓰고 따스한 정원복을 입고 있는 참이었다. 이것은 그녀가 가장 좋아하는 일이었다. 모은 달걀을 가정부에게 팔아 그 대금을 저축하는 것을 가장 좋아했다. 일라이자는 장사의 소질이 뛰어나고 물건을 비축하는 특성이 있어서 달걀과 병아리만 팔 뿐만 아니라 꽃의 알뿌리나 씨앗, 삽목(揷木) 등을 정원사에게 비싸게 팔아 넘기고 있었다. 정원사들은 리드 부인으로부터 아가씨 화단에서 나는 것으로 아가씨가 팔고 싶다고 하는 것은 모두 사들이라는 명령을 받고 있었다. 일라이자는 좋은 벌이가 된다고 여기면 자기 머리카락까지도 잘라서 팔았을 것이다. 그렇게 해서 저축한 돈은 처음에는 헝겊 조각이나 얇은 헌 종이에 싸서 남의 눈에 띄지 않는 곳에 숨겨 두었다. 그러나 그 보물의 일부가 하녀에게 들켜 소중한 보물을 모두 도둑맞으면 큰일이라고 해서 그것에—5할 내지 6할이라고 하는—높은 금리를 붙여 어머니에게 맡기기로 하였다. 3개월마다 걷는 그 이자는 작은 출납부에 꼼꼼하게 기입되었다.

조지아나는 높은 의자에 앉아 거울을 보며 머리를 한창 빗고 있었다. 다락방 장롱에서 찾아낸 조화나 색깔이 바랜 깃털 등을 머리에 꽂아 땋고 있었다. 나는 침대를 정돈하고 있었다. 베시로부터 자기가 돌아올 때까지 침대를 정돈해 놓으라는 엄명을 받았기 때문이었다(그 무렵 베시는 나를 육아실의 보모 조수처럼 방 청소와 의자나 그 밖의 물건의 먼지를 터는 일을 강요하고 있었다). 침대에 홑이불을 깔고 잠옷을 갠 다음 창가의 벤치 위에 흩어져 있는 그림책들과 인형의 집을 정돈하러 갔다. 그러자 갑자기 조지아나가 자기 장난감은 그대로 두라는 (장난감 의자나 거울, 그리고 소꿉놀이용 접시와 그릇들은 모두 그녀의 소유물이었다) 말을 했으므로 나는 치우다가 일을 멈추었다. 달리 할 일도 없고 해서 밖이 보이도록 유리창 전면에 얼어붙은 성에 꽃무늬에 입김을 불어 녹이기 시작했다. 거기서 보이는 마당은 서리 기둥으로 단단히 굳어 있는 것처럼 보였다.

이 창으로부터는 문지기 오두막과 마찻길이 보였는데 유리창을 덮은 은빛처럼 흰 성에를 방에서 밖이 내다보일 만큼 녹였을 바로 그때, 정문이 열리며 마차 한 대가 들어오는 것이 보였다. 나는 마차가 차도를 올라오는 걸 무심히 바라보았다. 가끔 마차가 게이츠헤드에 오긴 했으나 나의 흥미를 끌 만한 방문객을 태우고 온 적은 한 번도 없었다. 마차가 집 앞에 서자 현관의 종소리가 요란스레 울려 처음 보는 방문객은 안으로 안내되었다. 이 모든 것에 나는 전혀 흥미를 느끼지 못했으므로 나의 흐릿한 눈은 창틀 옆의 벽에 못으로 박은 벚나무 가지에 앉아 지저귀고 있는, 배가 고픈 것 같은 참새의 모습에 끌리고 있었다. 식탁에는 아침에 먹다 남긴 빵 부스러기와 우유가 있었으므로 빵 부스러기를 가루로 부수어 그것을 아래의 창틀이 있는 곳에 놓으려고 창을 올리려고 했을 때 베시가 2층에 있는 육아실로 뛰어들어왔다.

"제인 아가씨, 어서 앞치마를 벗어. 거기서 뭘 하구 있니? 아침에 세수했니?" 나는 대답을 하기 전에 다시 한 번 창을 움직여 보았다. 새에게 빵을 먹도록 해 주고 싶어서였다. 창이 움직였다. 나는 빵 부스러기를 조금씩 벚나무 가지에 뿌려 주고 창을 닫고 나서 대답을 하였다.

"아니, 이제 겨우 청소를 끝마쳤는걸 뭐."

"성가시구 조심성 없는 애 같으니! 그런데 지금 뭘 하구 있었지? 그렇게 빨개진 얼굴을 하고 장난을 치고 있었던 거야? 무엇 때문에 창문을 열었지?"

대답할 필요는 없었다. 베시는 몹시 서두르고 있어서 나의 설명을 듣고 있을 틈이 없을 것 같았기 때문에. 그녀는 나를 세면대로 끌고 가 얼굴과 손을 매정하고 무자비하게, 그래도 고맙게도 개운하게 비누와 물과 터슬터슬한 수건으로 얼굴과 손을 문질렀다. 뻣뻣한 솔로 머리를 빗질해 주고 나서 앞치마를 벗기고는 층계 있는 곳까지 끌고 가서 조반실에서 부르고 있으니 빨리 내려가라고 했다.

도대체 누가 부르는지 묻고 싶었고 리드 부인이 거기에 있는지도 알고 싶었다. 그러나 베시는 이미 나가고 나만 남은 채 육아실 문은 이미 닫혀 있었다. 나는 천천히 계단을 내려갔다. 최근 석 달 동안 나는 리드 부인 앞에 불리어 가 본 적이 없었다. 너무 오래 육아실에만 갇혀 있어서 조반실과 정찬실과 응접실은 내게는 접근하기 힘든 영역으로, 거기로 들어가라는 말을 듣고 왠지 두려웠다.

나는 지금 텅 빈 현관홀에 서 있다. 눈앞엔 조반실 문이 있고 나는 무서워 덜덜 떨며 서 있었다. 그 당시의 나는 내게 가해진 부당한 벌이 가져온 두려움으로 해서 얼마나 가련한 겁쟁이가 되었던가? 육아실로 돌아가 버린다는 것도 두려웠다. 응접실로 들어가는 것도 무서웠다. 10분 동안 가슴을 두근거리며 어물어물 거기에 서 있었다. 조반실의 요란한 종소리가 들렸으므로 마침내 나는 결심을 했다. 들어가지 않으면 안 되었다.

'누가 날 불렀을까?' 나는 속으로 중얼거리면서 두 손으로 문의 단단한 손잡이를 돌렸으나 손잡이는 바로 돌아가지는 않았다. '이 방안에 리드 아주머니 말고 또 누가 있을까? 남자일까? 여자일까?' 손잡이가 돌아가며 문이 열렸다. 방안에 들어서서 공손히 인사를 하고 고개를 들자 거기에는 시커먼 기둥이! 적어도 처음에는 그렇게 보였는데, 검은담비의 모피를 입은 호리호리한 모습이 양탄자 위에 똑바로 서 있었다. 그 꼭대기에 달린 엄숙한 얼굴은 마치 기둥머리에 얹힌 조각한 가면과도 같았다.

리드 부인은 난롯가의 늘 앉는 의자에 앉아 있었다. 나에게 가까이 오라는 신호를 했다. 곁으로 다가가자 그 무표정한 낯선 사람에게 "말씀드린 애가 바로 이 애입니다" 하고 나를 소개했다.

그는, 즉, 그 사람은, 남자로 천천히 내가 있는 쪽으로 고개를 돌리더니 짙은 눈썹 밑에서 번쩍이는 더듬는 듯한 잿빛 눈으로 나를 살펴보고는 굵직한 목소리로 엄숙히 말했다. "키가 작군요. 몇 살입니까?"

"열 살입니다."

"그렇게 돼요?" 의심쩍어하는 대답이었다. 그리고 그는 몇 분 동안 물끄러미 바라보고는 마침내 나에게 이렇게 말하였다.

"아가씨, 이름은?"

"제인 에어입니다."

이렇게 대답하면서 나는 얼굴을 들었다. 키가 큰 신사로 보였으나 그 무렵의 나는 아주 몸이 작았으므로 실제로는 알 수가 없었다. 신사의 이목구비는 큼직했으며 몸의 윤곽과 마찬가지로 거칠고 딱딱했다.

"그런데, 제인 에어, 넌 착한 아이냐?"

이 물음에 대해서 긍정적인 대답을 할 수 없었다. 내가 있는 좁은 세계에서는 반대의 평가를 받고 있었기 때문이다. 나는 잠자코 있었다. 리드 부인이 나를 대신해서 뜻있는 듯 머리를 크게 흔들어 대답하였다. "아마 그 점에 대해서는 그다지 말하지 않는 것이 좋을 것으로 생각합니다. 브로클허스트 선생님."

"그거 참 유감입니다! 이 애와 얘기를 좀 해봐야겠습니다." 이렇게 말하고 그는 수직 자세의 몸을 굽히며 리드 부인의 맞은편 안락의자에 앉았다. "이리 온." 그는 말하였다.

나는 양탄자를 밟고 가까이 갔다. 그는 나를 자기 앞에 똑바로 세워 놓았다. 나의 얼굴과 거의 같은 높이에 놓이게 된 그의 얼굴은 그야말로 못생기기가 이를 데 없었다. 얼마나 큰 코인가! 얼마나 큰 입! 그리고 얼마나 큰 뻐드렁니인가!

"나쁜 아이만큼 한탄스러운 건 없다." 그는 이렇게 말문을 열었다. "특히 나쁜 여자 아이는 말야. 나쁜 사람은 죽은 뒤 어디로 가는지 알고나 있나?"

"지옥으로 가요!" 이것은 나의 틀에 박힌 대로의 대답이었다.

"그럼 지옥이란 뭐지? 설명해 줄 수 있니?"

"불이 타고 있는 구덩입니다."

"그럼 넌 그 불구덩이에 빠져 영원히 불에 타고 싶니?"

"싫습니다."

"그걸 피하려면 어떻게 해야지?"

나는 잠시 생각했다. 나온 대답은 사리에 맞지가 않았다.

"몸을 튼튼히 해서 죽지 않아야 합니다."

"어떻게 하면 몸을 튼튼히 할 수 있지? 너보다도 더 어린애들이 매일 죽고 있는데. 바로 이틀 전에 다섯 살짜리 어린애를 묻었는데—착한 애였어. 그 애의 영혼은 지금 천당에 가 있을 거야. 혹시 네가 이 세상에서 저 세상으로 불리어 간다고 해도 유감스럽지만 그렇게는 되지 않을 거야."

그의 궁금증을 풀어 주어야 할 입장이 아닌 나는 눈을 아래로 뜨고 융단을 밟고 있는 커다란 두 다리를 바라보면서 이 자리에서 빨리 벗어나고 싶어서 한숨을 쉬었다.

"지금의 그 한숨은 마음속으로부터 나온 거겠지? 훌륭한 은인에게 폐를 끼쳤다는 것을 후회하고 있는 한숨이겠지?"

'은인이라! 은인이라!' 속으로 나는 뇌까렸다. '모두들 리드 부인을 은인이라고 하지만 만일 그렇다면 은인이란 불쾌한 존재야.'

"아침저녁으로 기도를 올리나?" 나의 심문자는 계속 물었다.

"네."

"성경을 읽나?"

"가끔."

"즐거운 마음으로 읽고 있나? 성경을 좋아하나?"

"제가 좋아하는 것은 '요한계시록'입니다. 그리고 '다니엘'과 '창세기', '사무엘'을 좋아합니다. 그리고 '출애굽기'도 조금, '열왕기'와 '역대기' 어느 부분, 그리고 '욥기', '요나'도 좋아하고요."

"그러면 '시편'은? '시편'도 좋아하겠지?"

"아뇨."

"아니라! 참 이상하군! 내겐 너보다도 어린 사내애가 있는데 '시편'을 여섯 편이나 외고 있어. 생강이 든 쿠키를 먹고 싶으냐 그렇지 않으면 '시편'을 외우고 싶으냐, 어느 편이 좋으냐고 물으면 그 애는 이렇게 대답할 것이다. 그야 '시편'이죠! 천사는 '시편'의 시를 노래해요. 나도 세상의 천사가 되고 싶어요, 라고 말야. 그래서 이 어린애의 신앙심이 기특해서 생강 과자를 두 개 주지."

"'시편'은 재미가 없어요." 나는 말했다.

"그것이 네가 나쁜 마음을 가지고 있다는 증거야. 그런 마음을 고쳐 달라고 하느님께 기도를 드려야 하지. 새롭고 깨끗한 마음을 주시도록, 부정한 마음을 없애고 인정 있는 마음을 주십사 하구."

나는 어떻게 하면 내 마음을 고칠 수 있는지 그 방법에 대해 물어 보려는 참에 리드 부인이 끼어들어 나더러 앉으라고 하였다. 그리고 이야기를 하기 시작했다.

"브로클허스트 선생님, 3주일 전에 드린 제 편지에서 이 아이는 제가 원하는 성격이나 기질을 전혀 갖고 있지 않다고 말씀드린 것으로 알고 있어요. 이 아이를 로우드 자선 학교에 넣게 되신다면 교장 선생님과 여러 선생님들에게 이 아이를 엄격하게 감독해 주실 것을 부탁드립니다. 특히 이 애의 가장 나쁜 결점인 남을 속이는 버릇에 특히 신경을 써 주시고. 제인, 네가 듣는데서 말해 둔다. 브로클허스트 선생님의 좋은 마음씨를 틈타서 멋대로 행동해서는 안 돼요."

내가 리드 부인을 두려워하고 혐오하는 것도 당연한 일일지도 모른다. 나를 가혹하게 다루면서도 태연한 얼굴을 하고 있을 수 있는 사람인 것이다. 이 사람이 있는 곳에서는 나는 결코 행복하게는 될 수 없었다. 얌전하게 말을 들으려 제아무리 노력을 해도, 이분의 마음에 들기 위해 아무리 노력을 해도, 그런 노력도 지금과 같은 말로 보복을 당하는 것이 고작이었다. 지금 이 낯선 사람 앞에서 던진 그 비방은 내 가슴을 도려냈다. 앞으로 나를 던져 넣으려는 새로운 생활로부터도 그녀는 이미 희망이라는 것을 꺾으려 하고 있다는 것을 어렴풋이나마 느낄 수 있었다. 이 기분을 어떻게 나타내면 좋을지 몰랐으나, 리드 부인은 나의 미래로 통하는 길에 혐오의 정과 진저리나는 마음을 뿌리고 있는 것처럼 여겨졌다. 나는 브로클허스트 씨의 눈앞에서 교활하고 밉살스러운 아이로 변모해 가는 것이 보이는 것 같았다. 이 타격을 누가 씻어줄 수 있을 것인가?

'아무것도 없다' 나는 복받쳐 오르는 울음을 필사적으로 참으면서 이렇게 생각하였다. 넘쳐흐른 눈물을, 나의 두려움의 헛된 증거인 눈물을 나는 급히 닦았다.

"어린아이가 속인다는 건 슬픈 결점이군요." 브로클허스트 씨는 말했다. "그건 거짓말을 하는 것과 같습니다. 거짓말쟁이들이 있는 곳은 지옥의 불과 유황이 타고 있는 연못 속입니다. 하지만 이 아이를 조심하겠습니다, 리드 부인. 템플 선생님을 비롯하여 다른 선생님에게도 잘 말해 두겠어요."

"이 애의 장래에 알맞은 방법으로 교육시켜 주셨으면 합니다." 나의 은인은 말을 이었다. "쓸모 있고 겸손할 줄 알도록 말입니다. 그리고 되도록 방학 때에도 언제나 로우드 학교에서 선생님들과 함께 지낼 수 있도록 해 주세요."

"매우 현명하신 생각이십니다, 부인." 브로클허스트 씨가 말했다. "겸손은 기독교도의 미덕입니다. 바로 로우드의 학생에게 어울리는 덕입니다. 따라서 저는 학생들에게 그 미덕을 기르기 위해서 각별하게 지도하고 있습니다. 학생들 마음속에 숨은 오만이라고 하는 속된 감정을 훌륭하게 극복하는 방법을 나는 연구해 왔습니다. 바로 며칠 전에 나는 이것이 성공했다는 기쁜 증거를 발견했습니다. 제 둘째딸 오거스터가 제 어머니와 함께 학교를 방문하고 집으로 돌아오자마자 이렇게 감탄의 소리를 질렀어요. '아, 아빠, 로우드 학교 여학생들은 어쩌면 그렇게도 얌전하고 소박해 보여요. 머리는 귀 뒤로 빗어 넘기고 긴 앞치마나 저고리 밖에 달린 조그만 삼베천의 작은 호주머니는 가난뱅이 집 애들 같아요! 그리고' 하고 말하더군요. '마치 모두 비단을 처음 구경한 것처럼 내 옷과 엄마 옷을 물끄러미 바라보고 있었어요' 하고 말입니다."

"그것이 바로 제가 원하는 점이에요." 리드 부인이 말했다. "영국 땅을 온통 뒤져 봐도 그 이상 제인 에어 같은 애에게 꼭 맞는 시설은 찾아볼 수 없을 거예요. 브로클허스트 선생님, 정말 저는 무엇보다도 견실(堅實)을 신조로 삼고 있어요."

"부인, 견실하다는 것이야말로 기독교인의 첫째가는 의무지요. 그리고 그것은 로우드 학교 운영 방침에 반영되어 있습니다. 검소한 식사, 간소한 옷차림, 실질적인 설비, 강건하고 활기 있는 생활 습관, 이런 것들이 우리 학교와 학생들의 규범으로 되어 있습니다."

"정말 말씀하신 대로입니다. 그럼 이 아이를 로우드 학교 학생으로 받아들이신다고 생각해도 좋을까요? 그리고 이 아이의 처지와 장래에 어울리는 교육을 베풀어 주실 거라고 생각해도 좋겠지요."

"좋고말구요, 부인. 이 아이는 선택된 묘목 밭에 심도록 하죠—이 아이는 틀림없이 자기가 선택된, 헤아릴 수 없는 특전을 감사하게 될 것입니다."

"그럼 선생님, 되도록 빨리 보내겠어요. 귀찮은 책임에서 빨리 벗어나고 싶으니까요."

"아무렴요, 그렇고말고요. 그럼 안녕히 계십시오. 브로클허스트 홀에는 한두 주일 안에 돌아갈 겁니다. 제 친구인 성당 부주교가 빨리 떠나지 못하게 붙잡을 테니까요. 템플 선생에게는 신입생이 들어온다는 것을 사전에 일러 둘 것이므로 받아들이는 데에는 아무런 지장이 없을 것입니다. 그럼 이만."

"안녕히 가십시오, 브로클허스트 선생님. 부인과 따님께 안부 전해 주세요. 그리고 오거스터, 시어도어, 그리고 브로튼 도련님에게도 안부 전해 주세요."

"네, 부인, 그러겠습니다. 제인, 여기 〈어린이 길잡이〉라는 책이 있으니 기도를 올리고 읽어 봐라. 특히 '거짓말과 속임수로 날을 지새운 마서 G—의 갑작스런 죽음'이라는 대목은 잘 읽어두도록 해라. 거짓말을 하거나 남을 속이는 나쁜 버릇을 가진 아이의 이야기니까 말야."

이렇게 말하고 나서 브로클허스트 씨는 표지가 붙은 얇은 책 한 권을 내 손에 쥐어주었다. 그리고 종을 울려 불러 두었던 마차를 타고 돌아갔다.

나와 리드 부인이 뒤에 남았다. 침묵 속에 몇 분이 흘렀다. 리드 부인은 자수를 하고 있고 나는 그것을 바라보고 있었다. 그 당시의 리드 부인은 아마 서른여섯이나 일곱 살쯤 되었으리라. 건장한 뼈대에 딱 벌어진 어깨에 손발도 튼튼하고 키는 그리 크지 않았으나 좋은 몸매에 비해 뚱뚱하지도 않았다. 조금 큰 얼굴에 턱뼈가 딱 벌어져 있었다. 이마는 좁고 큰 턱이 튀어나오고 입과 코는 제법 균형이 잡혀 있었다. 성긴 눈썹 밑에는 인정머리 없는 눈이 반짝거렸다. 살갗은 윤이 없고 거무스름했고 머리카락은 황갈색에 가까웠다. 체질은 아주 튼튼했다. 질병이 달려들 엄두도 못 낼 것 같았다. 빈틈없고 머리가 좋은 관리자로서 가정(家政) 면에서나 소작인에 관한 일도 야무지게 장악하고 있었다. 아이들만이 가끔 어머니의 권위에 반항하여 얕잡아 보았다. 옷을 잘 입었고 풍채나 몸매도 훌륭하여 우아한 옷차림에 어울렸다.

그분이 앉아 있는 안락의자에서 2, 3야드 떨어진 낮은 의자에 앉아 나는 그녀의 모습을 자세히 바라보고 있었다. 그녀의 이목구비를 꼼꼼하게 관찰하였다. 나의 손에는 '거짓말쟁이 아가씨의 갑작스런 죽음'이라고 하는 이야기가 적힌 작은 책이 쥐어져 있었다. 거기에 쓰여 있는 이야기는 나에게 어울리는 경고이므로 읽어 보라는 것이었다. 방금 전에 나눈 두 사람의 이야기. 나에게 대해서 리드 부인이 브로클허스트 씨에게 한 말. 두 사람 사이에서 나눈 이야기 줄거리가 지금도 생생하게 내 마음에 사무쳤다. 나는 두 사람의 이야기를 이 귀로 분명히 듣고 그 한 마디 한 마디가 가슴에 새겨져 있었다. 분노의 격정이 가슴 속에 치밀어 왔다.

리드 부인은 자수를 하던 손에서 눈을 들었다. 그리고 눈길이 나에게로 와서 멎었다. 그 순간 손가락의 민첩한 동작도 멈췄다.

"이 방에서 나가 육아실로 가거라." 그녀의 명령이었다. 나의 표정이 무엇인가 그녀를 불쾌하게 한 것이리라. 화를 억누르고 있기는 했으나 말투에 초조한 감정이 나타나 있었다. 나는 일어나 문께로 가까이 가다가 되돌아왔다. 방을 가로질러 창가로 가서 그녀에게 다가섰다.

꼭 말하지 않으면 안 되었다. 너무 호되게 짓밟혔으므로 보복을 하지 않으면 안 되었다. 하지만 어떻게? 적에게 복수할 만한 힘이 나에게 있을까? 나는 온갖 기력을 동원하여 짜낸 불손한 말을 상대방에게 던졌다.

"저는 거짓말쟁이가 아네요. 거짓말쟁이였다면 아주머니를 좋아한다고 말했을 거예요. 하지만 난 아주머니를 좋아하지 않아요. 존 리드를 빼면 세상에서 아주머니를 누구보다도 가장 싫어해요. 거짓말쟁이에게 설교하는 이따위 책은 아주머니의 딸 조지아나에게나 주세요. 거짓말하는 건 조지아나지 저는 아니니까요."

리드 부인의 손은 여전히 자수감 위에 놓여 움직이지 않았다. 얼음장 같은 눈길은 줄곧 내 눈을 바라보고 있었다.

"더 할 말이 있니?" 어린아이를 상대하고 있느니보다는 어른을 상대로 하고 있는 것 같았다.

그 눈, 그 목소리는 내 혐오감을 더욱더 자극할 뿐이었다. 견딜 수 없는 흥분으로 온몸을 떨며 나는 말을 이었다.

"아주머니가 저와 한 핏줄이 아닌 게 다행이에요. 앞으로 살아가는 한 당신을 외숙모라고 부르지 않겠어요. 제가 어른이 돼도 두 번 다시 당신을 만나러 오지 않겠어요. 그리고 누가 저더러 아주머니를 얼마만큼 좋아했느냐고 물으면 생각만 해도 진저리가 난다고 할 테에요. 그리고 저를 못살게 들볶았다고요."

"제인, 너는 감히 그렇게 떠들어 댈 수 있니?"

"어떻게 감히 그러느냐구요? 어떻게 함부로 그러느냐구요? 그러나 이건 사실이에요. 저에겐 감정이 없는 줄 아시는군요. 사랑이나 친절이 하나도 없는 곳에서 살아갈 수 있다고 생각하세요? 저는 살아갈 수 없어요. 아주머니에겐 동정심이라곤 조금도 없어요. 저는 죽을 때까지 잊을 수 없어요. 당신이 어떻게 저를 쳐넣었는지—매정하고 난폭하게—저 '붉은 방'에 영원히 가두려 했는지. 저는 괴롭고 숨이 막힐 것 같아 '아주머니, 살려줘요!' 하면서 울부짖었는데도 말이에요. 당신이 그렇게 한 것은 저 심술궂은 아이가 저를 때렸기 때문이에요—아무 일도 하지 않는 저를 때려 쓰러뜨렸기 때문이에요. 누가 저에게 물으면 누구에게나 진짜 이야기를 할 겁니다. 사람들은 모두 당신을 좋은 여자라고 생각하지만 실은 당신은 나쁜 사람이고 인정도 없어요. 당신이야말로 거짓말쟁이예요."

이 말을 채 마치기도 전에 나의 마음은 자유라고 하는, 승리라고 하는, 일찍이 맛보지 못한 감각에 가슴이 부풀어오르는 기쁨을 느꼈다. 눈에 보이지 않는 매듭이 날아가고 뜻하지 않은 자유의 세계로 풀려난 것 같았다. 이런 기분이 되는 것도 당연한 일이었다. 리드 부인은 겁먹은 표정을 지었다. 자수의 천이 무릎에서 흘러 떨어졌다. 두 손을 올리고 몸을 전후로 흔들며 그녀의 얼굴은 지금 당장 울 것처럼 일그러져 있었다.

"제인, 넌 오해를 하고 있어. 도대체 어찌된 일이냐? 왜 그렇게 벌벌 떨고 있어? 물이라도 좀 마시련?"

"싫어요!"

"그럼 뭐 원하는 건 없니, 제인? 난 정말 너와 의좋게 지내고 싶은데."

"그만 두세요. 저는 나쁜 성격의 아이라고, 남을 속이는 성질이 있다고 브로클허스트 씨에게 말했잖아요. 저는 로우드에 있는 모든 사람들에게 당신이 어떤 사람이구 어떤 짓을 했다는 것을 모두 알리고 말테예요."

"제인, 넌 아직 잘 모르고 있구나. 애들의 결점은 고쳐 줘야 하는 거야."

"남을 속이는 결점, 저에게는 없어요!"

"그렇지만 제인, 넌 화를 잘 낸다는 걸 알아야 해. 자아, 육아실로 가서—자, 착한 아이지—좀 쉬어라."

"전 당신의 착한 애가 아니에요, 누워 있을 수도 없고요. 어서 학교에나 보내 주세요. 전 이 집에서 살고 싶지 않으니까."

"정말 빨리 학교에 보내 버려야겠어." 나지막한 목소리로 중얼거린 리드 부인은 자수 도구를 주워 모으자 얼른 방을 나가 버렸다.

나는 혼자 남게 되었다―싸움터의 승리자로서. 그것은 여태껏 싸움 중에서 가장 치열한 싸움이었고 처음으로 거둔 승리였다. 잠시 동안 나는 브로클허스트 씨가 서 있던 양탄자 위에 서서 승리자의 고독을 즐겼다. 처음에는 미소까지 띠고 의기양양해 했다. 그러나 그 강렬한 기쁨도 가슴의 빠른 고동이 가라앉는 속도와 함께 식어 갔다. 어린아이라고 하는 것은 그때 내가 했던 것처럼 윗사람과 싸움을 해서는 안 된다. 어린아이라고 하는 것은 내가 한 것처럼 분노를 마음대로 풀어 제쳐서는 안 된다. 그 후에는 반드시 뉘우침의 괴로움과 반동으로 다가오는 차가움을 반드시 맛보지 않으면 안 되니까. 이글이글 불꽃이 타오르는 히스의 언덕, 그것은 내가 리드 부인을 비난하고 위협하고 있는 동안의 심정을 잘 나타내고 있었는지도 모른다. 불길이 꺼진 후 검게 탄 히스의 언덕, 그것은 반시간쯤의 침묵과 반성에 의해서 자기의 행위가 얼마나 미친 짓과 같은 것이었는가를 깨달았을 때의, 미움을 받고 미워하는 입장의 외로움을 알았을 때의 상태를 잘 나타내고 있다고 말할 수 있을 것이다.

나는 복수의 심정을 이 세상에 태어난 후 처음으로 맛보았다. 그것이 목을 넘어갔을 때에는 포도주처럼 향기롭고 따뜻했다. 그러나 마신 후에는 부패한 금속과 같은 맛이 남아 마치 독을 마신 것 같은 생각이 들었다. 당장이라도 리드 부인에게로 달려가서 용서를 구하고 싶었다. 그러나 그런 일을 하면 그분은 전보다도 더 나를 비웃고 거부하여, 그것으로 나의 타고난 거친 성격이 다시 교란될 뿐이라고 나는 경험으로, 또 본능으로 그것을 알고 있었다.

나는 나의 거친 독설보다도 더 좋은 능력을 나타내고 싶었다. 침울한 분노보다는 더 온건한 감정을 간직하고 싶어서 나는 책을 손에 들었다―아라비안 나이트의 이야기. 앉아서 그것을 읽으려 했으나 내용이 머리에 들어오지 않았다. 여러 가지 생각이 여느 때 같으면 끌려들어가는 책장과 나 사이에 끼어들어 왔다. 나는 조반실의 유리문을 열어 보았다. 숲은 조용했다. 검은 빛을 띤 서리가 햇빛이나 바람에도 녹지 않고 땅을 덮고 있었다. 나는 윗옷 자락을 들어 올려 머리와 팔에 뒤집어쓰고 멀리 떨어진 숲을 걸어보려고 밖으로 나갔다. 고요한 숲, 가을의 흔적으로 떨어진 얼어붙은 전나무 열매, 바람에 불려 한쪽으로 몰린 꽁꽁 언 가랑잎 더미들을 보아도 마음은 즐겁지 않았다. 나는 문에 기대어, 지금은 풀을 뜯는 양 한 마리 없는 텅 빈 들판을 바라보았다. 들판의 짧은 풀은 말라 하얗게 바래 있었다. 음울하게 흐린 날씨였다. 잔뜩 찌푸린 하늘은 '이윽고 눈을 뿌릴' 것처럼 모든 것을 뒤덮고 있었다. 거기에서 이따끔 눈이 한 송이 두 송이 떨어져 이윽고 얼어붙은 오솔길에, 서리와 같은 하얀 목초지에 녹지도 않고 쌓여 간다. 비참한 심정이 된 어린 나는 거기에 선 채 몇 번이고 작은 소리로 중얼거려 보았다. "어쩌면 좋을까? 어쩌면 좋을까?"

이때 별안간 맑은 음성이 울렸다. "제인 아가씨! 어디 있어요? 와서 점심 먹어요!"

베시라는 걸 잘 알고 있었다. 그러나 나는 꼼짝 않고 있었다. 그녀의 가벼운 걸음이 오솔길을 따라 빠르게 다가왔다.

"이 말썽꾸러기야!" 그녀는 말했다. "불렀는데 왜 안 오지?"

여느 때처럼 조금 기분이 안 좋은 베시였으나 지금까지 생각에 잠겨 있었던 심정에 비하면 그녀의 등장은 마음을 밝게 해 주었다. 사실을 말하자면 리드 부인과의 싸움에서 승리를 거둔 후 유모의 기분이 조금 나빴다고 해서 그다지 신경이 쓰이지 않았다. 게다가 나는 젊은 베시의 쌀쌀한 마음에 어리광을 부리고 싶었다. 나는 두 팔을 벌리고 그녀를 안았다. "베시! 잔소리는 없기로 해요."

이 행동은 여느 때의 나에게는 생각할 수 없을 정도로 솔직하고 대담하였다. 그것이 베시를 기쁘게 했다.

"제인 아가씨는 참 이상해!" 나를 내려다보며 그녀는 말했다. "외로운 방랑 아가씨. 학교에 가게 된다지?"

나는 고개를 끄덕였다.

"불쌍한 베시를 놓고 가는 것이 섭섭하지 않아?"

"베시는 나 같은 건 아무렇지도 않게 생각하고 있잖아. 늘 야단만 치고."

"아가씬 이상하게 겁을 잘 내구 수줍은 애니까 그러는 거지. 좀더 대담해져야 해요."

"뭐라구? 더 많이 얻어맞기 위해서?"

"실없는 소리! 하기는 좀 구박을 받고 있는 건 사실이야. 우리 어머니가 지난 주 나를 만나러 오셨을 때 말씀하셨어. 자기 자식이라면 아가씨 같은 처지에 그냥 두진 않겠다고. 자, 집에 들어가. 좋은 소식이 있어."

"설마. 그런 게 있을 턱이 없어, 베시."

"아니! 그게 무슨 소리야? 그렇게 슬픈 눈을 하고……. 아무튼 마님과 아가씨들과 존 도련님은 오후 다과회에 초대를 받아 나가시니까 나와 함께 차를 마셔. 요리사에게 부탁해서 아가씨에게 케이크를 좀 구워 주라고 할게. 그 다음엔 아가씨 서랍을 챙겨야 하는데 도와 줘요. 빨리 아가씨 트렁크를 꾸려야 해요. 마님께선 하루나 이틀 후엔 아가씨를 떠나게 할 작정인 가봐. 가지고 가고 싶은 장난감을 골라 봐요."

"베시, 내가 여기를 나갈 때까지는 더 야단치지 않겠다고 약속해 줘요."

"그래, 약속할게. 그렇지만 착한 애가 되도록 해 줘. 그리고 나를 두려워하지 않도록 말야. 어쩌다가 잔소리를 퍼부어도 겁내선 안 돼요. 그럴 땐 막 화가 나거든."

"앞으론 두려워하지 않을 테야, 베시. 이젠 베시와는 통하게 됐으니까. 하지만 곧 내 주위에 또 무서운 사람들이 나타날지도 몰라."

"그 사람들을 무서워하면 또 미움을 받게 돼."

"베시, 아줌마도 그래요?"

"난 아가씨를 싫어하지 않아, 누구보다도 아가씨를 좋아하는걸."

"그래도 그렇게 보이지 않아요."

"참 똑똑두 해라! 말투가 아주 달라졌어. 어떻게 그리 대담하고 똑똑히 말하게 되었을까?"

"응, 머잖아 아줌마와 헤어질 거구 또……" 나는 리드 부인과의 사이에 있었던 일을 말하려고 했으나 다시 생각하니 그 문제는 잠자코 있는 편이 좋을 것 같았다.

"그래, 나와 헤어지는 게 그렇게도 좋단 말이야?"

"설마, 베시. 지금은 오히려 슬플 지경이야."

"지금은! 오히려! 아가씨는 어쩌면 그렇게 쌀쌀맞게 굴까? 지금 아가씨에게 키스를 해달라고 해도 안 해 줄 것 아냐? 안하는 게 좋을 거라고 말하겠지?"

"기꺼이 키스할 테야, 자 고개를 이리 숙여 줘." 베시는 허리를 굽혔다. 우린 서로 껴안았다. 그리고 나는 흡족한 심정으로 베시를 따라 집으로 들어갔다. 그날 오후는 아늑하고 평온하게 지나갔다. 그날 밤 베시는 그녀가 가장 신나는 것으로 여기는 이야기를 해 주었고 마음이 따뜻해지는 노래도 몇 곡 들려주었다. 나의 삶에도 햇빛이 번뜩이고 있었다.

5

1월 19일 아침, 시계가 5시를 칠 무렵에 베시가 내 방으로 촛불을 들고 왔을 때 나는 벌써 일어나서 옷을 거의 다 입고 있었다. 베시가 오기 30분 전에 일어나 세수를 하고 침대가의 좁고 긴 창문으로 비치는 반달의 빛에 의지하여 몸차림을 끝마치고 있었던 것이다. 나는 이날 아침 6시에 이곳 문지기 오두막을 지나는 역마차를 타고 게이츠헤드를 떠나기로 돼 있었다. 일어난 사람은 베시뿐이었다. 그녀는 벌써 육아실에 불을 피우고 내 아침 식사를 준비하기 시작했다. 앞으로 여행을 떠난다고 생각하면 어린아이는 흥분해서 그렇게 많이 먹을 수 없는 법이다. 나도 그랬다. 베시는 내게 주려고 모처럼 준비한 끓인 우유에 적신 빵을 조금이라도 좋으니 더 먹으라고 끈질기게 권했으나 그것이 안 된다는 것을 알자 이번에는 비스킷을 몇 조각 종이에 싸서 가방 속에 넣어 주었다. 그러고 나서 내게 외투를 입히고 모자를 씌워 주고는 자기도 숄을 두르고 함께 육아실을 나왔다. 리드 부인의 침실 앞을 지날 때 베시가 말했다.

"마님한테 들러 작별 인사를 하지 않겠니?"

"싫어, 베시. 어젯밤 아줌마가 저녁 먹으러 아래층에 내려갔을 때 리드 부인이 내 침대로 왔어. 내일 아침엔 자기와 사촌들이 자고 있는 것을 깨울 필요는 없다고. 그리고 나는 너의 가장 좋은 친구였다는 것을 잘 기억해 두라고, 그리고 남에게도 그렇게 말하며 감사를 잊지 말라고 말야."

"그래, 아가씬 뭐라고 대답했지?"

"아무 말도. 이불로 얼굴을 덮어 버리고 벽 쪽으로 돌아누워 버렸어."

"그러면 못써, 제인 아가씨."

"그걸로 좋았어, 베시. 아줌마의 마님은 내 친구가 아니니까. 내 적이었는

걸.”

“어머나, 제인 아가씨! 그런 말 하는 게 아냐!”

“게이츠헤드야, 안녕!” 큰 방을 지나 출입문께로 나왔을 때 나는 이렇게 소리쳤다.

달이 져서 매우 컴컴했다. 베시가 들고 있는 랜턴의 불빛이 최근에 녹은 눈 때문에 젖어 있는 계단과 자갈길을 비추었다. 겨울 아침은 얼얼하게 아플 정도로 추웠다. 나는 이빨을 덜덜 떨면서 마찻길을 급히 내려갔다. 문지기 오두막에 불빛이 보였다. 거기에 도착하니 문지기 아내가 난로에 막 불을 넣고 있는 참이었다. 전날 밤에 날라다 놓은 내 트렁크가 끈으로 묶인 채 입구에 놓여 있었다. 6시까지 앞으로 몇 분, 6시를 치자 이윽고 멀리서 바퀴 구르는 소리가 나더니 합승마차가 오고 있는 것이 보였다. 나는 문간으로 나와 어둠 속으로 마차의 등불이 가까이 오는 것을 지켜보았다.

“아가씨 혼자 가나요?” 문지기 아내가 물었다.

“네.”

“얼마나 먼 데로 가지요?”

“50마일이나 돼요.”

“아유 멀기도 해라! 리드 마님은 그렇게 먼 델 아가씨 혼자 보내면서 걱정도 안 되시나.”

마차가 멈췄다. 문 앞에 있는 것은 네 필의 말이 끄는 마차, 마차 위에는 손님들이 가득 앉아 있었다. 차장과 마부가 큰 소리로 재촉을 했다. 내 트렁크가 끌어올려갔다. 몇 번이고 키스를 하며 매달렸던 베시의 목으로부터 나는 떨어졌다.

“이 애를 잘 보살펴 주세요.” 차장이 나를 안아 마차에 태우는 것을 보고 베시가 외쳤다.

“네! 네!” 차장의 대답이었다. 문이 닫히며 “출발!” 외치자 마차는 달리기 시작하였다.

이렇게 해서 나는 베시와 게이츠헤드와 작별하였다. 그리고 당시의 내가 마음속에 그리던 먼 신비의 땅을 향하여 달리고 있었던 것이다.

나는 이 여행에 대해서 그리 잘 기억하고 있지 않다. 다만 하루가 이상할 정도로 길게 느껴졌다는 것과 수백 마일의 길을 여행한 것처럼 여겨졌다는 것을 기억하고 있다. 몇몇 고을을 지난 후 매우 큰 곳에서 마차는 멎었다. 말들은 풀려나고 손님들은 식사를 하러 내렸다. 나는 저녁밥을 먹으라는 차장의 말을 듣고 어떤 여인숙으로 갔다. 그러나 나는 식욕이 전혀 없었으므로 혼자 양쪽에 난로가 있는 큰 방에 남아 있었다. 천장에 샹들리에가 드리워져 있었다. 벽 높은 곳에는 좁고 붉은 발코니가 있고 여러 가지 악기들이 나열되어 있었다. 묘한 기분으로 그 방을 오랫동안 거닐고 있었는데 누가 들어와 나를 잡아가지나 않을까 하고 불안했다. 사람을 유괴하는 사람을 있다고 믿고 있었다. 유괴범이 활동하는 이야기는 베시의 난로가의 이야기에서 자주 나왔었기 때문이었다. 이윽고 차장이 돌아왔다. 나는 다시 마차에 올랐다. 내 보호자는 자기 자리로 올라가 쇠뿔 나팔을 불면서 L읍의 자갈길을 덜거덕거리며 달리기 시작하였다.

오후에는 비가 오기 시작하고 조금 안개가 끼어 있었다. 어둠이 드리우기 시작하자 게이츠헤드에서 매우 멀리 와 있다는 실감이 들었다. 이제 우리들은 도시들을 지나가지 않았다. 근처의 풍경이 바뀌기 시작하였다. 잿빛의 커다란 언덕이 지평선 근처에 둥글게 솟아 있었다. 해가 완전히 질 무렵 우리는 울창한 숲이 우거진 낮은 지대를 내려가고 있었다. 이윽고 어둠이 주위를 싸고 숲을 요란스럽게 흔들어대는 바람 소리가 들렸다.

그 소리가 기분이 좋아 나는 깜박 졸기 시작하였다. 얼마 졸지 않았는데 갑자기 마차가 멈추고 나는 잠이 깼다. 마차 문이 열리자 하녀 같은 여인이 거기 서 있었다. 램프의 불빛으로 그 여자의 얼굴과 옷이 보였다.

"여기 제인 에어라는 소녀가 타고 있습니까?" 그녀는 물었다. "네" 하고 대답하자 나는 마차에서 안겨서 내렸다. 트렁크도 함께 내려지고 마차는 곧 떠나 버렸다.

오랫동안 앉아 온 탓으로 몸이 뻣뻣했고 마차가 달리는 소음과 진동으로 머리가 멍 했는데 기운을 가다듬어 주위를 둘러보았다. 비와 바람과 어둠이 있을 뿐이었다. 그래도 눈앞에 담이 있고 담이 딸린 문이 열려있는 것이 희미하게 보였다. 그 문을 새로운 안내자의 뒤를 따라 들어갔다. 안내자는 그 문을 닫고 잠가 버렸다. 건물이, 그것도 여러 채의 건물이 보였다—그 건물은 죽 앞으로 이어져 있었고 건물에는 창문이 많은데 그 중 몇 개에는 불이 켜져 있는 것도 있었다. 넓은 자갈길의 물웅덩이를 물을 튀기며 걸어가 이윽고 어떤 문이 열려 우리는 건물 안으로 들어갈 수가 있었다. 안내자는 복도를 지나 난로가 피어 있는 방으로 나를 안내하자 나를 두고 나갔다.

나는 서서 곱은 손가락을 불에 녹이면서 주위를 둘러보았다. 촛불은 켜 있지 않고 흔들리는 벽난로의 불빛이 벽지를 바른 벽과 양탄자, 커튼, 윤이 흐르는 마호가니 가구들을 간간이 떠오르게 하였다. 이 방은 응접실인 것 같았으나 게이츠헤드 저택의 응접실처럼 넓지도 않고 훌륭하지도 않았다. 벽에 걸려 있는 그림은 도대체 무엇을 그린 것일까 하고 고개를 갸우뚱거리고 있는데 문이 열려 양초를 든 사람이 들어왔다. 바로 그 뒤에 또 한 사람이 따라 들어왔다.

앞선 사람은 검은 머리와 검은 눈의 키가 큰 여자로 이마가 해쓱하고 넓었다. 어깨를 숄로 감싸고 엄숙한 표정으로 몸을 곧추세우고 있었다.

"이렇게 어린것을 혼자 여기까지 보내다니." 그녀는 테이블에 촛불을 놓으며 말했다. 잠시 나를 유심히 보더니 이윽고 이렇게 덧붙였다.

"곧 재워야겠어. 피곤해 보이는군. 고단하지?" 내 어깨에 손을 얹으며 말했다.

"네, 좀."

"그리고 물론 배도 고프겠지. 밀러 선생, 재우기 전에 저녁을 좀 먹여요. 얘, 학교에 들어오기 위해 부모님과 헤어진 건 이번이 처음이겠지?"

나는 부모가 안 계시다고 말했다. 그러니까 그녀는 부모가 돌아가신 지 얼마나 되느냐고 묻고 나이가 몇 살이며 이름이나 글을 쓸 줄 아느냐, 또 바느질을 좀 할 줄 아느냐고 물었다. 그러더니 그녀는 손가락 끝으로 내 뺨을 살며시 만지며 말했다. "착한 애가 되길 바란다." 그리고 미스 밀러 선생님을 따라가라고 말했다.

뒤에 남은 여자는 스물아홉쯤 되어보였다. 나와 같이 나온 밀러 선생님은 그보다 조금 아래로 보였다. 처음 사람의 목소리나 표정이나 태도는 느낌이 좋았다. 밀러 선생님은 보통이었다. 지친 것 같은 얼굴이었으나 혈색도 좋고 발걸음이나 동작이 성급하여 할 일이 많은 바쁜 사람처럼 보였다. 보조교사로 보였는데 실제로 그렇다는 것을 나중에 알았다. 이분의 인도를 받아 불규칙한 모양의 큰 건물을, 작게 칸막이를 한 방에서 방으로, 복도에서 복도로 빠져나갔다. 이제까지 지나온 건물은 어디나 조용하고 분위기가 무겁게 내려앉아 있었는데 이윽고 많은 사람들이 웅성거리는 목소리를 들으면서 우리는 많은 책상이 있는 세로로 긴 방으로 들어갔다. 방 양쪽에는 소나무로 만든 커다란 테이블이 두 개씩 놓여 있고 각 테이블에는 두 개의 초가 켜져 있고 이들 테이블을 둘러싼 걸상에는 아홉 살에서 스무 살쯤의 여러 연령층의 여자 아이들이 앉아 있었다. 희미한 촛불로 보았을 때 그 수는 많게 보였으나 실제로는 80명도 채 못 되었다. 모두 기묘한 모양의 갈색 모직 옷을 입고 삼베로 된 긴 앞치마를 걸치고 있었다. 마침 자습 시간이었는지 모두가 내일 배울 것을 외우고 있는 참이어서 아까 내가 들은 웅성거리는 소리는 모두가 그 소리였던 것이다.

밀러 선생님은 나를 문 가까이 있는 의자에 앉으라고 손짓하고는 기다란 방 안쪽으로 가더니 큰 소리로 외쳤다.

"반장들, 교과서를 모아서 치워요."

키 큰 소녀 네 명이 각 테이블에서 일어나 돌아다니며 책을 거두어 갔다. 밀러 선생님이 다시 명령을 내렸다.

"반장들, 저녁밥을 날라 와요!"

키 큰 소녀들이 나갔다가 곧 쟁반들을 들고 돌아왔다. 알 수 없는 무엇이 각자의 접시에 놓여 있었고 쟁반 한가운데는 각각 물 주전자와 컵이 놓여 있었다. 그 음식은 모두의 손에 의해 돌려졌다. 컵은 모두가 공동으로 사용하기 때문에 물을 마시고 싶은 사람은 한 모금씩 마셨다. 차례가 왔을 때 나는 목이 말라 물을 마시긴 했으나 음식에는 손을 대지 않았다. 흥분과 피로 탓인지 먹을 마음이 생기지 않았다. 그것은 나중에 알고 보니 작은 조각으로 얄팍하게 썬 귀리로 만든 빵이라는 것을 알았다.

식사가 끝나자 밀러 선생님이 기도를 올리고 그리고 나서 전원이—두 사람씩 줄을 지어 윗층으로 올라갔다. 이 무렵이 되자 나는 이제 지쳐서 침실이 도대체 어떤 곳인지 둘러볼 여유도 없었으나 다만 아까의 교실처럼 매우 좁고 긴 방이라는 것은 분명했다. 그날 밤 나는 밀러 선생님과 한 침대에서 자기로 되어 있어서 선생님은 옷 벗는 걸 거들어 주었다. 자리에 눕자 긴 침대의 열이 보였는데 어느 침대나 두 사람씩 누워 있었다. 10분쯤 지나자 하나밖에 없는 불이 꺼지고 고요와 어둠 속에서 나는 잠에 빠지고 말았다.

밤은 빨리 지나갔다. 너무 피곤해서 꿈도 꾸지 않았다. 미친 듯이 불어대

는 모진 바람과 억수처럼 퍼붓는 비 때문에 단 한 번 잠이 깨었는데 밀러 선생님이 내 곁에서 자고 있었다. 다시 눈을 떴을 때는 요란한 종소리가 울리고 있었다. 아직 밤도 새지 않았는데 소녀들은 일어나 옷을 입고 있었다. 방 안에는 희미한 촛불이 한두 개 켜져 있었다. 나도 마지못해 일어났다. 몹시 추운 날씨였다. 덜덜 떨면서 옷을 입고 세면대가 비기를 기다려 세수를 했다. 방 한가운데 있는 세면대에는 대야가 여섯 명에 한 개 꼴이어서 좀처럼 비지가 않았다. 다시 종이 울렸다. 소녀들은 두 사람씩 줄을 지어 층계를 내려가 차갑고 희미한 불이 켜진 교실로 들어갔다. 여기서 밀러 선생님이 기도를 올렸다. 그것이 끝나자 선생님은 외쳤다.

"각 반마다 정렬!"

그로부터 몇 분 동안 방안이 웅성거리자 밀러 선생님은 "조용히!" 하고 소리를 쳤다. 조용해지자 네 개의 책상과 의자 옆에서 모두가 각기 네 개의 반원을 이루어 정렬하였다. 모두 손에는 책을 들고 있었고 아무도 앉아 있지 않은 의자 앞의 책상에는 성경 같은 커다란 책이 놓여 있었다. 잠시 조용해졌는가 싶더니 이내 소근거리는 소리가 일어났고 밀러 선생님은 이 소근거리는 소리를 진정시키면서 반에서 반으로 돌아다녔다.

멀리서 종이 울렸다. 곧 세 선생님이 방으로 들어와 각기 책상 앞 의자에 앉았다. 밀러 선생님은 네 번째의 비어 있는 의자에 앉았다. 입구에 가장 가까운 책상 둘레에 나이가 어린 학생들이 모여 있었다. 나는 이 하급반으로 불려가서 맨 끝자리에 앉았다.

수업이 시작됐다. 그날의 기도가 반복되고 성경의 한 구절을 읽고 다시 성경의 몇 장이 장황하게 낭독되어 이것이 한 시간이나 계속되었다. 이 수업이 끝날 무렵에 날이 환히 밝았다. 피로를 모르는 종소리가 네 번째의 소리를 울렸다. 각 반 학생들은 정렬하여 아침밥을 먹으러 다른 방으로 행진해 갔다. 나는 이제 무엇인가 먹을 수 있을 것 같다는 것을 알고 얼마나 기뻤던지! 그 전날 아무것도 먹지 않았으므로 나는 배가 고파서 기분이 나빠지려하고 있었다.

식당은 천장이 낮은 음산한 방이었다. 두 개의 긴 테이블에는 무엇인가 뜨거운 것이 들어 있는 것 같은 커다란 쟁반에서 더운 김이 나고 있었는데 놀랍게도 거기에서 풍기는 냄새는 도저히 식욕을 돋울 만한 것이 아니었다. 그 음식 냄새가 그걸 먹어야 할 학생들의 코를 찌르자 모두가 일제히 얼굴을 찌푸렸다. 줄 맨 앞에 있는 상급반의 키 큰 학생들이 낮은 소리로 속삭였다.

"싫어! 또 죽이 탔어!"

"조용히 해요!" 하고 외치는 소리가 들렸다. 밀러 선생님이 아닌 상급반을 담당하는 담임 선생님의 한 사람, 눈과 머리가 검은, 어딘지 음산한 표정의 옷맵시가 좋은 자그마한 선생님이 테이블 윗자리에 앉아 있었다. 조금 뚱뚱한 선생님이 또 하나의 테이블 윗자리에 앉았다. 나는 전날 밤 처음으로 만난 선생님을 눈으로 찾아보았으나 보이지 않았다. 어디에서도 찾아볼 수 없었다. 밀러 선생님은 내가 앉은 식탁 아래쪽에 앉아 있었다. 낯선 이국인 풍의 나이든 선생님이 다른 테이블 아래쪽에 앉아 있었다. 후에 그 분이 프랑스어 선생님이라는 것을 알았다. 식전의 긴 기도를 올리고 찬송가를 불렀다. 그리고 하녀들이 선생님의 차를 날라 오자 마침내 식사가 시작되었다.

허기져서 기절할 것 같았던 나는 음식 맛도 아랑곳없이 내 몫으로 주어진 것을 한 수저, 두 수저 게걸스럽게 먹었다. 하지만 시장기가 한 고비를 지나자 내가 먹고 있는 것이 지독한 음식이라는 것을 알았다. 탄 오트밀은 썩은 감자나 다름없이 먹을 수 있는 것이 아니었다. 심한 공복이라면 더욱이 이런 것을 먹으면 기분이 나빠질 것이다. 모두의 스푼이 느릿느릿 움직였다. 아침 식사는 끝났으나 아무도 식사를 한 사람은 없었다. 먹지도 않은 것에 감사 기도를 올린 다음 찬송가를 부르고 모두가 식당을 나와 교실로 들어갔다. 나는 마지막으로 나왔으므로 테이블 옆을 지나갈 때 선생님 중의 한 분이 죽사발을 들고 맛을 보고 있는 것이 눈에 띄었다. 그 선생님은 다른 선생님들의 얼굴을 보았다. 선생님들의 얼굴에는 마찬가지로 불쾌한 표정이 나타나 있었다. 그 중의 한 사람, 뚱뚱한 선생님이 작은 소리로 말했다.

"너무 심해! 아주 창피한 일이야!"

수업이 시작하기 전 15분의 시간이 남아 있었는데 그 사이에 교실은 떠들썩했다. 이 동안만은 큰 소리로 자유롭게 떠들어도 괜찮은 모양이었다. 모두가 그 특권을 활용하고 있었다. 화제는 아침 식사 이야기에 쏠렸고 모두 노골적으로 비난했다. 불쌍한 자들이여! 그것이 그들의 유일한 위안이었었는데. 이 방에는 밀러 선생님뿐이었다. 큰 아이들 여럿이서 그녀를 둘러싸고 저마다 못마땅한 얼굴로 진지하게 무엇인가 호소하고 있었다. 몇 사람의 입에서 브로클허스트라고 하는 이름이 나왔다. 밀러 선생님은 고개를 저었으나 분개하는 학생들을 달랠 노력은 거의 하지 않았다. 아무래도 밀러 선생님도 공감하고 있는 것 같았다.

교실의 시계가 9시를 쳤다. 밀러 선생님은 학생들 틈을 벗어나 교실 한가운데 서서 큰 소리로 말했다.

"조용히! 제자리에 앉아요!"

규율이 방안을 지배하였다. 5분쯤 지나자 혼잡은 질서를 되찾아 시끄러웠던 방안이 조용해졌다. 이제 상급반 선생님들은 제 시간에 다시 자기 자리로 갔으나 모두가 무엇인가를 기다리고 있는 것 같았다. 교실 양쪽에 있는 의자에 줄지어 앉은 80명의 학생이 움직이지도 않고 꼿꼿이 등을 펴고 있었다. 그들은 색다른 집단으로 보였다. 장식이 없는 머리는 고수머리 하나 없이 자연스럽게 뒤로 빗어 넘겼으며, 입고 있는 갈색 옷은 가는 장식이 달린 높은 깃이 목을 죄고 있었다. 아마천으로 만든 (스코틀랜드 사람의 지갑과 같은 모양의) 작은 주머니가 옷 앞자락에 달려 있는데 그것은 아무래도 재봉 도구를 넣고 있는 것 같았다. 모두가 털양말과 놋쇠로 장식이 달린 촌스러운 신을 신고 있었다. 이런 옷차림을 한 학생들 가운데 거의 20명쯤은 이미 성숙한 처녀, 아니 젊은 여성이었다. 그런 사람들에게 이 복장은 어울리지 않았고 가장 예쁜 사람도 묘한 모습으로 보였다.

나는 이들 학생들을 바라보고 이따금 선생님 쪽도 관찰하였다—분명히 호감을 가질 수 있는 선생님은 한 사람도 없었다. 통통한 선생님은 좀 품위가 없었고 머리가 검은 선생님은 엄격하게 보였고 외국인 선생님은 까다롭고 기분이 나빴다. 그리고 밀러 선생님은 가엾게도! 햇볕에 탄 얼굴이 과로 때문에 보랏빛이 되어 있었다—얼굴에서 얼굴로 눈을 옮기고 있는데 갑자기 학생 전원이 마치 스프링 장치처럼 일제히 일어섰다.

웬일일까? 아무런 구령도 들리지 않았는데. 이상했다. 미처 정신을 가다듬기도 전에 학생들은 다시 일제히 자리에 앉았다. 그러나 학생들의 눈은 모두 한 점을 향해 있었고 그 시선을 쫓아가자 거기에는 어젯밤 나를 맞아주었던 선생님이 있었다. 그 선생님은 긴 교실 안쪽 난로 앞에 서 있었다. 난로는 교실 양쪽에 하나씩 있었다. 그녀는 말없이 두 줄로 선 학생들을 엄숙하게 바라보았다. 밀러 선생님이 가까이 가서 무엇인가 질문을 하고 대답을 받자 자기 자리로 돌아와서 큰 소리로 말했다.

"제1반 반장, 지구의(地球儀)를 가져와요!"

이 지시가 실행에 옮겨지는 동안 밀러 선생님으로부터 질문을 받은 선생님은 천천히 앞으로 걸어왔다. 숭배라는 기분을 자아내는 나름대로의 기관(器官)이 나에게도 갖추어져 있었던 모양이다. 왜냐하면 그녀의 발걸음을 외경의 눈으로 쫓는 기분이 아직도 나에게 남아 있었기 때문이다. 한낮에 보니 그녀는 키가 크고 흰 피부에 균형이 잡힌 몸매를 하고 있었다. 갈색 눈은 홍채에 온화한 빛을 띠고 연필로 그린 것 같은 속눈썹이 그것을 둘러싸고 넓은 이마의 하얀 색을 부드럽게 하고 있었다. 머리카락은 진갈색, 당시 유행하는 머리 모양으로 작은 고수머리가 다발이 되어 관자놀이 근처에 모여 있었다. 장식이 없는 헤드밴드나 긴 고수머리가 유행하는 것은 그 후의 일이다. 입고 있는 옷도 또한 당시의 유행으로 보랏빛 천으로 되어 있었고 가장자리는 에스파냐풍의 검은 벨벳으로 마무리되어 있었다. 금시계가 (시계는 지금처럼 아무나 갖는 것이 아니었다) 장식 띠 근처에서 빛나고 있었다. 이 초상을 완전한 것으로 하기 위하여 세련된 용모, 해쓱하기는 하지만 투명한 것 같은 피부색, 그리고 품위가 있는 태도와 당당한 자세를 독자들은 머릿속에 새겨 주기를 바란다. 그러면 적어도 말로써 표현할 수 있는 대로 선명하게 템플 선생의―정확하게 말하자면 마리아 템플, 후일에 교회에 갔을 때 빌려준 기도서에 그렇게 적혀 있었다―정확한 겉모습을 상상할 수가 있을 것이다.

로우드 학교의 교장 선생님(이 부인이 그 사람이었다)은 테이블 위에 놓인 지구의와 천구의 앞에 앉자 제일 상급의 학생들을 주위에 불러모아 지리 수업을 하기 시작하였다. 하급반 학생들은 각 선생님들에게 불려가서 역사와 문법 등의 암송이 한 시간쯤 계속되었다. 뒤이어 글쓰기와 산수 공부, 그리고 템플 선생님이 나이 많은 학생을 상대로 음악 수업을 하였다. 각 수업 시간의 길이는 시계에 의해서 측정되었는데 마침내 시계는 12시를 쳤다. 교장 선생님이 일어났다.

"여러 학생들에게 내가 전할 얘기가 있습니다." 교장 선생님이 말하였다.

수업이 끝나 이미 소란해졌지만 그녀의 목소리로 소란은 가라앉았다. 선생님은 말을 이었다.

"오늘 아침 식사에 여러분이 먹을 수 없는 것 같은 것이 나왔지요? 틀림없이 배가 고플 겁니다. 치즈와 빵의 가벼운 식사를 할 수 있도록 일러두었습니다."

다른 선생님들은 놀라 그녀를 쳐다보았다.

"이것은 내가 책임지고 하는 것입니다." 그녀는 선생님들에게 타이르듯이 덧붙이고는 곧 교실을 나갔다.

치즈와 빵이 운반되어 모두에게 분배되었다. 이것에 모두가 기뻐하고 전교 학생들의 기운이 회복되었다. 다음에 나온 명령은 "교정(校庭)으로!"였다. 각기 물들인 캘리코 끈이 달린 조잡한 밀짚보닛을 쓰고 잿빛의 거친 모직 외투를 입었다. 나도 마찬가지로 준비하고 행렬의 뒤를 따라 밖으로 나갔다.

교정은 넓었으나 높은 벽에 둘러싸여 근처의 경치는 보이지 않았다. 한쪽에 지붕이 달린 베란다가 있고 중앙 부분은 많은 작은 화단으로 나뉘고 그것을 넓은 보도가 둘러싸고 있었다. 화단은 화초를 기르도록 학생들에게 할당된 것으로 각기 담당자가 정해져 있었다. 여기에 일제히 꽃이 흐드러지게 피기 시작하면 아름다울 것이다. 그러나 지금은 1월 말, 어디나 서리로 시들어 갈색을 띠고 있었다. 나는 둘레를 둘러보면서 몸을 떨었다. 밖에서 운동을 하기에는 좋지 않은 날씨였다. 당장이라도 서리가 내릴 것 같았고 질퍽한 누런 안개가 침침하게 내려앉아 있었다. 어제 내린 큰 비로 발밑은 아직도 질퍽질퍽했다. 학생들 중에서 튼튼한 애들은 발랄하게 뛰어다니고 있었으나, 얼굴빛이 나쁘고 여윈 학생들은 베란다에 안식처를 찾아 추위를 피하고 있었다. 짙은 안개가 추위에 떨고 있는 소녀들의 몸에 스며들자 그들 사이에서 헛기침 소리가 들려왔다.

나는 아직 누구에게도 말을 건네지 않았고 아무도 나에게 눈을 돌리는 사람도 없었다. 나는 혼자 서 있었으나 이런 고독감에는 익숙해져 있어 그다지 우울하지도 않았다. 나는 베란다 기둥에 기대서서 회색 외투를 여미고, 에는 듯한 추위와 내부에서 나를 괴롭히는 채워지지 않은 굶주림을 잊기 위해 관찰을 하기도 하고 생각에 잠기기도 하였다. 하지만 내가 생각한 일은 기억해 둘 만한 가치가 없는 막연한 것들이었다. 나는 지금 내가 어디 있는지도 확실히 알 수 없었다. 게이츠헤드와 나의 과거의 생활은 헤아릴 수 없이 멀리 흘러간 듯싶었다. 현재는 막연하고 기이하게 생각되었다. 미래에 대해서는 아무런 짐작도 할 수 없었다. 나는 수도원처럼 보이는 뜰을 둘러보고 커다란 건물을 올려다보았다. 반은 회색의 낡은 건물, 나머지 반은 아주 새 건물이었다. 교실과 기숙사가 들어 있는 새 건물은 격자창이 끼워진 창으로 채광이 되어 마치 교회 같은 인상을 주었다. 출입문에 게시된 명판(銘板)에는 다음과 같은 글이 적혀 있었다.

로우드 자선 학교. 이 건물은 서기 ○○○○년, 우리 주(州)의 브로클허스트 집안의 나오미 브로클허스트에 의해 재건되었다. '이같이 너희 빛을 사람 앞에 비치게 하여 저희로 너희 착한 행실을 보고 하늘에 계신 너희 아버지께 영광을 돌리게 하라.' 〈마태복음〉 5장 16절

나는 몇 번이고 이 말을 되읽었다. 이 말에는 무엇인가 뜻이 있을 테지만 나는 그 뜻을 잘 알 수 없었다. 나는 '자선 학교'란 말의 뜻을 생각하고 그 말과 성경 구절 사이에 어떤 관계가 있는가를 생각하였다. 그 때 바로 뒤에서 기침을 하는 소리가 났으므로 나는 뒤를 돌아다보았다. 가까운 돌 벤치에 학생이 한 사람 앉아 있었다. 그녀는 몸을 구부리고 열심히 책을 읽고 있는 것 같았다. 내가 서 있는 곳에서 그 책 제목이 보였다—〈라셀러스(새뮤얼 존슨이 쓴 18세기 교훈 소설)〉라는 제목이었다. 그 이름은 들은 적이 없었으므로 흥미가 끌렸다. 책장을 넘기면서 그녀가 무심코 고개를 들었으므로 나는 용기를 내어 물었다.

"그 책 재미있어?" 나는 언젠가 그 책을 빌려 달라고 부탁할 생각을 이미 하고 있었다.

"응, 재미있어." 그 애는 잠시 사이를 두고 나를 물끄러미 살피고 나서 대답했다.

"그거 무슨 얘기야?" 나는 다시 물었다. 모르는 아이와 이야기를 한다는 용기가 어디서 솟아났는지 나도 몰랐다. 나의 성격이나 습관에는 맞지 않는 일이었다. 아마도 독서를 하고 있는 그녀의 모습이 내 마음 어딘가에 공감을 불러일으켰기 때문이라고 생각한다. 읽는 것은 대수롭지 않은 아이들 책이었다 해도, 진지하고 딱딱한 책을 읽는 것은 아직은 무리라 해도 나는 독서를 매우 좋아했다.

"보고 싶으면 훑어보렴." 그녀는 책을 내게 건네주었다.

나는 보았다. 잠깐 훑어본 바로는 이 책의 내용은 표제만큼 그다지 흥미를

자아내는 것은 아닌 것 같았다. 〈라셀러스〉는 나의 변변치 않은 생각에 지루해 보였다. 요정도 나오지 않고 정령(精靈)도 나오지 않았다. 촘촘히 인쇄된 책장에는 즐거운 취향 등은 찾아볼 수 없었다. 나는 책을 돌려주었다. 그 애는 조용히 책을 받아들고 아무 말 없이 아까처럼 독서에 몰두하였다. 나는 다시 한 번 용기를 내어 그 애를 방해하였다.

"문 위 돌에 적혀 있는 말은 무슨 뜻이지? 로우드 자선 학교란 무슨 뜻이야?"

"그건 네가 들어와 지내게 된 이 학교를 말한 거야."

"하지만 왜 그것을 자선 학교라고 하지? 다른 학교와 다른 점이 있어?"

"여기는 자선을 베푸는 학교이기 때문이야. 너나 나나, 다른 사람들도 모두 자선구제아동들이야. 너는 고아지? 어머니나 아버지 중 어느 한 분이 돌아가신 거 아냐?"

"내가 철이 들기 전에 두 분 다 돌아가셨어."

"그래, 여기 아이들은 모두 아버지나 어머니를 여의거나 그렇지 않으면 양친을 다 잃어버린 아이들이야. 그래서 이 학교는 고아를 교육하는 자선 학교라고 부르지."

"우린 돈을 안 내니? 무료로 우릴 길러 주는 거야?"

"우리가 내거나 아니면 우리를 도와주는 사람들이 1년에 1인당 15파운드 내는 거야."

"그럼 왜 우리를 자선 학교 학생이라고 부를까?"

"그건 기숙비와 수업료가 15파운드로는 모자라므로 부족한 금액을 기부금으로 충당하기 때문이지."

"누가 기부를 하지?"

"이 근처와 런던에 사는 여러 자비심 많은 숙녀와 신사들이지."

"나오미 브로클허스트란 누구지?"

"저 현관에 적혀 있는 것처럼 이 학교 새 교사를 세운 부인이야. 그분 아드님이 학교 일은 무엇이든지 감독하고 지휘하셔."

"왜?"

"그분이 이 학교의 경리를 맡아보고 관리하는 사람이니까 그렇지 뭐."

"그럼 이 학교는 시계를 차고 치즈를 넣은 빵을 먹으라고 말씀하신 키 큰 선생님의 것이 아니구나."

"템플 선생님 말이지? 웬걸, 아냐. 그랬으면 오죽이나 좋겠어. 템플 선생님은 자기가 하시는 일에 대해서는 무엇이든 브로클허스트 씨에게 보고를 해야 해. 브로클허스트 씨가 우리들의 양식과 옷을 모두 사들이는 거야."

"그분은 여기서 사시니?"

"아니, 2마일 떨어진 곳, 큰 저택이야."

"좋은 분이야?"

"목사님으로 좋은 일을 많이 하신다고들 해."

"저 키 큰 분은 템플 선생님이라고 했지?"

"그래."

"그럼 다른 선생님들의 이름은?"

"뺨이 빨간 분은 스미스 선생님, 의복 재단과 재봉 담당이셔—우리는 우리가 입는 것, 프록도 외투도 모두 스스로 만들지. 검은 머리에 키가 작은 분은 스캐처드 선생님이구 역사와 문법을 가르치셔. 그리고 2학년 반의 암송도 담임하고 계셔. 그리고 숄을 걸치고 노란 리본으로 된 손수건을 허리에 차고 있는 분이 마담 피에로, 프랑스 릴에서 오신 분으로 프랑스어를 가르치셔."

"넌 선생님을 좋아하니?"

"그럼 좋아하구말구."

"키가 작고 머리가 까만 선생님 좋아해? 그리구 마담도? ……그 이름, 너처럼 발음을 잘 하지 못하지만."

"응, 스캐처드 선생님 말이지. 성미가 급하셔. 너, 그 선생님을 성나게 하지 않도록 조심해야 해. 마담 피에로는 나쁜 분은 아냐."

"그럼 템플 선생님이 가장 좋은 분이구나. 그렇지?"

"그분은 아주 좋은 분이야. 그리구 퍽 현명하셔. 그 선생님은 누구보다 머리가 좋으셔. 다른 선생님보다 훨씬 아는 것이 많으시니까."

"넌 여기 오래 있었니?"

"2년."

"너도 고아야?"

"어머니가 안 계셔."

"넌 여기서 행복하니?"

"꽤 묻는 것도 많네. 우선은 다 대답해 주었잖니? 이젠 책을 읽고 싶어."

그러나 그 순간 점심때를 알리는 종소리가 울렸다. 모두 교사로 돌아갔다. 식당에 가득한 냄새는 아침 식사 때 우리들 코를 찌른 그 냄새보다 별로 식욕을 돋우는 것은 못되었다. 점심은 두 개의 커다란 양은그릇에 담겨져 나왔다. 기름 냄새가 나는 김이 솟아오르고 있는 것은 맛이 없을 것 같은 감자와 썩은 것 같은 잘게 썬 고기의 잡탕이었다. 이 요리는 각자의 접시에 제법 담뿍 배분되었다. 나는 어떻게든 참고 먹기는 먹었지만 매일 이런 것을 먹게 되는 것일까 하고 속으로 불안해졌다.

점심 식사가 끝나고 곧 교실로 갔다. 수업이 다시 시작되어 5시까지 계속되었다.

그날 오후 단 하나 특기할 만한 사건은 나와 베란다에서 얘기한 소녀가 역사 시간에 스캐처드 선생님의 화를 사서 역사 수업으로부터 쫓겨나 넓은 교실 한복판에서 벌서게 된 일이었다. 이런 징벌은 저런 나이의 학생에게는—열세 살이나 그 이상으로 보였다—심한 굴욕으로 여겨졌다. 분명히 슬퍼하고 부끄러워할 것으로 생각하였으나 놀랍게도 울지도 않고 낯도 붉히지 않았다. 진지하지만 태연한 태도로 모두의 주목을 받고 있었다. (어쩌면 이토록 참착하게 있을 수가 있을까? —이토록 꿋꿋이 참아낼 수 있을까?) 나는 나 자신에게 물어보았다. (만일 내가 그 애라면 쥐구멍에라도 들어가고 싶었을 거야. 그런데도 그 애는 마치 벌 같은 건 아랑곳하지 않고—자기 처지 같은 건 아무렇지도 않게 생각하고 딴 생각을 하고 있는 것처럼 보인다. 자기 둘레나 눈앞에는 없는 그 무엇인가에 대해서 생각하고 있는 것처럼 보인다. 백일몽이라는 말은 들은 일은 있지만—그녀는 지금 백일몽을 꾸고 있는 것일까? 바닥을 물끄러미 바라보고 있는데 바닥을 보고 있지 않은 것은 분명해—눈이 자기 내부를 향하여 마음속까지 파고들어, 지금 있는 현실을 보고 있는 것이 아니라 기억 속에 있는 것을 보고 있는 것은 아닐까? 도대체 어떤 성질의 아이일까? —좋은 아이일까? 그렇지 않으면 나쁜 아이일까?)

오후 5시가 지나자 곧 또 식사였다. 이번에는 작은 물잔에 든 커피와 검은 빵 반쪽이었다. 나는 빵을 게걸스럽게 먹고 커피를 마셨다. 더 있었으면 좋을 텐데—나는 아직도 배가 고팠다. 쉬는 시간이 30분, 그리고 또 공부. 그

리고 한 잔의 물과 귀리빵이 한 조각, 기도, 그리고 취침. 이렇게 해서 로우
드에서의 하루가 끝났다.

6

다음날도 전날과 마찬가지로 침대에서 일어나자 촛불을 의지 삼아 옷을
갈아입었다. 그러나 세수의 의식은 빼놓지 않을 수 없었다. 물주전자의 물이
얼어붙어 있었기 때문이었다. 전날 밤 날씨가 바뀌어 살을 에는 듯한 북동의
강풍이 밤새도록 침실 창틈으로 쌩쌩 불어들어와 이불 속에서도 우리를 벌
벌 떨게 하고 그릇에 든 물마저 얼리고 말았던 것이다.

한 시간 반에 걸친 긴 기도와 성경을 낭독하는 동안 너무 추워서 죽는 것
은 아닌가 하는 생각이 들었다. 마침내 아침 식사 시간이 다가왔다. 오늘 아
침은 오트밀이 타지 않아 먹을 만하긴 했으나 양이 적었다. 얼마나 내 몫이
적어보였는지 모른다! 적어도 갑절쯤 있었으면 했다.

그날에야 나는 4학년 반으로 편입되어 정해진 학과와 작업이 주어졌다.
이제까지는 로우드에서 벌어지는 일을 바라보는 구경꾼에 지나지 않았으나
앞으로는 연기자 노릇을 해야 했다. 처음에는 암송하는 데 별로 익숙하지 않
았으므로 수업은 길고 어렵게 여겨졌다. 학과가 눈부시게 바뀌는 것에도 어
리둥절했다. 그래서 오후 3시 무렵, 스미스 선생님이 두 야드쯤 되는 모슬린
천을 바늘·골무 등과 함께 내게 주고 그 천을 감치라고 하시며 나를 교실의
조용한 한구석으로 데려가 앉혔을 때는 기뻤다. 그 시간에는 다른 학생들도
바느질을 하고 있었다. 그러나 어떤 반은 스캐처드 선생님 의자 둘레에 서서
낭독을 하고 있었다. 둘레가 조용해서 낭독하는 내용이 귀에 들어왔다. 각
학생들이 주어진 과제를 어떻게 처리하고 있는가도, 그리고 그것에 대한 스
캐처드 선생님의 비평이나 칭찬의 말도 들려왔다. 그것은 영국의 역사였다.
읽는 사람 중에는 베란다에서 알게 된 그 아이도 있었다. 공부가 시작되었을
때에는 반의 맨 앞줄에 서 있었는데 발음이 틀렸다거나 구두점에서 끊지 않
았다고 해서 갑자기 마지막 줄로 돌려지고 말았다. 그렇게 떨어진 곳으로 쫓
아내도 스캐처드 선생님은 끊임없이 그녀에게서 눈을 떼지 않았다.

그리고 이런 말을 끊임없이 던지는 것이었다.

"번스"(그 애의 이름인 것 같았다. 이곳 여학생들은 남자 학생들처럼 모두 성으로 불리고 있었다). "번스, 한쪽으로 기울어져 있다. 제대로 발끝을 가지런히 해라." "번스, 그렇게 턱을 내밀면 보기 싫다. 턱을 당겨라." "번스, 머리를 쳐들어, 내 앞에선 그런 태도를 취하면 안 돼." 등등.

책에 있는 한 장(章)을 두 번 읽고 나자 책을 덮고 시험을 치렀다. 거기에서 배운 것은 찰스 1세 때의 일이었다. 선박 화물세와 수출입세, 선박세에 관한 여러 가지 질문에 거의 대부분의 학생이 대답을 할 수 없는 것 같았다. 질문이 번스에게로 가자 그 어떤 사소한 어려운 문제도 이내 대답하여 수업의 내용을 그녀는 모두 기억한 것 같았다. 무엇을 물어보든 대답이 돌아왔다. 그때마다 나는 스캐처드 선생님은 틀림없이 그녀의 집중력을 칭찬할 것이라고 기대하고 있었으나 선생님은 칭찬하기는커녕 별안간 소리를 지르는 것이었다.

"더럽고 비위 거슬리는 계집애 같으니! 오늘 아침은 손톱도 씻지 않았지?"

번스는 대답을 하지 않았다. 왜 가만히 있는가 하고 나는 이상하게 생각하였다.

'왜 그러지?' 하고 나는 생각하였다. '왜 변명을 하지 않지? 오늘 아침은 물이 얼어서 손톱과 얼굴을 씻을 수 없었다고 말야.'

이때 스미스 선생님이 나더러 실타래를 잡아 달라고 해서 내 관심은 그곳으로 쏠렸다. 선생님은 실을 감으면서 나에게 가끔 말을 걸었다. 이제까지 학교에 다녀 본 일이 있느냐, 자수나 재봉, 뜨개질 같은 걸 할 줄 아느냐 등등. 그 이야기가 끝날 때까지 나는 스캐처드 선생님의 동작을 관찰할 수 없었다. 내가 자리에 돌아오자 선생님은 무엇인가 명령을 내리고 있었으나 나는 그 말뜻을 알아듣지 못했다. 그러나 번스는 서슴없이 일어나 책을 넣어두는 작은 골방으로 가더니 이윽고 회초리 다발을 들고 돌아왔다. 그 회초리 한쪽 끝은 끈으로 묶여 있었다. 이 무섭게 보이는 도구를 그녀는 공손하게 스캐처드 선생님에게 내밀었다. 그리고 얌전하게 앞치마를 풀었다. 그러자 선생님은 느닷없이 그 회초리로 그녀의 목덜미를 열두 번이나 내리쳤다. 번스의 눈에서는 눈물 한 방울 나오지 않았다. 이 광경을 보고 덧없고 허전한 노여움이 복받쳐 손끝이 떨렸으므로 나는 바느질하던 손을 멈추고 있었는데 번스의 생각에 잠긴 듯한 표정은 여느 때와 마찬가지로 다르지 않았다.

"고집쟁이 계집애!" 스캐처드 선생님은 고함쳤다. "네 형편없는 버릇은 아무리 해도 못 고치겠다. 그 회초리 갖다 둬."

번스는 하라는 대로 따랐다. 나는 서고에서 나온 그녀를 물끄러미 바라보았다. 손수건을 호주머니에 넣고 있는 참이었다. 한 방울의 눈물이 여윈 그녀의 뺨에 빛나고 있었다.

저녁의 노는 시간은 얼마 되지 않는 시간이지만 로우드의 하루 중에서 가장 즐거웠다고 생각한다. 5시에 나온 빵조각과 커피 한 잔은 허기를 막아 주진 못했으나 생기를 회복시켜 주었다. 하루의 긴 긴장에서 잠시나마 해방되어 교실도 아침보다 조금 따뜻하게 느껴졌다. 아직 켜지지 않은 양초 대신에 난로의 불을 조금 밝게 피우도록 허락이 되어 있었기 때문이었다. 붉은 기를 띤 어둠, 거리낌 없이 떠드는 소리들이 즐거운 해방감을 안겨 주었다.

스캐처드 선생님이 학생 번스를 때리는 걸 본 날 저녁 나는 여느 때처럼 친구도 없이 의자와 테이블, 그리고 깔깔대는 학생들 사이를 언제나처럼 거닐었지만 쓸쓸하다고는 생각하지 않았다. 창가를 지나갈 때에는 가끔 커튼을 올리고 밖을 내다보았다. 눈이 펑펑 쏟아지고 있었다. 들이친 눈은 벌써 유리창 아래 절반까지 쌓였다. 나는 귀를 창문에 바싹대고 있자니까 방안의 즐거운 난리와는 달리 밖에서 울부짖는 바람 소리가 들렸다.

만일 내가 최근에 행복한 가정의 자비로운 부모 곁을 떠나왔다면 이런 시간에야말로 이별이 간절했을 것이다. 불어재치는 바람이 마음을 더욱 가라앉게 하고 마음의 평안을 흐트러뜨렸을 것이다. 그러나 실은 나는 이 양쪽에 기묘한 흥분을 느껴 바람이 더욱 힘차게 불었으면, 이 어둠이 더 깊어졌으면, 이 웅성거림이 소란으로 변하면 좋겠다고 무턱대고 뜨겁게 바라고 있었다.

의자를 뛰어넘고 책상 밑을 기어 난로가 있는 곳에 가까이 갔다. 난로 앞에 놓인 높다란 쇠그물 곁에 번스가 앉아 둘레의 소란에도 아랑곳없이 타다 남은 희미한 불빛을 의지로 삼아 혼자 조용히 책을 읽고 있었다.

"아직 〈라셀러스〉를 읽고 있니?" 그녀의 뒤로 가며 나는 물었다.

"응." 그녀는 말했다. "지금 막 다 읽은 참이야."

5분쯤 더 있다가 그녀는 책을 덮었다. 그것을 보고 나는 기뻤다.

'자,' 하고 나는 생각하였다. '이젠 이 애와 얘기를 할 수 있겠지.' 나는 그녀 옆의 마룻바닥에 앉았다.

"네 이름은 뭐라고 하니?"

"헬렌이야."

"먼 데서 왔니?"

"저 멀리 북쪽에서 왔어. 스코틀랜드 국경에 가까운 곳이지."

"언젠가 다시 돌아갈 거니?"

"돌아가고 싶지만 앞날을 어떻게 아니."

"로우드로부터 나가고 싶지?"

"아냐, 뭣 땜에? 난 교육을 받으러 여기에 온 거야. 그 목적을 이루기 전엔 집에 돌아가야 소용없어."

"그렇지만 그 스캐처드 선생님은 네게 너무 심하시지 않니?"

"심하시다고? 천만에! 엄격하시긴 해. 내 결점을 싫어하고 계셔."

"내가 너라면 그 선생님을 싫어할 거야. 난 맞설 거야. 회초리로 날 때리는 선생님 손에서 회초리를 뺏어 눈앞에서 꺾어버릴 거야."

"설마 그런 짓은 안하겠지만, 만일 그런다면 브로클허스트 씨가 너를 학교에서 내쫓을걸. 그러면 너의 친척에게 큰 불행을 줄 거구. 성급한 행동을 해서 너와 관계 되는 여러 사람에게 폐를 끼치는 것보다는 주어진 괴로움을 너만이 꾹 참고 이겨 가는 편이 훨씬 좋아. 성경에도 악을 보답하기를 선으로 하라고 했잖니?"

"하지만 매를 맞거나 여러 사람이 있는 방 한 가운데에 서 있다는 것은 창피한 일이 아냐? 너는 상급생인데. 나는 나이가 훨씬 아래지만 나는 그런 일은 못 참아."

"그렇지만 그걸 피할 길이 없을 땐 참는 게 의무란다. 자기 운명이 참아내도록 마련된 걸 참지 못한다는 건 의지가 약하고 어리석은 인간이야."

나는 그녀의 말을 듣고 놀랐다. 이런 인내의 가르침은 나에게는 이해가 잘 가지 않았다. 하물며 자기에게 벌을 주는 사람에 대해서 그녀가 보인 너그러움은 이해도 할 수 없었고 공감도 할 수 없었다. 그래도 헬렌 번스가 나의 눈에는 보이지 않는 빛으로 사물을 보고 있다는 것은 느낄 수 있었다. 그녀가 옳고 내가 잘못되어 있는지도 모른다고도 생각하였다. 하지만 이 일은 더 이상 깊이 생각하지 않았다. 성 바울에 겁을 먹으면서 감금을 계속했던 펠릭

스처럼 '좋은 기회가 올 때까지' 앞으로 미루기로 하였다.

"넌 자신에게 결점이 있다구 했지, 헬렌. 그게 무슨 결점이야? 난 네가 참 좋은 애로 보이는데."

"그렇다면 나를 보고 겉으로 사람을 판단해서는 안 된다는 것을 배워. 나는 스캐처드 선생님 말대로 야무지지 못해. 그리고 물건을 깔끔하게 정리할 수 없어. 주의력은 산만하고 규칙은 잊어버리고 수업 중에는 다른 책을 읽고 계획성도 없어. 때로는 너처럼 정해진 규율이 강요되는 것을 참을 수 없는 일도 있어. 이런 것들이 스캐처드 선생님의 비위를 거스르는 거야. 선생님은 선천적으로 깔끔하고 규칙적이구 꼼꼼하셔."

"그리고 화를 잘 내고 잔혹해." 나는 덧붙였으나 헬렌 번스는 내가 덧붙인 말은 인정하려고 하지 않았다. 다만 말없이 가만히 있었다.

"템플 선생님도 스캐처드 선생님처럼 네게 심하게 구시니?"

템플 선생님의 이름이 나오자 그녀의 진지한 얼굴에 부드러운 미소가 스쳤다.

"템플 선생님은 아주 상냥한 분이야. 누구에게나 엄하게 대하는 걸 괴로워하셔. 비록 학교에서 가장 나쁜 아이일지라도. 선생님은 내 잘못을 보시면 부드럽게 타일러 주시지. 그리고 어쩌다 내가 칭찬받을 만한 일을 하면 선뜻 칭찬해 주셔. 내 성질의 어쩌할 수 없는 결점은 잘 알고 계시지만. 선생님이 납득이 갈 수 있도록 이것저것 주의를 해 주셔도 나는 나의 결점을 고칠 수가 없고 선생님이 아무리 칭찬해 주셔도, 선생님의 칭찬을 고맙게 생각하면서도, 앞으로 조심을 해서 사려 깊게 행동하고 싶다는 마음이 들지 않는 거야."

"그건 이상하구나." 나는 말했다. "조심한다는 건 아주 간단한 일이야."

"너는 그렇게 생각할 거야. 오늘 아침 네가 공부하는 걸 찬찬히 봤어. 넌 아주 집중력이 대단해. 밀러 선생님이 작업을 설명하시거나 질문하시는 동안 넌 조금도 한눈을 팔지 않았어. 그런데 나는 끊임없이 생각이 떠돌아다니는 거야. 스캐처드 선생님이 하시는 말씀을 잘 듣고 온갖 정신을 집중해야 할 때에 선생님의 소리도 귀에 들어오지 않아. 일종의 몽상의 세계로 들어가는 거야. 이따금 나는 내가 노섬벌랜드에 있다는 생각이 들어, 둘레에서 들리는 건 집 근처의 디프덴을 흘러가는 조그만 시냇물 소리로 들리는 거야—

그래서 내가 대답할 차례가 되면 어쩔 수 없이 깨어나야 해. 하지만 공상의 시냇물 소리에 귀를 기울이고 있어서 모두가 읽고 있던 것을 전혀 듣고 있지 않았으므로 바로는 대답할 수 없는 거야."

"하지만 오늘은 제대로 대답하고 있었어."

"그건 그저 우연일 뿐이야. 마침 읽고 있던 것이 흥미가 있었던 곳이었기 때문이었어. 오늘은 디프덴을 몽상하는 대신에 이런 일을 생각했었어. 올바른 행동을 하려고 원하고 있는 사람이 불합리하고 어리석은 행동을 하는 것은 왜 그런가 하고, 찰스 1세가 가끔 그랬던 것으로 알고 있지만. 고결하고 성실한 사람이었는데 국왕의 특권이라고 하는 것밖에 보이지 않았던 것은 얼마나 안쓰러운 일인가 하고 생각했어. 찰스 1세가 만일 먼 미래를 내다볼 수가 있었더라면, 그리고 이른바 시대정신이라고 하는 것이 어떻게 움직이고 있었던가를 꿰뚫어 볼 수 있었더라면 얼마나 좋았을까! 그래도 난 찰스 1세가 좋아! 난 그이를 존경해! 그이를 가엾게 여겨. 불쌍하게도 살해당한 임금님! 그래, 그의 적이 더 나빴어. 그들은 흘려서는 안 될 피를 흘리게 했어. 함부로 임금님을 죽이다니!"

헬렌은 혼자 지껄이고 있었다. 자기가 이야기하고 있는 것을 내가 충분히 이해하지 못한다는 것에는 아랑곳하지 않고―그녀가 들추고 있는 문제에 대해서 내가 거의 무지라는 것에는 아랑곳하지 않고, 나는 그녀를 내 수준으로 끌어내렸다.

"그럼 넌 템플 선생님이 가르치실 때는 너의 생각은 딴 데로 가지 않는다는 말이지?"

"그래, 좀처럼 안 그래. 왜냐하면 템플 선생님은 내가 생각하고 있는 것보다는 새로운 걸 가르쳐 주시니까. 선생님이 하시는 말씀은 이상하게도 내게 기분 좋게 들리고 가르쳐 주시는 지식은 대개 내가 알고 싶어 하던 것들이거든."

"그럼 템플 선생님과 함께 있을 때에는 너는 좋은 아이니?"

"그래, 자연히 그렇게 돼. 나로서는 아무런 노력을 하지 않는데도 말야. 본능이 끄는 대로 따르고 있을 뿐이지. 그런 좋은 아이는 아무런 가치도 없는데 말야."

"없다니, 많지. 네게 잘 해주시는 분에겐 너는 좋은 아이구나. 나도 항상 그렇게 되고 싶어. 잔혹하고 심술궂은 사람들이 하라는 대로 항상 얌전하게 따르기만 하면 나쁜 사람들은 더욱 자기들 마음대로 할 거야. 무섭다는 감정도 생기지 않아. 따라서 마음을 고쳐먹는 일도 없고 더욱더 조장해 나갈 수밖에 없어. 이유 없이 얻어맞으면 과감하게 앙갚음을 해 줘야 해. 단연코 그래야 한다고 생각해—과감하게 말야. 두 번 다시 그런 짓을 못하도록 알게 해야 해."

"나이가 들면 네 생각도 달라질 거야. 현재로는 아무것도 모르는 아이지만."

"하지만 난 이렇게 생각해, 헬렌. 내가 상대를 기쁘게 해 주려고 아무리 애를 써도 나를 싫다고 하는 사람은 나도 싫어해야 한다고. 무턱대고 벌을 주는 사람에겐 저항해야 해. 그건 내게 사랑을 보여 준 사람을 사랑하는 것과 마찬가지로, 받는 것이 당연하다고 여겨지는 벌이라면 얌전하게 받는 것과 마찬가지로 매우 자연스러운 일이라고 생각해."

"이방인이나 야만족은 그런 생각을 하지만 기독교인이나 문명국 사람들은 그런 생각은 인정하지 않아."

"왜 그럴까? 난 모르겠어."

"미움에 완전히 승리를 거두는 것은 폭력이 아니야—상처를 잘 치료하는 것도 복수가 아냐."

"그럼 뭐지?"

"신약 성경을 읽어 봐. 그리고 예수께서 말씀하신 것을 배워, 그리고 예수가 어떤 행동을 하셨는가도—예수의 말씀이 너를 지배할 수 있도록, 예수를 따르는 사람이 되어 봐."

"예수님이 뭐라고 말씀하셨는데?"

"'원수를 사랑하라, 그대들을 책하는 자를 위해 기도하라, 그대를 미워하고 마음으로 이용하는 자에게 선을 베풀지어다' 하셨어."

"그럼 나에게 리드 부인을 사랑하라는 거야? 난 그건 못해. 그 사람 아들 존을 위해 기도를 하라는 건데 그건 무리야."

이번에는 헬렌이 내 설명을 구했다. 나는 지체 없이 괴로움과 원한에 찬 나의 지난날 얘기를 내 나름대로 쏟아 놓기 시작했다. 흥분한 나머지 감정이 내키는 대로 저주스럽고 통렬한 말을 퍼부었다.

헬렌은 내 말을 끝까지 참을성 있게 들어 주었다. 한 마디쯤 하리라고 생각했지만 그녀는 아무 말도 하지 않았다.

"이래도," 나는 참다 못해 물었다. "리드 부인은 인정도 없는 나쁜 여자가 아니란 말이야?"

"분명히 그분은 네게 불친절했어. 너의 성격 그 자체가 싫은 거야. 스캐처드 선생이 나의 성격을 싫어하는 것과 마찬가지로. 그렇다고 해도 넌 리드 부인이 네게 한 일이나 말한 걸 어쩌면 그렇게두 낱낱이 기억하고 있니? 그분의 옳지 못한 처사가 네 마음속에 아주 깊이 사무친 모양이구나! 어떤 학대라두 그렇게까지 마음속에 깊이 새겨둔다는 것은 나로서는 할 수 없는 일이야. 리드 부인의 가혹한 처사도, 그것으로 생긴 너의 분통과 함께 잊으려고 노력했더라면 너는 더 행복해지지 않았을까? 삶이란 매우 짧은 것이므로 남을 자꾸 원망하거나 남의 허물을 새겨두는 것으로 세월을 보낼 틈이 없어. 이 세상에서는 누구나 할 것 없이 결점을 안고 있어. 안고 있지 않으면 안 된다고 나는 생각해. 하지만 얼마 가지 않아 썩어버릴 인간의 몸을 버림으로써 그 결점을 버릴 때가 올 것이라고 나는 믿고 있어. 그때에는 이 번거로운 몸과 함께 타락도 죄도 모두 우리에게서 씻어지고 영혼의 불꽃만이 남게 돼—생명과 사고(思考)의 눈에는 보이지 않는 핵심만이, 조물주를 떠나 지상의 살아 있는 자에게 불어넣어졌을 때와 마찬가지로 순수한 모습으로 말야. 그것은 어느 날엔가 그것이 나왔던 곳으로 돌아가게 돼. 아마도 인간보다도 높은 곳에 계시는 존재와 다시 통하기 위해서—아마도 해쓱한 인간의 영(靈)에서 빛나는 천사의 자리로 영광의 계단을 올라가기 위해서. 이와는 반대로 인간에서 악마로 타락하는 일은 절대로 없을 거야! 그래, 난 그런 건 믿을 수 없어. 나는 그것과는 다른 믿음을 가지고 있단다. 그것은 누구에게서 배운 것도 아니고 좀처럼 말로 하지는 않지만 그 믿음이 나에게 기쁨을 주고 모든 사람들에게 희망을 주기 때문에 나는 그 믿음에 매달려 있는 거야. 그 믿음이 영원을 휴식의 장으로 만들어 주기 때문에—두려움이나 나락의 바닥이 아닌 훌륭한 안식처로 만들어 주기 때문에. 게다가 이 믿음을 가지고 살아가면 죄인과 그 죄를 분명히 구별할 수가 있어. 죄는 미워해도 죄인은 마음으로부터 용서할 수 있지. 이 믿음에 의하면 복수가 나의 마음을 괴롭게 하는 일도 없고, 타락이라고 하는 것에 고민을 할 필요도 없고, 이 세상의 부정이 나를 짓이기는 일도 없어. 나는 최후의 시간을 기다리며 평온하게 살아가고 있는 거야."

늘 수그러져 있기 쉬운 헬렌의 머리는 이 말을 마치자 더욱 수그러졌다. 그 애의 표정으로 보아 이젠 나와의 이야기를 더 이상 하고 싶지 않다는 것이, 그보다는 자기 생각과 이야기를 하고 싶어 하고 있다는 것을 알 수 있었다. 하지만 그런 명상을 위한 시간은 그리 남아 있지 않았다. 이윽고 몸집이 크고 거칠게 생긴 반장이 와서 억센 컴벌랜드 사투리로 이렇게 소리쳤다.

"헬렌 번스. 너 당장 일어서서 서랍을 정리하고 일감을 치워. 그렇지 않으면 스캐처드 선생님께 이를 테니까."

헬렌의 꿈은 날아가고 그녀는 한숨을 짓고 일어나 아무 말도 하지 않고 반장의 명령에 따랐다.

7

로우드에서의 처음 1학기는 한 시대처럼 길게 느껴졌다. 그것도 황금시대도 아니었다. 새로운 규칙이나 익숙하지 않은 수업에 적응하기 위해 고생을 하지 않으면 안 되었다. 그런 일에 실패하지 않을까 하는 불안은 본디 타고난 허약한 체질에서 오는 괴로움보다도 더 심하게 나를 괴롭혔다. 몸에서 오는 괴로움도 적지는 않았지만.

1월, 2월, 그리고 3월 중순까지는 눈이 깊게 쌓이고 눈이 녹은 후에는 길은 거의 통행하지 못하게 되므로 교정 담 밖으로 나가는 일이라면 교회에 가는 정도뿐이었다. 그런 가운데에서도 매일 밖에서 1시간은 지내지 않으면 안 되었다. 입고 있는 것이라곤 강추위를 막기엔 너무나 허술했다. 장화가 없었으므로 눈은 구두 속으로 들어가 거기서 녹았다. 장갑을 끼지 않은 손은 감각이 없어지고 동상이 생겼다. 다리도 마찬가지였다. 매일 밤 다리가 얼얼해서 미칠 것처럼 가려운 기억이 지금도 생생하다. 그리고 아침에는 부어올라서 따끔따끔 아팠다. 굳어진 발끝을 신발 속에 밀어 넣을 때의 괴로움이 기다리고 있었고 주어지는 초라한 음식은 비참했다. 한창 자라는 아이의 왕성한 식욕 앞에 쇠약한 환자를 먹여 살릴 정도도 안 되는 분량이 배급되었다. 이런 영양 부족으로 인해서 나이어린 하급생들을 괴롭히는 악습이 생겨났다. 굶주린 상급생들은 기회만 있으면 하급생들에게서 달래거나 위협을 해서 그들의 몫을 빼앗아 가곤 했다. 나는 차 마시는 시간에 배급받는 귀중한 검은 빵 한 조각을 두 사람의 상급생에게 나누어 주지 않으면 안 된다. 세 사람째 상급생에게는 내 커피의 반을 주고 나서 막바지 고비에 이른 허기에 못 이겨 눈물지으며 나머지 반 잔을 마신 적이 한 두 번이 아니었다.

이렇게 추운 시기의 일요일은 음산했다. 우리들은 브로클브리지 교회까지 2마일이나 되는 길을 걷지 않으면 안 되었다. 그 교회에서 우리들의 목사가 예배를 올렸다. 차가운 몸으로 집을 나서 더욱 차가워진 몸으로 교회에 도착했다.

아침 예배 사이에 우리들은 추위를 거의 느끼지 못했다. 점심 때 돌아오는 길은 너무 멀었고, 평일의 식사 때 언제나 지급되는 것에서 변함없이 인색한 양의 차가운 고기와 빵이 아침 예배와 오후 예배 사이에 배급되었다.

오후 예배가 끝나면 우리는 바람이 불어재치는 고갯길이 많은 길을 돌아가는데, 북으로 이어져 눈이 쌓인 산에서 불어 내려오는 살을 에는 듯한 북풍이 얼굴의 피부를 벗겨 가는 것만 같았다.

템플 선생님이 찬바람에 펄럭이는 바둑무늬 외투를 꼭 여미고 맥 빠진 우리들의 행렬 옆을 따라 씩씩한 걸음으로 걸으면서 말이나 행동으로 우리를 격려하였다. '용감한 병사들처럼' 행군하자! 하시면서 우리의 기력을 북돋아 주신 일도 생생하게 기억한다. 다른 선생님들은 가엾게도 모두 기진맥진해서 남을 격려해 줄 엄두도 내지 못했다.

간신히 학교에 돌아온 우리는 활활 타오르는 불을 얼마나 그리워했던가! 그러나 적어도 하급생들의 이런 소원은 이루어지지 못했다. 교실의 두 개의 난로는 모조리 상급생들에게 재빨리 이중으로 둘러싸이고, 꼬마들은 그들의 등 뒤에서 언 팔을 앞치마로 감싸고 한데 뭉쳐 웅크리고 있었다.

차 마시는 시간에 조금이나마의 위로는 빵이 보통 때의 두 배—반 조각이 아니라 온전한 한 개—라는 형태로 실현되었다—엷게 바른 버터라는 훌륭한 덤까지 붙어서. 이거야말로 안식일에서 다음 안식일까지, 모두가 기다리고 있는 1주일에 한 번의 잔치인 것이다. 나는 대개 이 흐뭇한 자비의 절반은 간직해 두려고 했으나 나머지 반은 반드시—라고 해도 좋을 정도로 몰수당하도록 되어 있었다.

일요일 저녁에는 교리 문답과 〈마태복음〉 5장·6장·7장을 외워야 했다. 그

리고 밀러 선생님의 긴 설교도 듣도록 되어 있었으나 선생님이 자기도 모르게 하품을 하는 것을 보면 선생님도 따분해 하고 있는 것이 분명했다. 이런 수업 중간에 잠시 동안의 막간 연극이 상연되어 몇몇 하급생이 〈사도행전〉에 나오는 '유두고(사도 바울이 설교하는 도중 졸다가 3층에서 떨어져 죽었으나 바울이 기적으로 살려낸 인물)'의 역할을 한다. 성 바울 앞에서 존 유두고는 3층에서 떨어졌으나 마찬가지로 졸음을 견딜 수 없었던 하급생들은 4학년반의 의자에서 굴러 떨어져 반쯤 죽은 상태로 안아 일으켜진다. 이에 대한 대책은 무엇인가. 그 학생들을 교실 한가운데로 몰아세워서 설교가 끝날 때까지 거기에 세워두는 일이었다. 때로는 그 애들의 발이 말을 안 들어 한꺼번에 쓰러지면 반장이 높은 의자를 등에 대어 이들을 버티어 놓았다.

나는 브로클허스트 씨의 학교 방문에 대해서는 아직 이야기하지 않았다. 사실 그분은 내가 로우드로 온 후 첫 달에는 거의 학교에 있지 않았다. 아마 친구인 부주교 댁에서 머문 듯했다. 그가 없는 것이 내게는 구원과도 같았다. 그분의 귀가를 두려워할 만한 나 자신의 이유가 있는 것은 말할 나위도 없다. 그러나 그는 결국 오고야 말았다.

어느 날 오후 (내가 로우드에 온 지 3주일이 지나 있었다) 내가 석판(石版)을 무릎에 얹고 나눗셈 계산을 하고 있다가 무심코 창문께로 눈을 돌린 순간 바로 그 앞을 지나가는 사람의 그림자가 있었다. 그 말라빠진 모습으로 나는 거의 직감적으로 그가 누구인가를 알아볼 수 있었다. 그리고 2분 후 선생님을 비롯한 학생들이 일제히 일어섰을 때는 그들이 누구의 등장을 환영하는지 나는 쳐다보고 확인할 필요도 없었다. 황새걸음으로 교실을 가로질러 기립해 있는 템플 선생님 곁으로 온 사람은 언젠가 게이츠헤드의 난롯가 양탄자 위에 서서 꽤 험상궂게도 나를 향해 이맛살을 찌푸리던 바로 그 검은 기둥이었다. 나는 건물의 일부분과도 같은 이 사람을 슬쩍 훔쳐보았다. 그래, 틀림없어. 바로 브로클허스트 씨였다. 외투 단추를 채우고 전보다 더 키가 크고 더욱더 굳어 있는 것처럼 보였다.

나는 느닷없는 그의 출현에 당황한 이유가 있었다. 리드 부인이 내 성격에 대해서 말한 갖가지 거짓말을 나는 분명히 기억하고 있었다. 그리고 브로클허스트 씨가 나의 나쁜 성품을 템플 선생님이나 다른 선생님들에게도 알리겠다고 약속한 것도. —나는 날마다 '어느 땐가는 나타날 인물'을 경계하고

망을 보고 있었던 것이다. 내 과거 생활이나 했던 말이 브로클허스트 씨의 입에서 나온다면 나는 영원히 나쁜 애라는 낙인이 찍히고 만다. 그 인물이 지금 나타난 것이다. 템플 선생님 곁에 서서 그녀의 귀에 무엇인가 속삭이고 있었다. 내가 얼마나 나쁜 아이인가를 말하고 있는 것이 틀림없었다. 나는 템플 선생님의 검은 눈동자가 혐오와 경멸의 빛을 띠고 언제 나에게로 향할 것인가 하고 조마조마하면서 지켜보고 있었다. 우연히 나는 교실 맨 앞에 앉아 있었으므로 브로클허스트 씨의 얘기를 대부분 들을 수 있었다. 이야기의 내용을 알게 되자 당장의 불안은 사라졌다.

"내가 로튼에서 사들인 실은 쓸 만하겠죠, 템플 선생. 실의 품질이 캘리코 내의에 딱 맞는다고 봤지요. 또 실에 알맞은 바늘도 골랐습니다. 스미스 선생에게 전해 주면 좋겠는데, 뜨개질바늘에 대해서 적어두는 것을 잊었기 때문에 내주까지 적은 것을 제출해 달라고 해주세요. 그리고 학생 한 사람에게 한 번에 한 개 이상 주어서는 안 된다는 것도 전해주세요. 그 이상 가지게 하면 자칫 잃어버리기가 쉬우니까요. 그리고 아, 참, 선생! 긴 털양말은 좀 더 주의를 해 줘야겠어요. 전에 이곳에 왔을 때 뒤뜰에 가서 널어놓은 빨래를 살펴보았더니 상당한 수의 검은 양말이 잘 손질이 안 된 채로 있었어요. 뚫어진 구멍의 크기로 미루어 보아 분명히 학생들은 자주 손질을 안 하는 것 같습니다."

그는 말을 멈추었다.

"선생님 말씀대로 하겠습니다." 템플 선생님은 말했다.

"그런데 선생." 그는 말을 이었다. "세탁하는 여자의 말이 어떤 학생들은 1주일에 두 개씩이나 깨끗한 깃을 사용하고 있는 것 같아요. 두 개는 많아요. 규칙에는 한 개로 정해져 있으니까요."

"사정을 말씀드리겠습니다. 애그니스 존스톤과 캐서린 존스톤이 지난 목요일 로튼에 있는 친척들로부터 차를 마시자고 초대를 받았습니다. 그래서 제가 그때 그 학생들에게 새것을 달도록 한 겁니다."

브로클허스트 씨는 고개를 끄덕였다.

"그렇다면 이번에는 너그럽게 봐주겠지만 그런 경우가 너무 잦아지지 않도록 해 주시오. 그런데 또 하나, 나를 깜짝 놀라게 하는 일이 있어요. 관리부와 경비의 정산을 했을 때 치즈와 빵의 간식이 지난 2주 동안에 두 번이나 학생들에게 지급된 걸 발견했어요. 이건 어떻게 된 거죠? 규칙을 살펴보았지만 간식을 낸다는 항목은 어디에서도 찾아볼 수 없어요. 누가 어떤 권한으로 이와 같은 새로운 제도를 도입한 것입니까?"

"그 일에 대해선 제게 책임이 있습니다." 템플 선생님이 대답했다. "그날 아침 식사 요리에 잘못된 점이 있어서 학생들은 도저히 그것을 먹을 수 없었습니다. 그래서 점심때까지 학생들을 그대로 굶겨 둘 수가 없어서."

"선생, 잠깐만……내가 이 학생들을 교육하는 방침은 알고 계시겠죠? 학생들을 사치스러운 생활에 물들게 해서는 안 됩니다. 인내심이 강하고 극기심이 있는 사람으로 길러 내는 것이 중요합니다. 음식이 잘못되었다거나 음식의 양념이 많다 적다고 하는 등 식욕을 감퇴시키는 일이 우연히 생겼다고 해도 말입니다, 먹지 못했던 음식을 더 맛있는 음식으로 바꾸어 주는 것 같은 불만의 보충으로 하는 일이 있어서는 안 됩니다. 그와 같이 해서 몸을 길들인다는 것은 본교의 교육 목적에 어긋나는 것이 됩니다. 일시적인 배고픔 같은 것은 불굴의 정신으로 견디도록 학생들을 격려해서 학생의 정신적인 교화를 해야 합니다. 그런 경우에는 짧은 훈화 같은 것을 했으면 좋았을 겁니다. 사려 깊은 교사라면 그런 기회에 초기 그리스도 교도의 수난이나 순교자의 고난에 대해서 이야기할 겁니다. 십자가를 짊어지고 제자들에게 자기를 따르라고 말씀하신 예수님의 말씀에 대해서, 또는 '사람은 빵으로만 사는 것이 아니요, 하느님의 모든 말씀으로 살 것이니라'는 주의 말씀에 대해서, 또는 '만일 너희 중에 나를 위하여 굶주리고 목마른 자는 복이 있나니' 와 같은 주의 위로의 말씀에 대해서 이야기했으면 좋았을 것입니다. 아, 선생, 당신이 탄죽 대신에 치즈와 빵을 아이들의 입에 밀어 넣었을 때 당신은 그녀들의 사악한 몸을 살찌게 만들었을지 모르나 그녀들의 불멸의 영혼을 얼마만큼 굶주리게 했는가에 대해서 당신은 조금도 생각하지 않았던 겁니다."

브로클허스트 씨는 다시 입을 다물었다—아마도 자기의 말에 감동했는지도 모른다. 템플 선생님은 그가 이야기를 하기 시작했을 때 아래를 내려다보고 있었으나 지금은 똑바로 앞을 바라보고 있었다. 그녀의 얼굴은 당연히 대리석처럼 해쓱하고 대리석의 차가움과 단단함까지 갖추고 있는 것처럼 보였다. 특히 그녀의 입술은 조각가의 끌이 아니면 열 수 없을 정도로 굳게 다물어져 있고 이마는 차츰 엄하게 굳어져 갔다.

한편 브로클허스트 씨는 뒷짐을 지고 난로 앞에 서서 당당하게 모든 학생들을 둘러보았다. 별안간 그의 눈이 깜빡거렸다. 마치 그의 동공을 무엇인가가 눈부시게 했든가 충격을 준 것 같았다. 몸을 틀어 그는 이제까지 보다도 더 빨리 말을 하기 시작하였다.

"템플 선생, 템플 선생, 도대체 저것은 무엇입니까? 머리카락을 둘둘 만 저 학생은? 빨간 머리카락 말이오, 선생, 머리를 온통 둘둘 만 저 학생 말이오." 그러고는 지팡이를 들어 불쾌한 그 대상을 가리켰다. 그의 손은 부들부들 떨렸다.

"저것은 줄리어 세번입니다." 템플 선생님은 매우 조용하게 대답했다.

"줄리어 세번! 그런데 어째서 저애는, 저애만이라고 말할 수는 없지만, 머리카락을 둘둘 말고 있는 겁니까? 이곳의 계율이나 규칙을 무시하고 무엇 때문에 저 아이는 이토록 당당하게 세상에 영합하고 있는 겁니까? —지금 세상의 복음주의에 입각한 자선 시설에서—머리를 온통 둘둘 말고 있는 겁니까?"

"줄리어의 머리는 태어나면서 고수머리입니다." 템플 선생님은 더욱더 조용하게 대답하였다.

"태어나면서부터라고? 그래요, 하지만 우리는 태어난 그대로 있어서는 안됩니다. 이곳 학생들은 하느님의 은총을 받은 아이이기를 바라는 겁니다. 그런데 왜 저렇게 됐습니까? 나는 몇 번이고 되풀이해서 말했을 것입니다. 머리에 딱 붙게 단정하고 눈에 띄지 않도록 빗으라고 말이오. 템플 선생, 저 아이의 머리는 모두 잘라버려야겠습니다. 내일 이발사를 보내지요. 또 그밖에도 필요 이상으로 머리가 긴 학생들이 보여요. 저 키 큰 애, 이쪽으로 돌아서라고 하시오. 상급생은 모두 서서 벽으로 향하라고 이르시오."

템플 선생님은 손수건으로 가볍게 입술을 닦는 시늉을 했는데 그것은 무심코 떠오르는 비웃음을 씻어버리려고 하는 것 같았다. 하지만 템플 선생님은 명령을 내렸고, 상급생들은 자기들에게 내려진 명령의 뜻을 알아차리고 이에 따랐다. 의자의 등에 잠시 기댔던 나는 상급생들의 표정이나 찡그린 얼굴을 보고 그녀들이 이 지시를 비난하고 있다는 것을 알았다. 브로클허스트 씨가 이걸 못 본 것이 유감스러웠다. 만일 보았다면 그는 깨달았을 것이다. 술잔과 접시의 바깥쪽을 제아무리 깨끗하게 해도 안은 그의 생각대로 되지 않는다는 것을.

그는 5분쯤 이 살아 있는 메달의 뒤쪽을 곰곰이 살펴보고 나서 판결을 내렸다. 그 말은 마지막 심판의 종소리처럼 울렸다.

"저 틀어올린 머리는 모두 잘라버리시오."

템플 선생님은 항의하려는 태도를 보였다.

"선생," 그는 말을 이었다. "나는 '이 속세가 아닌 나라'를 다스리는 주를 섬기는 몸입니다. 나의 사명은 이 학생들 안에 있는 육체의 욕망을 극복시키는 일입니다. 이 자들에게 머리를 땋거나 사치스런 옷을 입는 일이 없이 검소한 마음과 절약으로써 자신들을 단장하는 일을 가르쳐 주는 것입니다. 그런데 우리 눈앞에 있는 젊은이들의 머리에 허영심 그 자체가 땋아 올렸을지도 모르는 한 다발의 머리가 얹혀 있어요. 되풀이해서 말하지만 이것은 모두 잘라야 합니다. 낭비된 시간을 생각하면—"

브로클허스트 씨의 말은 여기서 멈추어졌다. 이때 세 사람의 여자 방문객이 교실로 들어왔기 때문이다. 이 귀부인들은 좀더 빨리 와서 브로클허스트 씨의 옷에 관한 강의를 들었어야 했다. 벨벳 비단과 모피의 호화로운 치장을 하고 있었기 때문이었다. 셋 중에서 젊은 두 여자(열여섯과 열일곱 살쯤의 아름다운 소녀)는 타조의 깃털로 덮인 유행하는 회색 수달피 모자를 쓰고 그 우아한 모자 차양 밑에는 정성껏 지진 탐스럽고 보드라운 머리채가 늘어져 있었다. 중년 부인은 흰 담비 가죽으로 테를 두른 값진 벨벳 숄을 두르고 프랑스식으로 지진 가발을 쓰고 있었다.

이 여인들은 브로클허스트 씨의 부인과 따님들로서 템플 선생님의 따뜻한 영접을 받아 상석인 귀빈석으로 안내되었다. 그녀들은 높으신 분과 함께 마차로 온 것 같았다. 그가 관리 주임과 경리를 감사하고 세탁부에게 질문을 하고 교장 선생님에게 훈계를 하고 있는 동안에 이 여인들은 2층 방을 샅샅이 살피고 흠을 찾고 있었던 것 같았다. 이제 여인들은 기숙사의 전반적인 리넨 종류의 관리와 기숙사의 점검을 맡은 스미스 선생님에게 여러 가지 의견이나 잔소리를 하고 있었다. 그러나 그녀들이 하는 말을 듣고 있을 틈이 없었다. 그밖에 여러 가지 일이 있어서 나의 주의는 그쪽으로 끌리고 말았던 것이다.

여기까지는 브로클허스트 씨와 템플 선생님의 대화를 단편적으로 들으면서 그와 동시에 내 자신의 안전을 지키기 위해 주의를 게을리하지 않았다. 그 사람의 눈을 잘 피하기만 하면 안전할 것이라고 믿고 있었다. 이를 위해 벤치 뒤로 기대어 석판으로 얼굴을 가리고 부지런히 계산을 하는 척하였다. 만일 그 괘씸한 석판이 내 손에서 떨어지지만 않았던들 발견되지는 않았을 것이다. 석판은 사정없이 소리를 내며 마루 위에 떨어졌으므로 교실 안의 모든 눈이 나에게로 쏠렸다. 이젠 모두 끝장이 났다는 걸 나는 알았다. 둘로 깨어진 석판을 줍기 위해 몸을 구부리며 최악의 경우에 대비해서 기력을 차리고 있었다. 때는 오고야 말았다.

"조심성 없는 아이로군!" 브로클허스트 씨는 이렇게 말하고 나서 곧 덧붙였다—"새로 들어온 학생 같은데" 그리고 내가 미처 숨도 돌리기 전에 "이 학생에게 대해서는 잊어버리기 전에 해 두어야 할 말이 있어" 하고 중얼거리고 나서 커다란 소리로 말했다. 얼마나 큰 소리로 들렸던가! "석판을 깨뜨린 학생을 나오게 하시오!"

나는 스스로 움직일 수 없었다. 온몸의 힘이 빠지고 만 것이다. 양쪽에 앉아 있던 두 사람의 상급생이 나를 일어나게 하여 무서운 재판관 쪽으로 떠밀자 템플 선생님이 조용히 나를 그가 있는 곳까지 데리고 갔다. 작은 목소리로 조언해 주시는 소리가 들렸다.

"제인, 두려워할 것 없다. 그건 우연한 실수니까 벌은 받지 않을 거야."

그 부드러운 속삭임은 칼날처럼 내 가슴에 꽂혔다.

'이제 곧 선생님은 나를 거짓말쟁이라고 업신여기실 거야' 하고 나는 생각했다. 그렇게 확신하자 리드나 브로클허스트에 대한 노여움이 솟아나 내 가슴은 거칠게 뛰었다. 나는 헬렌 번스가 아니었다.

"그 의자를 가져 와라." 브로클허스트 씨는 방금 반장이 일어선 그 높은 의자를 가리키며 말했다. 의자가 옮겨졌다.

"저 애를 그 위에 올려놔요."

누군지 알지 못하는 사람의 손에 의해 나는 그 위에 섰다. 자상한 일까지 알 수 있는 상태가 아니었다. 다만 그들이 나를 브로클허스트 씨의 코 높이까지 끌어올렸다는 것과, 그가 내게서 1야드 이내에 있다는 것과, 내 발밑에는 아른거리는 오렌지빛과 보랏빛 비단 외투와 그리고 은빛 새털구름이 쭉 펴져 물결치는 것이 보였을 뿐이었다.

브로클허스트 씨는 헛기침을 했다.

"여러분," 그는 우선 자기 가족을 돌아보았다. "템플 선생과 여러 선생들, 그리고 학생들, 여러분에게 이 소녀가 보이고 있나요?"

물론 보였다. 모든 사람의 눈이 화경(火鏡)을 댄 것처럼 나의 뺨을 태웠기 때문이었다.

"보시는 바와 같이 이 아이는 아직 어립니다. 보통 아이들과 같은 모습을 하고 있어요. 하느님께선 자비로우시게도 이 아이에게 우리 모두에게 주신 모습과 같은 것을 주셨습니다. 이 아이가 낙인이 찍힌 요주의 인물이라는 것을 나타낼 만한 눈에 띄는 겉모습은 어디에서도 볼 수 없습니다. 악마가 이 아이를 자기 종으로서 앞잡이로 만들었다는 걸 누가 생각인들 하겠소? 그러나 슬프게도 바로 이 아이는 그렇습니다."

잠시 말이 끊어졌다—그 사이에 나는 떨어졌던 기력을 되찾았다. 루비콘 강을 건너버린 것이다. 이제 뒤로 물러날 수 없다고 생각하였다. 이 시련은 이제 회피할 수가 없고 버티고 견딜 수밖에 없었다.

"사랑스러운 학생들이여," 검은 대리석의 성직자는 슬픈 듯이 말을 이었다. "이것은 매우 우려할 슬픈 사태입니다. 왜냐하면, 여러분에게, 하느님의 어린 양이어야 할 이 소녀가 실은 하느님의 버림을 받은 가엾은 아이라는 것을 경고하는 것이 나의 의무이기 때문입니다. 참된 어린 양떼의 한 마리가 아니라 굴러들어온 방해자이며 이방인입니다. 여러분은 이 아이를 경계해야 합니다. 이 아이를 본떠서는 안 됩니다. 필요하다면 이 아이를 벗으로 삼는 일을 피하고 놀이 친구로도 삼지 말고 말도 나누지 않도록 해야 합니다. 선생님들은 이 아이를 잘 감독해야 합니다. 이 아이의 행동에 주의하고 이 아이가 하는 말을 잘 판단하고 이 아이의 행동을 자세히 살펴 그의 영혼을 구하기 위해 몸을 벌해야 합니다. 이렇게 해서라도 진정으로 구원이 되었으면 합니다. 왜냐하면 (이 말을 하는 내 혀가 떨립니다만) 이 소녀, 이 아이, 기독교인의 땅에 태어난 이 사람은 브라마신에게 기도를 올리고 자간나타^(힌두교의 신 크리슈나를 형상화한 대표적인 우상) 신의 우상 앞에 무릎을 꿇는 작은 이방인보다도 더 진저리나는—이 소녀는—거짓말쟁이인 것입니다."

여기에서 10분간 휴식이 있었다. 그 동안에 정신을 바짝 가다듬은 나는 브로클허스트 댁 여자들이 모두 손수건을 꺼내 눈으로 가져가는 걸 보았다. 나

이 든 부인은 몸을 앞뒤로 흔들었고, 젊은 두 여자는 "정말 무섭구나!" 하고 속삭였다.

브로클허스트 씨는 다시 말을 이었다.

"이 사실은 그 애의 은인인 부인에게서 들은 말입니다. 고아가 된 이 아이를 맡아 친자식처럼 길러 온 신앙심이 두터운 분으로 그 깊은 정, 그 너그러운 마음을 이 불행한 소녀는 못되고 무시무시한 배은망덕으로 보답한 것입니다. 그리고 마침내, 그 부인으로 하여금 이 아이를 당신의 아이들로부터 멀리 떨어지게 하지 않을 수 없게 되었습니다. 이 불순한 본보기가 아이들의 순수함을 더럽히지나 않을까 두려워 했기 때문입니다. 그리하여 이 아이를 고치기 위해서 어쩔 수 없이 여기에 보내어진 것입니다. 옛날의 유대인이 병든 자를 베데스다의 물결치는 연못으로 보낸 것처럼 말입니다. 그러니 여러 선생들과 교장 선생, 부디 이 학생 주위의 연못물이 흐려지지 않도록 해 주시기 바랍니다."

이 어마어마한 결론을 내린 브로클허스트 씨는 외투의 단추를 채우고 일어나서 가족들에게 무엇인가 작은 목소리로 속삭이자 그녀들은 일어서서 템플 선생님에게 가볍게 인사를 한 후, 이 높으신 분들은 당당히 교실에서 나갔다. 문이 있는 곳에서 돌아본 재판관은 이렇게 말하였다.

"저 아이를 의자 위에 반시간 더 세워 두시오. 그리고 오늘 하루 저 아이에게 아무도 얘기를 걸어서는 안 됩니다."

이리하여 나는 높은 곳으로 올라간 채 남게 되었다. 교실 한 가운데 서 있는 굴욕을 참을 수 없다고 말했던 내가 지금 굴욕의 발판 위에서 모든 사람 앞에 노출되었다. 이때의 내 마음은 무어라 말로 표현할 수 없었다. 모두가 일어나고, 내가 목이 죌 듯이 숨이 가빠졌을 때 한 학생이 가까이 와서 내 옆을 스치며 나를 올려다보았다. 얼마나 신비스러운 빛이 두 눈에 서리어 있었던가! 그 눈빛은 얼마나 야릇한 감정을 내게 안겨 주었던가! 그 새로운 감정이 얼마나 내게 용기를 주었던가! 마치 순교자나 영웅이 노예나 희생자의 곁을 지나가면서 그 힘을 나누어 준 것 같았다. 나는 격렬하게 솟아오르는 기분을 억누르고 머리를 들고 의자 위에 꼿꼿이 섰다. 헬렌 번스는 스미스 선생님에게 바느질감에 관해서 무엇인가 시시한 질문을 하다가 쓸데없는 질문이라고 야단을 맞고 자기 자리로 돌아가는 중에 다시 내 옆을 지나가면서 나에게 미소를 던졌다. 아, 그 미소! 나는 지금도 생생하게 기억하고 있다. 그것은 뛰어난 지성(知性)의, 참된 용기의 발로라고 나는 생각한다. 그 미소는 천사의 얼굴에서 나오는 빛처럼, 그녀의 뚜렷한 이목구비, 여원 얼굴, 움푹 들어간 잿빛 눈을 빛나게 하고 있었다. 그런데 그 때도 헬렌 번스는 그 팔에 '게으름뱅이'의 표지가 붙어 있었다. 불과 한 시간쯤 전에 헬렌이 연습 문제를 베끼다가 잉크로 종이를 더럽혔다는 이유로 스캐처드 선생님으로부터 점심의 빵과 물은 내일 아침까지 유보한다는 말을 들은 것을 나는 알고 있었다. 인간의 성질은 불완전한 것이다! 이런 얼룩이라면 맑은 행성의 표면에도 있을 것이다. 스캐처드 선생님의 눈에는 조그만 결점만이 보이고 그 전체에 넘쳐흐르는 찬란한 빛은 보이지 않는 것이다.

8

30분도 채 못 되어 시계가 5시를 쳤다. 쉬는 시간이 되어 모두 차를 마시러 식당으로 가버렸다. 나는 이때 대담하게 의자에서 내려왔다. 주위는 어둠에 싸여 있었다. 교실 한구석으로 가서 주저앉았다. 여태껏 내 마음을 받쳐주던 마력(魔力)의 힘이 스르르 풀리기 시작하였다. 반동이 와서 밀어닥치는 슬픔에 짓눌려 나는 바닥에 엎드리고 말았다. 나는 소리내어 울었다. 헬렌 번스는 여기에 없었다. 나를 받쳐주는 것은 아무것도 없었다. 혼자 남은 나는 슬픔에 몸을 내맡기고 마음껏 울었다. 눈물이 마룻바닥을 적셨다. 나는 좋은 아이가 되려고, 로우드에서 많은 공부를 하려고, 친구를 많이 사귀어 모두에게 존경받고 사랑받게 되기를 바랐다. 눈에 띄는 성과가 있었다. 그날 아침, 나는 반에서 1등이 되었다. 밀러 선생님은 진심으로 칭찬해 주셨고 템플 선생님은 좋아서 미소를 지으셨다. 템플 선생님은 스케치를 가르쳐 주겠다고, 그리고 앞으로 두 달만 더 노력한다면 프랑스어 공부도 시켜주시겠다고 약속하셨다. 나는 학생들 사이에서도 인기를 얻었다. 나와 같은 또래 학생들에게서도 동등한 대접을 받았고 누구에게서도 놀림을 받지 않았다. 그런데 지금 다시 나는 무너지고 짓밟혔다. 나는 또 일어날 수 있을까?

'틀렸다'고 생각하고 죽고 싶다고 간절히 원했다. 훌쩍거리면서 띄엄띄엄 중얼거리고 있자니까 누군가가 다가왔다. 나는 벌떡 일어나려고 하였다—헬렌 번스였다. 스러져 가는 난롯불의 희미한 불빛에 텅 빈 기다란 교실을 걸어오는 그녀의 모습이 희미하게 보였다. 나에게 커피와 빵을 가지고 온 것이다.

"애, 좀 먹어봐." 헬렌은 말했다. 그러나 둘 다 거절했다. 왜냐하면 커피도 빵도 지금 상태에서 입에 넣으면 목이 맬 것 같은 기분이 들었기 때문이다. 헬렌은 나를 물끄러미 바라보고 있었는데 놀란 것 같았다. 나는 흥분을 달랠 수 없었다. 나는 소리를 내어 엉엉 울어댔다. 헬렌은 내 옆에 앉자 두 팔로 무릎을 안고 거기에 턱을 올리고 그 자세로 인도 사람처럼 그대로 있었다. 먼저 입을 연 것은 나였다.

"헬렌, 넌 왜 모두가 거짓말쟁이라고 생각하는 아이와 같이 있니?"

"모두라구, 제인? 어머나, 네가 거짓말쟁이라는 말을 들은 사람은 다만 80명뿐이야. 그러나 이 세상에는 몇 억 명의 사람이 있어."

"하지만 내가 몇 억 명의 사람들과 무슨 관계가 있니? 내가 알고 있는 80명이 모두 나를 업신여기고 있는데."

"제인, 그건 네 잘못된 생각이야. 이 학교에서 아마 한 사람도 너를 미워하거나 싫어하고 있지 않아. 그보다는 너를 가엾게 여기고 있다고 생각해."

"브로클허스트 씨의 그런 말을 듣고도 나를 가엾게 여긴다고?"

"브로클허스트 씨는 하느님이 아냐. 게다가 위대하고 존경을 받고 있는 것도 아냐. 여기선 그를 좋아하는 사람은 별로 없어. 남에게 호감을 사려고 노력을 하고 계시지도 않아. 가령 그분이 너를 유달리 귀여워했다면 네 주위는 적투성이가 될 거야. 분명한 적이 되든가 그늘에서 적이 되든가는 따로 하고라도 말야. 그런데 그런 말을 들었으니까 많은 사람들이 용기가 있으면 너에게 동정을 할 거야. 선생님도 학생도 하루나 이틀은 너를 차가운 눈으로 볼지 모르나 마음속으로는 응원할 기분이 감추어져 있을 거야. 네가 참고 이제까지대로 착한 학생으로 있으면 모두의 그런 기분은 지금은 억제되어 있을 테지만 곧 표면에 나타나게 될걸. 그런데 말야, 제인."—그녀는 입을 다물었다.

"왜 그래, 헬렌?" 나는 이렇게 말하면서 내 손을 그녀의 손 위에 얹었다. 헬렌은 내 손가락을 부드럽게 문지르며 따뜻하게 해 주었다.

"비록 이 세상 사람들이 너를 미워하고 싫어해도, 네가 나쁜 아이라고 믿어도 자신의 양심이 너를 옳다고 인정하고 죄로 삼지 않는다면 너에게는 친구들이 있다고 생각해도 좋아."

"응, 나 자신을 좋은 아이라고 믿어야 한다는 것을 알고 있어, 하지만 그 것만으로는 안 돼. 남의 사랑을 받지 못한다면 차라리 죽는 편이 나아—외톨이로 남의 미움을 받는 건 견딜 수 없어, 헬렌. 너나 템플 선생님이나 그 밖에 내가 진심으로 사랑하는 사람의 참된 사랑을 받을 수 있다면, 나는 내 팔이 부러져도 좋고, 황소에게 떠받혀도 좋고, 말 뒤에 세워져 말굽에 가슴을 채어도 좋아—"

"그런데 말야, 제인! 넌 인간의 사랑을 너무 무겁게 생각하고 있어. 너는 매우 충격적이고 매우 격렬한 감정을 가지고 있어. 너에게 모습을 부여하고 그것에 생명을 불어넣어 주신 주의 손길은 그 연약한 몸 외에 의지하는 힘을 주셨어. 게다가 이 지상에는 인간이라고 하는 것 외에 눈에 보이지 않는 세계가, 영혼의 세계가 우리의 둘레에 있는 거야. 그건 어디에나 있고 그 영혼은 우리를 지켜보고 있어. 그것은 우리를 지키는 사명이 주어져 있어. 만일 우리들이 괴로움과 치욕 속에 죽어가고 있다면, 만일 비웃는 눈이 우리를 사방에서 쏘아보고 있다면, 미움이 우리를 짓누른다면, 천사는 우리의 괴로움을 보시고 우리의 결백을 인정해 주실 거야(만일 우리가 결백하다고 하면 브로클허스트 씨의 비난은 근거가 없는 데다가 리드 부인에게서 얻어들은 걸 어마어마하게 되풀이한 데에 지나지 않으므로 네가 결백하다는 것을 나는 알고 있어. 너의 뜨겁게 빛나고 있는 눈이나 밝은 표정을 보면 너의 성실한 성격은 잘 알 수 있어). 그리고 하느님은 우리에게 듬뿍 상을 주시려고 몸에서 영혼이 떨어져 나가는 것만을 기다리고 계셔. 그렇다고 한다면 생명이란 곧 끝나는 것인데, 죽음이야말로 행복—영광으로 들어가는 입구라는 것을 알고 있는데, 왜 슬픔에 잠겨 있어야 하는 거니?"

나는 잠자코 있었다. 헬렌은 나의 기분을 진정시켜 주었다. 하지만 그녀가 나누어 준 평온한 기분에는 말할 수 없는 슬픔이 섞여 있었다. 헬렌이 이야기하는 동안에 나는 슬픈 마음이 들었으나 왜 그런 마음이 들었는지 나는 알 수 없었다. 이야기를 끝마친 그녀는 잠시 숨이 가쁜 듯이 가볍게 기침을 했으므로 순간 나는 나의 슬픔도 잊고 그녀가 어쩐지 걱정이 되었다.

나는 머리를 헬렌의 어깨에 얹고 두 팔을 그녀의 허리에 감고 있었다. 헬렌은 나를 끌어안았다. 그렇게 아무 말 없이 우리는 몸을 쉬고 있었다. 그러는 동안에 누군가가 또 교실로 들어왔다. 바람이 강해져서 두터운 구름을 하늘에서 몰아내 달이 완전히 모습을 드러냈다. 달빛은 가까운 창에서 스며들어와 우리와 가까이 오는 사람을 비추고 있었다. 곧 우리는 템플 선생님이라는 걸 알았다.

"널 찾으러 왔단다, 제인 에어." 선생님은 말했다. "내 방으로 오너라. 헬렌 번스, 너도 같이 오너라."

우리들은 갔다. 선생님이 앞서서 복잡한 복도 여러 곳을 지나 계단을 올라가자 선생님의 방에 이르렀다. 난롯불이 훈훈하게 피워져 있어 매우 아늑한 느낌이었다. 템플 선생님은 헬렌 번스에게 난로 옆의 낮은 의자에 앉으라고 말하고 자신은 또 하나의 안락의자에 앉아 나를 가까이 오라고 말했다.

"이젠 기분이 풀렸니?" 선생님은 내 얼굴을 내려다보며 말했다. "실컷 울고 나니 설움은 가셨겠지?"

"그럴 것 같지 않아요."

"왜?"

"억울하게 꾸지람을 들었으니까요. 선생님이나 모두가 이젠 저를 나쁜 아이라고 생각하실 거예요."

"네가 어떤 아이인지 스스로 증명해 보인다면 그런 너를 우리는 믿겠다. 계속해서 이제까지 대로 착한 아이가 되도록 행동해라. 그러면 나도 납득할 것이다."

"제가 그럴 수 있을까요, 템플 선생님?"

"있고말고." 선생님은 한 팔로 나를 껴안으며 말했다. "그리고 브로클허스트 씨가 말씀하신 네 은인이라는 부인은 누구냐?"

"리드 부인입니다. 제 외숙모예요. 외삼촌은 돌아가셨어요. 외삼촌이 저를 리드 부인에게 맡기신 거예요."

"그럼 그 부인이 스스로 청해서 너를 맡은 게 아니냐?"

"아니에요. 리드 부인은 저를 맡게 된 걸 못마땅하게 여겼어요. 그러나 저는 하인들이 하는 말을 가끔 들었는데 외삼촌은 돌아가시기 전에 리드 부인한테서 언제까지든 저를 키우도록 약속을 받았대요."

"그런데 제인, 알고 있겠지만 혹시 모른다면 내가 알려줄게. 죄인으로서 기소되면 반드시 자신을 변호할 수 있도록 허용되는 법이야. 넌 거짓말쟁이라는 죄를 뒤집어썼다. 그렇다면 힘껏 그렇지 않다는 증명을 해봐. 네가 알고 있는 한 진실이라고 여기고 있는 것을 말해라. 조금도 숨기지 말고 과장하지 말고."

나는 가슴 깊이, 될 수 있는 대로 온건하게 될 수 있는 대로 정확하게 이야기를 하리라, 제대로 올바른 말만 하리라고 결심하였다. 그리고 꼭 해야 할 말을 조리 있게 하게 위해 몇 분 동안 생각한 뒤 나는 나의 비참한 어린 시절에 대해 모두 이야기를 하였다. 아까부터 감정이 고조되어 지쳐 있었으므로 이 비참한 이야기를 할 때 억양은 여느 때보다도 침착했다. 나는 쉽게 감정에 휩쓸린다는 헬렌의 충고를 생각하고 나의 이야기에 여느 때처럼 격렬한 미움이나 원한의 감정을 섞지 않으려고 하였다. 이와 같이 해서 다소곳이 담담하게 한 이야기는 더욱 믿음직하였다. 이야기하면서 템플 선생님이 나의 이야기를 전적으로 믿어주고 있다는 것을 알았다.

이야기를 하는 도중에 지난날 졸도했을 때 로이드 씨가 나를 치료해 주기 위해 왔던 대목이 나왔다. 그 끔찍한 '붉은 방'의 얘기를 나는 영 잊어버릴 수 없었다. 자세히 이야기해 나가는 동안 나의 흥분은 자칫 도를 지나친 것 같았다. 크게 난동을 부려 "용서해 주세요" 하고 외쳤던 나의 청원을 리드 부인이 거절하고 망령이 나온다는 저 어두운 방에 다시 나를 가두었을 때의 심장을 죄는 듯한 결렬한 고뇌는 지금도 누그러지지가 않았기 때문이었다.

나는 이야기를 다 끝마쳤다. 템플 선생님도 잠시 동안 말없이 나를 보다가 이윽고 입을 열었다.

"로이드 선생은 나도 좀 알고 있다. 그분에겐 편지를 내지. 만일 그분의 회답이 너의 말과 같다면 모든 누명을 깨끗이 벗게 되는 거야. 제인, 넌 이제 내겐 결백해."

템플 선생님은 내게 키스했다. 그리고 나를 자기 곁에 세워 둔 채(선생님 곁에 있을 수 있어서 나는 만족했다. 그렇게 해서 선생님의 얼굴이며 옷이며 한두 가지 장식물이며 그녀의 흰 이마며 뭉실뭉실한 윤기 있는 지진 머리며 빛나는 검은 눈을 바라보는 것이 어린 마음에 매우 기뻤던 것이다). 선생님은 헬렌 번스에게 말을 걸었다.

"오늘 밤은 좀 어떠냐, 헬렌? 낮에 기침 많이 나왔니?"

"그리 심하진 않았어요, 선생님."

"그럼 가슴 아픈 건?"

"좀 나았어요."

템플 선생님은 자리에서 일어나 헬렌의 손목을 잡아 맥을 짚어 보았다. 그러고 나서 선생님은 자기 자리로 되돌아갔다. 의자에 앉을 때 선생님이 작은 한숨을 내쉬는 것이 들렸다. 잠시 생각에 잠기고 있던 선생님은 마음을 가다듬은 듯이 밝은 표정으로 이렇게 말하였다.

"오늘 밤은 두 사람 모두 내 손님이니까 나름대로 대접을 해야지." 선생님은 벨을 눌렀다. "바버러." 부름으로 온 하녀에게 말했다. "아직 차를 안 마셨어. 가지고 와 줘. 이 두 아가씨의 잔 두 개도 함께."

곧 쟁반이 날라져 왔다. 난로 옆의 작고 둥근 탁자에 놓인 사기잔과 밝은 색깔의 차 주전자가 얼마나 아름답게 보였던가! 찻잔에서 피어오르는 김과 토스트의 냄새는 얼마나 향기로웠던가? 하지만 실망스럽게도 (배가 매우 고팠는데) 양은 얼마 되지 않았다. 템플 선생님도 그걸 알아차렸다.

"바버러," 선생님이 말했다. "빵과 버터를 좀더 갖다 줄 수 없어? 세 사람 몫으로는 모자라."

바버러는 나갔다가 곧 돌아왔다.

"선생님, 하든 부인 말씀이 여느 때와 같은 분량을 드렸다고 하던데요."

하든 부인은 가정부로 브로클허스트 씨의 마음에 드는, 고래뼈 반, 쇠 반으로 만들어진 딱딱한 사람이었다.

"그럼 좋아요!" 템플 선생님은 대답하였다. "이걸로 때워야겠군, 바버러." 그리고 하녀가 나가자 선생님은 웃으시며 덧붙였다. "다행히 이번만은 모자란 부분만큼 보충할 수 있는 힘이 나에게 있단다."

선생님은 헬렌과 나를 테이블에 가까이 오라고 부르고는 맛있어 보이기는 하지만 얇은 토스트 한 조각과 홍차 한 잔을 각각 우리 앞에 놓았다. 그리고 그녀는 의자에서 일어나 서랍을 열고 그 속에서 종이로 싼 꾸러미를 꺼냈다. 이윽고 우리의 눈앞에 시드케이크 (향기로운 씨를 넣은 빵과자) 가 모습을 나타냈다.

"조금씩 들려 보내려고 했는데." 선생님은 말했다. "토스트가 너무 적으니 지금 먹어라." 선생님은 친절하게 그것을 자르기 시작했다.

우리는 그날 밤 하느님의 술과 하느님의 음식 대접을 받았다. 무엇보다도 기쁜 대접은 넉넉한 맛있는 음식으로 굶주린 식욕을 채우고 있는 우리를 바라보고 있던 선생님의 흐뭇한 미소였다. 차를 다 마시고 쟁반을 물리자 선생님은 다시 우리를 난롯가로 불렀다. 우리는 선생님 양쪽에 앉았다. 뒤이어 선생님과 헬렌 사이엔 나눈 이야기를 듣는다는 것은 더할 나위 없이 고마운 특전이었다.

템플 선생님은 언제나 부드럽고 조용한 분위기를 띠고 거동에는 위엄이 있고 말씨는 단정하고 격분하거나 흥분하거나 나를 잊을 정도로 열중하는 일이 없는 분이었다. 선생님 앞에서 선생님의 말에 귀를 기울이고 있는 사람들이 저도 모르게 신이 날 것처럼 되어도 선생님에 대한 외경의 마음이 그것을 억누르는 것이었다. 지금 나의 기분이 그것이었다. 하지만 헬렌 번스에 대해서 놀라지 않을 수 없었다.

기운을 찾은 음식, 빨갛게 타는 불, 존경하는 선생님의 배려, 또는 그런 것만이 아닌 헬렌 자신의 마음속에 있는 독특한 그 무엇인가가 헬렌의 내부에 숨겨진 힘을 불러일으킨 것이다. 그 힘이 눈을 뜨고 불타올랐다. 우선 그것은 언제나 해쓱하고 핏기가 없었던 헬렌의 뺨을 붉게 만들고 이윽고 그 젖은 눈빛을 빛나게 하고 템플 선생님의 눈보다도 더 신비적인 아름다움을 자아냈다―그것은 빛깔의 아름다움도 아니고 긴 속눈썹도 아닌, 그린 것 같은 눈썹도 아닌, 그것이 간직한 의미와 움직임과 빛남이 가져오는 아름다움이었다. 영혼이 그 입술에 자리잡고 어디에 있는지도 모르는 원천으로부터 말이 넘쳐나기 시작하였다. 순수하고 풍요롭게 뜨거운 웅변이 넘치는 샘을 안에 간직할 정도로 크고 강건한 마음이 14세의 이 소녀에게 있는 것일까? 나에게 잊을 수 없는 그날 밤, 헬렌이 하는 말은 나에게 이런 강렬한 인상을 주었다. 그녀의 영혼은 다른 많은 영혼이 오랜 평생을 살아나가는 동안 앞을 서두르고 있는 것 같았다.

두 사람은 일찍이 내가 들어보지 못한 일들을 얘기하고 있었다. 나라에 대해서, 지나간 시대에 대해서, 훨씬 먼 나라들에 대해서, 이미 발견됐거나 아직 예측되어 있는 자연의 비밀에 대해서, 그리고 여러 가지 책에 관해서 이야기했다. 얼마나 책들을 많이 읽었을까? 이 두 사람은 얼마나 많은 지식의 보고(寶庫)를 가지고 있는가! 그들은 프랑스의 인명이나 프랑스의 작가들에 대해서도 잘 알고 있는 것 같았다. 템플 선생님이 헬렌에게, 아버지한테서 배운 라틴어가 때때로 생각나는 일이 있느냐고 묻고는 책장에서 한 권을 꺼내 〈베르길리우스〉의 한 페이지를 읽고서 해석해 보라고 하였을 때 나의 놀라움은 절정에 이르렀다. 헬렌은 하라는 대로 읽기 시작하였다. 그녀가 한 줄 한 줄 읽어 감에 따라 나의 존경은 더욱더 커져 갔다. 그녀가 번역을 다 하기 전에 취침 종이 울렸다. 늦는다는 것은 허용되지 않았다. 템플 선생님은 우리들을 품에 껴안고 말했다.

"주여! 내 어린 것들에게 축복을 주시옵소서!"

템플 선생님은 헬렌을 나보다 더 오래 껴안고 있다가 아쉬운 듯이 그녀의 몸을 놓았다. 선생님의 눈이 문까지 따라온 것은 헬렌이었다. 다시 한숨을 쉰 것은 헬렌을 위해서였다. 뺨을 흐르는 눈물을 닦은 것도 헬렌을 위해서였다.

침실에 이르렀을 때 스캐처드 선생님의 목소리가 들렸다. 선생님은 서랍들을 살피는 중이었다. 바로 헬렌 번스의 서랍을 열던 참이었다. 우리가 들어서자마자 엄한 꾸지람이 헬렌에게 퍼부어졌다. 접는 방법이 서툴렀던 여섯 가지 물건들을 내일 헬렌의 어깨에 꿰매 달아야한다는 명령을 내렸다.

"내 물건은 정말 창피할 정도로 흩어져 있어." 헬렌은 낮은 목소리로 내게 속삭였다. "저것들을 제대로 정리해 두려고 했지만 잊어버리고 있었어."

다음날 아침 스캐처드 선생님은 마분지 조각에 큼직한 글자로 '게으름뱅이'라고 써서 헬렌의 널따랗고 부드럽고 지혜롭게 보이는 이마 둘레에 부적처럼 매달아 놓았다. 헬렌은 이걸 마땅한 벌로 여기면서 참을성 있게 원망도 없이 저녁때까지 달고 있었다. 오후 수업이 끝나고 스캐처드 선생님이 나가는 순간 나는 헬렌에게로 달려가 부적을 찢어서 불속에 처넣었다. 헬렌 자신은 느끼지 않는 노여움이 종일토록 내 마음을 태웠다. 뜨겁고 굵은 눈물이 내 뺨을 씻었다. 헬렌의 슬픈 체념의 모습이 내 가슴 속에 참을 수 없는 괴로움을 주었기 때문이다.

여기까지 말해 온 사건이 있은 지 한 주일쯤 지나서였다. 로이드 씨에게 편지를 띄웠던 템플 선생님은 답장을 받았다. 그분의 답장은 내 말을 뒷받침해 준 듯싶었다. 전교생을 모아 놓은 자리에서 템플 선생님은 제인 에어에 덮어씌워진 누명에 대해 조사했다는 것을 알리고 그 결과 누명이 깨끗이 벗게 된 것을 알린다는 것은 참으로 기쁘다고 말하였다. 그러자 다른 선생님들은 내게 악수와 키스를 해 주었다. 기쁨의 속삭임이 학생들의 대열 속에 퍼졌다.

이렇게 해서 비참한 무거운 짐에서 해방된 나는 그 때부터 심기일전 모든 어려움을 이겨 낼 결심을 하고 공부에 힘을 냈다. 끊임없이 노력한 보람이 있어서 성과도 올라갔다. 나의 기억력이 뛰어난 것은 천성적인 것이 아니라 수련 덕택이었다. 복습의 반복이 나의 머리를 연마시켰다. 몇 주일이 지나자 나는 상급반으로 진급하였다. 두 달이 못 가서 프랑스어와 그림을 시작하라는 허락이 내렸다. 나는 프랑스어의 동사 에트르(être)의 처음 두 가지 시제(時制)를 배운 같은 날에 나는 처음으로 집을 스케치하기도 하였다(그 집은 피사의 사탑보다 더 기울어져 있었다). 그날 밤 잠자리에 들어간 나는 고픈 배를 달래기 위하여 따끈따끈하게 구운 감자나 흰 빵에 신선한 우유를 '바머사이드의 만찬^(아라비안나이트)에 나오는 상상의 식탁)'처럼 준비하는 것도 잊고 있었다. 그 대신 어둠 속에 보이는 이상(理想)의 그림을 즐겼다. 그것은 어느 것이나 내가 그린 것이었다. 집이나 숲이나 운치가 있는 바위나 폐허 등의 평온한 스케치. 네덜란드의 화가 코이프풍으로 그린 가축의 무리, 채 피지 않은 장미꽃 위를 날아다니는 나비들, 무르익은 버찌를 쪼아대는 새의 그림, 파란 담쟁이덩굴에 틀어놓은 진주 같은 알을 담은 굴뚝새 둥지의 그림. 그것은 아름다운 그림이었다. 또 피에로 선생님이 그날 내게 보여준 프랑스어의 조그만 소설책을 언제나 술술 번역할 수 있을까 하고 생각해 보기도 하였다. 만족할 만한 해답을 얻지 못한 채 나는 곤히 잠들어 버렸다.

솔로몬은 적절하게 말하였다. '채소를 먹고 서로 사랑하는 것은 살찐 소를 먹고 서로 원망하는 것보다 낫다.'

나는 불편하기 짝이 없었던 로우드의 생활을 게이츠헤드의 사치스러운 생활과 이젠 바꾸고 싶지 않았다.

9

그러나 로우드에서의 이런 결핍상태, 아니 고난이라고 말할 수 있는 일들은 차츰 감소되었다. 봄이 다가오고 있었다. 사실 봄은 이미 와 있었다. 겨울의 서리는 사라지고 눈도 녹고 살을 에는 듯하던 바람도 누그러졌다. 1월의 찌르는 듯한 한기로 피부가 벗겨지고 부어올라 마음대로 걸을 수도 없었던 발도 4월의 온화한 숨결을 만나 부기도 가라앉기 시작하고 있었다. 아침저녁으로 캐나다와 같은 냉기가 우리의 혈관을 흐르는 피까지 얼게 하는 일도 없어졌다. 이제는 교정에서의 놀이 시간도 견딜 수 있게 되었다. 맑게 갠 날들은 오히려 쾌적한 즐거움이 되었다. 갈색의 화단에 푸른 싹이 돋아나기 시작하여 무럭무럭 자라 희망의 여신이 밤중에 그 위를 걸어 매일 아침 더욱 밝은 발자국을 남기고 가는 것 같았다. 잎 사이에 꽃이 내다보고 있었다. 아네모네·크로커스·보랏빛 앵초, 그리고 노란 팬지꽃들. 우리는 목요일 오후(오후는 자유 시간)에는 산책을 하였는데 길가의 생울타리 밑에 피어 있는 더 예쁜 꽃이 눈에 띄기도 했다.

나는 다시 더 커다란 즐거움을 찾아냈다. 그것은 지평선까지 아무것도 가로막는 것이 없는 전망, 우리 교정의 철책이 달린 높은 담 밖으로 퍼지는 풍경을 보는 즐거움이었다. 이 즐거움 속에는 신록과 그늘이 드리워진 넓은 골짜기를 둘러싼 웅장한 산봉우리들의 전망도 들어 있었다. 밝게 빛나는 골짜기 물, 거무스름하게 싸인 돌, 번쩍번쩍 빛나는 물의 소용돌이. 이들 풍경은 무쇠처럼 딱딱한 겨울 하늘 아래 서리로 얼어붙었던 풍경에 비하면 얼마나 큰 차이인가! 겨울 동안에는 죽음과 같은 차가운 안개가 저 보랏빛 산들을 따라 동풍을 타고 골짜기 물가의 초지(草地)까지 내려가 골짜기 물의 얼어붙은 안개와 서로 녹아 있던 그 무렵과는! 골짜기 물은 분류(奔流)가 되어 숲 사이를 지나면서 요란스러운 소리를 내고 이따금 진눈깨비가 요란스럽게 퍼부어 골짜기 가의 숲은 해골이 늘어선 것처럼 보였는데!

4월이 5월로 접어들었다. 밝고 화창한 5월. 푸른 하늘, 부드러운 햇볕, 부드러운 서풍과 남풍이 5월 내내 불었다. 근처를 뒤덮은 신록, 느릅나무나 물푸레나무의 해골은 그 위풍당당한 생명을 소생시켰다. 숲속의 식물들은 깊숙한 곳에서 세차게 싹을 텄다. 가지각색의 숱한 이끼들이 골짜기를 뒤덮고 야생의 앵초가 지상에 불가사의한 햇볕을 내뿜고 있다. 나는 저 희미한 황금빛이 어두운 그늘 여기저기에 예쁜 상들리에처럼 아로새겨지는 것을 본 일이 있다. 이런 모든 것들을 나는 자주 그 누구의 눈에도 띄지 않고 혼자서 충분히 즐겼다. 이와 같은 특별한 자유와 즐거움에는 이유가 있고 지금은 이에 대해서 이야기하는 것이 나에게 주어진 일일 것이다.

숲과 언덕의 품에 안겨 시냇가에 자리잡은 이 건물에 대해서 이야기했을 때 그곳이 살기에 즐거운 곳이라고 나는 말하지 않았을까? 분명히 즐거운 곳이었다. 그러나 그곳이 건강에 좋았는가에 대해서는 이야기가 달라진다.

로우드 학교가 있는 저 숲으로 둘러싸인 골짜기는 안개와 그 안개가 자아내는 질병의 온상이었다. 질병은 소생하는 봄과 더불어 다시 살아나 이 학교에 스며들어 붐비는 교실과 기숙사에 티푸스균을 불어넣어 5월이 오기도 전에 학교를 병원으로 만들었다.

반 굶주린 상태와 등한시된 감기 때문에 학생들 대부분이 이것에 감염되기 쉬운 상태에 있었다. 80명 중에서 45명이 한꺼번에 병석에 누웠다. 학급은 폐쇄되고 규칙도 느슨해졌다. 몸 컨디션이 좋은 몇몇 안 되는 학생들은 거의 무제한의 자유가 주어졌다. 학생들의 건강을 유지하기 위해서는 운동을 잘 하지 않으면 안 된다고 교의(校醫)가 주장하였기 때문이었다. 그렇지 않아도 기운이 팔팔한 학생들을 감시하거나 구속하거나 하는 여유가 있는 직원은 아무도 없었다. 템플 선생님은 온종일 환자를 돌보았다. 거의 병실에만 있었으며 밤에는 몇 시간의 휴식을 취하는 외에는 병실을 나오는 일이 없었다. 다른 선생님들은 이 전염병의 소굴에서 빠져나가, 다행히도 맡아 줄 친구나 친척이 있는 학생들의 출발을 위해, 짐 꾸리기와 그밖에 필요한 준비를 하느라고 손발이 꽉 묶여 있었다. 이미 전염된 많은 학생들은 죽기 위해 고향으로 돌아가는 것이었다. 학교에서 죽은 학생들은 재빨리 매장되었다. 이 질병의 성질상 한시의 여유도 허용되지 않았다.

이처럼 질병은 로우드의 한 식구가 되어 버려 죽음은 빈번하게 찾아오는 방문객이 되었다. 이 학교의 울안에는 암울과 두려움이 깃들어 있었다. 방이나 복도는 병원 냄새가 물씬 풍기고 방향제나 향냄새가 죽음의 악취를 없애려고 헛되이 싸우고 있는 한편, 저 눈부신 5월의 하늘은 구름 하나 없이 보기 좋은 언덕과 아름다운 숲을 환하게 비치고 있었다. 5월의 정원에는 꽃들이 흐드러지게 피어 있었다. 접시꽃은 나무만큼 높이 자라고 백합도 피었다. 튤립과 장미꽃은 한창이었다. 작은 화단의 신록은 분홍빛 아르메리아와 새빨간 데이지가 가득 피어 있었다. 찔레꽃이 아침저녁으로 향신료나 사과와 같은 향기를 풍기고 있었다. 그러나 이런 향기로운 보물도 로우드의 대부분의 환자들에게는 무용지물이었다. 가끔 관에 넣기 위해 한 줌의 향초나 꽃이 필요할 때는 있어도.

그러나 나나 건강한 학생들은 이런 풍경이나 계절의 아름다움을 만끽하고 있었다. 집시처럼 아침부터 밤까지 숲속을 돌아다니는 것이 허용되어 있었다. 우리들은 하고 싶은 대로 하고, 가고 싶은 대로 갔다. 생활환경도 좋아져 있었다. 브로클허스트 씨와 그 가족은 이제 로우드에 근접하려고 하지 않았기 때문이었다. 학교 경영 내부 사정에 대한 엄격한 감사도 없었다. 저 심술궂은 가정부도 전염을 두려워하여 나가 버렸다. 후임자는 로튼 진료원의 수간호사로 새로운 살림살이에 익숙지 못한 탓인지 음식도 푸짐하게 내주었다. 우선 먹을 사람이 줄어들었고 환자들은 조금밖에 먹지 않았으므로 아침 밥그릇에 담기는 분량은 전보다 늘어나 있었다. 평소의 점심 준비가 시간에 맞지 않는 일이 때때로 있었으나 그럴 때에는 차가운 파이를 크게 썬 것이나 두텁게 썬 치즈와 빵이 나왔다. 우리들은 이것을 가지고 숲으로 가서 각자 마음에 드는 장소를 골라 사치스러운 식사를 하였다.

내가 가장 좋아하는 자리는 매끄러운 바위의 위였는데, 시냇물 한가운데 물기 없이 하얗게 마른 머리를 내밀고 있어서 물속을 저벅저벅 걸어가지 않으면 안 되었다. 나는 맨발로 모험을 하였다. 그 바위 위에는 나와 또 한 사람의 여자 아이, 당시 내가 고른 친구―메리 앤 윌슨―가 충분히 앉을 수 있는 자리가 있었다. 그녀는 현명하고 눈치가 빠른 소녀로 나는 같이 있으면 마음이 편해서 그녀와의 교제는 즐거웠다. 나보다 나이가 몇 살 위였으므로 세상일도 잘 알고 있었고 내가 알고 싶은 것을 여러 가지로 가르쳐 주었다. 그녀 덕분에 나의 호기심은 채워졌다. 나의 여러 가지 결점에 대해서도 퍽 너그럽게 보아 주었고 내가 무슨 말을 해도 가로막거나 말하지 못하게 하지 않았다. 그녀는 이야기를 좋아했고 나는 분석하는 것을 좋아했다. 그녀는 지식을 주고 싶어 했고 나는 질문을 하고 싶어 했다. 그래서 두 사람은 마음이 맞아 교제를 통해서 서로 계몽하는 일은 없었지만 서로 실컷 즐기고 있었다.

그런데 그 무렵 헬렌 번스는 어디에 있었던가? 그 훌륭한 자유를 왜 그녀와 서로 나누지 않았는가? 나는 그녀를 잊고 있었던가? 아니면 그녀와의 순수한 교우에 싫증을 낼 만큼 나는 보잘것없는 인간이었던가? 앞서 말한 메리 앤 윌슨 쪽이 처음에 안 헬렌보다도 못하다는 것을 부정할 수 없다. 메리는 그저 재미있는 얘기를 해 준다든지 내가 즐거워할 것 같은 통쾌하고 자극이 있는 소문난 이야기를 해 주기도 한다. 한편 헬렌에 대한 나의 생각이 옳다고 하면 그녀와 대화를 하는 특권을 누린 인간에게 그녀는 훨씬 고상한 것을 맛보게 해 주는 사람이었다.

독자여, 사실 그렇다. 나는 그걸 알고 있었고 느끼고도 있었다. 나는 결점이 많은 이렇다 할 쓸모도 없는 사람이었으나 헬렌 번스를 귀찮다고 생각한 적은 한 번도 없었다. 이제까지 맛보지 못했던 강하고 진한 경애(敬愛)가 깃든 애정은 한시도 사라지는 일이 없었다. 그 어떤 정황에서나 늘 온화하고 따뜻한 우정을 보여 주었고 언짢아하거나 시무룩해지는 일도 없고 초조해 하지도 않은 헬렌에게 애정 이외의 감정을 가질 수 있을까? 그러나 헬렌은 지금 아파서 누워 있었다. 몇 주일 전부터 2층의 어딘지도 모르는 방, 내가 보이지 않는 곳으로 옮겨지고 말았다. 고열환자에 배당된 병동으로 들어간 것이 아닌가 하는 말을 듣고 있었다. 그녀의 병은 티푸스가 아니라 폐병이었기 때문이었다. 그리고 그 병에 대해서 무지했던 나는 그것은 가벼운 병으로 시간을 들여 정양을 하면 반드시 낫는다고 생각하고 있었다.

어느 따뜻하고 갠 날 오후, 마당으로 나가기 위해 템플 선생님에게 인솔되어 계단을 내려오는 그녀의 얼굴을 보았을 때 나는 그런 확신을 깊게 느낄 수 있었다. 하지만 그때에도 그녀에게 가까이 가서 이야기하는 것은 굳게 금지되어 있었다. 교실의 창에서 바라보았을 뿐, 그것도 분명하게 볼 수가 없었다. 왜냐하면 헬렌은 담요에 푹 싸여 먼 베란다 아래에 앉아 있었기 때문이었다.

6월 초순의 어느 날 저녁, 나는 메리 앤과 함께 퍽 늦게까지 숲속에 있었다. 여느 때와 마찬가지로 다른 애들과 떨어져 숲속 안쪽까지 거닐었다. 너무 멀리 왔으므로 길을 잃어 숲속의 외딴집에서 돌아가는 길을 물었다. 거기에는 내외가 살고 있어서 너도밤나무 열매를 먹이로 하는 반야생 돼지를 치고 있었다. 우리가 학교로 돌아왔을 때는 달이 떠오른 뒤였다. 의사 선생님이 타고 오는 망아지 한 마리가 교정의 문에 서 있었다. 이런 밤중에 베이츠 선생님을 모셔온 걸 보니 분명히 누가 몹시 위독한 게 틀림없다고 메리 앤이 말했다. 메리는 안으로 들어갔다. 나는 숲속에서 캐온 한 움큼의 나무뿌리를 내 화단에 심기 위해 잠시 뒤에 남았다. 아침까지 심지 않으면 시들 염려가 있었다. 심은 후에도 잠시 거기에 서 있었다. 밤이슬이 내려 꽃은 더욱 향기로웠다. 공기가 맑고 따뜻한 기분 좋은 밤이었다. 붉게 빛나는 서쪽 하늘은 내일도 맑음을 약속해 주는 것 같았다. 동쪽 하늘에 장엄하게 달이 떠올랐다. 나는 어린애처럼 그런 것들을 기뻐하고 있다가 그 때 이제까지 한 번도 생각한 일도 없었던 생각이 문득 머리에 떠올랐다.

'지금 병석에 누워 죽어가고 있다니 얼마나 슬픈 일일까! 이 세상에는 즐거운 일이 많은데—저 세상에 불리어 알지 못하는 곳으로 가야 하다니.'

그때의 내 마음은 천국이나 지옥이라고 하는 것에 대해서 이제까지 들었던 일을 처음으로 열심히 이해하려 하고 있었다. 그리고 태어나서 처음으로 나의 마음은 뒷걸음을 치고 전후좌우를 흘끗 둘러보고 주위가 밑을 알 수 없는 심연(深淵)이라는 것을 안 것이다. 마음은, 그것이 서 있는 어느 한 점—즉, 현재—만을 느끼고 있었다. 그 밖의 모든 것도 아지랑이 같은 구름과 텅 빈 심연이었다. 그 혼돈 속으로 거꾸로 떨어진다는 것을 생각하니 마음이 떨렸다. 이런 일을 태어나서 처음으로 생각하고 있자니까 정면의 문이 열리는 소리가 났다. 베이츠 선생님이 나타나고 그와 함께 간호사가 나왔다. 간호사는 의사가 말에 올라 떠나는 걸 보고 나서 문을 닫으려는 참이었으나 나는 그녀에게로 달려갔다.

"헬렌 번스는 어때요?"

"몹시 위독해"라는 대답이었다.

"베이츠 선생님은 헬렌을 진찰하러 오셨던 거예요?"

"그래."

"그럼 헬렌이 어떻다고 하셨어요?"

"여기 오래 있지 못할 거라고 하셨어."

이 말을 어제쯤 들었더라면 그녀는 노섬벌랜드로 돌아가게 되는 거라고 생각했을지도 모른다. 그녀가 곧 죽을지도 모른다는 생각은 하지 못했을 것이다. 하지만 지금은 이내 깨달았다. 헬렌 번스가 이 세상에서 얼마 살지 못한다는 것, 영혼의 세계로—그런 것이 있다면—가게 된다는 것을 분명히 알 수 있었다. 나는 격렬한 두려움과 슬픔에 사로잡혀 어떤 일이 있더라도—그녀를 만나야 한다고 생각하였다. 그녀가 있는 방이 어디냐고 물었다.

"템플 선생님 방에 누워 있어." 간호사가 대답했다.

"헬렌과 얘기하러 가도 좋아요?"

"아니 안 돼, 애야. 제인, 그건 안 되고, 이젠 방에 들어갈 시간이야. 이슬이 내릴 때 밖에 있으면 열병에 걸린다."

간호사는 앞문을 닫았다. 나는 교실로 통하는 옆문으로 들어갔다. 바로 시간에 댈 수 있었다. 9시였다. 밀러 선생님이 학생들에게 취침을 알리고 있었다.

그로부터 두 시간쯤 지났을까, 아마도 11시 무렵이었을 것이다. 나는—좀 처럼 잠을 이루지 못하고 있었는데 기숙사가 조용한 것을 보니 학생들은 모두 잠이 들었으리라고 생각하고—살며시 일어나 잠옷 위에 겉옷을 걸치고 맨발로 침실을 기어 나와 템플 선생님의 방을 찾아 나섰다. 선생님 방은 이 건물의 저쪽 끝에 있었다. 하지만 나는 길을 잘 알고 있었다. 구름 하나 없이 맑게 갠 달빛이 복도 여기저기에서 들어오고 있었으므로 찾는 데에 고생을 하지는 않았다. 장뇌 냄새와 향초 타는 냄새가 열병 병실 옆을 지나가는 나에게 경계심을 불러일으켰다. 밤샘을 하는 간호사에게 들키지 않도록 병실 문 앞을 재빨리 지나갔다. 나는 들켜서 도로 쫓겨 가게 될까 걱정스러웠다. 나는 어떻게 해서든지 꼭 헬렌을 만나야 했으니까—그녀가 죽기 전에 그녀를 껴안지 않으면 안 된다—마지막 키스를 하고 마지막 말을 나누지 않으면 안 된다.

층계를 내려가 아래층 교사의 일부를 가로질러 소리를 내지 않고 두 개나되는 문을 소리 안 나게 여닫고 또 하나의 계단 아래에 다다랐다. 이 층계를 올라가자 눈앞에 템플 선생님의 방이 있었다. 열쇠 구멍과 문 밑에서 불빛이 새어 나오고 있었다. 깊은 적막이 사방에 깔려 있었다. 가까이 다가선 나는 방문이 조금 열려져 있다는 것을 알았다. 공기가 탁한 병실에 새 공기를 갈아 넣기 위해서이리라. 망설이고 있을 수는 없었다. 어쩔 수 없는 충동으로 자극을 받아—마음도 신경도 강력한 괴로움에 떨면서—나는 문을 밀고 안을 들여다보았다. 나의 눈은 헬렌을 찾았으나 죽은 것이 아닌가 하고 불안했다.

템플 선생님의 침대 바로 옆에 흰 커튼으로 반쯤 가려진 조그만 침대가 있었다. 이불에 덮인 몸의 윤곽은 보였으나 얼굴은 커튼에 가리어 보이지 않았다. 교정에서 내가 말을 건넸던 간호사는 안락의자에서 졸고 있었다. 탄 심지를 자르지 않은 촛불이 테이블 위에서 희미하게 타고 있었다. 템플 선생님은 보이지 않았다. 나중에 안 일이지만 선생님은 티푸스 병실의 헛소리 하는 환자에게 불려 갔다. 나는 들어갔다. 이윽고 침대 옆에 섰다. 커튼에 손을 댔으나 그것을 당기기 전에 말을 거는 것이 좋다고 생각하였다. 거기에 있는 것이 시신이 아닌가 하는 두려움으로 나는 아직도 망설이고 있었던 것이다.

"헬렌!" 나는 가만히 불러 보았다. "깨어 있니?"

헬렌은 몸을 움직여 커튼을 밀어젖혔다. 해쓱하고 여윈 얼굴이 보였으나 침착하게 보였다. 별로 달라진 것이 없었으므로 나의 두려움은 이내 사라졌다.

"어머나, 넌 제인 아냐?" 헬렌은 부드러운 특유의 음성으로 물었다.

'아!' 나는 생각했다. '헬렌은 죽어가고 있지 않다. 사람들이 잘못 생각했어. 만일 죽어가고 있다면 이렇게 침착하게 이야기를 하거나 이렇게 침착하게 보이지 않을 거야.'

나는 그녀의 침대가로 가 몸을 숙이고 그녀에게 키스를 했다. 그녀의 이마는 싸늘했다. 뺨도 차고 여위고 손도 손목도 싸늘했다. 그러나 헬렌은 언제나처럼 미소를 지었다.

"제인, 너 여기 왜 왔니? 11시가 지났는데. 좀 전에 11시 치는 소릴 들었어."

"나, 널 보러 왔어, 헬렌. 네가 몹시 아프다는 말을 듣고는 너와 말을 나누기 전엔 잠을 이룰 수 없을 것 같았어."

"그럼 작별인사 하러 왔구나. 하긴 때 맞춰 온 것 같다."

"너 어디로 가는 거니, 헬렌. 집으로 가는 거니?"

"그래, 나의 머나먼 집으로—나의 마지막 집으로."

"안 돼, 안 돼, 헬렌!" 나는 괴로워서 말이 막혔다. 눈물을 삼키느라고 애쓰고 있을 때 기침 발작이 헬렌을 사로잡았다. 하지만 기침이 간호사를 깨우진 않았다. 기침이 가라앉자 헬렌은 잠시 지쳐 있다가 이윽고 이렇게 속삭였다.

"제인, 너 맨발이구나. 자아, 여기 누워서 내 이불을 덮어."

나는 그렇게 했다. 헬렌은 한 팔을 내 몸에 돌렸고 나는 그녀에게 바싹 달라붙었다. 오랜 침묵이 지나고 헬렌은 다시 속삭이는 소리로 말을 계속했다.

"난 정말 행복해, 제인. 그런데 넌 내가 죽었다는 소릴 들어도 정신을 가다듬고 슬퍼해선 안 돼. 슬퍼할 건 하나도 없어. 누구나 다 한 번은 죽어야 하니까. 나를 데려가는 이 병은 조금도 괴롭지 않아. 부드럽고 조용히 다가와. 그래서 내 마음은 편안해. 내가 없어져도 서러워해 줄 사람은 하나도 없어. 아버지가 계시지만 최근 재혼을 하셔서 내가 없어도 쓸쓸하시지는 않으실 거야. 젊어서 죽으면 큰 고난을 면하게 돼. 나는 이 세상을 잘 헤쳐나갈 소질도 없고 재능도 없고 늘 실수만 하고 있다고 생각해."

"그렇지만 넌 어디로 가는 거니, 헬렌? 너에게는 보이니? 너 알고 있니?"

"난 믿어. 난 믿음을 갖고 있어. 난 하느님께로 가는 거야."

"하느님은 어디 계시니? 하느님이란 어떤 분이니?"

"나를 창조하시고 또 너를 창조하신 분이야. 하느님께선 당신이 만드신 것은 결코 소멸시키지는 않으셔. 난 오직 하느님의 힘을 믿어. 하느님의 인자하심을 믿고 있어. 난 하느님에게로 돌아가고 하느님이 내 앞에 나타나시는 것을, 저 중요한 한 순간이 오는 것을 나는 손꼽아 기다리고 있어."

"그럼, 헬렌, 너는 믿고 있는 거구나, 천당이란 곳이 있다는 것을. 우리가 죽었을 때 그곳에 갈 수 있다고?"

"절대로 죽은 후의 나라가 있다고 나는 생각해. 하느님은 좋은 분이야. 나는 나의 영혼을 두려워하지 않고 하느님에게 맡길 수 있어. 하느님은 나의 아버지, 하느님은 나의 친구야. 나는 하느님을 사랑하고 있어. 하느님도 나를 사랑해 주실 것으로 생각하고 있어."

"그럼, 헬렌. 나도 죽으면 널 다시 만날 수 있니?"

"너도 나와 같은 행복의 나라로 오게 될 거야. 나의 전능하신 분과 똑같은 위대한 우주의 아버지의 영접을 받게 될 거야. 틀림없어, 제인."

나는 또 물었다. 그러나 마음속으로 물었을 뿐이었다. '그 나라는 어디 있니? 그것은 정말 있니?' 그리고 나는 헬렌의 몸을 두 팔로 더 세게 끌어안았다. 내게는 헬렌이 이제까지보다도 더 소중한 사람으로 여겨졌다. 그녀를 놓아두고 갈 수 없었다. 그녀의 목에 나의 얼굴을 파묻었다. 이윽고 그녀는 부드러운 어조로 속삭였다.

"어쩌면 이렇게도 기분이 좋을까! 아까 그 기침의 발작으로 조금 피곤했지만 잠이 올 것 같아. 하지만 날 두고 가지 마, 제인. 내 곁에 있어 줘."

"응, 네 곁에 있을게, 내가 좋아하는 헬렌. 아무도 날 데려가진 못할 거야."

"따스하니, 제인?"

"응."

"잘 자, 제인."

"잘 자, 헬렌."

헬렌은 나에게, 나는 헬렌에게 키스했다. 그리고 우리는 곧 잠들어 버렸다.

눈을 떴을 때는 날이 밝아 있었다. 심상치 않은 움직임으로 나는 눈을 떴다. 올려다보니 나는 누군가의 팔 안에 있었다. 간호사가 나를 안고 있었다. 복도를 지나 기숙사로 데려다 주는 참이었다. 나는 내 침대를 비웠다고 해서 그 누구로부터도 야단을 맞지 않았다. 모두들 다른 생각을 하지 않으면 안 되었기 때문이었다. 나의 여러 가지 질문에 대해서도 그때에는 아무런 성명도 얻을 수 없었다. 그래도 이틀쯤 지나서 사정을 알았다. 템플 선생님이 새벽녘에 자기 방으로 돌아왔을 때 헬렌 번스의 어깨에 얼굴을 묻고 그 목에 두 팔을 감고 자고 있는 나를 발견하였다. 나는 자고 있었고 그리고 헬렌은 ―죽어 있었다.

헬렌의 무덤은 브로클브리지 교회 묘지에 있다. 그녀는 죽고 나서 15년 동안 그것은 풀에 덮인 흙무덤에 지나지 않았으나 지금은 대리석 비석이 그 장소에 놓여 거기에는 그녀의 이름과 함께 '나 부활하리라' 라는 뜻의 라틴어가 새겨져 있다.

10

지금까지 나의 삶에서 일어난 하잘것 없는 일들을 자세히 기록했다. 내 생애의 첫 10년간에 대해서는 거의 그 수에 맞먹는 장(章)을 할애하였다. 그러나 이것을 이른바 자서전으로 할 생각은 없다. 나는 다만 어느 정도 흥미를 끌 만한 부분의 기억만을 상기하면 되는 것이다. 따라서 그 후의 8년 동안에 대해서는 거의 언급하지 않고 그대로 두려고 한다. 다만 이야기의 맥락을 잃지 않기 위해서 몇 줄의 글을 적지 않으면 안 된다.

티푸스는 로우드에서 위세를 떨친 후 그 사명을 다하고 나자 서서히 수그러져 갔다. 그러나 그 심한 감염력과 수많은 희생자가 이 학교에 여러 사람의 주목을 끌게 만들었다. 질병의 원인이 된 것에 대해서 조사가 이루어지고 세상을 몹시 격분하게 한 여러 가지 사실이 차츰 밝혀지기 시작하였다. 건강하지 못한 자연 환경, 학생들에게 주어진 음식의 질과 양, 평소에 쓰였던 염분을 포함한 악취가 나는 물, 학생들의 열악한 옷과 주거 환경, 이런 사실들이 밝혀진 결과 브로클허스트 씨는 크게 면목을 잃게 되었고 한편으로는 학교에 좋은 결과를 가져오게 되었다.

그 지방의 부유한 자선가가 좀더 환경이 좋은 땅에 더 좋은 시설이 갖추어진 건물을 세울 수 있게 막대한 자금을 기부해 준 것이다. 새로운 규칙이 만들어지고 식사나 옷도 개선되었다. 학교의 운영 기금은 위원회에게 위탁되었다. 브로클허스트 씨에 대해서는 그 재산과 집안을 무시할 수 없어서 재무이사의 자리에 머무르고는 있었지만 그보다도 더 마음이 넓고 배려하는 마음이 있는 신사들이 그 직무에 협력하도록 되어 있었다. 감사업무도 이성(理性)과 엄격성을, 절약과 위안을, 또 동정과 정직을 어떻게 조화시키는가를 잘 알고 있는 사람들에 의해서 분담되었다. 학교는 이와 같이 해서 개선되어 매우 유용하고 고결한 시설로 탈바꿈하게 된 것이다. 나는 학교가 개혁된 후 6년간을 학생으로서, 2년간을 교사로서, 8년 동안을 여기에 머물렀다. 이 양쪽 입장으로 보아서도 이 학교의 존립가치와 중요성을 보증할 수 있다.

그 8년 동안에 나의 삶이 바뀌는 일은 없었지만 무위(無爲)로 지내지 않았으므로 불행하지는 않았다. 나의 손에 닿는 곳이 뛰어난 교육의 장이 준비되어 있었다. 몇 가지 마음에 드는 과목, 그 모든 것에 뛰어나려고 하는 의욕, 그리고 내가 좋아하는 선생님들을 기쁘게 해드리겠다는 열의가 합쳐져서 나를 크게 격려해 주었다. 주어진 기회는 모두 활용하였다. 이리하여 나는 제일 상급반에서 수석의 자리를 쟁취하였다. 이윽고 교사직이 주어져 2년 동안 여기에 열의를 쏟았다. 그러나 그 해의 끝 무렵에 나에게 변화가 생겼다.

템플 선생님은 이런 여러 가지 변화를 통해서 이 학교의 교장으로 계셨다. 내가 배운 거의 대부분은 선생님의 지도 덕택이다. 선생님의 우정, 선생님과의 교제는 언제나 나의 마음의 안식처였다. 선생님은 나의 어머니이셨으며 가정교사이셨고 그리고 후년에는 좋은 친구이셨다. 이 무렵 선생님은 결혼을 하셔서 남편(이와 같은 훌륭한 아내에 어울리는 훌륭한 남성)과 함께 먼 지방으로 옮겨야 했으므로 내 앞에서 떠나시고 말았다.

템플 선생님이 떠나신 날부터 나는 이제까지의 내가 아니었다. 선생님과 함께 안정되었던 감정이 모두 사라지고 로우드를 나의 집으로 여기게 해 준 유대가 모두 사라져 버린 것이다. 템플 선생님의 사람됨의 여러 가지 점을, 습관의 많은 점을 나는 많이 배웠다. 알맞게 조화된 사고, 알맞게 조정된 감정이 나의 마음속에 자리잡고 있었다. 나는 직책과 명령에 충실히 따랐다.

나는 온건해졌다. 다른 사람의 눈이나 내 자신의 눈에도 나는 자제심이 있는 온화한 성격의 소유자로 비쳤다.

그러나 운명은 네이즈미스 목사라고 하는 모습이 되어 나와 템플 선생님 사이에 끼어들었다. 결혼식이 끝나자 곧 여장을 차린 템플 선생님이 합승마차에 타시는 것을 보았고 이윽고 마차가 언덕을 올라가 그 저편으로 사라질 때까지 나는 바라보고 있었다. 그러고 나서 나는 나의 방으로 돌아왔다. 결혼식 때문에 주어진 반나절의 휴일의 대부분을 나는 거기서 혼자 지냈다.

나는 대부분의 시간을 방안에서 서성댔다. 나는 다만 내가 잃은 것을 아까워하고 있는 데에 지나지 않다고 생각하고, 그 공백을 어떻게 메울 수 있을까 하고 생각하고 있었다. 그러나 생각에서 깨어나 문득 얼굴을 들어 이미 낮도 지나고 어둠이 다가오고 있다는 것을 알았을 때 나는 새로운 발견을 한 것이다. 나의 마음은 템플 선생님으로부터 빌린 것을 벗어 버렸다—고 하느니보다는 오히려 내가 선생님 곁에서 숨쉬고 있던 그 따스하고 맑은 공기를 선생님이 그대로 가지고 가셨다고 해야 할 것이다—그리고 뒤에 남은 나는 타고난 나로 되돌아가 옛날처럼 감정이 꿈틀거리기 시작하고 있다는 것을 느꼈다. 받치고 있던 기둥이 벗겨졌다는 것이 아니라 받치는 목적이 없어진 것 같았다. 평온한 마음을 유지하는 힘이 없어졌다는 것이 아니라 평온하게 있을 이유가 이미 사라진 것이다. 나의 세계는 여러 해 동안 이 로우드 속에 있었다. 나의 경험은 이곳의 규칙과 질서 아래에서 얻어진 것이었다. 지금 나는 생각한 것이다. 현실의 세계는 더 넓어서, 그것에는 희망과 불안, 감동과 흥분에 찬 여러 가지 영역이 삶의 참다운 지식을 구하여 그 위험한 광야에 감히 발을 들여놓는 사람들을 기다리고 있다는 것을.

나는 창가로 가서 창을 열고 밖을 내다보았다. 양쪽으로 두 건물이 벌어져 있고 정원이 있다. 그밖에 로우드를 둘러싼 것이 있다 오르내리는 지평선이 있다. 나의 눈은 이들을 넘어서 저 멀리에 이어져 있는 푸른 산들로 향하였다. 언젠가 올라가 보고 싶다고 생각한 산. 바위와 히스 관목으로 된 경계선 이쪽은 감옥의 땅처럼, 유형(流刑)의 땅처럼 보였다. 저 산기슭을 둘러싸고 굽이굽이 뻗어 골짜기 사이로 사라지는 길을 나의 눈은 쫓고 있었다. 얼마나 그 길을 따라 멀리 가보고 싶었던가! 저 길을 마차에 흔들려 왔었을 때의 일이 생각났다. 저녁놀이 질 무렵 저 산을 내려오던 일을 기억하고 있다. 처음으로 로우드에 온 그날부터 오랜 세월이 흘러갔다는 생각이 들었다. 그리고 그 후 나는 로우드를 떠나본 적이 없었다. 휴가도 모두 학교에서 보냈다. 리드 부인은 한 번도 나를 게이츠헤드로 부른 일이 없었고, 그녀는 물론 그녀의 가족 중 어느 누구도 나를 찾아온 적이 없었다. 나는 편지와 전갈에 의한 바깥 세계와의 접촉도 전혀 없었다. 학교의 규칙, 학교의 의무, 학교의 습관, 학교의 의도, 목소리·얼굴·말·옷·기호·혐오, 이런 것들이 나에게 현실로서 존재하는 것의 모두였다. 내가 알고 있는 삶의 모두였다. 그리고 지금 나는 이것으로는 충분치 못하다는 걸 깨달았다. 그날 오후 나는 8년 동안의 판에 박힌 생활에 싫증이 나 있었던 것이다. 자유가 그립다. 나는 자유를 갈망하였다. 자유를 구하여 기도의 말을 중얼거렸다. 그러나 그것은 미풍을 타고 흩어져 버린 것처럼 여겨졌다. 나는 단념하고 변화를, 자극을 주십사 하고 겸손하게 탄원하였다. 그 겸손한 탄원도 또한 허공에 흘러가 버린 것 같았다. "그렇다면," 나는 반쯤 자포자기가 되어 외쳤다. "최소한 제게 새로운 봉사를 허락해 주소서!"

이때 저녁 식사를 알리는 종소리가 울려 나는 아래층으로 내려갔다.

나는 멈추어진 명상을 취침 시간까지는 다시 계속할 수 없었다. 그 시간이 되었을 때에도 나와 같은 방에 있는 선생이 쓸데없는 이야기를 길게 늘어놓는 바람에 내가 다시 한 번 생각해 보고 싶은 문제에 좀처럼 돌아갈 수가 없었다. 그녀가 잠들면 조용해질 거라고 얼마나 나는 바랐던가? 내가 아까 창가에 서 있을 때 마지막으로 내 마음에 떠오른 생각으로 다시 돌아갈 수만 있다면 기분을 전환시켜 줄 좋은 생각이 떠오르지 않을까 하는 생각이 들었다.

그라이스 선생이 마침내 코를 골기 시작하였다. 몸집이 튼튼한 웨일스 태생의 여성으로 매일 밤 습관적인 코고는 소리가 귀찮기만 했는데 오늘 밤 나는 이 낮은 소리를 크게 환영하였다. 이로써 방해를 받을 염려는 없어졌다. 잊혀져가고 있던 생각이 이내 되살아났다.

'새 일자리! 그거 괜찮을 거야' 나는 혼잣말을 하였다(머릿속에서만의 생각이라는 것을 알아주기 바란다. 소리내어 한 말은 아니다). '틀림없이 있을 것이다. 왜냐하면 이 말에는 매력적인 뜻이 없으니까. 자유·흥분·쾌락 등과 같은 말과는 달라. 이런 말들은 분명히 기분 좋게 들린다. 그러나 기껏해야 나에게는 인연이 없는 말들에 지나지 않는다. 텅 빈 말이라면 귀를 기울일 필요는 없어. 그러나 봉사는! 이것은 현실적인 문제임에는 틀림없다. 누구나 봉사는 할 수 있다. 나는 여기서 8년 동안이나 봉사를 해 왔지 않은가. 이제 내가 원하는 건 어디든 다른 곳에서 일하는 거다. 그 정도는 내 의사대로 할 수 있지 않을까? 실현이 가능한 일이 아닐까? 그것은 그리 힘든 일은 아닐 거야. 그 목적을 이룩하는 방법을 찾아내기 위해 머리를 짜낸다면 말야."

나는 머리를 짜내기 위해 침대 위에 일어나 앉았다. 쌀쌀한 밤이었다. 솔을 어깨에 두르고 나는 골똘히 생각하기 시작했다.

'내가 원하는 건 무엇일까? 새로운 집, 새로운 사람들에 둘러싸여 새로운 환경에서 일을 한다는 것. 내가 다만 이것만을 바라는 것은 그 이상의 것을 바란다 해도 소용이 없기 때문이다. 새로운 근무처를 얻기 위해 사람들은 어떻게 할까? 친구에게 부탁할지도 모른다. 하지만 나에게는 친구가 없다. 친구가 없는 사람은 많다. 그런 사람들은 스스로 찾겠지. 스스로 노력하겠지. 그런데 그 방법은 무엇일까?'

나는 그것을 알 수 없었다. 아무런 해답도 찾을 수 없었다. 그래서 나는 해답을 재빨리 찾아내라고 머리에 명령했다. 머리는 차츰 빨리 움직였다. 머릿속과 양쪽 관자놀이에서 맥박이 뛰는 걸 느꼈다. 머리는 거의 한 시간 가까이 부지런하게 움직였으나 노력한 보람도 없이 결론은 얻을 수 없었다. 헛된 노력에 몸이 뜨거워진 나는 일어나 방안을 돌아다녔다. 커튼을 열고 드문드문 반짝이고 있는 별을 보다가 추위에 몸이 오싹해지는 것 같아 잠자리로 들어갔다.

내가 자리를 빈 사이에 친절한 요정이 내가 구하고 있던 조언을 내 베개에 놓고 간 모양이다. 침대에 드러누워 있노라니 그것이 조용히 저절로 내 마음에 떠올랐다. ―'일자리를 구하는 사람은 광고를 낸다. ××주 신문에 광고를 내는 것이다.'

'어떤 방법으로? 광고에 대해선 아무것도 모르는데.'

이번에는 대답이 곧 술술 떠올랐다.

'광고문과 게재료를 동봉해서 헤럴드 신문의 주필 앞으로 보낼 것. 이 봉투를 될 수 있는 대로 빨리 로튼 우체국에서 보낼 것. 답장은 로튼 우체국 J.E.에게 오도록 한다. 편지를 낸 다음 1주일쯤 있다가 답장이 왔는지 우체국

에 가서 알아본다. 답장이 왔으면 곧 행동을 취하면 된다.'

나는 이 계획을 두 번 세 번 검토해 봤다. 이윽고 그것은 머릿속에서 완전히 소화되어 분명한 형태를 갖추게 되었다. 나는 만족해서 잠이 들었다.

날이 새자 나는 곧 일어나 기상의 종이 울리기 전에 광고문을 써서 봉투에 넣고 받을 사람의 주소를 썼다. 광고문은 다음과 같았다.

'교원 경력이 있는 젊은 여자'(나는 2년간이나 교사로 있지 않았던가). '14세 미만의 어린 아이가 있는 가정집에서의 기거를 원함'(나는 이제 갓 18세니까 내 나이 또래 학생의 지도를 맡는 것은 적당하지 않다고 생각하였다). '정규 영국 교육에 포함되는 보통 학과 및 프랑스 어·미술·음악을 가르칠 자격이 있음'(독자여, 지금 생각해 보면 빈약하기 짝이 없는 자격일람이었으나 당시에 이것은 매우 광범위한 자격 목록이었다). ○○주 로튼 우체국 J.E.에게 답장 요망'

이 편지는 낮 동안 나의 서랍 속에 들어 있었다. 차 마시는 시간이 지나 새 교장 선생님에게 사소한 일 몇 가지와 동료 선생들의 한두 가지 일을 보기 위해 로튼에 다녀오겠노라고 외출 허가를 청하자 허락은 이내 나왔다. 나는 출발하였다. 걸어서 2마일, 비 오는 초저녁이긴 했지만 해는 아직 많이 남아 있었다. 가게 한두 곳을 들렀다가 우체국에 편지를 넣고는 퍼붓는 비에 흠뻑 젖어 돌아왔지만 마음은 매우 가벼웠다.

다음 주일은 매우 길게 느껴졌다. 그러나 모든 일에 끝이 있듯이 마침내 주말이 찾아왔다. 나는 상쾌한 어느 가을날 저녁 무렵에 나는 또다시 로튼으로 가는 길을 걷고 있었다. 가는 길의 경치는 그림처럼 아름다웠다. 시냇물을 따라 뻗은 길은 굴곡이 많은 무엇이라 말할 수 없는 풍경을 지나갔다. 그러나 그날의 나는, 내가 지금 가고 있는 작은 고을에서 기다리고 있을지도 모르는, 또는 기다리고 있지 않을지도 모르는 여러 통의 편지에 대해서만 생각하고 있었으므로 초원이나 물가의 아름다움에 마음을 빼앗기는 일도 없었다.

이번에는 주문하는 구두의 치수를 잰다는 구실로 나왔으므로 우선 그 용무를 먼저 끝내고 구둣방 앞의 조용한 거리를 지나 우체국으로 갔다. 창구에는 나이든 여자가 있었다. 뿔테 안경을 걸치고 손에는 검은 벙어리장갑을 끼고 있었다.

"J.E. 앞으로 온 편지는 없습니까?"

그녀는 안경 너머로 나를 보고나서 서랍을 열고 그 속에 든 것을 한참 뒤적이고 있었다. 시간이 너무 오래 걸렸으므로 나의 기대는 시들기 시작하고 있었다. 마침내 한 통의 봉투를 꺼내자 5분 동안이나 안경 앞에 비쳐보고 나서 의심적은 눈초리로 다시 한 번 나를 보고나서 카운터 너머로 그것을 내밀었다―그것은 J.E. 앞으로 온 편지였다.

"한 통뿐인가요?" 나는 물었다.

"그것뿐이오." 노파는 말하였다. 나는 그 편지를 호주머니에 넣고 집으로 돌아왔다. 그 자리에서 편지를 개봉할 수는 없었다. 8시가 문을 닫는 시간이었는데 이미 7시 반이 지나 있었다.

내가 돌아와 보니 여러 가지 일이 나를 기다리고 있었다. 자습 시간 동안 학생들 옆에 같이 있어야 했다. 그리고 오늘 밤에는 기도를 하고 학생들의 취침을 돌볼 일이 남아 있었다. 그 후 동료 선생들과 저녁을 먹었다. 마지막으로 방으로 물러갔을 때에도 그라이스 선생이 내 옆에서 떠나지를 않았다. 촛대의 초는 얼마 남지 않아서 그녀가 이야기하고 있는 동안에 초가 다 타버리지는 않을까 해서 조마조마 했다. 그러나 다행히도 그녀가 저녁밥을 많이 먹은 것이 졸음을 재촉했는지 내가 옷을 채 벗기도 전에 벌써 그녀는 코를 골고 있었다. 아직 초는 1인치쯤 남아 있었다. 나는 편지를 꺼냈다. 봉함에는 F라는 글자가 적혀 있었다. 뜯어보니 내용은 간단했다.

지난주 목요일 ○○주 헤럴드 신문에 광고를 낸 J.E.라는 분이 기재한 대로 학력을 가지고 있고 신원이나 능력에 관해서 정상적인 추천장을 제시할 수 있다면 가정교사로서 맞이하고 싶습니다. 이쪽은 10세 미만의 소녀 한 명. 보수는 1년에 30파운드. J.E.께서는 추천장·성명·주소 등 필요한 모든 상세한 사항을 알려 주시기 바랍니다. 페어팩스 부인 ○○주 밀코트 부근 손필드.

나는 오랫동안 이 편지를 살펴보았다. 고풍스러운 서체로 나이많은 여인인듯 조금 서툰 필적이었다. 조건은 만족스러운 것이었다. 다만 남모를 두려움이 따랐다. 이와 같이 독단적으로 혼자 일을 진행시켜서 뜻하지 않는 궁지에 빠지지나 않을까 하는 불안이었다. 특히 이렇게 노력한 결과는 보기 흉하지 않고 당당한 것이 되어야 했다. 나이많은 부인이라고 하는 사정은 내가 구하는 직업에 관계되는 것으로는 나쁘지 않다고 생각하였다. 페어팩스 부인! 여유 있는 검은 부인복에다 미망인 모자를 쓴 여자일 것 같았다. 차갑지도 않고 무례한 사람도 아닌 우아한 전형적인 영국의 노부인. 손필드! 이것은 아마도 그녀의 집 이름일 것이다. 깨끗하고 손질이 잘 된 장소일 것 같았다. 그 집의 정확한 구조를 그려보려고 하였지만 잘 되지 않았다. ○○주밀코트, 영국의 지도를 새삼 떠올려 보았다. 생각이 났다. 주(州)도 시(市)도. ○○주는 지금 내가 살고 있는 이 동떨어진 주보다 70마일이나 더 런던에 가까운 곳에 있다. 나에게는 바람직한 장소였다. 나는 활기가 있는 곳을 가보고 싶었다. 밀코트는 A강변에 있는 큰 공업도시이다. 틀림없이 번화한 곳일 것이다. 더욱 좋았다. 적어도 나에겐 완벽한 변화를 바랄 수 있을 것이다. 단, 높은 굴뚝이나 연무라는 것에 꿈이 부푼 것이 아니다. '그러나' 나는 생각했다. '손필드는 아마도 도시에서 상당히 떨어진 곳에 있을 것이다.'

이때 초의 심지가 다 타서 마침내 꺼지고 말았다.

다음날, 다음 행동에 착수하지 않으면 안 되었다. 나의 계획은 이미 내 가슴속에만 가두어 둘 수는 없었다. 그 계획을 성공으로 이끌기 위해서는 그걸 공표할 수밖에 없었다. 나는 낮 휴식 시간에 교장 선생님을 만나 이야기를 할 기회를 얻었다. 나는 현재의 두 배의 월급을 받을 수 있는 새로운 직장을 찾을 수 있을 것 같다고 말했다 (로우드에서는 1년에 15파운드밖에 받지 못하고 있었다). 그리고 브로클허스트 씨나 위원회의 누군가에 부탁해서 내 보증인으로서 그분들을 내세워도 괜찮을지 물어봐 달라고 부탁했다. 교장 선생님은 이 문제의 중계자로서 힘을 써 주겠노라고 기꺼이 승낙해 주셨다. 다음날 교장 선생님은 브로클허스트 씨와 상의한 결과 그는 리드 부인이 본디 보호자이므로 그 분에게 편지를 내야 한다고 말하였다. 그 말에 따라 나는 리드 부인 앞으로 편지를 냈으나 '너는 네가 하고 싶은 대로 해도 좋다. 나는 네 문제에 전혀 간섭을 안한 지 오래다'라는 뜻의 답장이 왔다. 이 편지는 위원 일동에게 회람되어, 나로서는 지루하게 기다린 끝에 마침내 할 수 있다면 보다 더 좋은 지위를 얻어도 좋다는 허락이 내려졌다. 그리고 나는 로우드 학교에서 교사로서 또 학생으로서 항상 훌륭했으므로 신원과 능력에 대해서 감독관의 서명이 든 추천장을 곧 교부해 주겠다는 확약도 얻었다.

이 추천장은 1주일이 지나서 받았고 나는 그 사본을 페어팩스 부인에게 보냈다. 부인으로부터는 만족한다는 뜻의 답장이 왔고 가정교사로서 부인의 집으로 부임하는 날을 2주일 후로 지정하고 있었다.

나는 준비를 하느라고 바빠졌다. 2주일은 순식간에 지나갔다. 옷은 그다지 많지 않았으나 그래도 부족하지는 않았다(8년 전에 게이츠헤드에서 갖고 온). 그 트렁크에 옷을 넣는 것도 마지막 하루로 충분했다.

짐짝은 밧줄로 묶고 꼬리표를 달았다. 30분이 지나자 운반차가 와서 로튼까지 운반해 갔다. 나는 내일 아침 일찍이 합승마차를 타러 로튼까지 가야했다. 나는 검은 모직 여행복의 먼지를 털고 모자·장갑을 준비했다. 또 혹시 서랍 속에 남은 것이 있나 하고 구석구석 뒤져 보고는 이젠 할 일이 없어 앉아서 쉬려고 했다. 그러나 그럴 수 없었다. 하루 종일 서성거렸으나 조금도 쉴 수 없었다. 나는 너무 흥분해 있었다. 오늘 밤 내 생활의 한 장면이 막을 내리고 내일 새 장면이 열리려는 그 막간에서 잠을 잘 수 없었다. 변화의 흐름을 지켜보기 위해 눈은 똑바로 뜨고 있지 않으면 안 되었다.

"선생님," 휴게실로 온 하녀가 말했다. 나는 당황한 요정처럼 휴게실을 방황하고 있었다. "선생님을 뵙고 싶다는 분이 아래층에 와 계십니다."

'보나마나 짐꾼이겠지.' 이렇게 생각한 나는 되묻지 않고 아래층으로 내려갔다. 내가 안채의 응접실이자 교사용 거실로 되어 있는 방의 반쯤 열린 문 앞을 지나 부엌으로 가려고 하자 누군가가 뛰어왔다.

"너구나―어디 있든 알아보고 말고!" 나를 가로막고 내 손을 붙잡은 사람이 이렇게 외쳤다.

나는 눈을 크게 떴다. 잘 차려입은 하인 같은 여자로 기혼자다운 침착한 태도였지만 아직 젊은 여성이었다. 검은 머리와 검은 눈에 혈색이 좋고 대단한 미인이었다.

"그런데 내가 누군지 아세요?" 그 여자는 어디선가 들어본 적이 있는 웃음을 담은 목소리로 말하였다. "설마 나를 아주 잊은 건 아니겠죠, 제인 아가씨?"

다음 순간 나는 그녀를 부둥켜안고 정신없이 키스를 퍼부었다. "베시! 베

시! 베시!" 나는 이 말밖에 나오지 않았다. 베시는 반은 웃고 반은 울었다. 둘은 응접실로 들어갔다. 난롯가에는 바둑무늬의 윗옷과 바지를 입은 세 살 짜리 꼬마애가 서 있었다.

"이 꼬마가 내 아들이에요." 베시가 말했다.

"그럼 결혼했군요, 베시?"

"그래요. 벌써 5년이 됐는걸요. 마부인 로버트 리븐과 결혼했어요. 여기 있는 보비 녀석 말구 두 딸애가 있어요. 제인이라구 이름지었답니다."

"그럼 아주머니는 게이츠헤드에서는 안 사세요?"

"문지기집에서 살죠. 문지기 영감은 나가 버리구."

"그래요. 그럼 모두 어떻게 지내요. 베시? 가족에 대한 얘기를 모두 해 주세요. 아냐, 우선 앉아요. 그리고 보비 넌 이리 와서 내 무릎에 앉아라, 응."

그러나 보비는 자기 어머니 곁으로 살금살금 다가갔다.

"제인 아가씨, 아가씬 별로 키도 안 컸네요. 몸도 안 나고." 리븐 부인은 말을 계속했다. "학교에선 아가씨를 잘 우대해 주지 않았나봐. 일라이자 아가씨는 아가씨보다 목이나 어깨 하나는 더 크고 조지아나는 아가씨보다 두 배는 더 뚱뚱해요."

"베시, 조지아나는 예뻐졌겠지?"

"매우 예뻐졌어요. 지난 겨울 어머니와 함께 런던에 가셨어요. 거기에서 모두가 그녀를 칭찬했는데 어떤 젊은 귀족이 조지아나를 사랑하게 됐어요. 하지만 남자 친척들이 맹렬히 반대했어요—그래서 어떻게 된지 아세요? 그 분과 조지아나 아가씨는 둘이서 도망쳐 버렸지요. 하지만 들키고 말았어요. 두 사람을 찾아낸 것은 일라이자 아가씨였어요. 질투가 났던 거예요. 그래 지금 큰 아가씨와 작은 아가씨는 개와 고양이처럼 늘 싸운답니다."

"그래요? 그럼, 존 리드는 어떻게 됐어요?"

"아아, 그분도 마님께서 바라신 것처럼 잘 지내지는 못하지요. 대학엔 갔으나 낙제했다든가—그렇게들 말하던데요. 그래 삼촌들이 변호사가 되게 법률 공부를 시키려고 했지만 워낙 방탕한 사람이어서 삼촌들도 영 기대를 걸지 않는 것 같아요."

"보기에는 어때요?"

"키가 무척 크지요. 잘 생겼다고 하는 사람도 있지만 입술이 그렇게 두꺼워서야."

"그리고 리드 부인은?"

"마님께선 보기엔 뚱뚱해서 좋아 보이지만 마음은 아주 편치 않은 가봐요. 존 도련님의 행실이 마음에 안 들거든요—돈을 많이 낭비하니까."

"부인이 아줌마를 여기 보냈어요, 베시?"

"아뇨, 천만에요. 난 오래 전부터 아가씨를 보고 싶었던 거예요. 그러던 참에 아가씨한테서 편지가 와서 다른 고장으로 떠난다는 말을 들었거든요. 내 손이 미치지 않는 곳으로 가기 전에 한 번 만나 봐야겠다고 해서 온 거예요."

"날보고 실망했는지 몰라, 베시." 나는 웃으면서 이렇게 말했다. 나를 보는 베시의 시선은 경의는 나타내고 있었지만 찬탄하는 기색은 조금도 나타나 있지 않았기 때문이었다.

"아니에요, 제인 아가씨, 그럴 리 없어요. 퍽 고상하고 귀부인같아 보여요. 내가 생각했던 거와 꼭 같아요. 아가씬 어릴 때부터 미인은 아니었으니까."

나는 베시의 솔직한 대답에 나도 모르게 미소를 지었다. 베시의 말이 옳다고는 생각했으나 솔직히 말하면 나는 그 말에 태연할 수 없었다는 것을 정직하게 고백하지 않을 수 없다. 열여덟 살이 되면 남들이 좋게 보아주기를 바라는 법이다. 그런 소원을 이루어 줄 수 없는 겉모습이라고 여기게 된다는 것은 어딘지 적적하기 짝이 없는 일인 것이다.

"하지만 아가씨는 총명하셔." 베시는 나를 위로하듯이 말했다. "아가씬 지금 뭘 할 줄 아세요? 피아노 칠 줄 아세요?"

"조금은."

방에 피아노가 있었다. 베시는 피아노로 가서 뚜껑을 열더니 앉아서 한 곡 쳐 달라고 했다. 내가 왈츠를 두 곡쯤 쳐 보이자 베시는 넋을 잃은 듯이 듣고 있었다.

"리드 댁 아가씨들은 이렇게 잘 치지 못해요!" 베시는 몹시 기쁘다는 듯 말했다. "아가씬 공부로 그 아가씨들을 이겨낼 거라고 내가 늘 말했잖아요. 그림도 그릴 수 있어요?"

"저기 벽난로 위에 있는 그림이 내가 그린 거예요." 그건 그림물감으로 그린 풍경화였다. 그것은 교장이 날 위해 위원들과 교섭하는 수고를 해 주신

데 대한 감사의 표시로 내가 선물한 것이었다. 선생님은 그것을 유리를 끼운 액자에 넣어 주신 것이다.

"어머나, 참 예쁘네요, 제인 아가씨! 리드네 아가씨들은 고사하고 리드 아가씨들의 그림 선생이 그린 것보다 훨씬 잘 그렸어요. 아가씨들은 이 그림 근처에도 못 따라갈 거예요. 프랑스 어도 배웠어요?"

"그래요, 베시. 읽을 수도 말할 수도 있지요."

"그럼 모슬린 천이나 캔버스에 수도 놓을 수 있고?"

"할 수 있어요."

"아유, 아가씬 귀부인이 됐군요. 제인 아가씨! 내 그럴 줄 알았다니까. 이젠 아가씨 친척이 아가씨를 돌봐 주건말건 살아갈 수 있겠네요. 그런데 한 가지 아가씨에게 묻고 싶은 일이 있어요. ―혹시 아가씨 아버님 친척인 '에 어' 댁에서 무슨 소식 못 들었어요?"

"한 번도."

"그래요, 마님께선 아가씨의 친척이 가난하고 아주 천한 사람들이라고 늘 말씀하고 계셨지만. 하기야 가난한지는 몰라도 내 생각에는 리드 집안에 못 지않게 훌륭한 집안이라고 생각해요. 약 7년 전 어느 날인가 에어라고 하는 분이 게이츠헤드로 찾아와서 아가씨를 만나고 싶다고 했어요. 마님께서 아가씨는 50마일 밖에 있는 학교에 가 있다고 하니까 그분은 꽤 실망하신 얼굴이었어요. 오래 있을 수는 없다, 이제부터 외국으로 떠나야 한다고 말씀하시면서 런던에서 배가 하루나 이틀 사이에 떠난다는 말씀이었어요. 훌륭한 신사였어요. 틀림없이 아가씨 아버님의 형제 되시는 분이 아니었을까요?"

"외국에 가신다고? 어느 나랄까, 베시?"

"수천 마일 떨어진 섬인데 포도주를 만드는 곳이라나요―집사께서 후에 가르쳐 주었지만―"

"마데이라 섬일까!" 나는 어림잡아 말했다.

"그래요, 그래―분명히 그런 섬이었어요."

"그래서 그분은 가버리신 거군요."

"네, 오래 계시지 않았어요. 마님이 그분에게 아주 교만하게 대하셨어요. 그분이 돌아가신 후 '천한 장사꾼'이라고 하셨어요. 우리 집 바깥양반은 그분을 포도주 업자라고 보던데요."

"그럴지도 몰라요." 나는 대답하였다. "그렇잖으면 포도주 회사의 사원이나 대리인이시든가."

베시와 나는 한 시간 넘게 옛날 얘기를 나누었다. 이윽고 베시는 돌아가지 않으면 안 되었다. 다음날 아침 로튼에서 합승역마차를 기다리는 동안 나는 다시 베시와 잠깐 만났다. 드디어 우리는 브로클허스트 암즈 앞에서 좌우로 헤어져 제각기 길을 떠났다. 베시는 게이츠헤드로 갈 마차를 타기 위하여 로우드 언덕으로 향하고 나는 새로운 근무와 새로운 생활이 기다리는 밀코트라고 하는 미지의 땅으로 나를 데려다 줄 마차에 오른 것이다.

11

소설의 새로운 장이라고 하는 것은 연극으로 말하자면 새 장면에 해당될 것이다. 독자여, 이번에 내가 막을 연다면 눈앞에 밀코트에 있는 여관인 조지 여인숙의 한 방을 보고 있다고 상상해 주기 바란다. 여인숙 방에 어울리는 큰 무늬 벽지. 깔개도 가구도 난로 선반의 장식물도 복제 그림도 여인숙에 어울리는 것들이다. 조지 3세의 초상화, 웨일스 공의 초상화, 울프 장군의 최후 장면을 그린 그림들이 걸려 있다. 이 모든 것은 천장에 매달려 있는 석유램프의 불빛으로 볼 수 있다. 그리고 빨갛게 타고 있는 난롯불 옆에 나는 외투를 입고 보닛을 쓴 채 앉아 있다. 머프와 우산은 테이블 위에 놓여 있다. 10월의 냉기에 16시간 노출되어 감각이 없어진 온몸을 나는 녹이고 있었다. 로튼을 오후 4시에 출발했는데 밀코트 거리의 시계는 지금 막 8시를 치고 있다.

독자여, 나는 평안하고 느긋하게 있는 것처럼 보이지만 마음은 그다지 편안하지 않았다. 합승마차가 여기에 이르면 누군가 마중하는 사람이 있을 것이라고 생각했다. 나를 위해 놓인 나무 '발판'을 밟고 내리자, 누군가가 나의 이름을 부를 것이다, 손필드까지 태워다 줄 마차 같은 것이 기다리고 있을 것이라고 불안한 마음으로 둘레를 돌아보았다. 그러나 그런 것으로 여겨지는 것은 아무 데에서도 발견하지 못했으므로 나는 미스 에어를 찾아온 사람은 아무도 없느냐고 여관 하인에게 물어보았으나 없다는 대답이었다. 그래서 여관방에 안내를 받지 않으면 안 되었던 것인데 여기서 기다리고 있는 나의 마음에는 여러 가지 의혹이나 두려움이 솟아난 것이다.

세상 물정을 모르는 처녀에게 이 세상에서 단 혼자라는 감각을 맛보는 것은 매우 야릇한 것이다. 이 세상의 모든 유대가 끊어지고 목적으로 삼은 항구에 과연 이를 수 있을 것인지 알지도 못하고, 본디 떠나온 곳으로 되돌아가려면 숱한 걸림돌이 가로막혀 있다고 하는 불안. 모험의 매력은 이런 심정을 달래주고 자부심에서 오는 만족감은 그 심정을 녹여 주지만 두려움의 박동이 그것을 어지럽히는 것이다. 반시간이 지나도록 혼자라는 것을 알자 마음은 두려움으로 가득 찼다. 나는 벨을 눌러 보겠다는 생각이 떠올랐다.

"이 근처에 손필드라고 하는 저택이 있나요?" 벨 소리를 듣고 온 하인에게 물었다.

"손필드라구요? 모르겠는데요. 술집에 가서 물어보겠습니다." 그는 나갔다가 곧 돌아왔다.

"혹시 미스 에어이십니까?"

"그래요."

"마중나온 분이 기다리고 계십니다."

나는 벌떡 일어났다. 머프와 우산을 들고 복도로 뛰어나갔다. 남자가 한 사람, 열려 있는 문 옆에 서 있었고 가로등의 불빛으로 말 한 필이 매인 마차가 희미하게 보였다.

"이게 댁의 짐인가요?" 그 남자는 나를 보자 복도에 놓인 내 트렁크를 가리켰다.

"그렇습니다." 그는 짐을 이륜마차 위로 올리고 뒤이어 내가 올라탔다. 남자가 문을 닫기 전에 손필드까지 거리가 얼마나 되느냐고 물었다.

"6마일쯤 되지요."

"거기까지 몇 시간이나 걸리나요?"

"한 시간 반쯤 걸리죠."

남자는 마차 문을 꼭 닫고 밖에 있는 자기 자리에 올라탔다. 이렇게 해서 우리는 출발했다. 마차는 천천히 갔다. 그래서 내게는 생각할 시간이 넉넉했다. 나는 마침내 여행의 종점에 가까워졌다고 생각하자 마음이 놓였다. 타는 감각은 좋으나 우아하다고는 할 수 없는 탈것의 좌석에 기대어 편안한 자세로 생각에 잠겼다.

'아무래도' 나는 생각했다. '이 하인과 마차가 소박한 것으로 미루어보면 페어팩스 부인은 그다지 사치를 좋아하는 사람은 아닌 것 같아. 그것이 차라리 좋아. 상류 사람들 사이에 끼어 생활한 것은 단 한 번, 하지만 그 때 나는 비참한 생각을 했지. 어린 두 따님과 살고 있을까? 만일 그렇다면, 그리고 마음씨가 좋은 분이시라면 잘 해 나갈 수가 있을 것 같아. 최선을 다해야지. 최선은 다한다고 해서 반드시 보답을 받는 것이 아니라는 것은 유감이지만. 로우드에서는 최선을 다할 결심을 하고 그것을 관철하여 모두의 마음에 들었었어. 리드 부인과의 경우엔 나의 최선은 언제나 꾸지람이 따랐지만. 부디 페어팩스 부인은 제2의 리드 부인이 안 되기를 하느님께 빌어야지. 하지만 만일 그 부인이 그렇게 된다면 언제까지나 거기에 있을 필요가 없으니까 최악의 경우 다시 광고를 내면 돼. 지금 어디쯤 왔을까?'

  나는 창문을 열고 밖을 내다보았다. 밀코트는 뒤에 있었다. 여기에서 보이는 등불의 수로 판단하면 로튼보다도 매우 넓은 규모의 도시인 것 같았다. 우리는 이제 공유지 같은 곳을 달리고 있는 것 같았다. 인가는 여기저기 드물게 흩어져 있었다. 로우드와는 달라서 인구는 많고 아름다운 풍경은 적고, 활기는 있으나 그다지 신비적이 아닌 고장으로 온 것 같은 기분이 들었다.

  길은 험하고 밤안개가 끼어 있었다. 마부는 말이 천천히 걷는 대로 내버려 두고 있었다. 한 시간 반의 예정이 아무래도 두 시간이 되는 것은 확실했다. 마침내 마부가 뒤를 돌아보았다.

  "이제 손필드까진 얼마 안 남았어요."

  나는 다시 밖을 내다보았다. 교회 앞에 이를 무렵 하늘을 배경으로 나지막한 탑이 보이고 그곳의 종이 15분을 알리고 있었다. 언덕 중턱에 가느다란 은하와 같은 등불의 띠가 보였는데 거기에 마을이나 작은 집락(集落)이 있는 것 같았다. 거기서 약 10분쯤 더 가자 마부가 마차에서 내려 문을 열었다. 마차가 그곳을 지나자 그 문은 뒤에서 탁! 하고 닫혔다. 천천히 마찻길을 올라가자 옆에 긴 저택의 정면이 나타났다. 커튼을 내린 돌출된 한 창문에서 촛불이 새어 나오고 있었는데 다른 창은 모두 캄캄했다. 마차는 현관 앞에서 멈추었다. 하녀가 문을 열었다. 나는 마차에서 내려 안으로 들어갔다.

  "이리로 오십시오." 하녀는 말했다. 나는 그 뒤를 따라서 사방으로 큰 문이 늘어서 있는 네모진 현관의 큰 방을 빠져나갔다. 안내된 방은 난로에서 타는 불과 촛불이라는 이중 불빛 때문에 이제까지 두 시간 동안이나 어둠에 익숙했던 나는 눈이 부셔서 처음에는 아무것도 보이지 않았다. 그러나 시력을 되찾았을 때 아늑한 정경이 나의 눈앞에 나타났다.

아늑하고 자그마한 방, 훈훈하게 타오르는 난롯가에 둥근 테이블 하나, 등 뒤가 높은 구식 안락의자, 그 의자에 앉아 있는 사람은 매우 품위가 있는 나이 많은 자그마한 부인, 미망인의 모자를 쓰고 검은 비단 옷에 눈과 같이 흰 모슬린 앞치마를 두르고 있었다. 바로 내가 상상한 대로의 페어팩스 부인, 실물은 오만한 데가 없는 매우 온화한 표정을 하고 있었다. 부인은 뜨개질을 하고 있었다. 커다란 고양이 한 마리가 그녀의 발밑에 웅크리고 앉아 있었다. 한 마디로 말해서 가정의 안락이라는 이상적인 모습을 그린다면 이보다 더 좋은 모습은 없을 것이다. 신임 가정교사에게 이토록 마음 든든한 접견은 생각할 수 없는 것 같았다. 나를 위압하는 장엄함이나 당황케 하는 위엄성도 없었다. 내가 들어가자 노부인은 일어나 재빨리 걸어나와 나를 친절하게 맞았다.

"어서 오세요. 오시느라고 마차 속에서 지루하셨죠? 존은 마차를 좀 느리게 모니까요. 추웠죠. 이리 와요."

"페어팩스 부인이십니까?" 나는 물었다.

"네, 그렇습니다. 앉으세요."

부인은 자기 의자를 나에게 권하고 나의 숄을 벗기고 보닛 끈을 끄르려 하였다. 나는 부디 그러시지 말아 주세요 하고 부탁하였다.

"아녜요. 아무것도 아닌걸요. 추위로 손이 곱아 있을 텐데. 리어야, 따끈한 니거스 술과 샌드위치 두어 개만 가져오너라. 찬방 열쇠는 여기 있다."

그러더니 부인은 주부티가 나게 호주머니에서 열쇠 꾸러미를 꺼내 하녀에게 건네었다.

"자아, 좀더 불 가까이 와요." 부인은 말을 이었다. "짐을 가져왔어요?"

"네, 부인."

"짐은 당신 방에 들여다 놓게 할게요." 이렇게 말하고 급히 밖으로 나갔다.

'나를 손님처럼 대해 주시는군.' 나는 생각했다. '이런 대우를 받을 줄은 몰랐어. 차갑고 무뚝뚝할 줄만 알았었는데. 이건 내가 알고 있는 가정교사에 대한 대우와는 달라. 하지만 너무 섣불리 좋아해선 안 돼.'

부인이 돌아왔다. 테이블 위의 뜨개질 도구와 두 권 가량의 책을 손수 치우고 리어가 가져온 쟁반을 놓을 자리를 만들어 음식을 손수 내게 건네주었다. 나는 이제까지 받아보지 못한 배려, 더욱이 고용주이자 손윗사람으로부터의 배려에 적지 않게 어리둥절했다. 그러나 부인 자신은 특별한 일을 하고 있다는 모습이 아니었으므로 말없이 호의를 받아들이는 것이 좋으리라고 생각했다.

"오늘 저녁 페어팩스 아가씨를 만나볼 수 있을까요?" 나는 부인이 권한 것을 다 먹고 나서 물었다.

"뭐라고 하셨지요? 난 가는 귀를 먹었어요." 부인은 내 입 가까이로 귀를 갖다 대며 말했다.

나는 좀더 분명하게 되물었다.

"페어팩스 아가씨라니요? 아아, 바랭스 양 말이로군요! 바랭스는 앞으로 선생님의 제자가 될 아이의 이름이에요."

"어머, 그렇습니까! 그럼 그 애는 부인의 따님이 아닌가요?"

"그래요—난 가족이 없답니다."

바랭스 양과는 어떤 관계가 되느냐고 물어보려고 생각하였다. 그러나 그 이상 묻는다는 건 예의에 벗어나는 일이라고 생각했다. 안 그래도 머지않아 알게 될 터이니까.

"참 기뻐요." 부인은 말을 이으면서 내 맞은편 의자에 앉아 무릎 위에 고양이를 안아 올렸다. "선생님이 오셔서 난 무척 기뻐요. 이제 말벗이 생겼으니 아주 즐겁게 살 수 있을 것 같아요. 틀림없이 앞으로는 매일 매일이 즐거워질 거요. 손필드는 유서 깊은 오래된 저택이지만 몇 년 동안 제대로 손질이 되어 있지 않았어요. 그래도 훌륭한 곳입니다. 하지만 겨울철엔 이렇게 가장 좋은 자리에 앉아 있어도 어쩐지 울적하고 고독해요—리어는 참 착한 아이고 존 내외도 착한 사람들이지만 그들은 하인에 불과해요. 그 사람들과는 대등한 입장에서 대화를 할 순 없습니다. 이쪽의 위신을 손상시키지 않기 위해서는 적당한 거리를 두어야 하니까요. 분명히 작년 겨울은(기억하고 계세요? 무척 추운 겨울이었죠. 눈이 오지 않으면 비나 바람이 심했죠), 11월에서 2월까지 이 집에 온 사람이라고는 푸줏간 사람과 우체부뿐이었어요. 밤에 혼자 앉아 있노라면 참 울적했어요. 가끔 리어를 불러 책을 읽어 달라고 했지만 그 애는 그런 일을 그다지 좋아하지 않는 눈치였어요. 숨이 막힐 것 같은 생각이 들겠죠. 봄에서 여름에 걸쳐서는 지내기가 편해요. 초가을에 어린 아델라 바랭스가 유모와 함께 왔어요. 어린애가 있으면 집안이 이내 활기가 돌아요. 거기에 당신이 와서 나는 아주 홀가분한 기분이에요."

이 말을 듣고 있는 동안에 이 존경할 만한 부인에 대해서 매우 따뜻한 마음을 느낄 수 있었다. 의자를 좀더 그녀에게 가까이 끌었다. 그리고 내가 그녀의 마음에 드는 식구가 되기를 바란다는 속마음을 전했다.

"하지만 오늘 밤은 더 이상 붙잡지 않겠어요." 부인은 말했다. "곧 12시를 쳐요. 온종일 마차에 흔들려 왔으니 피곤할 거예요. 발이 녹으면 침실로 안내할게요. 내 옆방을 마련해 놓았어요. 작은 방이지만 앞쪽에 있는 널따란 방보다는 마음에 들 거라고 생각해요. 넓은 방들은 설비가 더 좋지만 너무 음산하고 쓸쓸해서 나는 거기서 자 본 적이 없답니다."

나는 그녀의 꼼꼼한 배려에 감사했다. 그리고 사실 나는 긴 여행으로 지쳐 있어 잠자리로 물러가겠다는 뜻을 밝혔다. 부인은 촛불을 들었다. 나는 부인을 따라 방에서 나왔다. 우선 그녀는 현관문이 잠겼나 살피러 가서 자물쇠에서 열쇠를 빼고 계단으로 올라가기 시작하였다. 층계와 난간은 참나무로 만들어져 있었다. 계단실의 창문은 높고 창살이 달려 있었다. 층계의 창문과 침실의 창문이 이어져 있는 긴 복도는 일반적인 저택이라고 하느니보다는 교회와 같은 인상이었다. 차가운 지하의 묘소와 같은 공기가 계단이나 복도에 떠돌고 있어 쓸쓸한 느낌이 들었다. 마침내 내 침실로 안내된 나는 작은 규모이긴 하지만 흔히 보는 현대식 가구로 꾸며져 있는 걸 보고 마음이 놓였다.

페어팩스 부인은 내게 편히 쉬라고 상냥하게 인사를 하였다. 나는 문을 닫고 느긋한 기분으로 사방을 둘러보았다. 널찍한 현관방과 어두컴컴한 넓은 계단실이나 차가운 복도에서 느낀 으스스한 인상도 나의 작은 방의 상쾌한 인상 덕택으로 상당히 가라앉았다. 몸의 피로와 불안에 시달린 하루가 끝나고 나는 마침내 평안한 안식처에 이른 것이다. 고마운 마음으로 가슴이 부풀어 나는 침대 옆에 무릎을 꿇고 마땅히 감사를 드려야 할 분에게 감사의 기도를 올렸다. 일어서기 전에 나의 앞날에 도움의 손길을 주십사고 그리고 내가 아무런 노력도 하지 않았는데도 이토록 부여된 호의에 보답할 수 있도록 힘을 주십사 하고 탄원하는 일도 잊지 않았다. 그날 밤, 나의 잠자리에는 가시나무의 가시는 없었다. 내가 혼자 있는 방에는 두려움은 없었다. 피곤에 지쳤으나 만족한 상태로 나는 푹 잠이 들었다. 눈을 떴을 때에는 해가 높이 솟아 있었다.

밝은 푸른 색 사라사 천 커튼 틈으로 아침 햇빛이 스며들어 로우드의 더러운 좀먹은 벽이나 노출된 마룻바닥과는 비교할 수도 없는, 벽지 바른 벽과 양탄자를 깐 마루의 밝고 깨끗한 방을 돋보이게 하고 있었다. 나는 그것을 보고 기운이 솟아나는 것을 느꼈다. 젊은 사람에게는 외부의 모양이 큰 영향을 준다. 삶의 순조로운 시대가 시작되었다고, 가시나 괴로움뿐 아니라 꽃도 있고 즐거움이 있는 삶이 시작되었다고 나는 생각하였다. 나의 온갖 기능은 환경의 변화와 희망에 부푼 새로운 직장의 자극을 받아 모두가 활기를 띠기 시작한 것처럼 여겨졌다. 그것들이 무엇을 가져다 주는지 분명히 알 수는 없지만, 무엇인가 즐거운 일이 있을 것임에 틀림없었다. 아마도 어느 날, 또는 어느 달이라고 특히 정할 수는 없지만 장차 어느 날에 그것은 실현될 것이다.

나는 일어나 정성스레 몸치장을 하였다. 소박한 차림을 하는 수밖에 없었지만—아주 소박한 옷밖에는 없었으므로—그래도 나는 깨끗한 몸치장을 하고 싶다는 기분은 늘 있었다. 겉치레를 등한시하거나 남에게 주는 인상에 무관심하게 있다는 것은 성미에 맞지 않았다. 오히려 될 수 있는 대로 외관을 보기 좋게 꾸미고, 아름다움이 모자란 만큼 노력을 해서 남에게 좋게 보이고 싶다고 평소에 원하고 있었다. 가끔 내가 미인이 아닌 것이 슬펐다. 장밋빛 뺨이나 오똑한 코, 자그마하고 버찌 같은 입을 가졌으면 하고 생각할 때도 있었다. 키가 크고 품격이 있는 날씬한 모습이었으면 하고 생각할 때도 있었다. 몸집이 작고 얼굴빛도 해쓱하고 이목구비가 못 생긴다는 것은 불행하다고 생각하였다. 나는 왜 그런 열망을 품었고 그런 유감을 가지고 있었던가? 그것은 말로 설명하기 힘든다. 나 자신에게도 똑똑히 설명할 수 없으나 나는 나름대로의 이유가 있었다. 그것도 이치에 맞고 자연스러운 이치가. 하지만 머리를 곱게 손질하고 검은 옷을 입고—마치 퀘이커 교도와 같은 옷이지만 적어도 우아하게 보이는 장점은 있다—깨끗한 흰 터커 (목에 걸어 가슴에서 합친 모슬린 등의 / 천으로 18세기 여자들이 걸었던 장식) 를 걸면 페어팩스 부인 앞에 나타나도 부끄럽지 않을 것이고, 나의 새로운 학생이 나를 싫어하여 멀리하진 않으리라고 생각했다. 침실의 창문을 열고 화장대 위의 물건들을 가지런히 정돈하고 나서 나는 용기를 내어 방을 나갔다.

융단을 깐 긴 복도를 지나 미끄러운 참나무 층계를 내려갔다. 그리고 현관 방에 이르러 거기서 잠깐 발을 멈추고 벽에 걸려 있는 몇 폭의 초상화를 바라보고(갑옷을 입은 위엄 있는 신사의 초상화와 머리에 분가루를 뿌리고 진주 목걸이를 한 귀부인의 초상화였다고 기억하고 있다), 천장에서 드리워진 청동 램프와 손이 많이 간 조각이 오랜 세월의 손질로 흑단(黑檀)처럼 거무스름한 참나무의 큰 시계를 바라보았다. 모든 것이 장엄하고 훌륭해 보였으나 워낙 나는 이런 훌륭한 것과는 이제까지 별로 인연이 없었다. 반쪽 위쪽에 유리가 끼어 있는 현관문이 열려 있었다. 나는 문지방을 넘어 밖으로 나갔다. 아름다운 가을의 아침, 이른 아침의 태양이 갈색이 된 숲과 아직도 푸른 잔디를 조용히 비치고 있었다. 나는 잔디밭으로 나가 고개를 들어 이 저택의 정면을 살펴보았다. 3층 건물로 굉장하다고 할 정도는 아니었으나 매우 큰 건물이었다. 귀족의 시골 저택이 아니라 영주 저택일 것이다. 건물의 최상부를 둘러싼 흉벽은 외관에 운치를 더하고 있었다. 회색의 정면은 땅까마귀가 사는 숲을 배경으로 뚜렷하게 두드러져 보였다. 까악까악 울고 있는 숲의 주인들은 활동이 한창이어서 잔디나 정원 위를 날아 드넓은 목초지로 날아 내려간다. 저택의 부지는 물 없는 작은 해자(垓子) 속에 두른 낮은 목책으로 목초지와 구분되어 있다. 그리고 옹이 투성이의 튼튼한, 참나무처럼 잎이 무성한 산사나무의 고목들을 보면 이 저택의 유래는 분명했다. 저 멀리 언덕의 오르내림이 보이지만 로우드를 둘러싼 언덕만큼 높지 않고 바위가 많은 것도 아니고 활기 있는 세계를 격리시키는 장벽으로도 여겨지지 않았다. 하지만 사람이 사는 곳으로부터 떨어진 조용한 언덕임에는 틀림없고, 밀코트라고 하는 번화한 땅 옆에 이렇게 한적한 곳이 있다고는 생각되지 않을 정도로 조용히 손필드(산사나무들이란 뜻)를 둘러싸고 있었다. 작은 마을이 언덕의 중간에 흩어져 있고 지붕들이 숲과 섞여 있었다. 이 지역의 교회가 손필드 가까이에 있었다. 그 낡은 탑은 이 저택과 바깥 대문 사이에 있는 조그만 언덕을 내려다보고 있었다.

아직 나는 이 고요한 경치와 상쾌하고 신선한 공기를 만끽하고 땅까마귀 떼의 울음소리에 즐거운 마음으로 귀를 기울이고, 얼마 동안 고색 찬연한 드넓은 저택의 정면을 바라보면서 페어팩스 부인 같은 분이 외로이 혼자 살기에는 너무나 큰 집이라 생각하고 있을 때 부인이 현관에 나타났다.

"아니! 벌써?" 그녀는 말했다. "일찍 일어나시는 성미군요." 부인에게로 다가가자 그녀는 다정스러운 키스와 악수로 맞아 주었다.

"손필드는 마음에 들어요?" 부인은 물었다. 나는 매우 마음에 든다고 대답하였다.

"그렇군요." 부인은 말했다. "아름다운 고장이지요. 하지만 로체스터 양반이 여기 와서 영원히 사실 것을 생각하시지 않으면 계속해서 황폐해질 뿐이라고 생각해요. 영주는 하시지 않으시더라도 자주 오시기라도 하면 좋을 텐데. 큰 저택이나 아름다운 땅에는 주인 양반이 계셔야만 해요."

"로체스터 양반이라니요!" 나는 큰소리로 말했다. "그분은 누구신가요?"

"손필드의 주인 양반이지요." 부인은 조용히 대답했다. "선생은 로체스터란 분을 모르세요?"

물론 나는 몰랐다―그런 분은 들은 일도 없었다. 그러나 이 노부인은 그의 존재를 세상이 다 알고 있고 누구나 으레 알고 있어야 할 것으로 생각하는 것 같았다.

"실은," 나는 말을 이었다. "손필드가 부인의 소유인 줄로만 알고 있었어요."

"내것이라구요? 맙소사, 얼토당토않은! 내 것이라니요? 난 집지기에 불과해요―관리인입니다. 사실은 로체스터 집안은 내 남편의 어머니 쪽의 먼 친척이긴 해요. 남편은 헤이 교구에 있었던 목사였어요―저 언덕 너머의 작은 마을이지만―문 근처에 있는 교회가 그의 것이었어요. 현재 주인인 로체스터 씨의 모친이 페어팩스 집안 출신으로 우리 남편의 육촌 누이가 된답니다. 하지만 난 그런 친척 관계를 내세우는 건 절대 아니에요―사실 그런 건 아무것도 아니니까요. 나는 나 자신을 정말 여느 집지기와 다름없이 생각하고 있어요. 이집 양반은 언제나 친절하시니까 나는 그 이상 바랄 것이 없어요."

"그럼 아가씨는―저의 학생이 될 사람은요?"

"로체스터 씨의 양녀랍니다. 그분이 나에게 그 애의 가정교사를 구하도록 일임하신 거예요. 주인 양반은 그 애를 여기에서 키우실 작정인가 봐요. 아, 저기 그 애가 오는군요. '본(bonne : 유모를 가리키는 프랑스 어)'하고 같이―유모를 저 애는 그렇게 부른답니다."

수수께끼는 이렇게 해서 풀렸다. 이 붙임성 있고 친절한 자그마한 미망인은 이집 여주인이 아니라 나와 마찬가지로 피고용인이었던 것이다. 그렇다고 해서 나는 이 미망인이 싫어지는 것은 아니었다. 반대로 더 기뻤다. 그녀가 나를 대등하게 다룬 것은 사실상 대등한 관계에 있었기 때문인 것으로 부인이 특별히 정중한 분이었던 것은 아니었다. 그렇다면 더욱 기뻤다—나의 입장이 더욱 자유롭게 된 것이다.

　이 발견에 대해서 깊이 생각하고 있을 때 유모를 데리고 조그만 소녀가 잔디밭을 달려왔다. 나는 나의 제자를 바라보고 있었으나 그쪽에서는 나를 알아보지 못한 것 같았다. 아직 어린애로 아마도 일곱이나 여덟 살, 훌쭉한 몸매에 파리하고 조그맣게 생긴 얼굴에다 폭신한 지진 머리가 허리께까지 내려와 있었다.

　"아델라, 잘 잤니?" 페어팩스 부인이 말했다. "이리 와서 인사드려라. 너를 가르쳐 주시고 너를 훌륭한 사람으로 만들어 주실 분이다." 그녀는 다가왔다.

　"이분이 나의 선생님이야?" 그 애는 나를 가리키며 유모에게 말했다. 유모가 대답했다.

　"네, 그래요."

　"외국인인가요?" 나는 프랑스 어를 듣고 놀라 물었다.

　"유모는 외국 사람이에요. 아델라는 대륙에서 났어요. 여섯 달 전까지만 해도 그쪽에서 살았어요. 여기에 처음 왔을 땐 영어를 전혀 못했어요. 이젠 어떻게든 이야기를 할 수 있지만. 난 이 애의 말을 알아듣지 못해요. 프랑스 어가 많이 섞여 있어서요. 하지만 선생께선 이 애의 말귀를 잘 알아들으시겠죠."

　다행히도 나는 프랑스인 교사로부터 프랑스 어를 배웠다. 피에로와 애써 프랑스 어로 이야기를 하도록 노력하였고 최근 7년 동안 매일 프랑스 어의 한 구절을 조금씩 외우고 있었다—발음에는 특히 주의를 하고 선생님의 발음을 될 수 있는 대로 충실하게 흉내 내도록 하였다—그래서 프랑스 어는 어느 정도 제대로 말할 수 있었으므로 아델라를 상대로 그리 당황할 것 같진 않았다. 그 애는 내가 제 가정교사란 말을 듣자 다가와 나와 악수를 했다. 나는 아침 식사에 그 애를 데리고 가면서 그 애의 모국어로 잠깐 이야기를 해보았다. 처음에는 짤막하게 대답했으나 식탁에 앉자 그 커다란 연갈색의 눈으로 10분쯤 나를 물끄러미 바라보았다. 그리고 갑자기 줄줄 지껄이기 시작하였다.

"어머나!" 그 애는 프랑스 어로 외쳤다. "선생님은 우리나라 말을 로체스터 아저씨만큼 잘 하시네요. 아저씨와 마찬가지로 선생님과도 얘기할 수 있군요. 소피두 틀림없이 기뻐할 거예요. 여기 사람들은 아무도 소피의 말을 못 알아듣거든요. 페어팩스 아주머니는 영어만 해요. 소피는 제 유모예요. 저, 소피와 함께 큰 배로 바다를 건너왔어요. 굴뚝에서 연기가 나는 배—굴뚝이 뭉게뭉게 연기를 토해 냈어요—저는 뱃멀미를 했어요. 소피도 그랬고 로체스터 아저씨도 그랬어요. 로체스터 아저씨는 살롱이라고 하는 다른 방의 침대에서 주무셨고 소피와 저는 딴 방에 있는 조그만 침대에서 잤어요. 하마터면 저는 침대에서 떨어질 뻔했어요. 침대가 선반 같았으니까요. 그런데 선생님, 선생님 이름은 뭐라고 하시나요?"

"에어—제인 에어."

"에이르? 속상해! 발음이 안 되네요. 그런데 우리 배는 아침이 돼서 아직 날이 채 밝기도 전에 멎었어요. 큰 도시에—아주 큰, 새까만 집들이 있고 온통 연기투성이였어요. 내가 태어난 곳은 공기가 맑고 매우 깨끗한 고장이었는데, 그곳과는 딴판이에요. 로체스터 아저씨가 저를 두 팔로 안아서 발판을 건너 땅에 내려놔 줬어요. 소피는 뒤에서 따라와 셋이 모두 마차에 올랐어요. 마차는 호텔이라고 하는, 이 집보다도 크고 더 훌륭한 예쁜 집으로 데려다 줬어요. 우린 일주일 가까이 거기 머물러 있었어요. 저하고 소피는 공원이라고 하는 나무가 가득한 굉장히 푸른 곳을 날마다 산책하곤 했어요. 거기에는 저 말고도 어린애들이 많았어요. 그리고 예쁜 새들이 있는 연못도 있었어요. 그 새에게 저는 빵 부스러기를 뿌려 주었어요."

"저렇게 빨리 말하는 걸 다 알아들을 수 있겠어요?" 페어팩스 부인이 물었다.

나는 잘 알아들을 수 있었다. 피에르 선생의 유창한 말씨에 익숙해 있었기 때문이었다.

"가능하다면" 사람이 좋은 부인이 말하였다. "이 애의 부모님에 관해서 한두 가지만 물어봐 주세요. 부모님을 기억하고 있을까?"

"아델라." 나는 물었다. "아까 얘기한 아름답고 깨끗한 고장에 있을 때 누구하고 같이 살았지?"

"오래오래 전에 엄마하고 같이 살았어요. 하지만 엄마는 성모 마리아님한테 가 버리셨어요. 엄마는 늘 저에게 춤과 노래를 가르쳐 주시고 시를 외우게 했어요. 많은 신사와 귀부인들이 엄마를 만나러 오곤 했어요. 저는 그 사람들 앞에서 춤을 추기도 하고 무릎에 앉아서 노래를 부르기도 했어요. 전 그게 좋았어요. 지금 선생님께 노래 불러 드릴까요?"

아델라는 아침식사를 끝마치고 있었으므로 나는 그 애의 재주를 발표하도록 허락했다. 의자에서 내려온 그녀는 내게 다가와 무릎에 걸터앉았다. 그러고는 얌전히 조그만 손을 앞에 가지런히 하고 지진 긴 머리를 뒤로 살랑살랑 저으며 눈을 천장으로 가져가더니 어느 오페라의 노래를 부르기 시작했다. 그것은 애인으로부터 버림받은 여자의 노래로, 슬픔에 잠겨 있던 그녀는 이윽고 자존심에 의지하여 시녀의 도움을 받아 가장 화려한 보석을 달고 가장 호화로운 의상을 입고 그날 밤의 무도회에 나가 그 남자를 만나 당신의 버림을 받았어도 보는 바와 같이 아무렇지도 않다고 명랑하게 행동해 보일 것을 결심한다는 내용이었다.

이런 아이에게 노래하게 하기에는 적당하지 않다는 생각이 들었다. 그러나 노래를 들려주는 목적은 애타는 어린 목소리로 부르는 사랑과 질투의 노래를 듣게 하는 데 있었겠지. 그러나 그것은 얼마나 악취미인가! 적어도 나는 그렇게 생각했다.

아델라는 이 가곡을 가락을 잘 맞추어 가며 나이에 어울리게 천진난만하게 불렀다. 노래를 마치고 내 무릎에서 뛰어내려 이렇게 말했다. "선생님, 이번엔 시를 읊어 드릴게요."

아델라는 포즈를 취하고 라퐁텐의 우화 〈쥐들의 단결〉을 읊기 시작했다. 그리고 이 작은 작품을 구두점이나 강조하는 곳, 소리의 억양, 적절한 몸짓 등 나이에 걸맞지 않은 신경을 써 가며 읊는 것으로 보아 철저한 훈련을 받았다는 것을 알 수 있었다.

"엄마가 그 시를 가르쳐 주셨니?" 나는 물었다.

"네, 그리고 엄마는 늘 이렇게 말씀하셨어요. '도대체 어떻게 된 거야?' 하고 그들 중의 한 쥐가 말하였습니다. 이야기해 주세요!' 나의 손을 들어

올리고 말예요—이렇게—질문을 할 때에는 소리를 크게 내야 한대요. 이번에는 춤을 출까요?"

"아니야, 됐어. 그런데 엄마가 성모 마리아님께로 가신 뒤로는 누구하고 같이 살았지?"

"프레데릭 부인과 아저씨하고요. 저의 친척도 아닌데 돌봐 주셨어요. 가난했다고 생각해요. 살고 있는 집이 엄마의 집과 같지 않았거든요. 저는 거기 오래 살지 않았어요. 로체스터 아저씨가 영국에 가서 같이 살지 않겠느냐고 하시기에 그러겠다고 했어요. 저는 프레데릭 부인을 알기 전부터 로체스터 아저씨에 대해서 알고 있었어요. 로체스터 아저씨는 언제나 친절하셨고 예쁜 옷과 장난감을 주셨으니까요, 하지만 약속을 지키지 않으셨어요. 영국으로 저를 데려다 놓고는 아저씨는 다시 혼자서 돌아가시고 한 번도 만나 뵐 수가 없으니까요."

아침식사를 마치고 아델라와 나는 서재로 물러갔다. 이 방은 공부방으로 쓰도록 로체스터 씨가 지시한 것 같았다. 대부분의 책은 자물쇠를 채운 유리문안에 들어 있었다. 그러나 한군데 열린 곳이 있어서 초등 교육 과정에 필요할 것과 오락적인 문학이나 시집·전기·여행기 등이 각각 몇 권, 그리고 로맨스(^{소설}) 등이 들어 있었다. 이런 책은 아마도 가정교사가 읽는 것으로는 충분할 것이라고 로체스터 씨는 생각했으리라. 사실 이만하면 우선 현재의 나에게는 충분했다. 로우드에서 가끔 입수할 수 있었던 보잘것없는 책에 비하면 분명히 오락이나 지식의 훌륭한 보고처럼 여겨졌다. 이 방에는 또 아주 신품에다 뛰어나게 소리가 고운 작은 피아노도 한 대 있었다. 또 그림을 그리기 위한 이젤과 지구의와 천구의도 있었다.

나의 학생은 매우 고분고분했지만 공부에 좀처럼 열중하지는 않았다. 이제까지 정해진 수업을 받는 습관이 없었던 것 같았다. 처음부터 오랜 시간 동안 속박한다는 것은 무리하다고 생각했으므로 나는 여러 가지 얘기를 들려주고 조금씩 말을 외우도록 하였다. 아침부터 시작해서 정오가 되면 유모에게 돌려보냈다. 나는 점심때까지 교재로서 사용할 스케치를 몇 장 그리기로 하였다.

도화지와 연필을 가지러 2층으로 올라가고 있을 때 페어팩스 부인이 나를 불렀다. "아침 수업이 끝난 것 같군요." 그녀는 접는 문이 열려 있는 방 안에 있었다. 나는 그 방으로 들어갔다. 넓고 웅장한 방이었다. 보라색 의자와 커튼, 터키 융단, 호두나무 판자를 댄 벽, 스테인드 유리를 아낌없이 사용한 큰 창, 고상하게 조각된 높은 천장. 페어팩스 부인은 찬장 위에 놓인 아름다운 자수정 화병의 먼지를 털고 있었다.

"정말 아름다운 방이에요." 나는 주위를 둘러보면서 소리쳤다. 여태껏 이 방의 반만큼도 아름다운 방을 본 적이 없었던 것이다.

"그래요. 여기는 정찬을 위한 식당입니다. 바람과 햇볕을 좀 넣기 위해 방금 창문을 열어 논 참이었어요. 좀처럼 사람이 들어오지 않으니까 방안의 물건들이 모두 눅눅해져서요. 저쪽 응접실은 마치 지하실의 납골당 같아요."

부인은 창문 건너편의 넓은 아치를 가리켰다. 창문에는 붉은 기가 섞인 보랏빛 커튼이 쳐져 있었는데 지금은 끈으로 묶여 있었다. 넓은 계단을 두 단 올라가 아치 가까이 가서 안을 들여다보고 나는 요정의 나라를 들여다 본 것 같은 기분이 들었다. 이런 것을 본 일이 없는 나의 눈에는 그 광경이 눈부시게 빛나 보였다. 그러나 이런 방도 이 저택에서는 단순히 깨끗한 객실에 지나지 않는 것이다. 그리고 거기에는 여자 손님을 위한 개인 방이 있어서 어느 방이나 흰 융단이 깔려 마치 화려한 화환이 놓여 있는 것처럼 보였다. 그리고 어느 천장에나 하얀 회반죽으로 포도와 포도잎을 새긴 테두리가 둘러져 있었다. 그 아래에는 진홍빛 침대와 긴 의자가 불타는 듯한 선명한 대조를 보이고 있었다. 파로스 대리석의 난로 선반 위에 놓인 장식품은 진홍빛으로 빛나는 보헤미아 유리 제품들이었다. 창문과 창문 사이에는 큰 거울이 있어서 거기에는 눈과 불꽃이 어울린 것 같은 실내의 정취가 비치고 있었다.

"참 잘 정돈하셨네요, 페어팩스 부인!" 나는 말했다. "먼지 하나 없이, 흰 덮개도 덮지 않았군요. 다만 공기가 조금 찰뿐이지 매일 사람이 살고 있는 것 같아요."

"에어 선생, 로체스터 씨가 여기 오시는 일은 참 드물지만 언제나 느닷없이 뜻밖에 오신답니다. 모든 걸 덮어놓는다든지 오시자마자 정돈하느라 법석을 떠는 걸 보시면 아무래도 언짢으실 것 같아서 평소에 방을 정돈해 두는 게 상책이라고 생각하고 있어요."

"로체스터 씨는 엄격하고 까다로운 분이신가요?"

"별로 그렇지는 않습니다만 그분은 신사다운 취미와 습관을 지니고 있으니까 만사를 거기에 맞도록 처리하기를 바라는 거예요."

"부인은 그분을 좋아하세요? 모두들 그분을 좋아하시나요?"

"물론이죠. 로체스터 집안은 이곳에서 언제나 존경을 받아 왔어요. 눈길이 닿는 이 근방 일대는 거의 모두가 옛날부터 로체스터 집안의 소유랍니다."

"그래요. 하지만 그분의 땅은 별문제로 하고 부인께선 그분을 좋아하세요? 인품 때문에 모두가 그분을 좋아하고 있나요?"

"나로선 그분을 좋아하지 않을 이유는 없습니다. 소작인들도 그분을 공정하고 너그러운 지주로 보고 있어요. 하지만 소작인들과 같이 계셔 본 적은 한 번도 없어요."

"그래도 특이한 데가 있는 것은 아닌가요? 한 마디로 그 분의 성격에."

"아아! 성격은 나무랄 데가 없어요. 좀 특이한 편인지는 몰라도 여행을 많이 하셔서 세상을 여러 모로 보고 계시니까요. 현명한 분이라고 할 수 있답니다. 그분과 별로 이야기를 한 적은 없지만."

"어떤 면에서 특이하신가요?"

"글세요—뭐라고 말씀드리면 좋을까요—눈에 띄게 다른 점은 없지만 이야기를 나누어 보면 알게 될 거예요. 농담인지, 진담인지, 기뻐하고 계신지 그렇지 않으신지 헷갈리게 돼요. 다시 말하면 그분의 기분이 어떤 것인지 전혀 알 수 없어요—적어도 나에게는 말입니다. 하지만 그런 것은 대수롭지가 않아요. 그분은 정말 훌륭한 주인이에요."

그녀의 고용주이자 나의 고용주이기도 한 인물에 대해 페어팩스 부인으로부터 알게 된 내용의 모두였다. 사람에 대해서나 사물에 대해서 성격을 묘사하거나 뚜렷한 특징을 관찰하거나 설명을 할 수 없는 사람이 있는 법이다. 사람이 좋은 이 부인은 분명히 이 부류에 속했다. 내 질문은 그녀를 당황하게는 했지만 대답은 이끌어내지는 못했다. 그녀의 눈으로 보면 로체스터 씨는 로체스터 씨로 보이는 데에 지나지 않았다. 신사이며 지주—그 이상의 것은 아니었다. 그녀는 그 이상의 것을 알거나 살펴보려고도 하지 않았다. 그리고 로체스터 씨가 어떤 개성을 가지고 있는 사람인지 제대로 파악하고 싶은 나의 생각을 이상하게 생각하고 있는 것 같았다.

식당을 나왔을 때 그녀는 저택의 다른 장소도 안내하고 싶다고 제의하였다. 나는 그녀 뒤에서 계단을 올라가고 계단을 내려가면서 감탄의 말을 하였다. 어디나 잘 정돈되고 훌륭했기 때문이다. 앞쪽으로 면한 큰방은 특히 훌륭했다. 3층에 있는 몇몇 방은 어둡고 천장이 낮았지만 고색 찬연한 취향이 흥미를 끌었다. 한때는 아래층 넓은 방에 쓰였던 가구들이 유행이 바뀜에 따라 차츰 이곳으로 옮겨진 것 같았다. 좁은 창으로 스며드는 희미한 빛이 백 년이나 된 낡은 침대를 비추고 있었다. 참나무인지 호두나무인지로 된 궤짝에는 종려나무 가지와 천사의 머리가 기묘하게 조각되어 있어 옛날 유대인의 계율 상자^(십계명을 새긴 두 개의 납작한 돌을 넣은 상자로 유대인에게는 가장 신성한 것이다.)처럼 보였다. 등이 높고 좁은 고풍스런 의자들이 줄지어 있었는데, 그 중에는 더 구식 의자들도 있어 그 방석엔 이미 관 속의 먼지로 변한 지 두 세대나 되는 사람들의 손으로 만들어진 반쯤 지워진 자수들이 아직 그 흔적을 남기고 있었다. 이런 유물은 모두 손필드 저택의 3층에서 과거의 집, 추억의 성역(聖域)이라고나 할 수 있는 취향을 나타내고 있었다. 나는 이 숨은 장소의 고요함과 음침하고 기괴함이 낮에는 마음에 들었으나, 폭넓고 묵직한 침대에서 하룻밤 쉬고 싶은 생각은 조금도 없었다. 어떤 방은 참나무 문으로 막았고 어떤 방은 이국풍의 기묘한 꽃, 기묘한 새, 매우 기묘한 인간의 모습 등을 두둑하게 자수를 한 영국풍의 낡은 현수막으로 가려져 있었다. ─만일 이런 것들이 모두 파리한 달빛에 비치게 되면 참으로 괴이하게 보이리라.

"하인들은 이 근처의 방에서 자나요?" 나는 물었다.

"아니에요. 뒤채에 있는 조그만 방에서들 자지요. 여기선 아무도 자지 않아요. 손필드 저택에 유령이 나온다면 이 근처일거예요."

"나도 그렇게 생각해요. 그럼 유령은 나오지 않는군요."

"들어본 적이 없어요." 페어팩스 부인은 미소를 지으며 대꾸했다.

"무슨 전설도요? 고담이나 유령 이야기도요?"

"없어요. 그런데 로체스터 집안 사람들은 생전에 얌전한 혈통이라기보다는 좀 사나운 편이었다는 소문이에요. 따라서 조상들은 이제는 무덤에서 조용히 잠들고 있는 것은 아닐까요?"

"네─'정처 없는 인생의 열병도 사라지고 편안하게 잠들고 있다'^(셰익스피어 〈맥베스〉 3막에 나오는 말)군요." 나는 중얼거렸다. "페어팩스 부인, 이번엔 어디로 가세요?" 부인이 걸음을 옮기려 하고 있었기 때문이다.

"지붕 위로요. 올라와서 경치를 구경하시지 않겠어요?" 나는 말없이 부인을 따라갔다. 다락방으로 가는 아주 좁은 층계를 올라 거기서 다시 사다리를 타고 지붕 들창을 지나 지붕 위로 나왔다. 그러자 나는 이제 까마귀 떼와 같은 높이가 되어 그 둥지를 들여다볼 수 있었다. 흉벽에 기대어 멀리 내려다보니 마치 지도처럼 펼쳐진 터가 보였다. 저택의 회색 토대 둘레를 빽빽하게 둘러싼 선명한 푸른 잔디. 공원처럼 넓은 들에는 오래된 나무가 여기저기 서 있었다. 다갈색의 메마른 잎의 숲은 한 줄기의 오솔길로 둘로 나뉘고 그 오솔길은 나뭇잎의 초록색보다도 더 진한 녹색 이끼로 빈틈없이 덮여 있었다. 문 옆에 있는 교회와 길, 느슨한 오르내림을 보이고 있는 언덕, 모두가 가을 빛을 받아 조용히 잠들고 있고, 지평선과 경계를 이루고 있는 것은, 진주 빛 하얀 구름이 대리석 모양을 그리고 있는, 좋은 날씨를 예고하고 있는 푸른 하늘이었다. 이 경치 속에는 특징은 없었으나 모든 것에 마음이 편했다. 풍경을 뒤로 하고 다시 들창을 지나자 내려가는 사다리 근처가 거의 보이지 않았다. 다락방은 이제까지 올려다보았던 창공에 비하면 햇볕에 비친 숲의, 저택을 중심으로 한 들의, 푸른 언덕의, 이제까지 가슴을 설레며 보고 있었던 이들 경치에 비하면 지하의 무덤처럼 어두웠다.

페어팩스 부인은 지붕 들창을 잠그느라고 잠시 뒤에 처졌다. 나는 손으로 더듬으면서 다락방의 출구를 찾아 좁은 계단을 내려왔다. 3층의 앞쪽과 뒤쪽 방 사이의 긴 복도로 나오자 나는 잠시 거기에서 걸음을 멈추었다. 천장의 낮고 좁은 어두컴컴한 복도에는 저편에 작은 창이 하나 있을 뿐. 좌우로 늘어선 작은 검은 문은 마치 '푸른 수염(여섯 명의 아내를 죽였다는 전설의 주인공)'의 성(城)에 나오는 복도와도 같았다.

조용히 걷고 있는 동안에 이렇게 조용한 곳에서는 들려올 것 같지도 않는 소리, 사람의 웃음소리가 나의 귀에 들렸다. 그것은 기묘한 웃음이었다. 또렷하고 음침하고 부자연스런 목소리였다. 나는 걸음을 멈추었다. 목소리는 한순간 그쳤다. 그리고 이번에 들린 것은 전보다 높은 목소리였다. 처음 목소리는 분명했으나 매우 낮은 목소리였다. 그 목소리는 조용한 모든 방에서 잠든 메아리를 깨울 것처럼 시끄럽게 울려 퍼졌다가 사라졌다. 그러나 같은 방에서 들려오는지 나는 그 시끄러운 소리가 들려오는 방의 문을 구별할 수가 있었다.

"페어팩스 부인!" 나는 크게 소리를 질렀다. 다락방 계단을 내려오는 발소리가 들렸기 때문이었다. "저 큰 웃음소리 들으셨어요? 저건 누군가요?"

"아마 하인 중의 누구겠죠." 부인은 대답했다. "그레이스 풀일 거예요."

"저 소리를 들으셨어요?"

"네, 분명히. 가끔 그런 소릴 들어요. 저쪽 방에서 바느질을 한답니다. 리어가 때로는 같이 있기도 해요. 둘이는 함께 잘 떠들어 대지요."

그 웃음소리는 나지막하게 음절을 끊는 것처럼 다시 되풀이되어 기묘한 중얼대는 소리로 끝났다.

"그레이스!" 페어팩스 부인은 큰 소리로 불렀다.

그레이스 등과 같은 인물이 대답을 할 리가 없다고 나는 생각하였다. 왜냐하면 그 웃음소리는 내가 이제까지 들은 일이 없는, 어딘지 애처로운 이상한 목소리였기 때문이다. 대낮이었고. 기괴한 웃음이 들려와도 좋을 음산한 느낌을 주는 분위기도 아니고, 그 장소도 계절도 두려움을 자아내기에는 어울리지 않았으므로 다행이었지, 그렇지 않으면 나는 미신적으로 무서움에 사로잡혔을지도 모른다. 그러나 내가 겁을 먹은 것이 어리석었다는 것을 이내 알았다.

바로 옆문이 열리더니 하녀 하나가 나타났다. 어깨 폭이 넓고 튼튼한 몸집으로 붉은 머리에다 무뚝뚝하고 못생긴 40쯤 되어 보이는 여자였다. 이 정도로 산문적이고 유령과 인연이 먼 유령은 생각할 수 없었을 것이다.

"그레이스, 왜 그렇게 떠들어요." 페어팩스 부인은 말했다. "일러 준 말을 명심해요!" 그레이스는 잠자코 허리를 굽히더니 안으로 들어갔다.

"저 여자는 바느질 등 리어를 거들어 주고 있어요." 미망인은 말을 이었다. "조금은 나무랄 데가 없는 건 아니지만 꽤 일을 잘하지요. 그건 그렇고, 오늘 아침 첫선을 본 선생님의 제자는 어땠어요?"

이야기는 이렇게 해서 아델라에게로 옮아가 아래층의 밝고 아늑한 곳에 이를 때까지 계속되었다. 아델라는 현관방에서 우리를 기다렸다는 듯이 달려오면서 외쳤다.

"식사 준비가 됐어요!" 그리고 또 말을 이었다. "난 배고파 못 견디겠어요!"

식사 준비가 되어 페어팩스 부인의 방에서 우리를 기다리고 있었다.

  나의 순조로운 앞날은 처음으로 손필드 저택의 주인을 만났을 때 약속된 것 같은 생각이 들었으나 이집과 이집 사람들을 깊이 알게 된 지금도 그 기대는 어긋나지 않았다. 페어팩스 부인은 겉모습에 나타나 있는 것처럼 온후한 배려를 가진 여인으로 충분한 교육도 받고 나름대로의 지성을 갖추고 있었다. 내 제자는 씩씩한 아이로 이제까지 응석을 부리며 제멋대로 자랐는지 때로는 심술궂은 버릇이 있었다. 그러나 그 애에 관한 문제는 모두 내 손에 일임되어서 그 애를 향상시켜 보려는 내 계획을 방해하는 간섭은 전혀 없었기 때문에 곧 그 애는 변덕스러운 고집을 씻어 버리고 상냥한, 가르치기 쉬운 애가 되었다. 아이들의 표준을 웃도는 뛰어난 재능이나 두드러진 개성이 있는 것도 아니고 감정이나 기호가 발달해 있는 것 같지도 않았다. 그렇다고 표준 이하의 아이에게서 볼 수 있는 결점이나 나쁜 습관이 있는 것도 아니었다. 그 애는 많은 진보를 보였고 나에 대해서는 별로 깊다고는 말할 수 없어도 발랄한 애정을 보여 주었다. 또 타고난 천진난만한 즐거운 수다, 남을 기쁘게 하려는 의욕 등이 두 사람이서 함께 만족스러운 시간을 지낼 수 있을 정도의 애정을 나의 내부에 불러일으키고 있었다.

  이런 나의 태도는, 아이는 천사와 같은 성질을 가지고 있다고 생각하고, 그런 아이들의 교육을 맡은 사람들은 오로지 아이에게 헌신해야 한다고 하는 고지식한 믿음을 품고 있는 사람들에게는 차갑게 여겨질지도 모른다. 그러나 나는 부모의 자만심에 아첨하기 위해, 위선적인 말에 공명하고 넛두리에 가담하기 위해 이렇게 말하고 있는 것은 아니다. 다만 사실을 말하고 있을 뿐이다. 나는 오직 아델라의 행복과 향상을 원하고 어린 그녀의 인품에 애정을 느끼고 있다. 마치 내가 페어팩스의 친절에 감사의 마음을 품고 그녀가 나에게 보내는 온건한 호의나 그 온화한 기분이나 성격 등에 걸맞은 기쁨을 서로의 교제 속에서 느끼고 있는 것과 마찬가지인 것이다.

  다음과 같은 일을 여기에 덧붙여 쓰는 나를 비난하고 싶은 사람은 비난해도 좋다. 이따금 저택의 부지를 혼자 거닐고 대문까지 내려가 거기서 길의 좌우를 바라보았을 때, 또는 아델라가 유모와 놀고 있고 페어팩스가 찬방에서 잼을 만들고 있는 동안에, 계단을 세 개 올라가 다락방의 들창을 올리고 지붕으로 나아가 멀리 들이나 언덕을 바라보고 아련한 지평선을 바라보고 있을 때, 나는 저 경계를 넘을 수 있는 상상력이 있었으면 하고 바라고, 그것으로 저 번화한 세상이나 거리, 이야기로는 들었어도 아직 본 일이 없는 활기에 넘치는 지역이 보일지도 모른다고 생각하고, 이제까지 얻었던 것과 같은 일상적인 경험을 지금까지보다도 더 많이 겪고 싶다고 생각한 것이다. 페어팩스 부인의 좋은 점도 아델라의 좋은 점도 나는 존중하고 있었으나 그 것과는 다른 보다 더 생생한 좋은 것이 있다고 믿고, 믿고 있는 것을 이 눈으로 보고 싶다고 원하고 있었던 것이다.

이런 나를 비난하는 사람이 있을까? 물론 많이 있을 것이다. 그리고 만족을 모르는 사람이라고 비난할 것이다. 그러나 나로선 어쩔 도리가 없는 것이다. 나의 성격 속에는 변화를 구하는 욕구가 숨어 있다. 때로는 아플 정도로 그것이 나를 충동질하였다. 그럴 때 나의 유일한 위안은 그 누구의 방해도 받지 않고 혼자서 조용히 있을 수 있는 3층 복도를 오가면서 눈앞에 떠오르는 눈부신 상상의 세계에 잠시 머무는 일이었다—물론 그 공상은 한이 없었고 더욱이 자랑스러운 것들이었다. 그리고 고민으로 가득 차게 되지만, 생기를 얻어 부풀 때도 있는 심장을 환희로 물결치게 하는 것이다. 그러나 무엇보다도 소중한 위안은 언제까지고 끝나는 일이 없는 이야기에—나의 상상이 만들어내고 중단됨이 없이 계속되는 이야기에 마음의 귀를 기울이는 일이다. 그것은 한결같이 바라면서도, 현실의 생활에서는 결코 얻어질 수 없는 여러 가지 사건이나 삶이나 정열이나 감정이 숨을 쉬는 이야기였다.

사람은 안온한 생활에 만족해야 한다는 건 부질없는 일이다. 사람은 마땅히 활동을 해야 한다. 그 목표를 찾아낼 수 없으면 그것을 스스로 만들어 내야 한다. 많은 사람들이, 나의 운명보다도 더 평탄한 운명을 짊어지고 있는데, 그들은 그 운명에 대해 무언의 저항을 시도하고 있는 데에 지나지 않는다. 정치적인 반역 외에 도대체 얼마나 많은 반항이 이 지구에 사는 무수한 사람들 사이에서 무르익어가고 있는가? 여자는 일반적으로 얌전해야 한다고 여겨지고 있다. 그러나 여성에도 남성과 같은 감정이 있다. 여성도 그녀들의 형제와 마찬가지로 그 능력을 발휘할 장이 필요한 것이고 노력하기 위한 장이 필요하다. 여성도 또한 남성과 마찬가지로 가혹한 속박이나 심한 정체에 괴로워하고 있다. 여성은 집에서 푸딩을 만들고 양말을 짜고 피아노를 치고 주머니에 자수를 하고 있으면 좋다고 하는 것은 보다 더 많은 특권이 주어진 남성의 좁디좁은 일방적인 자기들의 생각이다. 습관이 필요하다고 인정하고 있는 이상의 일을 여성이 하고 싶다, 배우고 싶다고 하면 그것을 비난하고 비웃는 건 어리석은 일이다.

이렇게 혼자 있노라면 그레이스 풀의 웃음소리를 듣는 것은 드문 일이 아니다. 같은 울림, 같은 저음, 천천히 하, 하, 하 하고 웃는 소리! 처음에 들었을 땐 어쩐지 소름이 끼쳤다. 게다가 웃는 소리보다도 더 으스스한 중얼거림도 들리는 일이 있다. 그녀가 전적으로 침묵을 지키고 있는 날도 있었으나 다른 날에는 그녀가 내는 소리가 무슨 소리인지 구별을 할 수 없는 일도 있었다. 이따금 그녀의 모습을 보는 일도 있었다. 대야가 아니면 접시나 쟁반을 들고 방에서 나오면 부엌으로 내려가 이윽고 돌아오는데 대개 (아, 상상력이 풍부한 독자여, 시시한 사실을 말하는 것을 용서하기 바란다) 검은 맥주가 담긴 물잔을 손에 들고 있다. 그 모습을 보면 그 입에서 나오는 으스스한 목소리에 의해서 불러일으켜진 호기심이 깨지고 만다. 위엄 있는 용모와 침착한 태도에는 호기심이 끼어들 여지가 없다. 몇 번이나 이야기에 끌어들이려고 시도해 보았으나 과묵한 사람이라 그런지 쌀쌀한 대답이 돌아오면 이쪽의 노력도 거기서 좌절되고 마는 것이다.

이 집의 다른 사람들, 즉 존 내외, 하녀 리어, 그리고 프랑스인 유모 소피는 모두 좋은 사람들이지만 이렇다 할 특징은 아무것도 없었다. 소피와는 프랑스 어로 얘기했고 가끔 그녀의 모국에 관해서 물어보는 일도 있었으나 자세한 설명을 해 주거나 아기자기하게 이야기를 해 주는 사람이 아니었으므로 김이 빠진, 뜻을 알 수 없는 대답이 돌아와 그 이상 질문할 마음이 없어지고 만다.

10월, 11월, 12월로 날들이 지나갔다. 1월의 어느 날 오후, 페어팩스 부인으로부터 아델라가 감기에 걸렸으니 공부를 쉬게 해달라는 청을 해 왔다. 더구나 아델라도 옆에서 열심히 졸라댔으므로 나도 어렸을 때 모처럼의 휴식이 얼마나 귀중했던가를 떠올리고 유연하게 대응하는 것이 좋을 거라고 생각하여 승낙을 하였다. 아주 추운 날이었으나 바람 없이 맑게 갠 날이었다. 오전 내내 서재에 들어앉아 있는 것이 따분해졌다. 페어팩스 부인은 편지를 써 놓고 부치려는 참이었다. 그래서 나는 보닛과 외투를 걸치고 헤이 마을까지 그걸 부치러 가겠노라고 자청했다—2마일이라는 거리는 겨울 오후의 알맞은 산책이 될 것이다. 아델라가 페어팩스 부인 거실의 난로 옆 작은 의자에 앉아 있는 것을 보고 그 애가 가장 좋아하는 밀랍으로 된 인형과(평소에는 은박지에 싸서 서랍에 치워 놓고 있다), 인형에 싫증이 났을 때를 위해 옛날이야기 책도 주고 나서 그녀의 "곧 돌아와요, 나의 소중한 제인 선생님" 하는 인사에 키스로 대답하고 나는 출발했다.

땅은 얼어붙고 바람기도 없었고 길을 가는 사람은 나 하나뿐이었다. 몸이 더워질 때까지 부지런히 걷다가 그 후에는 이때와 이 장소에 나를 위해 남몰래 놓인 즐거움을 맛보기 위해 천천히 걸었다. 3시였다. 종탑 아래에 이르렀을 때 교회의 종이 울렸다. 이 시각의 매력은 차츰 다가오는 어스름과 기울어 가는 희미한 빛을 내는 태양에 있다. 나는 손필드에서 1마일 떨어진 오솔길을 걷고 있었다. 여름엔 들장미가 피고, 가을엔 나무 열매나 검은 딸기가 열리는 오솔길, 지금도 들장미나 산사나무가 산홋빛 열매를 달고 있었으나 겨울의 가장 좋은 즐거움은 그 잎이 다 떨어진 나무의 고요에 있다. 설혹 공기가 희미하게 움직이더라도 여기서는 아무 소리도 나지 않는다. 여기에는 잎이 살랑거리는 물푸레나무와 상록수는 없고 벌거벗은 산사나무와 개암나무 숲은 마치 길 복판에 깔려 있는 반들반들 닳은 하얀 돌멩이처럼 움직이지 않는다. 오솔길 양쪽에는 들이 펴져 있고 풀을 뜯는 가축의 모습도 보이지 않는다. 생울타리를 이따금 흔드는 갈색의 작은 새는 떨어지는 것을 잊은 마른 잎처럼 보였다.

이 오솔길은 헤이 마을까지 줄곧 오르막길로 되어 있다. 중간쯤까지 갔을 때 나는 들판으로 통하는 울타리 계단에 앉았다. 외투를 여미고 머프에 두 손을 넣었으므로 추운 줄을 몰랐다. 그러나 날씨가 얼마나 추운가는 자갈길에 쭉 깔려 있는 얼음만 보아도 알 수 있었다. 옆을 흐르는 개울은 지금은 얼어 있지만 며칠 전의 급격한 해빙(解氷)과 햇볕으로 물이 길로 넘쳤었다. 내가 앉아 있는 곳에서는 손필드를 내려다볼 수 있었다. 잿빛 흉벽을 두른 저택은 눈 아래에 보이는 골짜기에서는 더욱 눈에 잘 띄는 건물이었다. 저택을 둘러싼 숲과 검은 땅까마귀의 보금자리가 서쪽에 보인다. 해가 기울어 붉게 물든 숲 저편에 완전히 가라앉을 때까지 나는 아쉬운 정을 달래고 있었다. 그리고 동쪽으로 향하였다.

언덕 위엔 달이 솟아 있었다. 아직 구름처럼 흰빛이었으나 시시각각으로 밝아져 갔다. 달은 헤이 마을을 내려다보고 있었다. 헤이 마을은 숲 사이로 보일락말락 하고 몇몇 굴뚝에서 파란 연기가 피어오르고 있었다. 헤이 마을까지는 아직 1마일이 남아 있었다. 하지만 이 완벽한 고요 속에서 있으면 생활의 희미한 웅성거림이 분명히 들려온다. 어느 골짜기인지 산 속인지 분명치는 않으나 나의 귀에는 물이 흐르는 소리도 들렸다. 헤이 마을의 저쪽에는 많은 산이 연이어 있으므로 계곡물이 그 산을 누비고 있는 것은 분명했다. 석양의 고요는 바로 옆의 시냇물 소리와 마찬가지로 저 멀리의 물소리까지도 들을 수 있게 하였다.

그런 아름다운 물소리와 바람소리를 갑작스럽게 들려온 시끄러운 소리가 깨뜨렸다. 그것은 멀리 있으면서도 분명히 들렸다. 틀림없이 말발굽 소리였다. 타닥타닥 하는 금속음이 여러 웅성거림을 지우고 말았다. 그림으로 말하자면 어두운 색조로 힘차게 그려진 거대한 바위 덩어리나 거대한 참나무의 울퉁불퉁한 나무줄기의 전경(前景)이 저 멀리 푸른 언덕과 환한 지평선과 여러 색들이 섞인 구름 등 엷은 색깔이 서로 융합되는 원경(遠景)을 지워 버리는 것과도 같았다.

이 시끄러운 소리는 자갈길을 따라서 왔다. 말이 가까이 오고 있는 것이다. 굽은 길 때문에 아직 그 모습은 보이지 않으나 확실히 가까이 오고 있었다. 나는 울타리 층계에서 막 내려오려고 하였으나 길이 좁아 말을 먼저 보내려고 그대로 앉아 있었다. 당시만 해도 나는 젊은 시절이라 밝든 어둡든 갖가지 공상이 내 가슴에 깃들어 있었고 여러 가지 이야기 중에는 어린 시절에 들은 옛날이야기의 기억도 남아 있었다. 그 기억들이 되살아났을 때, 성숙해 가는 마음이, 어린 시절에는 생각도 못했던 활력과 생명을 그 기억 속에 불어넣었다. 말이 다가와서 저녁놀 속에 모습을 나타내기를 기다리면서 나는 베시가 해 준 어느 이야기를 떠올렸다. 북잉글랜드에 전하는 어느 이야기에 나오는 '가이트래시'라고 하는 괴물 이야기였다. 말이나 노새나 커다란 개의 모습을 하여 인기척이 없는 적적한 길을 헤매어, 지금 다가오는 말처럼 길에서 날이 저문 나그네에게 덤벼든다는 것이다.

꽤 가까이 왔는데 말의 모습은 보이지 않았다. 타닥타닥 하는 소리에 더하여 생울타리 아래를 무엇인가가 달리는 소리가 들리는가 싶더니 개암나무의 숲 아래를 미끄러지듯이 달려가는 커다란 개의 모습이 보였다. 개의 희고 검은 털빛은 나무를 배경으로 또렷하게 보였다. 이것이야말로 베시가 얘기하던 '가이트래시'의 모습이 아닌가─긴 털과 커다란 머리를 가진 사자와 같은 동물. 그러나 그것은 나의 예상과는 달리 소리도 없이 내 옆을 지나 멈춰 서지도 않고 개의 눈이라고는 여겨지지 않는 이상한 눈으로 나의 얼굴을 올려다보는 일도 없었다. 곧 뒤이어 말이 따랐다─다리가 긴 말의 등에는 사람이 타고 있었다. 남자, 인간, 그것이 홀렸던 정신을 대번에 가시게 해 주었다. '가이트래시'의 등에 타는 것은 있을 리 없었다. 그것은 언제나 혼자인 것이다. 악귀라고 하는 것은 말 못하는 짐승의 시체에 옮겨가는 일은 있어도 보통의 인간의 모습을 빌리는 일은 없을 것이다. 이것은 가이트래시는 아니었다─밀코트로 가는 지름길을 달리는 나그네일 것이다. 말을 탄 사람은 지나가고 나는 그대로 걷기 시작했다. 서너 걸음 가다가 나는 뒤를 돌아다보았다. 미끄러지는 것 같은 소리와 "젠장!" 하는 큰 소리, 덜컥 하고 무엇인가가 넘어지는 것 같은 소리가 나의 주의를 끈 것이다. 탄 사람과 말이 쓰러져 있었다. 얼어붙은 자갈길 위에 발이 미끄러졌음에 틀림없었다. 개가 짖으면서 되돌아왔다. 궁지에 빠진 주인을 보고, 말이 신음하는 소리를 듣자 개는 계속 짖어대 그 소리가 어둠이 다가오는 저편 언덕에 메아리쳤다. 개는 몸집에 어울리는 낮은 소리였다. 쓰러져 있는 주인과 말 주위를 쿵쿵 거리며 돌아다니다가 나에게로 뛰어 왔다. 개가 할 수 있는 것은 거기까지였다─달리 도움을 청할 수 있는 것은 없었다. 나는 개를 따라 나그네가 있는 곳으로 갔다. 나그네는 말에서 벗어나려고 안간힘을 쓰고 있었다. 그의 동작에 힘이 있었으므로 크게 다친 데는 없는 것 같다고 생각했는데 그래도 나는 물어 보았다.

"다치신 데는 없으세요?"

그는 욕설을 한 것 같았으나 분명치는 않았다. 무엇인가 지껄이면서 나에게 대답을 할 만한 정신이 아닌 것 같았다.

"좀 거들어 드릴까요?" 나는 거듭 물었다.

"한쪽으로 비켜서요." 그는 이렇게 말하면서 무릎을 꿇고 일어났다. 하라는 대로 옆으로 비켜서자 괴로운 숨결, 발을 버티는 소리, 덜거덕거리는 시끄러운 소리가 들리고 여기에 개가 짖어댔으므로 나는 할 수 없이 몇 야드 떨어졌으나 이 사태를 구명하기까지 나는 자리를 뜨고 싶지 않았다. 다행스럽게도 일은 잘 마무리되었다. 말은 다시 일어섰고 개는 "파일럿, 앉아!" 하는 소리와 함께 조용해졌다. 나그네는 몸을 숙이고 다리를 문지르고 상처가 없는지 살피는 것 같았다. 어딘가 다친 것 같았다. 그는 아까 내가 앉아 있었던 생울타리 층계로 가 거기에 앉았다.

나는 도움이 되고 싶었다. 내 딴에는 호의를 베풀고 싶은 심정이었다. 그래서 나는 다시 그에게로 가까이 다가갔다.

"다쳐서 손이 필요하시다면 손필드 저택에서나 헤이에서 누굴 불러 오겠어요."

"고맙소, 괜찮을 것도 같소. 뼈가 부러진 건 아니니까. 좀 삐었을 뿐이오." 그는 다시 일어나 발을 놀려 보았으나 자신도 모르게 "으음!" 하는 신음 소리가 그의 입에서 나왔다.

햇살은 아직 사라지지 않고 달은 차츰 밝아지고 있었으므로 나는 그를 똑똑히 볼 수 있었다. 그는 모피의 깃이 달린 승마용 망토를 입고 망토 앞은 쇠붙이로 단단히 죄고 있었다. 자세한 점은 잘 보이지 않았으나 보통 키에 가슴이 벌어진 튼튼한 몸집의 사람이었다. 거무스름한 얼굴, 위엄 있는 이목구비, 검은 눈썹. 눈과 찌푸린 눈썹은 마음대로 되지 않는 초조함을 나타내고 있었다. 젊지는 않았지만 중년에는 이르지 않은 것 같았다. 아마 서른다섯쯤 되었으리라. 나는 그를 두려워하거나 그렇다고 해서 기가 죽은 것도 아니었다. 그가 만일 씩씩한 청년 신사였다면 상대방의 의사를 거스르면서까지 바라지도 않는 도움을 주겠다고 이렇게까지 나설 수는 없었을 것이다. 나는 여태까지 아름다운 청년을 거의 본 일이 없고 말을 건네 본 적은 더욱 없었다. 아름다움, 우아함, 은근함, 매력 같은 것에 대해서 나는 머릿속에서는 예찬도 하고 경의를 보이고도 있다. 그러나 그런 자질을 가진 것이 남성의 모습을 취하여 현실로 나타나도 나의 내부에 있는 것은 그것에 대해서 아무런 공감도 가지지 않을 것이며 또 가질 수도 없을 것이라고 나는 본능적으로 알고 있었을 것이다. 그리고 불이나 번개처럼 빛나고 있어도 싫은 것을 피하듯 그들을 피했을 것이다.

내가 말을 걸었을 때, 이 낯선 사람이 내게 미소를 보내오고 상냥하게 대답했다고 한다면, 그리고 나의 제의에 고맙다고 말하고 요령 있게 사양했다면, 나는 그대로 그곳을 떠나 더 이상 신경을 쓸 의무를 느끼지 않았을 것이다. 그러나 이 나그네의 찌푸린 얼굴과 거친 태도가 내 마음을 편하게 해 주었다. 그가 가라는 손짓을 내게 했을 때에도 나는 그 자리를 뜨지 않았다.

"이렇게 늦은 시각에, 이런 외딴 길에 두고 갈 순 없어요. 말에 오를 수 있는 걸 볼 때까지는."

이렇게 말하자 그는 나를 보았다. 아까까지 그는 내 쪽엔 거의 눈을 돌리지 않고 있었다.

"당신이야말로 집에 가야 할 거요." 그는 말했다. "이 근처가 집이라면, 어디서 왔죠?"

"바로 저 밑에서요. 전 달밤엔 늦게 나와 있어도 하나도 무섭지 않아요. 원하신다면 기꺼이 헤이까지 달려갔다 오겠어요. 실은 편지를 부치러 거기까지 가던 길입니다."

"바로 아래 살고 있다면—그럼 저 흙벽이 있는 저택 말이오?" 그는 손필드 저택을 가리켰다. 때마침 달이 저택에 흰빛을 던져 서쪽 하늘을 배경으로 검은 그림자로밖에 보이지 않는 숲 속에 파리한 빛으로 뚜렷하게 그 모습을 떠올리고 있었다.

"네, 그렇습니다."

"저건 누구네 집이지요?"

"로체스터 씨의 저택입니다."

"로체스터 씨를 아시는가요?"

"아뇨, 아직 뵙진 못했어요."

"그럼 그분은 여기 살지 않소?"

"네."

"어디 있는지 아시오?"

"모릅니다."

"당신은 그 댁의 하인은 아니겠고, 그렇다면—." 그는 입을 다물고 내 옷을 훑어보았다. 보통 입는 아주 검소한 차림이었다. 검은 메리노 천의 외투에다 검은 비버 보닛이었다. 어느 것이나 하녀의 복장에 도저히 미치지 못했다. 그는 내가 누구인지를 모르는 눈치인 것 같아서 그를 거들어 주었다.

"전 가정교사예요."

"아아, 가정교사!" 그는 되뇌었다. "아차 실례! 까맣게 잊었었군, 가정교사라!" 그러고는 다시 내 옷차림을 살폈다. 2분쯤 지나서 그는 층계에서 일어났다. 몸을 움직이려던 그의 얼굴은 괴로운 빛을 내보였다.

"사람을 불러 달랄 순 없지만 괜찮으시다면 좀 거들어 주겠소?"

"네, 그러지요."

"지팡이로 쓸 만한 우산이 없어요?"

"없습니다."

"말고삐를 잡아서 이리로 끌어다 주시오. 무섭진 않겠죠?"

혼자라면 말이 두려웠겠지만 그런 부탁을 받자 나는 기꺼이 따르기로 했다. 머프를 울타리 층계에 놓고 키 큰 말에게로 갔다. 내가 고삐를 붙잡으려고 애를 썼으나 흥분해 있는 말은 나를 자기 머리 가까이 오지 못하게 했다. 몇 차례 시도해 보아도 소용이 없었다. 땅을 구르는 앞다리는 매우 무서웠다. 나그네는 잠시 그런 나를 바로보고 있다가 웃음을 터뜨렸다.

"알겠소." 그는 말했다. "산이 마호메트에게로 올 수가 없다면 마호메트를 산까지 데리고 갈 수밖에 없겠지. 여기까지 와 달라고 부탁할까요."

나는 갔다. "미안해요" 하고 그는 말을 이었다. "할 수 없이 당신의 어깨를 빌려야겠소." 그는 묵직한 손을 내 어깨에 얹고 조금 힘을 주어 내게 기대고 발을 끌면서 말이 있는 곳까지 갔다. 말고삐를 일단 잡자 바로 말을 진정시켜 획 하고 뛰어오른 것까지는 좋았으나 삔 다리를 다시 삐었는지 얼굴을 찌푸렸다.

"자, 그럼," 그는 굳게 깨물었던 아랫입술을 펴며 말했다. "채찍을 집어다 주시오. 저 생울타리 밑에 떨어져 있어요."

나는 그것을 찾아냈다.

"고맙소. 어서 편지를 갖고 헤이까지 빨리 가시오. 되도록 속히 돌아오시오."

박차의 일격은 그의 말을 처음엔 놀라게 하여 벌떡 일어서게 하였으나 이내 달리기 시작하였다. 개가 그 뒤를 쫓았다. 셋은 모두 사라져 버렸다.

광야에 난 히스처럼,
불어재치는 바람이 날라 간다.

나는 머프를 집어 들고 걸었다. 내게 뜻하지 않은 사건이 생겼다가 사라진 것이다. 그것은 어떤 의미에서나 그리 중대하지 않은 사건이고 꿈도 아닌, 어떤 의미에서는 아무런 재미도 없는 사건임에 틀림없었다. 그래도 단조로운 생활에 단 1시간 동안이라도 변화를 가져다 주었다. 내 도움이 필요했고 도움을 요구 받았고 나는 그것에 응했다. 무엇인가에 쓸모가 있었다는 것이 기뻤다. 나는 이제 수동적인 태도로 있는 것에 싫증이 났던 것이다. 새로운 얼굴은 기억의 갤러리에 들여온 새로운 그림과 같았다. 그곳에 걸려 있는 그림과는 전혀 다른 것이었다. 무엇보다도 우선 그것은 남성이었으므로, 그리고 그것은 거무스름하고 강인하고 엄숙한 얼굴이었으므로. 헤이로 들어가서 편지를 우체통에 넣었을 때도 그 영상은 나의 눈앞에서 떠나지를 않았다. 집으로 돌아오느라고 언덕을 부지런히 내려오는 동안에도 내내 그 얼굴은 사라지지를 않았다. 아까의 울타리 층계에 이르자 나는 잠시 걸음을 멈추고 사방을 살피며 귀를 기울였다. 말발굽 소리가 다시 자갈길 위에 울리지나 않을까 하고, 그리고 외투를 입은 기수(騎手)와, 가이트래시와 같은 뉴펀들랜드 개가 다시 나타나지나 않을까 하고 생각한 것이다. 눈앞에는 생울타리와 가지를 다듬은 버드나무들이 달빛을 받고 조용히 서 있을 뿐이었다. 들리는 것은 1마일 떨어진 손필드를 둘러싼 나무들 사이를 이따금씩 소리내며 지나가는 바람 소리뿐이었다. 그 바람 소리가 나는 쪽을 내려다보고 있던 나의 눈은 저택의 정면을 스쳐 창가에 반짝이는 등불에 머물렀다. 그 순간 나는 늦었다는 생각이 들어 걸음을 재촉했다.

나는 손필드로 돌아가는 것이 마음에 내키지 않았다. 그 집 문지방을 넘는다는 것은 침체된 생활로 되돌아가는 것이었다. 조용한 현관홀을 지나 어두컴컴한 계단을 올라가 나 혼자만의 작은 방으로 들어가 조용한 성격의 페어팩스 부인과 얼굴을 맞대고 기나긴 겨울밤을 그녀와 함께, 그녀하고만 지낸다고 하는 것은 산책으로 일깨워졌던 가벼운 흥분을 깡그리 지워 버리는 일이며 아주 단조로운 너무나도 평온한 생활—이미 고마움도 흐려진 안전과 안락이라고 하는 특권을 주는 생활—이라고 하는 눈에 보이지 않는 차꼬로 나의 모든 능력을 얽어매 버리는 일이었다. 지금 나는 이 평온한 생활에 불만을 털어놓고 있지만, 불안하고 괴로운 생활의 폭풍에 시달려 괴롭고 쓰라린 체험을 하게 되면 이런 생활의 고마움을 알게 될 것이다! 그렇다, '너무

편한 안락의자'에 앉아 있는 일에 싫증이 난 인간이 산책하러 나가는 고마움을 알게 되는 것과 마찬가지이다. 그리고 또 나와 같은 처지에 있는 인간이 그 사람들과 마찬가지로 움직이고 싶다고 생각하는 것은 매우 자연스러운 일일 것이다.

나는 대문에서 망설이고 있었다. 잔디밭 위를 서성댔다. 현관 앞의 돌을 깐 길을 어슬렁거렸다. 유리문 덧문이 닫혀 있어 집안을 들여다볼 수가 없었다. 나의 눈과 영혼은 음침한 이 저택으로부터—나의 눈에는 캄캄한 독방으로 보이는 것이 가득 찬 회색의 동굴로부터 벗어나—눈앞에 펼쳐진 하늘, 구름 한 점 없는 하늘의 푸른 바다로 끌려갔다. 달은 하늘로 장엄하게 떠오르고 있었다. 그 구체(球體)는 언덕 꼭대기를 멀리 아래에 남기고 헤아릴 수 없는 깊이와 너무 먼 칠흑의 천정(天頂)을 향하여 높이높이 올라가는 것처럼 보였다. 그 달의 뒤를 따르면서 떨고 있는 별들을 보고 있으면 나의 가슴은 떨리고 나의 피는 뜨겁게 끓었다. 그러자 하찮은 일이 우리를 지상으로 다시 되돌아 오게 하였다. 현관방에서 시계가 울렸다. 그것으로 충분했다. 달과 별들에서 등을 돌리고 샛문을 열고 안으로 들어섰다.

현관방은 어둡지 않았다. 거기를 비치고 있는 것은 천장에 매단 청동 램프의 불빛만이 아니었다. 따뜻한 빛이 큰방과 참나무 계단의 중간까지 비치고 있었다. 붉은 기를 띤 이 빛은 큰 식당에서 스며 나오고 있었다. 두 쪽 문이 열려 있었고 벽난로에서 타고 있는 불빛이 보였다. 불은 대리석 노변과 놋쇠로 만든 난방 용구에 반사되고 보랏빛 커튼과 윤이 나는 가구들을 환하게 비추고 있었다. 난로 선반 가까이에 모여 있는 사람들이 보였다. 그 사람들을 잘 살필 사이도 없이, 와자지껄한 소리의 주인공을 알아차릴 틈도 없이 문은 닫혔으나 그 순간 아델라의 목소리가 들린 것 같았다.

나는 페어팩스 부인의 방으로 서둘러 갔다. 거기에도 난롯불은 있었으나 촛불은 켜져 있지 않고 페어팩스 부인도 없었다. 그 대신 난로 앞 깔개 위에 단정하게 앉아서 난로의 불빛을 진지하게 바라보고 있는, 검고 흰 털이 길게 자란 개는 오솔길에서 만났던 가이트래시 비슷한 개였다. 아까의 개와 너무 닮았으므로 나는 가까이 다가가 "파일럿!" 하고 불러 보았다.

그러자 그 개는 일어나 내게로 다가와 코를 쿵쿵 거리며 냄새를 맡았다. 머리를 쓰다듬어 주자 커다란 꼬리를 흔들었다. 그러나 혼자서 상대하기에는 불안했고 그 개가 어디서 왔는지 짐작도 가지 않았다. 촛불이 필요해서 초인종을 울렸다. 이 방문자에 대한 설명도 듣고 싶었다. 리어가 들어왔다.

"이 개는 웬 개지?"

"주인님과 같이 온 개예요."

"누구와 같이?"

"주인님과 같이—로체스터 주인님과 같이—방금 오셨어요."

"정말이야? 그래, 페어팩스 부인은 그분과 같이 계신가?"

"네, 아델라 아가씨두요. 모두들 식당에 계세요. 그리고 존은 의사 선생님을 모시러 갔어요. 주인어른께 사고가 생겼어요. 말이 넘어져서 발목을 삐셨대요."

"헤이 오솔길에서?"

"네, 언덕을 내려오시다가 얼음판에서 미끄러지셨대요."

"아아! 촛불을 좀 갖다 줘요, 리어!"

리어가 촛불을 가지고 들어왔다. 그 뒤를 페어팩스 부인이 뒤따라 들어와서 같은 소식을 전했다. 의사인 카터 선생님이 와서 지금 로체스터 주인님을 진찰하고 있다고도 말하였다. 그리고 그녀는 차 준비를 시키기 위해 급히 나갔다. 나는 옷을 갈아입기 위해 계단을 올라갔다.

13

로체스터 씨는 외과 의사의 지시에 따라 그날 밤은 일찍 취침한 것 같았다. 이튿날 아침에도 일찍 일어나지 않았다. 그가 아래층으로 내려온 것은 사무를 보기 위해서였고 관리인과 소작인들이 그와의 면담을 기다리고 있었다.

아델라와 나는 서재를 비워 줘야 했다. 서재는 방문객을 위해 응접실로 매일 필요하게 된 것이다. 이층 방 하나에 난롯불이 피워지고 나는 거기에 교재들을 옮겨 공부방의 체재를 갖추었다. 나는 아침나절에 손필드 저택이 달라진 걸 알아차렸다. 이젠 교회와 같은 조용함은 사라지고 한두 시간마다 문을 두드리는 소리와 초인종이 울렸다. 발소리가 현관홀을 자주 가로질러 귀에 익지 않은 여러 목소리가 들려왔다. 바깥 세계를 흐르는 시냇물이 저택 안으로 흘러들어 온 것이다. 저택에는 주인이 있었다. 나로서는 그것이 훨씬 좋았다.

그날은 아델라를 가르치는 것도 쉽지 않았다. 공부에 정신이 쓰이지 않았다. 끊임없이 문으로 달려가서 난간으로부터 몸을 내밀어 로체스터 씨의 모습을 찾았다. 이윽고 복도에까지 나갈 구실까지 만들었다. 나는 그녀가 볼일이 없는 서재로 가고 싶기 때문이라고 곧 알아챘다. 나는 화가 조금 나서 얌전하게 앉아 있으라고 말하자 이번에는 "친구인 무슈 에드와르 페르팩스 드 로체스터" (나는 그분의 세례명은 듣고 있지 않았다) 이야기만 하면서 무슨 선물을 주실까 하고 상상을 부풀리고 있었다. 아무래도 전날 밤 밀코트에서 짐이 이르면 그 속에 네가 기뻐할 만한 것이 든 작은 상자가 있을 거라고 그분이 암시를 준 것 같았다.

"그거에요." 그 애는 말했다. "거기에는 선물이 들어 있어요. 그리고 틀림없이 선생님에 대한 선물도요. 아저씨는 선생님에 대해서도 이야기를 하고 계셨어요. 선생님 이름이 뭐냐구 물으시고 그분은 몸집이 작고 날씬하고 해쓱한 얼굴을 하고 있지 않느냐 하고 물었어요. 그래서 전 그렇다고 했어요. 그대로니까요, 선생님."

나와 학생은 언제나처럼 페어팩스 부인의 방에서 식사를 했다. 오후는 날씨가 사납고 눈이 내렸으므로 우리는 공부방에서 시간을 보냈다. 날이 어두워지자 나는 아델라에게 책과 연습장을 치우게 하고 아래층에 가도 좋다고 했다. 아래층이 비교적 조용해지고 현관의 초인종 소리가 끊긴 것으로 보아, 로체스터 씨도 이젠 한가해진 거라고 짐작했기 때문이다. 혼자 남은 나는 창가로 갔다. 그러나 내다보이는 것은 아무것도 없었다. 땅거미와 떨어지는 눈송이가 주위를 둘러싸서 잔디밭의 나무까지도 보이지 않았다. 나는 커튼을 내리고 난롯가로 돌아왔다.

빨갛게 핀 숯불의 모양이 언젠가 본 일이 있는 라인 강변의 하이델베르크 성(城)의 그림과 비슷하다는 생각이 들었다. 그때 페어팩스 부인이 들어왔다. 그녀의 출현으로 이제까지 잇대어서 보고 있었던 숯불의 모자이크가 무너지고, 고독 때문에 밀어닥쳤던 우울한 생각도 사라지고 말았다.

"로체스터 씨는 오늘 저녁 선생님이랑 아델라랑 응접실에서 같이 차를 마셨으면 하십니다." 그녀는 말했다. "하루 종일 너무 분주하셔서 진작 선생님을 만나지 못하셨대요."

"몇 시에 차를 드시나요?" 나는 물었다.

"6시예요. 시골에 오시면 무슨 일이든 일찍 보세요. 지금 옷을 갈아입으시는 게 좋겠어요. 같이 가서 도와드릴게요. 자, 촛대를."

"옷을 갈아입어야 하나요?"

"네, 그렇게 하는 것이 좋아요. 로체스터 씨가 오실 때에는 나도 밤에는 언제나 갈아입는답니다."

이와 같은 접견 의식은 어쩐지 야단스럽다는 생각이 들었다. 그러나 나는 나의 방으로 돌아가 페어팩스 부인의 도움으로 검은 모직 옷을 벗고 검은 비단 옷으로 갈아입었다. 내가 가지고 있는 단 한 벌의 가장 좋은 옷이었다. 이밖에도 밝은 회색의 옷이 있었으나 이것은 로우드적인 관점에서 보자면 너무 고급이어서 최고의 성장의 자리가 아니면 입을 수 없는 것이었다.

"브로치가 있어야겠네요." 페어팩스 부인은 말했다. 나는 템플 선생님이 작별의 정표로 주신 조그만 진주알을 박은 브로치 하나를 가지고 있었다. 그것을 달고 우리는 아래층으로 내려갔다. 나는 낯선 사람을 대하는 데 익숙하지 못해서 이처럼 격식을 차리고 로체스터 씨 앞에 불리어 나가는 것이 어쩐지 재판에 나가는 듯한 생각이 들었다. 나는 페어팩스 부인을 앞세우고 그녀 뒤에 숨듯이 따라서 들어갔다. 지금은 커튼이 쳐진 아치를 지나 우아한 안쪽 방으로 갔다.

테이블 위의 두 개의 촛대에 불이 켜지고 난로 선반 위에도 촛대가 두 개 놓여 있었다. 촛불과 활활 타오르는 따뜻한 불을 쬐고 기분 좋게 누워 있는 것은 파일럿이었다—아델라는 그 옆에 앉아 있었다. 긴 의자에 몸을 반쯤 눕히고 있는 사람은 로체스터 씨였다. 한쪽 발을 쿠션에 올려놓고 아델라와 개를 바라보고 있었다. 난로의 불이 빨갛게 그의 얼굴을 비추고 있었다. 굵고 짙은 눈썹, 옆으로 빗어 넘긴 검은 머리로 더욱 모나게 보이는 이마, 아름답다고 하기보다는 성격을 돋보이게 하는 오뚝 선 코, 까다로운 성격을 연상시키는 벌름한 큰 콧구멍. 위엄 있게 보이는 입, 아래턱—그래, 세 가지가 모두 위엄이 있어 보여 잘못 판단하는 일은 없을 것 같았다. 망토를 벗은 그의 몸집은 울퉁불퉁한 용모에 어울린다는 생각이 들었다. 폭이 넓은 가슴과 잘록한 몸통은 운동을 좋아 하는 기준으로 보자면 좋은 몸집이라고 할 수 있을 것이다. 하기야 큰 키도 아니고 우아하지도 않았지만.

로체스터 씨는 페어팩스 부인과 내가 들어온 걸 알았겠지만, 그의 태도는 아는 체할 기분이 나지 않는 듯 우리들이 다가가도 머리를 들지 않았다.

"에어 선생이 오셨습니다." 페어팩스 부인은 여느 때와 같은 조용한 말씨로 말했다. 그래도 상대방은 개와 어린애에게서 눈을 떼지 않고 가볍게 인사는 하였다.

"에어 양에게 자리에 앉으라고 하시오." 그는 말했다. 마지못해 하는 딱딱한 인사, 짜증스러우면서 형식적인 말투에는 이렇게 말하고 싶은 것 같은 데가 있어 보였다. '에어 양이 거기 있건 없건 마음대로 하시오. 지금은 말을 할 기분도 들지 않아요.'

나는 마음이 놓여 자리에 앉았다. 정중한 인사 같은 것을 받았다면 나는 당황했을지도 모른다. 나로서는 얌전하게 답례를 할 수 없었을 것이기 때문이다. 무뚝뚝하고 변덕스러운 태도 때문에 나는 거북한 생각을 하지 않아도 되었다. 이런 변덕스러운 상대에게는 반대로 대범하게 대하는 것이 이쪽의 우위를 유지할 수가 있는 법이다. 게다가 이런 색다른 응대는 자극적이기도 하였다. 앞으로 상대방이 어떻게 나올 것인가 하는 것이 흥밋거리였다.

그는 줄곧 조각품과 같은 자세로 있었다. 말도 하지 않고 움직이지도 않았다. 페어팩스 부인은 누군가가 상냥하게 하지 않으면 안 된다고 생각했던지 자진해서 말문을 열었다. 여느 때처럼 상냥하고 언제나처럼 무난한 말로— 온종일 일에 쫓기시고, 게다가 발목을 삐셨으니 괴로우셨겠습니다 하고 위로를 나타내고 그것을 끝까지 참고 마지막까지 견디셨으니 대단하십니다 하고 칭찬하였다.

"아주머니, 차 좀 마시고 싶어요." 이것이 부인의 말에 대한 대답이었다. 그녀는 급히 초인종을 울렸다. 쟁반이 들어오자 부인은 컵과 스푼 등을 정성껏 잽싸게 챙겨 놓기 시작했다. 나와 아델라는 테이블 곁으로 갔으나 주인은 긴 의자에서 일어나려고도 하지 않았다.

"주인님에게 찻잔을 좀 날라다 주시겠어요?" 페어팩스 부인이 내게 말했다. "아델라는 엎지를지도 모르니까요."

나는 시키는 대로 했다. 주인이 내 손에서 찻잔을 받아들자 아델라는 좋은 기회라 생각하여 외쳤다.

"그 조그만 상자 속에 에어 선생님께 주실 선물이 있지 않아요?"

"누가 선물 얘기를 했니?" 그는 무뚝뚝하게 말하였다. "선생은 선물을 바라고 있었소, 에어 양? 선생은 선물을 좋아하시오?" 이렇게 말하고 나서 화가 난 듯한 음침하고 날카로운 눈으로 내 얼굴을 빤히 쳐다보았다.

"글쎄요. 선물을 받은 경험이 거의 없어서요. 흔히들 기쁜 일로 생각하고 있더군요."

"흔히들 그렇게 생각한다고? 그럼 선생께서는 어떻게 생각하시오?"

"조금 시간을 주시지 않으면 흡족할 만한 대답은 드릴 수가 없을 것 같습니다. 선물에도 여러 가지 종류가 있지 않겠습니까? 선물의 성질에 대해서 의견을 말씀드리기 전에 그런 여러 면에 대해서 충분히 생각하지 않으면."

"에어 양, 당신은 아델라처럼 솔직하지가 않군요. 그 애는 나를 보면 선물을 달라고 법석인데 선생은 넌지시 말을 하는군."

"그건 제가 선물을 받을 자격이 있는지 어쩐지 아델라만큼 자신이 없기 때문입니다. 아델라는 오랜 사이이고 관례가 되어 있으니까 권리를 주장할 수 있습니다. 항상 장난감을 사다 주신다는 말을 아델라로부터 듣고 있습니다. 하지만 제가 만일 선물을 받을 이유를 대라면 저는 난처해집니다. 저는 처음 보는 사람이고 선물을 받을 만한 자격이 없으니까요."

"아아, 너무 지나친 겸손은 그만두시오! 아델라를 시험해 보았는데 선생은 그 애 때문에 무척 애를 쓴 것 같소. 그 앤 머리도 좋지 않고 특별한 재능도 없어요. 그런데 얼마 안 되는 사이에 많은 진보를 했어요."

"방금 저에게 선물을 주셨습니다. 감사합니다. 그건 가르치는 사람으로서 무엇보다도 바라는 선물이랍니다. 자기 학생의 진보를 칭찬해 주시는 말씀은."

"흠!" 로체스터 씨는 말하고 말없이 차를 마셨다.

"난롯가로 오구려." 차 쟁반이 나가고 페어팩스 부인이 뜨개질감을 가지고 방 한구석에 자리를 잡자 주인은 이렇게 말했다. 아델라가 내 손을 잡고 예쁜 책과 장식 선반 위의 장식품 등을 보여 주고 있는 참이었다. 우리는 어쩔 수 없이 그 지시에 따랐다. 아델라는 나의 무릎 위에 앉고 싶어 했으나 파일럿과 같이 놀라는 명령을 받았다.

"내 집에 온 지 석 달이 된다지요?"

"네, 그렇습니다."

"그런데 어디 출신이지요?"

"○○주에 있는 로우드 학교 출신입니다."

"아하! 자선 학교군—얼마나 오래 있었소?"

"8년입니다."

"8년이나! 끈질기게 살아왔군 그래. 그런 곳에서 그 세월의 반이라도 있으면 어떤 체질이라도 망가질 텐데! 당신의 얼굴은 딴 세상사람 같은 얼굴을 하고 있는 것도 당연하지. 어디서 그런 얼굴을 얻었을까 하고 궁금히 여겼는데. 어젯밤 오솔길에서 내게로 다가왔을 때, 나는 터무니없이 동화 얘기가 생각나서 당신이 내 말을 홀린 게 아니냐고 물어 볼 참이었소. 아직도 이상한 마음이 들 정도요. 부모님은?"

"다 안 계세요."

"본디부터 안 계셨던 거요? 얼굴을 기억해요?"

"아뇨."

"그럴 줄 알았소. 그럼 울타리 층계에 앉아 있었을 때는 친구를 기다리고 있었던가?"

"누구를 말인가요?"

"초록빛 옷을 입은 사람들이지. 요정(妖精)이 나오기에 딱 어울리는 달밤이었으니 말야. 자네가 놓은 올가미에 내가 들어가 마법을 풀어 버렸으므로 자네는 자갈길에 망할 놈의 얼음을 깔아놓고 보복을 한 거군."

나는 머리를 저었다. "초록빛 요정들은 100년 전에 영국을 버렸습니다." 상대방에 못지않게 진지하게 나는 말했다. "그러니까 헤이의 오솔길이나 이 근처의 들판에 그림자 하나 볼 수 없습니다. 여름 달도, 수확 때의 달도, 겨울의 달도 초록빛 요정들의 잔치를 밝혀 주지는 않을 거라고 생각합니다."

페어팩스 부인은 뜨갯감을 무릎 위에 떨어뜨렸다. 치켜올린 눈썹이 무슨 얘기를 하는가 하고 의심쩍어 하는 눈치였다.

"그럼," 로체스터 씨는 말을 이었다. "양친이 안 계시다면 친척이라도 계시겠지? 숙부나 숙모가?"

"없어요, 만나본 일이 없어요."

"그럼 집은?"

"집도 없어요."

"형제자매는 어디 살고 있지?"

"전 형제도 자매도 없습니다."

"누구의 추천으로 여기로 왔나?"

"제가 광고를 냈더니 페어팩스 부인이 답장을 내주셨습니다."

"그렇답니다." 선량한 부인은 이제야 겨우 우리들이 무슨 얘기를 하고 있는지 알아챈 것 같았다. "저는 하느님의 인도로 이 분을 만나게 된 것을 매일 감사하고 있답니다. 에어 양은 제겐 헤아릴 수 없이 귀한 친구이고 아델라에게는 상냥하고 자상한 선생님이십니다."

"당신이 일부러 이 사람을 보증할 필요는 없어요." 로체스터 씨가 대꾸했다. "제아무리 칭찬을 해도 나의 판단을 흔들 수는 없어요. 내가 스스로 판단하겠소. 이 여자는 우선 내 말을 쓰려뜨렸어."

"네?" 페어팩스 부인이 물었다.

"내가 다리를 삔 것도 이 사람에게 고맙다고 해야 해요."

미망인은 무슨 영문인지 모르고 있었다.

"에어 양, 도회지에서 살아 본 적이 있나?"

"아니, 없습니다."

"사회적 접촉에는 익숙해요?"

"로우드의 학생과 선생들 외에는 아무도 모릅니다. 그리고 지금은 손필드에 살고 있는 분들 외에는."

"책은 많이 읽소?"

"그저 제 손에 들어온 책 정돕니다. 그러니까 많은 수도 아니고 심오한 책도 못 됩니다."

"수녀 같은 생활을 해왔군. 아마도 종교 의식의 절차 같은 건 잘 알고 있겠군? ―아마도 로우드의 감독자였던 브로클허스트는 교구 목사였지?"

"네, 그렇습니다."

"아마 당신과 같은 아가씨들로부터는 숭배를 받았을 거요. 수도원에 있는 수녀들이 원장을 숭배하는 것처럼 말이오."

"설마!"

"설마라니. 당신은 꽤 냉정하군! 아니라고? 수녀가 사제를 숭배하지 않다니 죄 받을 일이지."

"저는 브로클허스트 씨를 싫어했어요. 저만 그런 건 아닙니다. 그분은 가혹한 사람이었어요. 걸핏하면 심술을 부리고 참견을 잘해요. 학생들 머리카락을 잘라 버리기도 하고 절약한다고 해서 쓰지도 못할 나쁜 바늘과 실을 사다 주곤 했어요."

"그건 절약이라고 할 수 없군요." 페어팩스 부인이 말했다. 그녀는 마침내 대화의 흐름을 따라올 수가 있었다.

"그 녀석의 죄는 거기까지뿐인가?"

"위원회가 조직되기 전, 그분이 우리의 보급을 맡아보는 분의 단 한 사람의 감독자였을 때 우리를 굶겨서 괴롭혔습니다. 그리고 일주일에 한 차례 긴 설교를 해서 우리를 따분하게 만들고 밤의 낭독 시간에는 자기가 쓴 책을 읽혔습니다. 갑자기 사람이 죽거나 벌을 받는 이야기를 읽게 해서 우리는 무서워서 잠자리에 갈 수도 없었습니다."

"로우드에 처음으로 들어갈 때는 몇 살이었지?"

"열 살쯤이었어요."

"그후 8년 동안 거기 있었다. 그럼 지금 열여덟 살인가?"

나는 고개를 끄덕였다.

"산수란 쓸모가 있어. 그 덕분이 아니면 선생의 나이를 짐작할 수 없었을 거야. 선생의 경우는 얼굴의 생김과 표정이 아주 엇갈리니까 나이를 짐작하기가 어려워. 그래, 로우드에서는 무얼 배웠소? 피아노 칠 줄 알아요?"

"조금은."

"음. 누구나 그렇게 대답하지. 서재로 가시오―서재로 가 주세요라고 해야 하나? ―(미안하오. 내 명령조를 용서하시오. 난 언제나 '이걸 해' 하면 그대로 되므로 새로 온 식구에게도 이 말을 바꿀 수가 없다오) ―가요, 서재로. 촛불을 들고 가는 것이 좋아요. 문은 열어놓은 채 그대로 두고. 피아노 앞에 앉아 한 곡 쳐 봐요."

나는 명령에 따라 그 자리를 떠났다.

"그만." 그는 몇 분이 지나자 크게 소리쳤다. "조금은 치는군. 마치 영국의 다른 여학생들 정도는. 아마 보통 여학생들보다는 조금 나을는지 모르지만 잘 치는 편은 아니군."

나는 피아노 뚜껑을 닫고 방으로 돌아왔다. 로체스터 씨는 말을 이었다.

"아델라가 오늘 아침 당신 것이라면서 스케치 몇 장을 보여 주더군. 그게 정말 당신 것인지 어떤지 모르겠소. 아마 어느 대가가 당신 그림에 가필을 해 준 건 아니오?"

"아뇨, 천만에요!" 불현듯 나는 소리 질렀다.

"아아! 지금 그 말이 자존심을 해쳤군요. 자, 그럼 당신의 창작이라고 주장할 수 있다면 다른 걸 갖다 보여 줘요. 하지만 그것이 확실해 질 때까진 주장해도 소용없어요. 나도 남이 손질을 한 것을 알 수 있으니까."

"그럼 전 아무 말씀도 안 드리겠어요. 마음대로 판단하세요."

나는 서재에서 화판을 가져왔다.

"테이블을 이리로 가까이" 그는 말하였다. 나는 그것을 그의 긴 의자 쪽으로 밀고 갔다. 아델라와 페어팩스 부인은 그림을 보려고 가까이 왔다.

"모여들면 안 돼." 로체스터 씨는 말했다. "내가 보고 난 다음에 가져가도록 해. 얼굴을 내 얼굴 쪽으로 가까이 대지 마."

그는 스케치와 수채화를 한 장 한 장 유심히 오래 살폈다. 석 장은 옆에 놓아두고 나머지는 보고 나자 밀어냈다.

"페어팩스 부인, 이것들은 다른 테이블로 가져가시오." 그는 말했다. "아델라와 함께 봐요. 아가씨는," (나를 힐끗 보며) "자리로 돌아가시오. 그리고 내 질문에 대답해요. 여기에 있는 그림은 한 사람의 손으로 된 것이라고 생각하는데 아가씨가 그린 거요?"

"네."

"언제 이것을 그릴 틈이 있었소? 그 그림들은 상당한 시간이 걸렸을 거고, 꽤 머리를 썼을 텐데."

"로우드에서의 마지막 방학을 두 번 지내는 동안 별로 할 일이 없을 때 그린 겁니다."

"대상은 어디서 구했소?"

"제 머릿속에서요."

"지금 그 어깨 위에 얹힌 머리말이오?"

"네, 그렇습니다."

"이밖에도 그 머릿속엔 이런 종류의 자료가 또 있소?"

"있을 것으로 봐요. 그러기를 바라요. 좀더 나은 것이."

그는 그림들을 앞에 펴놓고 번갈아 바라보았다.

독자여, 그가 이렇게 그림에 정신을 팔고 있는 동안 그 그림들이 어떤 것이었는지 설명을 할 필요가 있다. 우선 그 그림들이 결코 훌륭한 것이 아니라는 것을 말해 두지 않으면 안 된다. 화제(畫題)는 나의 머릿속에 생생히 떠오른 것들이었다. 나의 마음의 눈에 비친 그것은 감동적인 것이었다. 그것을 구체적인 형태로 표현하려고 시도할 때까지는. 그러나 나의 손은 나의 공상에 협력을 해 주지 않았다. 어느 경우나 그것은 내가 상상으로 본 것이 희미하게 닮았을 뿐이었다.

이 그림들은 수채화였다. 첫 번째 그림은 물결치는 바다 위를 낮게 소용돌이치는 검푸른 구름을 그린 것이다. 원경은 모두가 빛을 잃고 전경(前景)도 또한 그랬다. 하지만 육지가 없으므로 화면의 맨 앞은 큰 파도였다. 한 줄기 빛이 반쯤 가라앉은 돛대를 뚜렷하게 부각시키고 돛대 위에는 검고 커다란 가마우지가 날개에 물거품을 받으며 앉아 있다. 주둥이에는 보석을 박은 황금 팔찌를 물고 있다. 나는 이 보석을 내 그림물감이 허락하는 한 되도록 찬란한 빛으로 나타내고 내 붓이 그릴 수 있는 한 눈부시고 선명하게 그려냈다. 새와 돛대 밑으로 가라앉아 있는 것은 익사한 시체, 푸른 바닷물의 파도 사이에 가물가물하게 보였다. 저 팔찌가 씻겨 내려간 잘린 흰 팔만이 뚜렷하게 보인다.

두 번째 그림은 전경에 흐릿하게 보이는 산 정상이 있을 뿐, 산에 난 풀이나 나뭇잎들은 미풍에 나부끼고 있는 것처럼 보인다. 그 저편에는 망망한 하늘, 황혼을 연상시키는 감색 하늘. 그 하늘에 떠오른 한 여인의 흉상은 나의 붓으로 표현할 수 있었던 어둡고 부드러운 색조로 그려져 있다. 어둡게 그늘진 이마에는 별이 하나. 그 얼굴은 자욱이 끼어오는 연무 저편에 투명하게 보인다. 눈은 검고 사납게 빛나고 있다. 머리카락은 폭풍이나 광란하는 전광에 찢어진 구름과 같이 검게 가로로 길게 뻗어 있다. 목에는 달빛과 같은 은은한 빛이 비치고 그 희미한 빛은 가느다란 구름 줄기를 반사하고 있다. 그 위에 샛별이 모습을 나타내어 고개를 숙이고 있다.

세 번째 그림은 극지(極地)의 겨울 하늘을 찢는 빙산의 뾰족탑이 그려져 있었다. 응집하는 북극광이 거무스름한 창(槍)을 빈틈없이 세워 수평선을 메꾸고 있다. 그것들을 원경으로 하여 전경에는 목이—거대한 목이 빙산 쪽으로 기울어진 채 그것에 기대고 있다. 이마 밑에서 그것을 받치고 있는 두 개의 가는 팔이 얼굴 아래쪽 반에 검은 베일을 걸치고 있다. 핏기가 전혀 없 는 백골과 같은 흰 이마와 절망 외에는 아무 의미도 없는 공허하고 움푹 들 어간 눈만 보인다. 관자놀이 위쪽에 구름처럼 엷은 두건(頭巾)의 주름 속에 불타는 듯한 붉은 기를 띤 광채를 보석처럼 아로새긴 하얀 불꽃의 고리가 빛 나고 있다. 이 파리한 초승달은 '왕관과 비슷하고', 그것이 장식하고 있는 것은 '모습 없는 모습^{밀턴의(실락원)}'이었다.

"이 그림을 그렸을 때 선생은 행복했소?" 이윽고 로체스터 씨가 물었다.

"정신없이 그리고 있었습니다. 네, 저는 행복했습니다. 저 그림을 그리면 서 이제까지 알지 못했던 기쁨을 맛보고 있었으니까요."

"그것으로는 별다른 설명은 되지 않는데. 본인의 말에 의하면 기쁨 같은 건 거의 없었으니까. 그러나 아마도 선생은 이런 기묘한 색깔을 섞는 동안에 어떤 예술가의 꿈의 세계에 있었던 게로군. 매일 오랜 시간 동안 이것을 그 렸소?"

"방학 동안이라 달리 할 일이 없었어요. 아침부터 점심때까지, 그리고 낮 부터 밤까지 그림 앞에 앉아 있었어요. 한여름에는 해가 길어서 전념하기가 좋았습니다."

"그 정도로 심혈을 기울인 노작(勞作)에 만족했었소?"

"어림도 없었습니다. 제 구상과 완성된 것과의 차이에 고민을 하고 있었 습니다. 어느 경우나 자기가 상상한 것에 현실적인 형태를 준다는 것은 저로 서는 도저히 무리였습니다."

"반드시 그런 것도 아니었겠지. 선생의 구상은 희미하나마 확실하게 파악 되어 있어요. 그러나 아마 그 이상은 안 됐을 거요. 구상을 완벽한 것으로 하기 위해서는 예술가로서의 기량이 아직은 미숙해. 하지만 이 그림은 여학 생으로서는 색다른 데가 있어요. 구상에 대해서 말하면 현실과 동떨어져 있 어요. 샛별에 그려진 눈은 선생이 꿈속에서 본 것이 아닌가. 어떻게 하면 이 정도로 투명감을 가질 수 있게 할 수 있는가, 투명은 하지만 광채는 전혀 없 군. 위에 있는 달이 그 빛을 지우고 있기 때문이지. 그리고 이 눈의 엄숙한 깊이의 바닥에 있는 것은 무엇을 의미하고 있을까? 그리고 누가 바람을 그 리는 것을 가르쳐 주었지? 저 하늘에는 질풍이 몰아치고 있어요. 이 산 정

157

상에도. 아가씨는 어디서 래트모스 산(그리스 신화에 나오는／소아시아에 있는 산)을 보았지? 이건 래트모스 산이 아니요? 자아, 그림을 치우시오!"

내가 화판 끈을 채 매기도 전에 그는 시계를 보고 별안간 소리쳤다.

"9시다. 뭘 하고 있어요, 에어 양. 아델라를 이렇게 늦도록 재우지 않고 있다니. 재우도록 해요."

아델라는 방을 떠나기 전에 그에게로 가서 키스를 했다. 그는 그 애의 키스를 참고 받았으나 파일럿만큼도 달가워하지 않는 것 같았다.

"그럼 여러분, 안녕." 그는 말하고 문을 향해 손을 흔들어 보였다. 우리를 상대하는 데에 싫증이 났으니까 이제 물러가라는 신호였다. 페어팩스 부인은 뜨갯감을 말고 나는 화판을 집어 들었다. 모두 그에게 머리를 깊이 숙여 인사를 했으나 그 대신 차가운 답례를 받고 물러 나왔다.

"페어팩스 부인, 로체스터 씨가 별난 분은 아니라고 하셨죠." 나는 아델라를 재운 다음 부인의 방으로 갔을 때 말했다.

"어머, 별나 보입니까?"

"네, 아주 변덕스럽고 무뚝뚝한 분이군요."

"그래요. 처음 대하시는 분에겐 영락없이 그렇게 보이겠죠. 그렇지만 나는 그분의 태도에 폭 젖어 버려서 조금도 그렇겐 생각지 않아요. 또 설사 그분 성질이 별나다 하더라도 이해해 주셔야 해요."

"왜 그러죠?"

"하나는 그것이 천성이시니까요. 이것만은 우리가 어찌할 수 없는 것들이죠. 그리고 또 하나는 저분에게는 여러 가지로 자신을 괴롭히는 걱정거리가 있어서 마음이 끊임없이 흔들리고 있답니다."

"무슨 걱정일까요?"

"하나는 가족 문제죠."

"하지만 그분에겐 가족이 없진 않았어요."

"현재는 없지만 전엔 있었어요—적어도 친척 되는 분들이. 수년 전에 그분은 형님을 잃어버리셨지요."

"형님을요?"

"그렇답니다. 주인님이 재산을 상속받은 지 그리 오래지 않았어요. 9년밖에 안 돼요."

"9년이면 꽤 오랜 세월인데요. 형님이 돌아가신 걸 아직 슬퍼할 만큼 로체스터님은 형님과 사이가 무척 좋으셨던 모양이죠?"

"웬걸요. 아니지요. 아닐 거예요. 두 분 사이엔 무슨 오해가 있었던가 봐요. 롤런드 로체스터 씨는 에드워드 씨에게 부당한 처사를 하신 것 같아요. 아마도 부친이 에드워드 씨에 대해서 까닭없는 반감을 갖도록 하셨나 봐요. 부친께선 돈을 소중히 여기시고 집안의 재산을 흐트러뜨리지 않고 하나로 모아두는 데에 정성을 다하셨습니다. 분배로 재산을 줄이는 걸 좋아하지 않았어요. 게다가 에드워드 씨도 집안의 이름을 유지할 만한 재산을 가져야 한다고 생각을 하셨어요. 그런데 에드워드 씨가 성년이 되자마자 아주 공평하지 못한 어떤 처사가 취해졌던 거예요. 그것이 큰 재앙이 되었답니다. 부친과 롤런드 씨가 결탁해서 에드워드 씨를 괴로운 입장에 몰아넣었답니다. 오직 재산 형성을 위하여. 그 입장이 어떤 것이었는지 확실히 모르지만, 그와 같은 입장의 괴로움을 에드워드 씨는 견딜 수가 없었지요. 에드워드 씨는 그리 너그러운 마음씨는 아니었어요. 가족과는 인연을 끊으시고 벌써 여러 해동안 일종의 유랑 생활을 하고 계신답니다. 형님 되시는 분이 유언도 남기지 않고 돌아가셔서 이 저택의 주인이 되신 후로는 손필드에는 2주일도 머무는 일이 없었어요. 이 오래된 저택을 피하고 계시는 것도 무리는 아니에요."

"왜 피하지 않으면 안 되었을까요?"

"아마 음산하다고 생각하신 거겠죠."

무난한 대답이었다—나는 보다 더 확실한 대답이 필요했다. 하지만 페어팩스 부인은 로체스터 씨의 고생의 원인이나 내력을 분명히 알릴 수가 없는지, 아니면 그런 기분도 아니었던 것 같았다. 부인은 이 사건이 자신에게도 하나의 수수께끼이며 자기가 알고 있는 일도 추측의 범위를 벗어나지 못하는 것이라고 못 박아 말했다. 부인은 이 화제를 그만두었으면 하고 바라고 있는 것이 분명했다. 그래서 나는 그렇게 하기로 했다.

14

그 뒤 며칠 동안 나는 로체스터 씨를 거의 보지 못했다. 오전에는 일이 몹시 바쁜 듯했다. 오후가 되자 밀코트나 근처의 신사들이 찾아와 만찬을 같이 하는 일도 있었다. 삔 발목도 회복되어 승마를 할 수 있게 되자 곧잘 말을 타고 나다녔다. 아마도 방문의 답례를 위해 가는 것이리라. 대개 밤늦게까지 돌아오지 않았다.

이럴 때에는 아델라조차도 그에게 불리어 가는 일이 좀처럼 없었고 내가 그와 얼굴을 맞대는 것은 현관홀이나 계단, 복도 등에서 우연히 만날 때뿐이었다. 이럴 때 그는 서먹서먹하게 고개를 끄덕이기도 하고 차가운 눈길로 내 존재를 아는 체하고는 오만하고 냉정하게 지나쳐 버리는가 하면 때로는 신사다운 친절로 인사를 하고 미소를 보이는 일도 있었다. 그의 이런 기분의 변화에 나는 화를 내지 않았다. 왜냐하면 나에게는 아무런 관련이 없다는 것을 알고 있었기 때문이었다. 기분의 좋고 나쁨은 나와는 전혀 관계가 없는 곳에 이유가 있었기 때문이었다.

어느 날, 만찬에 손님들이 초청되었는데 그때 나에게 내 화첩을 가져오라는 전갈이 왔다. 물론 그림을 손님들에게 보이기 위한 것이었다. 그 후 신사분들은 밀코트의 어느 공공 집회에 출석하기 위해 일찍 돌아갔다고 페어팩스 부인이 내게 알려 주었다. 그날 밤은 비가 오는 궂은 날씨라 로체스터 씨는 신사들을 배웅하지는 않았다. 손님이 돌아간 후 그는 초인종을 울렸다. 나와 아델라에게 아래층으로 오라는 전갈이었다. 나는 아델라의 머리를 단정히 빗어 주었다. 나 자신은 평소의 퀘이커 교도식의 몸차림을 하여 더 이상 손볼 데가 없다는 것을 확인하고—바싹 틀어 수수하게 땋아 올린 단발머리까지도 흐트러지지 않는다는 걸 확인하고서—우리는 아래층으로 내려갔다. 아델라는 이제 '작은 상자'가 마침내 도착했는지도 모른다고 했다. 어떤 착오로 그 상자의 도착이 여태까지 지체되었던 것이다. 아델라는 명랑하게 떠들어댔다. 두 사람이 식당에 들어섰을 때 테이블 위에는 작은 상자가 하나 놓여 있었다. 아델라는 직감적으로 그 알맹이를 깨달은 것 같았다.

"내 상자야! 내 상자!" 하고 외치더니 그것을 향해 돌진하였다.

"그래, 마침내 네 상자가 왔다. 자아, 그것을 가지고 저쪽 구석에 가 있거라. 파리 내기 아가야. 창자를 꺼내서 놀아라." 굵직하고 조금 빈정대는 듯한 로체스터 씨의 목소리가 난롯가의 커다란 안락의자 바닥에서 들려왔다. "그리고 알겠니?" 그는 말을 이었다. "해부의 순서가 어떻고 내장의 상태가 어쩌니 하는 잔소리로 나를 귀찮게 해선 안 돼. 수술은 잠자코 하란 말야.

조용히 하란 말야, 알았지?"

아델라에게 이런 주의를 줄 필요도 없었다. 이미 보물을 안고 소파 있는 곳으로 가서 뚜껑을 묶은 상자 끈을 끄르는 데 바빴다. 장애물을 제치고 은종이 포장지를 열자 그녀는 이렇게 외쳤다.

"와! 예뻐라!" 그러고는 황홀하게 바라보고 있었다.

"에어 양은 거기 있었소?" 이때 주인은 의자에서 허리를 들어 문 쪽을 바라보고 말하였다. 나는 문 옆에 서 있었던 것이다.

"이쪽으로 와서 앉아요." 그는 자기 의자 가까이로 빈 의자 하나를 끌어왔다. "난 애들이 떠드는 걸 좋아하지 않아." 그는 말을 이었다. "나 같은 나이의 독신자에게는 아이들의 혀 짧은 소리 같은 건 즐겁지도 않아요. 어린애와 밤새도록 머리를 맞대고 지낸다는 건 참을 수 없는 일이야. 에어 양, 의자를 멀리 끌고갈 필요는 없어요. 내가 놓아 둔 그 자리에 앉아요. 부디 앉아주시오 해야 할 판인데 이런 예절에는 헷갈리는걸. 자칫 잊어버리기가 쉽단 말야. 노망 든 늙은 여자들의 마음에 드는 일도 없는데 말야. 그건 그렇고, 이집 노파를 소홀히 해서는 안 돼. 그분은 페어팩스 집안사람이라고나 할까. 말하자면 페어팩스 집안에 시집온 거요. 피는 물보다 진하다는 말이 있잖아."

그는 초인종을 울려 페어팩스 부인을 불렀다. 그녀는 곧 뜨개질 바구니를 들고 왔다.

"어서 와요, 아주머니, 자선을 베풀어 주십사 해서 오시라고 했어요. 아델라에게 선물에 관해서는 전혀 내게 말해선 안 된다고 일러두었으나 그 애는 이야기를 하고 싶어서 안달이 났어요. 아델라의 말을 들어주고 말동무도 돼 주시오. 그러면 아주머니에게는 더없는 자선 사업이 될 거요."

아델라는 페어팩스 부인을 보기가 무섭게 자기 소파로 불러 재빨리 상자 속에 있던 도자기와 상아, 밀랍으로 만든 장난감을 무릎에 잔뜩 늘어놓고는 자기가 배운 서툰 영어로 열심히 설명을 하였다.

"이걸로 훌륭한 주인 구실을 한 셈이군." 로체스터 씨는 말을 이었다. "손님들은 제각기 서로 재미있게 지내도록 해 놓았으니 이젠 나도 자유로이 내 재미를 봐야겠군. 에어 양, 좀더 의자를 이쪽으로 끌어와요. 아직 너무 멀어. 이 폭신한 의자에 앉아 있으면 몸을 움직이지 않으면 에어 양 얼굴을 볼 수가 없는데 나는 그렇게 할 생각은 조금도 없어."

좀 구석진 곳에 그대로 있고 싶은 마음은 간절했지만 나는 시키는 대로 따랐다. 로체스터 씨가 너무 엄격하게 명령조로 말하면 그 명령에 따르는 것이 당연한 것처럼 여겨졌다.

우리는 이미 말한 바와 같이 식당에 있었다. 만찬을 위해 켜놓은 샹들리에는 휘황한 불빛으로 방안을 감싸고 있었다. 커다란 난롯불은 활활 타오르고 있었다. 보랏빛 커튼은 높은 창문이나 그보다 더 높은 아치에서 무겁게 드리워져 있었다. 아델라의 낮은 얘기소리 이외는 (감히 큰 소리를 내지 못했다) 사방은 고요했다. 아델라의 말소리가 그칠 때마다 유리창에 부딪히는 겨울 빗방울 소리가 들렸다.

다마스크 비단으로 감싼 안락의자에 앉은 로체스터 씨는 내가 전에 본 인상과는 달랐다. 그다지 엄숙하다는 느낌도 아니고, 음울한 표정도 상당히 가시고 있었다. 입가엔 미소가 흐르고 눈은 빛나고 있었다. 포도주를 마신 탓인지는 몰라도 그것은 충분히 있을 수 있는 일이었다. 식사 후의 아늑한 기분인 것이다. 아침나절의 차갑고 무뚝뚝하던 태도와는 달리 아주 누그러진 태도에 쾌활하고 아늑하게 유유자적하는 느낌이었다. 그래도 안락의자 등에 커다란 머리를 기댄 그는 매우 엄숙하게 보였다. 우악스런 이목구비와 크고 검은 눈이 빛을 받고 있었다—그렇다, 그는 크고 검은 눈, 훌륭한 눈을 가진 사람이었다. 그 눈 안에 가끔 변화가 나타나, 상냥하다고는 할 수 없지만 적어도 그것을 느낄 수 있는 표정이 엿보였다.

그는 2분쯤 난롯불을 바라보고 있었다. 나도 같은 시간만큼 그를 바라보고 있었다. 이때였다. 별안간 고개를 돌린 그는 그의 얼굴에 못 박혀 있는 내 시선을 알아차렸다.

"에어 양, 나를 관찰하고 있었군 그래." 그는 말했다. "내가 미남이라고 생각하오?"

나는 곰곰이 생각한 후였더라면 이 물음에 대해 흔히들 하듯이 어물어물해서 실례가 되지 않는 대답을 했을 것이다. 그러나 나도 모르는 사이에 대답은 내 입에서 흘러나왔다. "그렇게 생각하지는 않아요."

"아하! 한 대 얻어 맞았는걸! 에어 양은 어딘가 좀 색다른 데가 있어." 그는 말했다. "젊은 수녀 같은 데가 있어. 조용하고 진지하고 순진하고 조금 색다른, 두 손을 가지런히 앞에 모으고 앉아서 그 눈은 양탄자를 바라보고 있지만, 그것이 나의 얼굴을, 이를테면 지금처럼 물끄러미 바라보고 있을 때는 달라. 그러다가 남이 무엇인가를 물어서 대답을 하지 않으면 안 될 때에는 거침없이 솔직한 대답을 하거든. 무례하기까지는 아니더라도 적어도 쌀쌀하게 말야. 그건 무슨 뜻이지?"

"제가 너무 솔직했나 봐요. 용서하세요. 용모에 대한 물음에 바로 대답한다는 건 그리 쉽게 대답할 수 없다거나, 저마다 눈이 다르다거나, 용모의 아름다움이란 그다지 중요하지 않다든가 그런 식으로 대답했어야 했는데."

"그런 식으로 대답해선 안 돼. 용모의 아름다움이란 중요하지 않다고? 알겠어. 그런 식으로 방금 저지른 무례를 사과하는 척하고 나를 달래면서 나의 귀밑에 포켓 나이프를 들이대는 건가! 자, 말해 봐요. 내게 모자란 것이 무엇인가, 어? 남과 마찬가지로 손발이나 얼굴 용모는 모두 갖추었다고 생각하는데 말이야."

"로체스터 씨, 아까 말씀드린 건 취소하겠어요. 그렇게 말씀드리려던 건 아닙니다. 말이 잘못 나왔어요."

"그래 바로 그거야. 그렇다면 책임을 져요. 나의 결점을 찾아봐요. 내 이마는 맘에 들지 않소?"

그는 이마 위를 덮고 있던 검은 머리칼을 쓸어 올리고는 지능이 깃든다고 일컬어지고 있는 그 부위를 드러내 보였다. 그러나 부드러운 자비심이 나타나 보여야 할 곳엔 전혀 그런 것이 결여되어 있다는 것은 분명했다.

"그럼, 이봐요, 난 바보일까?"

"당치도 않은 말씀이에요. 그 대신 박애주의자이시냐고 여쭈어 본다면 저를 무례한 여자라고 생각하실까요?"

"한술 더 뜨는군! 내 머리를 쓰다듬어 주는 체하면서 또 포켓 나이프인가? 그런 것을 묻는 것은 내가 어린애나 할멈을 상대하는 건 싫다고 말했기 때문이지? 아, 에어 양, 나는 세상에서 말하는 박애주의자는 아니지만 양심은 있어." 이렇게 말한 그는 양심이 깃든다고 하는 튀어나온 이마를 가리켰다.

다행히도 그것은 충분히 잘 생겼으며 분명히 이마의 위쪽 반이 눈에 띄게 넓었다. "게다가 옛날에는 어떤 종류의 야생적인 부드러움이 있었지. 아가씨만한 나이 땐 나도 아주 다정다감한 청년이었소. 어린 것, 미숙한 것, 불행한 것의 편을 들었는데 그때부터 운명의 농락을 받았었지. 운명의 여신은 그 주먹으로 나를 짓이겨 버렸던 거요. 그 덕택으로 인도산 고무공처럼 단단하고 질겨졌지. 하긴 아직도 한두 군데 뚫린 구멍을 통해서, 또는 고무공의 중심의 느끼는 부분에서 아직도 느낄 수는 있지만 말이오. 이 정도라면 아직도 희망이 있겠지?"

"무슨 희망 말입니까?"

"마지막에는 고무공에서 인간의 몸으로 돌아갈 수 있다는 희망."

'아무래도 포도주를 너무 마신 것 같아' 하고 나는 생각했다. 이런 괴상한 물음에 어떻게 대답해야 좋을까. 그가 다시 인간으로 되돌아갈 가능성이 있는지 어쩐지 어떻게 내가 알 수가 있단 말인가?

"난처한 얼굴을 하고 있군, 에어 양. 내가 미남이 아닌 것처럼 에어 양도 미인은 아니군. 하지만 그 난처해 하는 표정은 아가씨에게 어울려. 그러는 것이 나에게도 좋아. 그 덕택으로 아가씨의 그 탐색적인 눈길이 내 얼굴에서 떠나 양탄자의 꽃무늬 관찰에 열중할 수 있을 테니까 말야. 줄곧 당황하고 있어요, 아가씨. 오늘 밤의 나는 몹시 슬퍼서 이야기를 하고 싶은 기분인 거요."

이렇게 말하고 그는 의자에서 일어나 대리석 벽난로 선반에 한쪽 팔을 얹었다. 그 자세를 취하자 몸집도 얼굴도 확실하게 보였다. 남달리 넓은 가슴은 손발의 길이에 비해 거의 불균형이라고 여겨질 정도였다. 대부분의 사람들이 그를 추남이라고 생각할 것임에 틀림없었다. 그럼에도 그 태도에는 무의식적인 긍지가 있고 동작도 정연한 데가 있었다. 자신의 외모에는 전혀 무관심인 양, 다만 용모의 매력이 모자란 곳은, 그것이 태어나면서부터이건 또는 후천적으로 갖추어진 것이든, 그 밖의 자질이 그것을 보충하고도 남는다는 오만한 자신을 엿볼 수 있었으므로, 그런 그를 보고 있으면, 누구나 필연적으로 그의 무뚝뚝한 태도에 동조한 나머지, 손으로 더듬는 것 같은 불완전한 판단이지만, 그 자신만만함을 믿음직하게 여기고 마는 것이다.

"오늘 밤 나는 몹시 슬프고 뭔가 이야기를 하고 싶은 기분이오." 그는 되풀이했다. "그래서 아가씨를 부른 거야. 난롯불과 샹들리에는 내 상대로는 부족해. 파일럿도 안 돼. 모두 말을 못하니까. 아델라는 나은 편이지만 아직 내 상대가 되기엔 까마득하지. 페어팩스 부인도 마찬가지야. 아가씨에게 그릴 마음이 있다면 나와 마음이 맞을 것 같아. 첫날 밤, 여기에 아가씨를 초대했을 때에는 어리둥절했지. 그 후 난 아가씨를 거의 잊고 있었어. 생각할 다른 일이 있어서 아가씨의 일에 대해 생각할 틈이 없었어. 그러나 오늘 밤은 마음을 느긋하게 먹었소. 번거로운 일은 잊고 즐거운 일만 생각하기로 말이오. 아가씨에 대해서 더 알기 위해 아가씨를 끌어낼 수 있었다는 것이 즐거워요—그러니까 이야기를 해 봐요."

나는 말하는 대신에 미소를 지었다. 그것은 만족한 미소도 솔직한 미소도 아니었다. "이야기를 해 봐요." 그는 재촉했다.

"무슨 말을 하면 좋을까요?"

"무엇이든지 아가씨가 하고 싶은 걸. 화제의 선택이나 말하는 방법은 모두 아가씨에게 맡기겠어."

그러나 나는 아무 말도 하지 않고 앉아 있었다. '다만 나에게 이야기를 시키기 위해, 자기를 자랑하는 이야기를 시키기 위해서라면 그건 당치도 않은 일이랍니다' 하고 나는 생각했다.

"벙어린가, 에어 양?"

나는 여전히 가만히 있었다. 그는 머리를 내게로 조금 기울이고 흘끗 바라본 눈초리로 나의 눈 속으로 뛰어드는 것처럼 여겨졌다.

"고집쟁인가?" 그는 말했다. "귀찮은가. 아아, 무리도 아냐. 내가 비상식적이고 오만한 태도로 요구했으니 말야. 에어 양, 미안해요. 실은 앞으로 아가씨를 내 아랫사람으로 취급하고 싶지 않은 거요. 말하자면 (그는 말을 고쳐 하면서) 내가 우위의 입장에 있다고 하는 것은 20세라는 나이 차나 1세기분의 경험의 차에 지나지 않으니까 말야. 이건 옳은 말이오. 나 같으면 그렇게 말해요 하고 아델라는 말 할 거요. 그래서 내가 이 나이에 맞지 않게 조금이라도 좋으니까 이야기를 해 달라고, 어떤 일에 매달려 고민하여 녹슨 못처럼 부식해 가는 나의 고민을 딴 데로 돌려달라고 아가씨에게 부탁하는 거요."

그는 일부러 이렇게 설명해 주었으나 마치 사과하는 것처럼 들렸다. 이런 겸손한 말투를 나는 알아차리지 않을 수 없었고 알아차리지 못한다고 여겨지기가 싫었다.

"힘자라는 대로 기꺼이 위로해 드리고 싶습니다. 정말 기꺼이 말이에요.

하지만 어떤 화제를 골라야 할지 알 수가 없습니다. 무엇에 흥미를 가지고 계시는지 어떻게 제가 알겠습니까? 질문을 해 주세요. 열심히 대답하겠습니다."

"그럼 우선 나에게 지금 말한 것과 같은 이유로 때로는 주인 행세를 하고 엄격한 요구를 할 수 있는 권리가 있다는 것을 인정해 주겠소? 나는 아가씨의 아버지라고 해도 좋을 나이이고 많은 나라의, 많은 사람들을 상대로 여러 가지 경험을 해 왔고 지구의 반을 헤맸으니까 말야. 그러는 동안에 아가씨는 한 집에서 정해진 사람들과 조용히 생활을 해 온 거지."

"좋으실 대로 하세요."

"그런 대답이 아냐. 오히려 화를 나게 하는 대답이야. 무난한 대답이지. 분명히 말해요."

"단순히 저보다 연상이라는 이유나 저보다 세상을 더 많이 보셨다는 이유로 저에게 명령하실 권리가 있다고는 생각하지 않습니다—저보다 우월하시다는 주장은 자신의 시간과 경험을 어떻게 유효하게 쓰셨는지가 중요한 것입니다."

"으흠! 똑똑하게 대답하는군. 하지만 그것을 인정할 수는 없소. 나의 경우에는 해당되지 않으니까. 시간도 경험도 나쁘게 사용한 것은 아니지만 사용하는 방법에 무관심했기 때문이지. 따라서 우월의 문제는 제쳐놓고 나의 명령조에 화를 내거나 기분을 상하지 말고 때로는 내 명령에 따른다고 동의해 주기를 바라는 거요—어떻소?"

나는 미소를 지었다. 로체스터 씨는 괴짜라고 속으로 생각했다—내가 그의 명령에 따르기 위해 1년에 30파운드를 받고 있다는 것을 잊어버리고 있는 모양이다.

"웃는 건 매우 좋아요." 그는 살짝 짓는 나의 미소를 놓치지 않고 말했다. "하지만 말도 해 봐요."

"전 생각하고 있었습니다. 봉급을 주고 있는 사용인이 자기 명령에 화를 내고 있지는 않는가, 기분을 상하고 있지는 않는가 하고 일부러 물어보는 주인은 좀처럼 없을 거라고요."

"봉급을 주는 사용인! 그러면 아가씨는 내가 봉급을 주고 있는 사용인이라고? 그런가? 나는 봉급에 대해서는 잊고 있었지. 그렇다면 아가씨는 돈으로 고용당하고 있다는 이유로 내가 조금은 뽐내는 것을 인정해 주겠소?"

"아닙니다. 그런 이유로 인정할 수는 없습니다. 하지만, 그것을 잊어버리셨다고 한다면, 아랫사람이 주인 밑에서 편안히 지내고 있는지 어떤지에 신경을 쓰고 계시다면 저는 마음속으로 동의합니다."

"그렇다면 아가씨는 세상의 관습인 여러 가지 의식이나 말투는 생략해도 상관없다는 건가? 그런 것을 생략한다는 것은 오만무례에서 나온 것이라고 생각하지 않고?"

"격식을 차리지 않는다는 것과 오만무례를 착각하는 일은 절대로 없습니다. 격식을 차리지 않는다는 것은 제가 선호하는 것이고 오만무례는 봉급을 받고 있어도 자유의 몸으로 태어난 사람으로서 승복하기 힘든 일입니다."

"쓸데없는 소리! 아무리 자유의 몸으로 태어났다고 해도 봉급을 위해서라면 어떤 일에도 복종하는 거요. 알겠소? 그러니 그런 말투는 가슴속에 담아두시오. 아가씨가 제대로 알지도 못하는 일반적인 세상사 등을 아는 체해선 안 돼요. 그러나 부정확하기는 하지만 아가씨의 대답에는 마음속으로 악수를 하지. 아가씨가 대답한 내용도 내용이지만 말하는 태도도 좋다고 생각하겠소. 그 태도는 솔직하고 진지했어요. 이와 같은 태도는 그렇게 흔히 접할 수 없는 거요. 이쪽에서 허심탄회하게 솔직히 말해도 잘난 체나 냉담, 어리석고 생각이 모자란 머리로 이쪽 말의 뜻을 잘못 알고 오해하는 것이 으레 받는 보답이니까. 애송이 여학생 출신의 가정교사가 3천 명이 있더라도 그 중 단 세 사람도 이제 당신이 말한 답변을 못했을 거요. 그렇다고 해서 나는 당신의 비위를 맞추려는 건 아니오. 당신이 대다수의 사람들과는 다른 틀로 만들어져 있어도 그건 당신의 공적은 아니오. 조물주가 하신 일이오. 아무래도 나는 결론을 서둔 것 같아요. 어쩌면 아가씨는 다른 사람들보다 뛰어나지 않을지도 몰라요. 얼마 안 되는 장점을 상쇄할 만한 참을 수 없는 결점이 있을지도 몰라요."

'당신도 그럴지도 몰라요.' 나는 생각했다. 이런 생각이 내 마음을 스쳐 갔을 때 그의 눈과 나의 눈이 마주쳤다. 그는 내 눈의 표정을 읽었는지 그것이 머릿속에서가 아니라 분명히 말로써 이야기된 것처럼 대답을 하였다.

"그래 그래, 맞아요." 그는 말했다. "나도 결점이 많아요. 그건 나도 알고 있지. 변명할 생각은 없지만. 아냐, 나는 남에게 대해서 너무 엄격해서는 안 될지도 모르지. 나에게는 이웃으로부터 비웃음이나 비난을 받아도 할 수 없는 것 같은, 자기 가슴 속에서 반성하지 않으면 안 될 여러 가지 행위, 부끄러운 생활을 해 온 과거가 있지. 스물한 살 때 잘못된 일에 발을 들여놓은, 아니 내던져진 이래 올바른 길로 되돌아오지 않고 있지. 그러나 그런 나라도 지금과는 다른 사람이 되어 있었는지도 몰라. 아가씨와 같은 좋은 인간이 되어 있을지도 몰라—더 현명하고 오점 하나 없는 인간으로 말야. 아가씨의 평안한 마음이 부러워요. 아가씨의 깨끗한 양심이라든가 더럽혀지지 않은 추억이 부럽단 말이오. 아가씨, 얼룩이나 티 하나 없는 추억은 굉장한 보물—원기회복을 위한 무진장한 맑은 원천이오. 안 그래요?"

"열여덟 살 때의 추억은 어땠습니까?"

"그땐 좋았지. 맑고 건전해서 어떤 거센 더러운 물도 그것을 시궁창으로 만들지 못했어. 나도 열여덟 살 땐 아가씨와 같았지. —아가씨와 꼭 같았어요. 나도 당연히 선량한 사람으로 태어났던 거야, 에어 양. 좋은 인간으로 말이오. 그런데 지금의 나는 그렇지 않아요. 아가씨는 내가 착한 사람으로 보이지 않는다고 말할 거요. 나라도 아가씨의 눈을 보면 그 정도는 알 수 있어요 (말이 났으니 말이지 조심해야 해요. 나는 아가씨가 그 눈길로 표현하는 것, 그것이 하는 말을 나는 재빨리 해석할 수 있으니까). 이것만은 믿으시오—나는 악당이 아니라는 걸. 악당이라고 생각하면 안 돼요. —나를 악에 능한 사람이라고 생각하면 안 돼요. 그러나 나는 분명히 태어나면서보다는 오히려 환경 때문에 흔해빠진 죄인이 되어버린 거요. 부자건 쓸모없는 인간이건, 누구나가 한 번은 해 보고 싶어 하는 천박한 도락에 심신을 망친 사람이오. 이런 일을 아가씨에게 고백하다니, 틀림없이 이상하게 생각할 거요. 앞으로 아가씨는 아가씨가 요구하지 않아도 상대방이 자진해서 비밀을 털어놓을 수 있는 좋을 친구가 될 거요. 아가씨는 자기에 관해서 이야기하는 것은 서툴지만 남의 이야기에 진지하게 귀를 기울이기를 잘 한다는 것을 누구나가 본능적으로 알 거요, 내가 알아차린 것과 같이 말이오. 그리고 또 아가씨는 상대방의 무분별을 비웃으면서 귀를 기울이는 것이 아니라 타고난 동정심 같은 것을 가지고 들어준다는 것도 알게 될 거요. 동정을 나타내는 방법이 매우 소극적이라도 위로나 격려가 되지 않을 리는 없으니까."

"어떻게 아세요? 어떻게 그런 걸 알 수 있으세요?"

"나는 잘 알 수 있어요. 따라서 나는 내가 생각하는 바를 일기에 적어 넣듯이 마음대로 말할 수 있어요. 아가씨는 말할 거요, 환경을 이겨내야만 했을 거라고. 그래야 했을 거요. —그래야 했어요. 그러나 보는 바와 같이 그렇게 되지 않았어요. 운명의 농락을 당했을 때 나에게는 냉정하게 대처할 지혜가 없었어요. 나는 절망하고 타락해 버렸소. 지금은 제아무리 지독한 바보 녀석이 나타나서 야비한 말로 나의 혐오감을 북돋아도 나는 그 바보 녀석보다 낫다고 말할 수는 없을 거요. 실토하자면 그 녀석과 나는 비슷한 놈들이니까. 단호하게 맞서야 했는데—정말로 그렇게 생각해요. 인간, 잘못을 저지르는 유혹에 사로잡힐 때에는 후회를 두려워하는 법이지. 에어 양, 후회는 인생의 독인 거요."

"속죄하면 구원을 받을 수 있다던데요."

"구원을 받는다고? 개혁이라면 구원이 될지도 모르지. 나도 개혁을 할 수 있겠지—이를 위한 힘은 아직 남아 있어요—만일—하지만 그런 것을 생각해서 무슨 소용이 있겠어. 나와 같이 자유를 빼앗기고 무거운 짐이 지워지고 저주를 받는 몸으로 말야. 게다가 행복이 나를 저버린 이상 나는 일상의 생활에서 쾌락을 찾을 권리가 있지. 어떤 대가를 치르더라도 난 그걸 얻고야 말 거요."

"그럼 더욱더 타락하실 작정이시군요."

"그럴지도 모르지. 그러나 만일 달콤하고 강렬한 쾌락을 얻을 수 있다면 구태여 내가 타락할 리가 있겠소? 이 황야에서 벌이 모으는 자연의 꿀처럼 감미롭고 강렬한 쾌락을 얻을 수 있을지도 몰라요."

"벌은 쏩니다—그 꿀은 쓴맛이 날 거예요."

"어떻게 알지? 아가씨는 맛본 일도 없는 처지에. 아가씨는 어째서 그렇게 진지하고 엄숙한 얼굴을 하고 있는 거야. 신참자인 처지에, 인생의 문을 거치지도 않고 그 신비를 전혀 겪지도 않은 풋내기인 아가씨가 말이오."

"저는 다만 당신이 말씀하신 것을 생각나게 해드렸을 뿐입니다. 과오는 후회를 가져온다고 하셨습니다. 후회는 인생의 독이라고 분명히 말씀하셨어요."

"과오에 대해 누가 말했지? 내 머리에 떠오른 생각이 과오라고는 생각하지 않아요. 그것은 유혹이라기보다는 하나의 영감이었어. 그건 매우 포근하고 편안함을 주었어요. 알고 있고말고. 그것은 확실해. 또 떠올랐어! 이것은 절대로 악마가 아냐. 그것이 설혹 악마일지라도 빛을 지닌 천사의 옷을 입고 있어. 나의 마음속으로 들어오고 싶다고 졸라대면 이토록 아름다운 손님을 받아들이지 않을 수 없다고 생각해."

"그걸 믿으면 안 돼요. 그건 참다운 천사가 아닙니다."

"다시 한 번 묻지만 아가씨가 어떻게 그걸 알지? 도대체 아가씨는 어떤 직감을 가지고 지옥에 빠진 천사와 하느님의 옥좌에서 파견된 천사를—인도하는 자와 유혹하는 자를 구별할 수 있다는 거지?"

"당신의 얼굴빛으로 판단했어요. 그 생각이 다시 떠올랐다고 말씀하셨을 때 선생님은 매우 괴로운 듯한 표정을 지으셨습니다. 만일 그것에 귀를 기울이시면 그것은 더 비참한 처지가 되지 않을까요?"

"천만에—그건 이 세상에서 가장 자비로운 소식을 가져와요. 아가씨는 나의 양심의 파수꾼이 아니므로 그 뒤의 일은 걱정할 것 없어요. 자아, 오시오. 아름다운 방랑의 천사여!"

자기의 눈에만 보이는, 다른 사람들에게는 보이지 않는 환상을 향하여 말을 거는 것처럼 그는 그렇게 말하더니 반쯤 벌렸던 두 팔을 가슴 위에 얹으며 그 환상을 껴안으려는 자세를 취하였다.

"그런데" 그는 다시 말을 이었다. "나는 순례자를 받아들였어—초라하게 변장한 신이라고 나는 마음속으로부터 믿고 있어. 이미 그것은 내게 선을 행했소. 일종의 납골당이었던 내 가슴은 이제는 신전 같아질 거요."

"솔직히 말씀드린다면 저는 하시는 말씀을 전혀 알 수 없습니다. 저는 이해할 수가 없어서 더 이상 당신의 말씀을 따라갈 수가 없습니다. 한 가지만은 알 수가 있습니다. 당신은 자신이 바랐던 것만큼 선량한 사람이 될 수 없었다고 하셨습니다. 그리고 자신의 불완전함을—이것은 저도 알 수 있습니다—후회하고 계시다고도 하셨습니다. 더러워진 추억은 영원한 고뇌라고도 말씀하셨습니다. 하지만 저는 이렇게 생각합니다. 만일 진지하게 노력하신다면, 머지않아 당신께서 스스로 만족하실 수 있는 분이 되리라고 생각됩니다. 오늘부터라도 생각이나 행동을 고치실 결심을 하신다면 몇 년 안에 새롭고 오염이 없는 추억의 창고를 가지실 수 있을 것입니다. 그리고 그것을 회상하는 즐거움도 아시게 될 겁니다."

"아가씨의 생각은 옳아요. 잘 말해 주었어요, 에어 양. 지금 이 순간 나는 '지옥으로 가는 길에 자갈을 깔고 있는 거요'('지옥으로 가는 길은 선의로 깔려 있다'는 속담을 두고 한 말로, 개심할 작정으로 있으면서 못하는 사람이 많다는 뜻. 구약성경〈다니엘〉에 나오는 표현)."

"네?"

"나는 지금 선의의 자갈을 깔고 있는 중이오. 부싯돌처럼 단단한 돌을 말이오. 앞으로는 사귀는 상대도, 즐기는 것도, 이제까지와는 다른 것으로 하기로 하겠소."

"그리고 보다 더 좋은 것으로?"

"그리고 보다 더 좋은 것으로. 순금이 가라앉은 찌꺼기보다 좋다고 할 정도의 훨씬 좋은 것으로. 나를 의심하는 것 같군. 나는 자신을 의심하고 있지 않아요. 나는 나의 목적을, 동기를 알고 있어요. 이 순간 나는 (메디아 사람이나 페르시아의 시들지 않는 율법처럼) 변하지 않는 율법을 승인하리라, 목적도 동기도 옳은 율법을."

"법률상 정당하다고 인정하기 위해 새로운 법률이 필요하다면 그것은 옳은 것이라고는 말할 수 없습니다."

"아냐, 옳아, 에어 양, 비록 그것이 새로운 법률을 절대로 필요하다고 해도 말야. 전례가 없는 새로운 상황에는 전례가 없는 규칙이 필요한 거야."

"그것은 위험한 조리(條理)처럼 여겨져요. 그것이 악용되기 쉽다고 하는 것은 누구의 눈에도 분명하니까요."

"아는 체하는 철학자로군! 물론이지. 그러나 나는 우리 집 수호신께 맹세코 악용은 하지 않아요."

"인간으로 있으면 죄는 면치 못합니다."

"그렇지. 아가씨도 그래—그래 그게 어쨌단 말이오."

"죄에 빠지는 사람은 전능하신 하느님에게만 편안하게 위탁할 수 있는 힘을 함부로 내 것으로 하면 안 됩니다."

"무슨 힘이지?"

"허용되지 않는 이상한 행동에 대해서 옳게 행동하라고 말할 수 있는 힘입니다."

"옳게 행동하라—바로 그말이다. 아가씨가 그것을 공언했소."

"그럼 정당하게 행동하시라고 기도하겠습니다." 나는 의자에서 일어나며 말했다. 내가 전혀 알 수 없는 이 대화를 더 이상 계속한다는 것은 무의미하다고 생각했기 때문이다. 나의 말상대의 성격은 내 통찰력도 미치지 않는, 적어도 지금은 미치지 않는다고 느꼈기 때문이다. 게다가 내 자신이 아무것도 모른다는 확신과 함께 반신반의와 막연한 불안감도 들었다.

"어디로 가는 거요?"

"아델라를 재우겠습니다. 벌써 잘 시간이 지났어요."

"나를 무서워하고 있군. 내가 스핑크스처럼 아리송한 말을 하니까."

"하시는 말씀이 수수께끼 같아요. 어리둥절하기는 하지만 조금도 무섭진 않아요."

"아냐, 무서워하고 있어. 아가씨의 자존심이 어리석은 잘못을 저지르지나 않을까 하고 두려워하고 있어요."

"그런 뜻이시라면 확실히 저는 걱정을 하고 있습니다—어리석은 일은 말씀드리고 싶지 않으니까요."

"아가씨는 어리석은 말을 할 때에도 틀림없이 침착한 태도로 말할 것이므로 나는 그것을 분별이 있는 말이라고 생각해 버릴지도 모르지. 아가씨는 웃은 일이 없나? 대답할 필요는 없어—아가씨는 좀처럼 웃지 않는 모양이야. 하지만 아가씨도 밝게 웃을 수 있을 거야. 알겠소? 아가씨는 타고나면서 엄격한 사람은 아냐. 내가 타고나면서부터 방탕한 사람이 아닌 것과 마찬가지로. 로우드에서 받은 속박이 지금도 조금 아가씨를 떠나지 못하고 있어. 표정을 억제하고 목소리를 억제하고 손발의 움직임을 억제하고 있어. 아가씨는 남자나 형제가 있는 앞에서, 또는 아버지나 주인이나, 누가 되었든 간에—그 앞에서 밝게 웃거나 마음 편하게 이야기하거나 민첩하게 움직이거나 하는 것을 두려워하고 있어요. 그러나 어느 날엔가는 나에 대해서도 자연스럽게 행동할 수 있게 될 거요. 내가 아가씨를 상대로 흔해빠진 행동을 할 수 없게 되는 것처럼. 그렇게 되면 아가씨의 표정이나 동작도 이제까지보다도 더 발랄하고 변화에 찬 것이 될 거요. 새장의 가는 살 사이에서 작은 새의 호기심에 찬 눈동자가 가끔 보이는 거요. 거기에 있는 것은 활기가 있는, 가만히 있을 수 없는 의지가 굳은 갇힌 새요. 그것은 자유의 몸이 되면 하늘 높이 날개를 치고 날아갈 거요. 꼭 가야겠소?"

"벌써 9시를 쳤어요."

"걱정하지 말아요. 잠깐만. 아델라는 아직 잘 생각을 하지 않고 있어요. 내가 있는 위치는 불을 등지고 얼굴은 방 쪽을 향하고 있으니까 관찰에는 매우 편리할 거요. 아가씨와 이야기를 하면서 아델라를 가끔 보았지(저 아이는 기묘한 연구 대상이라고 생각할 만한 이유가 있지만—그 이유는 때를 보아 이야기해도 좋아요, 아니, 언젠가 꼭 이야기하겠소). 그 아이는 약 10분 전에 상자에서 예쁜 분홍색 비단옷을 꺼냈어요. 그것을 펼치면서 황홀한 표정이 그녀의 얼굴을 빛나게 했어요. 저 아이의 피에는 여자의 교태가 흐르고 있어서 뇌와 서로 섞여 골수에 침투하고 있어요. '이것을 입어보아야지' 하고 소리를 치며 방을 뛰쳐나갔소. 지금 소피에게로 가서 옷을 입어보고 있을 거요. 이제 조금만 있으면 다시 들어올 거요. 그 애가 무엇을 보여 줄지 난 알고 있소—막이 올라가고 무대에 등장한 셀린 바랭스의 축소판이지—그러나 그건 아무래도 좋아. 하지만 나의 가장 연약한 기분이 지금 당장 충격을 받을 것 같소. 그런 예감이 들어요. 제발 여기서 그런 예감이 현실이 되는지 어쩐지 봐요."

이윽고 홀을 달려오는 아델라의 발소리가 들려왔다. 나타난 그녀는 옹호자의 예언대로 변신하고 있었다. 조금 전까지 입고 있었던 갈색 프록 대신에 스커트에 넉넉하게 주름을 잡은 폭신한 짧은 장밋빛 새틴 드레스. 장미꽃 봉오리 화환을 앞이마에 두르고 발에는 비단 양말에다 예쁜 흰 새틴으로 된 신을 신고 있었다.

"이 옷 제게 잘 어울려요? 구두는? 양말은? 잠깐 춤을 추어 보겠어요." 그녀는 이렇게 외치고 앞으로 깡충깡충 뛰어 보였다.

그리고 스커트를 펴서 발레의 샤세 스텝으로 방을 가로질러 왔다. 로체스터 씨가 있는 곳으로 이르기 전에 발끝으로 가볍게 회전을 하고 그의 발밑에서 한쪽 무릎을 꿇고 엎드리자 큰 소리로 말하였다.

"아저씨, 고마워요." 그러고는 일어나서 이렇게 덧붙였다. "엄마는 이렇게 했죠?"

"바로 그대로야!" 로체스터 씨는 대답했다. "이와 같이 해서 그녀는 나의 영국제 바지 호주머니에서 영국 금화를 우려냈어요. 나는 세상 물정을 통 몰랐어요, 에어 양. —정말 나는 철부지였지. 그 옛날 나에게 생기를 주었던 청춘의 빛깔은 지금 아가씨의 싱싱한 빛깔과 다름이 없었소. 하지만 나의 봄은 지나갔어요. 나의 손에 프랑스 태생의 조그마한 꽃 한 송이를 남기고 말이오. 그것을 미련 없이 버리고 싶은 생각이 들 때도 있어요. 그 꽃을 피우게 한 뿌리 같은 건 이젠 아무것도 아니오. 금가루만이 그 뿌리의 비료라는 걸 알고는 그 꽃을 사랑할 마음도 별로 생기지 않아요. 특히 그것이 지금과 같이 조작하고 있는 것처럼 보일 때는 더욱 그래요. 내가 이것을 가까이에서 양육하고 있는 것은 오히려 크고 작은 수많은 죄를 단 하나의 선행으로 보상할 수 있는 로마 가톨릭의 교리에 따르고 있기 때문이오. 언젠가 이것을 모두 설명하겠소. 잘 자요."

15

로체스터 씨는 후에 이에 대해 개운하게 설명해 주었다.

어느 날 오후, 나와 아델라가 정원에 나와 있었을 때 우연히 그를 만났다. 아델라가 파일럿과 배드민턴공을 가지고 놀고 있는 동안에 아델라의 모습이 보이는 곳에서 너도밤나무 가로수 길을 걷자는 권유를 받았다.

그때 로체스터 씨는 아델라가 프랑스의 오페라 댄서인 셀린 바랭스의 딸이라고 털어놓았다. 이 오페라 댄서와 그는 한때 열렬한 사랑을 한 것이다. 자기는 추남인데 그녀의 우상이 되었다고 생각하였다. 그녀는 바티칸 궁전 미술관의 아폴로의 우아한 아름다움보다도 그의 늠름한 몸집을 더 좋아한다고 믿었다.

"그래서, 에어 양, 나는 프랑스의 선녀가 영국의 남자 요정(妖精)을 선택해 주어서 너무 기쁜 나머지 셀린을 호텔에 살게 하고 시녀를 딸려 주고 마차니 캐시미어 옷이니 보석에다 값진 레이스 따위를 사 주어 완전무결한 살림을 차려 주었지. 나는 이렇게 해서 정석대로 몸을 망가뜨리는 과정을 밟기 시작한 거요. 바보의 범위를 벗어나지 못했지. 아무래도 나는 굴욕과 파멸로 향하는 새로운 길을 개척한 재간도 없었던 모양으로, 다져진 길을 그 중심으로부터 1인치도 벗어나지 않고 바보스러울 정도로 밟아간 간 것 같아요. 나는 당연한 보답으로 세상 바보들의 운명을 걸어갔어. 어느 날 밤, 예고도 없이 셀린을 찾아가 보니 공교롭게도 외출을 하고 없었어요. 무더운 밤이었지. 파리의 거리를 쏘다니느라 지쳐 버린 나는 셀린의 침실에 앉아 있었어요. 방금 전까지 있었던 그녀 덕택으로 신성해진 공기를 마시게 되어 기뻤지. 아니, 이건 과장이야. 셀린에게 신성한 덕이 있다고는 꿈에도 생각한 일이 없었으니까. 셀린이 남겨 놓고 간 건 방향제의 냄새였어. 깨끗한 향내라기보다는 사향이나 호박(琥珀) 냄새였어. 나는 온실의 꽃향기와 뿌려 놓은 향수 냄새로 숨이 막혀 창문을 열고 발코니에 나가볼까 하고 생각했지. 달빛, 그리고 가스등 불빛, 둘레는 조용하고 맑은 밤이었지. 발코니엔 의자가 한두 개 있어서 걸터앉아 시가를 꺼냈어요. 지장이 없다면 지금 한 대 피우고 싶은데.”

여기서 이야기는 멈추어지고 그는 시가를 꺼내 불을 붙였다. 그것을 입에 물고 흐린 날의 얼어붙은 것 같은 대기 속으로 바나나의 향기가 풍기는 연기를 뿜어내고 다시 말을 계속하였다.

“그 무렵에는 봉봉(식후에 입가심으로 먹는 캔디)을 좋아했지, 에어 양, 초콜릿 봉봉을 씹기도 하고 (품위 없는 말을 용서해 주시오) 시가를 피우기도 하면서 근처의 오페라 극장을 향하여 눈부신 거리를 달려가는 마차들을 바라보고 있었소. 그러자 예쁜 영국산 말 두 필이 끄는 우아한 유개마차(有蓋馬車) 한 대가 찬란한 밤거리에 나타났을 때 그것은 내가 셀린에게 준 마차라는 걸 알았소. 그녀가 돌아온다. 기대고 있던 쇠 난간에 눌린 나의 심장은 두근거리기 시작했어요. 마차는 생각한 대로 집 현관 앞에 멎었어. 나의 정부(情婦)가 (오페라 댄서의 연인에게는 딱 맞는 말이지) 내려왔어요. 외투로 몸을 감쌌지만—그렇게 무더운 6월의 밤에는 불필요한 것이지—마차 발판에서 뛰어내렸을 때 스커트 자락에서 얼핏 보인 조그만 발로 곧 셀린임을 알았지. 발코니에서 몸을 내밀고 ‘나의 천사여’ 하고—물론 사랑스러운 사람의 귀에만 들릴 정도의 음성으로—속삭이려고 했을 때 그 뒤에서 마차로부터 뛰어내린 사람이 있었어. 마찬가지로 외투를 입고 있었어요. 그러나 보도 위에 울린 건 박차가 달린 구두 뒤꿈치 소리였고 정문을 들어선 것은 모자를 쓴 머리였어.

아가씨는 질투를 해 본 적이 없지요, 에어 양? 물론 없겠지. 아가씨는 사랑을 해 본 일이 없으니까. 앞으로 사랑과 질투라는 두 가지 감정을 맛보게 될 거요. 아가씨의 혼은 아직 잠을 자고 있어요. 그것을 깨어나게 하는 충격은 아직 가해지지 않고 있어요. 아가씨의 청춘이 이제까지 아무 일도 없이 지나온 것처럼 삶이라는 것은 조용히 흘러 지나갈 거라고 생각하고 있겠지.

눈을 감고 귀를 막은 채 그 흐름을 타고 있는 아가씨는 그다지 멀지 않은 강바닥에 돌출하고 있는 수많은 바위는 보이지 않고 바위 근처에서 소용돌이 치고 있는 물결 소리도 들리지 않을 거야. 그런데 말이오—나의 말을 마음에 새겨 두시오—아가씨도 언젠가 바위가 나뒹구는 흐름에 다다를 거요. 거기에서는 삶의 모든 흐름이 소용돌이치는 센 물줄기가 되어 거품을 일구며 요동치고 있어요. 거기에서 아가씨는 돌출된 바위 모서리에 부딪혀 산산 조각이 나거나 그렇지 않으면 큰 파도에 들려 조용한 흐름으로 운반되어 갈 거요—지금의 나처럼 말야.

나는 오늘 같은 날이 좋아. 강철 같은 저 하늘이 좋아. 이 얼어붙은 하늘 아래의 고요함과 황량함을 좋아 해. 손필드가 좋아. 이 고색창연한 곳, 은둔처 같은 거처, 까마귀들이 모이는 오래된 숲, 산사나무, 회색의 건물 정면, 강철 같은 하늘을 비치고 있는 창들. 그런데도 나는 오랫동안 그것을 생각하는 것조차 혐오하고 있었어요. 질병이 깃든 저택처럼 멀리 하고 있었지. 지금도 얼마나 싫은지—"

그는 이를 갈더니 잠잠해졌다. 걸음을 멈추고 장화 바닥으로 단단한 땅을 걷어찼다. 무엇인가 싫은 생각이 그를 사로잡았으므로 걸을 수 없게 된 것이다.

그가 이렇게 해서 걸음을 멈추고 있을 때 우리는 언덕을 이룬 가로수 길을 올라가고 있는 중이었다. 저택은 눈앞에 있었다. 그는 그 눈을 저 흉벽까지 쳐들어 내가 전에도 그 후에도 본 적이 없는 분노의 시선을 던지고 있었다. 괴로움·굴욕·분노—초조·혐오·증오—가 그의 검은 눈썹 밑에서 크게 부푼 눈동자 속에서 한순간 몸부림치며 싸우고 있는 듯했다. 어느 편이 승리를 거둘 것인가 하는 치열한 싸움. 그것에 다른 감정이 솟아올라 승리를 거두었다. 비정하고 냉소적이고 고집이 센 감정이 격정을 가라앉혀 표정을 돌처럼 무표정하게 만들었다. 그는 말을 이었다.

"에어 양, 내가 이렇게 말없이 있는 동안에 나는 내 운명과 결판을 내려 하고 있었소. 운명의 여신은 거기에, 저 너도밤나무 옆에 서 있었소—포레스의 황야에 선 맥베스 앞에 나타난 마녀와 같은 녀석이. '너는 손필드를 좋아한다고?' 하고 여신은 말하면서 손가락을 쳐들었어. 그러더니 마녀는 허공에 경고의 글자를 썼어요. 그러자 저택 정면의 2층과 아래층의 창문이 늘어 선 사이에 꺼림칙한 상형문자가 미끄러지듯이 나타났어요. '할 수만 있다면

좋아해 봐!' '용기가 있으면 좋아해 봐!' 하고 말야.

'좋아하겠다' 하고 나는 대답했지. '용기를 내어 좋아하겠다고'. 그리고 (그는 무뚝뚝하게 덧붙였다) 약속은 지킬 작정이오. 행복을, 선(善)을—그렇다 선을 향하여—이것을 방해하는 것은 때려부순다. 이제까지의 나보다도 지금 있는 나보다도 더 좋은 사람이 되고 싶다. 욥기의 리바이어던이 창도 화살도 갑옷도 부순 것처럼 사람들이 강철이나 놋쇠처럼 생각하는 걸림돌도 나는 지푸라기와 썩은 나무로 여겨 이를 뛰어넘겠다."

이때 아델라는 배드민턴공을 가지고 그에게로 뛰어왔다. "가까이 오지 마!" 거칠게 그는 소리쳤다. "곁으로 오는 거 아냐. 소피한테나 가거라!" 그러고는 잠자코 다시 걸었으므로 나는 용기를 내어 아까 갑자기 옆길로 샌 이야기의 계속을 그에게 상기시켰다.

"그래서 발코니로부터 안으로 들어가셨습니까?" 하고 나는 물었다. "바랭스 양이 되돌아왔을 때."

그는 이 갑작스런 이런 질문을 퇴짜놓으리라고 생각하고 있었다. 그러나 예상과는 달리 얼굴을 찌푸리고 방심상태에 있던 그는 정신이 돌아온 듯이 나를 보았다. 이마의 그늘이 가신 것처럼 보였다.

"아아, 셀린의 얘기를 잊고 있었군! 그렇지! 다시 시작하지. 내 정부가 이렇게 해서 어떤 기사와 함께 들어오는 걸 봤을 때 조용하라는 쉿 소리를 들은 것 같았어. 질투의 푸른 뱀이, 달빛이 비친 발코니에서 도사리고 있던 뱀이 머리를 들고 내 조끼 안으로 미끄러져 들어오자 2분도 채 안 되어 내 심장의 한복판까지 파먹어 버렸지. 그런데 이상한 일이야!" 그는 별안간 다시 화제에서 비껴갔다. "이상해. 이런 이야기의 상대자로 아가씨를 골랐다는 것이. 그 이야기를 아가씨가 조용히 듣고 있다는 것도 이상하다 못해 알 수 없는 일이야. 나 같은 사나이가 아가씨와 같은 세상 물정을 모르는 사람을 상대로 나의 정부에 대한 이야기를 하다니. 그러나 언젠가도 말한 바와 같이 아가씨의 그 색다른 점이 나와 같은 사람으로 하여금 그것을 털어놓게 만들고 있다고 보아야지. 아가씨는 진지하고 생각이 깊고 신중하므로 비밀을 털어놓을 상대로서 안성맞춤이야. 게다가 나는 내 마음과 서로 통하는 상대방의 마음이 어떤 것인지 알고 있어. 그건 쉽사리 악에 물들지 않는 마음이지. 특이한 마음, 비길 데 없는 마음이야. 다행히 나는 그것에 상처를 입힐 생각은 없어요. 설사 상처를 입히더라도 상처를 받을 마음은 아니니까 말야. 아가씨와 이야기를 하면 할수록 기분이 좋아. 나는 아가씨를 시들게 할 수는 없지만 아가씨는 나의 힘을 북돋워 주고 있어." 한때 본론에서 벗어난 이야기를 다시 계속하였다.

"나는 발코니에 머물러 있었지. 두 사람은 틀림없이 셀린의 침실로 들어올 거라고 나는 생각했기 때문이야. 숨어 있어야지. 그래서 열려 있는 문으로 안쪽 커튼을 끌어서 안을 들여다볼 수 있을 만큼의 틈만 남겨놓고 커튼을 쳤지. 그리고 나서 문을 닫았는데 연인들의 사랑을 맹세하는 속삭임 소리가 들릴 정도의 틈은 남겨 두었어. 그리고 발소리를 죽이고 의자로 돌아가 앉았을 때 두 사람이 방으로 들어왔어요. 나는 곧 커튼의 틈으로 눈을 가져갔지. 셀린의 하녀가 들어와서 램프에 불을 켜고 그것을 테이블에 놓고 나가더군. 그리하여 두 사람의 모습이 뚜렷하게 보였소. 두 사람은 외투를 벗었어. 거기에는 새틴 옷과 보석으로—물론 내가 사준 선물이지—치장을 한 눈부신 나의 바랭스가 있었어요. 그리고 장교 제복을 입은 그녀의 상대가 있었고. 나는 그가 젊은 난봉꾼인 자작(子爵)이라는 것을 알았소—머리는 텅 빈 악당으로 나도 사교계에서 몇 번 만난 일이 있는데 워낙 경멸을 했던 사나이라 미워한다는 것은 꿈에도 생각할 수 없었어요. 그라는 것을 알자, 뱀의 독아(毒牙)는 탁 부러지고—질투는 이내 사라지고 말았어요. 셀린에 대한 내 사랑의 불꽃도 촛불이 꺼지듯이 사라져 버리고, 이런 녀석 때문에 나를 배반한 여자와 다툴 필요가 없다, 경멸할 수밖에 없는 여자다, 저런 여자가 하자는 대로 했던 나보다도 더 열등한 인간이다.

두 사람은 이야기를 시작하였어요. 그 이야기를 듣고 나는 매우 안심이 되었어요. 경박하고 셈에 밝고 박정하고 비상식적인—듣고 있자니까 화가 나는 것보다 따분한 녀석이었어요. 테이블 위에 놓았던 나의 명함을 알아차렸는지 내 이름이 화제로 올랐는데 두 사람 모두 나를 정면으로 깎아내릴 정도의 기력도 지력(知力)도 없었어요. 다만 그들의 시시한 생각으로 나를 야비하게 욕을 한 거요. 특히 셀린이 그랬어요. 내 외모의 결점을—추하다고 그녀는 말하면서—헐뜯었어요. 입버릇처럼 내 '남성미'를 열렬하게 찬양해 오던 그 여자가 말이오. 그것이 아가씨와 전혀 다른 점이야. 아가씨는 두 번째로 만났을 때 나를 미남으로 생각하지 않는다고 분명히 말했어요. 그 때 나는 너무나도 차이가 나는 데에 놀랐소."

이때 아델라가 또 달려왔다.

"아저씨, 대리인이 와서 아저씰 뵙겠다고 존이 그래요."

"그래? 그렇다면 간단히 말해야겠군. 나는 창문을 열고 느닷없이 그들에게로 다가갔어요. 그리고 셀린을 내 보호에서 해방해 주며 이 호텔을 나가라고 명령했소. 당장의 비용으로 돈도 주었지. 비명도 히스테리의 발작도 탄원도 항의도 미친 듯한 웃음의 발작도 무시했지. 불로뉴 숲에서 만나기로 약속했어요. 그 다음날 아침 나는 자작과 결투의 영광을 가졌고 병든 병아리 날개처럼 가냘프고 파리한 그의 허약하고 해쓱한 팔에 총알을 한 방 먹이고 그걸로 그 일당과는 끝장이 난 것으로 생각했지. 그런데 불행히도 그 6개월 전에 이 아델라를 낳은 거요. 저 애의 이목구비 그 어디에도 아버지의 위엄 있는 이목구비는 찾아볼 수 없지만 말이오. 저 애보다 파일럿 쪽이 나를 닮았어. 내가 저 애 어머니와 관계를 끊은 지 몇 해 후에 그 여자는 딸을 버리고 음악가인지 가수인지와 함께 이탈리아로 달아났소. 하지만 아델라를 부양할 의무가 나에게 있다고는 생각하지 않아요. 나는 그 어떤 책임도 인정하지 않아요. 왜냐하면 나는 이 아이의 아버지가 아니니까. 그러나 저 애가 어려움에 처해 있다는 말을 듣고 이 불쌍한 아이를 진창 속에서 건져 내어 영국의 시골 정원의 건전한 토양에서 기르기로 했어요. 그리고 페어팩스 부인이 이 아이를 교육시켜 줄 아가씨를 찾아 준 거요. 그러나 이 아이가 프랑스의 오페라 배우의 사생아라는 걸 알게 된 이상, 아가씨도 자기 직분과 제자에 대해서 달리 생각하게 될지도 모르오. 언젠가는 당신은 다른 일자리를 구했습니다—부디 새 가정교사를 구해 보라고 내게 말해 오지 않을까? 안 그래요?"

"아닙니다—아델라는 어머니나 당신의 과실에는 책임이 없는 걸요. 저는 저 애에게는 관심을 가지고 있어요. 게다가 지금 저 애가 어떤 의미에서 고아라는 걸 알게 되었으니까—어머니로부터는 버림을 받고 당신은 자기 아이가 아니라고 부인을 하시니—지금까지 보다도 더욱더 귀여워하게 될 거예요. 가정교사를 친구처럼 의지하고 있는 외로운 고아보다도 가정교사를 귀찮은 것으로 싫어하는 부잣집 응석꾸러기를 누가 좋다고 생각할 수 있겠어요."

"아, 아가씨는 그렇게 생각하고 있는 게로군. 자, 안으로 들어가야지. 아가씨도 들어가요. 어두워지는군."

그러나 나는 아델라와 파일럿과 함께 좀더 밖에 머물러 있었다. 아델라와 달음박질도 하고 셔틀콕으로 놀았다. 안으로 들어와 아델라의 모자와 외투를 벗기고 무릎 위에 앉혀 놓고 마음껏 지껄이게 하였다. 귀염을 받으면 곧 신이 나서 제멋대로 굴기 시작하는데 그것도 야단치지 않았다. 영국인 기질과는 서로 어울리지 않는, 아마도 어머니로부터 이어받은 천박한 성격이 밖으로 나오는 것이리라. 그래도 이 아이에게는 나름대로 장점은 있었다. 나는 이 아이의 좋은 점은 마음껏 칭찬해 주리라고 생각하고 있었다. 그 이목구비 표정에 로체스터 씨와 닮은 점은 없는가 하고 찾아보았으나 전혀 찾을 수 없었다. 이목구비의 특징도 표정의 움직임도 피를 이어받았다고 여겨지는 점은 전혀 없었다. 유감스러운 일이었다. 조금이라도 닮은 데가 있으면 로체스터 씨도 아델라에게 마음을 더 써 주었을 텐데.

그날 밤, 나는 내 방으로 돌아가서 로체스터 씨가 털어놓은 이야기를 곰곰이 생각해 보았다. 그가 말한 바와 같이 이야기 그 자체의 내용은 조금도 놀랄 만한 일은 아니었다. 돈 많은 영국 신사가 프랑스의 댄서에게 열을 올린 끝에 배반을 당했다는 이야기는 사교계에 흔히 있는 이야기일 것이다. 그러나 현재의 만족한 기분에 대해서 말하고, 이 오래된 저택과 그 주위의 풍물에 대해서 새삼 되살아난 애착을 그가 말하고 있는 동안에 갑자기 닥쳐온 그 격정의 발작에는 무엇인가 이상한 것이 느껴지지 않을 수가 없었다. 이것은 아무리 생각해 봐도 알 수 없는 일로 새삼 생각해 보았으나 결국 설명을 할 수 없어서 그 이상 생각하는 것은 그만두고 나에 대한 로체스터 씨의 태도에 대해서 생각하기로 하였다. 그가 나에게 주는 믿음은 나의 사려 깊은 성격에 기인되는 바가 크다고 여겨졌다. 나는 그와 같이 해석해서 그것을 받아들이고 있었다. 나를 대할 때의 태도는 처음 무렵과는 달라서 최근 몇 주일 동안에 변하는 일은 없었다. 내가 방해가 되는 일은 없는 것 같았다. 냉담하고 오만한 태도를 변덕스럽게 보이는 일도 적어졌다. 우연히 서로 만나게 되면 그는 매우 기쁜 듯이 보였고 항상 말을 건네 오기도 하고 때로는 웃음까지 보였다. 그가 나를 불렀을 때에는 따뜻한 말로 맞아 주었고 나에게는 그를 즐겁게 해 줄 힘이 정말로 있다고 느끼게 해 주었다. 이런 밤의 대화를 원하는 것은 나를 위한 것이기도 했고 또 그의 즐거움에 크게 이바지했기 때문이었을 것이다.

사실 나는 비교적 말을 하지 않는 편이고 그가 하는 얘기를 재미있게 듣는 일이 많았다. 그는 천성적으로 말을 즐기는 성미였다. 그는 세상 물정을 모르는 사람에게 이 세상의 여러 정경과 생활 모습을 들여다보게 하고 싶은 것 같았다(그렇다고 타락한 정경이나 혐오스런 풍습 등이 아니라 커다란 규모로 펼쳐지는 정경, 또는 신기한 새로운 정경 등이었다). 나는 그가 제시해 주는 새로운 사고방식을 받아들이고 그가 그려내는 새로운 광경을 상상하고 그가 보이는 새로운 영역으로 그를 따라 들어가는 일에 커다란 즐거움을 느꼈다. 불쾌한 일을 빙빙 돌려서 듣고 위축되거나 불안해지는 일은 한 번도 없었다.

활달한 그의 태도가 극도에 달한 나의 자제심을 해방시켜 주었다. 싹싹하고 절도와 배려가 있는 태도로 나를 대해 주는 그에게 나는 끌렸다. 때로는 주인이라고 하느니보다는 가족처럼 여겨지는 경우도 있었다. 그래도 여전히 오만한 태도를 보이는 일도 있었으나 나는 그런 데에 마음을 쓰지 않았다. 그것이 그의 버릇이란 걸 알았기 때문이다. 이런 새로운 흥밋거리가 차츰 생활에 늘어남에 따라 나는 행복하고 만족해서 친척을 그리워하던 생각도 가라앉고 초승달처럼 가냘픈 내 운명이 차츰 크게 부풀어가는 것처럼 여겨졌다. 삶의 공백 부분도 메워지고 몸 컨디션도 좋아져서 살도 찌고 체력도 좋아졌다.

그렇다면 로체스터 씨는 내 눈에 지금도 추하게 비쳤을까? 아니다, 독자들이여. 감사의 마음, 즐겁고 따스한 나날의 접촉으로 그의 얼굴은 내가 무엇보다도 보고 싶은 얼굴이 되었다. 방에 그가 있다고 하는 것이 빨갛게 불타는 난롯불보다도 더 밝게 마음을 들뜨게 만들었다. 하지만 나는 그의 결점을 잊어버린 것은 아니었다. 사실 그는 결점을 이따금 내 앞에 나타냈기 때문에 잊어버릴 수 없었던 것이다. 자기보다 못한 사람에 대해서는 오만하고 냉소적이고 엄격했다. 그가 나에게 보여 주는 크나큰 친절도 다른 여러 사람들에게 대한 부당한 태도로 상쇄되어 버린다고 나는 속으로 남몰래 생각하고 있었다. 그는 또 어찌된 일인지 우울해지는 일도 많았다. 책을 읽어 주면 좋겠다는 전갈이 와서 가면 서재에 혼자 앉아서 팔짱을 끼고 고개를 숙이고 있는 모습을 한두 번도 아니게 볼 수 있었다. 얼굴을 들면 적의를 띤 표정이 얼굴을 어둡고 그늘지게 하였다. 그러나 그의 침울함도 냉혹함도 과거에 길을 잘못 든 과오도 (나는 감히 과거라고 말하겠다. 지금의 그는 그 과오를 고친 것 같으니까), 모든 것이 운명의 어느 가혹한 차질에서 시작된 것이라고 나는 믿고 있었다. 본디 그는 환경의 작용이나 교육의 가르침이나 운명의 장난으로 조장된 것보다도 훨씬 선량한 성격의, 지조가 높은 고결한 기호의 소유주라고 나는 믿고 있었다. 현재는 이런 요소들이 조금 손상되고 한데 엉켜 있지만 본디 그에게는 우수한 자질이 있었다고 나는 생각했다. 그것이 무엇이 되었든 나는 그의 슬픔을 나의 슬픔으로 하고 슬픔을 덜기 위해서라면 힘을 아끼지 않을 거라고 생각한 것을 부정할 수는 없다.

촛불을 끄고 침대에 누웠지만 그가 가로수 길에서 멈추어 운명의 여신이 자기 앞을 가로막고 서서 손필드에서 행복해질 테면 행복해져 보라고 도전해 왔다고 이야기했을 때의 그 표정을 생각하면 도저히 잠이 오지 않았다.

'왜?' 하고 나는 스스로 물어보았다. '무엇 때문에 그 분은 이 저택을 달갑지 않게 생각하고 있을까? 곧 다시 떠나 버리실까? 페어팩스 부인의 말로는 그분은 한 번 오시면 두 주일 이상 더 오래 머무는 일은 좀처럼 없다고 하는데, 이번엔 오신 지 여덟 주일이나 지났다. 만일 그분이 가 버리신다면 아마도 공허해질 거야. 그분이 봄에도 여름에도 가을에도 계시지 않는다면 햇볕이 내리쬐는 개인 날도 아마도 쓸쓸할 거야!'

이런 생각에 잠기면서 과연 잠을 잤는지 어쨌는지 나는 알 수 없다. 어쨌든 가냘프고 애잔하게 들려오는 어렴풋한 중얼대는 소리를 듣고 나는 나도 모르게 눈을 떴다. 그 목소리는 머리 바로 위에서 들린 것 같았다. 촛불을 켜 놓았더라면 좋았다고 후회하였다. 무서울 정도로 어두운 밤으로 기분도 침울했다. 나는 침대 위에 일어나 귀를 기울였다. 소리는 잠잠해졌다.

나는 다시 자려고 했다. 그러나 불안한 나머지 심장의 고동이 높아지고 마음속의 고요는 깨지고 말았다. 저 멀리 아래층 현관홀에서 시계가 2시를 알렸다. 그때였다. 내 방문에 무엇인가 닿는 것 같은 소리가 났다. 마치 방 밖의 어두운 복도를 손을 더듬으면서 걷는 것이 손가락으로 장식 판자를 스쳐 가는 것 같은 소리였다. "누구세요?" 나는 물었다. 대답이 없었다. 무서워서 몸이 섬뜩했다.

문득 나는 파일럿일는지 모른다는 생각이 떠올랐다. 부엌문이 열려 있으면 가끔 로체스터 씨의 방 앞까지 찾아오는 일이 있었기 때문이었다. 아침이되어 파일럿이 주인의 침실 앞에 누워 있는 걸 본 일도 몇 번인가 있었다. 이렇게 생각하자 어느 정도 기분이 가라앉았다. 나는 다시 누웠다. 고요는 신경을 가라앉게 해 주었다. 고요한 정적이 지금 다시 온 집안을 감싸고 나는 다시 졸음이 왔다. 그러나 그날 밤은 그 이상 나를 자게 해 두지를 않았다. 꿈은 나의 귀에 이르기 전에 골수까지도 얼어붙을 사건으로 놀라서 도망치고 말았다.

그것은 악마의 웃음소리 같았다―소리를 억누른 낮은 웃음소리가 내 방의 열쇠구멍에서 들리는 것 같은 기분이 들었다. 침대 머리맡은 출입문 쪽에 가까웠다. 처음에는 악귀처럼 웃는 사람이 내 침대 옆에 서 있다―아니 내 베개 옆에 웅크리고 있는 거라고 생각했다. 일어나서 사방을 둘러보아도 아무것도 보이지 않았다. 눈을 부릅뜨고 있는데 기괴한 소리가 다시 들렸다. 그것은 문 저편에서 들려왔다. 나는 반사적으로 일어나서 방문의 빗장을 잠갔다. 그리고 이렇게 외쳤다. "누구세요?"

무언가 목을 울리고 신음하는 것 같은 소리를 냈다. 이윽고 발소리가 복도를 지나 3층으로 올라가는 층계를 향해 멀어져갔다. 계단 입구의 문은 최근 줄곧 닫힌 채로 있었다. 그 문이 열리고 닫히는 소리가 들리더니 사방은 잠잠해졌다.

'그레이스 풀이었을까? 악마에 홀려 있을까?' 나는 생각했다. 이젠 이 이상 혼자 있을 수는 없었다. 페어팩스 부인한테로 가야겠다. 허둥지둥 옷과 숄을 걸쳤다. 떨리는 손으로 빗장을 벗기고 문을 열었다. 바로 방문 밖, 복도의 깔개 위에 촛불이 하나 켜져 있었다. 나는 이 광경에 깜짝 놀랐지만 사방의 공기가 연기로 자욱한 듯이 어둠침침한 걸 보고 더욱 놀랐다. 나는 이 푸른 연기가 어디서 나오는지 알아보려고 좌우를 두리번거리고 있을 때 타는 냄새가 더욱 코를 찔렀다.

무엇인가 삐걱거리는 소리가 났다. 문이 반쯤 열려 있었다. 그것은 로체스터 씨의 방문이었다. 연기는 거기서 구름처럼 뭉게뭉게 피어오르고 있었다. 이젠 페어팩스 부인도 그레이스 풀의 일도 그 웃음소리도 아무래도 좋았다. 순간적으로 나는 로체스터 씨의 침실로 들어갔다. 불길이 침대 둘레로 번져가 침대의 커튼이 타고 있었다. 그 불길과 연기로 찬 한 가운데에서 로체스터 씨는 꼼짝도 않고 잠들어 있었다.

"일어나세요! 일어나세요!" 나는 소리를 지르고—그를 흔들었으나 무엇인가 중얼대고 돌아 누웠을 뿐이었다. 연기 때문에 의식이 몽롱해진 것이다. 한순간도 지체할 수 없었다. 불은 옷잇으로까지 옮기고 있었다. 나는 대야와 주전자로 달려갔다. 다행히도 대야는 너부죽하고 물통은 깊숙했다. 두 개 다 물이 가득 담겨 있었다. 나는 그것들을 집어 들고 침대와 자고 있는 사람에게 끼얹고 내 침실로 날듯이 돌아와 내 물주전자를 가져다 또 침대에 물세례를 주었다. 하느님의 도움으로 나는 침대를 삼켜 버리려던 불길을 꺼 버리는 데 성공했다.

꺼진 불의 직직하는 소리, 내가 물을 끼얹었을 때 내 손에서 나동그라지며 물주전자가 깨지는 소리, 그리고 무엇보다도 내가 마구 퍼부은 물 세례가 마침내 로체스터 씨를 깨우게 했다. 아직 날은 캄캄했으나 나는 그가 완전히 깨어났다는 걸 알았다. 왜냐하면 그가 자기 몸이 물구덩이에 누워 있는 걸 깨닫고 무엇인가 알 수 없는 저주의 말을 퍼붓는 걸 나는 들었기 때문이다.

"홍수가 났나?" 그는 소리쳤다.

"아니에요." 나는 대답했다. "불이 났어요. 어서 일어나세요. 불은 껐어요. 촛불을 가져올 게요."

"이 기독교 나라를 헤매고 있는 모든 요정의 이름을 걸고 묻겠는데 거기에 있는 건 제인 에어인가?" 그는 물었다. "날 어떻게 할 작정이었어, 이 마녀야, 이 마법사야, 그밖에도 누가 또 이 방안에 있나? 날 물에 빠뜨려 죽일 작정이었나?"

"촛불을 가지고 오겠습니다. 제발 일어나 주세요. 누군가가 무슨 일을 꾸민 거예요. 그것이 누군지, 그것이 무엇이었는지 바로 알아보지 않으면."

"자아—지금 일어났소. 그러나 지금 곧 촛불을 가지러 가는 것은 그만둬. 앞으로 2분 기다려. 마른 옷을 좀 입을 때까지. 마른 옷이 있는지 모르겠다—그렇지, 여기 가운이 있군. 그럼 뛰어!"

나는 달려가서 복도에 아직 남아 있는 촛불을 들고 왔다. 로체스터 씨는 그걸 받아들자 치켜들고 침대를 살폈다. 모두 까맣게 타서 그을려 있었다. 옷잇은 흠뻑 젖었고 마루의 융단은 물속에 잠겨 있었다.

"뭐야 이것? 누가 한 짓이야?" 그는 물었다.

나는 있었던 일을 간단히 이야기하였다. 복도에서 들은 괴상한 웃음소리, 3층으로 올라가는 발자국 소리, 연기—타는 냄새로 이 방에 뛰어든 일, 그것을 내가 발견했을 때의 상황, 그리고 내가 닥치는 대로 물을 마구 퍼부었던 일들을 이야기하였다.

그는 퍽 신중한 표정으로 들었다. 내가 말을 계속함에 따라 그의 얼굴은 놀라움보다도 근심을 나타냈다. 내가 이야기를 마쳤을 때도 그는 바로 입을 열지 않았다.

"페어팩스 부인을 부를까요?" 나는 물었다.

"페어팩스 부인? 안 돼. 도대체 뭣 때문에 부른단 말이오? 그 부인이 무엇을 할 수 있단 말이오. 시끄럽게 하지 말고 자게 내버려 둬요."

"그럼 리어를 불러 오겠어요. 그리고 존과 그 부인을 깨우죠."

"그만둬. 그냥 가만히 있어요. 당신은 숄을 걸치고 있소? 추우면 저기에 있는 외투를 입으시오. 단단히 입고 내 안락의자에 앉아 있어요. 내가 입혀 주지. 그리고 발을 적시지 않도록 발판에 올려놔요. 잠깐 당신을 여기 두고 갔다 올 거요. 이 촛불을 가지고 가야겠소. 내가 돌아올 때까지 지금 있는 자리에 그대로 있어요. 생쥐처럼 조용히 말이오. 3층에 좀 가 봐야겠소. 움직여선 안 돼. 그리고 아무도 부르지 말아요."

그는 가 버렸다. 나는 멀어져 가는 촛불을 지켜보고 있었다. 그가 조용히 복도를 지나 되도록 소리 안 나게 층계 문을 열었다가 닫았다. 불빛이 거기서 보이지 않게 되었다. 나는 캄캄한 어둠 속에 남아 있었다. 무슨 소리가 들릴까 귀를 기울였지만 아무것도 들리지 않았다. 오랜 시간이 흘렀다. 나는 피곤해졌다. 외투를 입었는데도 추웠다. 그래서 나는 이 집 사람들을 깨워선 안 된다면 여기 머물러 있을 필요가 없다고 생각했다. 내가 로체스터 씨의 명령을 어기고 그를 불쾌하게 만들려고 했을 때 촛불이 다시 희미하게 복도의 벽을 비췄다. 그러자 맨발로 깔개 위를 걸어오는 소리가 들렸다. '제발 그분이었으면' 나는 생각했다. '그리고 무서운 것이 아니기를.'

그는 해쓱하고 무척 침울해져서 돌아왔다. "다 알아냈어." 촛불을 세면대에 내려놓으며 그는 말했다. "내가 생각한 대로야."

"어떻게요?"

그는 아무 대답도 하지 않고 팔짱을 낀 채 바닥을 내려다 보고 있었다. 이삼 분 후에 그는 어쩐지 묘한 말투로 물었다. "당신이 방문을 열었을 때 뭘 봤다고 했던가, 아무래도 생각이 잘 나지 않는데."

"아무것두요. 본 것은 마룻바닥에 놓인 촛대뿐입니다."

"하지만 이상한 웃음소리는 들었지? 전에도 그런 웃음소리를 들은 적이 있었던 거지? 그와 비슷한 소리를?"

"네, 들었어요. 이 집에서 재봉 일을 하는 그레이스 풀이라는 여자가 있습니다. 그 사람이 그렇게 웃어요. 이상한 사람이에요."

"그래? 그레이스 풀? ─맞았어. 그 여자는 당신 말마따나 이상한 여자야─. 이 문제는 잘 생각해 봐야겠소. 오늘 밤 사건의 진상을 알고 있는 건 나와 당신뿐인 게 다행이오. 당신은 말이 헤프지 않지만 이번 일에 대해선 아무 말 말아 줘요. 이 사태에 대해서는 (침대를 가리키며) 그럴 만한 이유를 생각해 두겠소. 자, 당신 방으로 돌아가요. 나는 서재의 소파에서 어떻게 해 보겠소. 4시가 가까워 오는군. 2시간만 있으면 하인들이 일어날 거요."

"그럼 안녕히 주무세요." 나는 나가면서 말했다.

그는 놀란 얼굴을 했다─방금 돌아가라고 명령했는데 놀라다니─알 수 없었다.

"아니!" 그는 소리쳤다. "나를 놔두고 성큼 가버리는 거요?"

"가도 좋다고 하셨지 않아요?"

"인사도 없이라고는 말하지 않았소. 감사의 말도 하게 하지 않고 안녕이라는 인사도 하게 하지 않고 그렇게 싱겁고 무뚝뚝한 한 마디를 남기고 떠나라고는 하지 않았어요. 왜냐하면 당신은 내 생명을 구해 준 사람이오! 나를 비명의 죽음으로부터 구해 준 거야! 그런데도 당신은 낯선 타인처럼 내 옆을 지나가려고 하는 거요? 적어도 악수 정도는 하게 해 줘야지."

그는 손을 내밀었다. 나도 손을 내밀었다. 그는 처음엔 한 손으로 잡았다가 다음엔 두 손으로 잡았다.

"당신은 내 생명의 은인이오. 당신에게 막대한 빚을 지게 된 것이 나로선 기뻐요. 이 이상의 일은 더 말하지 않겠소. 이와 같은 빚을 지는 일에 내가 견딜 수 있는 상대는 당신 외에는 없어요. 당신으로부터 받은 은혜를 무거운 짐으로 느끼지는 않아요, 제인."

그는 말을 끊고 나를 찬찬히 바라보았다. 말이 그의 입술에서 떨리는 것이 보이는 것 같았으나 그것은 소리가 되지 않았다.

"그럼 다시 한 번, 안녕히 주무세요. 이런 경우엔 빚이니, 은혜니, 짐이니, 신세니 그런 건 필요 없어요."

"나는 알고 있었소." 그는 말을 이었다. "당신이 언제나 어떤 방법으로든지 내게 좋은 일을 해 주리라는 것을 말이지. 처음 당신을 만났을 때 당신의 눈에서 그걸 알아냈소. 그 눈의 표정과 미소를 보았을 때—(다시 그는 말을 끊고)—보았을 때(하고 급히 이어서) 내 깊은 마음속에서 기쁨을 느낀 것은 이유가 없는 것이 아니었소. 사람들은 흔히 자연의 교감력(交感力)이라는 말을 해요. 나는 좋은 수호신이 있다고 들은 적이 있어요. 허황한 이야기 속에도 어느 정도의 진실은 있는 법이오. 소중한 나의 수호신이여, 잘 자요."

그의 목소리에는 이상한 힘이, 그의 얼굴에는 이상한 불이 불타고 있었다.

"제가 우연히 잠을 깨게 돼서 다행이었어요." 이렇게 말하고 나는 걸음을 옮기려고 했다.

"뭐야! 가버리는 거요?"

"전 추워요."

"춥다고? 그렇군—물구덩이 속에 서 있으니까! 그럼 가요, 제인, 가요!" 그러나 그는 아직 내 손을 잡고 있었다. 나는 손을 뺄 수 없었다. 나는 핑계를 하나 생각해 냈다.

"페어팩스 부인이 일어난 것 같아요." 나는 말했다.

"그럼 가요." 그는 손을 놓았다. 나는 그 자리를 떠났다.

나는 다시 나의 잠자리로 돌아왔으나 잘 생각은 나지 않았다. 동이 틀 때까지 파도가 치는 바다에 둥둥 떠돌아다니고 있었다. 이 바다에는 불안의 파도가 환희의 놀 밑으로 말려들어 가고 있었다. 사나운 바다 저편에 순례자가 천국에 이르기 전에 쉬어 간다는 뷸라(천로역정에 그려진 안식의 땅) 언덕 같은 눈부신 육지를 보았다. 그리고 가끔 희망에 눈뜬 세찬 질풍이 나의 영혼을 그 목적지로 의기양양하게 실어다 주었다. 그러나 공상 속에서도 그 육지에 이를 수 없었다. 육지 쪽에서 바람이 불어와 나를 끊임없이 밀어내는 것이었다. 분별이 환상을 물리쳤다. 양식(良識)이 정열에 경고하였다. 고열에 들뜬 것 같은 나는 동이 트자 곧 자리에서 일어났다.

16

뜬눈으로 지샌 다음 날, 나는 로체스터 씨를 만나고 싶기도 하고 만나는 것이 두렵기도 했다. 다시 그의 말소리를 듣고 싶었다, 그러나 그 눈과 마주치는 것이 무서웠다. 이른 아침에는 그가 나타나기를 이제나저제나 하고 기다렸다. 공부방으로 자주 드나드는 습관은 그에게는 없었으나 때로는 잠깐 방에 얼굴을 나타내는 일이 있었으므로 오늘은 꼭 나타나리라는 생각이 들었다.

그러나 아침나절은 전과 다름없이 지나가고 아델라가 공부하는 조용한 시간을 방해하는 일은 아무것도 일어나지 않았다. 다만 아침 식사가 끝나자 곧 로체스터 씨의 침실 쪽에서 크게 떠드는 소리가 들렸다. 페어팩스 부인의 목소리, 리어의 목소리, 요리인—즉 존의 아내의—목소리, 여기에 존의 굵고 탁한 목소리까지 들렸다. "다행이야, 나리께서 침대에서 불타 죽지 않은 것이!" "밤중에 촛불을 그대로 켜 놓아둔다는 건 아주 위험천만한 일이야!" "나리께서 침착하게 물주전자 생각을 하신 것은 하느님이 도우신 거야!" "왜 아무도 깨우지 않으셨을까?" "서재의 소파에서 주무시고 감기에나 안 걸리셨으면 좋겠어!" 등등, 두런거리는 소리가 들렸다.

두런거리는 소리가 멎은 뒤에는 문질러 닦고 정돈하는 소리가 들렸다. 점심을 먹으러 아래층으로 내려갔을 때 그 방 앞을 지나자 열려 있는 문으로부터 모든 것이 이전대로 정돈되어 있는 것이 보였다. 다만 침대만은 커튼이 젖혀 있었다. 리어가 창가의 의자로 올라가 연기로 까맣게 그을린 유리를 닦고 있었다. 이 사건에 대해서 어떻게들 얘기를 하고 있는지 알고 싶어서 그녀에게 말을 건네보려고 생각했다. 그런데 가까이 가보니 방 안에는 또 한 사람의 인물이—침대 옆의 의자에 앉아서 새 커튼에 고리를 달고 있었다. 그 여자야말로 다름아닌 그레이스 풀이었던 것이다.

평소와 다름없는 침착하고 무뚝뚝한 얼굴로, 갈색 옷에 체크무늬 앞치마를 두르고, 흰 수건에 테 없는 모자를 쓰고 앉아 있었다. 손에 들고 있는 일감에 열중하고 있는 모습이었다. 딱딱한 이마에도 평범한 용모에도 살인을 도모한 여자의 얼굴에서 볼 수 있는 해쓱하거나 자포자기한 그림자는 조금도 없었다. 그녀가 노렸던 상대는 그녀의 잠자리까지 쫓아가서 그녀가 저지르려고 했던 죄를 규탄했을 것이다(그렇다고 나는 믿고 있다). 나는 놀라고 —또 당혹스러웠다. 내가 물끄러미 바라보고 있자 그녀가 얼굴을 들었다. 놀란 기색도 없고 동요를 나타내는 얼굴빛의 변화도 없고, 죄의식도 죄가 탄로 나는 데에 대한 두려움도 찾아볼 수 없었다. 그녀는 "안녕히 주무셨어요?" 그녀는 언제나처럼 무뚝뚝하게 말하였다. 그러고 나서 새로운 고리와 끈을 집어서 바느질을 계속했다.

'저 여잘 좀 시험해 봐야지.' 나는 생각했다. '저렇게 시침을 뚝 떼고 있다니, 이해할 수가 없다.'

"잘 잤어요? 그레이스." 나는 말했다. "이 방에서 무슨 일이 있었나요? 좀 전에 일손들이 모여 얘기하는 소리가 들리는 것 같던데요."

"주인님께서 어젯밤 잠자리에서 책을 읽고 계셨는데 촛불을 켜 놓은 채 잠이 드셨대요. 그래서 커튼에 불이 붙었지만 다행히 이불이나 침대에 불이 번지기 전에 잠이 깨셨대요. 물주전자의 물로 겨우 끄셨다는 거예요."

"이상도 해라!" 나는 나지막한 소리로 말했다. 그러고는 뚫어지게 그녀를 바라보았다. "로체스터 씨는 아무도 안 깨우셨나요? 아무도 그분이 돌아다니는 기색을 몰랐던가요?"

그녀는 다시 눈을 들어 나를 보았다. 이번에는 그 표정에 무엇인가 깨달은 것 같은 기색이 보였다. 그녀는 조심스럽게 나를 살피는 것 같더니 천천히 대답했다.

"아시다시피 하인들은 아주 멀리 떨어져서 자고 있었어요. 그러니 그 사람들이 들을 수 있겠어요? 페어팩스 부인 방과 선생님 방이 주인님 방에 가장 가깝지만 페어팩스 부인은 아무 소리도 못 들었답니다. 사람이 나이를 먹으면 잠이 깊이 드니까요." 그녀는 입을 다물고 태연한 체하고는 있었지만 의미 있는 어조로 덧붙였다. "하지만 선생님은 젊으시니까 잠귀가 밝으실 거예요. 혹시 무슨 소릴 듣지 않으셨나요?"

"들었어요." 나는 유리창을 닦고 있는 리어에게 안 들리도록 음성을 낮추고 말했다. "처음엔 파일럿인 줄만 알았어요. 그렇지만 파일럿은 웃을 수 없거든요. 웃음소리를 들은 것은 분명해요. 그것도 기묘한 웃음소리였어요."

그녀는 적당한 길이로 자른 실을 집어 꼼꼼하게 초칠을 하고 침착한 솜씨로 바늘에 실을 꿴 후 태연하게 말했다.

"그런 위험 속에 있을 때 주인님께서 웃으실 리가 없다고 봐요. 선생님은 꿈을 꾸신 게 아니에요?"

"꿈을 꾼 게 아녜요." 나는 조금 흥분해서 말하였다. 그녀의 뻔뻔스러움에 화가 난 것이다. 그녀는 다시 나를 바라보았다. 여전히 살피는 것 같은, 상대방이 생각하고 있는 것을 환히 알고 있다는 눈치였다.

"웃음소리를 들으셨다고 주인님께 알리셨나요?" 그녀는 물었다.

"말씀드릴 기회가 오늘 아침엔 없었어요."

"방문을 열고 복도 쪽을 내다보실 생각은 안하셨어요?" 그녀는 한술 더 떴다.

어쩐지 나를 심문하고 있는 것 같았고, 내가 알고 있는 것을 넌지시 끌어내려 하고 있었다. 그때 이런 생각이 머리에 떠올랐다. 그녀가 저지른 죄를 내가 알고 있다, 또는 의심하고 있다고 안다면 무슨 나쁜 짓이라도 내게 하지나 않을까 하는 생각이 문득 떠올랐다.

"그러기는커녕," 나는 말했다. "문에 빗장을 질렀어요."

"그럼 선생님께선 주무시기 전에 매일 밤 문에 빗장을 지르는 습관이 아니세요?"

'악마 같으니라고! 내 습관을 알려고 하고 있어. 습관을 이용해서 계획을 짤 심산인지도 몰라!' 분노가 다시 분별력을 누르고 치솟았다. 나는 냉엄한 말투로 대답하였다. "여태까지 가끔은 빗장을 지르지 않았지요. 그럴 필요가 없다고 생각했으니까. 손필드 저택에는 두려워할 위험이나 난처한 일이 있으리라고 생각지 않은 걸요. 하지만 앞으로는" (하고 그 말을 강조해서) "잠자리에 들기 전에 무슨 일이 없도록 조심해야겠어요."

"그렇게 하시는 게 좋을 거예요." 그녀의 대답이었다. "이 근처는 제가 알기에는 무척 조용해요. 이 저택이 선 후 도둑이 들어왔다는 이야기는 들어본 적이 없어요. 이 댁 찬장 속엔 몇 백 파운드 값어치의 그릇들이 들어 있다는 것은 누구나 알고 있지만 말입니다. 게다가 워낙 나리께서 여기에서 오래 사시지 않고 여기에 계시는 동안에도 독신이시니까 시중을 들 필요가 별로 없으니까요. 그래서 저택은 이렇게 크지만 하인들의 수가 적어요. 그렇지만 난 지나칠 정도로 안전하게 하는 편이 제일이라고 늘 생각해요. 문엔 그때그때 빗장을 질러 놓아야 하구요. 근처를 돌아다니는 위험한 인물을 안에 들여놓지 않도록 말이에요. 세상 사람들은 모든 것을 하느님께 맡기고 있지 만 하느님이라고 해도 재앙을 막아내는 방법까지는 가르쳐 주시지 않아요. 하기야 이쪽에 조심스럽게 수단을 강구하면 제대로 축복을 내려주시긴 하지 만." 여기서 그녀의 열변은 끝났다. 그녀로서는 열변이었지만 퀘이커 교도처 럼 얌전하게 말을 했던 것이다.

나는 거기에 선 채 그녀의 놀라울 만한 침착성과 전혀 헤아릴 수 없는 위 선적인 태도에 놀랐으나 그때 요리사가 들어왔다.

"풀 아줌마" 그녀는 그레이스에게 말했다. "우리들 식사가 곧 다 될 텐데 내려오겠어요?"

"아니, 흑맥주와 푸딩을 좀 쟁반에다 갖다 줘요. 그럼 내가 위층으로 가지 고 올라가서 먹을 테니까."

"고기는 어떻게 하시겠어요?"

"그것도 좀 주고. 그리고 치즈 한 조각이면 돼요."

"세이고(세이고 야자의 녹말로 과자 재료임)는?"

"지금은 필요 없어요. 차 마시는 시간 전에 내가 내려가서 직접 만들겠어 요."

여기서 요리사는 나를 향해 페어팩스 부인이 기다린다고 했다. 그래서 나 는 방에서 나왔다.

점심 식사를 하는 동안에 페어팩스 부인으로부터 커튼이 불탔다는 이야기 를 들었지만 나는 그레이스 풀의 알 수 없는 성격을 해명하는 데에만 골몰해 있었다. 손필드 저택에서의 그녀는 어떤 위치에 있는 것일까? 왜 아침 동안 에 감금되지 않았는가? 왜 적어도 주인으로부터 해고를 당하지 않았는가? 어제의 일은 분명히 그녀가 저질렀다고 인정하지 않았던가? 도대체 어떤 이 유가 있어서 이 여자에게는 책망이 없는가? 왜 그는 나의 입을 막았는가? 이상한 일이다. 대담하고 집념이 강하고 오만한 신사가 자기 고용인 중에서 도 가장 천한 여자에게 어딘가 좌우되고 있다는 생각이 든다. 그 힘에 지배 되어 비록 생명을 노리고 수를 썼는데도 그 악행을 공공연하게 비난하는 일 도 벌을 줄 수도 없다는 것이다.

만일 그레이스가 젊고 아름다운 여자였다면 애정이 분별이나 두려움을 이 겨내어 로체스터 씨로 하여금 그녀를 옹호하는 마음이 들게 했을는지도 모른다. 그러나 저렇게 딱딱한 표정의 뻔뻔스러운 침착성을 보이는 여자이고 보면 그런 일은 도저히 생각할 수 없는 일이었다. '그렇지만' 하고 나는 생각했다. '이 여자에게도 젊었을 때는 있었다. 그녀가 젊었을 무렵에는 나리께서도 젊었어. 페어팩스 부인의 이야기에 의하면 그녀는 오랫동안 여기에서 살고 있었다고 한다. 이 여자가 옛날에는 미인이었다고는 생각할 수 없다. 하지만 용모에서 모자란 것을 독특한 개성이나 억센 성격이 보충하고 있을지도 모른다. 그녀가 아름다웠으리라고는 생각되지 않지만 얼굴 생김과 결점을 보충할 만한 뛰어난 성격이나 성격상의 영향력을 갖고 있었는지도 모른다. 로체스터 씨는 의지가 굳고 조금 색다른 인물을 좋아 하는 경향이 있다. 적어도 그레이스는 별난 인물이다. 그 옛날의 변덕 때문에 (충동적이고 무턱댄 성격의 그라면 얼마든지 있을 수 있는) 스스로 자초한 어리석은 행동의 보답이라고 하지만 그 일거수일투족에 그녀의 조종을 받아 지금은 그녀가 하라는 대로 하고 그것을 뿌리칠 수도 무시할 수도 없게 된 것은 아닐까?' 그러나 생각이 여기까지 미쳤을 때 그레이스 풀의 네모진 펀펀한 몸집과 마구잡이로 돼먹고 무미건조한 데다가 음탕하기까지 한 얼굴이 내 머릿속에 분명히 되살아나 나는 이렇게 생각하였다. '아냐, 있을 수 없는 일이야! 이런 상상은 잘못된 거야. 하지만' 하고 마음속에서 몰래 속삭이는 소리가 말하였다. '그렇게 말하는 너 자신도 아름답지는 않아. 그런데도 로체스터 씨는 널 눈에 들어 하는 것 같아. 아무튼 너는 마치 그분의 눈에 든 것처럼 가끔 생각하지 않는가. 그리고 어젯밤의 그분의 말을 생각해 봐! 그 얼굴을 생각해 봐. 그의 말소리를 생각해 봐!'

나는 모든 것을 분명히 기억하고 있다. 말·눈길·말씨가 지금 생생하게 되살아나고 있다. 나는 공부방에 있었고 아델라는 그림을 그리고 있었다. 나는 아델라의 등 뒤에서 몸을 구부리고 연필 쥐는 법을 가르치고 있었다. 아델라는 조금 놀란 듯이 얼굴을 들었다.

"선생님, 어떻게 된 일이에요? 손가락이 나뭇잎처럼 떨리고 뺨이 빨개요. 앵두처럼 빨개요!"

"허리를 구부리고 있으니까, 아델라, 더워서 그래!" 아델라는 그림을 계속 그리고 나는 생각을 계속하였다.

나는 그레이스 풀에 관한 꺼림칙한 억측을 내 머리로부터 황급히 떨어냈다. 그런 일을 생각하다니 속이 메스껍다. 나는 나 자신을 그레이스와 비교해 보고 서로 다른 점을 찾아냈다. 베시는 내가 훌륭한 숙녀가 되었다고 말해주지 않았던가. 그녀는 진실을 말하고 있었던 것이다. 나는 어엿한 한 사람의 숙녀였다. 지금의 나는 전에 베시와 만났을 때보다도 훨씬 아름다워 보일 것이다. 혈색도 좋아지고 살도 쪘다. 생기도 있고 쾌활해지기도 했다. 왜냐하면 앞날에 밝은 희망이 있고 강렬한 기쁨이 있었기 때문이다.

'이제 곧 해가 진다.' 나는 창 쪽을 바라보았다. '오늘은 이 집에서 로체스터 씨의 목소리나 발소리도 한 번도 들을 수가 없었어. 하지만 밤이 되기 전에 꼭 뵐 수 있을 거야. 아침엔 만나는 게 두려웠지만 지금은 만나고 싶어. 너무 기다리다 보니 이젠 참을 수 없을 정도로.'

막상 땅거미가 짙게 깔리고 아델라가 육아실에서 소피와 놀려고 물러가자 나는 그를 만나고 싶은 생각이 간절해졌다. 아래층에서 방울이 울리지나 않나 귀를 기울였다. 리어가 무슨 말을 전하러 오지나 않을까 귀가 솔깃했다. 어쩌면 로체스터 씨의 발소리가 들리는 듯하여 금방 문이 열리며 그분이 들어올 것만 같아 문께로 고개를 돌렸다. 문은 닫힌 채였고 어둠만이 창으로 스며들 뿐이었다. 그러나 아직 늦지는 않다. 7시, 8시 무렵에도 나를 부르러 보낸 일이 때때로 있었고 아직 5시 밖에 안 되었으니까. 그분에게 할 얘기가 이처럼 많이 있으니 꼭 만나야 해. 그레이스 풀에 관한 일을 다시 한 번 따져서 이에 대해서 그가 어떻게 대답하는지 꼭 듣고 싶다. 어제의 꺼림칙한 사건을 꾸민 것이 그녀라는 것을 정말로 믿고 있는지, 만일 그렇다면 왜 그녀의 나쁜 행동을 비밀로 해 두는지 솔직하게 묻고 싶다. 나의 호기심이 그를 짜증나게 하든 그것은 상관없다. 그를 화나게 하거나 달래는 즐거움을 나는 알고 있었다. 나는 그것을 크게 즐기고 있었는데 확실한 본능이 항상 너무 지나치지 말라고 경고를 해 준다. 그래서 너무 지나친 도발은 결코 하지 않았다. 나는 아슬아슬한 한계에서 나의 솜씨를 시험해 보고 싶다고 생각하였다. 말끝마다 존경의 마음을 담고 신분에 어울리는 예의를 지키면서, 그러면서도 두려워하지 않고 부자연스럽게 자기를 억제하는 일도 없이 나는 그와 토론을 할 수 있는 것이다. 그것이 내 성미에도 로체스터 씨의 성미에도 맞았던 것이다.

마침내 층계에서 삐거덕거리는 발소리가 났다. 리어가 나타났으나 페어팩스 부인 방에 차 준비가 되었다는 것을 알리러 왔을 뿐이었다. 아무튼 나는 아래층으로 내려간다는 것만으로도 기뻐서 페어팩스 부인 방으로 갔다. 그렇게 되면 로체스터 씨 곁으로 좀더 가까이 갈 수 있다고 나는 생각하였다.

"차는 어때요?" 얼굴을 내민 나에게 마음씨 좋은 페어팩스 부인이 말했다. "점심 식사를 별로 안 들었으니까" 하고 말을 잇고서 "어쩐지 오늘은 몸이 불편한 것 아녜요? 얼굴이 상기되고 열이 있어 보여요."

"아녜요, 아주 건강해요! 이렇게 좋은 기분은 처음이에요."

"그럼 많이 들고 그 증거를 보여 주어요. 이 뜨개질 한 줄을 뜨는 동안 저 찻주전자에 따라서 드시겠어요?" 부인은 뜨개질을 다 끝내자 일어서서 햇볕이 충분히 들어오게 하기 위해서 올렸던 차양을 끌어내렸다. 벌써 황혼이 짙어져서 어두워지기 시작하고 있었다.

"오늘 밤은 날씨가 좋군요." 부인은 유리창으로 밖을 내다보고 말했다. "별은 안 보이지만 로체스터 씨의 여행에는 좋은 날씨 같아요."

"여행이라고요! 로체스터 씨는 어딜 가셨나요? 전 어디 가셨는지 모르고 있었어요."

"아이 참, 아침 식사를 드시자마자 떠나신 걸요! 리즈 저택에 가셨어요. 밀코트에서 10마일 정도 떨어진 에슈턴 씨의 저택으로요. 굉장한 파티가 열리는가 봐요. 잉그램 경(卿), 조지 린 경, 덴트 대령과 그 밖의 여러분들이 오신다나 봐요."

"오늘 밤에 돌아오실까요?"

"아니오—내일도 안 오세요. 일주일 또는 그 이상 머무르실 거예요. 그렇게 훌륭한 상류사회의 여러분들이 한자리에 모이게 되면 으레 우아하고 화려한 기분에 휩싸이게 돼요. 여러 가지 즐거운 행사들이 준비돼 있으니까. 모두들 헤어지려고 서두르지도 않는답니다. 이런 자리엔 특히 신사 양반들이 필요하니까요. 로체스터 씨께선 사교계에서는 아주 재치 있고 명랑한 분이고 해서 모두들 그분을 좋아하는가 봐요. 여자들은 누구나 로체스터 씨를 좋아해요. 겉으로는 여자의 눈을 끌 만한 것은 갖추고 있지 않으시지만. 다만 교양이나 재능, 그리고 아마도 재산과 좋은 혈통이 용모의 결함을 보충하고 남는 것 같아요."

"리즈 저택에는 부인들도 계시나요?"

"에슈턴 부인과 따님이 세 분. 참 아름다운 아가씨들이죠. 그리구 블랑슈 아가씨와 메리 잉그램 아가씨. 이 두 분은 대단한 미인이에요. 나는 6, 7년 전에 열여덟 살인 블랑슈 아가씨를 만나 뵌 일이 있어요. 로체스터 씨께서 베푸신 크리스마스 무도회와 파티에 참석하기 위해 여기 오셨어요. 선생님이 그날의 식당을 보았더라면 좋았을걸요. 얼마나 풍성하게 장식됐고 얼마나 찬란하게 불이 켜졌던지! 귀부인들과 신사 양반들이 50명은 참석했을 겁니다. 모두들 대단한 집안에서 온 분들이지요. 그리고 잉그램 아가씨는 그날 밤의 꽃이었습니다."

"그분을 보셨다고요, 페어팩스 부인. 어떻게 생긴 분이세요?"

"네, 봤어요. 정찬실 문이 활짝 열려 있었고 크리스마스니까 하인들이 홀에 모여 아가씨들이 부르는 노래나 연주하는 걸 들어도 좋다는 허락이 내려져 있었어요. 로체스터 씨께서는 저더러 방안으로 들어오라고 하시기에 조용한 한구석에 앉아서 구경을 했어요. 그렇게 멋진 광경을 여태 본 적이 없었어요. 부인네들은 화려한 옷차림을 하고 대부분은―그래요, 젊은 아가씨들은 거의 다―아름다웠어요. 하지만 블랑슈 아가씨는 확실히 여왕님이었어요."

"어떤 분이었어요?"

"키가 크고 풍만한 가슴, 조그만 어깨, 길고 우아한 목, 올리브빛의 가무잡잡하면서도 맑은 얼굴빛, 고상한 콧날, 눈은 로체스터 씨의 눈처럼 크고 검고 마치 보석과 같이 빛나고 있었어요. 게다가 아름다운 새까만 머리는 잘 어울리게 손질이 돼 있었어요. 머리 뒤쪽은 굵게 땋아올리고 앞머리는 윤이 나는 것을 길게 고수머리로 늘어뜨렸었지요. 눈처럼 흰 옷에다 호박빛 스카프는 어깨에서 가슴까지 내려오게 하고 허리 있는 데서 묶여졌다가 긴 술이 달린 끝이 무릎 아래까지 드리워져 있었어요. 머리에는 또 호박빛 꽃을 꽂고 있었는데 그것이 새까만 지진 머리다발과 잘 어울리더군요."

"물론 그분은 대단한 찬사를 받았겠지요?"

"그럼요! 아름다움뿐만 아니라 그분의 교양미 때문에도 그랬어요. 그분도 노래를 불렀답니다. 어떤 신사 한 분이 피아노 반주까지 하구요. 그 아가씨와 로체스터 씨가 이중창을 불렀어요."

"로체스터 씨가? 노래를 부르시는 줄은 몰랐어요."

"웬걸요! 음성이 훌륭한 베이스에다가 음악에는 대단한 취미를 갖고 계시답니다."

"블랑슈 양은 어떤 음성이세요?"

"참 풍부하고 힘찬 성량이세요. 반해 버린 음성으로 노래를 부르셨는데 그 아가씨의 노래를 듣는 건 참 즐거운 일이었어요. 나중에 피아노도 치셨어요. 나는 음악을 모르지만 로체스터 씨는 잘 아세요. 그분은 아가씨의 연주는 참 훌륭했다고 아가씨에게 말씀하시는 걸 들었어요."

"그런데 예쁘고 재주 있는 아가씨는 아직 미혼인가요?"

"아직 결혼 안 하신 것 같아요. 그 아가씨와 동생은 그다지 재산은 없는가 봐요. 또 잉그램 경의 재산은 주로 한정상속(限定相續)으로 돼 있어서 장남 되시는 분이 거의 다 상속했어요."

"하지만 돈 많은 귀족이나 신사는 그 아가씨를 좋아하지 않을 리 없어요. 가령 로체스터 씨와 같은 분 말예요. 그분은 부자이시잖아요, 그렇죠?"

"아무렴요! 그렇고말고요. 그렇지만 나이 차이가 상당하답니다. 로체스터 씨는 사십이 가까웠는데 그 아가씨는 불과 스물다섯밖엔 안 되거든요."

"그럼 어때요? 그보다 더 차이가 많은 결혼이 흔히 있는걸요."

"그건 그래요. 그렇지만 난 로체스터 씨가 그런 생각을 하시리라곤 생각되지 않아요. 차를 마시러 왔는데 선생님은 아무것도 안 드셨어요."

"아뇨, 너무 목이 말라 못 먹겠어요. 차나 한 잔 더 주시겠어요?"

내가 로체스터 씨와 예쁜 블랑슈 양과의 결혼 가능성에 대해서 다시 생각하려던 참에 아델라가 들어와 화제는 다른 방향으로 흘렀다.

나는 다시 혼자가 되자 내가 알 수 있었던 일에 대해 생각해 보았다. 자신의 마음속을 들여다보고 거기에 있는 생각이나 감정을 음미하고 공상이라고 하는 끝없는 불모의 황야를 방황하고 있던 것을 양식이라고 하는 안전한 울타리 안으로 가차 없이 끌어들이려고 애썼다.

나는 나 자신을 법정으로 소환하여 어젯밤부터 '기억'이 마음속에 길러 왔던 희망·의욕·감정을—그리고 거의 2주 동안이나 단꿈을 꾸어 온 자신의 정신 상태를 증거로 제출한 것이다. '이성'이 앞으로 나아가 침착한 어조로 간결하게 있는 그대로를 진술하고 내가 어떻게 현실을 거부하고 미친 듯이 공상에 사로잡혀 있었던가를 증언하였다—그리고 나는 다음과 같은 판결을 내렸다.

이제까지 제인 에어만큼 큰 바보는 이 세상에는 존재하지 않았다. 달콤한 거짓말을 포식하고 독을 마치 신선주인양 들이마시고 있었다. 이 정도로 심한 바보는 이 세상에 없었다고.

"너 같은 것이" 나는 말했다. '로체스터 씨의 귀염을 받는다고? 그분을 기쁘게 할 힘을 네가 지니고 있었다고? 너는 아무렇게나 보인 호의에—명문의 신사가, 상류의 인사가 철없는 사용인에게 보인 아무렇게나 보인 호의에 우쭐해지고 있었던 것이다. 얼마나 뻔뻔스러운 일인가! 가엾은 바보여! 자신의 이익을 생각했다면 좀더 영리해졌을 게 아닌가? 오늘 아침도 어제의 순간적인 정경을 되풀이해서 회상하고 있었던 것이 아닌가? —얼굴을 가리고 부끄러워해라! 눈물로 흐려진 눈을 뜨고 자신의 꺼림칙한 우둔함을 잘 보아라! 결혼할 마음도 없는 손위 남자가 치켜세우는 일에 제대로 되는 일은 없어. 그런 남자에게 남몰래 사랑을 불태우려는 여자가 있다면 그것은 미치광이 짓이다. 만일 그 생각이 보답을 받지 못하고 알려지지 않은 채로 있으면 그 생각을 간직하고 있는 너의 생명을 좀먹어 버리게 된다. 그리고 만일 그것이 알려져 응답을 받는다고 한다면 구출해 낼 수 없는 수렁으로 도깨비불처럼 떨어지는 것이다.

그럼, 제인 에어, 너의 판결을 잘 들어라. 내일 네 앞에 거울을 놓고 너자신의 얼굴을 크레용으로 그려 보아라. 결점 하나도 손질하지 말고, 보기 흉한 주름 하나도 빼놓지 말고 보기 흉한 이목을 수정하지 말고. 그리고 그밑에 '의지할 곳 없고 가난하고 못생긴 어느 가정교사의 초상화'라고 적어 놓아라.

그 다음엔 매끈한 아이보리 페이퍼(화가가 쓰는 광택이 나는 고급 종이) 한 장을 꺼내라—너는 그림 상자 속에 아이보리 페이퍼를 한 장 가지고 있을 것이다. 팔레트를 꺼내들고 가까이에 있는 가장 선명하고 아름다운 밝은 빛깔을 섞어라. 가장 섬세한 낙타털 붓을 잡아라. 네가 상상할 수 있는 가장 아름다운 얼굴을 정성껏 그려라. 블랑슈 잉그램을 페어팩스 부인이 묘사한 대로 가장 부드러운 음영과 가장 아름다운 색깔의 배합으로 그려라. 새까만 고수머리와 동양적인 눈을 상기하라. 뭐야! 로체스터 씨의 눈을 또다시 닮게 하려는 거냐! 정신 차려! 훌쩍거리지 말아라! 감상도, 회한(悔恨)도 소용없다. 분별과 결의만을 계속 가져라. 기품이 있고 조화를 이룬 이목구비, 고대 그리스의 조각과 같은 목덜미와 가슴, 풍만한 팔과 섬세한 손이 보이도록 그려라. 다이아몬드 반지도 황금 팔찌도 잊어서는 안 된다. 훌륭한 의상, 가벼운 레이스와 번쩍이는 새틴 옷, 우아한 스카프, 황금빛 장미꽃도 충실하게 그리자. 여기에는 '명문의 교양 있는 아가씨 블랑슈 양'이라고 제목 붙이는 거다.

앞으로 로체스터 씨가 마음에 들어 하고 있다고 착각하는 일이 있을 때에는 이 두 장의 그림을 꺼내어 비교해 보아라. 그리고 "로체스터 씨는 이 고귀한 여인의 사랑을 얻으려고 하기만 하면 아마 이 고귀한 숙녀의 사랑을 얻을 수 있을 거다. 이 가난하고 보잘것없는 한낱 평민에 대해서 그분은 진지하게 마음을 주는 일이 있을까?' 하고 물어라."

'그렇게 하자.' 나는 결심했다. 결심을 굳히자 마음도 가라앉아 나는 잠이 들어 버렸다.

나는 내 결심을 실행하였다. 크레용으로 자화상을 그리는 데는 한두 시간이면 충분했다. 그리고 두 주일이 채 되기도 전에 아이보리 페이퍼에 내 상상으로 그린 블랑슈 잉그램의 조그만 초상화가 완성되었다. 그것은 퍽 아름다운 얼굴로 보였다. 그리고 크레용으로 그린 자화상과 비교해 보니 그 대조는 내 자제심이 바랐던 것처럼 무척 컸다. 이 일은 쓸모가 있었다. 그것은 나의 머리와 손을 끊임없이 움직여 자신의 가슴에 분명하게 각인(刻印)하려고 원한 새로운 인상에 힘을 주어 부동의 것으로 만들어 준 것이다.

이윽고 나는 이처럼 자신의 마음을 엄하게 규정할 것을 감사하게 될 처지에 이른다. 고맙게도 그 덕택으로 후에 일어난 사건에 냉정하게 대처할 수 있었던 것이다. 이들 사건들이 만일 나의 불의를 찌르고 있다면 아마도 나는 표면까지도 평정을 유지할 수 없었을 것이다.

17

한 주일이 지났으나 로체스터 씨로부터는 아무런 소식이 없었다. 열흘이 지나도 돌아오지 않았다. 페어팩스 부인은 그가 리즈에서 런던으로 직행, 거기서 다시 대륙으로 건너가 앞으로 1년간 손필드에는 얼굴을 나타내지 않는다 해도 놀라지 않는다고 했다. 이처럼 전혀 예기치 않았을 때 갑자기 저택을 나가는 일은 드문 일이 아니라는 것이다. 이 말을 듣고 나는 마음이 이상하게 싸늘해지고 텅 빈 것 같았다. 이렇게 해서 나는 낙담이라는 불쾌한 감정을 할 수 없이 맛보았던 것이다. 그러나 이성을 불러일으켜서 나의 결의를 돌이켜 생각하고 즉각 나의 감정을 향하여 진정하라고 명령하였다. 내가 일시적인 미망(迷妄)에서 벗어나—로체스터 씨의 동정에 내가 중대한 관심을 보일 이유가 있다고 하는 터무니없는 생각을 시정한 것은 나 자신도 놀라울 뿐이었다. 노예와 같은 열등의식으로 나 자신을 비하시킨 것은 아니었다. 반대로 나는 나 자신에게 이렇게 타이른 것이다.

'너는 손필드의 집주인과는 아무런 관계가 없다. 그가 후견인으로 있는 아이를 가르치고 그에 대한 보수를 그로부터 받고 있는 데에 지나지 않는다. 그리고 맡은 일을 다하면 당연히 그에게 바랄 권리가 있는 예의바르고 친절한 대우에 감사하는 것 이외에는 아무 관계가 없어. 이것만이 너와 그를 맺고 있는 유일한 것이라는 것을 명심하여라. 그가 인정하고 있는 것은 그것뿐이다. 그러니까 그를 너의 미묘한 감정이나 흥분, 괴로움 등의 대상으로 삼으면 안 된다. 그와 너는 계층이 다르다. 분수를 알아야 한다. 그리고 너의 온 마음과 정신과 힘을 기울인 애정을 아낌없이 주어서는 안 된다. 그런 선물은 요구되기는커녕 경멸을 당할 뿐이니까.'

나는 그날그날의 일과를 차분하게 계속하였으나 손필드를 그만둘까 하는 막연한 생각이 어느 틈엔가 나의 머릿속을 헤매게 되었다. 그래서 나도 모르게 광고문을 만들어 보기도 하고 새로운 일자리를 요리조리 궁리해 보기도 했다. 나는 그런 일을 생각해서는 안 된다고 배척할 필요도 없다고 생각하였다. 그것이 싹을 터서 열매를 맺는 일이 있을지도 모르는 것이다.

로체스터 씨가 2주일 남짓 돌아오지 않고 있을 때 우체부가 페어팩스 부인 앞으로 편지 한 통을 배달하였다.

"주인님한테서 왔어요." 부인이 겉봉 이름을 보며 말했다. "이제 그분이 돌아오시는지 아닌지 알게 되겠군요."

그녀가 겉봉을 뜯고 내용을 읽고 있는 동안에도 나는 커피를 마시고 있었다 (아침을 먹는 자리였다). 커피가 뜨거웠으므로 갑자기 얼굴이 붉어진 것을 그 탓으로 돌렸다. 왜 손이 떨리고 저도 모르게 커피의 절반을 접시에 엎질렀는지 생각해 보는 것은 그만두기로 하였다.

"그래요—생각해 보면 이 집은 너무 조용해요. 하지만 앞으로는 아주 바빠질 거예요. 하기야 잠시 동안이기는 하지만." 안경 앞에 편지를 든 채 페어팩스 부인은 말했다.

용기를 내어 설명을 구하기 전에, 우연히 풀려 있던 아델라의 앞치마 끈을 다시 매주고 빵을 다시 하나 더 주고 잔에 우유를 따라 주고 나서 아무렇지도 않은 듯이 물었다.

"로체스터 씨는 곧 돌아오실 것 같지 않죠?"

"아니에요. 돌아오세요—사흘 안에라고 쓰여 있어요. 다음 목요일이에요. 그것도 혼자가 아니에요. 리즈에 모였던 훌륭한 손님들을 모시고 온다고 되어 있는데 글쎄 몇 분이나 될지. 가장 좋은 침실을 준비해 두라는 지시에요. 그리고 서재와 응접실을 깨끗이 청소해 놓으라고요. 밀코트에 있는 조지 여인숙이나 또 어디 있을 만한 다른 데서라도 부엌일을 할 사람들을 더 구해야겠어요. 귀부인들은 하녀를, 신사분들은 하인을 데리고 오시겠지요. 그러면 집안은 그들로 가득 찰 거예요." 페어팩스 부인은 아침을 급히 마치고 준비에 착수하기 위해 황급히 나갔다.

그녀가 예언한 바와 같이 사흘 동안은 매우 바빴다. 나는 손필드의 모든 방들은 청소가 잘 되고 정돈이 잘 된 것으로 여겨졌는데 아무래도 그것은 잘못된 생각인 것 같았다. 여자 세 명이 일을 거들어 주기 위하여 동원되었다. 바닥을 닦고 먼지를 털고 벽을 다시 칠하고 양탄자를 털고 그림을 내렸다가 걸었다 하고 거울이나 촛대를 닦기도 하고 침실의 난로에 불을 넣고 요와 이불을 난로 앞에서 말렸다. 이런 수선은 이제까지 본 일도 없었고 앞으로도 보는 일은 없을 것이다. 아델라는 이 북새통 속에서 마구 뛰어다니고 있었다. 손님들을 모실 준비와 손님들이 온다고 하는 기대감이 그녀를 신나게 만들고 있는 것 같았다. 그녀가 프록이라고 부르고 있는 '의상'을 소피에게 모두 점검시키고 '유행에 뒤진' 것들은 고치게 하고, 새것은 바람에 말려 항상 입을 수 있게 해 달라고 졸랐다. 본인은 앞쪽에 있는 방을 쏘다니기도 하고 침대를 뛰어오르기도 하고 굴뚝에서 요란스러운 소리를 내고 타고 있는 큰 난롯불 앞에 쌓인 옷잇이나 쿠션이나 베개 위에 누워 있을 뿐이었다. 공부는 면제가 되었다. 나는 페어팩스 부인을 거들기 위해 온종일 주방에서 그녀와 요리인들을 돕고 또는 방해를 하고 있었다. 커스터드나 치즈 케이크, 프랑스식 파이를 만드는 법을 배우고 새의 다리를 묶는 방법과 디저트 장식에 대한 설명을 들었다.

손님 일행은 목요일 오후, 6시의 만찬에 알맞게 이를 예정이었다. 그 동안 나는 공상에 잠길 시간도 없었다. 나는—아델라를 빼놓고는—모든 사람들과 마찬가지로 부지런히 일을 했다고 생각한다. 그래도 가끔 그렇게 들뜬 마음에 찬물을 끼얹은 느낌이 들어 자기도 모르는 사이에 의혹과 불길한 조짐과 어두운 억측의 세계로 다시 떠밀려 들어가는 것을 느꼈다. 그것은 우연히 3층 계단 입구의 문이 (최근에는 언제나 자물쇠가 잠겨 있었다), 천천히 문이 열려 꼭 맞는 모자를 쓰고 흰 앞치마와 손수건 차림의 그레이스 풀의 모습이 나타나는 것을 보았을 때였다. 천으로 만든 슬리퍼를 신고 있었으므로 거의 발소리도 내지 않고 복도를 걸어가는 모습을 보았을 때였다. 뒤집힐 듯한 법석을 떨고 있는 침실을 하나하나 들여다보고—아마도 임시로 고용한 청소부 아주머니에게 석쇠를 잘 닦는 법과 대리석 벽난로 선반을 닦는 법, 또는 벽지의 얼룩을 빼는 방법을 잠시 조언하고 나서 지나가는 것을 보았을 때였다. 그녀는 이렇게 하루에 한 번은 주방으로 내려가서 점심을 먹고 난롯가에서 파이프 담배를 잠시 피우고 3층의 음울한 근거지에서 남몰래 즐기기 위해서 흑맥주를 안고 되돌아가는 것이었다. 24시간 중 불과 한 시간, 아래층의 동료 하인들과 함께 말을 나눌 뿐이었다. 나머지 시간은 모두 3층의 천장이 낮은 참나무로 된 방에서 보내는 것이었다. 거기에 앉아서 바느질을 하면서—구슬프게 혼자 웃으면서—감옥의 죄수처럼 이야기 상대도 없는 것이다.

무엇보다도 이상하기 짝이 없었던 일은 나를 제외하고는 그런 그녀의 습관에 신경을 쓰거나 수상하게 여기는 사람이 한 사람도 없다는 것이었다. 그녀의 신분이나 직분에 대해 이런저런 말을 하는 사람도 없고 그녀가 혼자 있는 것을 가엾게 여기는 사람도 없었다. 어느 때 단 한 번, 리어와 임시로 고용한 청소부 사이에 오고간 이야기의 일부, 그레이스를 화제로 삼은 이야기의 일부를 들은 적이 있다. 처음에 리어가 한 얘기는 못 들었지만 청소부가 이렇게 하는 말은 들었다.

"저 여자는 월급을 꽤 받겠지?"

"그럼." 리어가 말했다. "나도 그만큼 받았으면 좋겠어요. 내 월급을 불평하는 건 아니지만—손필드는 구두쇠는 아니니까. 하지만 그레이스가 받는 액수의 5분의 1도 안 돼요. 그리고 그 여자는 저축을 하고 있어요. 3개월마다 밀코트의 은행으로 가곤 해요. 막상 여기를 그만두면 일을 하지 않고 혼자 살아갈 만큼 저축해 놓은 것 같아요. 아직 마흔 이전이고 건강해서 무엇이든 할 수 있어요. 일에서 손을 떼기엔 너무 일러요."

"일이 손에 익은 거지." 청소부는 말했다.

"아무렴요! 그이는 자기가 해야 할 일을 잘 알고 있어요. 아무도 그이를 못 따라가요." 리어는 의미심장하게 맞장구를 쳤다. "그리고 어느 누구도 그분을 대신할 수 없어요. 그녀가 받는 월급을 다 준대두요."

"그렇군요!" 이것이 대답이었다. "나리님은 도대체……."

청소부는 이야기를 계속하려고 하였으나 여기서 리어가 뒤를 돌아보고 내가 있다는 것을 알고 청소부를 쿡 찔렀다.

"저분은 모르시우?" 청소부가 작은 목소리로 말하는 것이 들렸다.

리어는 머리를 가로로 저었다. 그리고 당연히 이야기는 거기서 끝났다. 내가 그녀들의 대화에서 알 수 있었던 것은 손필드에는 무슨 비밀이 있다는 것이었다. 나는 그 비밀에 대해서는 제외되어 있다는 것이었다.

목요일이 되었다. 모든 준비는 전날 밤에 말끔히 끝나 있었다. 양탄자를 깔고 침대 커튼에는 꽃술을 달고 침대에는 눈부시게 하얀 침대보를 씌우고 화장대도 정비되었고 가구는 깨끗이 닦았고 여기저기의 꽃병에는 꽃이 가득 꽂혔다. 침실도 홀도 더할 나위 없이 깨끗이 청소가 되고 조각이 된 큰 시계도 층계와 층계의 난간도 유리처럼 번들번들 윤이 나게 닦았다. 정찬실의 찬장에는 금은 식기가 눈부시게 빛나고 객실과 부인실에는 진기한 꽃이 화병에 넘치고 있었다.

오후가 되었다. 페어팩스 부인은 그녀의 가장 좋은 까만 새틴 옷에다 장갑을 끼고 금시계를 차고 있었다. 손님들을 맞아들이고 부인네들을 각기 방으로 안내하는 것 등이 그녀의 역할이었다. 아델라도 옷을 갈아입겠다고 졸랐다. 그러나 그녀는 이날 손님들에게 소개될 기회가 별로 없을 것이라고 나는 생각하였다. 그래도 그녀를 기쁘게 해 주려고 스커트가 부푼 길이가 짧은 모슬린 옷을 입히도록 소피에게 부탁하였다. 나는 옷을 갈아입을 필요가 없었다. 공부방이라고 하는 성역(聖域)에서 불려 나오는 일은 없을 것이라고 생각하였다. 거기는 지금의 나에게는 성역이 되어 '괴로울 때의 아늑한 피난처'가 되어 있었다.

화창한 봄 날씨였다. 3월 말에서 4월 초에 걸친, 여름을 미리 알리듯 해가 쨍쨍하게 내리쬐던 날이었다. 이미 해는 저가고 있었다. 하지만 저녁이 되어도 더운 편이어서 나는 공부방의 창문을 열어 놓은 채 일을 하고 있었다.

"늦군요." 페어팩스 부인이 안절부절못한 모습으로 들어왔다. "로체스터 씨가 분부하신 시간보다 한 시간 늦춰서 만찬을 준비시켜서 다행이에요. 지금 6시가 지났죠? 길가를 살피라고 존을 대문까지 내보냈어요. 거기선 밀코트 방면이 멀리까지 보이니까요." 그녀는 창가로 갔다. "어머, 존이에요!" 부인이 말했다. "이봐, 존," (창가에서 윗몸을 내밀며) "무슨 소식이라도 있어요?"

"모두 오고 계십니다." 존이 대답했다. "10분 후면 이를 겁니다."

아델라가 창가로 달려갔다. 나도 따랐다. 밖에서는 보이지 않도록 커튼 그늘, 이쪽에서는 볼 수 있는 창가에 섰다.

존이 말한 10분은 몹시 길게 느껴졌으나 마침내 마차 소리가 들려왔다. 말을 탄 사람 넷이 길을 달려왔다. 그 뒤에 두 대의 포장마차가 따랐다. 거기에는 펄럭이는 베일과 흔들리는 깃털들이 넘치고 있었다. 두 사람의 기수는 씩씩하고 젊은 신사였다. 세 번째는 로체스터 씨였다. 검은 말을 몰고 있었다. 파일럿이 그의 옆에서 따라오고 있었다. 그의 옆에는 한 여인이 말을 나란히 하고 있었다. 두 사람은 일행의 선두에 서 있었다. 그녀의 보랏빛 승마복은 거의 땅을 스칠 정도였고 베일은 바람에 길게 나부끼고 있었다. 베일의 투명한 자락과 서로 엉키면서 희미하게 보이는 풍요로운 검은 머리카락이 빛나보였다.

"잉그램 댁의 큰 아가씨예요!" 페어팩스 부인은 이렇게 소리치고는 아래층의 자기 자리로 급히 내려갔다.

기마의 행렬은 마찻길을 따라 달려 저택 모퉁이로 접어들어 보이지 않게 되었다. 이때 아델라는 아래층으로 데려다 달라고 자꾸만 졸랐다. 그러나 나는 그녀를 무릎에 앉혀 놓고, 지금이나 다른 때라도, 부르기 전에는 부인들 앞에 결코 나갈 생각을 해선 안 된다고 타일렀다. 로체스터 씨가 무척 화를 내실 거라는 것도 말해 주었다. 그것을 듣고 '그 눈에서 눈물이 고여 넘쳐흘렀다.' 하지만 내가 엄한 표정을 지어보이자 그녀도 마침내 눈물을 닦을 마음이 되었다.

현관홀에서 즐겁게 웅성거리는 소리가 들려왔다. 신사들의 낮은 음성과 부인들의 은방울 구르는 듯한 맑은 목소리가 한데 어울리는 속에 크지는 않지만 분명히 들을 수 있는 것은 아름답고 씩씩한, 손님들을 맞이하는 손필드 저택 주인의 낭랑한 목소리였다. 이윽고 가벼운 발소리가 충계를 올라왔다. 그리고 복도를 가볍게 걸어가는 경쾌한 발소리와 즐겁고 명랑한 웃음소리와 문을 여닫는 소리가 들리더니 잠시 조용해졌다.

"옷을 갈아입고 계세요." 귀를 기울여 그 움직임을 쫓고 있던 아델라는 이렇게 말하고 한숨을 지었다.

"우리 엄마 집에선," 그녀는 말했다. "손님이 오시면 전 응접실이고 침실이고 어디든 따라다녔어요. 하녀가 부인네들의 머리를 빗겨 드리기도 하고 옷을 입혀 드리는 것도 다 봤어요. 참 재미있었어요. 그렇게 해서 다 배우는 거예요."

"아델라, 배고프지 않니?"

"네, 배고파요, 선생님. 식사한 지 벌써 대여섯 시간이 됐으니까요."

"그럼 부인들이 방안에 계시는 동안 내가 아래층에 가서 먹을 것 좀 가져올게."

나는 조심스럽게 피난처를 나와 부엌으로 바로 통하는 뒤쪽 충계를 내려가기로 하였다. 부엌에는 불이 빨갛게 피워져 있었고 떠들썩했다. 스프와 생선은 이제 막 완성 단계에 있었다. 연금술이라면 도가니 속의 것이 황금으로 변하는 순간과 같은 것으로, 요리인들은 마음과 몸이 다급해져서 불덩어리처럼 달아오른 얼굴로 냄비를 들여다보고 있었다. 하인들이 대기하고 있는 방에는 마부 두 사람과 세 사람의 하인들이 선 채 또는 앉아서 불을 둘러싸고 있었다. 시녀들은 각기 여주인들과 함께 2층에 있는 듯했다. 밀코트에서 온 임시 고용인들은 여기저기서 바삐 일을 하고 있었다. 이 혼란 속을 헤쳐 나는 간신히 찬방으로 들어가 식은 닭고기와 빵과 과실이 든 파이를 조금, 그리고 접시 한두 개, 나이프, 포크 등을 집어 들었다. 이 전리품을 들고 나는 그 자리를 급히 물러나왔다. 다시 복도로 돌아와 뒷문을 닫았을 때 무엇인가 시끄러운 기색이 들렸다. 귀부인들이 각자의 방에서 나서려는 참인 것 같았다. 공부방으로 가려면 귀부인들의 방 앞을 지나야 했고 게다가 음식을

205

들고 가다가 불시에 마주칠 위험이 있었다. 그래서 나는 복도 한 쪽 끝에서 가만히 기다리기로 하였다. 이 근처는 창이 없어서 어두웠다. 이미 해는 넘어가고 어둠이 다가왔기 때문에 지금은 캄캄했다.

이윽고 각 방에서는 아름다운 주인공들이 한 사람씩 나왔다. 각기 어둠 속에서도 화려한 빛을 뿌리는 차림으로 쾌활하고도 경쾌하게 나타났다. 그리고 복도 저편 끝에 잠시 모여서 나지막하고 아름다운 목소리로 즐겁게 이야기를 나누고 있었다. 그러다가 빛을 받아 번쩍이는 안개가 언덕을 흘러내리듯이 소리도 없이 층계를 내려갔다. 이들의 전체적인 느낌은 이제까지 내가 본 적이 없는 우아한 인상을 안겨 주었다.

아델라가 공부방 문을 방긋이 열고 엿보는 것이 보였다.

"얼마나 예쁜 분들인가!" 그녀는 영어로 소리쳤다. "아아, 저분들한테 가 봤으면 좋겠어요! 로체스터 아저씨가 우리들을 부르실까? 저녁 식사가 끝난 후에?"

"아냐, 그럴 리가 없어. 로체스터 아저씨는 다른 일이 있으시니까. 오늘 저녁은 부인들 앞에 나갈 생각은 아예 말아라. 내일이나 뵙게 되겠지. 자아, 저녁이나 먹어."

아델라는 정말 배가 고팠는지 닭고기와 파이는 잠시 그 애의 정신을 팔게 했다. 이렇게 먹을 것을 빼와서 다행이었다. 그렇지 않았더라면 아델라와 나와 소피는 저녁 식사 구경도 못했을 뻔했다. 아래층 사람들은 너무 바빠서 우리를 생각할 겨를이 없었던 것이다. 식후의 디저트는 9시가 지나도록 나오지 않았고 10시가 되어도 하인들은 커피 잔을 얹은 쟁반을 들고 이리저리 뛰어다니고 있었다. 나는 아델라가 여느 때보다도 늦게까지 자지 않아도 좋다고 허락했다. 아래층의 문이 줄곧 여닫히고 모두가 돌아다니는 것이 신경이 쓰여 잠이 오지 않는다고 말하기 시작했기 때문이다. 게다가 옷을 갈아입었을 때 로체스터 아저씨한테서 오라는 기별이 올지도 모른다고 한술 더 떴다.

나는 아델라가 귀를 기울이고 있는 동안에는 옛날 얘기를 여러 개 들려주었다. 그 후에는 기분 전환으로 그녀를 복도로 데리고 나가기도 하였다. 현관홀에는 램프가 켜져 있었다. 아델라는 난간 너머로 하인들이 오가는 것을 바라보고 즐기고 있었다. 밤이 깊었을 때 피아노를 옮겨 놓았던 응접실에서 음악 소리가 들려 왔다. 아델라와 나는 계단 맨 위쪽에 앉아서 듣고 있었다.

이윽고 노랫소리가 피아노의 부드러운 음색에 섞여 들려왔다. 독창이 끝나자 다음에는 이중창이 되고 삼중창이 되었다. 노래 사이를 즐거운 목소리들이 메웠다. 나는 오랫동안 귀를 기울이고 있었다. 언뜻 정신이 들자 귀는 서로 뒤섞이는 목소리를 하나하나 구별하고 여러 억양이 들리는 중에서 로체스터 씨의 음성을 알아내려고 온 신경을 모으고 있다는 걸 깨달았다. 이윽고 그 소리를 파악하자 이번에는 다시 떨어져 있었으므로 알아듣기 힘든 목소리를 뜻이 통하는 말로 재구성하는 일에 착수하였다.

시계가 11시를 쳤다. 아델라는 내 어깨에 머리를 기대고 있었다. 눈까풀이 무거워진 그녀를 안고 침대까지 데리고 갔다. 손님들이 방으로 물러간 시간은 거의 새벽 1시가 가까워서였다.

이튿날도 전날처럼 갠 날씨였다. 손님들은 어딘가 가까운 곳으로 소풍을 나가게 되었다. 아침 일찍 어떤 사람은 말을 타고 나머지 사람은 마차로 떠났다. 나는 그들의 출발과 도착을 바라보고 있었다. 잉그램 양은 전날과 같이 여자로서는 혼자 말을 타고 있었다. 그리고 전날처럼 로체스터 씨가 그 옆에서 그녀와 나란히 말을 몰고 다른 사람들은 조금 떨어져서 말을 달리고 있었다. 그때 함께 창가에 서 있었던 페어팩스 부인에게 이것을 지적하였다.

"부인께선 분명히 이전에 저분들이 결혼할 생각이 없는 것 같다고 말씀하셨지만" 나는 말을 꺼냈다. "보시다시피 로체스터 씨는 다른 어느 분보다도 저 아가씨를 좋아하시는 게 분명해요."

"네, 그래요. 그분을 좋아하고 계시는 건 같아요."

"그리고 그분도 로체스터 씨를," 나는 덧붙였다. "저것 좀 보세요. 마치 비밀 이야기라도 하는 듯이 머리를 로체스터 씨에게 기울이고 있잖아요. 얼굴을 좀 봤으면 해요. 아직 본 일이 없으니까요."

"오늘 저녁엔 보실 거예요." 페어팩스 부인은 대답했다. "로체스터 씨에게 아델라가 부인 손님들한테 소개해 줬으면 한다고 살짝 말씀드렸더니 '아아 그래요, 저녁 식사 후에 객실로 내려 보내시오. 에어 양도 같이 오도록 일러 주시오' 하고 말씀하셨답니다."

"네에. 하지만 그건 단지 예의상 말씀하신 게예요. 전 갈 필요가 없다고 생각해요." 나는 대답했다.

"그래도—로체스터 씨에게 말씀드렸어요. 선생님은 손님들에게 낮이 설어서 저런 화려한 분들, 모두 모르는 분들 앞에 나가시는 걸 좋아하지 않을 거라고. 그랬더니 그 성급한 어조로 말씀하셨어요. '무슨 소리요! 에어 양이 싫다고 하면 나의 특별한 청이라고 해요. 그래도 거역하고 받아들이지 않을 경우엔 내가 가서 끌어온다고 전해요' 라고."

"그런 수고는 그분께 안 끼치겠어요." 나는 대답했다. "가겠어요, 꼭 가야 한다면. 그러나 마음이 내키지 않아요. 부인께서도 가시겠어요?"

"아니지요. 나는 그걸 면제 받았어요. 간청을 했답니다. 주인님께서 제 간청을 들어 주셨어요. 정색을 하고 그런 장소에 들어가는 것은 번거로운 일이지만 그것을 피할 수 있는 좋은 방법을 가르쳐 드릴게요. 부인네들이 식탁에서 일어나기 전에, 객실이 아직 비어 있는 동안에 먼저 들어갈 일이에요. 앉는 곳은 어디라도 좋지만 구석 쪽 조용한 곳을 고르세요. 마음이 내키지 않는다면 남자 손님들이 들어오신 다음엔 오래 머물러 있지 않아도 좋아요. 당신의 모습이 로체스터 씨의 눈에 띄었다면 그 후로는 살짝 빠져나오면 돼요. 아무도 모를 테니까요."

"손님들은 오래 머무르시게 될까요?"

"아마 2, 3주일은 계시겠지요. 그 이상은 안 계실 거예요. 부활절 휴가가 끝나면 최근에 밀코트에서 의원으로 선출된 조지 린 경은 런던으로 가서 등원을 하셔야 하니까요. 로체스터 씨가 동행하실 겁니다. 주인님이 손필드에 이렇게 오래 머무르시는 건 나로서 놀라운 일이에요."

아델라와 함께 객실로 나가야 할 시간이 차츰 다가오자 마음이 좀 떨려 왔다. 아델라는 저녁에 귀부인들 앞에 나가게 되었다는 말을 듣고 줄곧 기뻐서 신이 나 있었다. 소피가 밤을 위한 단장 준비를 시작하자 간신히 신들린 기분이 사라지고 준비 하나하나가 중요하다는 것을 알아차렸는지 안정을 되찾았다. 폭신하고 긴 검은 머리가 개운하게 빗겨지고 분홍빛 새틴 프록에다 긴 허리띠, 레이스로 된 긴 장갑을 끼자 그녀는 정중한 표정이 되었다. 옷을 구기지 말라는 잔소리는 할 필요도 없었다. 옷을 다 입고 나자 그녀는 새틴 스커트에 구김살 갈 세라 미리 조심스레 살짝 추켜올리고 얌전한 얼굴을 하고 자기의 조그만 의자에 앉았다. 그리고 그녀는 내 준비가 끝날 때까지는 거기서 꼼짝도 하지 않겠다는 걸 내게 다짐해 주었다. 나의 준비는 빨리 진행되었다. 나의 가장 좋은 옷을 (은회색의 옷은 템플 선생님의 결혼식을 위해 구한 것으로 그 뒤로는 입지 않고 있었다) 재빨리 입었다. 머리도 재빨리 매만지고 유일한 장식물인 진주 브로치를 바로 달았다. 우리는 아래층으로 내려갔다.

다행히도 손님들이 저녁을 들고 있는 정찬실을 지나지 않고 응접실로 들어가는 다른 문이 또 하나 있었다. 응접실에는 아무도 없었다. 대리석 벽난로에 불이 소리 없이 활활 타오르고 있었고 촛불은 테이블 위에 장식된 훌륭한 꽃에 둘러싸여 사람 기척이 없는 곳에서 빨갛게 타고 있었다. 아치 앞에는 새빨간 커튼이 드리워져 있었다. 이 커튼은 바로 옆의 큰 홀에 있는 사람들과 얼마 떨어지지 않은 곳을 가로막고 있었으나 손님들의 말소리는 매우 낮았으므로 조용한 웅성거림만 들릴 뿐 내용은 알아들을 수 없었다.

아델라는 이 매우 장엄한 인상에 압도당했는지 아무 말도 하지 않고 내가 지시한 발판에 앉았다. 나는 창가의 의자로 물러나자 가까운 테이블에서 책을 집어 그것을 읽으려 했다. 아델라는 발판을 나의 다리께로 가져다 놓고 곧 내 무릎을 찔렀다.

"왜 그러니, 아델라?"

"저 예쁜 꽃을 하나만 따면 안 되나요, 선생님? 내 옷을 더 예쁘게 하려구요."

"너는 옷에 대해서 지나치게 생각하는구나, 아델라. 그렇지만 하나라면 괜찮아." 나는 꽃병에서 장미 한 송이를 따서 아델라의 장식 띠에 달아 주었다. 그녀는 휴 하고 만족의 한숨을 쉬었다. 마치 그녀의 행복의 잔이 비로소 가득 채워졌다고 느낀 것 같았다. 나는 저절로 지은 미소를 감추기 위해 고개를 돌렸다. 이 조그만 파리의 아가씨가 옷 문제에 너무 진지하고 선천적인 애착을 지닌 것이 애잔하고도 어딘지 흐뭇하기도 하였다.

이때 의자에서 일어서는 조용한 소리가 들려왔다. 아치의 커튼이 획 하고 걷히고 그 건너편에 정찬실이 보였다. 불이 켜진 장식 촛대가 긴 식탁에 가득 놓인 디저트용 은식기와 유리 식기에 빛을 던지고 있었다. 귀부인들이 아치 아래에 서 있었다. 그녀들이 들어오자 배후의 커튼이 내려왔다.

불과 8명뿐이었지만 한데 몰려 들어왔으므로 더 많은 것 같은 인상을 받았다. 그 중 몇 사람은 키가 컸다. 거의 대부분의 사람들이 흰 옷차림이었다. 각기 주름을 끌 정도로 여유 있는 의상이었으므로 흰 안개가 달을 크게 보이게 하듯이 그 분들의 모습을 크게 보이게 하고 있었다. 나는 일어나 무릎을 굽히고 인사를 했다. 두 사람 정도가 이에 대한 응답으로 고개를 숙였다. 다른 사람들은 나를 물끄러미 바라보았을 뿐이었다.

부인들은 방안 여기저기에 제각기 흩어졌다. 그 동작이 경쾌하고 쾌활해서 흰 털에 덮인 새의 무리를 연상시켰다. 어떤 분들은 소파와 긴 의자에 몸을 반쯤 눕힌 자세로 앉은 사람도 있었고, 더러는 테이블 위의 꽃이나 책을 유심히 바라보는 사람도 있었고 나머지는 난롯불가에 몰려 있었다. 누구나가 낮지만 뚜렷한 음성으로 이야기를 하고 있었는데 아무래도 그것은 그녀들의 습관인 것 같았다. 나는 그녀들의 이름을 후에 알았지만 지금 그걸 말해 두기로 한다.

우선 에슈턴 부인과 그녀의 두 딸, 부인은 지난날엔 틀림없이 미인이었다고 여겨졌지만 아직도 미모는 간직하고 있었다. 두 딸 중에서 맏딸인 에미는 조금 몸집이 작은 편이었다. 얼굴도 태도도 애티가 있고 순진한 것 같았지만 몸매는 짜여 있었다. 흰 모슬린 옷과 푸른 장식 띠가 그녀에게 잘 어울렸다. 동생인 루이자는 키가 언니보다 더 크고 모습도 우아했다. 프랑스 사람이라면 '귀여운 얼굴'이라고나 할 것 같은 매우 아름다운 얼굴이었다. 두 자매는 모두 백합꽃처럼 피부가 고왔다.

린 부인은 마흔 살쯤으로 몸집이 크고 풍채가 좋은 귀부인. 등을 쭉 편 채 조금 오만하고 무지갯빛 화려한 의상으로 몸을 감싸고 있었다. 보석을 박은 머리 장식으로 누른 담청색 깃털이 그늘지게 한 검은 머리는 윤기를 더하고 있었다.

덴트 부인은 린 부인만큼 화려하지는 않았지만 귀부인답다고 나는 생각했다. 홀쭉한 몸매, 파리하고 부드러운 얼굴, 황금빛 머리카락, 검은 새틴 드레스, 외국제 천으로 된 레이스의 숄, 진주 장신구 등은 신분이 높은 린 부인의 무지개 같은 화려함보다도 훨씬 바람직한 것으로 여겨졌다.

그러나 가장 눈에 띄는 사람으로 말하자면—여인들 중에서 키가 가장 큰 탓도 있었지만—미망인과 두 딸, 블랑슈와 메리였다. 세 사람 모두 키가 컸다. 미망인은 40 중반쯤 보였으나 그녀의 모습은 아직도 아름다웠다. 머리카락도 (촛불 아래에서는) 아직 검고 치아도 가지런히 나 있었다. 나이에 비하면 매우 아름다운 여인이라는 것을 누구나 인정할 것이다. 외면적으로

보아서는 확실히 아름답지만 그 태도나 표정에는 외면과는 어울리지 않는 교만한 데가 있었다. 로마인풍의 이목구비, 이중 턱이 원기둥과 같은 목에 가라앉아 있었다. 그 모습은 교만하고 까다롭게 보일 뿐만 아니라 자존심이 깃들어 있는 것처럼 보였다. 그 턱도 같은 성향을 나타내어 이상하리만큼 곧장 뻗어 있었다. 마찬가지로 눈은 험하고 날카로우며 리드 부인의 눈을 연상시켰다. 이야기하는 태도는 뽐내는 듯 했고 목소리는 굵었다. 젠체하는 억양에 독단적인—요컨대 듣기가 거북한 말투였다. 진홍빛 벨벳 의상, 금실을 짜 넣은 인도산 직물의 숄 풍의 터번은 바로 여왕과 같은 위엄을 주고 있었다(고 틀림없이 본인은 생각하고 있었을 것이다).

블랑슈와 메리는 똑같은 키로—포플러처럼 훤칠하게 컸다. 메리는 키에 비해 지나치게 말랐으나 블랑슈는 달의 여신 다이아나를 연상시키는 몸매였다. 물론 나는 그녀에게는 각별한 관심을 가지고 있었다. 첫째로 그녀의 용모가 페어팩스 부인이 묘사한 대로 생겼는지의 여부를 확인하고 싶었다. 둘째로는 내가 상상으로 그린 그녀의 초상화와 조금이라도 닮은 점이 있는지 아닌지, 그리고 셋째로는—여기서 나는 과감히 말해야겠다—로체스터 씨의 기호에 맞을 것 같은지 아닌지를 확인하고 싶었다.

모습에 대해서는 내 그림과 페어팩스 부인의 묘사는 거의 일치하고 있었다. 보기 좋은 앞가슴, 미끈한 어깨, 우아한 목, 검은 눈과 말아 붙인 검은 머리. 그러나 그녀의 얼굴은 어머니를 닮았다. 젊고 주름이 없을 뿐, 똑같은 좁은 이마, 똑같은 뚜렷한 이목구비, 똑같은 교만. 하지만 어머니만큼은 까다롭지 않게 보였다. 그녀는 끊임없이 웃고 있었다. 비꼬는 듯한 웃음이었다. 활처럼 생긴 입술에 항상 떠오른 표정도 교만이 깃들어 있었다.

천재는 자의식이 강하다고 한다. 나는 블랑슈 잉그램 양이 천재인지 아닌지는 몰라도 자의식이 강하다는 것은 확실했다—자의식이 지나치다고 해도 좋았다. 그녀는 온화한 덴트 부인과 식물에 관한 이야기를 시작하고 있었다. 덴트 부인은 식물학을 배운 것 같지는 않았으나 본인의 말을 빌리자면 꽃을 매우 좋아해서, '특히 들꽃'을 좋아한다고 했다. 잉그램 양은 식물에 조예가 있는지 신이 나서 전문 용어를 늘어놓고 있었다. 이윽고 나는 그녀가 덴트 부인을 (속된 말로 하자면) 놀리고 있다는 것을 알았다. 즉, 그녀의 무지를 이용하고 있다는 것을 안 것이다. 그 방법은 교묘했지만 악의가 없다고는 도저히 말할 수가 없었다. 그녀는 피아노를 쳤다. 연주는 훌륭했다. 그녀는 노래를 불렀다. 목소리가 아름다웠다. 그녀는 자기 어머니에게는 일부러 프랑스 말로 얘기했다. 정확한 악센트로 유창하게 말했다.

메리는 블랑슈보다는 온순하고 너그러운 표정을 짓고 있었다. 살갗은 매우 희었다 (블랑슈 쪽은 에스파냐 사람처럼 가무잡잡했다) —그러나 메리는 생기가 부족했다. 표정도 빈약하고 눈에는 광채가 없었다. 이야깃거리도 전혀 없고 일단 자리에 앉으면 벽감(壁龕)에 장식된 조각상처럼 꼼짝 않고 있었다. 두 자매는 모두 다 흰 옷차림을 하고 있었다.

그런데 나는 잉그램 양을 로체스터 씨가 좋아서 선택할 만한 그런 여자라고 생각했을까. 나는 몰랐다—여성의 아름다움에 대한 그의 기호를 몰랐던 것이다. 당당한 여성을 좋아한다면 그녀에게는 바로 당당한 풍격이 있었다. 게다가 교양도 깊고 생기에 넘쳐 있었다. 대개의 신사가 그녀를 칭찬할 것이라고 생각하였다. 실제로 그 분도 칭찬하고 있었지 않은가. 증거는 이미 얻고 있다. 마지막으로 남은 의혹의 한 조각을 씻어내기 위해서는 두 사람이 함께 있는 것을 관찰하는 것뿐이었다.

독자여, 혹시라도 아델라가 내 발치에 있는 의자에 얌전하게 앉아 있었다고 생각하지 말아 주기를 바란다. 그래요, 부인들이 들어오자 그녀는 일어나 앞으로 나아가 인사를 하고 이렇게 말한 것이다.

"여러분, 안녕하세요?"

그러자 잉그램 양은 얕잡아 보는 태도로 아델라를 내려다보며 소리쳤다. "어머나, 어쩌면 이렇게 작은 인형 같을까!"

린 부인은 이렇게 말하였다. "이 애가 로체스터 씨의 양녀군—그분이 이전에 말한 프랑스 태생의 작은 아가씨."

덴트 부인은 부드럽게 아델라의 손을 잡고 키스해 주었다. 에미와 루이자 에슈턴은 동시에 소리쳤다.

"어쩌면 이렇게도 예쁠까?"

그리고 그녀들은 아델라를 소파로 불렀고 아델라는 지금 두 사람 사이에 끼어 앉아 프랑스 어와 서투른 영어로 번갈아가며 지껄이고 있었다. 젊은 아가씨들뿐만 아니라 에슈턴 부인과 린 부인의 주의를 끌어 마음껏 어리광을 피우고 있었다.

마침내 커피가 나와 신사들이 들어왔다. 나는 그늘에 앉아 있었다—이처럼 눈부시게 밝은 홀에 그늘이 있을 리도 없지만—아무튼 창문의 커튼이 나를 반쯤 가리어 주었다. 아치의 커튼이 크게 열리고 신사들이 들어왔다. 남자들이 다 같이 들어오는 모습은 귀부인들의 그것처럼 참으로 당당했다. 모두가 검은 옷차림이고 대부분 키가 크고 몇 명은 젊은이였다. 헨리 린과 프레더릭 린은 정말 씩씩한 젊은이였다. 덴트 대령은 군인다운 풍격이 있는 분이었다. 에슈턴 씨는 이 지방의 치안 판사로 신사다운 풍모를 지니고 있었다. 머리는 온통 희었으나 눈썹과 수염은 아직 검었다. 그것이 어딘지 '극 중의 늙은 귀족'과도 같은 인상을 주었다. 잉그램 남작은 그의 두 자매처럼 무표정했고 손발이 너무 길어서 팔팔한 피나 두뇌의 힘이 부족한 듯이 보였다.

그런데 로체스터 씨는 어디 계실까?

그는 맨 나중에 들어왔다. 나는 아치 쪽을 보고 있었던 것도 아닌데 그가 들어오는 것을 알았다. 나는 뜨개질바늘과 뜨고 있는 지갑의 코 하나하나에 정신을 집중시키려 했다—손에 들고 있는 뜨갯감만을 생각하고 있는 것처럼 무릎에 놓인 은빛 구슬과 명주실만을 보고 있으려고 했다. 그런데도 나는 분명히 그의 모습을 보았고 마지막 만났던 그 순간의 일이 어쩔 수 없이 되살아났다. 그가 말하는 헌신적인 봉사를 내가 다한 직후—그는 나의 손을 잡고 나의 얼굴을 내려다보고 그리고 당장이라도 넘칠 것 같은 뜨거운 마음을 그의 눈에 담고 나를 물끄러미 바라보았다. 그 뜨거운 마음은 다름 아닌 내가 가지게 한 것이었다. 그때의 나는 얼마나 그의 몸 가까이 있었던가. 그 후 도대체 무슨 일이 일어나서 그와 나와의 관계를 바꾸고 말았는가? 지금의 우리는 얼마나 멀리 있는가. 얼마나 멀리 떨어져 버렸는가! 너무 멀리 떨어져 버렸으므로 그가 나의 곁으로 와서 말을 걸으리라고는 여겨지지 않았다. 그는 나를 거들떠보지도 않고 홀 저편에 자리를 잡고 이러저러한 부인들과 이야기를 하기 시작했어도 나는 놀라지 않았다.

그의 관심이 부인들에게 쏠리고 있는 것을 보고, 그가 눈치채지 않게 관찰할 수 있다는 것을 알자 나의 눈은 어쩔 수 없이 그의 얼굴에 끌렸다. 눈까풀이 내 마음대로 되지 않았다. 눈까풀은 멋대로 올라가서 홍채가 똑바로 그를 바라보았다. 나는 보았다. 그리고 보는 데에 커다란 기쁨을 느꼈다—고뇌라고 하는 강철 같은 단단한 칼끝을 가진 순금처럼 고귀하고 쓰디쓴 기쁨,

목마름으로 죽을 것 같은 인간이 기어서 도달한 샘물이 독이라는 것을 알면서도 엎드려서 그 자비로운 물을 마실 때와 같은 기쁨과 같았다.

'아름다움이란 보는 사람의 눈 속에 있다'는 속담은 참으로 진리이다. 내 주인의 핏기 없고 올리브빛 같은 얼굴, 튀어나온 네모진 이마, 시커멓고 굵은 눈썹, 움푹 들어간 눈, 억센 이목구비, 꼭 다문 무뚝뚝한 입—모두가 정력·결단력·강한 의지를 나타내고 있고 그것을 세상의 상식으로 말하자면 결코 아름답지는 않았다. 그러나 나에게는 이것들은 아름다움으로 잴 수 없는 것들이었다. 거기에는 나를 완전히 지배해 버릴 것 같은 흥취와 힘이 넘쳐 있고, 그것은 나의 감정을 나의 지배로부터 빼앗아 그의 감정이 그것들을 속박하였다. 나는 그를 사랑할 생각은 없었다. 오히려 영혼 속에서 찾아낸 사랑의 싹을 뿌리째 뽑아 버리려고 애썼다는 걸 독자들은 알고 있을 것이다. 그런데 지금 그를 다시 보자마자 그 감정은 순간적으로 싱싱하고도 벅차게 되살아났다! 그는 나를 보지 않았는데도 내게 그에 대한 사랑을 되살아나게 한 것이다.

나는 그를 손님들과 견주어 보았다. 린 집안 형제의 씩씩한 모습도, 잉그램 남작의 우수에 찬 우아한 태도도, 덴트 대령의 군인으로서의 비범함도, 로체스터 씨의 선천적인 활력과 진짜 힘 앞에서 어떤 위치에 서 있는 것이었을까? 그들의 모습, 그들의 표정에는 아무런 공감도 느끼지 못했다. 그러나 보는 사람의 대부분은 그들을 매력적이라 말하고 미남자이자 당당한 사람들이라고 말할 것이다. 그리고 로체스터 씨는 추남에다 침울해 보이는 용모의 주인공이라고 말하리라. 나는 그들이 미소를 짓고 또 웃어 대는 걸 보고 있었다—텅 빈 웃음이었다. 그들의 웃음 같은 건 촛불 정도의 정혼(精魂)밖에 없다, 그들의 웃음소리 같은 건 방울소리 정도의 뜻밖에 없는 것이다. 로체스터 씨가 미소 짓는 모습이 보였다. 그 엄한 얼굴은 누그러지고 눈은 더욱 빛나고 그 빛은 불타듯이 뜨겁고 부드럽다. 그는 지금 루이자와 에미 에슈턴과 이야기를 하고 있다. 나를 움츠러들게 만드는 저 눈동자를 그녀들은 담담하게 받아들이고 있는 것이 이상했다. 그 시선을 만나면 그녀들은 눈을 아래로 깔고 그녀들의 뺨은 빨개질 것이라고 생각하고 있었다. 그러나 그녀들에게 아무런 감정의 흔들림도 없다는 것을 알고 나는 안심이 되었다. '저 아가씨들을 대하는 그와 나를 대하는 그는 다르다'고 나는 생각하였다. '그는 저 사람들과 같은 종류의 사람은 아니다. 나와 같은 종류의 사람인 것이다—분명히 그렇다—나는 그와 비슷한 점을 느낀다. 그의 표정이나 태도가 하는 말을 나는 이해할 수 있다. 신분과 재산이 우리를 멀리 갈라놓기는 하지만 내 머리나 마음속에는, 우리의 피와 신경에는 나를 그에게 동화시키는 그 무엇이 있다. 나는 며칠 전에 말하지 않았던가? 그와는 봉급을 받는 일 외에는 아무런 관계가 없다고. 그를 고용주라고만 생각하고 결코 다르게 생각해서는 안 된다고 나 자신에게 말하지 않았던가? 자연에 대한 이 무슨 모독인가! 내가 지니고 있는 좋고 진지하고 발랄한 감정이 충동적으로 그의 둘레에 모여드는 것이다. 내 마음의 움직임을 감추어야 한다는 것을 나는 알고 있다. 희망의 숨통을 끊어버리지 않으면 안 된다. 그가 나에게 신경을 쓸 리 없다는 것을 명심해야 할 것이다. 왜냐하면 나는 그와 같은 종류의 사람이라 할지라도 그 사람과 같은 영향력이, 남을 끌어당기는 매력이 나에게 말하고 있는 것은 아니다. 다만, 그 사람과 공유하는 기호나 감정이 있다는 데에 지나지 않는다. 따라서 우리는 영원이 서로 떨어져 있다는 것을 반복해서 자신에게 타이르지 않으면 안 된다. 그러나 그래도 내가 숨쉬고 사물을 생각하고 있는 동안에는 그를 사랑하지 않을 수 없는 것이다.'

커피가 나왔다. 부인들은 남자들이 들어온 후로 종다리처럼 생기를 띠고 지껄이기 시작하였다. 대화는 활발해지고 밝아졌다. 덴트 대령과 에슈턴 씨는 정치를 논하고 부인들은 여기에 귀를 기울이고 있었다. 고고한 두 미망인 린 부인과 잉그램 부인은 사이좋게 이야기하고 있었다. 조지 경은—그런데 이분에 대해 설명하는 걸 깜박 잊었지만—지방에 드넓은 저택을 가진, 몸집이 매우 씩씩한 느낌을 주는 신사, 한 손에 커피 잔을 들고 부인들의 소파 앞에 서서 이따금 말참견을 하고 있다. 프레더릭 린 씨는 메리 잉그램 양 옆에 앉아 화려한 판화 그림책을 그녀에게 보여 주고 있다. 그녀는 가끔 미소를 지을 뿐 거의 말이 없는 것 같다. 키가 크고 무기력하게 보이는 잉그램 남작은 몸집이 작고 발랄한 에미 에슈턴 양의 의자 등에 팔짱을 끼고 기대 있었다. 에미 양은 잉그램 남작을 흘끗 쳐다보고 굴뚝새처럼 재잘대고 있었다. 아무래도 그녀는 로체스터 씨보다도 잉그램 남작을 좋아하고 있는 것 같았다. 헨리 린 씨는 루이자 양의 발치에 있는 긴 의자를 차지하고 있었다. 아델라가 같이 앉아 있었다. 그는 아델라와 프랑스 어를 하려고 하는데 루이자 양은 그의 엉터리 프랑스 어를 듣고 웃고만 있다. 그런데 블랑슈 잉그램 양의 상대는 누구일까? 그녀는 혼자 테이블 앞에서 앨범 위에 얌전히 몸을 굽히고 있다. 누가 찾아 주었으면 하고 기다리고 있는 것 같았다. 그러나 그다지 기다리지 않아도 되었다. 그녀는 자기편에서 짝을 찾은 것이다.

에슈턴 댁 곁을 떠난 로체스터 씨는 테이블 옆에 서 있는 잉그램 양과 마찬가지로 난로 앞에 혼자 서 있었다. 그녀는 난로 선반 반대쪽에 자리를 잡고 그와 마주보고 서 있었다.

"로체스터 씨는 어린애를 좋아하지 않으셨을 텐데요?"

"그렇습니다."

"그럼 왜 저렇게 조그만 인형을 돌보게 되셨나요?" (아델라를 기리키며) "어디서 주워 오셨어요?"

"주워 온 게 아니지요. 내 손에 들어오게 된 애랍니다."

"학교에 보내면 좋았을 텐데요."

"그럴 여유가 없어서요. 학교는 꽤 비용이 들어요."

"어머나, 저 애를 위해 가정교사까지 두시고서? 방금 저 애와 함께 있던 사람을 봤어요. 그 사람 가 버렸나요? 아니, 그럴 리 없지! 아직 저 커튼 뒤에 있어요. 물론 월급을 주겠지요. 학교에 보내는 것만큼 비용이 들죠? 그 이상 들지도 모르죠. 두 사람을 먹여 살리는 셈이니까요."

내가 화제에 올랐으므로 로체스터 씨가 나에게로 시선을 돌리지 않을까 염려되었다—고 하느니보다는 희망을 가졌다고 해야 할까? 나는 나도 모르게 커튼 뒤에서 몸을 웅크렸다.

"거기까지는 생각해 보지 않았는걸." 그는 곧장 앞을 바라본 채 내키지 않는 대답을 하였다.

"그렇겠죠—남자 분들은 가계나 세간의 상식 같은 건 통 생각지 않으니까요. 가정교사에 대한 일이라면 어머니에게 물어보세요. 메리와 나에게 그 당시 적어도 십여 명의 가정교사가 붙어 있었으니까요. 그 중의 반은 싫은 사람들, 나머지는 쓸모없는 사람들, 바로 악몽—그랬죠, 어머니?"

"뭐라고 했니, 애야?"

미망인의 특별 소유물이라는 것을 이렇게 공언당한 젊은 여인은 아까의 질문을 알기 쉽게 되풀이하였다.

"애야, 가정교사 얘긴 꺼내지도 마라. 그 말만 들어도 신경질 난다. 그들의 무능과 변덕에 학을 뗐고, 그들과 완전히 인연을 끊게 된 걸 하느님께 감사드린다."

덴트 부인은 이 경건한 부인에게 몸을 구부리고 그녀의 귀에 무엇인가 속삭였다. 그 대답으로 보아 저주받아야 할 종족의 한 사람이 실제로 여기에 있다는 것을 상기시킨 것 같았다.

"거북하군요!" 마나님은 말했다. "들렸다면 좋은 약이 되었을 거예요." 그러고 나서 목소리를 낮추었으나 내게 들릴 정도로 말하였다. "알고 있었어요. 난 관상 보는 것이 주특기에요. 저 여자에게는 저 계층의 인간이 갖추고 있는 모든 결점을 다 갖추고 있어요."

"어떤 결점이죠, 부인?" 로체스터 씨가 커다란 소리로 물었다.

"나중에 살짝 알려 드릴게요." 부인은 대답을 하고 의미가 있는 듯이 터번을 세 번쯤 흔들어 보였다.

"하지만 내 호기심이 식욕을 없애버리니까요. 지금 듣고 싶습니다."

"블랑슈에게 물어 보세요. 그 애가 저보다 더 당신 가까이 있으니까요."

"어머나, 제게 밀어 버리지 마세요, 어머니! 그런 족속들을 통틀어 한 마디로 말할 수 있으니까요. 불쾌하기 짝이 없는 사람들이에요. 혼이 난 것은 아니지만요. 곧잘 역습을 해 주었으니까요. 시어도어와 나는 윌슨 선생, 그레이 선생, 주베르 선생을 곧장 못살게 굴었어요. 메리는 언제나 멍청해서 이쪽에 거들지는 않았지만 말이에요. 가장 재미있었던 것은 주베르 선생이었어요. 윌슨 선생은 연약하고 눈물이 헤프고 기운이 없었어요. 요컨대 못살게 군 보람이 없는 사람이었어요. 그레이 선생은 신경이 둔해서 아무리 떠들어도 꿈쩍도 안 했어요. 그래도 불쌍했던 것은 주베르 선생! 우리로부터 궁지에 몰렸을 때의 화를 냈던 그 모습이 지금도 눈앞에 떠올라요—찻잔을 뒤집어엎고 버터를 바른 빵을 잘게 자르고 책을 천장에 던지고 자로 책상을 탕탕 치고 부젓가락으로 벽난로망을 치는 등 야단법석을 부렸어요. 시어도어, 그 즐거웠던 시절을 기억하고 있지?"

"그야 기억하고도 남지." 잉그램 남작은 느린 말투로 말했다. "그리고 그 가련한 막대기 같은 아가씨, 곧잘 소리쳤지. '이 장난꾸러기들아!'라고 말이요. 그리고 나면 우리들은 그녀에게 설교도 했지. 당신 같은 무식쟁이가 이렇게 현명한 아이들을 가르치다니 뻔뻔하다고 말야."

"그랬었지. 그리고 시어도어, 네 가정교사인 얼굴이 해쓱한 바이닝 선생 말이야. 우리들이 늘 변덕쟁이 목사라고 불렀는데 그 사람을 골탕먹였을 때 나도 거들어 주었지. 그와 윌슨 선생은 놀랍게도 사랑에 빠졌었어―적어도 나와 시어도어는 그렇게 생각했어. 우리는 두 사람이 부드러운 시선을 교환 하거나 한숨을 짓고 있으면, 아, 이것은 '아름다운 정열'의 표시라 해서 깜 짝 놀라게 해 주기도 했지. 그래서 우리가 알아챈 것이 이윽고 모두에게 알 려져서 귀찮은 존재를 집에서 내쫓는 계기가 된 거야. 엄마는 이 기미를 알 아채시고 가정의 풍기를 문란케 할 염려가 있다고 말씀하셨어요. 안 그래요, 엄마?"

"그렇고 말고. 내가 한 일은 옳았단다. 여자 가정교사와 남자 가정교사의 관계를 점잖은 가정에선 잠시도 그냥 둘 수 없는 이유가 얼마든지 있었단다. 첫째로―."

"제발 엄마! 낱낱이 들진 마세요! 뿐만 아니라 우리 모두가 알고 있는걸 요. 천진난만한 어린애들에게 나쁜 본보기를 보일 위험성, 주의가 산만해지 고 그 결과 직무도 소홀히 되고―서로가 결탁해서 의지하고 마침내는 대담 해져서 교만해지고―반란을 일으켜서 마지막에는 전면 전쟁. 이제 됐죠, 잉 그램 남작 부인?"

"나의 백합꽃, 네 말은 언제나 옳아."

"그럼 더 이상 말씀하시지 마세요. 화제를 바꿔요."

에미 에슈턴은 지금의 이 말이 안 들렸던지 아니면 못 들은 체하는 것인지 부드럽고 순진한 어조로 말참견을 했다. "루이자와 나는 우리 가정교사를 언제나 놀려 주곤 했어요. 하지만 우리 가정교사는 무척 좋은 사람이어서 어 떤 일이라도 잘 참아 주었어요. 무슨 짓을 해도 화내는 일이 없었습니다. 우 리에게 화를 낸 일은 한 번도 없었어요. 안 그래, 루이자?"

"그래, 한 번도 없었어. 우리 멋대로 놀아도 욕 한 번 안 했지. 그분의 책 상이나 반짇고리를 뒤적거리기도 하고, 서랍을 뒤집어엎기도 하고. 아주 좋 은 사람이어서 무엇이든 주었어."

"아무래도." 잉그램 양은 비꼬듯이 입을 삐죽거리며 말했다. "현대 가정교 사의 추억의 간추림이 될 것 같은데 그런 불쾌한 것들이 생겨서는 큰일이에요. 다시 한 번 화제를 바꿀 것을 제안합니다. 로체스터 씨, 이 제안에 찬동하십니까?"

"당신의 제안이라면 나는 모든 일에서와 마찬가지로 이 점에서도 아가씨를 지지합니다."

"그럼 제게 그걸 제출할 의무가 있군요. 시뇨르 에두아르도(에드워드 씨를 이탈리아 식으로 부른 것), 오늘 저녁에 노래를 불러 주시겠어요?"

"도나 비앙카(블랑슈를 이탈리아 식으로 부른 것), 분부시라면 기꺼이."

"그럼 시뇨르, 그대의 폐와 기타 발성 기관을 잘 닦으셔서 저의 뜻에 맞도록 해 주시기를."

"거룩하신 메리 여왕님을 위한 것이라면 리치오(이탈리아의 음악가로 스코틀랜드 여왕의 총애를 받다가 나중에 살해되었다.)가 되지 않으려는 자가 과연 어디 있겠습니까?"

"리치오라구요, 흥!" 그녀는 소리치고 지진 머리를 흔들어 올리고 피아노 앞으로 갔다. "바이올린쟁이 리치오란 틀림없이 재미없는 사람이었다고 생각해요. 나는 차라리 악당인 보스웰(메리 여왕의 남편이었으나 후에 적이 되었다.)이 더 좋아요. 악마적 소질이 조금도 없는 남자란 아무데도 소용이 없어요. 역사는 보스웰에 대해서 뭐라고 시끄럽게 말하고 있지만 그는 용맹무쌍한 대악당의 영웅이라고 생각해요. 그런 분을 남편으로 삼고 싶어요."

"여러분, 들으셨지요! 그럼 여러분 중에서 누가 제일 보스웰을 닮으셨습니까?" 로체스터 씨는 큰 소리로 말하였다.

"우선 당신이 그에 해당되지 않소?" 덴트 대령이 대꾸했다.

"참으로 감사합니다." 로체스터 씨의 대답이었다.

잉그램 양은 피아노 앞에 유연하게 앉아 여왕처럼 크게 부풀은 하얀 의상의 자락을 펴고 나서 호화로운 전주곡을 연주하기 시작하였다. 연주하면서 이야기를 계속하였다. 오늘 저녁의 그녀는 우쭐해지고 신바람이 난 것 같았다. 그 말과 태도는 듣는 사람들의 칭찬이나 감탄을 환기시키는 것만을 노리고 있는 사람처럼 여겨졌다. 무엇인가 과감한 일을 하는 대담한 사람이라는 것을 분명히 인상지으려고 하는 사람 같았다.

"참으로 요즘 젊은 사람들에게는 멀미가 나요!" 그녀는 피아노를 치면서 소리쳤다. "아버지의 집 대문에서 한 걸음도 내디딜 힘이 없는 연약한 자들. 엄마의 허락이나 보호 없이는 멀리 출입도 못하는 겁쟁이예요. 자기들의 예쁘장한 얼굴이나 흰 손, 조그만 손발과 같은 것의 손질에만 열성적인 작자들! 마치 남자에게도 아름다움이라는 것이 필요하다고 말하려는 듯이 말이에요. 아름다움은 여자들만의 특권이 아니고—여성들의 정당한 세습재산은 아니라는 듯이! 추한 여성은 하느님이 보내신 아름다움의 얼룩이라고 하는 것은 인정하지만 신사 분들에게는 힘과 용기만 있으면 돼요. 남자의 좌우명은 사냥·사격·전투이어야 할 것 같아요. 그 밖의 것은 부질없는 거예요. 제가 남자라면 이것을 저의 좌우명으로 하겠어요."

"내가 결혼할 때에는" 하고 그녀는 말을 잇다가 잠시 입을 다물었지만 아무도 참견을 하는 사람이 없자 다시 말을 이었다. "나의 남편이 될 사람은 나의 경쟁자가 아니고 나를 돋보이게 해 주는 사람이어야 해요. 옥좌(玉座) 곁에 경쟁자는 접근할 수가 없어요. 나는 한결같은 충성을 요구합니다. 그 헌신적인 애정은 나와 거울에 비치는 그와의 사이에서 나누는 것이 아니에요. 로체스터 씨, 자, 노래하세요. 당신을 위해 연주하겠습니다."

"분부하신 대로." 로체스터 씨는 대답했다.

"그럼, 해적의 노래는 어떠세요. 제가 해적의 노래를 좋아한다는 걸 알고 계시죠? 그런 의미에서 활발하게 불러 주세요."

"잉그램 양의 명령이시라면 물 탄 우유도 술이 되겠죠."

"조심하세요. 만일 제 맘에 안 들면 어떻게 노래해야 하는지 모범을 보이고 망신을 줄 테예요."

"무능에도 상이 있다고요? 그럼 실수를 하도록 애쓰겠습니다."

"조심하세요! 고의로 잘못 부르면 제가 호된 벌을 드릴 테니까요."

"잉그램 양에게 너그럽게 해 달라고 부탁해야겠소. 이분은 보통 인간이 감당할 수 없는 벌을 내릴 힘을 가지고 있으니까요."

"어머! 설명을 해 보세요!" 아가씨는 명령했다.

"용서하시오. 설명할 필요는 없습니다. 당신 자신의 훌륭한 감각 기관이 알려 주실 겁니다. 당신이 미간에 주름 하나라도 잡으신다면 죽음에 해당하는 징벌이 될 것입니다."

"노래하세요!" 잉그램 양은 말하고 다시 피아노로 손을 가져가서는 힘차게 반주를 하기 시작했다.

'이제야 내가 빠져나갈 때다' 나는 생각했다. 그러나 그때 공기를 가르고 울려 퍼진 음색이 나를 붙잡아 놓았다. 페어팩스 부인은 로체스터 씨가 좋은 목청을 갖고 있다고 말한 적이 있었다. 과연 그랬다. 풍부한 힘찬 저음, 그 소리에 감정과 힘을 넣어 그것을 듣는 사람의 귀에서 가슴으로 스며들어 이상한 감동을 일으켰다. 마지막의 깊은 비브라토가 사라질 때까지—순간 끊어졌던 대화의 물결이 다시 흘러나올 때까지 나는 기다렸다. 그러고 나서 숨은 곳으로부터 나와서 다행히 근처에 있던 옆문으로 나왔다. 좁은 복도에서 현관홀로 나왔다. 홀을 질러가려다가 샌들 끈이 풀어진 걸 알고 그것을 다시 매기 위해 층계 밑에 있는 깔개에 무릎을 꿇었다. 그때 정찬실 문이 열리는 소리가 나더니 신사가 나타났다. 나는 급히 일어서서 그 신사와 마주 보았다. 로체스터 씨였다.

"잘 있었소?" 그는 물었다.

"네, 잘 있었습니다."

"아까는 왜 나에게로 이야기하러 오지 않았소?"

같은 물음을 그대로 할 수만 있다면 하고 생각하였다. 그러나 그런 무례한 짓은 하지 않았다. 나는 대답했다.

"바쁘신 것 같아서 방해가 될까 해서요."

"내가 없는 동안 뭘 하고 있었소?"

"별로 특별한 건 없었어요. 늘 하는 대로 아델라를 가르치고 있었죠."

"그런데 이전보다 얼굴빛이 퍽 해쓱해졌군—한눈으로 보고 그렇게 생각했소. 웬일이오?"

"아무렇지도 않아요."

"나를 물에 빠뜨려 죽일 뻔했던 그날 밤 감기 든 거 아니오?"

"아녜요, 전혀."

"응접실로 돌아가요. 도망가기엔 너무 이르니까."

"좀 피곤해요."

그는 잠시 내 얼굴을 바라보았다.

"그런데 좀 우울해 보이는군." 그는 말을 이었다. "웬일이오? 말해 봐요."

"아무렇지도 않아요. 아무것도 아녜요. 전 울적하지 않아요."

"아니 틀림없이 몹시 우울해 보여요. 몇 마디만 더하면 그 눈에 눈물이 나올걸—봐요 벌써 눈물이 글썽해서 반짝이는 걸. 눈썹에서 한 방울 마루에 떨어졌네. 내가 틈만 있다면 그리고 또 여기를 서성대는 하인들이 지나갈 염려가 없다면 그 눈물의 뜻을 알고 싶소. 좋아. 오늘 밤만큼은 그대로 용서해 주지. 하지만 손님들이 머물러 있는 동안은 매일 밤 응접실로 와요. 그것이 내 소원이오. 흘려들어선 안 돼요. 자, 가 봐요. 그리고 아델라를 데려가라고 소피를 보내요. 잘 자요. 나의—." 그는 말을 끊더니 입술을 깨물며 황급히 떠나 버렸다.

<h2 style="text-align:center">18</h2>

손필드 저택에서는 즐거운 나날이 계속되었다. 바쁘기 짝이 없는 나날이기도 하였다. 내가 이 집 지붕 아래에서 보낸 처음 3개월 동안의 저 고요함·단조로움·적적함과는 얼마나 대조적인가! 슬픈 감정도 이 집에서 모조리 쫓겨난 것 같았다. 모든 우울한 연상도 잊히고 도처에 활기가 넘치고 온종일 사람들이 움직이는 기색이 끊이지 않았다. 전에는 인기척이 없었던 복도를 갈 때나 주인 없는 방에 들어갈 때에도 세련된 시녀나 멋을 부린 하인을 만나는 것이었다.

부엌과 찬방, 하인 대기실, 홀 등 어디 할 것 없이 한결같이 활기를 띠고 있었다. 봄날의 화창한 푸른 하늘과 따사로운 햇살이 손님들을 밖으로 불러내면 응접실만은 텅 비고 조용해진다. 그런 날씨가 궂어 버리고 며칠 동안 비가 올 때가 있어도 흥겨운 행락에 찬물을 끼얹지는 못하였다. 야외에서의 놀이를 할 수 없게 되면 실내의 오락이 더욱 활기를 띠고 다양하게 되었다.

여흥을 좀 색다른 것으로 바꾸자고 제안한 첫날 밤 도대체 어떤 일이 시작될까 궁금했다. 그들은 '셔레이드놀이 (몸짓으로 일정한 어구를 알아맞히는 놀이)를 한다'는 것이었으나 무지한 내게는 셔레이드라는 말이 이해되지 않았다. 하인들이 불려오고 정찬실의 테이블이 치워지고 필요 없는 등불도 제거되고 의자가 여러 개 아치를 향하여 반원형으로 배치되었다. 로체스터 씨를 비롯하여 여러 신사들이 이 방의 모양을 바꾸는 데에 대한 지시를 하고 있는 한편으로 부인들은 초인종을 울려 시녀를 부르기도 하고 층계를 오르내리고 있었다. 페어팩스 부인이 불려가 숄이나 의상, 여러 종류의 천 등이 있는 곳에 대한 질문을 받았다. 그리고 3층에 있는 옷장을 샅샅이 뒤져 거기서 나온 능직(綾織) 의상, 심을 넣은 페티코트, 새틴의, 등에 잔주름이 든 저고리나 광택이 있는 검은 엷은 옷이니 레이스의 베일 등과 같은 낡은 의상을 시녀들이 가득 안고 아래층으로 가져왔다. 선별이 이루어진 후 선택된 것은 응접실에 있는 작은 방으로 가져갔다.

그 사이에 로체스터 씨는 다시 부인들을 가까이 초청한 뒤 몇 사람을 골라 자기편에 넣었다. "물론 잉그램 양은 내편이다." 그는 말하였다. 그러고 나서 에슈턴 자매와 덴트 부인을 지명했다. 그는 나를 보았다. 우연히 나는 그 옆에 있었다. 덴트 부인의 팔찌 고리가 풀어져 그것을 조여 드리고 있었던 것이다.

"해보겠소?" 그는 물었다. 나는 머리를 저었다. 그는 내게 강요하진 않았다. 나는 그것을 걱정하고 있었지만 아무 말 않고 나를 늘 앉아 있는 자리로 돌려보내 주었다.

로체스터 씨와 그의 편 사람들은 커튼 뒤로 들어갔다. 덴트 대령이 이끄는 다른 사람들은 반원형으로 배치된 의자에 앉았다. 신사들 중 한 사람인 에슈턴 씨가 나를 보자 자기편에 들어오도록 권유해 보자고 제의한 듯했으나 잉그램 남작부인이 즉각 반대했다.

"안 돼요." 그녀의 말이 들려왔다. "아무래도 머리가 이런 놀이에는 적당하지 않은 것 같아요."

이윽고 종이 울리고 막이 올라갔다. 아치 아래에는 아까 로체스터 씨가 고른 조지 린 경의 큼직한 몸집이 흰 이불깃을 두르고 서 있었다. 그의 앞의 테이블 위에는 커다란 책 한 권이 펼쳐진 채 놓여 있었다. 그의 옆에는 에미 에슈턴 양이 로체스터 씨의 망토를 입고 한 손에는 책을 들고 서 있었다. 모습이 보이지 않는 누군가가 뒤에서 종을 신나게 울렸다. 그러자 아델라가 (로체스터 씨 편에 끼어 달라고 조른 것이다) 팔에 안고 있던 꽃바구니 속에 든 것을 둘레에 뿌리면서 앞으로 뛰어나왔다. 다음에는 흰 의상을 입은 잉그램 양의 당당한 모습이 나타났다. 머리에는 긴 베일을 쓰고 이마 주위를 장미 화환으로 장식하고 있었다. 그녀와 나란히 로체스터 씨가 걸어왔다. 두 사람은 테이블 가까이까지 왔다. 그리고 무릎을 꿇었다. 마찬가지로 흰 옷차림의 덴트 부인과 루이자 에슈턴이 그들 뒤에 대기하였다. 말없는 가운데 의식이 진행되어 이것이 혼례의 무언극이라는 것을 이내 알 수 있었다. 이것이 끝나자 덴트 대령이 이끄는 사람들은 2분쯤 소곤대며 의논을 하더니 이윽고 덴트 대령이 커다란 목소리로 외쳤다.

"신부(新婦)!" 천천히 로체스터 씨가 절을 하고 막이 내렸다.

다시 막이 올라가기까지는 한참 걸렸다. 두 번째로 막이 올라가자 아까보다 좀더 교묘하게 꾸며진 장면이 나타났다. 이미 말한 바와 같이 응접실은 정찬실보다 층계가 두 개나 높았는데 2야드쯤 응접실로 파고들어 온 그 계단 윗단에는 큰 대리석 물쟁반이 놓여 있었다. 분명히 그것은 온실의 장식품으로—여느 때 같으면 이국의 꽃에 둘러싸여 있었고 안에는 금붕어가 살고 있었다—그 크기나 무게로 보아 상당히 힘을 들여 여기까지 날라온 것이리라.

이 물쟁반 옆 양탄자 위에 앉아 있는 것은 숄을 걸치고 머리에는 터번을 감은 로체스터 씨였다. 검은 눈, 가무잡잡한 살결, 이슬람교도 같은 그 용모가 의상에 꼭 들어맞았다. 이슬람의 왕족 모습 그대로였으며 교살용 밧줄을 다루는 사람이나 그 산 제물 같았다. 이윽고 잉그램 양이 앞으로 나아갔다. 그녀도 또한 동양식 의상을 입고 있었다. 진홍빛 스카프를 장식띠처럼 허리에 매고 자수를 한 손수건을 관자놀이 주위에 동여매고 있었다. 부드럽게 생긴 팔은 맨살을 드러내고 한 쪽 팔은 위로 쳐들어 머리에 우아하게 인 물동이를 받치고 있었다. 그 몸매와 용모의 특징, 피부색, 총체적인 태도를 보면 족장시대의 이스라엘 공주를 연상시켰다. 그녀도 또 그런 역을 하고 있는 것으로 자처하고 있었을 것이다.

잉그램 양은 샘을 나타내는 물쟁반으로 다가가 허리를 굽히고 물동이에 물을 깃는 동작을 하였다. 그리고 다시 물동이를 머리에 얹었다. 샘가에 있는 사람이 그녀에게로 다가가 말을 걸고 무엇인가 부탁을 하고 있다. '그 여자는 급히 물동이를 내려놓고 그에게 물을 마시게 했다.' 그러자 남자는 품에서 상자를 꺼내어 그걸 열고 눈부신 팔찌와 귀걸이를 그녀에게 보인다. 그녀는 놀람과 감탄을 나타내고 무릎을 꿇자 남자는 그녀의 발밑에 그 보물을 놓는다. 의아심과 환희의 생각이 표정과 동작으로 나타난다. 낯선 사람은 팔찌를 팔에 끼워 주고 귀걸이를 귀에 달아 준다. 이것은 엘리자와 리브가(《창세기》 24장에 나오는 인물들)였다. 없는 것은 낙타뿐이었다.

알아맞혀야 할 편 사람들은 모두들 다시 이마를 모았다. 이 장면을 나타내고 있는 말이나 문자에 대한 의견이 일치하지 않은 것 같았다. 대표자인 덴트 대령은 '전체를 나타내는 장면'을 요구하였다. 그것 때문에 다시 막이 내려졌다.

세 번째 막이 올라갔을 때에는 응접실의 일부분밖엔 보이지 않았고 나머지 부분은 거무스름한 천을 드리운 장막으로 가려 있었다. 대리석 물쟁반은 치워져 있었다. 그 대신 그곳에는 널빤지로 만든 테이블 하나와 부엌용 의자가 놓여 있었다. 촛불들은 모두 꺼지고 뿔로 된 등불로 주위가 희미하게 보이고 있었다.

이 적적한 장면 속에서 무릎 위에 주먹을 쥐고 눈을 바닥에 떨어뜨리고 있는 남자가 앉아 있었다. 검댕으로 더럽혀진 얼굴, 보기에도 비참한 옷(윗옷은 격투라도 해서 등이 찢어진 것처럼 한쪽 소매가 늘어져 있다), 자포자기로 일그러진 얼굴, 뻣뻣하게 곤두선 머리카락으로 교묘하게 변장시키고 있었지만 나는 로체스터 씨라는 걸 알았다. 그가 몸을 움직이자 쇠사슬이 쩔렁대고 손목에는 수갑이 채워져 있었다.

"브라이드웰 감옥!" 덴트 대령이 소리쳤다. 셔레이드의 수수께끼는 풀린 것이다.

출연자들이 평상복으로 갈아입느라고 잠시 사이가 있었고 이윽고 모두가 다 같이 정찬실로 다시 돌아왔다. 로체스터 씨는 잉그램 양의 손을 잡고 들어왔다. 그녀는 로체스터 씨의 연기를 극구 찬양하고 있었다.

"나는" 그녀는 말하였다. "당신의 그 세 가지 역 중에서 마지막 장면의 당신을 가장 좋아해요. 좀더 빨리 태어나셨다면 틀림없이 훌륭한 노상강도가 되셨을 텐데!"

"내 얼굴에서 검댕이가 말끔히 지워졌습니까?" 로체스터 씨가 그녀 쪽으로 얼굴을 돌리며 물었다.

"네, 다 지워졌어요. 아까워요! 악한으로 분장한 붉은 색 화장은 당신 얼굴에 더할 나위 없이 참 잘 어울렸는데."

"그럼 당신은 노상강도를 좋아하십니까?"

"영국의 노상강도는 이탈리아의 산적에는 져요. 이탈리아의 산적도 지중해의 해적에는 못 당하지만."

"그런가요. 내가 어떤 사람이든 간에 당신은 내 아내라는 걸 알아 두셔야 합니다. 한 시간 전에 우리들은 여기 계시는 분들 앞에서 결혼을 했으니까요." 그녀는 킬킬거리며 얼굴을 붉혔다.

"자아, 덴트" 로체스터 씨는 말을 이었다. "당신들 차례요."

덴트 대령의 편이 물러가자 로체스터 씨와 그의 편 사람들은 빈자리로 가서 앉았다. 잉그램 양은 로체스터 씨 오른쪽에 앉고 나머지 사람들은 그와 그녀의 양쪽 의자에 앉았다. 나는 이제 무대의 출연자들은 보고 있지 않았다. 막이 오르는 것을 흥미진진하게 기다리고 있지도 않았다. 내 관심은 관객 쪽으로 쏠리고 있었다. 조금 전까지만 해도 아치만 바라보고 있던 내 눈이 반원형 의자로 쏠리는 것을 어찌할 수가 없었다. 덴트 대령과 그편 사람들이 어떤 셔레이드를 연출했는지 또 그들이 어떤 말을 골랐는지, 그들이 어떻게 해 나갔는지 나는 조금도 기억에 없었다. 각 장면마다 따르게 마련이었던 협의의 장면은 단단히 보아 두었다. 로체스터 씨가 잉그램 양을 돌아보고 잉그램 양은 그를 돌아보는 것을 보고 있었다. 그녀의 까만 지진 머리가 로체스터 씨의 어깨에 닿아 그의 뺨에 스칠 정도로 그녀의 머리를 그에게로 기울이는 것을 보고 있었다. 두 사람의 속삭이는 소리가 들렸다. 그들이 서로 주고받는 시선을 지금도 기억하고 있다. 그 광경을 눈앞에 보고 불러일으켜진 감정까지도 지금 이 순간에도 되살아나고 있다.

독자여, 나는 로체스터 씨에 대한 사랑을 깨닫게 되었다는 걸 말한 바가 있습니다. 이제는 사랑하지 않는다는 것은 불가능한 일입니다. 제아무리 그분이 나에게로 눈을 돌리지 않는다고 해도—옆에서 긴 시간을 보내고 있다고 해도, 한 번도 나를 보아주지 않는다 해도—그분의 관심은 모두 저 훌륭한 여인에게—내 곁을 지나갈 때마다 옷자락이 나에게 닿는 것조차도 싫어하고, 교만한 눈이 이따금 나에게로 떨어지면 볼 만한 가치가 없다는 듯이 이내 눈을 돌리는—그런 여인에게 빼앗기고 있다고 해도 나는 그분을 사랑하지 않을 수 없는 것입니다. 그분이 이제 곧 그 여인과 결혼할 것이라는 것은 분명한데—여인의 모든 태도에 자기를 경애해 마지않는 그의 기분은 절대적이라고 하는 자부가 날마다 느껴지고—시시각각으로 로체스터 씨의 구애 방법을 눈앞에 보고, 비록 그것이 구애하는 것보다 구애를 당하는 쪽을 고르는 것 같은 무신경한 태도였다고 해도, 그 무신경 때문에 나는 마음이 끌리고 그런 긍지 때문에 다투기 어려운 것이 있다는 것을 이 눈으로 보고 있기 때문입니다.

이런 상황 속에서 사랑을 식게 하는 것, 사랑을 내쫓는 것은 아무것도 없었다. 절망을 품는 일은 얼마든지 있었고 너무나 많았다. 질투의 마음이 생겼다고 생각할지 모르나, 독자여, 나와 같은 처지에 있는 여자가 잉그램과 같은 여성을 질투한다는 것은 어리석은 일인 것이다. 질투는 느끼지 않았다. 느꼈다고 해도 아주 가볍게. 내가 겪은 괴로움의 성질은 질투라는 말로는 나타낼 수가 없는 것이다. 잉그램 양은 질투할 가치도 없는 여성이었으며, 너무나도 열등해서 그런 감정도 생기지 않았다. 그럴듯한 역설을 용서해 주시기 바란다. 그러나 나는 정색을 하고 말하고 있다. 그녀는 매우 화려하지만 성실한 데가 없는 사람이었다. 미모를 지니고 여러 재능에 뛰어나더라도 그녀의 머리는 빈약하고 마음은 타고나면서 불모지여서 그런 토양에는 아무것도 꽃필 수가 없는 것이다. 신선한 맛으로 사랑을 받는 과실도 자연스럽게 맺지 못한다. 선량하지도 않고 독창성도 없다. 책에서 빌린 말을 다만 되풀이하고 있는 데에 지나지 않고 도대체가 자기의 의견이라는 것이 없다. 풍부한 정서를 자랑삼아 보여도 배려나 연민의 정은 모른다. 상냥함도 성실함도 없었다. 어린 아델라를 눈앞의 원수로 삼을 때 이런 성격이 여실히 나타난다. 아델라가 우연히 그녀에게로 접근하려고 하면 차마 입에 담을 수 없는 욕을 퍼붓고 밀어낸다. 때로는 방에서 나가라고 소리친다. 항상 차갑고 가혹한 태도로 아델라를 대한다. 나와는 다른 눈이, 노출되는 그런 성격을 물끄러미 지켜보고 있었다. ―엄격한 눈으로 심술궂게 지켜보고 있었다. 그래요. 미래의 신랑인 로체스터 씨도 약혼자를 끊임없이 관찰하고 있었던 것이다. 이 엄격함, 이 신중함, 저 아름다운 그녀의 결점에 대한 그의 분명한 자각 ―그녀에 대한 그의 정열의 분명한 결함, 그런 것이 나의 끊임없는 괴로움을 불러일으키고 있었다.
　로체스터 씨가 잉그램 양과 결혼하는 것은 집안 때문에, 아마도 정략적인 이유도 있을지도 모른다. 그녀의 계층도 가족도 그에게 어울렸다. 그가 그녀에게 애정을 품고 있지 않다는 것은 느낄 수 있었다, 그녀의 자질은 그로부터 그 보물을 쟁취하기에는 어울리지 않았다. 이것이야말로 중요한 점이었다―이것이야말로 나의 신경에 거슬리고 나의 신경을 괴롭히고―정열을 유지하게 하고 선동을 하는 것이다. 그녀는 로체스터 씨의 마음을 사로잡을 수 없었다.

만일 잉그램 양이 당장에 승리를 거두고 로체스터 씨가 엎드려 진심으로 그녀의 발밑에 그의 마음을 진정으로 바친다면 나는 얼굴을 가리고 벽을 향해 (비유적으로 말하자면) 죽어서 그들 곁을 떠났을 것이다. 만일 잉그램 양이 선량하고 기품이 있는 여성으로 활력이나 정열, 상냥함이나 분별을 갖추고 있었다면 질투와 절망이라고 하는 두 마리 호랑이와 나는 필사적으로 싸웠을 것이다. 그리고 심장은 찢기고 먹히면서까지도 나는 그녀를 경탄해 마지않았을 것이다—그 아름다운 점을 인정하고 삶의 나머지 나날을 편안하게 지냈을 것이다. 그녀의 우월성이 완벽하다면 나의 찬탄하는 마음은 더욱 깊어져서—나의 마음은 더욱더 가라앉았을 것이다. 그러나 실제로는 그렇지가 않았다. 로체스터 씨를 사로잡으려는 잉그램 양의 노력을 목격하고, 그녀 자신은 실패라고 알지 못하고 실패를 거듭하는 것을 눈앞에 보고, 자신의 자부심과 자기만족이 유혹하려고 하는 상대방을 더욱더 멀리하고 있는데도 시위를 떠난 화살이 모조리 명중했다고 착각하고 그 성과에 자기도취를 하고 있는—그런 것을 눈앞에 보고 있으면 끊임없이 흥분에 몰려 가차없이 자제를 강요당하는 것이었다.

　왜냐하면, 그녀의 실패를 보았을 때 어떻게 하면 성공을 할 수 있는가를 나는 알고 있었기 때문이었다. 로체스터 씨의 가슴을 계속 스칠 뿐, 헛되이 그의 발아래 떨어지는 화살도, 좀더 확실한 솜씨로 쏜다면 그의 자부심 많은 가슴에 날카롭게 들어맞았을지도 몰랐다—저 냉엄한 눈에 사랑을 불러일으키고 그 냉소적인 얼굴에 부드러움이 떠오르게 했을지도 모른다. 아니 그와 같은 무기를 쓰지 않았더라도 남몰래 사랑을 획득했을지도 모른다.

　'왜 그녀는 그의 마음을 움직일 수가 없는 것일까? 그처럼 로체스터 씨와 가까이 있는 특권을 가지고 있으면서도' 나는 자문했다. '정말이지 잉그램 양은 저분을 진심으로 좋아할 수는 없는 것인지도 몰라. 어쩌면 참된 애정이 솟아나지 않는지도 몰라. 만일 좋아한다면 무턱대고 웃음을 뿌릴 필요는 없어. 끊임없이 눈을 홀릴 필요도 없고 정성어린 태도를 보일 필요도 없고 자신의 매력을 무턱대고 뿌릴 필요도 없어. 그냥 조용히 그분 옆에 앉아서 말도 하지 않고 눈도 두리번거리지 않으면 그것만으로도 로체스터 씨의 마음에 다가갈 수 있을 거야. 그녀가 지금 쾌활하게 저분에게 말을 건네고 있지만 굳어져가는 저 표정, 그것과는 전혀 다른 표정이 그의 얼굴에 떠오르는 것을 나는 이 눈으로 보고 있어. 하지만 그것은 저절로 생겨나는 것이었다. 노골적인 기교나 그럴듯한 수단으로 꺼낼 수 있는 것이 아니므로 그것을 그냥 그대로 받아들이기만 하면 되었다—그분의 물음에 가식 없이 대답하고 꼭 말해야 할 때는 젠 체하지 않고 이야기를 걸면 돼—그러면 그의 얼굴은 더욱더 상냥해지고 부드러워지고 생명을 품는 햇볕처럼 따스함을 이쪽으로 전해 줄 거야. 저 두 사람이 결혼하면 그녀는 어떻게 해서 그를 기쁘게 해 줄까? 그녀는 그것을 할 수 있을 것 같지가 않아. 그래도 할 수 있을까? 그분의 아내가 되는 사람은 이 세상에서 가장 행복한 여자라고 나는 충심으로 믿고 있어.'

이해관계와 집안을 생각한 로체스터 씨의 결혼 계획에 대해서 나는 아직 한 마디도 비난 비슷한 말은 하지 않았다. 결혼의 뜻을 처음으로 알았을 때에는 놀랐다. 짝을 고르는 데에 그와 같은 통속적인 동기에 좌우될 사람이 아니라고 여기고 있었기 때문이었다. 그러나 그 분들의 지위, 받은 교육에 대해 잘 생각해 보면 그가, 또는 잉그램 양이, 아마도 어릴 때부터 몸에 배인 사고방식이나 원칙에 따라 행동했다고 해서 그것을 일방적으로 재단하거나 비난하거나 하는 마음은 없어진다. 그 계층에 속해 있는 사람이라면 누구나 이런 원칙은 가지고 있다. 그러한 원칙에 매달린다고 하는 것에 대해서는 아마도 나에게는 알 수 없는 이유가 있을 것이다. 가령 내가 로체스터 씨와 같은 신사였다면, 틀림없이 애정을 쏟을 수 있는 아내만을 따뜻하게 맞을 것이다. 사랑할 수 있는 아내를 맞으면 남편의 행복은 분명히 얻을 수 있는 것인데 감히 그것을 선택하지 않는다는 것은 내가 모르는 이유가 있음에 틀림없었다. 그렇지 않으면 세상 사람들도 모두 내가 바라는 것처럼 할 것이기 때문이다.

그러나 나는 이와 마찬가지로 다른 점에서도 주인을 대하는 태도가 차츰 너그러워지고 있었다. 이전에는 내가 몹시 신경을 쓰고 있던 그의 결점도 모두 잊어버리려 하고 있었다. 이제까지의 나는 나쁜 곳도 좋은 곳도 그의 성격을 모조리 알려고 노력하였다. 단점과 장점 양쪽을 저울에 걸어서 공평한 판단을 내리려고 애써 왔다. 그런데 지금의 나에게는 나쁜 점은 아무것도 보이지 않았다. 불쾌하기 짝이 없었던 비꼼, 한때 나를 놀라게 한 안하무인격인 행동 등은 맛있는 요리에 친 산뜻한 양념에 불과했다. 그것이 있으면 얼

얼하고 없으면 아주 싱거운 맛이 된다. 그리고 그 정체를 알 수 없는 표정
—그것은 재앙·비탄·음모, 또는 실의를 나타내는 표정인가? 그것이 가끔 그
의 눈에 떠오르는 것이 주의 깊은 관찰자의 눈에는 보이지만, 거기에 때때로
엿보이는 불가사의한 심연(深淵)의 깊이를 측정해 볼 틈도 없이 그것은 어
느 듯 사라지고 만다. 마치 화산처럼 여겨지는 산을 헤매고 있을 때 대지가
느닷없이 진동하여 발 아래에 땅이 갈라지는 것을 본 것 같은 느낌이 들어
나는 그것을 볼 때마다 무서워서 뒷걸음을 치고 만다. 그 정체를 알 수 없는
표정을 나는 가슴을 두근거리면서 신경을 곤두세우고 가끔 물끄러미 바라보
는 경우가 있다. 그것을 피하는 것이 아니라 그것을 끝까지 구명하고 싶었던
것이다. 잉그램 양은 행복한 사람이라고 생각한다. 그녀는 언젠가는 여유 있
게 그 심연을 들여다보고는 그 비밀을 알아내어 그것이 어떤 종류의 것인지
를 분석할 수 있을 것이니까.

　한편 내가 내 주인과 미래의 신부에 관한 일만 생각하고 그들만을 보고 그
들의 대화만을 듣고 그들의 동작에만 주목하고 있는 동안에 다른 손님들은
제각기 자기들 나름의 흥미와 오락에 몰두하고 있었다. 린 부인과 잉그램 부
인은 여전히 무엇인가 있는 듯한 태도로 이야기를 나누고 있었다. 둘 다 터
번을 감은 머리를 끄덕이고 꼭두각시 인형처럼 화제의 제목에 따라 놀라 보
이기도 하고 비밀스럽게 이야기하기도 하고 무서운 듯한 제스처도 하고 네
개의 손을 들어 올리고는 여러 가지 몸짓을 하는 것이었다. 차분한 덴트 부
인은 인품이 좋은 에슈턴 부인과 얘기하고 있었고, 이따금 나에게 웃음을 던
지기도 하고 다정한 말을 해 주기도 하였다. 조지 린 경과 덴트 대령, 에슈
턴 씨는 정치와 이 주(州)에서 일어난 일이나 공판 중인 사건에 대해서 이
야기하고 있었다. 잉그램 남작은 에미 에슈턴 양과 장난을 치고 있었다. 루
이자 양은 린 집안의 한 남자와 함께 피아노를 치기도 하고 노래를 부르기도
하고 있었다. 메리 잉그램 양은 린 집안의 다른 한 남자의 이야기를 따분한
듯이 듣고 있다. 이따금 모두가 약속이라도 한 듯이 조역(助役) 연기를 멈추
고 주역인 두 사람을 바라보고 그 말에 귀를 기울이는 것이었다. 결국 로체
스터 씨와—친밀한 관계에 있는—잉그램 양이 이 모임의 중심인물이었다.
로체스터 씨가 한 시간만 이 방에 있지 않게 되면 손님들은 두드러지게 따분
함을 보인다. 그가 되돌아오면 대화에 활기가 되살아나는 것이었다.

어느 날, 그가 밀코트에 볼일이 있어서 밤늦게까지 돌아오지 못한다는 것을 알았을 때 남들에게 활기를 부여했던 그의 영향력이 없어졌다는 것이 절실히 느껴졌다. 비가 올 듯한 오후였다. 헤이 저편의 공유지에 최근에 천막을 친 집시의 야영지를 보러 가자고 손님들이 제의한 산책은 연기되었다. 남자들 몇 사람은 마구간으로 갔다. 젊은 신사들은 아가씨들과 당구실에서 당구를 즐기고 있었다. 잉그램 미망인과 린 미망인은 카드 테이블에서 조용히 트럼프를 하면서 무료함을 달래고 있었다. 블랑슈 잉그램 양은 무엇에 기분이 나빴는지 말이 적고 덴트 부인과 에슈턴 부인이 그녀를 자기들의 이야기에 자꾸 끌어들이려는 걸 퇴짜 놓고 처음엔 피아노에 앉아 감상적인 곡조를 두드리며 나지막하게 중얼거리더니 이내 서재에서 소설책 한 권을 뽑아 오더니 귀찮다는 듯이 소파에 몸을 던지고 로체스터 씨의 부재로 지루한 시간을 소설로 메우려 하고 있었다. 응접실도 저택도 모두 조용했다. 이따금 당구를 하고 있는 사람들의 즐거운 듯한 목소리가 위층에서 들려왔다.

어둠이 다가오고 시계는 만찬을 위해 정장할 시간을 이미 알리고 있었으나 그때 응접실의 창가에 있는 벤치의 내 옆에 앉아서 창밖을 내다보던 아델라가 큰소리를 질렀다.

"로체스터 아저씨가 돌아오셨어!"

나는 돌아다보았고 잉그램 양은 소파에서 쏜살같이 일어나 뛰어나왔다. 다른 사람들도 각기 하고 있던 일을 집어치우고 얼굴을 들었다. 그와 동시에 젖은 자갈길을 달려오는 바퀴 소리, 물을 튕기는 말의 말발굽 소리가 들려왔다. 한 대의 역마차가 다가오고 있었다.

"저런 모양으로 돌아오시다니 도대체 어떻게 된 일일까?" 잉그램 양이 말했다. "분명히 떠나실 때 메스루어(검은 말)를 타시지 않았던가? 그리고 파일럿도 함께 갔을 거야. 그 개와 말은 어떻게 되었을까?"

이렇게 말하면서 그녀의 키 큰 몸과 부푼 옷이 창가로 바싹 다가서는 바람에 나는 그것을 피하기 위해 등뼈가 부러질 정도로 몸을 뒤로 젖히지 않으면 안 되었다. 그녀는 너무 열중해서 처음엔 나를 알아보지 못했으나 나라는 걸 깨닫게 되자 입을 비쭉거리고 다른 창가로 옮겨 갔다. 역마차는 멈추었다. 마부가 현관 초인종을 울렸다. 여행복을 입은 신사 하나가 마차에서 내렸다. 그것은 로체스터 씨가 아니었다. 키가 큰 멋진 풍채의 낯선 사람이었다.

"체! 누가 거짓말시켰어!" 잉그램 양은 소리쳤다. "이 멍청이 원숭이 새끼가!" (느닷없이 아델라를 부르더니) "너를 여기에 앉혀 놓고 거짓말을 시킨 것은 누구야?" 마치 내가 잘못을 저지르기나 한 것처럼 그녀는 성난 눈초리를 내게 던졌다.

현관홀에서 무엇인가 주고받는 이야기 소리가 들리더니 이윽고 새로 온 손님이 들어왔다. 그는 그 자리의 가장 연장자로 여겨지는 잉그램 부인에게 인사를 했다.

"때가 좋잖을 때 온 것 같습니다, 부인." 그는 말했다. "친구인 로체스터 군이 안 계신다고요? 하지만 워낙 긴 여행을 해 왔고, 로체스터 군과는 사귀어 온 지가 오래된 친한 사이입니다. 돌아올 때까지 여기서 머무를까 하는 데요."

그의 태도는 공손했다. 하는 말의 악센트가 보통과는 어딘지 다른 데가 있는 것 같았다. 외국 사투리라고 딱 부러지게 이야기할 수는 없으나 그렇다고 해서 영국인의 영어도 아니었다. 나이는 로체스터 씨와 같은 정도인―서른 살에서 마흔 살 사이로 보였다. 얼굴빛은 흙빛이었으며 그 점을 제외하면, 특히 첫 인상으로는 훌륭한 용모의 신사였다. 그러나 자세히 살펴보면 그 얼굴엔 무엇인가 불쾌감을 느끼게 하는, 이를테면, 사람에게 쾌감을 못 주는 그 무엇이 눈에 띄었다. 이목구비는 뚜렷했으나 야무진 데가 없었다. 조금 찢어진 듯한 눈이었으나 그것이 풍기는 분위기는 생기가 없는 공허한 것이었다―나에게는 적어도 그렇게 느껴졌다.

야회복으로 갈아입을 시간을 알리는 종이 울리자 모두 삼삼오오 흩어져 갔다. 그를 다시 본 것은 만찬이 끝난 뒤였다. 그는 이제 마음이 안정된 것 같았다. 그러나 그의 인상은 전에 보았던 것보다도 더 마음에 들지 않았다. 매우 침착성이 없고 생기가 없다고 느껴졌다. 눈은 끊임없이 두리번거리고 있었고 그것도 아무런 뜻이 없이 그렇게 하고 있는 것이 매우 묘했고 이런 표정은 이제까지 본 일이 없었다. 얼굴 생김새도 좋고 무뚝뚝하지도 않았으나 몹시 혐오감을 느끼게 하였다. 깨끗한 계란형의 매끈한 피부를 한 얼굴에는 활기가 없고 매부리코와 버찌처럼 작은 입에는 의연한 데가 없었다. 좁고 편편한 이마에도 사려가 깊은 인상은 없고 멍한 갈색 눈에는 패기가 없었다.

나는 늘 앉던 구석진 자리에 앉아 벽난로 선반의 장식 촛대의 빛으로 환히 비친 그를 바라보고 있었다—난로 옆에 바짝 끌어다 놓은 안락의자에 앉아 그래도 추운지 몸을 움츠리고 불가로 몸을 내밀고 있었다—그리고 나는 그와 로체스터 씨를 견주고 있었다. 그 차이는 (실례가 되지 않는 말로 하자면) 매끄러운 수커위와 매서운 독수리와의 차이, 온순한 양과 그걸 지키고 있는 털이 거칠고 날카로운 눈을 지닌 개와 같다고 해도 큰 차이는 없을 것이다.

그는 로체스터 씨의 옛 친구라고 했다. 기묘한 우정이 아니었을까? '극과 극은 통한다'라는 오랜 속담의 좋은 예가 아닐 수 없었다.

두서너 명의 남자가 그 가까이 앉아 있었고 가끔 주고받는 대화가 이쪽에 있는 나에게도 들렸다. 처음에는 그 말이 무슨 뜻인지 잘 알 수 없었다. 왜냐하면 내 가까이에 앉아 있던 루이자 에슈턴 양과 메리 잉그램 양이 하는 이야기 소리가 간간이 내 귀에 들렸으므로 가끔 들려오는 남자들의 이야기의 단편을 혼란스럽게 했기 때문이다. 이 두 사람은 낯선 손님의 논평을 하고 있었다. 두 사람 모두 그를 '잘생긴 남자'라고 했다. 루이자는 그를 '귀여운 사람'이라고 했고 '훌륭한 사람'이라고도 했다. 메리는 그 '귀여운 입술과 잘 생긴 코'가 견딜 수 없는 매력이라고 말하였다.

"게다가 저 온화하게 보이는 이마를 봐요!" 루이자가 소리쳤다. "시원하고 내가 가장 싫어하는 찡그린 얼굴의 주름이 하나도 없어. 저 조용한 눈과 웃는 얼굴!"

그때 헨리 린 씨가 연기되었던 헤이 공유지로 가는 산책에 관해서 상의하기 위해서 이 두 사람을 방 저쪽으로 불렀으므로 나는 안도감을 느꼈다.

이로써 나는 난롯가에 있는 사람들의 이야기에 신경을 집중할 수 있었다. 새로 온 손님이 메이슨이라고 하는 사람이라는 것을 알았다. 영국에 막 이르렀다는 것과 어딘가 더운 나라에서 왔다는 것도 알았다. 그의 얼굴이 흙빛이라는 것과 난롯가에 앉아 있다는 것, 집안에서도 외투를 입은 채로 있는 것은 그 때문인 것 같았다. 이윽고 자메이카니 킹스턴, 에스파냐식 도시니 하는 지명을 듣고 그가 사는 곳은 서인도제도라는 것도 알았다. 그리고 곧 나는 이 신사가 로체스터 씨와 거기서 처음으로 만나 사귀게 되었다는 것을 듣고 적잖게 놀랐다. 친구가 타는 듯한 더위나 허리케인이나 그 지역의 장마철을 싫어 한다는 것에도 이야기가 미쳤다. 나는 로체스터 씨가 여행을 좋아한다는 것을 페어팩스 부인으로부터 듣고 알고 있었다. 그러나 그의 방랑은 유럽 대륙에만 한정된 것으로 생각하고 있었다. 지금까지 더 먼 나라를 방문했다는 이야기는 들어 본 일이 없었다.

이런 것을 골똘히 생각하고 있자 어떤 사건이, 그것도 예기치 않은 사건이 나의 생각을 깼다. 우연히 누군가가 문을 열었으므로 덜덜 떨고 있던 메이슨 씨가 세차게 타고 있던 불이 꺼져 버린 난로에 석탄을 더 넣어 달라고 했다. 타다 남은 덩어리들이 아직 뜨겁게 빨갛게 피어 있었는데도. 석탄을 날라 온 하인이 방을 나가다가 에슈턴 씨의 의자 옆으로 가서 무엇인가 낮은 소리로 그에게 말했다. 나는 그중 '노파'라는 말과 '아주 성가신'이라고 하는 말이 들렸을 뿐이었다. "만일 성큼 나가지 않는다면 여러 사람에게 알리겠다고 말해" 하고 치안판사는 대답하였다.

"아니—잠깐!" 덴트 대령이 참견하였다. "쫓아 버리지 마, 에슈턴. 심심 풀이가 될지도 모른다. 여자들과 상의하는 것이 좋아." 그리고 이렇게 말하였다. "부인 여러분! 여러분들은 집시의 캠프를 구경하러 헤이 공유지로 간다고 했었죠. 여기 있는 샘 얘기로는 집시 할머니가 방금 하인 대기실에 와서 '고귀한 분들'의 운세를 봐줄 테니까 안으로 들어가게 해 달라고 버티고 있답니다. 그 노파를 만나시겠습니까?"

"설마, 대령님," 잉그램 부인이 외쳤다. "그런 천한 사기꾼을 우쭐하게 하실 생각은 아니시겠죠? 쫓아 버리세요. 어떤 일이 있더라도 지금 당장!"

"하지만 아무래도 쫓아버릴 수 없습니다, 마님." 하인이 말했다. "하인들로서는 해결이 되지 않을 것 같아 지금 페어팩스 부인이 그 노파한테 가서 제발 돌아가 주십사 애원하고 계십니다만, 난롯가에 앉아서 여기에 들어갈 수 있는 허락을 받기 전에는 꼼짝도 하지 않겠다고 합니다."

"그럼 어쩌자는 거지?" 에슈턴 부인이 물었다.

"여러분들의 점을 쳐 드리겠다고 합니다. 꼭 점을 치겠다고 합니다."

"어떻게 생긴 노파죠?" 에슈턴 자매가 한꺼번에 물었다.

"아주 기막히게 못생긴 노파랍니다, 아가씨. 굴뚝 검댕처럼 새까만 얼굴입니다."

"아, 그럼, 진짜 마녀일지도 모르겠는걸!" 프레더릭 린이 말했다. "자, 이리로 부릅시다."

"그렇게 해요." 그의 동생이 맞장구를 쳤다. "이처럼 재미있는 기회를 놓치면 굉장히 후회할 겁니다."

"애들아, 어떻게 생각하고 하는 말이냐?" 린 부인은 언성을 높였다.

"그런 터무니없는 행동은 찬성할 수 없다." 잉그램 미망인이 끼어들었다.

"정말이에요, 엄마. 하지만 찬성해 주셔도 좋아요—찬성해 주시죠?" 피아노 의자에 앉은 채 이쪽으로 휙 돌아선 블랑슈의 교만한 목소리가 단호하게 들렸다. 이때까지 그녀는 아무 말도 않고 이것저것 여러 가지 악보를 뒤적이고 있었던 것 같았다. "난 내 운명을 점쳐 보고 싶어요. 그러니까, 샘, 그 노파를 여기 들어오라고 해요."

"애 블랑슈야! 잘 생각해 봐라."

"네, 알아요. 엄마가 말씀하실 만한 건 모두 생각하고 있어요. 하지만 난 하고 싶은 일은 할 거예요. 빨리, 샘!"

"그래요. 그래. 네, 그래요!" 젊은 여자나 남자들도 일제히 외쳤다. "부릅시다—재미있는 일이 될 것 같아요."

하인은 그래도 망설이고 있었다. "아주 험상궂게 생겨서"라고 샘은 말했다.

"가라니까!" 잉그램 양이 불현듯 소리를 지르자 샘은 나갔다.

갑자기 좌중은 흥분에 휩싸였다. 샘이 돌아왔을 때에는 야유와 농담이 오갔다.

"여긴 안 오겠답니다." 샘이 말했다. "속물들 (이것은 노파의 말투입니다만) 앞에 나갈 의무는 없다고 말하고 있습니다. 다른 방으로 안내해야겠습니다. 점을 쳐 보고 싶으신 분은 한 분씩 그 방으로 가야 할 것 같습니다."

"거 봐, 블랑슈 여왕님," 잉그램 부인은 말을 꺼냈다. "그 노파는 우쭐해 있어. 내 말을 들어, 애야—그리고—."

"물론 서재로 안내해야지." 블랑슈가 단호하게 말하였다. "속물들 앞에서 내가 그 여자로부터 점을 칠 의무는 없잖아요. 나 혼자 그 여자를 만나고 싶어요. 서재에는 난로를 때고 있어요?"

"네, 아가씨. 하지만 노파가 대놓고 뺑을 칠 것 같아서."

"수다는 그만 떨어, 바보야! 내가 시키는 대로 해요."

샘은 다시 사라졌다. 그리고 수수께끼 같은 공기·활기·기대가 다시 방 안에 넘쳤다.

"준비가 다 됐습니다." 다시 나타난 하인은 말했다. "어느 분이 맨 먼저 오시려는지 알고 싶답니다."

"부인네들이 가기 전에 그 여자를 한 번 보는 게 좋을 것 같은데." 덴트 대령이 말했다. "샘, 남자 어른이 가신다고 전해 줘."

샘이 나갔다가 다시 돌아왔다.

"노파 말이 남자 어른의 점은 안 치니 오실 건 없다고 합니다. 또," 그는 킥킥 웃음이 나오는 것을 겨우 참으며 말했다. "부인네들 중에서도 젊고 독신이신 분이 아니면 안 된답니다."

"젠장, 이것저것 가리는 것도 많군 그래!" 헨리 린이 소리쳤다.

잉그램 양은 점잖게 일어났다. "내가 먼저 가겠어요." 부하들의 앞장을 서서 돌격을 시작하는 결사대의 대장과 같은 말씨로 말하였다.

"오오, 귀여운 딸아! 오오, 사랑하는 내 딸아! 기다려라―잘 생각해 봐!" 어머니의 절규였다. 그러나 그녀는 말없이 의연하게 어머니 곁을 지나 덴트 대령이 열어 준 문으로 나갔다. 그녀가 서재로 들어가는 소리가 들렸다.

그 후에는 조용해졌다. 잉그램 부인은 그야말로 두 손을 모아 걱정하지 않으면 안 된다고 생각하고 또 그대로 하였다. 메리 양은 자기로서는 감히 그런 용기는 없다고 말했다. 소리를 죽여 웃고 있는 에미 양과 루이자 양은 조금 겁을 먹고 있는 것처럼 보였다.

시간은 아주 느리게 지나갔다. 15분이 지났을 무렵 서재의 문이 다시 열렸다. 잉그램 양은 아치를 지나 우리들이 있는 데로 돌아왔다.

그녀는 웃을까? 터무니없는 웃음거리라고 말할까? 모두가 조급한 호기심에 가득 찬 눈초리로 그녀를 바라보고 그녀는 그 시선을 냉정하게 튕겼다. 얼굴에는 동요의 기색도 없고 들뜬 모습도 없었다. 무뚝뚝하게 그녀는 자기 자리로 가서 아무 말도 않고 앉아 버렸다.

"그래 어땠니, 블랑슈?" 잉그램 남작이 물었다.

"뭐라고 해요, 언니?" 메리가 물었다.

"어떻게 생각해? 어떤 기분이 들어? 진짜 점쟁이야?" 에슈턴 집안의 두 자매가 물었다.

"자, 자, 여러분." 블랑슈 양이 대꾸했다. "그렇게 서둘지 마세요. 호기심을 불태우고 손쉽게 믿어 버리는 여러분의 두뇌 기관은 정말로 이내 활발해지는군요. 여러분은—나의 훌륭하신 어머니를 포함해서지만—모두가 이 일을 너무 중요하게 생각하고 계시는 것 같아요—이 저택에 악마와 결탁한 진짜 마녀가 있다고 진심으로 믿고 계시는군요. 제가 만난 것은 집시의 부랑자. 케케묵은 손금 지식을 자랑삼았을 뿐이에요. 그런 사람들이 흔히 말하는 것을 말했을 뿐이에요. 내 호기심은 이젠 만족했어요. 내일 아침에는 에슈턴 님이 경고하신 대로 저 마녀에 차꼬를 채워 전시대로 데리고 가게 하겠어요."

잉그램 양은 책을 손에 들고 의자 등에 기대어 그 이상 이야기를 하려고 하지 않았다. 나는 반 시간 가까이 잉그램 양을 지켜보고 있었다. 그 동안 책을 넘기도 않고 그녀의 얼굴은 순간 어두워지고 더욱더 언짢아져서 쓰디쓴 낙담의 빛이 떠올랐다. 아무래도 좋은 말은 듣지 못한 것 같았다. 침울한 상태가 언제까지고 계속되어 여느 때와는 다르게 침묵을 지키고 있는 것을 보면 무관심한 체하고는 있지만 속으론 여자가 한 말을 심각하게 받아들이고 있는 것 같았다.

한편 메리 양과 에미 양, 루이자 양들은 혼자서는 감히 갈 수 없다고 했지만 그래도 모두 가고 싶어 했다. 샘이라고 하는 특사를 사이에 두고 교섭이 시작되었다. 몇 차례 왕래가 계속되고 샘의 장딴지가 그 왕복으로 아팠을 것이라고 여겨졌지만 난항 끝에 완고한 여자 점쟁이로부터 세 사람이 같이 와도 좋다는 허락을 받을 수 있었다.

서재로 들어간 그녀들은 잉그램 양 때처럼 조용하지는 않았다. 킥킥거리는 웃음소리와 작은 비명 소리가 서재로부터 들려왔다. 20분쯤 지났을 때 서재의 문을 힘차게 열고 현관홀로 달려왔으나 반쯤 정신이 나가 있었다.

"분명히 저 점쟁이는 정상이 아니야!" 세 사람은 제각기 소리쳤다. "그런 얘길 우리들에게 하다니! 우리들에 대해서 다 알고 있어!" 그녀들은 이렇게 말하더니 남자들이 당황해서 권한 의자에 숨을 헐떡이며 제각기 주저앉았다.

좀더 설명을 하라는 요구에 그녀들은, 아주 어린아이 때의 언행까지 알아맞히고 그녀들 집안에 있는 책과 장식품, 여러 친척들이 보내 준 기념품들을 마치 보기나 한 듯이 노파는 설명했다고 했다. 그리고 그 노파는 그녀들의 마음속까지 점치고 각자의 귀에다 대고 그녀들이 세상에서 가장 좋아하는 사람의 이름을 귓속말로 해 주고, 가장 원하고 있는 걸 알아맞혔다고도 했다.

여기서 남자들은 맨 나중에 말한 두 가지 점을 좀더 자세히 말해 달라고 졸랐으나 그녀들은 그 끈질긴 요구에 다만 얼굴을 붉히고 이상한 고함을 지르고 몸을 떨기도 하며 킥킥 웃어 대기만 할 뿐이었다. 그 사이에 마나님들은 정신을 차리는 약을 주기도 하고 부채로 부쳐 주기도 하고 애써 주의를 했는데 말을 듣지 않았다고 투덜대는 것이었다.

나이 많은 신사들은 일소에 부치고 젊은 사람들은 흥분한 여자들을 부지런히 돌보고 있었다.

이 야단법석 속에서 내 눈과 귀가 내 앞에서 벌어진 광경을 주시하고 있을 때 기침 소리가 들렸다. 돌아보니 샘이 서 있었다.

"저어, 집시가 이 방에는 아직 오지 않았던 독신의 젊은 여성이 또 한 사람 있을 것이라고 하는데 모두를 만나기 전에는 돌아가지 않겠다고 버티고 있습니다. 그 분은 당신이라고 생각하는데요. 그런 분은 달리 안 계시니까요. 노파에게 뭐라고 할까요?"

"어머, 그렇다면 가겠어요." 나는 대답했다. 높아진 호기심을 만족시킬 수 있는 뜻하지 않은 기회가 온 것이 반가웠다. 나는 아무 눈에도 띄지 않게 살짝 방을 빠져나왔다―손님들은 방금 돌아와서 벌벌 떨고 있는 세 아가씨 곁에 모여 있었다―나는 가만히 문을 닫았다.

"괜찮으시다면," 샘이 말했다. "전 홀에서 기다리고 있겠습니다. 만일 노파가 놀라게 하거든 불러 주세요. 곧 뛰어갈 테니까요."

"아니, 샘, 부엌에 가 있어요. 나는 조금도 무섭지 않으니까." 사실 나는 무섭지 않았다. 다만 흥미로움에 이끌려 흥분하고 있었다.

19

서재로 들어가자 주위는 조용했다. 여자 점쟁이는―만일 이 여자가 진짜 점쟁이라면 그렇다는 것이지만―난롯가의 안락의자에 기분 좋게 폭신하게 앉아 있었다. 빨간 망토에 검은 보닛 모자, 아니 보닛이라기보다는 집시 모자를 쓰고 얼룩무늬 스카프로 모자를 눌러 스카프 끝은 턱 아래에 매고 있었다. 불이 꺼진 초가 테이블에 놓여 있었다. 노파는 난로에 몸을 숙이고 기도책 같은 조그마한 책을 난로 불빛으로 읽고 있는 것 같았다. 노파들이 흔히 그러하듯이 중얼중얼 소리를 내며 읽고 있었다. 내가 들어가도 그만두지 않았다. 아무래도 한 구절을 마저 읽어 버릴 속셈인 듯했다.

나는 난로 옆 깔개 위에 서서 손을 쬐었다. 응접실에서 난로에서 멀리 떨어져 앉아 있었으므로 손이 꽤 차가웠던 것이다. 나는 여느 때 못지않게 침착했다. 집시의 얼굴에는 사람의 침착한 마음을 어지럽힐 만한 것은 아무것도 없었다. 책을 덮고 천천히 머리를 들었다. 모자 차양이 얼굴에 그늘을 만들고 있었는데 들어 올린 얼굴은 매우 기괴했다. 얼굴은 온통 갈색과 검정빛으로 칠해진 것처럼 보였고 턱 아래에 두른 희고 가는 천 아래에서 헝클어진 머리카락이 삐져나와 뺨과 턱을 반쯤 가린 채 뚫어지게 나를 바라보고 있었다.

"그래, 점을 쳐보고 싶소?" 여자는 눈빛처럼 날카롭게, 얼굴 생김새처럼 거친 목소리로 말하였다.

"그런 건 아무래도 좋아요, 할머니. 좋도록 해 주세요. 하지만 미리 말씀 드리겠는데 저는 믿지 않으니까요."

"그런 말을 하다니 건방지구나. 그렇게 나올 줄 알았다. 들어오는 발소리로 알았지."

"그래요? 귀가 날카로우시군요."

"그렇지. 눈도 좋고 머리도 좋지."

"이런 장사에는 그런 것이 모두 필요해요."

"그렇고말고, 특히 손님이 너 같은 사람일 때는 말야. 왜 떨지 않지?"

"춥지 않은 걸요."

"왜 얼굴이 해쓱하지 않지?"

"기분이 나쁘지 않으니까요."

"어째서 내 기술에 의존하지 않으려고 하지?"

"전 바보가 아니니까요."

주름투성이의 노파는 말이 울듯이 웃었다. 그리고 짧고 검은 파이프를 꺼내 불을 붙이고 뻐끔뻐끔 빨기 시작했다. 잠시 이 진정제를 맛본 후 수그렸던 몸을 일으켜 파이프에서 입을 떼고 난롯불을 물끄러미 바라보면서 매우 천천히 말하였다.

"너는 춥다, 너는 기분이 나쁘다, 너는 바보다."

"그걸 증명해 주세요." 나는 대답했다.

241

"말해 주지. 간단하게 말야. 네가 추운 것은 네가 혼자이기 때문이다. 그 누구도 네 안에 있는 불을 타오르게 하지는 않는다. 네가 기분이 나쁜 것은 인간에게 주어진 가장 좋은 감정이, 가장 숭고한 훌륭한 감정이 너로부터 멀리 있기 때문이다. 네가 어리석은 것은 괴롭다고 해서 그 감정을 곁으로 불러오려고 하지 않고 그것이 기다리고 있는 곳으로 발을 내디디려고도 하지 않기 때문이다."

여자는 다시 검고 짧은 파이프를 물고 재빨리 빨기 시작했다.

"큰 저택에 고용되어 있는, 의지할 데가 없는 하인을 상대할 때 대개 그렇게 말하시는군요."

"대개 그렇게 말하겠지. 그러나 누구에게나 그것이 진실로서 해당될까?"

"저와 같은 경우에 있는 사람이라면."

"그래, 바로 그렇지, 너 같은 경우에 있는 사람에게는. 그런데 너와 같은 처지에 놓여 있는 인간이 과연 또 있을까?"

"그런 사람은 수천 명 있어요."

"한 사람도 찾기가 어려울 걸. 아직 모르고 있는 것 같은데 너는 특별한 처지에 있는 거야. 행복 바로 옆에 말야. 그래, 행복이 손에 닿을 듯한 곳에 말야. 재료는 모두 마련되어 있다. 다만 그걸 한 데로 모으려고 하는 노력이 부족해. 우연히 운명이 그것을 흩뜨려 놓았어. 한 번 그걸 긁어모아 봐. 굉장한 행복이 올 테니까."

"전 수수께끼는 몰라요. 수수께끼 푸는 것은 질색이에요."

"좀더 알기 쉽게 듣고 싶거든 손바닥을 이리 내놔 봐."

"그 위에 은화를 놓으라는 거죠?"

"그렇지."

나는 집시에게 1실링을 건넸다. 노파는 그걸 호주머니에서 꺼낸 헌 양말 속에 넣고 묶어서 도로 호주머니에 집어넣고는 나더러 손을 내밀라고 했다. 나는 내밀었다. 노파는 내 손바닥에 얼굴을 가까이 대고 자세히 살펴보았다.

"너무 아름답군." 노파는 말했다. "이런 손으로는 아무것도 모르겠어. 손금 하나 없어. 본디 손바닥에 뭣이 있단 말이야? 운세는 여기에 쓰여 있지 않아."

"그러시겠죠."

"그렇지." 노파는 말을 이었다. "그건 얼굴에 쓰여 있어. 이마에 말야. 눈 주위에 말야. 눈속에 말야. 입가의 주름에 말야. 무릎을 꿇고 머리를 들어 봐."

"아아, 이제야 현실로 돌아오셨군요." 나는 이렇게 말하면서 여자의 말에 따랐다. "이거라면 당신이 하는 말을 믿을 수 있을지도 몰라요."

난 노파에게서 반 야드쯤 떨어진 곳에서 무릎을 꿇었다. 그녀는 난롯불을 뒤적이었다. 그러자 뒤적인 석탄으로부터 불이 널름널름 타올랐다. 그러나 그 눈부신 빛도 앉아 있는 여자의 얼굴에 다시 검은 그림자를 던진 데에 지나지 않았다. 나의 얼굴은 그 불빛을 받았다.

"너는 오늘 밤 무슨 생각을 하고 나한테 왔을까?" 하고 여자는 나의 얼굴을 유심히 바라본 후에 이렇게 말하였다. "도대체 어떤 생각이 너의 마음속을 분주하게 오가고 있을까? 환등(幻燈)에 비친 그림처럼 네 앞에 어른거리는 아름다운 사람들과 함께 저 방에 앉아 있는 동안에 말야. 너와 그 사람들 사이엔 조금도 마음이 통하는 것이 없을 텐데 말야. 저 사람들은 사람의 모양을 한 그림자, 실재(實在)하지 않는 것인데 말야."

"줄곧 지루해지고 때로는 졸리기도 했지만 슬픈 일은 별로 없었어요."

"그렇다면 너는 무엇인가 남모를 희망이라도 있었나. 행복한 미래를 속삭여주는 사람 말야. 너를 기쁘게 해 주는 무슨 숨은 희망이라도 갖고 있었나?"

"그런 건 없어요. 고작 제 희망이란 언젠가는 조그마한 집을 빌려서 학교를 열고 싶고, 이를 위한 자금을 월급에서 저축할 정도죠."

"영혼을 먹여 살리기 위해서는 너무나 빈약한 자양분이군. 그리고 저 창문 옆의 의자에 앉아서 말이지 (나는 너의 습관을 알고 있어)."

"하인들한테서 들은 거겠죠."

"흥! 똑똑한 체하는군. 옳아. 실은 말야, 하인 중에 한 사람 아는 이가 있어. 풀이라고."

그 이름을 듣자 나는 나도 모르게 허리를 들었다.

'그래? 역시 그렇구나' 나는 생각하였다. '이런 장사에는 악마가 얽혀 있었어!'

"놀랄 건 없어." 수상쩍은 여자는 말을 이었다. "풀 부인은 믿을 수 있는 하인이야. 입이 무겁고 얌전하고 그녀는 믿을 수가 있어. 지금 말한 바와 같이 말야, 저 창문 옆에 앉아서 장차 마련할 학교 일밖엔 아무것도 생각지 않았단 말이냐? 네 눈앞의 소파나 안락의자에 앉아 있는 사람들에게는 흥미가 없단 말이냐? 네가 물끄러미 바라보고 싶은 얼굴은 하나도 없단 말이냐? 호기심을 가지고 그 움직임을 쫓아보고 싶은 사람은 하나도 없단 말이냐?"

"저는 모두의 얼굴을, 모두의 모습을 관찰하는 것을 좋아해요."

"하지만 그들 중에서 단 한 사람을 골라내서 관찰하는 일은 없나? —아니 두 사람일까?"

"자주 그래요. 두 사람의 태도와 모습이 무엇을 얘기해 주는 것 같을 때에는. 전 그분들을 바라보는 것이 즐거워요."

"어떤 얘길 가장 듣고 싶지?"

"아이 참, 전 별로 가리지 않아요! 그분들은 늘 같은 화제—구애(求愛)에요. 그리고 마무리는 항상 같아요—결혼 약속이죠."

"그러면 너는 그 따분한 화제가 마음에 든단 말이냐?"

"사실을 말하자면 별로 흥미가 없어요. 제겐 아무 소용이 없는 일이니까요."

"아무 소용이 없다고? 젊고 활기에 넘치고 건강하고 반할 정도로 아름답게 태어나고 지위와 재산이 주어진 여인이 한 신사 앞에 앉아서 미소를 짓고 있는데. 그 신사는 네가—."

"제가 어떻다는 거죠?"

"네가 알고 있는—아마도 호감을 갖고 생각하고 있을지도 모르는 신사의 눈앞에서 말야."

"전 여기 오신 분들을 모릅니다. 어느 분하고도 이야기를 한 적이 없으니까요. 그리고 호감을 가지라고 하시지만 그야 훌륭하고 당당한 중년 신사나 젊고 씩씩한 미남자도 있어요. 하지만 물론 신사 분들이 모두 좋아하는 이의 미소를 받아들이는 건 자유예요. 누가 웃는 얼굴을 보이든 그런 것은 저에게는 아무래도 상관없어요."

"여기에 있는 신사들을 모른다고? 그 중의 아무하고도 이야기를 하지 않았단 말이냐? 이 집 주인하고도 말을 주고받은 일이 없다고?"

"주인님은 집에 안 계세요."

"그럴 듯한 말이구나! 아주 멋진 핑계구나! 그분은 오늘 아침 밀코트에 갔다가 오늘 밤이나 내일 돌아올 거다. 그래도 네가 알고 있는 사람들의 명부에서 뺄 작정이냐? —다시 말하면 그 사람의 존재를 지울 작정이냐?"

"아뇨. 하지만 이제까지의 이야기와 로체스터 씨가 무슨 관계가 있는지 저는 모르겠어요."

"난 남자들 앞에서 미소를 짓고 있는 여자들에 대해서 말하고 있었어. 요즘 로체스터 씨에게 쏠리는 미소로 말할 것 같으면 위까지 가득 채워진 두 개의 컵처럼 눈에서 넘칠 정도란다. 너는 그것을 몰랐니?"

"로체스터 씨는 초청하신 손님들과의 교제를 즐기실 권리가 있어요."

"권리가 있는 것은 당연하지. 그러나 너는 모르고 있는 것 같구나. 결혼 문제로 이런저런 소문이 돌고 있는 가운데 로체스터 씨가 항상 화제의 중심이 되고 있는데 말이다."

"듣는 사람이 열심일수록 이야기하는 사람의 혀도 활발해지는 거예요." 나는 집시를 향해 말한다기보다는 나 자신에게 이렇게 말했다. 이 여자의 기괴한 이야기나 목소리, 그리고 태도가 이미 나를 꿈속으로 끌고 갔다. 뜻하지 않던 말이 연달아 그녀의 입에서 쏟아져 나와 마침내 나는 그 속임수의 그물에 걸리고 만 것이다. 눈에 보이지 않는 정령이 나의 심장 곁에서 몇 주간이고 앉아서 그 작용을 지켜보고 그 고동 하나하나를 기록하고 있었단 말인가?

"듣는 사람의 열심이라!" 노파는 되풀이했다. "그렇지. 로체스터 씨는 몇 시간이고 앉아서 마음을 통하려고 부지런히 노력하는 어여쁜 입술에 귀를 기울이고 있었지. 로체스터 씨는 그런 기분 전환을 기꺼이 받아들이고 감사하고 있는 것 같았어. 너는 그것을 알고 있었나?"

"감사라고요? 전 그분의 얼굴에 감사하는 빛을 본 기억이 없어요."

"본 일이 없다고! 그럼, 너는 그 얼굴을 잘도 관찰하고 있었구나. 그래 뭘 찾아냈나. 감사가 아니라면?"

나는 아무 말도 안했다.

"사랑을 봤다, 그거 아닌가? 그리고 미래를 예견했을 때, 결혼을 한 로체스터 씨가, 행복하게 보이는 신부의 모습이 보였나?"

"흥! 그런 일은 없어요. 당신의 마술 솜씨도 때로는 틀리는 일이 있군요."

"그럼 도대체 뭘 봤단 말이냐?"

"그만두세요, 난 여기 온 것은 물으러 온 거지 고백하러 온 건 아니니까요. 로체스터 님께서 결혼하신다는 건 정말이에요?"

"그렇지, 저 아름다운 잉그램 양과."

"곧 하게 되나요?"

"아무래도 그렇게 결말이 날 것 같다. 게다가 (너는 의심하고 있는 것 같은데 그런 뻔뻔스런 근성은 고쳐야겠구나) 두 분은 더없이 행복한 부부가 될 거다. 저렇게 예쁘고 고상하고 재치가 있는 교양이 풍부한 여자라면 로체스터 씨는 틀림없이 사랑하고 있을 거다. 그리고 아마도 그 여인도 로체스터 씨를 사랑하고 있을 거다. 아마도 그의 사람됨을 사랑하고 있지 않는다고 해도 지갑은 사랑하고 있을 거다. 로체스터 집안의 재산이야말로 가장 바람직한 것이라고 생각하고 있는 거야. 하기야 (하느님 용서하소서!), 한 시간 전에 그 점에 대해서 어떤 일을 귀띔을 해 주었는데 그것을 듣고 여자들은 얼굴에 깊은 근심의 빛을 띠더군. 입 양쪽이 반 인치나 축 늘어지더라니까. 저 여인의 거무튀튀한 구혼자에게 주의하라고 충고해 줄까? 더 두툼한 재산을 가진 다른 사람이 나타나면 위험하다, 밀려난다고 말야—."

"그렇지만 할머니, 전 로체스터 님의 운세를 듣기 위해 여기에 온 것이 아니에요. 제 운수를 들으러 온 거예요. 그런데도 제 점괘는 하나도 말씀하시지 않는군요."

"너의 운수는 아직 정해져 있지 않아. 얼굴을 꼼꼼히 보고 있으면 어떤 상(相)과 상반되는 상이 나타나 있어. 운명의 여신은 너에게 그만그만한 행운은 나누어 주셨어. 운명의 여신은 너를 챙겨 주셨어. 나는 제대로 보았지. 따라서 그것을 네가 손을 뻗쳐서 붙드냐 아니냐에 달려 있다. 네가 그렇게 할지 어쩔지 내가 점을 쳐 주지. 한 번 더 깔개에 꿇어 앉아요."

"오래 앉히진 마세요. 불이 뜨거우니까요."

나는 꿇어 앉았다. 노파는 내 쪽으로 허리를 구부리지는 않고 의자에 기대 앉아 나를 응시할 뿐이었다. 그녀는 중얼대기 시작했다.

"불꽃이 네 눈 속에서 흔들리고 눈은 이슬처럼 반짝이고 있다. 부드럽고 정이 풍부한 눈이군. 나의 뜻을 알 수 없는 말을 듣고 웃고 있다. 그 눈에는 다정다감하고 맑은 인상이 차례로 떠오른다. 웃음이 사라지면 슬프게 보인다. 무의식의 권태가 눈까풀을 무겁게 한다. 그것은 고독해서 생긴 우수를 나타낸다. 그 눈이 내 눈에서 비껴난다. 더 이상 물끄러미 바라보는 것을 참을 수가 없다. 경멸감을 띄고 내가 이제까지 발견한 진실을 부정하고 있는 것 같다. 상처받기 쉽고 고집이 세다고 말해도 인정하지 않으려는 기색, 그 자부심과 신중함은 나의 생각을 더욱 굳혀 준다. 이것은 바람직한 눈이다.

다음에는 입. 그것을 가끔 즐거운 듯이 웃는다. 뇌가 생각해 내는 것을 모두 전달하는 것 같지만 마음이 느끼고 있는 것은 그 대부분을 침묵하고 전하지 않는다. 잘 움직이고 부드러운 그 입은 고독 속에서 영원히 침묵하고 굳게 닫힌다는 일은 없었다. 많은 것을 이야기하고 미소를 잘 짓는 입, 이야기하는 상대방에 대해서 따뜻한 애정을 품는 입이다. 그 모양도 또한 바람직하다.

행운을 방해하는 것은 그 이마뿐이다. 그 이마는 서슴없이 이렇게 말하고 있다. '만일 자존심과 환경이 그렇게 하라고 말한다면 나는 혼자서 살아갈 수 있다. 행복을 얻기 위해 나의 영혼을 팔 필요는 없다. 가지고 태어난 마음의 보물이 있다. 비록 외부적인 여러 가지 기쁨이 주어지지 않아도, 내가 지불할 수 없는 대가를 지불해야만 그것을 얻을 수 있어도, 그 보물이 나를 살려 준다.' 그 이마는 이렇게 단언하고 있다. '이성이 고삐를 단단히 쥐고 있으니까 감정이 난동을 부리게 하는 일도 없고 무서운 심연(深淵)에 떨어뜨리는 일도 없다. 정열은 참다운 이방인처럼 마구 야단을 칠지 모르고. 욕망은 갖가지 허황된 꿈을 마음속에 그려볼 거다. 그러나 그 판단력은 모든 논쟁에 결말을 짓는 마지막 발언권을 주어 모든 결의에 대한 재결권을 부여할 것이다. '크고 강한 바람, 지진, 그리고 불이 있어도 양심이 명하는 바를 해명하는 낮으면서 조용한 소리를' 나는 따를 것이다. ^('크고 강한 바람' 이하의 말은
〈열왕기 상〉 19장 11~12절에서 인용)

이마여, 잘 말했다. 너의 선언은 존중될 것이다. 나는 계획을 세웠다—내가 옳다고 생각하는 계획을—그 계획을 세움에 나는 양심이 명한 대로 이성이 조언한 대로 신경을 썼다. 나는 알고 있다. 만일 내민 행복의 찻잔에 치욕이라는 얼마 안 되는 찌꺼기가 가라앉고 조금의 자책의 맛이 난다면 청춘은 당장 쇠약하고 꽃은 시들 것이라는 것을, 나는 희생도 슬픔도 파멸도 바라지 않는다—그것은 내가 바라는 것이 아니다. 나는 기르는 것을 바라고 시들게 하는 것은 바라지 않는다—피눈물을 짜게 하는 것이 아니라—그렇다, 짜디 짠 눈물을 짜내는 것이 아니라—감사를 받는 것을 바란다. 내가 얻는 것은 친밀한 사랑의 정이 담긴 달콤한 미소가 좋다. 그것으로 충분하다. 나는 아무래도 열에 들떠 헛소리를 하고 있는 것 같다. 이 순간을 영원히 연장할 수만 있다면 하고 생각한다. 그러나 그런 용기는 없다. 이제까지는 나는 완전히 억제해 왔다. 나는 마음속에서 이렇게 행동하려고 맹세한 것처럼 행동해 왔다. 그러나 앞으로는 나의 힘이 미치지 않는 시련이 있을지도 모른다. 서라, 에어 양. 나가도 좋아. 연극은 끝났다."

도대체 나는 어디에 있는 것일까? 깨어 있었는가? 잠들어 있었는가? 나는 꿈을 꾸고 있었는가? 아직 꿈을 꾸고 있는가? 노파의 음성이 변해 있었다. 그 말투, 그 몸짓, 모든 것이 거울에 비치는 나의 얼굴처럼 낯익은 것—나의 입에서 나온 것처럼 귀에 익은 것이었다. 나는 일어났다. 그러나 나가지는 않았다. 나는 물끄러미 바라보았다. 불을 돋우고 다시 한 번 보았다. 그러나 노파는 모자와 얼굴 주위에 감은 가는 천을 다시 끌어당겨 나가라고 다시 신호를 한다. 뻗은 그 손을 불꽃이 비치고 있었다. 이제 정신을 차린 나는 빈틈없이 눈을 뜨고 있었으므로 그 손을 알아차렸다. 그것은 나의 손과 같았고 말라빠진 노파의 손은 아니었다. 둥그스름한 부드러운 손, 매끈한, 균형이 잡힌 손가락. 폭이 넓은 반지가 새끼손가락에서 빛나고 있었다. 나는 몸을 숙이고 그것을 보았다. 이제 몇 백 번이고 본 보석이었다. 나는 다시 그 얼굴을 쳐다보았다. 그 얼굴은 내게서 돌리지 않았다—그러기는커녕 모자를 벗어버리고 머릿수건을 풀어 재치자 얼굴이 나타났다.

"자아, 제인, 내가 누군지 알겠소?" 낯익은 목소리가 물었다.

"그 붉은 망토를 벗으세요. 그러면—."

"그런데 끈이 옭아매졌어. 좀 풀어 주구려."

"끊어 버리세요."

"그래, 그럼—'버려라, 이런 빌린 물건은!'"

그러자 변장을 벗어 버리고 로체스터 씨가 나타났다.

"어머나, 참 이상야릇한 취미세요!"

"그런데 멋지게 꾸며 냈지! 그렇게 생각지 않소?"

"아가씨들은 보기 좋게 속은 것 같아요."

"그러나 당신은?"

"저한테는 집시의 역을 보여 주시지 않았어요."

"그럼, 어떤 역을 했단 말이오? 나 자신의 역을 했단 말이오?"

"아뇨, 설명하기 어려워요. 말하자면 주인님은 저로부터 이야기를 꺼내려고—아니 이야기에 끌어넣으려고 하셨어요. 터무니없는 말씀을 해서 저에게도 터무니없는 말을 하게 하려고 하셨습니다. 도저히 공정하다고는 말할 수 없습니다."

"용서해 주겠소, 제인?"

"잘 생각해 보기 전엔 말씀드릴 수 없어요. 잘 생각해 봐서 제가 큰 바보 짓을 하지 않았다면 용서해 드리기로 하겠어요. 하지만 이런 방법은 잘못되어 있어요."

"아아! 당신은 정말 진지했어요—매우 신중하고 분별도 있었어요."

나는 곰곰이 생각해 보고 대체적으로 자신이 그랬다고 생각하였다. 나는 안도감이 들었다. 나는 이 회견의 처음부터 이미 조심은 하고 있었다. 분장에 수상한 점을 느꼈던 것이다. 집시나 점쟁이들은 이 수상한 노파와 같이 이야기를 하지 않는 법이다. 그리고 노파의 만든 목소리와 자기 얼굴을 열심히 가리려고 하는 태도도 알아차리고 있었다. 그러나 나의 머리에 있었던 것은 저 그레이스 풀이었다—그 살아 있는 수수께끼, 수수께끼 중의 수수께끼라고 생각해 온 그 인물에 관한 일밖에 머리에 없었다. 설마 로체스터 씨였으리라곤 꿈에도 생각하지 못했다.

"그런데," 로체스터 씨는 말했다. "뭘 생각하고 있는 거요? 그 진지한 웃음은 뭘 의미하는 거요?"

"놀람과 자기만족입니다. 이젠 나가도 될까요?"

"아니, 잠깐만. 응접실에 있는 사람들이 뭣들 하고 있는지 말해 줘요."

"아마 집시의 얘기가 한창일 겁니다."

"좀 앉아요. 모두들 내 얘길 뭐라고 했는지 말해 줘요."

"제가 여기에 오래 있지 않는 게 좋을 것 같아요. 11시가 가까웠을 겁니다. 아니, 참! 로체스터 씨, 오늘 아침 떠나신 뒤에 낯선 사람 한 분이 오신 거 아세요?"

"낯선 사람이라! 모르는데. 도대체 누구야? 내겐 아무도 올 손님이 없소. 그래 그 사람 돌아갔소?"

"아뇨, 그분은 주인님과는 옛날부터 잘 아는 사이라고 하시고 돌아오실 때까지 기다리겠다고 하셨어요."

"그런 소릴 했다고? 이름을 말합디까?"

"이름은 메이슨이라고 하셨어요. 서인도제도, 자메이카의 에스파냐 타운에서 오셨다고 하신 것 같아요."

로체스터 씨는 내 곁에 서 있었다. 그는 나를 의자로 데리고 가려는 듯이 내 손을 잡았다. 내가 말했을 때 그는 부들부들 떨리는 손으로 내 손목을 잡았다. 입가의 미소가 사라졌다. 경련이 그의 숨을 막아 버렸다.

"메이슨! 서인도제도!" 그는 말했다. 마치 자동인형이 말을 하나하나 똑바로 발음하고 있는 것 같았다. "메이슨! 서인도제도!" 그는 되풀이 했다. 그리고 그 말을 세 번이나 되풀이하는 동안에 얼굴은 잿빛보다 더 해쓱해졌다. 그는 자기가 어떤 태도를 보이고 있는지 거의 모르고 있는 것 같았다.

"기분이 나쁘신가요?" 나는 물었다.

"제인, 큰일이 났소, 큰일이야, 제인!" 그는 비틀거렸다.

"아! 제게 기대세요!"

"제인, 언젠가도 그 어깨를 빌려 주었지. 또 빌려 줘요."

"네네, 제 팔도."

그는 의자에 앉아 나를 옆에 앉혔다. 두 손으로 내 손을 잡고 쓰다듬었다. 아울러 무척 고민하는 침통한 얼굴로 나를 바라보고 있었다.

"친구여!" 그는 말했다. "조용한 외딴 섬으로 당신과 단둘이서만 조용히 가고 싶다. 괴로움도 위험도 지긋지긋한 기억도 모두 잊고."

"제가 도와드릴 수 있을까요? 목숨을 걸고라도 도와드리고 싶습니다."

"제인, 도움이 필요하게 되면 당신의 힘을 빌리겠소. 이건 약속하오."

"고맙습니다. 어떻게 하면 좋을지 말씀해 주세요. 부족한 저지만 열심히 해 보겠어요."

"그럼, 포도주를 한 잔 식당에서 갖다 주어요. 모두들 밤참을 들고 있을 거요. 그리고 메이슨이 손님들과 같이 있는지, 무엇을 하고 있는지 알려 주시오."

나는 갔다. 로체스터 씨의 말대로 모두 식당에서 밤참을 들고 있었다. 그들은 테이블에 앉아 있는 것이 아니라 요리는 식기 찬장 위에 놓여 있고 좋아하는 것을 골라서 나누고 있었다. 접시나 유리잔을 들고 여기저기 모여서 서 있었다. 모두가 기분이 좋은 것처럼 보였고 웃음소리와 이야기 소리가 생생하게 주위를 메우고 있었다. 메이슨 씨는 덴트 대령 부부와 얘기를 나누며 난롯가에 서 있었고 다른 사람들과 마찬가지로 즐거워 보였다. 나는 포도주를 유리잔에 부어 가지고 (잉그램 양이 얼굴을 찌푸리고 나의 이런 행동을 지켜보고 있었다. 그녀는 내가 주제넘은 짓을 한다고 생각하고 있을 것이다) 서재로 돌아왔다.

로체스터 씨는 몹시 파리했던 얼굴빛이 가시자 다시 딱딱하고 무뚝뚝한 표정으로 돌아갔다. 그는 유리잔을 내 손에서 받아들었다.

"당신의 건강을 위해서 건배! 봉사하는 요정이여!" 포도주를 마시고 유리잔을 내게 돌려주었다. "제인, 모두 뭘 하고 있소?"

"웃기도 하고 얘기도 하며 계세요."

"모두들 심각하거나 이상스러운 눈치는 안보입디까? 무슨 괴상한 얘기라도 들은 듯이 말이오?"

"아뇨, 전혀 그런 기색은 없어요. 모두 농담을 하시고 즐겁게 떠들어대고 계세요."

"그럼 메이슨은?"

"그분도 웃고 계셨어요."

"만일 저 사람들이 떼를 지어 몰려와서 내게 침을 뱉는다면 당신은 어떻게 하겠소, 제인?"

"이 방에서 내쫓아 버리지요. 제가 할 수만 있다면."

로체스터 씨는 희미하게 미소를 지었다. "그러나 내가 저 사람들 앞에 나가더라도 그들은 나를 차갑게 바라보고 남몰래 험담을 하고 있다면, 그리고 한 사람씩 내 앞에서 사라져 버린다면 당신은 어떻게 하겠소? 당신도 그들과 함께 떠날까?"

"전 안 가겠어요. 주인님과 같이 남아 있는 것이 도리어 즐거울 거예요."

"나를 위로하기 위해서?"

"그래요. 있는 힘을 다해서 위로해 드리겠어요."

"그럼 당신이 내 곁을 떠나지 않는다고 해서 세상의 비난을 받는다면 어떻게 하겠소?"

"아마도 그런 것은 귀에 들어오지 않을 것입니다. 비록 안다고 해도 그런 일은 무시하겠습니다."

"그럼 나 때문에 세상의 비난을 무릅쓰겠단 말이오?"

"저는 제가 꼭 지킬 만한 친구를 위한 일이라면 무엇을 두려워하겠어요. 당신은 그럴 만한 가치가 있는 분이니까요."

"그럼 객실로 돌아가요. 메이슨이 있는 데로 살그머니 가서 로체스터가 돌아와 만나고 싶어 한다고 귀띔해 줘요. 그 사람을 여기로 안내하고 나서 그대로 나가요."

나는 그의 명령에 따랐다. 사람들 사이를 곧장 빠져나가는 나를 손님들이 의아스러운 듯이 바라보고 있었다. 나는 메이슨 씨를 찾아내어 말을 전하고 앞장서서 방을 나왔다. 서재로 안내를 한 후 나는 2층으로 올라갔다.

밤은 깊었다. 잠자리에 든 지 얼마 만에 나는 손님들이 제각기 물러가는 소리를 들었다. 그 중에서 로체스터 씨가 이렇게 말하는 것을 들었다. "이쪽이야, 메이슨. 여기가 자네 방일세."

그는 밝은 목소리로 말하고 있었다. 그 즐거운 말투를 듣고 나는 안심하였다. 곧 나는 잠들어 버렸다.

20

평소에는 잘 때 내려야 할 침대의 커튼을 나는 잊고 내리지 않았다. 게다가 창문의 차양까지도. 그 덕택으로 휘황하게 빛나는 보름달이 (그날 밤은 맑은 날이었다) 하늘의 궤도를 돌아와 나의 창문 정면에 와서 가린 것이 없는 창유리로부터 나를 들여다보았을 때 그 거룩한 빛으로 말미암아 나는 눈을 떴다. 한밤중에 잠이 깬 나의 눈앞에 수정과 같이 밝은 은빛의 달이 있었다. 그것은 아름답고 너무나도 장엄하였다. 나는 몸을 반쯤 일으켜 커튼을 내리려고 팔을 뻗었다.

아! 이 무슨 절규(絶叫)인가!

밤은—그 정적은—그 평안은 손필드 저택의 끝에서 끝까지 울려퍼진 날카롭고 째지는 듯한 소리로 해서 두 동강이 나고 말았다.

나의 고동은 멈추었다. 심장은 조용해졌다. 뻗은 팔은 감각이 없었다. 외치는 소리는 사라지고 그 이상은 들리지 않았다. 그처럼 두려움에 찬 소리를 지른 것이 무엇이든 간에 그와 같은 비명을 다시 낸다는 것은 그리 쉬운 일은 아닐 것이다. 안데스 산에 사는 날개가 큰 콘도르도 그 둥우리를 감싼 구름 속에서 그런 부르짖음을 연거푸 두 번은 낼 수 없으리라. 그 소리를 내는 생물은 그걸 반복하기 전에 잠시 숨을 들이마셔야 할 것이다.

그 소리는 3층에서 난 것이었다. 왜냐하면 내 머리 위에서 울렸기 때문이다. 머리 위—그렇다, 내 머리 바로 윗방—에서 무엇인가 격투를 하는 듯한 소리가 들려왔다. 그 소리로 미루어 보아 필사적인 싸움 같았다. 그리고 반쯤 숨이 넘어가는 소리였다.

"사람 살려! 사람 살려! 사람 살려!" 연거푸 세 번 들렸다.

"아무도 없소?" 하는 소리가 들리더니 비틀거리는 기색과 쿵쿵 바닥을 밟는 소리가 들린 후 두꺼운 판자와 벽을 통해 이렇게 말하는 소리가 분명히 들렸다.

"로체스터! 로체스터! 제발 부탁이야, 이리 와 줘!"

어딘가의 침실 문이 열렸다. 누가 복도를 달려갔다. 머리 위의 바닥을 밟는 소리가 나더니 무엇인가가 넘어지는 소리가 났다. 그리고 조용해졌다.

나는 두려움으로 손발이 떨렸으나 아무튼 입을 수 있는 것을 입고 방을 나갔다. 자고 있던 사람들이 모두 눈을 떴다. 이방, 저방에서 비명과 겁먹은 속삭임이 들려왔다. 방문이 차례로 열렸다. 누군가가 얼굴을 내밀고 또 다른 사람이 얼굴을 내밀고, 그러는 동안에 복도는 사람들로 가득 찼다. 남자도 여자도 모두 침대에서 일어나 나왔다. 그리고 "아니 웬일이오?" "누가 다쳤소?" "무슨 일이 생겼소?" "촛불을 가져와요!" "불이 났어요?" "도둑이 들었어요?" "어디로 피하면 좋아요!" 사방에서 질문이 쏟아졌다. 달빛이 없었더라면 주위는 캄캄했을 것이다. 우왕좌왕하고 뛰어다니는가 싶었더니 모두가 한 곳으로 모였다. 우는 사람, 비틀거리며 쓰러지는 사람, 혼란은 수습할 수 없었다.

"도대체 로체스터 씨는 어디 있어?" 덴트 대령이 소리쳤다. "침대에도 없던데."

"여기 있소! 여기!" 대답하는 고함소리가 났다. "모두 진정하세요. 지금 갑니다."

그리고 복도 끝에 있는 문이 열리며 로체스터 씨가 촛대를 들고 나왔다. 방금 3층에서 내려오는 참이었다. 여자 한 사람이 곧장 그에게로 달려가서 그의 팔을 잡았다. 잉그램 양이었다.

"무슨 끔찍한 사건이라도 생겼어요?" 그녀는 말했다. "말 좀 해요! 아무리 불길한 사고라도 지금 빨리."

"제발 나를 쓰러뜨리지 말아요. 목도 조이지 말아요." 그는 대답하였다. 에슈턴 자매가 그에게 매달리려는 참이었고, 헐렁한 흰 잠옷 바람의 두 미망인이 바람을 잔뜩 맞은 돛배처럼 그를 향해 달려오고 있었다.

"자! 자!" 그는 외쳤다. "이건 '헛소동'의 무대 연습에 지나지 않아요. 여자들은 가까이 오지 마세요. 그렇지 않으면 위험한 일이 벌어져요."

분명히 무서운 형상이었다. 검은 눈에서 불꽃이 튀고 있었다. 간신히 자신을 진정시킨 그는 이렇게 덧붙였다.

"하녀 하나가 악몽에 시달렸을 뿐입니다. 그것뿐이오. 흥분하기 쉬운 신경질적인 여자라서요. 꿈에서 본 유령을 진짜로 착각을 하니까요. 그래서 너무 무서워서 발작을 일으킨 거요. 자, 자, 여러분들이 방으로 돌아가시는 걸 봐야겠소. 집안이 조용해지기 전에는 그 여자를 돌볼 수가 없으니까요. 신사 여러분, 부인들에게 모범을 보여 주시오. 잉그램 양, 당신은 이 헛소동에서 초연하다는 걸 보여주리라고 믿습니다. 에미 양과 루이자 양은 한 쌍의 비둘기처럼 제 자리로 돌아가시오. 부인들은" (하고 미망인들에게) "이 추운 복도에서 이 이상 서 계시면 감기 드십니다."

타이르기도 하고 명령하기도 해서 간신히 모두를 각자의 침실로 돌아가게 하였다. 나는 내 방으로 돌아가라는 명령을 기다리지 않고 나왔을 때와 마찬가지로 살며시 돌아왔다.

그러나 나는 잠자리에 들어가기 위해서가 아니었다. 오히려 꼼꼼하게 옷을 차려입기 시작했다. 비명 뒤에 들린 물건 소리나 그때 지른 외침은 아마도 나에게만 들렸을 것이다. 내 방 바로 위에서 난 소리였으니까. 그러나 그 소리는 온 집안을 두려움으로 몰아넣은 하인의 악몽이 아니라는 것은 분명했다. 로체스터 씨의 설명은 손님들을 안심시키기 위해서 지어낸 이야기에 지나지 않는다. 그래서 나는 만일에 대비하기 위해 옷을 입은 것이다. 옷을 입고 나자 오랫동안 창가에 앉아서 고요한 저택의 정원과 은빛으로 덮인 들판을 바라보며 알 수 없는 무엇을 기다리고 있었다. 그 기괴한 부르짖음과 격투, 사람을 부르는 소리가 들렸지만 그 후 무슨 일이 틀림없이 일어날 것만 같았다.

그러나 정적은 다시 돌아왔다. 낮은 말소리나 돌아다니는 기색은 서서히 가라앉고 한 시간쯤 지나자 손필드 저택은 다시 불모의 황야처럼 조용해졌다. 잠과 밤은 다시 군림한 것처럼 여겨졌다. 달도 기울었다. 이윽고 지겠지. 추운 어둠속에 앉아 있는 것도 못할 일이어서 옷을 입은 채 침대에 누우려고 생각하였다. 창가를 떠나 발소리도 내지 않고 융단을 밟아 침대 가까이 갔다. 신을 벗으려고 몸을 숙였을 때 문을 조심스럽게 두드리는 소리가 났다.

"누구세요?" 나는 물었다.

"일어나 있소?" 예기했던 그 목소리, 내 주인의 음성이 들렸다.

"네."

"그런데 옷은 입고 있소?"

"네."

"그럼 나와 줘요. 조용히."

나는 시키는 대로 했다. 로체스터 씨는 촛불을 들고 복도에 서 있었다.

"부탁이 있소." 그는 말했다. "이리와요. 천천히 소리를 내지 말고."

내 실내화는 얇아서 깔개를 깐 마루를 고양이처럼 살금살금 걸어갈 수 있었다. 그는 소리 없이 복도를 나아가 층계를 올라가자 저 불길한 3층의 어둡고 천장이 낮은 복도에서 걸음을 멈췄다. 나는 따라가 그의 곁에 섰다.

"당신 방에 해면(海綿)이 있소?" 그는 소리를 죽이고 말하였다.

"네, 있습니다."

"각성제 같은 것도 있소? —암모니아수는?"

"있어요."

"방에 가서 그 두 가지를 가져와요."

나는 방으로 돌아와 세면대 위의 해면과 서랍 속의 약을 찾아 가지고 되돌아갔다. 그는 가만히 기다리고 있었다. 손에 열쇠를 들고 있었다. 조그만 검은 문으로 다가간 그는 열쇠를 자물쇠 구멍에 꽂았다. 그 손을 잠시 멈추고 다시 한 번 나에게 말하였다.

"피를 봐도 기분이 나빠지진 않겠지?"

"안 그럴 것 같아요. 아직 당해 본 일은 없지만요."

나는 이렇게 대답하면서도 전율을 느꼈지만 정신이 아찔해지는 느낌은 들지 않았다.

"잠깐 손을 이리 줘요." 그는 말했다. "기절이라도 하면 안 되니까."

나는 손가락을 그의 손에 놓았다. "따뜻하고 차분하군." 이렇게 말한 그는 열쇠를 돌려 문을 열었다.

그것은 이전에 본 일이 있는 방이었다. 페어팩스 부인이 이 저택을 안내해 주던 날에 보았던 것이다. 벽걸이가 걸려 있었으나 그 벽걸이 일부가 이제 감겨 올라가 이제까지 감추어졌던 문이 보였다. 이 문은 열려 있었다. 안에서 빛이 새어나오고 있었다. 그때 개가 싸우는 것 같은 으르렁대는 소리와 무엇인가를 긁는 듯한 소리가 났다. 로체스터 씨는 촛불을 바닥에 놓고 "잠깐만 기다려요" 하고 안으로 들어갔다. 요란스러운 웃음소리가 그를 맞았다. 처음엔 시끄러운 소리였으나 마지막에는 그레이스 풀의 악마 같은 웃음소리 하! 하! 하는 소리로 끝났다. 바로 그 여자가 거기 있는 것이다. 낮은 목소리가 그에게 말을 하는 것 같았으나 그는 아무 말도 않고 무엇인가 지시를 하는 것 같았다. 그는 나오자 문을 닫았다.

"여기야, 제인!" 그는 말했다. 나는 큰 침대 저쪽으로 돌아갔다. 침대 커튼이 드리워져 있어 방의 대부분을 가리고 있었다. 침대 머리맡 가까이에 안락의자가 하나 있고 한 남자가 윗옷을 벗고 앉아 있었다. 움직이지 않은 채 머리를 의자 뒤로 기대고 눈을 감고 있었다. 로체스터 씨는 그 사나이 위로 촛불을 들었다. 해쓱하고 생기가 없는 그 얼굴은 낯이 익었다—손님 메이슨 씨였다. 셔츠의 한쪽과 소매 부분이 피에 젖어 있었다.

"촛불을 들어 줘요." 로체스터 씨가 말했다. 나는 촛불을 받아 들었다. 그는 세면대에서 물이 담긴 대야를 가져왔다. "이걸 들고 있어요." 그가 말했다. 나는 시키는 대로 했다. 그는 내 손에서 해면을 받은 뒤 대야의 물에 적셔 죽은 사람 같은 메이슨 씨의 얼굴을 적셔 주었다. 그러고는 각성제의 약병을 달라고 하여 그것을 메이슨 씨의 콧구멍에 갖다 댔다. 메이슨 씨는 곧 눈을 뜨고 신음 소리를 냈다. 로체스터 씨는 상처를 입은 사람의 셔츠를 벌렸다. 그의 팔과 어깨에는 붕대가 감겨 있었다. 로체스터 씨는 자꾸 흘러 내리는 피를 해면으로 닦아냈다.

"이제는 끝장인가?" 메이슨 씨가 가냘픈 소리로 말하였다.

"설마—살짝 긁혔을 뿐이야. 그런 약한 소리 하지 마. 힘을 내. 이제 외과 의사를 불러 올 테니. 아침까지는 움직일 수가 있게 될 거야. 제인." 그는 나를 불렀다.

"네?"

"앞으로 한 시간쯤, 아니, 두 시간쯤? 당신은 이 방에서 이 사람 옆에 있어 줘요. 또 피가 나올 것 같으면 해면으로 씻어내면 돼요. 만일 이 사람이 실신할 기색이 보이면 세면대 위의 컵에 있는 물을 마시게 하고 각성제를 코에다 대 주시오. 당신은 어떤 일이 있어도 저 사람에게 말을 걸어선 안 돼요. 그리고 리처드, 만일 자네가 이 여자에게 말을 걸게 되면 자네의 생명은 없다고 생각해. 자네가 입을 열고—떠들어 대면—그 결과가 어떻게 되든 나는 책임을 지지 않겠네."

가엾은 사나이는 다시 신음 소리를 냈다. 움직일 기력도 없는 것 같았다. 죽음의 두려움인지 아니면 어떤 다른 두려움이 그의 몸을 마비시키고 있는 듯했다. 로체스터 씨는 피투성이가 된 해면을 내 손에 쥐어 주었으므로 나는 그가 하던 대로 해면을 사용하기 시작했다. 그는 순간 나를 지켜보다가 이렇게 말했다. "잊지 말아요. 아무 말도 해선 안 되오." 그리고 그는 방을 나갔다. 열쇠가 자물쇠 구멍에서 소리를 내고 뒤이어 차츰 멀어져 가는 그의 발소리가 사라졌을 때 나는 이상한 감각에 휩싸였다.

나는 이렇게 해서 3층에 있는 수수께끼의 작은 방에 갇히게 되었다. 주위는 밤의 어둠. 나의 눈 아래, 손아래에는 해쓱하고 피투성이가 된 사나이가 있었다. 사람을 죽이려고 했던 여자와 나를 가로막은 것은 불과 한 장의 문에 지나지 않았다. 그렇게 생각하자 나는 으스스한 생각이 들었다—다른 일이라면 어떤 일이든지 견딜 수 있지만 그레이스 풀이 갑자기 덤벼드는 것이 아닐까 하고 생각하면 몸이 떨렸다.

그러나 나는 내 자리를 지키지 않으면 안 된다. 이 무서운 얼굴을—여는 것도 금지당한 파랗고 움직이지 않는 입술을—지켜보지 않으면 안 된다—감고 있다고 생각하면 뜨는, 방을 두리번거리고 나에게 고정되는 눈을, 두려움 때문에 흐릿한 눈을—지켜보지 않으면 안 되는 것이다. 피가 섞인 세면기의 물에 여러 차례 손을 적셔 뚝뚝 떨어지는 피를 닦지 않으면 안 된다. 그렇게 하고 있는 동안에 심지를 자르지 않은 촛불이 차츰 작아지는 것을 보고 있지

257

않으면 안 된다. 벽에 걸린, 고풍스러운 벽걸이의 그늘이 진해지고 터무니없이 큰, 낡은 침대에 드리워진 장막 아래의 그림자는 차츰 검어지고 방 저쪽에 놓인 커다란 장식 장롱 문에 비치고 있는 그림자를 보고 있지 않으면 된다—장식 장롱의 전면은 12장의 거울로 나뉘고 거기에 각기 12사도의 머리가 음울한 취향으로 조각되어 마치 틀에 넣을 것처럼 보인다. 그리고 장롱 위에는 흑단 십자가에 걸린 빈사 상태의 그리스도 상이 놓여 있었다.

언저리를 맴도는 희미한 어둠과 여기저기에 흔들리고 있는 빛과 함께 턱수염을 기른 의사 누가가 몸을 수그리는가 하면 지금은 성 요한의 긴 수염이 물결치고, 이윽고 유다의 악마와 같은 얼굴이 거울에서 빠져나와 배반자의 두목인—악마 자신이 유다라는 부하의 모습으로 변장하여 지금 당장이라도 나타날 것 같은 생각이 들었다.

이런 가운데서 나는 지켜보는 것과 동시에 귀도 기울이고 있지 않으면 안 되었다. 포악한 야수의, 저쪽 소굴에 사는 악귀의 움직임에 귀를 기울이고 있지 않으면 안 되었다. 그러나 아까 로체스터 씨가 그곳으로 들어간 후에는 마치 주문에라도 홀린 것처럼 조용해졌다. 밤 사이에 내가 들은 것은 이따금 들린 소리에 지나지 않았다. 바닥을 밟는 삐걱거리는 소리, 순간적으로 들린 개와 같은 으르렁대는 소리, 그리고 인간의 낮은 신음 소리.

이윽고 머리에 떠오른 여러 가지 생각이 나를 괴롭혔다. 이것은 도대체 어떤 범죄인가. 동떨어진 저택에서 사는 사람의 모양을 한, 알 수 없는 괴물을 저택 주인도 내쫓을 수도 없고 억제할 수도 없다니? 한 밤중에 난 화재 사건과 유혈 사건이 일어났는데 그 수수께끼는? 도대체 그 생물의 정체는 무엇인가? 보통 여자의 얼굴과 모습을 빌려 때로는 비웃는 악마의 소리를, 어떤 때는 썩은 고기를 뒤지는 짐승의 소리를 내는 그 생물의 정체는?

그리고 내가 몸을 구부리고 지켜보고 있는 이 사나이—이 평범하고 낯모르는 손님—는 어쩌다가 이 두려움의 거미줄에 걸려들게 되었을까? 그리고 왜 저 광포한 여인은 왜 그를 습격했는가? 침대에서 자고 있을 그가 때 아닌 시간에 저택의 이 근처를 헤맨 것은 무엇 때문인가? 로체스터 씨가 아래층에 방을 정해 주는 걸 나는 알고 있다—그런데 왜 그는 여기에 왔을까? 처참한 폭력과 배반을 당했다고 하는데 무엇 때문에 그렇게도 온순할까? 로체스터 씨가 잠자코 있으라는 말에 왜 그렇게도 순순히 복종하고 있는 것일까? 그의 손님이 습격을 당한 것이다. 일전에는 그 자신도 잔인한 계획에 의해서 하마터면 목숨을 잃을 뻔하지 않았는가. 이 습격 사건을 두 번이나 그는 묵살해 버린 것이다. 그리고 얼마 전만 해도 나는 메이슨 씨가 로체스터 씨가 하라는 대로 하는 것을 나는 이 눈으로 보았다. 후자의 강인한 의지가 전자의 무기력함을 완전히 지배하고 있는 것을 보았다. 양자가 주고받은 몇 마디 말을 듣고 나는 그것을 확신하였다. 이제까지의 교우 중에서 전자의 소극적인 성격이 후자의 강인한 힘에 의해서 항상 영향을 받았다는 것은 분명했다. 그렇다면 메이슨 씨가 왔다는 소식을 들었을 때 로체스터 씨의 놀라움은 어디서 온 것일까? 왜 이 온순한 인물 (그가 한 마디 하면 어린애처럼 말을 듣는 인물)의 이름을 몇 시간 전에 들었을 때에 벼락이 참나무에 떨어진 것 같은 충격을 받은 것은 왜 그랬는가?

아! 그가 다음과 같이 속삭였을 때의 그 표정, 해쓱해진 얼굴빛을 나는 잊을 수 없다. "제인, 큰일이 났소, 큰일이야, 제인!" 나의 어깨에 얹은 손이 덜덜 떨리고 있었다는 것을 나는 잊을 수 없다. 그와 같은 불굴의 영혼을 짓누르고 페어팩스 로체스터의 건장한 몸을 떨게 한 것은 결코 가벼운 문제는 아니었을 것이다.

'언제 돌아오실까? 언제 돌아오실까?' 나는 가슴속에서 이렇게 외쳤다. 밤은 지루하게 지나가고 피를 계속 흘리고 있는 나의 환자는 고개를 떨어뜨리고 신음소리를 내고 몸 상태는 점점 나빠질 뿐이었다. 그런데도 아침도 구원의 손길도 오지 않았다. 나는 메이슨의 핏기 없는 입술에 물이 든 컵을 대주고 몇 번이고 각성제를 갖다 대 주었으나 별로 효험이 없는 것 같았다. 육체적 괴로움인지 정신적 괴로움인지 또는 심한 출혈 때문인지 또 세 가지가 합친 결과에서인지 그의 체력은 급속히 시들어 갔다. 신음 소리도 힘이 빠지고 의식이 흩어져서 몽롱해지고 있었다. 나는 그가 죽는 게 아닌가 하고 걱정했다. 그런데도 나는 그에게 얘기조차 할 수 없는 것이다.

촛불은 마침내 다 타서 꺼지고 말았다. 촛불이 꺼지자 창문 커튼 언저리에 잿빛 광선이 비치는 것을 보았다. 날이 새고 있는 것 같았다. 이윽고 저 아래쪽, 가운데마당에 있는 개집 근처에서 파일럿이 짖는 소리가 들려왔다. 희망이 살아났다. 그것은 근거 없는 것은 아니었다. 5분쯤 지나자 열쇠를 돌리는 소리와 자물쇠가 열리는 소리는 내 감시가 끝났다는 걸 알렸다. 이 감시는 두 시간 정도 계속되었지만 몇 주일 못지않게 길게 느껴졌다.

로체스터 씨가 들어왔다. 그리고 그가 부르러 갔던 외과의사도 함께 들어왔다.

"자, 카터, 민첩하게 해 주게." 그는 외과의사에게 말했다. "상처를 치료하고 붕대를 감고 아래층으로 환자를 옮기는 데 모두 30분 동안의 여유를 주겠네."

"그런데 움직일 수 있을까요?"

"그건 염려 말게. 심한 부상은 아니니까. 다만 불안해 하고 있는 것 같으니까 기운을 돋워 주어야 해. 자, 시작해 주게."

로체스터 씨는 두터운 커튼을 열고 마직으로 된 차양을 걷어올려 되도록 광선이 많이 들어오게 했다. 동이 훤히 터서 구름이 동녘 하늘에 몇 줄기 장밋빛으로 빛나고 있는 걸 보고 나는 놀라움에 기운을 차렸다. 그는 메이슨 씨에게로 다가갔다. 외과의사는 이미 치료를 시작하고 있었다.

"그런데 자네, 좀 어떤가?" 로체스터 씨는 물었다.

"그녀 때문에 이제 안 되겠어." 가느다란 목소리로 대답했다.

"무슨 소리를 하는 거야! 기운을 내! 두 주일 후면 멀쩡할 거야. 조금 출혈을 하기는 했지만 말야. 그것뿐이야. 카터, 생명엔 아무 위험이 없다고 안심시켜 주게."

"양심에 맹세코 보증합니다." 붕대를 다 풀어본 카터가 말했다. "다만 제가 좀더 빨리 여기 올 수 있었으면 이처럼 피를 흘리지 않아도 됐을 걸 그랬습니다만—하지만 이건 어떻게 된 일입니까? 이 어깨의 살이 칼로 베었을 뿐 아니라 찢기어 있어요. 이 상처는 칼로 벤 것이 아닙니다. 여기에 이빨자국이 나 있어요."

"그게 날 물었어." 메이슨 씨는 중얼댔다. "로체스터가 그녀에게서 칼을 빼앗을 때 그녀는 암호랑이처럼 나를 물어뜯은 거야."

"자네가 양보하지 말았어야 했어. 당장 때려눕혀야 했어." 로체스터 씨는 말했다.

"그렇지만 그럴 때 무얼 할 수가 있겠어?" 메이슨 씨는 대꾸했다. "아, 무서운 일이야!" 그는 몸서리치면서 덧붙였다. "설마 그렇게까지 될 줄이야. 처음에는 퍽 얌전해 보이던 것이."

"난 자네한테 경고했었지." 그의 친구는 말했다. "나는 말했잖아. 그녀 옆에 갈 땐 조심하라고. 내일까지 기다렸다가 나와 함께 갔으면 좋았을걸. 어젯밤, 더구나 혼자서 만나러 간 건 아주 어리석은 노릇이었지."

"난 좀 도움이 될 일을 할 수 있다고 생각했어."

"생각했다! 생각했다고? 자네로부터 그런 말을 들으면 짜증이 나. 아무튼 자네는 혼이 났어. 내 충고를 안 들어 변을 당한 건 싸지. 그래서 이 이상 더 말 않겠네. 카터—빨리! 빨리! 해가 곧 뜰 거야. 그리고 이 친구를 빨리 떠나보내야 해."

"네, 곧 됩니다. 어깨의 붕대는 다 감았습니다. 팔의 다른 상처를 살펴봐야겠어요. 여기도 이빨 자국이 있습니다."

"그녀가 내 피를 빨아 먹었어. 내 심장의 피를 말리겠다고 했어!" 메이슨 씨는 말했다.

나는 로체스터 씨가 몸서리치는 걸 보았다. 혐오와 두려움과 증오를 분명하게 나타낸 그 표정은 그의 얼굴을 몹시 비뚤어지게 했으나 그는 이렇게 말했을 뿐이다.

"자, 조용히 하게, 리처드. 그까짓 여자의 헛소리 같은 말엔 개의치 말게. 다시 말도 하지 말게."

"잊어버릴 수 있다면 좋겠네." 메이슨 씨의 대답이었다.

"이 나라를 떠나면 잊겠지. 에스파냐 타운으로 돌아가서 그 여자의 일은 죽어서 묻혔다고 생각하면 돼—아냐 조금도 생각할 필요가 없어."

"오늘 밤은 잊어버릴 수가 없네!"

"그렇지도 않아! 기운을 내게. 자넨 두 시간 전엔 자기가 죽는 줄만 알고 있었잖아. 그런데 지금은 말을 하고 있어. 자, 카터의 치료는 끝났어. 지금부터 바로 옷을 차려 입자구. 제인." (그는 여기에 들어온 후 처음으로 나를 돌아보았다).

"이 열쇠를 갖고 아래층 내 침실에 가 곧장 옷 갈아 입는 방으로 가 줘. 옷장 맨 위의 서랍을 열고 깨끗한 셔츠와 목수건을 꺼내서 이리 가져와요. 빨리 해요."

나는 가서 그가 말한 옷장 속을 뒤져서 이른 대로 물건을 가지고 돌아왔다.

"자," 그는 말했다. "내가 이 사람의 옷을 갈아입히는 동안 당신은 침대의 저쪽에 가 있어요. 그렇지만 방을 나가선 안 돼요. 또 부탁이 있을지도 모르니까."

명령대로 나는 대기하고 있었다.

"아래층에 내려갔을 때 누가 일어나 있진 않았소, 제인?" 한참만에 로체스터 씨는 이렇게 물었다.

"아뇨, 사방이 죽은 듯이 고요했어요."

"감쪽같이 자넬 보내겠네, 리처드. 그렇게 하는 것이 자넬 위해서나 거기에 있는 불쌍한 녀석들을 위해서도 좋아. 나는 오랫동안 남에게 알리지 않으려고 애써 왔지. 이제 와서 새삼스레 알려지면 곤란해. 이봐, 카터, 윗옷을 입혀줄 테니까 도와줘. 자네, 털외투는 어디 뒀지? 이렇게 지독하게 추운 날씨엔 그 외투 없이는 1마일도 여행을 못해. 자네 방에 있나? 제인, 메이슨 씨의 방으로 뛰어가서─내 옆방이다─거기에 있는 외투를 가져와요."

다시 나는 달려갔다. 그리고 안에 털가죽을 댄 크고 무거운 외투를 들고 돌아왔다.

"이번엔 다른 심부름이 있소." 지칠 줄 모르는 주인은 말했다. "다시 내방에 갔다 와야겠소. 당신이 벨벳 실내화를 신고 있어 다행이야, 제인! 퉁명스런 하인은 이런 급할 때는 하나도 쓸모가 없어. 내 화장대의 가운데 서랍을 열고 거기에서 작은 약병과 작은 유리잔을 가져와요. 빨리!"

나는 달려가서 말한 서랍을 뒤져 부탁받은 물건을 들고 돌아왔다.

"이것으로 됐어! 이봐, 의사 선생. 내 맘대로 해서 안 됐지만 내가 책임을 지고 약을 좀 먹이겠소. 나는 이 흥분제를 로마에서 이탈리아인인 돌팔이 의사에게서 샀네. 카터, 자네 같으면 발길로 차버렸을 그런 녀석한테서 구한 거야. 함부로 사용해선 안 되지만 때로는 효과가 있으니까. 이를테면 지금 같은 경우엔 말이야. 제인, 물을 좀."

로체스터 씨는 작은 유리잔을 내밀었다. 나는 세면대의 물병에서 유리잔에 반쯤 물을 따랐다.

"됐어. 이번엔 약병 가장자리를 적셔 줘요."

나는 그렇게 했다. 그는 진홍빛 액체를 열두 방울쯤 따라 메이슨 씨에게 주었다.

"마시게나, 리처드. 잃은 원기가 돌아올 거야. 한 시간 동안은."

"그렇지만 몸에 해롭지 않을까? 염증을 일으키지는 않을까!"

"마셔! 마셔! 마시라니까!"

메이슨 씨는, 저항해 봤자 소용이 없다는 것을 알고 시키는 대로 하였다. 몸차림이 다 되어 있었다. 얼굴은 아직 해쓱했으나 이젠 피투성이는 아니었다. 로체스터 씨는, 메이슨 씨가 약을 마시자 그를 3분 동안 그대로 앉혀 놓았다가 다시 그의 팔을 잡았다.

"이제 혼자 일어설 수 있을 거야." 그는 말했다. "어디 일어서 봐."

환자는 일어섰다.

"카터, 저쪽 어깨 밑을 부축해 주게. 기운을 내, 리처드. 걸어 보게—그래, 그렇게!"

"아까보다 기분이 나아졌네." 메이슨 씨는 말했다.

"그럴 거야. 자, 제인, 우리가 뒷계단으로 가기 전에, 빨리 가서 뒤편 복도의 빗장을 열고 안뜰에 있는 역마차의 마부에게—차도를 소리내고 달리지 말라고 말해 놓았으니까 어쩌면 문 밖에 있을지도 모르지만—지금 곧 갈 테니까 준비를 해 두라고 일러 줘요. 그리고 제인, 혹시 누군가가 주위에 있으면 층계 밑에서 기침을 해요."

시간은 이미 5시 반, 해가 막 떠오르려 하고 있었다. 그러나 부엌은 아직 컴컴하고 조용했다. 뒤쪽 비상구에는 자물쇠가 잠겨 있었다. 나는 되도록 소리가 안 나게 열었다. 안뜰도 조용했다. 문 밖에는 마구를 단 말과 역마차가 있었고, 마부는 마부석에 앉아 있었다. 나는 그의 곁으로 가, 지금 신사분들이 나오신다고 했다. 그는 고개를 끄덕였다. 나는 조심스럽게 사방을 둘러보고 귀를 기울였다. 어디나 이른 아침의 고요 속에 잠들어 있었다. 하인들 방의 커튼은 아직 내려진 채로 있었다. 새들은 꽃이 하얗게 핀 과수원 나무 사이에서 지저귀고 있었다. 그 나뭇가지들은 안뜰을 가로지르는 담 위에 흰 화관처럼 늘어져 있었다.

마차의 말이 좁은 마구간 속에서 가끔 마루를 발로 구르고 있었다. 그밖에는 모든 것이 고요했다.

신사분들이 나타났다. 로체스터 씨와 외과의사의 부축을 받은 메이슨 씨는 상당히 편한 자세로 걸어오고 있었다. 두 사람은 메이슨 씨를 도와 마차에 태우고 카터가 뒤따라 탔다.

"잘 부탁해." 로체스터 씨는 카터에게 말했다. "완쾌될 때까지 자네 집에 두게. 나도 금명간 차도를 알아보러 갈 테니까. 리처드, 기분은 어때?"

"신선한 공기에 살 것 같네, 페어팩스."

"이 사람 쪽에 있는 창은 열어 놔주게, 카터. 바람이 없으니까―그럼, 리처드."

"페어팩스."

"왜 그래?"

"그녀를 잘 부탁하네. 되도록 부드럽게 대해 주게. 부디―." 메이슨 씨는 말을 잊지 못하고 눈물을 뚝뚝 떨어뜨렸다.

"최선을 다하겠네. 이제까지 그래 왔고 또 앞으로도 그럴 거야." 그렇게 대답한 로체스터 씨는 마차의 문을 닫았다. 마차는 떠났다.

"아무튼 이걸로 끝장이 났으면 정말 좋겠군!" 로체스터 씨는 이렇게 하면서 무거운 안뜰의 문을 닫고 빗장을 질렀다. 그러고 나서 그는 방심한 태도로 과수원과의 경계를 이룬 담에 난 문으로 천천히 걸어갔다. 내가 할 일은 다 끝난 걸로 생각한 나는 집안으로 들어가려 하고 있었다. 그러나 그가 다시 "제인" 하고 부르는 소리가 들려왔다. 그는 문을 열고 거기에 서서 나를 기다리고 있었다.

"잠시 동안 신선한 공기를 마십시다." 그는 말했다. "저 집은 마치 토굴 같아. 그렇게 생각하지 않소?"

"제겐 훌륭한 저택으로 보입니다."

"무경험이라는 마력이 당신 눈을 가리고 있는 거요" 라고 그는 대답했다. "당신은 마력이 걸린 매개물을 통해서 사물을 보고 있는 거야. 그러니까 금박도 진흙도, 명주천도 거미집도 구별이 되지 않는 거요. 대리석도 더러운 석판도, 잘 닦은 목재도 버려진 나무 부스러기나 벗겨진 나무껍질도 구별이 안 되는 거요. 자, 여긴데 (하고 그는 발을 드려놓은 진한 푸른빛의 과수원을 가리키며) 모두가 보이는 그대로 아름답고 더러움이 없소."

그는 양쪽에 회양목이 우거진 오솔길을 천천히 걸어갔다. 한쪽에는 사과나무·배나무·벚나무가 줄지어 있고, 반대쪽에는 화단이 있어서 그곳에는 대왕풀·아메리카 패랭이꽃·앵초·팬지 등, 옛날부터 사람들이 좋아하던 가지각색의 꽃이 향쑥과 들장미 등 여러 가지 향초 사이에 섞여 피어 있었다. 4월의 소나기가 지나가고 맑게 갠 날 후의 아름다운 봄날 아침이 찾아와 이들은 모두 싱그럽게 숨을 쉬고 있었다. 해는 방금 구름으로 얼룩진 동쪽 하늘에 떠올라, 그 빛이 꽃으로 장식된 과수원의 이슬에 젖은 나무들을 빛나게 하고 그 아래에 뻗은 오솔길을 비쳤다.

"제인, 꽃을 줄까?"

이렇게 말하고서 막 피려고 하는 장미 봉오리를 따서 내밀었다.

"고맙습니다."

"제인, 이런 날의 해돋이를 좋아해요? 저 하늘에 높이 빛나는 구름은 날이 따뜻해짐에 따라서 녹아서 없어져—이 조용한 향기로운 대기를 좋아해요?"

"좋아해요, 참 좋아해요."

"이상한 밤이었지, 제인?"

"네."

"그래서 얼굴빛이 그렇게 해쓱하군—메이슨 옆에서 무서웠소?"

"안쪽 방에서 누가 나오지나 않을까 해서 무서웠어요."

"그렇지만 문은 잠가 두었는걸. 열쇠는 내 호주머니 속에 있었고. 어린 양을—나의 귀여운 어린 양을—늑대의 소굴 가까이에 무방비 상태로 놓아두고 갔다면 조심성 없는 목동이라는 말을 들어도 할 수 없는 일이지만. 그러나 당신은 무사했어."

"그레이스 풀은 앞으로 여기서 살게 되나요?"

"암, 그렇지! 당신은 그 여자 일로 머리를 썩일 필요는 없어요. 그런 생각은 머리에서 지워 버려요."

"하지만 저 여자가 여기 있는 동안은 주인님의 생명이 아무래도 안전하지 않을 것 같이 생각돼서요."

"조금도 걱정하지 말아요. 내 일을 내가 조심할 테니까."

"어젯밤 걱정하셨던 위험은 이제 다 지나갔나요?"

"메이슨이 영국을 떠날 때까지는 장담할 수 없지. 설사 떠나고 난 다음이라도 단언은 못해요. 제인, 내가 살고 있다는 것은, 언제 바위가 터져서 불을 뿜게 될지도 모르는 분화구 가장자리에 서 있는 것과 같아요."

"그렇지만 메이슨 씨는 하라는 대로 하실 것 같아요. 그 분에 대해서 당신

265

의 영향력은 매우 강하다고 생각해요. 당신에게 저항하거나 고의로 상처를 입히는 일은 없을 것 같아요."

"그래요! 메이슨은 내게 반항하거나 하지 않아요. 일부러 나에게 상처를 입히거나 하지도 않아요—하지만 자기도 모르게 무심코 한 한 마디로 목숨까지는 아니지만 순간적으로 행복을 나로부터 영원히 빼앗아 버릴 수도 있어요."

"메이슨 씨더러 조심하라고 말씀하세요. 그리고 당신께서 걱정하고 계시는 걸 알려 드리시고 위험에서 벗어나는 방법을 가르쳐 드리세요."

로체스터 씨는 차갑게 웃고 갑자기 내 손을 잡았다가 얼른 놓아 주었다.

"내가 그렇게 할 수 있다면 위험이 어디 있을 수 있겠어? 이 어리석은 아가씨야. 순간적으로 사라져 버리는 거야. 메이슨과 알게 된 후로는 '하라'고 한 마디 하면 좋았어. 그렇게 되면 그대로 되었었지. 그러나 이 경우는 그에게 명령을 할 수 없는 거야. '리처드, 나를 해치지 않도록 주의해 주게' 하고 말할 수 없는 거야. 나를 해칠 수 있다는 걸 그자에게 절대로 깨닫게 해서는 안 돼. 당신은 어리둥절한 얼굴을 하고 있군. 그럼 좀더 어리둥절하게 해 줘야지. 당신은 내 귀여운 친구지, 안 그래?"

"전 당신을 도와드리고 싶어요. 옳은 일이라면 뭣이든 당신 말씀대로 해 드리고 싶어요."

"분명히 당신은 그렇게 하고 있어요. 당신이 나를 도와주거나 기쁘게 해 줄 때, 그 동작이나 태도, 눈이나 얼굴에 정말로 만족한 빛을 볼 수 있어요. 나를 위하여, 나와 함께, 당신다운 말투이지만, '올바른 일이라면 무엇이든' 해 줄 때에는 말야. 만일 당신이 잘못된 일이라고 생각하는 일을 내가 하라고 명령한다면 가볍게 뛰어가지도 않을 것이고 민첩하게 일을 처리하지도 않을 것이고, 생생한 눈동자도 상기된 얼굴도 볼 수 없을 거야. 나의 친구는 해쓱한 얼굴을 하고 나를 향하여 조용히 이렇게 말할 거요. '아닙니다. 그건 무리한 일이에요. 저로서는 할 수 없어요. 그것은 잘못이에요.' 그리고 당신은 붙박이별처럼 움직이지 않을 거요. 그래, 당신도 또한 나를 움직이는 영향력을 가지고 있어서, 나에게 상처를 입힐지도 몰라요. 그러니까 나의 어디가 상처를 입기 쉬운지 가르쳐 주는 것은 그만두겠소. 아무리 성실하고 친절한 당신이라도 당장 그 급소를 찌르지 않는다고 단언할 수는 없을 것이니까 말이오."

"저를 두려워하실 이유가 없는 것과 마찬가지로, 그분을 두려워할 이유가 없으시다면 당신은 안전하실 거예요."

"부디 그래 줬으면! 자, 제인, 여기는 정자야, 앉아요."

정자는 담가에 만들어진 아치형으로, 담쟁이덩굴이 엉켜 올라가고 있었다. 거기에는 통나무로 된 의자가 있었다. 로체스터 씨는 내가 앉을 자리를 남겨 놓고 거기에 앉았다. 그렇지만 나는 그의 앞에 서 있었다.

"앉아요." 그는 말했다. "이 벤치는 두 사람은 넉넉히 앉을 수 있어. 사양 말고 내 옆에 앉아요. 괜찮겠지? 이건 잘못된 일인가, 제인?"

나는 대답하는 대신 그곳에 앉았다. 거절하는 건 어리석은 일 같은 생각이 들었던 것이다.

"그런데 나의 귀여운 친구여, 해가 이슬을 마시고 있는 동안—이 고풍스런 뜰 안의 꽃들이 모두 눈을 뜨고 기지개를 켜고 꽃잎을 펴는 동안에, 그리고 작은 새들이 손필드로부터 아기새의 아침밥을 잡아오는 동안에, 그리고 일찍 일어난 꿀벌들이 아침 작업을 시작하는 동안에—하나의 비유 이야기를 해 주지. 자기 자신의 일이라고 상상하는 거야. 그런데 우선 나를 보고 당신은 마음이 편안한지, 내가 당신을 이렇게 붙들어 두고 있는 것이 잘못된 일이라고, 당신이 여기에 이렇게 있는 것이 잘못된 일이라고 생각하고 있는지 없는지 가르쳐 주지 않겠소?"

"아뇨, 저는 기꺼이 이렇게 하고 있습니다."

"그렇다면 제인, 상상력을 최대한으로 동원해요. 가령 당신이 훌륭한 교육을 받고 엄격하게 길러진 소녀가 아니라, 어릴 때부터 오늘날까지 제멋대로 자라난 소년이라고 생각해 줘요. 당신은 머나먼 외국 땅에 있고, 거기서 크나큰 과오를 범했다고 상상해요. 그것이 어떤 성질의 것이건, 어떤 동기에서이건, 그 결과가 한평생 따라다니고, 당신 삶의 오점(汚點)이 되어 있어요. 여기서 말해 두겠는데, 그것은 범죄가 아니에요. 유혈 사건이나 그 밖의 다른 범죄 행위도 아니에요. 그것을 저지른 사람이 법의 제재를 면할 수 없는 범죄 행위가 아니에요. 내가 말하는 건 과오란 말이오. 당신이 저지른 일의 결과가 조만간 견딜 수 없는 것이 되어가는 거요. 당신은 안식을 얻기 위한 조치를 강구할 거요. 이례적인 조치이지만, 법을 범하고 있는 것도 아니고 문책을 받을 만한 것도 아니오. 그래도 당신은 비참한 생각을 하고 있는 거요. 왜냐하면 삶의 첫출발에서 희망의 버림을 받았기 때문이지. 당신의 대낮의 태양이 일식으로 그늘지고 말았어요. 그 일식은 해가 질 때까지 계속될 것이라고 당신은 생각하고 있어요. 지긋지긋하고 비열한 갖가지 교제만이 당신 추억의 유일한 양식이 되는 거요. 당신은 정처 없이 떠돌아다니면서 이역의 땅에서 안식을 구하려고 하는 거요—한 조각의 정도 없는 관능적인 쾌락—지성을 마비시키고, 감정을 메마르게 하는 쾌락 말이오. 피곤에 지친 마음과 메마른 영혼을 안고 당신은 여러 해 동안 자기에게 부과된 유형(流刑)의 여행을 끝내고 고향으로 돌아오는 거요. 거기에서 새로운 친구를 얻는 거요—어디서, 어떻게는 아무래도 좋아요. 처음으로 만난 그 사람에게서 당신은 20년 동안이나 찾았으면서 한 번도 만나지 못했던 선량한 인품이나 뛰어난 많은 자질을 발견하는 거요. 그것들은 모두 신선하고 건강하고 한 점의 더러움도 물들지 않는 거요. 그와 같은 교제가 다시 시작되는 거요. 행복한 나날이 돌아왔다고 생각하는 거요—보다 더 높은 희망, 보다 더 순수한 감정이 돌아왔다고 생각하는 거요. 당신은 삶을 다시 시작하기를 바라는 거요. 자기의 여생에 남겨진 나날을 인간다운 삶으로 지내고 싶다고 바라는 거요. 이 소원을 이루기 위하여 관습이라는 걸림돌을 무시하는 것이 옳은 일인가—당신의 양심도 시인하지 않고, 당신의 판단력도 인정하지 않는 단순한 인습적인 걸림돌이지만 말이오."

로체스터 씨는 입을 다물고 대답을 기다렸다. 그러나 나에게 무슨 말을 할 수 있단 말인가? 아, 현명하고 만족할 만한 해답을 가르쳐 줄 착한 정령(精靈)은 없는 것일까? 헛된 소원이다! 서풍(西風)이 내 주위의 담쟁이에게 속삭이고 있었지만 그 바람의 흔들림을 빌려 나에게 말을 걸어 줄 아리엘 (중세 전설에 나오는 공기의 요정) 없었다. 새들이 나무 꼭대기에서 지저귀고 있었지만 그 지저귐이 아무리 달콤해도 말은 되지 못했다.

다시 로체스터 씨는 물었다.

"죄 많은 유랑을 계속하였지만, 지금은 안식을 구하고 회개하고 있는 사람이, 자애가 넘치고 마음이 따뜻한 새로운 친구를 영원이 자기의 것으로 하기 위하여—그것으로 마음의 평안과 재생을 얻기 위하여 세상의 상식에 거역하는 것은 옳은 일일까?"

나는 대답했다. "유랑하는 사람들의 영원한 안식이나, 죄인의 변용(變容)이라고 하는 것은 인간에게 의지해서는 안 됩니다. 인간은 죽을 존재입니다. 철인(哲人)들은 지혜가 있어도 발이 걸려 넘어지고 그리스도 교도는 착하고자 해도 실수를 합니다. 당신이 아는 사람이 잘못을 저지르고 괴로움을 받고 있다면 회개를 위한 힘, 치유하기 위한 위로는 같은 인간이 아니라 더 높은 곳에서 구하도록 해 주세요."

"그렇지만 방법이 문제다―그 방법이 말야. 자비를 베푸시는 하느님께서 그 방법을 정하신다. 나 자신은―이제 비유는 그만하고 솔직하게 말하지―속물이자 방탕아인 데다가 안정되지 않은 사람이오. 그러나 나를 재기할 수 있게 해 주는 방법을 나는 발견했다고 믿고 있어요. 여기에―."

그는 입을 다물었다. 새들은 줄곧 지저귀고 나뭇잎들은 가볍게 살랑거리고 있었다. 새들이 이 멈추어진 이 고백을 들으려고 노래와 속삭임을 그치지 않는 것이 이상하게 여겨질 정도였다. 그러나 그들도 그것을 듣기 위해서는 꽤 기다려야 했을 것이다―그 정도로 침묵은 오래 계속되었다. 마침내 나는 늑장을 부리는 상대방의 얼굴을 쳐다보았다. 그는 나를 골똘히 바라보고 있었다.

"귀여운 친구여." 그는 이제까지와는 전혀 다른 말투로 말했다―그의 표정이 변하고 온화함도 진지함도 사라지고 엄하고 비꼬는 듯한 표정이 되었다―"당신은 내가 잉그램 양에게 호의를 품고 있는 걸 알았을 거요. 만일 그 여자와 결혼하면 그 사람이 나를 충분히 재생시켜 줄 것이라고 당신은 생각하오?"

그는 이렇게 말하자마자 벌떡 일어나며 오솔길 저쪽 끝까지 걸어갔다. 그리고 그가 돌아왔을 때에는 콧노래를 부르고 있었다.

"제인, 제인." 그는 이렇게 말하면서 내 앞에 멈추어 섰다. "밤을 새워서 꽤 해쓱하구먼. 조용한 잠을 방해했다고 날 미워하는 건 아니오?"

"미워하다니요? 그런 일은 없습니다."

"그 말을 확인하기 위해 악수합시다. 손가락이 참 차갑군! 어젯밤 저 이상한 방 입구에서 잡았을 때에는 따뜻했는데. 제인, 언제 또 당신은 나와 함께 밤샘을 해 주겠소?"

"언제라도 제가 도움이 된다면요."

"예를 들면, 내 결혼 전날 밤이라든가! 틀림없이 잠을 이루지 못할 거니까. 나와 함께 밤을 새우며 동무가 돼 주겠다고 약속해 주겠소? 당신에게라면 나는 내 애인의 얘기도 할 수 있지. 당신은 그 사람을 만났고 또 잘 알고 있으니까."

"약속하겠어요."

"그 사람은 좀 드문 사람이야. 제인, 그렇지 않소?"

"네, 그래요."

"여장부야. 정말 여장부야, 제인. 몸집이 크고 가무잡잡한 데다가 살이 풍만하지. 마치 카르타고의 부인들과 같은 바로 그런 머리를 하고. 저것 봐! 덴트와 린이 마구간에 있군. 당신은 저쪽 문으로 해서 숲을 지나 집 안으로 들어가요."

우리는 각기 다른 방향으로 걷기 시작하였다. 안뜰에서 그가 기운찬 목소리로 이렇게 하는 말이 들렸다.

"메이슨은 오늘 아침 여러분을 두고 떠나 버렸소, 해가 뜨기 전에 떠났는데, 난 4시에 일어나 그를 전송했어요."

21

예감이란 이상한 것이다! 그리고 교감, 조짐도. 이 세 가지가 겹치면 인간이 아직 그것을 푸는 열쇠를 발견하지 못하고 있는 하나의 신비가 만들어진다. 나는 나의 삶에서 예감을 비웃은 일은 없다. 나 자신의 기묘한 체험이 몇 가지 있기 때문이다. 교감이 존재한다는 것도 믿는다. (예를 들면, 멀리 떨어져 있어 오랫동안 편지도 서로 끊어지고 남처럼 되어 버린 친척들 사이에서도 아주 서먹해져 있는데도 그 뿌리를 더듬어 보면 근원은 하나라는 연대 의식이 존재하고 있는 것이다). 그 작용으로 말하자면 사람의 지혜가 미치는 영역이 아니다. 그리고 예감이란 자연과 인간의 교감에 지나지 않는 것인지도 모른다.

겨우 여섯 살 난 소녀였을 무렵, 나는, 어느 날 밤, 베시가 애버트에게, 자기는 어린 아이의 꿈을 꾸었는데, 그런 어린애의 꿈을 꾸면 꿈을 꾼 사람이나 친척 중에 틀림없이 좋지 않은 일이 일어난다고 이야기하는 것을 들은 일이 있다. 이 말을 들은 다음 얼마 되지 않아서 머리에 분명히 새겨진 어떤 사건이 일어나지 않았더라면 이 이야기도 내 기억에서 사라져 버렸을 것이다. 이튿날, 베시는 친가에서 사람이 와서 어린 누이동생의 임종에 달려가지 않으면 안 되었던 것이다.

요즘 나는 이 이야기와 이 사건을 가끔 떠올리고 있었다. 왜냐하면 지난 일주일 동안, 나는 어린애의 꿈을 꾸지 않은 밤이 거의 없었기 때문이었다. 꿈속에 나타나는 어린애는 그를 울리지 않도록 하기 위해 팔에 안고 있을 때도 있고, 무릎에 놓고 어르기도 할 때도 있고, 또 어떤 때에는 잔디밭에서 들국화를 장난감삼아 놓고 있는 것을 지켜보는 일도 있고, 시냇물 속에 두 손을 담그고 물장난치는 애를 지켜보기도 했다. 어떤 날 밤은 울부짖는 어린애의 꿈을 꾸었는가 하면, 다음날 밤은 웃어대는 꿈을 꾸는 것이었다. 나에게 가까이 오는가 하면 나로부터 도망가는 꿈도 꾸었다. 그러나 이런 환상이 어떤 상태로 나타나건, 아무튼 계속해서 7일 동안 잠들려고 하는 내 앞에 나타난 것이다.

같은 꿈을 되풀이해서 꾼다는 것은 신경이 쓰이는 일이었다—같은 한 가지 환상이 묘하게 되풀이해서 나타나는 것이 신경에 쓰였다. 잘 시간이 되어 그 환상이 나타날 때가 다가오면 나는 안절부절못했다. 달이 떴던 그날 밤에, 외치는 소리를 듣고 눈을 떴을 때도, 나는 어린애의 꿈을 꾸고 있었던 것이다. 그리고 바로 그 다음날 오후, 나를 만나고 싶어 하는 사람이 페어팩스 부인의 방에서 기다린다는 전갈을 받고 나는 아래층으로 내려갔다. 거기에는 하인 같은 사나이가 나를 기다리고 있었다. 남자는 검은 상복을 입고 손에 든 모자에는 검은 리본이 감겨 있었다.

"아마도 저를 기억하지 못할지도 모르지만, 에어 아가씨," 내가 들어가자 그 사람은 의자에서 일어나며 말했다. "저는 리븐이라고 합니다. 지금부터 팔구 년 전에, 아가씨께서 게이츠헤드에 계셨을 때, 리드 부인의 마부로 있었던 사람입니다. 지금도 거기서 살고 있습니다만."

"아아, 로버트군요! 안녕하세요? 기억하고말고요. 저를 곧잘 조지아나의 작은 밤색 말에 태워다 주시곤 했지요. 그런데 베시는? 베시와 결혼하셨다지요?"

"그렇습니다, 에어 아가씨. 집사람은 잘 있어요, 덕택으로. 두 달 전에 해

산을 해서—이로써 세 아이 째네요. 산모도 아이도 다 튼튼하지요."

"저택의 여러분도 잘 계시죠, 로버트?"

"그것이 유감스럽게도 그다지 좋은 소식이 아니랍니다. 요즘 불행의 연속이어서—여러 가지 안 좋은 일들뿐입니다."

"누가 돌아가신 건 아니겠지요?" 나는 그의 상복을 보며 말했다. 그도 고개를 숙이고 모자의 검은 리본을 보며 이렇게 말하였다.

"런던의 하숙방에서 존 도련님이 돌아가신 지 어제로 일주일째 되죠."

"존이?"

"네."

"그분 어머니께선 얼마나 마음이 상하셨을까?"

"그러게 말입니다. 흔히 있는 불행이 아닙니다, 에어 아가씨. 존 도련님의 생활이란 참으로 난폭하셨지요. 지난 3년 동안 정상적인 생활을 하시지 않았습니다. 무서운 죽음을 당하셨죠."

"베시한테서 그분의 행실이 과히 좋지 않다는 소식은 들었어요."

"좋지 않다 뿐이겠습니까! 그 이상 심할 수 없었을 겁니다. 아주 못된 남녀와 어울려서 몸을 망치고 재산도 엉망이 되었죠. 결국 빚을 지고 감옥에 들어갔죠. 마님께서는 두 번이나 구해 주었지만 석방되기가 무섭게 옛 친구와 그 생활로 되돌아간 걸요. 머리가 온전치 못해서 못된 친구들에게 속임을 당했던 것 같습니다. 약 3주일 전에 존 도련님께선 게이츠헤드로 오셔 가지고 마님께 있는 재산을 모두 내놓으라고 하셨습죠. 마님께선 거절하셨어요. 벌써 오래 전에 존 도련님의 엄청난 낭비로 마님의 재산은 몹시 줄어들고 있었습니다. 그대로 존 도련님은 되돌아가셨지만, 그 다음에 들은 소식은 돌아가셨다는 통지였어요. 어떻게 돌아가셨는지—자살이라는 소문도 있고."

나는 잠자코 있었다. 무서운 소식이었다. 로버트 리븐은 말을 이었다.

"마님께선 한동안 건강이 좋지 못하셨죠. 몹시 비대해지셨지만 건강하시진 못했나 봅니다. 게다가 재산은 없어지고, 가난해지는 것이 아닌가 하는 두려움으로 아주 마음이 약해지셨죠. 여기에 존 도련님의 사망과 그 경위에 관한 소식은 너무 갑작스러운 일이어서 마님께선 졸도를 하고 마셨답니다. 사흘 동안이나 입을 떼지 않으셨는데 지난 화요일에는 좀 나아진 것 같더니 무슨 말씀을 하시고 싶어 하는 눈치였어요. 집사람에게 자꾸만 무슨 시늉을 하시고 중얼거리고 계셨어요. 그런데 베시가 겨우 어제 아침에야 마님께서 '제인을 데려와. 제인에게 사람을 보내. 난 제인에게 할 말이 있어' 하고 아가씨 이름을 말씀하고 계시다는 걸 겨우 알아차렸습죠. 마님께서 제 정신이신지 어떻게 하실 셈으로 말씀하시는 건지 베시는 잘 몰라서, 리드 아가씨와 조지아나 아가씨더러 아가씨를 모셔 오시도록 권고했다나요. 처음엔 아가씨들은 망설였지만 마님께서 초조해지셔서 자꾸만 '제인, 제인' 하시니까 하는 수 없이 승낙한 거지요. 어제 게이츠헤드를 떠나왔습죠. 만일 아가씨께서 준비만 되시면 내일 아침 일찍 모시고 돌아갈까 하는데요."

"그럼, 준비하죠, 로버트. 가야 될 것 같군요."

"저도 그렇게 생각하는데요. 집사람도 아가씨께선 틀림없이 싫다고 하시진 않으리라고 했습죠. 하지만 떠나시기 전에 허락을 받으셔야 하지 않을까요?"

"그렇군요. 지금 곧 그렇게 할게요." 나는 그를 하인들 대기실로 데리고 가 존의 내외에게 잘 보살펴 주도록 당부하고 나서, 로체스터 씨를 찾으러 나갔다.

그는 아래층 어느 방에도 있지 않았다. 안뜰과 마구간, 정원에도 없었다. 페어팩스 부인에게 그를 보지 않았느냐고 물어보았다─잉그램 양과 당구를 치고 계실 거라고 했다. 나는 당구장으로 달려갔다. 공이 부딪히는 소리와 지껄이는 소리가 들려왔다. 로체스터 씨, 잉그램 양, 에슈턴 자매와 그를 좋아 하는 사람들이 놀이에 열중해 있었다. 이처럼 즐겁게 노는 사람들을 방해하기에는 여간한 용기가 필요한 것이 아니었다. 그러나 나의 볼일은 지체할 수 없는 성질의 것이어서 나는 잉그램 양 곁에 서 있는 주인에게로 다가갔다. 그러자 그녀가 되돌아보고 얕잡아 보듯이 나를 보았다. 그녀의 눈은 이렇게 묻고 있는 것 같았다. "이 벌레 같은 것이 지금쯤 무슨 볼일이 있다는 거야?" 내가 낮은 목소리로 "로체스터 님" 하고 부르자 마치 나를 쫓아내려는 듯한 몸짓을 했다. 나는 이때의 그녀 모습을 잘 기억하고 있다. 눈이 번쩍 뜰 우아한 하늘색 크레이프 천의 아침 의상을 입고 담청색 얇은 스카프를 머리에 매고 있었다. 그녀는 게임에 열중하고 있었지만 부추겨진 자존심은 그녀의 교만한 표정을 조금도 바꾸지 못했다.

"저 사람, 당신에게 무슨 볼일이 있을까?" 그녀는 로체스터 씨에게 물었다. 로체스터 씨는 '저 사람'이란 누굴까 하고 돌아보았다. 그는 묘하게 얼굴을 찡그리고—기묘하고 알 수 없는 의시표시의 하나였다—큐(cue)를 내던지자 내 뒤를 따라 방에서 나왔다.

"왜 그러지, 제인?" 그는 공부방의 문을 닫고 문에 기댔다.

"가능하시다면 한두 주일 휴가를 주셨으면 합니다."

"뭣 때문에? —어딜 가는데?"

"앓고 있는 분이 사람을 보내어서 문병하러 가려고요."

"앓는 부인이라니? 어디 사는데?"

"게이츠헤드입니다. ○○주의."

"○○주? 거긴 100마일이나 떨어진 곳인데! 그렇게 먼 고장에서 당신을 보겠다고 사람을 보내왔다니 도대체 누구란 말이오?"

"이름은 리드라고 해요. 리드 부인입니다."

"게이츠헤드의 리드? 게이츠헤드에 리드라는 치안판사가 있었지."

"그분의 미망인이에요."

"그 미망인과 당신은 무슨 관계가 있소? 어떻게 당신은 그 미망인을 아는 거요?"

"리드 씨는 제 외삼촌이셨어요. 어머님의 오빠였어요."

"놀랐는걸. 당신은 오늘까지 한 번도 그런 말을 안 했잖아. 늘 친척이 없다고 하고서."

"저를 친척이라고 여겨 주는 사람은 아무도 없습니다. 리드 씨는 세상을 떠나셨고 그의 아내는 저를 버리셨으니까요."

"왜?"

"제가 가난하고 귀찮은 존재인 데다가 저를 싫어하셨으니까요."

"그런데 리드에겐 아이가 있었지? 외사촌들이? 어제, 조지 린 경이 게이츠헤드의 리드라는 청년 이야기를 하고 있었는데! —그의 이야기로는 런던에서도 이름난 불량배에 속하는 자라던데. 그리고 잉그램 양이 같은 게이츠헤드에서 사는 조지아나 리드의 얘기를 하고 있었소. 일 년인가 이 년 전에 런던의 사교계에 나타났는데 그 미모가 대단했다던데."

"그 존 리드가 죽었어요. 자기는 파산하고 가족까지 하마터면 파산하게 만들 뻔했습니다. 자살했다는 소문도 있습니다. 그 소식에 그 어머니는 충격을 받아 졸도하셨답니다."

"그래, 당신이 그의 어머니에게 무슨 소용이 있다는 거요? 부질없는 일이오, 제인! 도착하기 전에 죽어버릴지도 모를 노파를 보려고 100마일이나 달려가다니. 더구나 그 사람은 당신을 버렸다면서?"

"네, 그래요. 그렇지만 그건 오래 전의 일이에요. 그의 환경이 전혀 달랐던 때의 일이에요. 이제 그분의 소망을 저버리면 제 마음이 편치 않을 것 같아요."

"얼마나 머물 작정이오?"

"되도록 짧게요."

"일주일 동안이라고 약속해요."

"약속하지 않는 편이 좋을 것 같아요. 약속을 어길지도 모르니까요."

"어떤 일이 있어도 꼭 돌아와야 해요. 미망인이 무슨 구실로라도 영원히 함께 살자고 해도 거기에 설득되면 안 돼요."

"그럼요! 일이 잘 끝나면 꼭 돌아오겠어요."

"그래, 누구와 함께 가는 거요? 100마일의 길을 혼자는 여행할 수 없을 텐데."

"네, 아주머니가 마부를 보내 왔어요."

"믿을 수 있는 사람이오?"

"네, 그 집에서 10년이나 살아온 사람이에요." 로체스터 씨는 곰곰이 생각하고 있었다. "언제 출발하겠소?"

"내일 아침 일찍."

"그럼 돈이 있어야지. 돈 없인 여행할 수 없으니까. 당신은 별로 돈이 없을 거야. 아직 급료를 주지 않았으니까. 도대체 얼마나 갖고 있소, 제인?" 그는 빙그레 웃으면서 말했다.

나는 지갑을 꺼냈다. 얄팍했다. "5실링이에요." 그는 그 지갑을 손에 들고 내 전재산을 그의 손바닥에 쏟았다. 너무 액수가 적어 우스운지 킬킬거렸다. 그는 곧 자기의 지갑을 꺼냈다. "자아," 하고 그는 말하면서 지폐 한 장을 내게 내밀었다. 50파운드였다. 그러나 그가 나에게 지불할 돈은 15파운드였다. 나는 거스름돈이 없다고 했다.

"거스름돈은 필요 없소. 무슨 말을 하고 있는 거야. 당신의 봉급을 받아요."

나는 정해진 액수 이상은 받을 수 없다고 사절했다. 처음에는 얼굴을 찌푸리고 있던 그는 갑자기 무엇이 생각난 듯이 이렇게 말하였다.

"그렇지, 그렇지! 지금 모두 안 주는 게 좋아. 50파운드를 갖게 되면 아마 3개월은 머물러 있을지도 몰라. 10파운드짜리가 있군. 이거면 모자라지 않겠소?"

"충분해요. 그렇지만 이번엔 당신이 저한테 5파운드 빚진 셈이에요."

"그럼 그걸 받으러 돌아와요. 40파운드는 내가 맡아 둘 테니까."

"로체스터 님, 이 기회에 또 한 가지 사무적인 문제에 대해서 말씀드리려고 하는데요."

"사무적인 문제라고? 어서 말해 봐요."

"주인님이 머지않아 결혼하신다는 걸 들은 것 같은데요."

"그래, 그게 어떻단 말이오?"

"그렇게 되면 아델라는 학교에 가지 않으면 안 됩니다. 물론 그렇게 할 필요성을 인정하시겠죠?"

"그 애를 내 신부(新婦)로부터 멀리 하기 위해서인가? 그녀라면 그 애를 짓밟을지도 모르니까 말야. 당신의 제안에 일리가 있소. 그건 틀림없는 일이오. 당신 말대로 아델라는 학교에 가야 해요. 그리고 당신은 물론 될 대로 되라는 듯이 곧장 떠나 버리겠다는 거요?"

"그렇게 되지 않기를 바라고 있어요. 하지만 어디 다른 일자리를 구해야 해요."

"앞으로 그렇다는 말이지!" 변덕스럽고 익살스러운 묘하게 찌푸린 얼굴로 콧소리를 내며 소리치고 그는 잠시 내 얼굴을 지켜보았다.

"그래, 리드 노부인이나 그 딸들에게 일자리를 구해 달라고 부탁한다는 건가?"

"아녜요. 전 친척 되는 분들에게 그런 걸 부탁할 처지가 못 됩니다—차라리 광고를 내지요."

"당신이라면 이집트의 피라미드까지도 올라갈지도 모르겠군!" 그는 화가 난 듯이 소리쳤다. "광고 따위를 내면 가만 안 둘 테요! 10파운드가 아니라 1파운드만 줄걸 그랬어. 9파운드를 돌려줘요, 제인. 쓸 데가 있어."

"저도 필요해요." 나는 지갑과 손을 뒤로 돌렸다. "세상없어도 이 돈만은 드릴 수 없어요."

"깍쟁이!" 그는 말했다. "돈이 필요하다는 내 간청을 거절하다니! 5파운드만 줘, 제인."

"5실링도 안 돼요. 5펜스도 안 돼요."

"잠깐만 돈을 보이기라도 해."

"안 돼요. 믿을 수 없어요."

"제인!"

"네."

"한 가지만 약속해요."

"뭣이든 약속하겠어요. 제가 할 수 있는 일이라면."

"광고를 안 낼 것. 일자리를 구하는 건 내게 맡길 것을 말이오. 내가 구해 주겠소."

"기꺼이 약속하겠어요. 그 대신 주인님 편에서도 신부가 이 집에 들어오시기 전에 저와 아델라가 무사히 이 집에서 나갈 수 있도록 약속해 주세요."

"그래! 그래! 맹세해도 좋아요. 그럼 내일 아침 출발하나?"

"네, 일찍."

"저녁을 먹은 후 응접실로 내려오겠소?"

"아뇨, 여행 준비를 해야 해요."

"그럼, 당신과 나는 여기서 작별 인사를 나누어야겠군?"

"그렇겠네요."

"그럼, 세상 사람들은 작별 인사를 어떻게 하지, 제인? 가르쳐 줘. 난 통 모르니까."

"'안녕' 하고 말하죠. 그 밖에도 각자 좋아 하는 방법으로."

"그럼, 말해 봐요."

"그럼 당분간 안녕히 계세요, 로체스터 님."

"난 뭐라고 해야지?"

"원하신다면, 저와 똑같이."

"안녕, 에어, 당분간. 그것뿐인가?"

"네."

"그것만으로는 어쩐지 허전하군. 내 생각으로는 너무 쌀쌀 맞고 친밀감이 없는 것 같아. 나는 좀 다르게 하고 싶어. 이제 그 인사에 덧붙여서 말이야. 이를테면 악수라든가, 아니—그것으로도 만족하지 못하겠는데. 그래 당신은 안녕이라고만 말할 작정인가, 제인?"

"그것으로 충분합니다. 마음을 담아 말씀드리면 그 한 마디로도 기분은 전달됩니다."

"그렇군. 그러나 '안녕'이라는 말은 공허하고 썰렁해."

'언제까지 저 문에 기대고 계실 작정일까?' 나는 속으로 생각했다. '짐을 꾸려야겠는데.' 그 때 만찬을 알리는 벨이 울렸다. 그러자 그는 말 한마디 없이 갑자기 사라졌다. 나는 그날 다시는 그의 모습을 보지 못했다. 그리고 다음날 아침 그가 일어나기 전에 떠났다.

5월 1일 오후 5시 무렵에 나는 게이츠헤드의 문지기 집에 이르렀다. 나는 저택으로 들어가기 전에 먼저 여기에 들렀다. 깨끗하고 아담한 집이었다. 장식창에는 조그만 흰 커튼이 드리워져 있었다. 마루에는 얼룩 하나 없었다. 난로와 부지깽이는 번쩍번쩍 윤이 나게 닦여져 있었고 난로의 불은 활활 타고 있었다. 베시가 난롯가의 의자에 앉아 갓난아기에게 젖을 물리고 앉아 있었다. 어린 로버트와 그의 누이동생은 방 한구석에서 얌전하게 놀고 있었다.

"어머나! 꼭 오실 줄 알았어요!" 내가 들어가자 리븐 부인은 소리쳤다.

"그래, 베시." 나는 그녀에게 키스를 하고 나서 말했다. "너무 늦지 않았을까 했는데, 리드 부인은 좀 어때요? 아직은 괜찮으시겠지."

"네, 괜찮으세요. 의식이 전보다 더 또렷하시고 마음이 가라앉으신 것 같아요. 한두 주일쯤은 괜찮으실 거라고 의사 선생님이 말씀하셨어요. 하지만 아주 회복되기는 어렵다더군요."

"요새 나에 대해서 뭐라고 말씀하셨어요?"

"오늘 아침 딱 한 번, 아가씨가 오셨으면 좋을 텐데 하고 말씀하셨어요. 그렇지만 지금은, 아니 10분 전에 제가 저택으로 가 봤을 때 주무시고 계셨어요. 마님께선 오후는 내내 혼수상태로 누워 계시지만 6시나 7시쯤에는 눈을 뜨신답니다. 아가씨, 여기서 한 시간쯤 쉬세요. 그러고 나서 저와 함께 가세요."

이때 로버트가 들어오자 베시는 잠든 갓난애를 아기 침대에 눕히고 그를 맞았다. 그러고 나서 베시는 모자를 벗고 차를 마시라고 자꾸 내게 권했다. 해쓱하고 피로해 보인다고 했다. 나는 그녀의 친절한 접대를 기꺼이 받아들였다. 어렸을 때 베시가 옷을 갈아입혔던 것처럼 그녀가 하라는 대로 여장을 풀었다.

부지런히 움직이고 있는 베시를 바라보고 있자니까 옛날 일이 이내 머릿속에 떠올랐다—가장 좋은 그릇을 쟁반 위에 놓고, 빵을 자르고, 건포도가 든 과자를 알맞게 굽고, 그러는 동안에 그 옛날 나를 상대로 했던 것처럼 어린 로버트나 제인을 가볍게 탁탁 치기도 하고 쿡쿡 찌르기도 하고 있었다. 베시는 여전히 기량이 좋아 부지런히 돌아다니고 여전히 성미도 급한 것 같았다.

차 준비가 되어 나는 테이블로 가까이 갔다. 그러나 베시는 옛날의 그 단호한 말투로 거기 잠자코 앉아있으라고 말했다. 난롯가까지 가지고 오겠다는 것이다. 내 앞에 작은 둥근 테이블을 놓고 그 위에 찻잔과 빵 접시를 놓았다. 그 옛날 아이들 방의 의자에 앉아서 그녀가 남몰래 가지고 와서 맛있는 걸 내게 먹이던 때가 생생하게 떠올랐다. 나는 미소를 지으며 지난날과 같이 얌전하게 그녀가 하라는 대로 했다.

베시는 내가 손필드에서 행복한지, 마님께서 어떤 분인지 알고 싶어 했다. 내가 손필드 저택에는 바깥주인밖에 없다고 하자, 그분은 훌륭한 신사냐, 내가 그분을 좋아하느냐고 물었다. 얼굴은 별로 잘 생긴 분은 아니지만 훌륭한 신사로 나를 친절히 대해 주어 만족하고 있다고 대답하였다. 그러고는 최근에 그 저택에 머물러 있는 화려한 손님들의 얘기도 상세히 말해 주었다. 베시는 이런 이야기를 재미있게 들었다. 이런 종류의 얘기야말로 그녀가 진심으로 흥미를 느끼는 것이었다.

이런 얘기를 하는 동안 어느덧 한 시간이 순식간에 지나가 버렸다. 베시는 나에게 모자를 씌워 주고 이것저것 돌보아 주었다. 나는 그녀를 따라 문지기 집을 나와서 저택으로 향하였다. 약 9년 전에, 역시 베시와 함께 지금 올라가고 있는 이 오솔길을 내려왔던 것이다. 1월의 안개가 자욱한, 어둡고 쌀쌀한 날 아침에, 나는 절망적이고 쓰라린 마음을—사회로부터 추방되고 신에게도 버림받은 것 같은 심정을—안고 적의에 찬 지붕을 떠나, 멀고 먼, 보지도 듣지도 못한 로우드의 차디찬 피난처를 찾아 가고 있었던 것이다. 적의에 찼던 그 지붕이 지금 다시 눈앞에 버티고 서 있었다. 나의 앞길은 아직도 불안하고 지금도 신음하는 마음을 안고 지상을 헤매는 듯한 생각이 든다. 그러나 나는 나 자신과 자신의 힘에 전보다 더 든든한 믿음을 둘 수가 있고, 위압된 두려움에 겁먹을 일도 없었다. 부당한 취급으로 크게 벌어진 상처도 이제는 다 아물었고 노여움의 불길도 꺼져 있었다.

"먼저 아침식사 방으로 가세요." 베시가 이렇게 말하면서 현관방을 앞장서서 걸어갔다. "아가씨들은 거기 계세요."

다음 순간, 나는 그 방에 있었다. 거기에 있는 가구들은 브로클허스트 씨에게 처음으로 소개되었던 그날의 아침과 똑같이 보였다. 그가 서 있었던 깔개도 난로 앞에 지금도 깔려 있었다. 책장을 얼핏 보니 비윅의 〈영국 조류사〉두 권이 옛날과 똑같이 세 번째 선반에 있었고, 〈걸리버 여행기〉와 〈아라비안나이트〉도 바로 그 윗단에 놓여 있었다. 생명이 없는 것은 변함이 없었으나 살아 있는 것들은 옛날의 모습을 알아볼 수 없을 정도로 변해 있었다.

두 사람의 젊은 여인이 내 앞에 나타났다. 한 사람은 잉그램 양처럼 생긴 사람이었다. 너무 마르고 혈색이 나쁘고 태도가 교만했다. 그 표정에는 어딘가 금욕적인 데가 있었고, 극단적으로 검소하기 그지없는 검은 모직 옷, 풀을 먹인 리넨 깃, 관자놀이 위에서 치올린 머리, 수녀가 하고 있는 것 같은 흑단나무로 만든 구슬에 십자가를 단 목걸이를 한 모습이 더욱더 그런 느낌을 더하게 했다. 나는 그녀가 일라이자임에 틀림없다고 생각했으나 얼굴이 길어지고 혈색이 나쁜 그 얼굴에는 이전의 그녀를 닮은 점은 그다지 없었다.

다른 또 한 사람은 분명 조지아나임에 틀림없었다. 그러나 나의 기억에 있는—열한 살의 요정과 같은 날씬한 소녀의 조지아나는 아니었다. 눈앞에 있는 것은, 성숙하고 풍만한 소녀로, 피부는 밀랍처럼 희고, 아름답게 균형 잡힌 얼굴에 생기 없는 푸른 눈, 노란 머리는 둥글게 말려 있었다. 그녀의 옷빛깔도 검었지만 매무새는 언니의 그것과는 딴판이어서 느슨하게 늘어진 옷맵시가 잘 어울리고 있었다. 언니를 청교도풍이라고 한다면 동생은 현대풍이었다.

그들 자매에겐 제각기 어머니의 어떤 특징을 볼 수 있었다—각기 하나씩이었지만. 너무 마른 맏딸은 부모로부터 물려받은 흑수정(黑水晶)과 같은 눈을 가지고 있었다. 한창 때인 둘째 딸은 턱의 윤곽이 닮았다. 어머니보다는 조금 부드러운 느낌은 있었으나 얼굴 생김새의 형용할 수 없는 엄격함을 이어받고 있었는데 이것만 아니라면 통통하고 귀엽게 보였을지도 몰랐다.

내가 가까이 가는 것을 본 두 여인은 일어나서 나를 맞아, 나를 '에어 양'이라고 불렀다. 일라이자는 무뚝뚝한 소리로 간단하게 인사를 하고 미소조차 띠지 않았다. 그러고는 의자에 앉아 난롯불을 물끄러미 바라본 채 내 존재 같은 건 잊어버린 듯했다. 조지아나는 "잘 있었어요?" 하고는, 여행과 날씨 등에 대하여 김빠진 억양으로 말했다. 그렇게 말하면서도 분주히 곁눈질을 해가며 나를 머리끝에서 발끝까지 훑어보면서 주름을 잡은 밤색 메리노직(織) 외투를 가로질러 시골풍 모자의 소박한 장식에 눈길이 머물기도 하였다. 젊은 여자란 상대방을 '별난 사람'이라고 생각하고 있는 것을 입 밖으로는 내지 않고 상대방에게 전달하는 비범한 재능이 있다. 남을 얕잡아보는 것 같은 표정이나 쌀쌀한 태도, 차가운 말씨 등이, 일부러 무례한 말이나 행동으로 나타내지 않아도 그런 기분을 분명히 전달할 수 있는 것이다.

그러나 그런 비웃음의 눈초리도, 그것이 숨겨져 있건 노골적으로 나타나 있건, 그 옛날 나를 위협했던 위력은 이미 없었다. 나는 외사촌들 사이에 앉아서, 한쪽으로부터는 업신여기고 다른 한쪽으로부터는 비웃는 듯한 눈초리를 받아도, 내가 태연하게 있을 수가 있다는 것을 알고 나는 놀랐다. 일라이자에게 굴욕을 느끼는 일도 없고 조지아나에게도 노여움을 느끼지 않았다. 사실을 말하자면 나에게는 달리 생각할 일이 많이 있었던 것이다. 지나간 이 몇 달 동안, 나의 마음은 이 두 사람의 힘이 미치지 못할 정도로 심하게 교란되어 있었던 것이다. 괴로움과 환희가, 이제까지 없었던 것처럼 격렬하고 날카롭게 환기되고 있었으므로—그녀들의 태도 같은 건, 좋든 나쁘든, 나에게는 아무래도 좋았던 것이다.

"리드 부인께선 좀 어떠세요?" 나는 조용히 조지아나를 보며 물었다. 그녀는 나의 말을 버릇없는 말로 알아들었는지, 그런 나의 당돌한 인사는 쌀쌀하게 대하는 것이 좋다고 생각한 것 같았다.

"리드 부인이라구? 아마 엄마 말이겠지. 엄만 아주 허약해지셨어. 오늘 밤 뵙게 되는지 어쩔지."

"2층에 올라가서 내가 왔다는 것만 좀 전해 주시면 좋겠는데." 나는 말했다.

조지아나는 깜짝 놀란 것 같았다. 푸른 눈을 놀란 듯이 크게 떴다.

"나를 꼭 만나고 싶어 하고 계세요." 나는 덧붙였다. "꼭 그러하시다면 빨리 그렇게 해 드리고 싶어요."

"엄마는 밤에는 아무도 만나시지 않으려 하세요." 일라이자가 말했다. 나는 곧 일어나서 모자와 장갑을 벗고 이렇게 말하였다. 지금부터 베시가 있는 곳에 가서—아마도 부엌에 있을 것이니까 리드 부인이 오늘 밤 나를 만나실 의향이 계신지 어쩐지 확인해 보도록 할 작정이라고 말했다. 나는 방을 나와 베시를 찾아내 심부름을 부탁하고 앞으로의 일을 상의하기로 마음 먹었다. 교만한 태도에 대해서는 움츠리고 도망가는 것이 지금까지의 나의 습성이었다. 오늘과 같은 대접을 1년 전에 받았더라면, 나는 이튿날 아침 당장에 게이츠헤드를 떠날 결심을 했으리라. 그러나 지금의 나로서는 그게 매우 어리석은 생각이라는 걸 이내 알게 되었다. 나는 외숙모를 만나기 위해 100마일의 여행을 한 것이다. 외숙모가 낫거나 죽거나, 그때까지 곁에 있어야 한다. 당분간은 외숙모의 딸들의 자존심이나 어리석음에 좌우되어서는 안 된다. 그래서 나는 이집 가정부와 상의를 하였다. 한두 주일쯤 여기서 머문다는 뜻을 전하고 방을 안내해 줄 것을 부탁하고 트렁크도 나의 방으로 옮기게 하고 나도 그 뒤를 따라갔다. 계단에서 베시를 만났다.

"마님께서 잠이 깨셨어요." 베시는 말했다. "아가씨께서 오셨다는 말씀을 드렸어요. 아가씨를 알아보시나 어디 가 보십시다."

잘 알고 있는 그 방이고 보니 안내고 뭐고 없었다. 그 옛날, 처벌이나 꾸지람 때문에 늘 불리어 가곤 해서 잘 알고 있는 방이었다. 나는 베시를 앞질러 문을 살그머니 열었다. 날이 저물어 가고 있어 갓을 씌운 촛대가 테이블 위에 놓여 있었다. 네 기둥의 큰 침대는 옛날과 다름없는 호박색 장막이 드리워져 있었다. 화장대·안락의자, 그리고 발판까지 있었다. 이 발판 앞에서 나는 수백 번 무릎을 꿇었고, 저지른 일도 없는 잘못에 대해 용서를 구하도록 명령을 받았던 것이다. 이전에 그토록 무서웠던 회초리가 보이지나 않을까 하고 반쯤 기대하면서 방구석을 살펴보았다. 그 회초리는 언제나 거기 숨어 있다가 떨고 있는 내 손바닥이나 움츠리고 있는 목덜미에 꼬마 도깨비처럼 달려들려고 대기하고 있었던 것이다. 나는 침대가로 가 커튼을 젖히고 높이 쌓아올린 베개 위에 몸을 숙였다.

나는 리드 부인의 얼굴을 잘 기억하고 있었으므로 그 낯익은 모습을 열심

283

히 찾았다. 세월이, 격렬한 복수심도 가라앉히고 솟아오르는 분노와 혐오의
마음까지도 진정시켜 준 것은 고마운 일이었다. 나는 그 옛날 고민과 증오를
품고 이 부인 곁을 떠났다. 지금 이렇게 돌아와 보니 그녀가 받은 큰 재앙에
연민과 같은 것을 느끼고 내가 입은 상처는 모두 잊고 용서하고 싶다—화해
를 하고 다정하게 손을 잡고 싶은 강한 열망을 느끼고 있었다.

　너무나 잘 알고 있는 얼굴이 거기에 있었다. 여전히 엄하고 냉혹한 얼굴
—그 무엇도 녹일 수 없는 그 눈이 있었다. 조금 치올라간 교만하고 위압적
인 눈썹. 위협하고 증오하는 그 눈이 얼마나 많이 나에게로 향하였던가! 어
렸을 때의 두려움과 슬픔이, 얼굴의 그런 선을 더듬어가는 동안에 다시 살아
났다! 그래도 나는 몸을 숙이고 그녀에게 키스를 하였다. 그녀는 나를 바라
보았다.

　"제인 에어 아니냐?" 그녀는 말했다.

　"네, 리드 아주머니. 좀 어떠세요?"

　나는 한때, 두 번 다시 그녀를 아주머니라고 부르지 않으리라고 맹세했던
것이다. 그 맹세를 잊고 지키지 못한 것을 죄라고는 생각하지 않았다. 내 손
가락은 시트 밖으로 나와 있는 그녀의 손을 꼭 잡고 있었다. 그녀가 부드럽
게 내 손을 잡아 주었더라면 나는 진정으로 기쁨을 맛보았으리라. 그러나 완
고한 성격이 그렇게 쉽사리 부드러워질 리 없고, 몸에 밴 적의가 그처럼 쉽
게 사라질 리도 없었다. 리드 부인은 자기 손을 빼고 얼굴을 돌리듯이 하고
오늘 밤은 따뜻하구나 하고 말했다. 다시 나를 본 그 눈은 차가웠고, 나에
대한 생각—나에 대한 기분은 바뀌지 않았다는 것을, 또 절대로 변할 수 없
는 것이라는 것을 나는 금방 알아차렸다. 그녀의 돌과 같은 눈—상냥함도
통하지 않고, 눈물로도 녹지 않는 그 눈을 보고, 그녀가 나를 어디까지나 나
쁜 아이라고 생각하려 하고 있다는 것을 알았다. 나를 착한 아이라고 생각한
다 해도 그녀는 마음이 따뜻해지는 즐거움을 느끼지 않을 것이기 때문이었
다. 굴욕감밖에 느끼지 못할 것이기 때문이었다.

　나는 괴로움과 심한 분노를 느꼈다. 그때 나는 그녀를 굴복시키겠다고—
상대의 성격이나 의지가 어떻든 이쪽에서 하라는 대로 하게 만들겠다는 결
심을 하였다. 어렸을 때처럼 눈물이 솟구쳤다. 그 눈물에 그 옛날의 뿌리로
돌아가라고 명령하였다. 나는 의자를 베갯머리로 가져와서 베개 쪽으로 몸

을 기울였다.

"저를 부르러 사람을 보내셨지요?" 나는 말했다. "그래서 제가 온 거예요. 아주머니께서 좋아지실 때까지 여기 머물러 있을 작정이에요."

"아아, 그래야지! 내 딸들은 만나봤겠지?"

"네."

"그럼, 나는 너에게 이야기하고 싶은 말을 제대로 할 수 있을 때까지 네가 여기 있어 주었으면 해. 내가 그렇게 말하더라고 애들한테 말해 줘. 오늘 밤은 너무 늦었어. 그리고 생각도 잘 안 나. 하지만 어떻게 해서든 너에게 하고 싶은 말이 있다—그게 뭐였더라—."

불안정한 눈초리와 변한 말투는 한때 건강했던 그녀의 체질이 얼마나 쇠약해져 있는가를 알 수 있었다. 그녀는 안절부절못하고 돌아누워 이불을 잡아당겼다. 이불깃 한 모퉁이를 내 팔꿈치가 누르고 있었다. 그녀는 대뜸 화를 냈다.

"일어서!" 그녀는 말했다. "이불을 꽉 눌러서 나를 초조하게 만들지 말아 줘. 너, 제인 에어니?"

"네, 제인 에어예요."

"난 그 애에게 아무도 믿을 수 없을 만큼 몹시 애를 먹었지. 그런 짐이 내게 맡겨져서 얼마나 혼이 났는지. 매일, 아침부터 밤까지 비뚤어진 그 성격 때문에 갑자기 화는 나고, 그 애는 끊임없이 이쪽 눈치나 살피고! 아이들이란 그런 말투나 눈으로 바라보는 것이 아닌데 말야. 이 집에서 그 애를 내쫓아서 기분이 개운했었지. 로우드에서는 그 애를 어떻게 다루었을까? 열병이 유행해서 많은 학생들이 죽었다지만 그 앤 안 죽었어. 그래도 난 죽었다고 했지—죽었으면 했어!"

"이상한 소망이시군요, 리드 부인. 왜 그 애를 그렇게 미워했어요?"

"난 늘 그 애의 어머니가 싫었다. 왜냐하면 그녀는 남편의 하나밖에 없는 누이동생이었는데 남편이 그 여자를 무척 귀여워했기 때문이었지. 그 여자가 신분이 낮은 사람과 결혼하자 온 가족이 인연을 끊겠다고 했을 때도 그분만은 반대하셨어. 누이동생이 죽었다는 소식을 듣고 남편은 바보처럼 흐느껴 울었고, 누이동생의 어린애를 데려오겠다고 마구 우겨댔지. 내가 그 애를 유모에게 주어 양육비를 대는 편이 좋겠다고 몇 번이나 간청을 했는데도 말야. 난 처음 그 애를 보는 순간부터 미웠어. 허약하고 울어대기만 하고 깡마르고! 밤새 요람 속에서 울어 대고, 그것도 다른 애들처럼 기운차게 울어대는 것이 아니고 찡찡 댔지. 남편은 가엾게 여겨 마치 친자식처럼 돌봐 줬어. 내 자식이 그 나이 때는 제대로 돌봐 준 적도 없었는데 말야. 남편은 우리 애들과 그 거지 애를 사이좋게 놀게 하려고 했었어. 우리 집 애들은 싫어했었지. 하지만 남편은 그 애를 싫어하는 걸 보고 애들에게 야단을 치곤했어. 그분이 마지막 병석에 누웠을 때에는 늘 베개 맡에 그 아이를 불러다 놓았고, 돌아가시기 한 시간 전에 그 아이를 돌보라고 나에게 맹세를 시켰어. 차라리 양육원에서 가난뱅이의 자식을 맡는 편이 나을 뻔했다. 하지만 남편은 마음이 약했어. 천성으로 마음이 약했어. 존은 하나도 아버지를 닮지 않았는데 난 그것이 오히려 좋았어. 존은 나를 닮았어. 우리 형제를 닮았지―그 앤 정말 깁슨 집안 사람이야. 돈 달라는 편지만 보내고 말야. 이젠 적당히 나를 괴롭히는 건 그만뒀으면 좋겠어! 이젠 그 애에게 줄 돈은 없어. 우리 집은 이제 가난해. 하인도 절반은 내보내고, 집도 절반은 폐쇄하든가 세를 줘야 하지만 난 도저히 그렇게 할 수 없어. 앞으로 어떻게 살아가면 좋지? 내 수입의 3분의 2는 이자를 갚아 나가는 데 들어가고, 존은 도박에 열중하여 돈을 잃기만 하지―가엾은 애야! 그 녀석은 사기꾼에게 넘어가서 차츰 몰락해서 타락해 버렸지―그 애를 볼 때마다 부끄러워서 말야."

그녀의 흥분은 차츰 더해 갔다. "그만 가보는 게 좋겠어." 나는 베시에게 말했다. 베시는 침대 건너편에 서 있었다.

"그러는 게 좋겠어요. 아무튼 밤이 되면 대개 이렇게 말씀을 하시는걸 ―아침이 되면 조용해지시지만."

나는 일어났다. "기다려!" 리드 부인은 소리쳤다. "또 하고 싶은 얘기가 있다. 그 애가 말야, 나를 위협하는 거야―제가 죽든가, 그렇지 않으면 나를 죽인다고. 가끔 꿈을 꾸지. 목을 칼로 베어 누워 있는 것이 보여. 부어오른 검은 얼굴도 말야. 이상한 꼴이 되고 말았어. 나, 큰 걱정거리를 안고 있어. 어쩌면 좋을까? 어떡해서 돈을 손에 넣으면 좋지?"

베시는 부인에게 진정제를 마시도록 여러 가지로 구슬러서 간신히 성공했다. 그러자 리드 부인은 조용해지고 꾸벅꾸벅 졸기 시작했다. 나는 방을 나왔다.

내가 다시 그녀와 말을 나눌 수 있게 된 것은 열흘이 더 지나서였다. 그녀는 헛소리가 아니면 혼수상태를 지속하고 있었다. 의사는 그녀를 흥분시켜서는 안 된다고 말했다. 그러는 동안 나는 일라이자와 조지아나와 되도록 어울리며 조심하면서 지냈다. 두 사람 모두 처음에는 매우 냉담했다. 일라이자는 반나절을 재봉이나 독서나 글을 쓰며 보내고 지내면서도 나와 조지아나에게 거의 말을 하지 않았다. 조지아나는 그녀가 키우는 카나리아를 상대로 몇 시간이고 쓸데없는 이야기를 주고받으며 나에게는 눈도 돌리지 않았다. 나는 할일 없이 빈손으로 지내는 것을 보이고 싶지 않았다. 그림물감을 가져왔으므로 내 즐거움과 일거리가 돼 주었다.

　연필 한 벌과 몇 장의 그림종이를 준비해서 그녀들과는 떨어진 창가의 의자에 앉아 상상화를 그리는 데 몰두하고 있었다. 만화경처럼 끊임없이 변화하는 공상 속에서 순간적으로 모양을 갖추는 정경을 그렸다. 두 개의 바위 사이로 보이는 바다, 솟아오르는 달과 지나가는 한 척의 배, 우거진 갈대와 꽃창포 사이로부터 연꽃 관을 쓴 물의 요정이 머리를 내밀고, 산사나무의 꽃 아래의 바위종다리 둥지 속에 앉아 있는 작은 요정 등을 그렸다.

　어느 날 아침, 나는 무심코 한 사람의 얼굴을 그리고 있었다. 어떤 얼굴이 될까 하는 건 신경도 쓰지 않았고 알려고도 하지 않았다. 나는 부드러운 검은 연필을 뉘어서 그리기 시작했다. 종이 위에는 이내 튀어나온 이마와 모난 얼굴의 아랫부분을 그려내고 있었다. 그 윤곽이 마음에 들었으므로 나의 손가락은 그 윤곽 안에 눈·귀·코·입을 부지런히 그려 넣고 있었다. 이 이마 밑에 아주 특징 있는 직선적인 눈썹을 그려야 한다. 그리고 눈썹 아래에는 당연히 곧바로 선 콧날과 크고 잘생긴 코가 이어진다. 그리고 결코 얇은 편은 아니지만 부드러운 입술, 그리고 한 가운데가 깊이 파인 턱. 물론 검은 구레나룻도 필요하고 관자놀이에서 이마에 걸쳐 풍만하게 물결치는 검은 머리. 이번에는 눈의 차례인데 그것은 마지막으로 남겨 두었다. 이것을 그리기 위해서는 세심한 기법이 필요했기 때문이었다. 우선 크고 보기 좋게 그렸다. 속눈썹은 길고 거무스름한 빛깔이고 눈동자는 크고 윤기가 나게 그렸다. '잘 됐어. 하지만 완전하지 않아. 더 힘차고 생생해야 해.' 그림의 생김새를 바라보면서 나는 이렇게 생각하였다. 그러기 위해서는 그늘을 조금 진하게 하고 환한 부분은 더 환하게 하는 편이 좋을지도 모른다—조금 손질을 했더니 잘 되어갔다. 이리하여 나의 눈 아래에 친구의 얼굴이 나타났다. 젊은 여인이 나에게 등을 돌리건 그게 무슨 상관이 있단 말인가? 나는 그것을 바라보고 너무나 잘 닮은 그 얼굴에 미소를 지었다. 나는 완전히 마음을 빼앗기고 만족하고 있었다.

"아는 분의 초상화야?" 나도 모르게 다가온 일라이자가 물었다. 나는 다만 공상으로 그린 사람이라고 말하고 얼른 다른 도화지 밑에 집어넣었다. 물론 이것은 거짓말이고, 실은 로체스터 씨를 아주 정성껏 그린 얼굴이었다. 그러나 그녀에게, 아니 나 이외의 사람에게 이 그림이 무슨 뜻이 있단 말인가? 조지아나도 가까이 다가왔다. 다른 그림은 그녀의 마음에 들었으나, 이 그림을 보고는 '추남'이라고 했다. 그녀들은 내 그림 솜씨에 놀란 듯했다. 그들의 초상화도 그려주겠다고 나는 말했다. 두 사람은 차례로 앉았고 나는 연필로 윤곽을 그렸다. 그러자 조지아나는 그녀의 화첩을 가지고 왔다. 나는 그녀에게 수채화를 주겠다고 약속했다. 그녀는 이내 기분이 좋아졌다. 그리고 정원을 산책하고 싶다고 말했다. 두 시간도 채 되기 전에 마음을 터놓고 말을 주고받게 되었다. 그녀는 2년 전에 런던에서 지낸 화려했던 겨울의 야회에 대해 이야기해 주었다─거기에서 찬사를 받았던 일─신사들의 주목을 받았다는 일 등. 어느 귀족에게 열을 올리게 했다는 이야기도 넌지시 나왔다. 정오가 지나 밤까지 이런 이야기들은 차츰 확대되어 갔다. 여러 가지 달콤했던 대화의 장면과 감성적인 장면까지 자세히 말하게 되었다. 요컨대 상류생활을 그린 한 편의 소설이 나를 위해 그날 즉석으로 쓰여진 것이다. 그 이야기는 항상 같은 줄거리로, 그녀 자신의 일, 그녀의 사랑, 슬픔 등이 매일처럼 되풀이되었다. 어머니의 병이나 오빠의 죽음에 대해서, 또는 집안의 궁핍에 대해서는 한 마디도 없었다는 것은 이상했다. 그녀의 머리는 과거의 화려한 추억과 미래의 쾌락에 대한 기대로 가득 차 있었다. 그녀가 어머니의 병실에서 지내는 시간은 단 5분에 지나지 않았다.

일라이자는 별로 말을 하지 않았다. 이야기를 할 시간이 없는 것 같았다. 그토록 바쁜 것처럼 보이는 사람은 본 일이 없었다. 그렇다고 무슨 일을 하고 있는지 알 수 없었다. 오히려 그녀의 부지런한 노력의 결과가 눈에 보이지 않는다고 하는 편이 옳을 것이다. 자명시계로 그녀는 아침 일찍 일어난다. 아침 식사 전에는 무엇을 하고 있는지 모르지만 식사 후에는 시간 배당이라는 것이 있어서 시간마다 할당된 일이 있었다. 하루에 세 번 작은 책을 읽고 있었다. 살펴보니 그것은 기도서였다. 한 번은 내가 그 기도서 중에서 무엇이 가장 마음이 끌리느냐고 물었더니 교회의 '예배 규정'이라고 말했다. 하루 세 시간 동안은 자수를 놓으면서 융단만큼 큰 진홍빛 천의 가장자리에 금실을 휘감치고 있었다. 그걸 무엇에 쓸 거냐고 묻자 최근 게이츠헤드 근처에 세워진 새로운 교회의 성단을 덮는 데 쓸 거라고 했다. 두 시간은 일기를 쓰는 데에 충당되고, 두 시간은 그녀 자신의 채소밭의 손질, 나머지 한 시간은 그녀의 가계부의 정리에 할당되었다. 친구도 상대방도 필요 없는 것 같았고 이야기도 하고 싶지 않은 것 같았다. 그녀는 그녀대로 행복할 것이다. 이런 일과에 만족하고 있었으니까. 시계처럼 정해진 규율을 바꿔야 할 일이 생기는 것처럼 그녀에게 괴로운 일은 없는 것이다.

어느 날 밤, 그녀가 여느 때보다는 터놓고 얘기하고 싶은 마음이 들었는지, 그녀는 존의 실수나 집안을 덮친 파산의 위기 등이 그녀에게 깊은 고민거리였다는 것을 말해 주었다. 그러나 지금은 마음도 가라앉았으므로 결심이 섰다고 말했다. 자기 재산은 완전히 확보하고 있었다. 어머니가 돌아가셨을 때에는—회복할 가망성도 이대로 계속되리라는 가망성도 없다고 그녀는 태연하게 말했다—오랫동안 혼자 계획해 오던 일을 실천에 옮겨 보겠다고 했다. 규칙적 습관이 영원히 방해를 받을 염려가 없는 은신처를 찾고 싶다, 그리고 자기와 속세 사이에 안전한 장벽을 마련하겠노라고 했다. 조지아나와 함께 가겠느냐고 물었다. 물론 아니었다.

"어림없는 소리야. 조지아나와 나는 통하는 점이 없는 걸. 본디 없었어. 어떤 이유로든 그녀와 함께 지내는 것은 싫어. 조지아나는 그녀의 길을 가면 돼. 나, 일라이자는 나의 길을 갈 테니까."

조지아나는 마음을 내게 털어놓을 때 외엔 거의 대부분의 시간을 소파에 누워 있었다. 집안이 따분함에 초조해 하고 깁슨의 숙모가 자기를 런던으로 초대해 주지 않을까 하고 입버릇처럼 되풀이하고 있었다. "그렇게 하는 편이 훨씬 좋아." 그녀는 말했다. "모든 일이 끝날 때까지 한두 달 동안 집에서 떠나가 있는 것이." '모든 일이 끝난다'는 것은 무엇을 뜻하는지 그녀에게 물어보지 않았으나 그것은 예상되는 어머니의 죽음과 그 뒤에 따르는 우울한 장례식을 말하는 듯했다. 일라이자는, 불평을 하면서 빈정대고 있는 사람 같은 건 눈에도 들어오지 않는다는 듯이 누이동생의 태만이나 불평에는 신경도 쓰지 않았다. 그러나 어느 날, 가계부를 치우고 자수를 펼치자 갑자기 동생을 비난하기 시작하였다.

"조지아나, 허영심 많고 어리석은 동물은 이 지상에서 살아갈 자리는 없어. 너 같은 건 태어나지 않았으면 좋았어. 아무 쓸모가 없으니까 말야. 도리를 아는 인간이라면 자기를 위하여, 자기를 의지해서 스스로 살아가는 것인데, 자기의 잘못은 제쳐 두고 남의 힘에만 기대어 살아갈 작정이잖아. 그따위 용기 없는 우쭐대는 인간을 기꺼이 책임져 주겠다고 하는 사람이 나타나지 않으면 너는 냉대를 받았다느니 무시를 당했다느니 불행하다느니 하고 울부짖는단 말이야. 게다가 네겐 삶이라는 것이 끊임없는 변화와 흥분의 연속이어야 한다는 게 아냐? 그렇지 않으면 이 세상은 감옥과 같은 거라고 말하고 싶은 게지. 넌 모두에게 칭찬을 받고 남자들이 구애를 하고 듣기 좋은 칭찬을 받지 않으면 살아갈 수 없어. 음악과 춤과 사교가 없어선 안 돼. 그렇잖으면 메말라 죽어 버려. 자기 자신의 노력과 강한 의지를 가지고 자립할 생각은 없니? 예를 들어 하루를 몇 개로 쪼개 보면 어때? 각기 나누어진 시간에 일을 할당하는 거야. 할당된 하나하나의 일을 규칙적으로 처리해 봐. 하루가 시작되었는가 싶으면 벌써 끝이야. 그 누구의 손도 빌리지 않고 한순간도 헛된 시간이 없게 보낼 수 있어. 함께 있거나 이야기를 하거나 공감을 하거나, 참아야 할 상대방을 찾을 필요는 없어. 그것으로, 말하자면 독립된 인간다운 생활을 할 수 있단 말야. 충고를 들어. 너에게 충고하는 일은 앞으로 없을 거야. 나의 충고를 들으면 무슨 일이 일어나든 너는 이제 그 누구의 도움도 필요 없어. 충고를 무시하고 무엇이든지 남에게 부탁하고 우는 소리를 하고 게으름만 피운다면 자기의 어리석음에 바로 보복을 당할 거야 —그것이 얼마나 견디기 어려운 보복일지는 몰라도. 이것만은 지금 분명히 말해 둘테니까 잘 들어 둬. 지금부터 말하는 것은 두 번 다시 되풀이 하지 않겠지만 나는 이것을 절대로 실행할 작정이니까. 어머님이 돌아가시면 난 너와는 인연을 딱 끊겠다. 어머님의 관이 게이츠헤드 교회의 납골당으로 운구되는 그날부터 너와 나는 서로 모르는 사람처럼 헤어지는 거야. 우리가 우연히 같은 부모한테서 태어났다고 해서, 그 대수롭지 않은 인연을 내세우면서 널 붙잡아 주리라고는 생각도 하지 않는 편이 좋아. 이것만은 딱 잘라 말한다. 가령 우리를 제외한 모든 인류가 멸망하고 이 세상에 우리 두 사람만 남았다 해도, 나는 너를 낡은 세계에 남겨 두고 나 자신은 새로운 세계로 도망갈 테니까."

그녀는 입을 다물었다.

"수고스럽게 그런 긴 열변을 하지 않아도 되었을걸." 조지아나가 대꾸했다. "누구나 다 알고 있어요, 언니가 이 세상에서 가장 냉혹한 사람이라는 것쯤은. 나를 깊이 미워하고 있는 것도 잘 알고 있어요. 언니가 에드윈 베어경의 일로 내게 한 그 앙큼한 수가 바로 증거에요. 내가 언니보다도 신분이 높아져서 작위(爵位)가 주어지는 것을 참을 수 없었던 거예요. 언니가 얼굴도 내밀 수 없는 사교계의 사람이 되는 것을 참을 수 없었어요. 그래서 남몰래 감시하거나 고자질을 해서 나의 장래를 영원히 파멸시켜 버린 거예요."

조지아나는 손수건을 꺼내 그로부터 한 시간 동안이나 코를 만지작거리고 있었다. 일라이자는 이를 아랑곳하지 않고 일을 하고 있었다.

너그러운 마음이라는 것을 가볍게 여기는 사람들이 있다는 것은 분명하지만, 여기에 너그러움이 결여되었으므로, 한 사람은 견딜 수 없을 정도로 신랄하게 되고 또 한 사람은 지긋지긋하도록 따분한 사람이 되어버린 예가 있다. 판단력이 결여된 감정이라고 하는 것은 물을 탄 술과 같은 것으로, 감정으로 부드러워질 수 없는 판단력이라고 하는 것은 너무나 쓰고 메말라 있으므로 사람으로서는 도저히 마실 수 없다.

비를 품은 것 같은 바람이 부는 오후였다. 조지아나는 소파에서 소설을 읽다가 잠이 들었다. 일라이자는 신축한 교회에서 거행되는 어느 성인의 날 예배에 가고 없었다. 신앙 문제에 관한 한 그녀는 엄격한 형식주의자였다. 신앙상의 의무라고 생각하는 것은 날씨가 어떻든 간에 시간대로 실행하였다. 갠 날이든 흐린 날이든 일요일에는 세 번 교회에 갔고 예배가 있으면 평일에도 교회를 찾았다.

나는 2층으로 가서 거의 아무도 거들떠보지 않은 채 죽음의 자리에 누워 있는 부인을 보리라 마음먹었다. 하인들까지도 이따금 생각이 나면 들여다볼 뿐이고, 고용된 간호사는 거의 감시가 없으므로 틈만 있으면 병실을 빠져 나가곤 했다. 베시는 충실했지만, 그녀에겐 돌보아야 할 가족이 있어서 저택에는 어쩌다 올 뿐이었다. 병실은 예상대로 돌보는 사람이 하나도 없었다.

간호사도 없었다. 환자는 꼼짝도 않고 누워 있었다. 잿빛 얼굴은 베개에 파묻혀 혼수상태에 빠진 것 같았다. 난롯불은 꺼져 가고 있었다. 나는 땔감을 갈아 넣고 그녀의 이불을 가지런히 매만져 주었다. 이미 나를 바라볼 수도 없게 된 부인을 잠시 지켜보다가 나는 창 쪽으로 걸어갔다.

비는 세차게 유리창을 때리고 바람은 사납게 휘몰아쳤다. '저기 누워 있는 사람이 있다'고 나는 생각했다. '그 사람도 머지않아 지상의 자연과 싸움을 넘어선 곳으로 가려하고 있다. 도대체 그 영은—지금 육체를 떠나려고 몸부림치고 있는 영혼이 떠난다면 어디로 갈까?'

이런 커다란 수수께끼에 대해서 생각하고 있는 동안에 나는 헬렌 번스의 일을 떠올렸다. 그녀가 임종 때 하던 말을—그 신앙을—몸을 떠난 영혼은 평등하다고 하던 그녀의 믿음을 나는 떠올렸다. 지금도 잘 기억하고 있는 그녀의 말투에 귀를 기울이고—죽음의 자리에 누워 하늘에 계시는 아버지 품 안으로 돌아가고 싶다고 속삭였을 때의 헬렌의 해쓱하고 거룩한 얼굴을, 야윈 얼굴과 숭고한 눈의 빛남을 떠올리고 있자니까—뒤의 침대에서 가냘픈 목소리로 중얼거리는 소리가 들렸다.

"거기 있는 것은 누구냐?"

나는 리드 부인이 며칠 동안이나 말을 하지 않고 있다는 것은 알고 있었다. 의식이 회복되었을까? 나는 침대 곁으로 다가갔다.

"저예요, 리드 아주머니."

"저라니? 누구야?" 그녀는 말했다. "넌 누구지?" 놀람과 경계의 눈초리로 나를 보았으나 아직 당황하는 기색은 없었다. "알 수 없는 사람이군—베시는 어디 있지?"

"문지기집에 있어요. 아주머니."

"아주머니?" 그녀는 되풀이했다. "날 아주머니라고 부르는 사람은 누구지? 깁슨 집안 사람이 아냐. 하지만 난 너를 알고 있다. 그 얼굴과 눈, 그리고 그 이마도 잘 알고 있어. 누군가와 비슷하군—그래, 제인 에어를 닮았구나!"

나는 아무 말도 안했다. 본인이라는 것을 밝혀서 충격을 주는 것이 무서웠기 때문이다.

"그러나," 그녀는 말했다. "내 착각이겠지. 잘못 생각한 거야. 난 제인 에어를 만나고 싶으니까 닮지도 않은 사람을 닮은 것처럼 생각한 모양이지. 더구나 8년이나 지났으니까 얼굴도 완전히 달라졌을 것이고." 그래서 나는 상냥하게 당신이 만나고 싶어 하고, 혹시나 하고 생각한 상대방은 바로 나라고 말했다. 나를 알아보고 그녀의 의식이 완전히 회복된 걸 확인하고 나서 베시가 남편에게 부탁해서 손필드까지 데리러 왔다는 것을 설명했다.

"난 무거운 병에 걸렸어." 그녀는 이윽고 이렇게 말했다. "지금도 돌아누우려고 했는데 손발이 움직이지 않아. 죽기 전에 마음이라도 편하게 하려고 말야. 건강했을 땐 이렇지 않았는데 이렇게 되고 보니 힘이 드는군. 간호사는 여기 없어? 이 방에는 너밖에 없니?"

나는 우리들뿐이라고 했다.

"그래, 나는 너에게 두 번이나 나쁜 짓을 했단다. 지금 나는 그것을 후회하고 있지. 하나는 너를 내 아이들과 같이 키우겠다고 남편에게 약속을 했는데 그 약속을 안 지킨 것이고, 또 하나는—," 그녀는 입을 다물었다. "아무튼 대단한 건 아닐지도 몰라." 그녀는 혼잣말처럼 중얼거렸다. "게다가 병이 좋아질지도 모르는데, 그때 가서 저 애한테 머리를 숙여야 하다니 괴로운 일이야."

그녀는 돌아누우려고 애를 써봤으나 되지 않았다. 표정이 변했다. 무엇인가 가슴속에서 괴로움을 느낀 것 같았다. 괴로운 임종의 조짐이었는지도 모른다.

"그래, 어떤 일이 있어도 처리해야 해. 저 세상이 눈앞에서 기다리고 있으니까. 저 애한테 이야기하는 편이 좋아. 화장 상자를 가지고 와서 열어 보아라. 거기에 있는 편지를 꺼내 오너라."

나는 그 지시에 따랐다. "그 편지를 읽어 봐." 그녀는 말했다.

편지는 짧은 글이었다. 다음과 같이 적혀 있었다.

부인.

저의 조카인 제인 에어의 거처와 소식을 알려 주시면 대단히 감사하겠습니다. 가까운 장래에 나는 편지를 보내어 마데이라에 있는 저한테로 오도록 하려고 합니다. 신의 가호로 저의 노력도 보답을 받아 상당한 재산도 모았습니다. 처도 없고 아들도 없으므로 살아 있는 동안에 조카를 양녀로 삼고 죽은 후 남겨야 할 모든 것은 조카에게 양도하고자 합니다.

이 편지에는 3년 전의 날짜가 찍혀 있었다.

"어째서 이제까지 알려주시지 않으셨어요?" 나는 물었다.

"그야 네가 미워서 그랬지. 네가 유복한 신분이 되는 것을 도와주고 싶지 않았던 거야. 너의 그 처사를 잊을 수가 없었단 말야, 제인—언젠가 네가 나에게 대들었을 때의 그 노여움을 말야. 이 세상의 그 누구보다도 밉다고 하던 그 말투를 말야. 나를 생각하기만 해도 가슴이 메스껍다고 하던, 그리고 내가 너에게 비인간적인 짓을 했다고 말했을 때의, 어린 아이라고는 여겨지지 않은 그 표정이나 목소리가 말야. 네가 가슴속의 혹독한 말들을 내뱉던 때 내가 어떤 심정이었는지 나는 도저히 잊을 수 없었다. 무서웠다. 내가 때리고 괴롭힌 짐승이 인간의 눈을 하고 나를 올려보고 있는 것 같아서, 인간의 목소리로 나를 나무라고 있는 것 같아서. —물 좀 줘! 아아! 빨리!"

"아주머니." 나는 그녀가 달라는 물을 주면서 말했다. "이젠 그런 것은 생각지 마시고 깨끗이 마음속에서 쫓아내 버리세요. 제 성미 급했던 말은 용서해 주세요. 그때 전 어린애였으니까요. 그날부터 벌써 8, 9년이나 지났잖아요."

그녀는 내가 하는 얘기엔 귀도 기울이지 않았다. 물을 마시고 한숨을 쉬고 나서 다시 말을 이었다.

"도저히 잊을 수가 없다. 그러니까 복수를 한 거야. 네가 숙부의 양녀가 되어 안락하게 살게 되다니, 견딜 수 없었다. 그래서 나는 편지를 썼지. 낙담시켜 드려서 안 됐지만 제인 에어는 죽었습니다. 로우드에서 티푸스로 죽었습니다 하고. 자, 앞으로는 네가 하고 싶은 대로 해라. 편지에 내가 쓴 말을 부정해라. 지금 당장 내 거짓말을 폭로해라. 너는 나를 괴롭히기 위해 태어났으니까 말야. 내 죽음이 다가온 이 마당에 그런 일을 생각해서 괴로움을 당하다니, 너만 없었더라면 괴로움을 당하지 않아도 되었을 텐데."

"아주머니, 이젠 그런 일은 생각하지 마세요. 그리고 저를 친절한 마음으로 용서해 주신다면—"

"넌 참으로 못된 생각을 가지고 있었구나." 그녀는 말했다. "아직까지도 난 이해를 할 수 없어. 9년 동안 무슨 일이 있어도 꼭 참고 아무 말도 없던

네가 왜 10년 만에 모든 울분을 토해 냈는지 난 도무지 모르겠다."

"저는 아주머니께서 생각하시는 것처럼 그렇게 나쁘진 않아요. 저는 급하긴 해도 악의는 없어요. 아주머니가 용서해 주셨다면 어린 저는 기꺼이 아주머니를 사랑하리라고 몇 번이나 생각했는지 몰라요. 지금은 화해를 하려고 충심으로 원하고 있어요. 아주머니, 키스를."

나는 볼을 그녀의 입술로 가져갔는데 거기에 입을 맞추려고도 하지 않았다. 그렇게 기대면 무거워서 견딜 수가 없다고 그녀는 말했다. 그리고 또 물을 마시고 싶다고 했다. 나는 그녀를 눕히고—물을 마시는 동안 일으켜 팔로 받들고 있었다—그녀의 얼음장같이 차고 축축한 손을 나의 손으로 감쌌다. 힘없는 손가락이 내 손에서 빠져나갔다—그 흐릿한 눈은 내 시선을 피했다.

"그럼 저를 미워하든 사랑하든 맘대로 하세요." 마침내 나는 말했다. "저는 아주머니를 마음속으로부터 용서합니다. 이제는 하느님께 용서를 구하고 마음 편하게 가지세요."

괴로움으로 몸부림치는 가엾은 여자여! 이제 고질이 된 마음씨를 고치려고 애써도 때는 이미 늦었다. 살아 있는 동안 이분은 줄곧 나를 미워해 왔다—죽음에 임해서도 어디까지나 나를 미워해야만 하는 것이다.

간호사가 들어왔다. 베시도 뒤따라 들어왔다. 그래도 나는 무슨 화해의 표시라도 볼까 해서 30분 동안이나 그 자리에 있었다. 그러나 그녀는 그런 표시는 아무것도 나타내지 않았다. 그녀는 이내 혼수상태에 빠지고 다시는 의식을 회복하지 못한 채 그날 밤 12시에 숨을 거뒀다. 나는 그녀가 눈을 감을 때 없었고 딸들도 거기 없었다. 모든 것이 끝났다고 다음날 아침 사람들이 알려 주었다. 이미 유해는 입관돼 있었다. 일라이자와 나는 유해를 보러 갔다. 커다란 소리로 울기 시작한 조지아나는 가기 싫다고 했다. 한때는 건강하고 활동적이던 사라 리드의 유해는 빳빳하게 누워 있었다. 냉혹한 눈은 싸늘한 눈까풀로 덮여 있었다. 이마와 딱딱한 눈코는 지금도 가차 없는 영혼의 흔적을 남기고 있었다. 유해는 엄숙하고 불가사의한 물체처럼 보였다. 우울한 기분과 괴로움을 느끼면서 나는 그것을 물끄러미 바라보고 있었다. 온화한 기분도, 따뜻한 마음도 연민의 마음도 희망을 품는 것도 마음을 진정시키는 것도, 그것은 아무것도 가져다주지는 못했다. 나에게 가져다 준 것은 이

분에게 닥친 재앙에 대한—내가 겪은 아픔에 대해서가 아니라—안쓰러움과 이와 같은 모양새의 죽음의 두려움에 대한, 눈물도 나오지 않는 어두운 불안 뿐이었다.

일라이자는 냉정하게 어머니를 바라보고 있었다. 잠시 침묵을 지키다가 말했다.

"어머니의 체질이면 꽤 오래 사실 수 있었을 건데. 어머니의 수명은 걱정 때문에 짧아진 거야."

그리고 한 순간 입가에 경련이 일어났다. 그것이 사라지자 그녀는 등을 돌리고 방을 나갔다. 나도 그렇게 했다. 두 사람 모두 눈물 한 방울 흘리지 않았다.

22

로체스터 씨로부터는 불과 한 주일의 휴가밖에 얻지 못했었다. 그런데도 게이츠헤드에서 머문 지 한 달이 지났다. 장례식을 치르는 대로 곧 떠나려 했으나 조지아나가 런던으로 출발할 때까지는 머물러 있어 달라고 부탁했다. 런던에서 와서 누이동생의 매장에 대해서 지시를 하고 집안의 여러 가지 문제도 해결해 준 큰아버지 깁슨 씨로부터 그녀는 마침내 런던으로 오라는 초대를 받은 것이다. 조지아나는 일라이자와 단둘이만 남는 것은 무섭다고 했다. 일라이자는 슬픔에 동정도 하지 않고 불안도 누그러뜨려 주지도 않고 런던으로 가는 준비도 도와주지 않는다는 것이었다. 그래서 나는 그녀의 풀이 죽은 불평이나 독선적인 슬픔 같은 건 될 수 있는 대로 참기로 하고 그녀를 위하여 부지런히 바느질을 하기도 하고 옷가지를 꾸려 주기도 하였다. 내가 일을 하고 있는 동안 그녀는 아무것도 않고 빈들빈들 놀기만 하는 것은 사실이었지만 나는 속으로 이렇게 생각하였다. '만일 너와 내가 늘 함께 지내야 한다면, 외사촌이여, 나는 이런 꼴을 그냥 참고 견디지 않았을 거야. 나도 이제까지처럼 참는 쪽에 얌전하게 도사리고 있을 마음은 없어. 너도 네가 할 일을 분담해야 돼. 무엇이든지 해야 한단 말야. 하지 않으면 그냥 내 버려둘 것이야. 또 너의 그 따분한 불평일랑 네 가슴 속에만 파묻어 두게 할 거야. 내가 이처럼 참을성 있게 불평을 참고 네 말을 고분고분 들어주는 것

297

은 우연히 우리들의 관계가 아주 짧은 동안이라는 것과 특별히 슬픈 때니까 그런 거야.'

겨우 조지아나를 떠나보내고 나니 이번에는 일라이자가 한 주일만 더 있어 달라는 청이다. 앞으로의 계획에 모든 시간과 정력을 기울여야 한다는 것이다. 그녀는 어딘가 알 수 없는 곳으로 여행을 떠나려고 하고 있었다. 온종일 자기 방에 틀어박혀 문을 안으로 잠그고 트렁크에 물건을 채우고 서랍 속을 비우고 서류를 불사르고 하면서 누구하고도 전혀 말을 하지 않으려고 했다. 일라이자는 나더러 집안일을 돌보고 방문객을 만나고 편지에 답장을 내 달라고 했다.

어느 날 아침, 그녀는 내게 자유로이 행동해도 좋다고 했다. "그리고" 하고 덧붙였다. "여러 가지로 힘을 써 주고 빈틈없는 배려도 해 주어서 정말로 감사해. 너와 같은 사람과 사는 것과 조지아나와 같이 사는 것하고는 퍽 차이가 있을 것 같아. 너는 맡은 일을 잘 처리하고 남에게 폐를 끼치지 않으니까 말야. 내일은," 그녀는 말을 이었다. "대륙으로 출발해. 릴 근처에 있는 수도원에서 살 작정이야. 수녀원이라든가. 그곳이라면 조용히 누구에게도 간섭받지 않고 살 수 있을 거야. 거기서 로마 가톨릭의 교리를 연구할 작정이지. 그리고 교리의 체계도 차분하게 공부하고 싶어. 만일 그것이 내가 예상한 대로 모든 사물이 제대로 올바르게 이루어지기 위해서 가장 적절한 것이라고 여겨지면 나는 로마의 교리에 귀의해서 수녀가 될 테야."

나는 그 결심을 듣고도 별로 놀라움을 나타내지 않았고 그녀를 말려 보려고도 하지 않았다. '그 일은 당신에게 딱 맞아.' 나는 생각했다. '당신을 위해 크게 도움이 될 거야.'

우리가 헤어질 때 그녀는 말했다. "안녕, 제인, 잘 있어. 너에게도 분별이라는 것이 조금은 있었어."

그래서 나는 대꾸했다. "일라이자 언니도 분별이 없는 것은 아니군요. 하지만 언니가 가지고 있는 것은 앞으로 1년만 지나면 프랑스 수녀원의 벽 속에 파묻혀 버릴 거예요. 하지만 그것은 나와는 상관없는 일이고 그것이 언니에게는 어울릴지 몰라요. —나에게는 아무래도 좋은 일이지만."

"네 말이 옳아." 그녀는 말했다. 이런 말을 하고 우리는 제각기의 길을 향해 헤어진 것이다. 앞으로 그녀들에 대해서 말할 기회도 없을 것 같아서 여기에 적어 두고자 한다. 조지아나는 어느 부유한 상류 계급의, 피곤에 지친 남자와 인연을 맺었고 일라이자는 실제로 수녀가 되어서 지금은 수습 기간을 거쳐 수녀원의 원장으로 있다. 이 수녀원에 그녀는 전 재산을 기부하였다.

길고 짧은 것은 별문제로 하고, 떠나 있던 집으로 다시 돌아갈 때 어떤 마음이 드는지 나는 모른다. 나는 그런 기분을 경험해 본 적이 없기 때문이다. 내가 알고 있는 것은, 어렸을 때 오랜 산책 끝에 게이츠헤드로 돌아갈 때—추워 보이는 얼굴로, 또는 침울한 표정으로, 야단을 맞으러 돌아올 때 느낀 기분밖에 모른다. 그리고 교회에서 로우드로 돌아올 때—넉넉한 식사와 빨갛게 타는 불을 고대하면서도 그 어느 쪽도 얻지 못했던 기분밖에 알지 못한다. 그렇게 해서 돌아갈 때의 기분은 어느 편이나 즐겁지도 않았고 고맙지도 않았다. 가까이 감에 따라 끌어당기는 힘이 강해지고, 어떤 한 점으로 나를 단숨에 끌어당기는 자석과 같은 힘도 없었다. 손필드로 돌아갈 때에는 도대체 어떤 기분이 드는지 겪어 보지 않으면 알 수 없었다.

여행은 따분했다—몹시도 지루하게 느껴졌다. 하루에 50마일, 여인숙에서 하룻밤을 묵고 다음날 다시 50마일. 처음 12시간 동안 나는 임종 때의 리드 부인의 일만 생각났다. 흙빛으로 변한 추한 얼굴이 떠오르고, 이상하게 변한 목소리가 들렸다. 장례식 날, 관, 영구 마차, 검은 옷을 입은 소작인과 하인들의 장례 행렬—친척의 수는 매우 적었다—입을 벌리고 있는 지하 납골당, 조용한 교회, 엄숙한 예배 등을 생각했다. 그리고 나서 일라이자와 조지아나의 일을 생각했다. 한 사람은 무도회에서의 주목의 대상이었고 또 한 사람은 수녀원의 수녀. 그리고 이 두 사람의 인간성과 성격의 특징을 생각하고 그것을 분석해 보았다. 이런 생각은, 저녁때가 되어 주의 어느 큰 도시에 이르자 사라져 버렸다. 밤이 되자 내 생각은 아주 딴판으로 바뀌어 버렸다. 여인숙 침대에 눕자 추억이 아니라 앞으로의 일로 생각이 옮아갔다.

나는 손필드로 돌아가려 하고 있다. 그러나 그곳에서 얼마나 오래 있을 수 있을까? 길지는 않을 것이다. 그것은 확실했다. 손필드를 떠나온 동안에 페어팩스 부인으로부터의 편지가 왔다. 내가 없는 동안 손필드 저택의 손님들은 다 떠나 버렸다는 것과, 로체스터 씨가 3주일 전에 런던에 가셨는데, 2주일 있으면 돌아오실 예정이라고 했다. 페어팩스 부인은 로체스터 씨가 새 마차를 사들이겠다는 말씀으로 미루어, 결혼식 준비 때문에 가신 것 같다고 했다. 주인님이 잉그램 양과 결혼하시리라는 이야기는 아직은 아무래도 이상하게 여겨진다. 하지만 여러 사람의 이야기로부터, 또 자신이 본 일로 미루어보아 식이 머지않아 거행 되리라는 건 더 의심할 여지가 없다고 했다. '거기까지 의심하고 있다니 당신도 퍽 의심이 많은 분이군요.' 나는 속으로 생각하였다. '나는 의심하지 않아요.'

의문은 계속되었다. '나는 어디로 가야 한단 말인가?' 나는 밤새도록 잉그램 양의 꿈을 꾸었다. 새벽녘의 한 꿈속에서 그녀는 나를 향해 손필드 저택의 대문을 잠그며 내게 딴 길을 가리키고 있었다. 그리고 로체스터 씨는 팔짱을 끼고 비꼬는 듯한 웃음을 띠고 그녀와 나를 바라보고 있을 뿐이었다.

나는 페어팩스 부인에게 내가 돌아갈 확실한 날짜는 알리지 않았다. 나를 맞으러 밀코트까지 마차를 보내오는 걸 바라지 않았기 때문이었다. 저택까지의 길을 혼자서 조용히 걸어가고 싶었던 것이다. 짐은 여관의 마부에게 맡기고 6월의 저녁 6시 무렵, 조지 여관을 남몰래 빠져나와 손필드로 통하는 옛길을 걸어가기 시작하였다. 이 길은 주로 밭 한 가운데 나 있었고 이제는 거의 다니는 사람이 없었다.

맑고 온화한 저녁이었으나 환한 여름 저녁은 아니었다. 길가에는 건초를 만드는 사람들이 일하고 있었다. 하늘엔 구름이 없지 않았으나 내일의 좋은 날씨를 약속하는 듯했다. 하늘의 푸른빛은—적어도 푸르게 보이는 곳은—부드럽고 차분한 빛이었고 구름은 높은 곳에 엷게 퍼져 있었다. 서쪽 하늘도 따스해 보였다. 엷은 빛은 하늘을 싸늘하게 보이게 하지도 않았다. 마치 대리석 모양의 수증기 장막 뒤의 제단에 불이 켜져 있는 느낌으로, 구름이 갈라진 틈에서는 금빛을 띤 붉은 빛이 비쳐 나오고 있었다.

갈 길이 차츰 줄어드는 것이 나는 기뻤다. 너무 기뻐서 나는 일단 발길을 멈추고 이 기쁨이란 무엇일까 하고 나 자신에게 물어보았다. 그리고 내가 가려고 하는 곳은 내 집도 아니고 영원한 휴식처도 아니고 또 반겨 줄 벗이 목이 빠져라 나를 기다리고 있는 곳이 아니라는 것이라고 나의 가슴에 타일렀다. '틀림없이 페어팩스 부인은 미소를 띠며 친절하게 너를 반겨 줄 거야.' 나는 속으로 생각하였다. '아델라는 당신을 보면 기뻐서 손뼉을 치며 좋아서 깡충깡충 뛸 거야. 그렇지만 당신은 그 사람들이 아닌 다른 사람을 생각하고 있다는 것을 당신도 잘 알고 있죠? 그리고 그 사람들은 당신을 생각하고 있

지 않다는 것도.'

그러나 젊음처럼 단순한 것이 있을까? 무경험만큼 맹목적인 것이 있을까? 로체스터 씨가 나를 보든 안 보든 다시 그를 만날 수 있다는 것은 정말로 반갑다고 단언해 주는 것이다. '서둘러라, 서둘러! 있을 수 있는 동안까지 그의 곁에 있는 것이다. 하지만 있을 수 있는 건 앞으로 며칠, 길어야 몇 주일, 그리고 영원히 그 분과는 이별이다!' 그때 나는 새로 싹튼 고뇌—자기 자신의 것으로 기르고 싶지 않은 추한 것—을 묵살해 버리고는 앞을 서둘렀다.

손필드의 들판에서도 건초 작업이 한창이었다. 아니 내가 가까이 다가갔을 때 농부들은 일을 끝내고 각자의 어깨에 갈퀴를 둘러메고 집으로 돌아가는 참이었다. 한두 곳의 들판을 가로지르고 나서 길을 건너 문에 이른다. 생울타리에는 장미꽃이 한창이었다! 그러나 꽃을 꺾을 겨를이 없었다. 집에 빨리 들어가고 싶은 생각뿐이었다. 잎이 무성하고 꽃이 흐드러지게 핀 가지를 길가로 뻗치고 있는 키 큰 들장미 밑을 지나갔다. 돌층계로 올라가는 좁은 계단이 보인다. 그리고—거기에는 로체스터 씨가 수첩과 연필을 들고 앉아 있었다. 그는 무언가를 쓰고 있었다.

아, 이것은 환상이 아니다. 그래도 나의 모든 신경은 힘을 잃었다. 순간 나는 자제심을 잃었다. 도대체 이것은 어떻게 된 일인가? 그를 본 순간 이렇게 떨리다니! 그의 앞에서 소리를 잃고 움직이는 기력을 잃다니. 움직일 수 있으면 곧 되돌아가야지. 어리석은 짓을 해서 비웃음의 대상이 될 필요는 없다. 저택으로 가는 길은 달리 또 있다. 그러나 비록 스무 개의 딴 길을 안다 해도 아무런 의미가 없었다. 그는 이미 나를 보았기 때문이었다.

"여어!" 그는 소리치며 수첩과 연필을 높이 쳐들었다. "돌아왔군! 어서 이리 와요."

나는 곁으로 가까이 간 것 같은데 어떻게 갔는지 나 자신도 몰랐다. 나는 내가 어떤 동작을 하고 있었는지 거의 몰랐다. 다만 태연하게 보이려고만 했을 뿐이었다. 그리고 무엇보다도 얼굴의 근육이 움직이는 걸 필사적으로 억제하려고 했다—무례하게도 그것은 내 의사를 거역하고 감추려고 애쓰고 있는 감정을 나타내려 애쓰고 있었다. 그러나 나에게는 베일이 있다—그것은 내려져 있다. 침착한 태도를 취하고 있는 것처럼 보이게 할 수는 있을 것이다.

"제인 에어가 아닌가? 밀코트에서 걸어 왔나? 그렇지. 당신다운 행동이군. 근처의 아무개들처럼 마차를 보내라고 해서 시골길을 마차로 터덜터덜 오지 않고, 마치 꿈이나 그림자처럼 어둠과 함께 집 근처로 살며시 스며들려고 하다니. 도대체 당신은 한 달 동안이나 뭘 하고 있었소?"

"아주머니 댁에 있었어요. 그분은 돌아가셨어요."

"정말 제인다운 대답이야! 천사여, 나를 지켜 주소서! 당신은 저승에서 왔소―죽은 사람들이 사는 저승에서. 이 황혼에 홀로 있는 나를 만나자마자 그렇게 말하니 말이오. 당신이 정말 사람인지 유령인지, 내게 용기가 있으면 만져보겠지만, 이 요정 아가씨! 그렇지만 그보다는 늪의 파란 도깨비불을 붙드는 게 낫겠군. 태만이다! 태만!" 그러고 나서 잠깐 말을 끊었다가 그는 다시 이었다. "꼭 한 달 동안 나를 남겨 두고. 나 같은 건 까마득하게 잊어버리고 있었겠군그래!"

나의 주인을 다시 만날 수 있는 것이 얼마나 기쁜 일인지 나는 알고 있었다. 머지않아 나의 주인이 아닌 남이 된다는 불안이, 그에겐 내가 아무것도 아니라는 사실이 그 기쁨에 물을 끼얹는다 해도. 그러나 로체스터 씨에게는 이와 같이 자신의 행복을 전할 수 있는 풍부한 능력이 있다. '적어도 나에게는 그렇게 여겨졌다.' 나와 같이, 길을 잃고 헤매는 새에게 그가 뿌려 주는 먹이 부스러기를 주워 먹을 수 있는 것은 새에게는 고마운 성찬이었다. 그의 마지막 말은 향유처럼 향기로웠다. 내가 그를 잊어버리고 있는 것이 아닌가 하고 걱정하는 마음이 그 말에 깃들어 있는 것 같았다. 그리고 손필드 저택이 마치 내 집인 듯한 그의 말투였다―아, 정말 내 집이었으면 얼마나 기쁜 일인가!

그는 돌층계에서 일어나지 않았다. 옆을 지나가도 좋으냐고 묻기도 어쩐지 싫었다. 곧 나는 런던에 다녀오시지 않았느냐고 물었다.

"아, 당신의 천리안으로 본 게로군."

"페어팩스 부인이 편지로 알려 주셨어요."

"내가 무슨 일로 갔다는 것도 알려 주었소?"

"네, 알려 주었어요! 누구나 다 알고 있는걸요."

"당신이 저 마차를 감정해 줘야겠소. 제인. 그것이 로체스터 부인한테 어울리지 않는다고 여겨지면 그렇게 말해 줘요. 그리고 저 마차의 자줏빛 쿠션에 기대앉으면 내 아내가 부디카 여왕(고대 브리튼의 여왕. 로마 지배에 반대해 기원후 60년에 반란을 일으켰으나 참패하였다.)처럼 보일지 안 보일지도 말야. 제인, 내가 그 여자와 어울리는 배필이 되려면 풍채가 더 좋아야겠다고 생각하고 있어요. 당신은 요정이니까—주문을 외우든가 마법의 약을 뿌리든가 해서 나를 미남으로 만들어 줄 수 없을까?"

'마술의 힘으로는 무리한 일입니다.' 나는 마음속으로 이렇게 덧붙였다. '사랑하는 눈이야말로 무엇보다도 필요한 마법입니다. 그런 눈으로 보면 당신은 호남이에요. 아니, 오히려 당신의 그 무뚝뚝한 점이 아름다움 이상의 매력을 지니고 있어요.'

로체스터 씨는 내가 입 밖에 내지 않은 생각을, 나로선 이해가 가지 않는 날카로운 눈으로 알아차리곤 했다. 바로 이때, 나의 아무렇게나 꾸며댄 대답엔 아무 대꾸도 않고 그의 독특한 미소를 지으며 내 얼굴을 바라보고 있었다. 이것은 퍽 드물게만 짓는 미소였다. 그 웃음에는 그의 생각이 태양처럼 빛나고— 그 빛은 지금 나에게 쏟아지고 있었다.

"자네트(제인의 별칭), 지나가요." 나무문 층계를 지나갈 자리를 내게 비켜 주며 그는 말했다. "집으로 올라가서 걸어서 지친 그 작은 다리를 친구의 집에서 쉬도록 해요."

지금은 말없이 그의 지시에 따를 수밖에 없었다. 그 이상 아무 말도 할 필요가 없었다. 나는 아무 말도 않고 층계를 올라가 조용히 그의 곁을 떠날 작정이었다. 그때 어떤 충격이—어떤 힘이 나를 뒤로 돌아보게 하였다. 나는 말했다—아니, 내 속에 있는 그 무엇인가가 나를 대신해서 저도 모르게 말하게 했다.

"이처럼 친절하게 대해 주셔서 고맙습니다, 로체스터 님. 다시 당신께 돌아오게 돼서 전 말할 수 없이 기쁩니다. 당신이 계신 곳은 어디나 제 집이에요. 저의 유일한 집이에요."

나는 있는 힘을 다하여 빠르게 걸었다. 비록 그가 나를 따라오려고 해도 도저히 따라오지 못했을 것이다. 어린 아델라는 나를 보자 깡충깡충 뛰면서 기뻐했다. 페어팩스 부인은 언제나처럼 그 솔직한 부드러움으로 맞아 주었다. 리어는 방긋 웃었고 소피까지 기뻐서 "봉 수아" 하고 인사를 했다. 이렇게 기쁜 일은 없었다. 자기가 둘레의 사람들한테서 사랑을 받고, 자기가 있음으로 해서 그들을 더욱 즐겁게 해 준다고 느끼는 것처럼 행복한 일은 없다.

나는 그날 밤, 미래에는 눈을 딱 감았다. 머지않아 다가올 이별과 슬픔을 경고하는 마음의 소리에도 귀를 막았다. 차를 마신 다음 페어팩스 부인은 뜨개질을 시작하고 나는 그 옆의 나지막한 의자에 자리를 잡았다. 아델라는 양탄자 위에 무릎을 꿇고 앉아 내게 바싹 달라붙어 있었다. 이렇게 하고 있으면 서로 사랑하는 마음이 황금의 아늑한 고리가 되어 우리를 둘러싸고 있는 것처럼 여겨져, 부디 모두가 제각기 떨어지지 않게 해달라고 나는 말없이 기도를 드렸다. 그러나 우리가 이렇게 앉아 있는 바로 이때 로체스터 씨가 소리 없이 들어왔다. 그는 화기가 넘치는 이 광경을 바라보며 기뻐하는 듯했다. 그는 이제 양딸이 돌아와서 페어팩스 부인은 안심되느냐고 했다. 그리고 아델라가, 자기가 사랑하는 영국 엄마를 금방이라도 삼켜 버릴 듯이 보인다고 덧붙였을 때—나는 그가 결혼한 후에도 우리를 그의 보호 아래 두게 해 줄 것이 아닐까, 태양과 같은 존재인 그로부터 멀리는 내쫓기는 일이 없는 것이 아닌가 하는, 어쩌면 반은 허망한 희망을 품기 시작하였다.

　　내가 손필드 저택으로 돌아온 후 두 주일 동안, 이상스럽게도 고요한 시간이 계속되었다. 주인의 결혼에 관해선 아무 말도 안 나왔다. 그런 행사에 따르는 준비도 눈에 띄지 않았다. 나는 거의 날마다 페어팩스 부인에게 무슨 확정적인 애기를 듣지 못했느냐고 물어보았다. 그녀의 대답은 언제나 부정적이었다. 언젠가 페어팩스 부인은 주인에게, 언제 신부를 맞아 오느냐고 물었더니 주인은 농담으로 얼버무리고 여느 때처럼 기묘한 표정을 지었으므로 그것을 어떻게 해석해야 좋을지 몰랐다고 했다.

　　내가 특히 의외로 느끼고 있던 것은 두 사람의 왕래도 없었고 그가 잉그램 양한테 갔다 온 일도 없었다는 일이었다. 분명히 20마일쯤 떨어진 이웃 주와의 경계선에 있었는데 열렬하게 사랑하는 사람들에게 그 정도의 거리가 무슨 상관이란 말인가? 로체스터 씨와 같은 피로를 모르는 숙련된 기수에게는 그 정도의 거리는 오전 중의 승마에 지나지 않으리라. 나는 품어서는 안 될 희망을 마음속에 품게 되었다. 어쩌면 그 혼담은 깨진 것이 아닐까? 소문은 잘못이 아니었을까? 어느 한 쪽이, 또는 양쪽이 마음이 변한 것은 아닐까? 주인의 얼굴에 슬픈 그늘이 없는가, 험한 표정은 없는가 살펴보았지만 이처럼 한 조각의 그늘도 없고 언짢은 기색이 없는 얼굴은 본 일이 없었다. 나와 제자가 그와 함께 지내고 있을 때, 나에게 기운이 없거나 기분이 우울하면, 그는 명랑해지기까지 했다. 이토록 자주 나를 부르는 일은 이제까지 없었고 그런 나에게 이토록 친절하게 해 준 일도 없었다. 그리고 아, 나 또한 이처럼 깊이 그를 사랑한 적도 없었다.

23

눈부신 한여름의 태양이 영국을 비치고 있었다. 그토록 맑은 하늘, 그토록 눈부신 태양은, 그 어느 한 가지도, 파도가 밀어닥치는 이 땅에서는 좀처럼 볼 수 없으나 그 무렵에는 그런 날씨가 줄곧 계속되었다. 마치 이탈리아의 좋은 날씨가 훌륭한 철새 떼처럼 무리를 짓고 와서 앨비언(잉글랜드의 옛 이름)의 절벽에 날개를 쉬고 있는 것 같았다. 건초의 수확은 모두 끝나고 손필드 일대의 들판은 푸른빛으로 빛났다. 한길은 하얗고 찌는 듯했다. 나무는 짙은 녹색빛으로 한창이고 잎이 무성한 짙은 빛깔의 울타리와 숲은 그 사이에 놓여 있는 말쑥하게 풀을 벤 들판의 밝은 빛깔과 좋은 대조를 이루고 있었다.

성 요한 탄생일(6월 24일) 전야, 헤이 오솔길에서 반나절이나 산딸기를 따느라고 지쳐 버린 아델라는 해가 지자 곧 잠자리에 들었다. 나는 그 애가 잠드는 걸 보고나서 정원으로 나갔다.

24시간 중에서 이때가 가장 기분이 좋은 시각이었다. '한낮은 타오르는 불길을 모두 태워 버리고' 더위에 허덕이는 들판이나 불타는 듯한 언덕 꼭대기에 차가운 이슬이 내린다. 태양이 꾸밈없는 모습으로—구름을 동반하지도 않고—가라앉은 근처에는 장엄한 보랏빛이 퍼지고 하늘 중간까지 엷게 퍼져 있다. 동쪽에는 동쪽 나름대로, 맑고 짙은 감색의 아름다움이 있고 다소곳한 보석인 별 하나가 빛나고 있다. 이윽고 자랑스럽게 달이 떠오를 것이다. 그러나 그 달도 아직은 지평선 아래에 숨어 있다.

한참 동안 나는 돌길을 걷고 있었다. 그러자 그 미묘하고 익숙한 향기—잎담배의 향기—가 어딘가의 창에서 흘러나왔다. 서재 창문이 손바닥 넓이만큼 열려 있었다. 거기서라면 보일지도 모른다는 생각이 든 나는 과수원으로 들어갔다. 이 저택 중에서 이처럼 아늑하고 에덴동산과 같은 피난처는 없었다. 나무가 빽빽하고 꽃이 흐드러지게 피어 있었다. 한쪽엔 높다란 담이 안뜰과 완전히 동떨어져 있었다. 다른 한쪽은 너도밤나무가 늘어서서 잔디로부터의 시야를 가로막고 있었다. 과수원 안쪽에는 작고 빈 웅덩이 속에 만든 울타리가 있고, 그것이 인기척이 없는 목초지와 경계를 이루고 있었다. 양쪽에 월계수가 늘어선 한 가닥 오솔길이 빈 웅덩이의 숨은 울타리까지 뻗어 있고, 그 끝에는 커다란 한 그루의 마로니에가 있었고 그 나무 밑에는 벤치가 죽 놓여 있었다. 여기라면 남의 눈에 신경을 쓰지 않고 거닐 수 있다. 달콤한 수액이 흐르고 정적이 깃들고 황혼이 다가오는 이런 나무 그늘을 영원히 헤맬 수 있을 것 같은 기분이 들었다. 그러나 지금 막 솟아오르고 있는 달빛을 따라, 과수원 위쪽에 있는, 화초와 과수가 배합된 화단 사이를 걸어가다가 나의 발은 멎었다─무슨 소리를 들은 것도 아니고 무엇인가가 보인 것도 아니었다. 또다시 그 위험한 향기가 떠돌아왔기 때문이었다.

들장미·개사철쑥·재스민·패랭이꽃·장미꽃은 벌써 오래 전부터 그들의 향기를 저녁 공기 속에 풍기고 있었다. 그러나 그 새로운 향기는 관목의 향기나 꽃향기가 아니었다. 내가 잘 알고 있는 향기─로체스터 님의 잎담배 향기였다. 둘레를 살피고 귀를 기울인다. 익은 과실이 주렁주렁 달린 과수가 보인다. 반 마일쯤 떨어진 숲 속에서 나이팅게일이 지저귀는 소리가 들렸다. 움직이는 것은 아무것도 없었다. 가까이 오는 발소리도 들리지 않았다. 그러나 그 향기는 차츰 더 짙어져 갔다. 나는 달아나야겠다. 나는 관목 숲으로 통하는 쪽문을 향해 걸어가다가 로체스터 씨가 그곳으로 들어오는 것을 보았다. 나는 담쟁이덩굴이 무성한 구석진 곳으로 몸을 피했다. 그이는 아마 오래 있진 않을 거야. 아까 왔던 길로 돌아가겠지. 이쪽에서 가만히 있으면 나를 보지 못할 거야.

아니다─석양은 그에게도 상쾌한 한때이고 그도 이 고풍스러운 정원에 마음이 끌릴 것이다. 그는 어슬렁어슬렁 거닐면서 구주베리 나뭇가지를 들고 가지에 열려 있는 오얏만큼이나 큰 열매를 바라보기도 하고, 담에서 익은 버찌를 따기도 하고, 떼지어 핀 꽃에 몸을 숙이고 향기를 들이마시는가 하면 꽃잎에 맺힌 이슬을 감상하기도 한다. 이때 커다란 한 마리의 나방이 붕붕 소리를 내며 내 곁을 날아 로체스터 씨의 발목에 있는 풀에 멎는다. 그것을 알아차린 그는 그것을 물끄러미 바라본다.

'지금 이쪽으로 돌아 서셨어,' 나는 생각했다. '다른 일에 정신이 팔리고 계신데 살며시 지나가면 들키지 않고 빠져나갈 수 있겠지.'

조약돌 길의 자갈을 밟아서 소리를 내면 안 되었으므로 나는 잔디밭 언저리를 걸어갔다. 그는 내가 지나가야 할 곳에서 약 2야드 떨어진 화단 가운데 서 있었다. 나방에 정신이 팔리고 있는 것 같았다. '무사히 지나갈 수 있겠지.' 나는 생각했다. 아직 중천까지는 떠오르지 않은 달빛을 받아 길에 뻗은 그의 그림자를 밟았을 때 그는 돌아보지도 않고 작은 목소리로 말했다.

"제인, 이리 와. 이놈을 좀 봐."

나는 조금도 소리를 내지 않았다. 그의 등 뒤에 눈이 있을 리 없고—그림자를 느꼈을까? 나는 처음엔 깜짝 놀랐으나 그에게로 다가갔다.

"이놈의 날개를 좀 봐요." 그는 말했다. "이놈은 서인도의 나방을 연상케 한단 말이오. 영국의 야행성 곤충에는 이렇게 크고 화려한 녀석은 드물거든. 저런! 날아가 버리네."

나방은 날아가 버렸다. 어물어물 나도 도망치려 했다. 그러나 로체스터 씨는 내 뒤를 따라와서 작은 문에까지 이르자 이렇게 말했다.

"돌아갑시다. 이렇게 좋은 밤에 집에 박혀 있다는 건 아까운 일이야. 일몰이 월출과 이렇게 서로 겹치고 있는 때에 잠자리에 들 사람이 있을까?"

나의 혀는 대답을 요구 받았을 때 재빠르게 돌아가는 때도 있지만, 막상 무슨 변명이 필요할 때에는 슬프게도 매끈하게 돌아가지 않을 때가 있다. 이것은 수많은 내 결점 중의 하나다. 이런 결점은 위급할 때 언제나 표면에 나타나는 것이었다. 궁지에서 빠져나가기 위한 가벼운 말이나 그럴 듯한 구실이 꼭 필요할 때 말이다. 이런 시각에 어두컴컴한 과수원을 로체스터 씨와 걷고 싶지 않은데 이 자리를 떠날 구실이 생각이 나지 않는 것이다. 나는 느린 걸음으로 그의 뒤를 따라가면서도 빠져나갈 방법이 없을까 하고 마음은 그 생각으로 분주했다. 그러나 그분은 꽤 침착하고 또 정중해 보였으므로 내가 조금이나마 당황한 것이 부끄러워졌다. 나쁜 생각—이 있다고 한다면, 또 앞으로 있다고 해도—그것은 내 쪽에만 있는지도 모른다. 그의 마음은 느긋하고 평온하였다.

"제인." 그는 다시 입을 열었다. 우리는 월계수의 오솔길로 들어가 낮은 울타리와 침엽수가 있는 쪽으로 천천히 걷고 있었다. "손필드는 여름철엔 좋은 고장이잖아, 안 그래?"

"네, 그래요."

"당신은 어느 정도 이 집에 정이 들었을 거요. 자연의 아름다움을 보는 눈도 있고, 집착이라고 하는 것도 갖추고 있는 당신이니까."

"전 정말 정이 들었어요."

"그리고, 나로서는 이해할 수 없는 일이지만, 당신은 저 아둔한 아델라에게도, 그리고 저 단순한 페어팩스 노파에게까지도 애착을 느끼게 된 모양이지?"

"네, 각각, 나름대로의 애정을 가지고 있습니다."

"그들과 헤어지면 섭섭하겠지?"

"네."

"가엾게도!" 그는 한숨을 쉬고 잠시 입을 다물었다. "세상이란 그런 거야." 이윽고 그는 말을 이었다. "아늑한 안식처에 자리를 잡기가 무섭게, 자, 일어서서 앞으로 가, 휴식은 끝났어 하는 명령이 내린단 말이오."

"그럼, 앞으로 가야만 할까요?" 나는 물었다. "손필드를 떠나지 않으면 안 될까요?"

"그래야만 하겠지, 제인. 유감스럽지만 떠나야 하겠지, 자네트."

통렬한 일격이었다. 그러나 이 충격에 져서는 안 된다.

"좋아요. 그럼 앞으로 나가라는 명령이 떨어질 때까지 준비를 해 두겠어요."

"그 명령은 이제 내릴 거요. 오늘 밤에 그 명령을 내려야만 하겠소."

"그럼, 결혼을 하시는군요?"

"바로 들어맞았소. 당신의 그 예민한 머리로 알아맞혔군."

"곧 하시게 되는가요?"

"아, 그렇지, 곧. 당신은 기억하고 있을 거야, 제인. 내가, 아니 소문이, 이 노총각의 목에 신성한 올가미를 씌운다고, 혼인이라는 성스러운 신분을 얻을 작정이라고, 요컨대 잉그램 양을 나의 가슴에 안는 것이 나의 의지라고 분명히 말한 것을—아가씨는 이 팔로 안을 수 없을 것이지만 그런 건 아무래도 상관없어요. 아름다운 블랑슈와 같은 천하일색의 미인은 아무리 함께 있어도 싫증이 안 나니까—그래, 아까도 말했지만—제인, 내 말을 좀 들어봐요! 이쪽으로 고개를 돌리지 않는 것은 나방을 찾고 있기 때문이군. 그건 '집으로 날아가는' 날벌레에 지나지 않아. 내가 당신이 떠올려 주기 바라는 것은, 처음에 그런 말을 한 것은 당신이란 말야. 내가 존경해 마지않는 저 신중함을 가지고 말야—그 통찰력·신중함, 그리고 당신의 책임 있는 종속적인 지위에 어울리는 겸손함을 가지고 말야—내가 잉그램 양과 결혼하면 당신이나 아델라는 이 집에서 나가 버리는 게 좋을 거라고 당신은 말했던 거요. 나의 사랑하는 여인의 인격에 대해 암시한 중상 같은 것은 그냥 보아 넘기기로 하지. 그래, 당신이 멀리 가 버리면, 자네트, 그것은 잊어주겠다. 다만 그런 생각만은 마음속에 새겨 두겠소. 나도 그것을 내 행동의 규범으로 삼고 있으니까. 아델라는 학교에 보내야 하고 당신은 새로운 일자리를 구해야 해."

"네, 곧 광고를 내려고 해요. 하지만—." 나는 이렇게 말하려고 했다. '제 몸을 의탁할 다른 집을 구할 때까지는 여기 있게 해 주세요' 라고. 그러나 장황한 말을 늘어놓을 위험은 피하고 싶었다. 목소리가 흥분할 것 같았기 때문이었다.

"나는 한 달 후에는 신랑이 된다." 로체스터 씨는 말을 이었다. "그 동안 나는 나대로 당신의 일자리와 거처할 곳을 찾아보도록 해 보겠소."

"고맙습니다. 죄송합니다, 이런 일로 해서—."

"그렇게 미안해 할 건 없어요! 남에게 고용된 사람이, 당신처럼 의무를 충실하게 이행했을 경우엔 고용주가 사소한의 원조를 주는 것은 당연하다고 생각해요. 나는 이미 장모가 될 사람으로부터 당신에게 적당하다고 여겨지는 일자리가 있다는 것을 듣고 있어요. 아일랜드의 코너트 주 비터너트 로지 저택의 디오니시우스 오골 부인에게 다섯 명의 따님들이 있는데 그 교육을 맡아달라는 이야기지. 당신은 아일랜드를 좋아하게 될 거요. 모두 마음씨 좋은 사람들이라고 하니까."

"퍽 먼 곳이군요."

"그까짓 것, 당신처럼 분별이 있는 사람이라면 배여행이나 거리를 가지고 이러쿵저러쿵하지는 않을 테니까."

"배여행이 아니라 거리가. 바다가 가로막혀 있으니—."

"무엇으로부터 가로막혀 있다고, 제인?"

"영국으로부터, 손필드로부터, 그리고—."

"그리고?"

"당신으로부터."

거의 무의식중에 이렇게 말해 버리자 나도 모르게 눈물이 솟구쳤다. 그러나 나는 소리 내어 울지는 않았다. 나는 흐느낌을 참았다. 오골 부인과 비터너트 저택의 일을 생각하자 나의 가슴은 차가워지고, 나와 지금 걷고 있는 주인과의 사이에 밀어닥칠 파도를 생각하자 더욱더 차가워지고, 나와 내가 마음속으로부터 사랑하지 않을 수 없는 사람과의 사이를 갈라놓는 넓은 바다—재산·계층·관습 등을 생각하자 나의 가슴은 완전히 얼어붙고 말았다.

"정말로 먼 곳이군요." 다시 나는 말했다.

"그렇소, 확실히 멀어. 당신이 아일랜드의 코너트 주 비터너트 저택으로 가 버리면 이제 두 번 다시 만날 수 없을 거야, 제인. 그건 분명해. 난 그 나라를 별로 좋아하지 않으니까 내가 아일랜드에 가는 일은 없을 거야. 우린 서로가 좋은 친구였지, 제인. 그렇잖았어?"

"네, 그랬어요."

"친구들끼리 헤어지는 밤에는 얼마 되지 않은 남은 시간을 함께 지내는 거요. 이리 와요. 반시간쯤, 별이 하늘에 눈부시게 빛나기 시작하는 동안에 배여행이나 이별에 대해서 조용히 이야기나 해요. 여기 밤나무가 있고 그 밑에는 벤치도 있소. 이리 와요, 오늘 밤은 얌전하게 여기 앉읍시다. 두 번 다시 여기서 두 사람이 함께 앉을 기회가 없을 테니."

그는 나를 앉히고 자기도 앉았다.

"아일랜드까지는 멀고말고, 자네트. 내 귀여운 친구를 그런 지루한 여행 길에 떠나보내다니 안 됐지만 이 이상의 일을 할 수 없고 보면 어쩔 수 없지 않소? 당신은 어딘지 나를 닮았어요, 그렇게 생각하지 않아요, 제인?"

지금 나는 아무 대답도 할 수 없었다. 가슴이 벅찼기 때문이었다.

"왜냐하면," 그는 말했다. "때때로 나는 당신에게 묘한 감각을 느껴요—특히 지금처럼 당신이 옆에 있으면 말야. 마치 내 왼쪽 갈비뼈 밑에 끈이 하나 달려 있어서, 당신의 조그만 몸의 그곳에 달려 있는 끈과 꽉 얽혀 있는 듯한 생각이 든단 말이오. 만일 저 파도가 거센 아일랜드 해협과 200마일이나 되는 육지가 우리들 사이에 가로놓이게 되면 우리를 연결하는 끈이 툭 하고 끊어질 것만 같은 기분이 드는 거요. 그래서 나의 몸 안에서 피가 흐르는 것 같은 불안에 사로잡히는 거요. 당신은 나를 잊어버리겠지?"

"잊어버리다니요, 그럴 리는 절대로 없어요. 왜냐면―," 그 다음을 더 계속해 말할 수는 없었다.

"제인, 숲속에서 나이팅게일이 우는 소리가 들려요? 들어 봐요."

귀를 기울이는 동안에 흐느낌이 복받쳐 올랐다. 이제까지 견디고 있었던 것을 더는 참을 수 없었다. 나는 흐느낌에 몸을 맡겼다. 머리에서 발끝까지 온몸이 심한 괴로움으로 바르르 떨렸다. 간신히 말을 할 수 있게 되었을 때, 나의 입에서 나온 말은 이 세상에 태어나지 않았으면 좋았을걸, 손필드에 오지 말았으면 좋았을 것이라는 통렬한 생각이었다.

"그럼 당신은 여기를 떠나는 것이 슬픈 거요?"

가슴속의 슬픔과 애정으로 교란된 격렬한 감정이, 지배를 주장하고, 완전한 지배를 구하여 몸부림치고, 주권을 잡을 것을 주장하고, 그리고 압도하고, 생명을 얻고 일어나 마침내 제패한 것이다. 가슴속의 생각을 말로 나타내기 위하여.

"전 손필드를 떠나는 게 슬퍼요. 전 손필드를 사랑해요. ―왜 사랑하느냐하면, 거기서 충만하고 만족스러운 생활을 해 왔기 때문입니다―잠시 동안이기는 했지만. 저는 짓밟힌 일도 없고, 움츠러들지도 않았고 못난 마음을 가진 사람들 사이에 묻혀 산 일도 없었습니다. 빛나고 힘차고 드높은 것과 접촉하는 것을 한시도 방해 받은 일은 없었습니다. 저는 존경하는 분과, 곁에 있기만 하면 기쁜 분, 독창적인 활기에 넘친 너그러운 마음을 가진 분과 마주앉아 이야기도 할 수 있었습니다. 나로서는 당신이라는 분을 잘 알게 되었습니다, 로체스터 님. 당신으로부터 영원이 갈라져야 한다고 생각하니 무섭고 괴롭습니다. 헤어져야 한다는 것은 알고 있습니다. 피할 수 없는 죽음을 바라보고 있는 것 같기는 하지만."

"헤어져야 할 까닭이 어디 있소?" 불쑥 그는 물었다.

"어디 있냐구요? 당신께서 그것을 제 앞에 내놓으셨습니다."

"어떤 모양으로?"

"잉그램 양이란 형태로. 고귀하고 아름다운 여성입니다. 당신의 신부이십니다."

"나의 신부? 어떤 신부지? 나에게는 신부 같은 건 없는데."

"하지만 앞으로 데려오십니다."

"그래, 그렇고말고! 그럴 작정이야!" 그는 이를 악물었다.

"그러니까 전 가야 해요. 당신이 그렇게 말씀하셨어요."

"아냐, 당신은 여기 있어야 해! 맹세하지—이 맹세는 꼭 지켜질 거요."

"나가야 합니다!" 나는 격정과 같은 것에 사로잡혀 대꾸했다. "당신에게 아무것도 아닌 사람이 되어도 여기에 남아 있을 수 있다고 생각하세요? 저는 자동인형인가요? 감정이 없는 기계인가요? 한 덩어리의 빵을 입에서 빼앗기고 생명이 깃든 잔을 버림받고도 견딜 수 있다고 생각하시나요? 제가 가난하고 미천하고 얼굴이 못생긴 보잘것없는 여자라고 해서 영혼도 감정도 없다고 생각하세요? 잘못 생각하셨어요. 저도 당신과 같은 영혼을 갖고 있어요! 마찬가지로 감정도 갖고 있어요! 만일 하느님께서 제게 얼마간의 아름다움과 넘치는 재산을 베풀어 주셨다면 당신도 저를 떠나는 것이 괴로우실 것입니다. 지금 제가 당신과 작별하는 마음이 괴로운 것처럼. 저는 지금 당신께 관습이나 인습과 같은 것을 사이에 두고 말씀드리고 있는 것이 아닙니다. 몸을 사이에 두고 하는 말도 아닙니다. 저의 영혼이 당신의 영혼에 직접 말을 건네고 있는 것입니다. 두 사람이 무덤으로 들어간 후 하느님 앞에 평등하게 섰을 때처럼. 사실 우리는 평등합니다."

"사실 우리는 평등하다!" 로체스터 씨는 되풀이했다—"이와 같이." 그는 말을 이으며 두 팔로 나를 감싸 안고 팔에 힘을 주며 내 입술에 그의 입술을 가져왔다. "바로 이와 같이 말야, 제인!"

"네, 그래요." 나는 대답했다. "하지만 그렇지도 않아요. 당신은 결혼을 하셨어요. 결혼하신 것과 같으십니다. 더욱이 당신보다도 열등한 분과 결혼을 하십니다. 아무런 공감도 가지지 않는 사람과, 당신이 진정으로 사랑하고 있다고는 여겨지지 않는 사람과. 당신께서 그분을 경멸하고 계시는 걸 보기도 했고 듣기도 하였습니다. 그런 결합은 경멸합니다. 따라서 제 쪽이 당신보다 더 좋은 사람입니다. 가게 해 주세요!"

"어디로, 제인? 아일랜드로?"

"네, 아일랜드로요. 저의 마음속을 다 털어놨으니까 어디든지 갈 수 있어요."

"제인, 진정해요. 너무 흥분하지 말고. 마치 절망에 빠져 자기 털을 잡아 뜯는 사납고 미친 새 같군."

"전 새가 아니에요. 그물에도 안 걸려 있는 것도 아네요. 저는 자신의 의지를 가진 자유로운 인간이에요. 그 의지로 저는 당신 곁을 떠나갑니다."

다시 한 번 몸부림쳐서 마침내 자유의 몸이 된 나는 등을 펴고 그의 앞에 섰다.

"당신의 의지가 당신의 운명을 결정하는 거요." 그는 말했다. "나는 나의 손과 마음과 그리고 전 재산 중 당신의 몫을 주겠소."

"광대놀음을 하시네요. 그러시다면 전 그저 비웃어 넘길 수밖에 없어요."

"내 곁에서 앞으로의 삶을 보내 주었으면 해서 부탁하고 있는 거요―내 분신이 되어 달라고, 이 세상에서 다시없는 반려가 되어 달라고 부탁하고 있는 거요."

"그런 일이라면 이미 정해 놓으셨잖아요. 그대로 지켜 나가셔야 해요."

"제인, 잠깐 진정해요. 너무 흥분한 것 같소. 나도 진정할 테니."

바람이 한바탕 월계수 길을 휘몰아치고 마로니에 가지 사이로 스쳐 나갔다. 바람은 저 멀리 불어 가서 그리고 사라졌다. 그 후에는 나이팅게일이 지저귀는 소리가 들릴 뿐이었다. 그것을 들으면서 나는 또 울었다. 로체스터 씨는 조용히 앉은 채로 나를 부드럽고 진지한 표정으로 바라보고 있었다. 잠시 동안 그는 말이 없었다. 그러다가 마침내 입을 열었다.

"제인, 내 곁으로 와요. 서로 마음을 터 놓고 이해하도록 합시다."

"이제 두 번 다시 곁으로 갈 생각이 없어요. 저는 방금 떨어졌어요. 이제 두 번 다시 돌아갈 수 없어요."

"그렇지만 제인, 난 당신이 내 아내가 되어 달라고 부탁한 거요. 내가 결혼하길 원하는 건 당신뿐이오."

나는 말없이 있었다. 그가 나를 놀리는 줄로만 알았다.

"자아, 이리 와요. 제인―이리 오라니까."

"당신의 신부가 우리 사이를 가로막고 서 있는걸요."

그는 일어나 큰 걸음으로 내 곁으로 왔다.

"내 신부는 여기 있소." 그는 다시 나를 끌어당기며 말했다. "나와 동등한, 나와 똑같은 것이. 제인, 나와 결혼해 주지 않겠소?"

나는 그래도 대답하지 않았다. 그리고 여전히 그의 포옹에서 빠져나오려고 몸을 비틀었다. 아직도 믿어지지가 않기 때문이었다.

"날 의심하는 거요, 제인?"

"어디까지나."

"내 말을 믿지 못하겠소?"

"조금도."

"당신 눈에는 내가 거짓말쟁이로 보이오?" 그는 격한 어조로 물었다. "의심 많은 아가씨군. 내 말을 믿게 해 주지. 내가 잉그램 양에게 무슨 애정을 갖고 있단 말인가? 전혀 없어요. 당신도 잘 알고 있잖소. 그 여자도 내게 어떤 애정을 갖고 있단 말이오? 전혀 없소. 난 그걸 증명하느라고 애를 많이 썼소. 내 재산은, 세상 사람들이 생각하고 있는 3분의 1도 못 된다는 걸 그 여자의 귀에 들어가도록 꾸몄소. 그러고는 그 결과를 내가 직접 보러 나섰소. 그랬더니 그 여자와 그녀의 모친은 나를 냉대했소. 나는 잉그램 양과는 결혼을 하지도 않을 거고 또 할 수도 없을 거요. 당신—이 기묘한—이 세상 것으로는 여겨지지 않는 자여! 나는 당신을 내 몸과 같이 사랑하고 있어요. 당신을—가난하고 이름도 없고 조그만 몸집에다가 예쁘지도 않은 당신—부디 나를 남편으로 받아주오."

"저에게, 그런 일을!" 나도 모르게 소리쳤다. 그의 진지함에—그리고 특히 그의 무뚝뚝한 말에—그의 성의가 스며 나온 것처럼 여겨진 것이다. "이 세상에 당신 외에는 친구도 없는—만일 당신이 친구라고 불러 주신다면 말이에요—저에게. 당신으로부터 받은 돈 외에는 한 푼도 가지지 않은 저에게?"

"그래, 제인. 당신을 내 것으로 하고 싶은 거요. 모든 것을 나의 것으로. 내 것이 되어 주겠소? 네, 하고 말해요. 빨리."

"로체스터 님, 얼굴을 좀 보여 주세요. 달빛을 향해 얼굴을 돌려주세요."

"왜?"

"얼굴 표정을 좀 읽고 싶어요. 자, 저쪽으로!"

"자아. 구겨진 종이에 되는 대로 갈겨쓴 종이쪽지만큼이나 읽기가 어려울 거요. 자, 읽어보시오. 빨리, 난 괴로워."

그의 얼굴은 몹시 흥분되어 붉었으며 얼굴의 근육은 긴장되고 눈엔 광채가 떠돌았다.

"아, 제인, 고문이다!" 그는 소리쳤다. "그런 식으로 살피지 말아다오,

성실하고 너그러운 그 얼굴은 나를 괴롭힌다!"

"제가 어떻게 그럴 수 있어요? 만일 당신의 말씀이 진실이고 제의가 진정이시라면 저의 마음은 오직 감사와 헌신뿐입니다—그것이 당신을 괴롭힐 리는 없어요."

"감사라고!" 그는 갑자기 소리치고 거칠게 덧붙였다. "제인, 어서 내 청을 받아 줘요. 에드워드라고—나의 이름을 불러줘. 에드워드, 당신과 결혼하겠어요 라고."

"진정이세요? 정말 저를 사랑하세요? 저에게 아내가 되어달라고 진정으로 원하고 계세요?"

"그래. 당신을 납득시키기 위해서 맹세가 필요하다면 맹세를 하지."

"그럼, 전 당신과 결혼하겠어요."

"에드워드라고 불러요. 내 귀여운 아내!"

"사랑하는 에드워드!"

"내 곁으로 와요. 이젠 아주 내 곁으로 와요." 그는 이렇게 말하고 뺨을 내 뺨에 갖다 대고는 내 귀에 속삭였다. "나를 행복하게 해 줘요. 나는 당신을 행복하게 해 주겠소."

"하느님, 용서하소서!" 얼마 뒤에 그는 말을 덧붙였다. "아무도 방해하지 않도록 하겠소. 이 여자는 내거요. 놓치지 않겠소."

"방해하는 사람은 아무도 없어요. 간섭할 친척이란 아무도 없으니까요."

"그래—참 다행이야." 그는 말했다. 혹시 내가 그를 이토록 깊이 사랑하지 않았더라면 그의 말투나 기쁜 표정에서 무엇인가 사나운 것을 느꼈을지도 모른다. 그러나 그의 곁에 앉아서, 이별의 악몽에서 깨어난 뒤, 결혼이라는 낙원으로 불려가고 보니 나의 머릿속에는 넘쳐흐를 정도로 주어진 축복만을 생각하고 있었다. 그는 몇 번이나, "제인, 행복해?" 하고 되풀이했다. 그리고 나는 "네" 하고 몇 번이고 대답했다. 그러면 그는 중얼거렸다. "죄는 곧 보상이 될 거야—보상될 거야. 친구도 없고 추위에 떨고 위로해 줄 사람이 없는 이 사람을 나는 찾아내지 않았는가? 앞으로는 이 사람을 지키고 위해 주고 위로할 작정이 아니냐? 나의 마음에는 애정이 있지 않은가? 나의 결의는 굳은 것이 아닌가? 하느님의 법정에서 모든 것은 보상될 것이다. 나의 조물주는 내가 하는 일을 인정해 주실 것이다. 세상의 비판 같은 건 알바가 아니다. 남의 의견이야 아무런 상관도 없다."

그런데 그날 밤, 도대체 무슨 일이 일어났던가? 달은 아직 지지 않았다. 그런데도 우리는 어둠에 싸여 있었다. 바로 옆에 있는 주인의 얼굴도 거의 보이지 않았다. 도대체 무엇이 마로니에를 괴롭히고 있었는가? 마로니에는 몸부림치고 신음하고 있었다. 그때 바람이 월계수 길을 휩쓸더니 우리 머리 위를 휘몰아쳐 갔다.

"집으로 들어가야겠군." 로체스터 씨가 말했다. "구름이 이상해졌어. 아침까지 당신과 함께 여기에 앉아 있고 싶었는데 말야, 제인."

'저두요' 나는 혼자 속으로 생각했다. 아마 말도 그렇게 표현할 작정이었으나 때마침 내가 바라보고 있던 구름 사이에서 검푸르고 눈부신 섬광이 번쩍이고 덩달아 우르르 쾅쾅 하는 소리가, 다음엔 가까이서 울리는 천둥소리가 났다. 나는 눈이 부셔서 로체스터 씨의 어깨를 방패로 해서 눈을 가릴 생각밖에 나지 않았다.

비가 마구 퍼붓기 시작했다. 그는 나를 재촉하여 오솔길을 뛰어 잔디를 가로질러 집안으로 뛰어들어 갔다. 그러나 문으로 채 들어가기 전에 함빡 젖어 있었다. 그가 홀에서 나의 숄을 벗겨 주고 내 늘어진 머리카락에서 물방울을 털어 주고 있는데 페어팩스 부인이 자기 방에서 나타났다. 처음엔 나는 그녀를 보지 못했다. 로체스터 씨도 보지 못했다. 등불은 켜져 있었다. 시계는 12시를 치고 있었다.

"젖은 건 빨리 벗어요." 그는 말했다. "잘 자요—잘 자, 내 사랑!"

그는 몇 번이고 키스를 되풀이했다. 그의 포옹에서 풀려나려고 얼굴을 들자 거기에 해쓱한 얼굴에 놀라움과 우려의 빛을 띤 미망인이 서 있었다. 나는 그녀에게 미소를 보였을 뿐, 계단을 뛰어 올라갔다. '설명은 나중에 해야지.' 나는 속으로 생각했다. 그러나 내 방에 들어왔을 때, 미망인이 목격한 광경을 일시적이나마 오해하리라고 생각하자 마음이 괴로웠다. 그렇지만 환희가 다른 잡념을 털어 버렸다. 바람이 아무리 요란하게 불어대고 천둥이 가까이서 무섭게 으르렁대도, 번갯불이 사납게 쉴 사이 없이 번쩍이고 비가 두 시간 동안이나 폭풍과 함께 폭포처럼 쏟아져도 나는 조금도 불안이나 두려움을 느끼지 않았다. 로체스터 씨는 폭풍이 계속되는 동안 내가 무사히 있는지 알아보려고 세 번이나 내 방문 앞에 와서 물었다. 그것이 내겐 위안이 되었고 마음이 든든했다.

다음날 아침, 내가 미처 일어나기도 전에 아델라가 뛰어들어 와 과수원 아래에 있는 마로니에에 지난 밤에 벼락이 떨어져 나무의 절반이 쪼개져 나갔다고 알려 주었다.

24

일어나 옷을 갈아입는 동안 어젯밤 일을 돌이켜 보니 그것은 꿈이 아니었는가 하는 생각이 들었다. 다시 로체스터 씨를 만나 그의 사랑과 맹세를 다짐하기 전에는 그것이 현실이었는지 어쩐지 믿을 수 없었다.

머리를 빗으면서 거울 속에 비친 내 얼굴을 보고 이젠 못생겼다고는 여겨지지 않았다. 그 표정에는 희망이 있었고 얼굴빛에는 생기가 돌았다. 나의 눈은 결실의 샘을 바라보고 그 물 위에 반짝이는 잔물결의 빛을 받은 것 같았다. 이때까지 나는 주인과 얼굴을 맞대는 것에 마음이 내키지 않는 일이 흔히 있었다. 나의 얼굴 같은 건 그를 기쁘게 해 주는 일이 없을 것이라고 생각했기 때문이었다. 그러나 지금은 똑바로 얼굴을 들어 그를 쳐다보아도 이 얼굴이 그의 애정을 식게 하지는 않을 것이라고 생각하였다. 장롱 서랍에서 수수하지만 깨끗하고 얇은 여름옷을 꺼내 입었다. 어떤 옷도 이처럼 내게 꼭 어울리는 일은 없었던 것 같았다. 왜냐하면 내가 이처럼 행복한 기분에 잠겨 옷을 입어 보기는 처음이었으니까.

현관홀로 뛰어내려가 지난 밤이 그 폭풍우에 뒤이어 눈부신 6월 아침이 온 것을 알았어도 나는 놀라지 않았다. 그리고 열어젖힌 창문으로부터 들어오는 신선하고 향기로운 산들바람을 느껴도 나는 놀라지 않았다. 내가 이렇게 행복하니까 자연도 틀림없이 기뻐해 주는 것이리라. 구걸하는 여인과 어린 아들이—두 사람 모두 해쓱한 얼굴을 하고 넝마를 입고 있었다—오솔길을 올라온다. 나는 달려가서 지갑 안에 마침 있었던 돈을—3실링인가 4실링—모두 주었다. 좋건 나쁘건 간에 나의 기쁨을 나누어가지지 않으면 안 된다. 땅까마귀가 까욱까욱 울고 참새들이 즐거운 듯이 지저귀었다. 그러나 어느 것도 나의 환희에 찬 심장보다 더 즐겁고도 음악적인 것은 없을 것이다.

페어팩스 부인이 슬픈 듯한 얼굴로 창밖으로 얼굴을 내밀고 무거운 어조로 "에어 양, 아침 식사 하세요" 하고 말을 걸어 나를 놀라게 하였다. 식사를 하는 동안 그녀는 아무 말도 않고 쌀쌀한 느낌이었으나 그때에도 그녀의 오해를 풀어 줄 수는 없었다. 주인이 설명할 때까지 기다려야만 했고 따라서 그녀도 기다리지 않으면 안 되는 것이다. 나는 식사를 그럭저럭 끝마치고 급히 2층으로 올라갔다. 도중에 공부방에서 나오는 아델라와 마주쳤다.

"어딜 가니? 공부할 시간인데."

"로체스터 님이 육아실로 가라구 하셨어요."

"로체스터 님은 어디 계시지?"

"저기요." 그 애는 지금 나온 방을 가리켰다. 내가 들어갔을 때 로체스터 씨는 거기에 서 있었다.

"이리 와서 아침 인사를 해요." 그는 말했다. 나는 성큼성큼 걸어갔다. 거기서 내가 받은 것은 이제는 차가운 말이나 악수도 아닌 포옹과 키스였다. 그렇게 하는 것이 자연스럽게 여겨졌고 이토록 깊은 사랑을 받아 이런 애무를 받는 것은 당연한 것으로 생각되었다.

"제인, 혈색도 좋고 웃음도 얼굴에 나타나 있고 예뻐." 그는 말했다. "오늘 아침에는 정말 예쁜데. 이게 그 해쓱한 얼굴을 한 내 조그만 요정이란 말이오? 이게 내 작은 요정인가? 보조개가 들어간 뺨에 장미꽃 입술을 가진 이 환한 얼굴의 처녀가? 새틴처럼 매끈한 달걀색의 머리칼에다 빛나는 담갈색 눈을 가진 명랑한 아가씨가?" (독자여, 내 눈은 녹색인데, 이 잘못을 양해해 주기 바란다. 그에게는 그것이 새로 채색된 듯이 보였으리라).

"분명히 제인 에어입니다."

"머지않아 제인 로체스터가 되겠지." 그는 덧붙였다. "4주일이 지나면 말야. 자네트, 그 이상은 하루도 더 늦출 수 없어. 듣고 있는 거요?"

나는 듣고 있었다. 그러나 그것을 나는 완전히 이해하진 못했다. 그 말에 나는 현기증을 느꼈다. 그의 이 통고가 주어졌을 때의 기분은 기쁨이라고 하기보다는 더 강렬한 것—세차게 얻어맞은 것 같은, 실신할 것 같은, 말하자면 두려움에 가까운 것이었다고 생각한다.

"얼굴이 빨개졌는가 했는데 금방 해쓱해지는군. 제인, 웬일이오?"

"새 이름을 주셨으니까요, 제인 로체스터라고. 참 이상한 느낌이 들어요."

"그래, 로체스터 부인이야." 그는 말했다. "젊은 로체스터 부인. 페에팩스 로체스터의 귀여운 신부."

"그건 있을 수 없는 일이에요. 도저히 생각할 수 없어요. 인간이란 결코 이 세상에선 완전한 행복을 맛볼 수 없어요. 저라고 남과 달리 각별한 운명을 타고났을 리도 없어요. 그런 행운이 제게 찾아오리라고 생각하다니 마치 동화 같은 얘기예요—한낮의 꿈이에요."

"그것을 나는 실현할 수 있고 실현할 작정이오. 오늘부터 착수합시다. 오늘 아침 런던의 거래 은행에 보관중인 보석들을 보내 달라고 편지를 냈소—손필드의 대대로 이어지는 마나님에게 보내는 조상 전래의 가보지. 하루나 이틀 사이에 그 보석들을 당신의 무릎 위에 쏟아 놓고 싶소. 앞으로 결혼하려고 하는 귀족의 딸에게 주어지는 모든 특권과 모든 배려가 당신 것이 되는 거요."

"오, 제발! 보석 같은 것은 어떻게 되든 상관없어요! 그런 이야기는 듣고 싶지 않아요. 제인 에어에게는 보석 같은 건 부자연스럽고 이상한 것이에요. 그런 것은 몸에 지니지 않는 것이 좋아요."

"당신의 목에 내가 직접 다이아몬드 목걸이를 걸어 주겠어. 그 이마엔 머리 장식을 달아줄 거요. 틀림없이 그것은 당신에게 잘 어울릴 거요. 자연이라는 것이 적어도 그 이마에 고귀한 표지를 찍어 주었으니까 말야. 이 날씬한 손목에 팔찌를 끼워 주지. 이 요정과 같은 손가락에는 반지를 많이 끼워 줄게."

"아뇨, 안 돼요! 다른 일을 생각하세요. 다른 일을 좀더 다른 어조로 이야기해 주세요. 내가 마치 미녀인 것처럼 말씀하시지 마세요. 저는 당신이 고용한 평범한 퀘이커 교도와 같은 가정교사이니까요."

"당신은 내 눈엔 미인이오. 그것도 내가 진심으로 바라는 미인이란 말이오. 섬세하고 아름답소."

"그건 보잘것없고 대수롭지 않단 말씀이죠. 꿈을 꾸고 계시는가 봐요. 그렇잖으면 저를 비웃고 계시든가. 제발 비꼬아 말씀하지 마세요!"

"나는 당신이 미인이라는 걸 온 세상에 알리겠소." 그는 말을 계속했지만, 나는 듣고 있는 동안 그의 말투에서 정말 불안을 느끼기 시작했다. 그는 자기 자신을 속이고 있거나 그렇지 않으면 나를 속이려고 하는 그 어느 편이라는 생각이 들었다. "나의 제인에게 새틴과 레이스로 만든 옷을 입히고 머리엔 장미꽃을 달게 하지. 그리고 내가 가장 사랑하는 그 머리 위엔 아주 귀중한 베일을 씌워 주겠소."

"그런 일을 하시면 저를 못 알아보실 거예요. 그렇게 되면 저는 이미 당신이 사랑해 주시는 제인 에어가 아니라 광대 옷을 입은 원숭이입니다. 깃털을 빌어 장식한 어치예요. 저로서는, 로체스터 님, 궁정 귀부인의 옷을 입은 저를 보는 것보다는 무대 의상으로 분장한 당신의 모습을 보는 것이 훨씬 좋습니다. 저는 당신을 미남자라고 말하지는 않습니다. 하지만 마음속으로부터 사랑합니다. 깊이깊이 사랑하고 있으니까 아첨하긴 싫어요. 그러니까 제게도 아첨하진 마세요."

그러나 그는 내 항의 같은 건 모르는 체하고 화제를 계속해 나갔다. "오늘이라도 당장 당신을 마차에 태워서 밀코트로 데리고 가겠소. 입고 갈 옷을 고르시오. 4주일 이내에 결혼한다고 내가 말하지 않았소. 결혼식은 저기 저 언덕 밑의 교회에서 조용히 올릴 작정이오. 식이 끝나는 대로 당신을 런던으로 데리고 가서 얼마 동안 머문 다음, 내 귀중한 보물을 태양에 가까운 곳, 다시 말하면 프랑스의 포도원이나 이탈리아의 평원으로 데려가겠소. 그리고 옛 이야기나 현대의 기록에 있는 유명한 것은 무엇이든지 보여 주겠소. 그쪽에서의 도회지 생활을 맛보이고 다른 곳과 비교함으로써 자신의 진가를 배우게 하겠소."

"제가 여행을 한다고요, 당신과 함께?"

"파리나 로마, 나폴리에 머물게 될 거요. 피렌체나 베네치아나 빈에도. 옛날 내가 떠돌아다니던 모든 곳을 당신도 밟아보게 하는 거요. 내 발자국이 난 곳은 모두 실프(공기의 정령) 같은 당신의 발로 밟아주기 바라오. 나는 10년 전에 마치 미친 듯이 유럽을 돌아다니고 있었소. 혐오와 증오와 분노가 내 여행의 반려자였소. 지금은 상처가 가시고 깨끗하게 된 내 자신이 나를 치유해 준 천사와 함께 거기를 다시 방문하는 거요."

나는 그런 말을 하는 그를 비웃었다. "전 천사가 아녜요." 나는 분명히 말했다. "저는 죽을 때까지 천사는 되지 않겠어요. 저는 저일 뿐이니까요. 로체스터 님, 당신은 저에게서 천상의 것과 같은 것을 기대하시거나 강요하셔도 안 돼요. 저도 당신으로부터 그것을 얻을 수 없는 것과 마찬가지로, 당신도 나로부터 그것을 얻을 수 없습니다. 저는 기대 같은 건 하고 있지 않지만."

"그럼 당신은 내게서 뭣을 기대한다는 거요?"

"아마도 얼마 동안은 이대로의 당신으로 계실 겁니다—얼마 동안은. 그러다가 냉정하게 되실 겁니다. 그리고 기분이 변하여 엄하게 되실 테니까 기분을 푸는 데에 고생을 하실 겁니다. 하지만 저라는 사람에게 아주 익숙해지시면 다시 저를 마음에 들어 하시겠죠. 마음에 들어 하신다고 말씀드리는 겁니다, 사랑한다는 것이 아니고. 당신의 애정이 뜨겁게 끓는 것은 불과 여섯 달쯤. 남자가 쓴 책에 남편의 정열이 계속되는 것은 기껏해야 그 정도라고 적혀 있었습니다. 그래도 친구로서 반려자로서 저의 소중한 주인이 저를 싫어하시지 않기를 바라고 있습니다."

"싫어진다고! 그리고 또 좋아진다고! 나는 어디까지나 어디까지나 당신을 좋아할 거야. 아니, 좋아하는 것이 아니라 사랑할 거야—마음으로부터 영원히 사랑한다고 당신으로 하여금 말하게 할 거요."

"당신은 자신이 변덕스럽지 않다는 건가요?"

"얼굴만으로 나를 기쁘게 해 주는 여자에게는 나는 악마가 되지. 그녀가 영혼도 마음도 없다는 것을 알았을 때, 그리고 그 여자가 재미도 없고 취할 것도 없는 데다가 저능하고 까다롭다는 본성을 나타날 때에는 나는 악마가 돼요. 그러나 맑은 눈과 유창한 혀, 불같은 영혼, 부드럽지만 결코 부러지지 않는 성격—유연하면서도 줏대가 있는, 솔직하면서도 꿋꿋한 성격에 대해서는 나는 항상 성실하단 말이요."

"그런 분과 사귀어 보신 일이 있으세요? 그런 분을 사랑하신 적이 있으세요?"

"지금 사랑하고 있소."

"아니 저보다 이전에 말이에요. 정말 저의 어떤 점이 당신의 그 까다로운 기준에 들어맞는다고 생각하세요?"

"당신 같은 사람은 한 번도 만나본 적이 없소. 제인, 당신은 나를 기쁘게 해 주고 나를 지배하고 있소—게다가 복종도 하는 것 같아. 나는 당신의 그 유연함이 좋아요. 그 유연한 비단 실타래 같은 손가락을 내 손가락에 감으면 내 팔에서 가슴으로 통쾌한 전율이 전달되어 와요. 나는 감화되고—정복되고 있소. 더욱이 그 감화는 말로써는 나타낼 수 없을 정도로 기분이 좋은 거요. 내가 당하는 패배는 내가 쟁취할 수 있는 그 어떤 승리보다도 매력적이오. 왜 웃지, 제인? 그 표정의 알 수 없는 수수께끼 같은 변화에는 무슨 뜻이 있지?"

"전 생각하고 있었어요. 이렇게 생각하는 것을 용서해 주세요. 저도 모르게 생각하고 말았어요. 여자에게 유혹당한 헤라클레스와 삼손에 대해서."

"그런 일을, 나의 작은 요정이—?"

"들어 보세요! 그렇게 말씀하시는 건 현명하시지 못해요. 두 사람의 신사, 헤라클레스와 삼손의 행동과 같은 거예요. 하지만 그분들이 결혼을 했더라면 구혼자로서의 상냥함을 남편이 된 후에 엄격함으로 보충했을 거예요. 당신도 그렇게 하실 겁니다. 지금부터 1년 뒤에 당신에게 불편한 것이라든가 당신의 마음에 들지 않는 것을 제가 청한다면 어떻게 대답을 하실까요."

"뭣이든 지금 부탁해 봐요, 자네트—사소한 일이라도 좋으니 말이오. 난 그런 청을 받아보면 좋겠소."

"그럼 그렇게 해볼게요. 부탁할 일이 있는걸요."

"말해 봐요! 그런데 당신이 얼굴을 들고, 그 얼굴에 웃음을 띠면 부탁을 듣기 전에 승낙해 버릴 것 같소. 그렇게 되면 나는 웃음거리가 된다는 건가?"

"그럴 염려는 없어요. 부탁은 이거예요. 보석을 보내지 않도록 하시고 저의 머리에 장미관을 얹지 마시라는 거예요. 가지고 계시는 무늬 없는 손수건에 황금레이스로 둘레를 장식하는 것과 같은 일을 하지 마세요."

"말하자면 순금 위에다 도금(鍍金)을 하는 격이란 말인가. 그래 알았소. 부탁은 들어주지—얼마 동안. 은행으로 보낸 지시는 취소하도록 하지. 그러나 당신은 여태 아무것도 부탁한 것이 없소. 선물을 그만두라고 했을 뿐이오. 자, 말해 봐요."

"그럼 제발 제 호기심을 만족시켜 주세요. 어떤 일에 매우 흥미를 느끼고 있어요."

그는 불안한 듯한 얼굴을 하였다. "뭐요? 뭣인데?" 성급하게 그는 말했다. "호기심은 위험한 청이야. 내가 당신의 청을 무엇이든 다 들어준다고 약속하지 않길 잘했어—."

"하지만 아무런 위험이 없는 청이에요."

"말해 봐요, 제인. 아마 비밀을 캐묻고 싶겠지만 그보다는 차라리 내 재산의 절반을 달라고 했으면 좋겠소."

"어머나, 아하스에로스(기원전 5세기 페르시아의 왕. 왕비인 에스더를 매우 사랑해 나라의 절반을 주겠다고 했다.) 임금님과 같은 일을! 재산의 반을 받아서 무엇을 하겠다는 걸까요? 제가 유대인의 고리 대금업자이고 좋은 투자가 되는 땅을 찾고 있다고 생각하시는 건가요? 그보다는 오히려 당신의 믿음을 그대로 받는 것이 훨씬 낫습니다. 당신이 진정으로 저를 받아들이신다면 저에게 감추시는 일은 없으시겠죠?"

"털어놓을 만한 가치가 있는 일이라면 기꺼이 털어놓지, 제인. 그러나 부탁이니까 제발 쓸데없는 짐을 지게는 하지 마시오! 독(毒)을 원하면 안 돼요. —제발 배반자인 이브는 되지 말아 주오."

"왜 그럴까요? 당신은 금방 저에게 정복되는 것이 좋다, 저한테서 설복되는 것이 얼마나 기쁜지 모르겠다고 말씀하시지 않았어요. 이 말씀을 핑계로 제 위력을 시험하기 위해서 설득하거나 부탁을 하거나—필요하다면 울거나 보채기도 하고—그렇게 해도 괜찮겠죠?"

"그런 일을 해볼 수 있으면 해보시오. 나의 영역을 침범해서 분에 넘치는 일을 할 생각이라면 이젠 끝장이오."

"그래요? 곧 항복하시는군요. 지금의 그 얼굴은 매우 무서워요. 눈썹은 제 손가락만큼이나 굵고, 이마는, 저 훌륭한 시에서 읊은 것처럼, '천둥을 머금은 두터운 구름'과 같군요. 그것이 결혼 후의 당신 얼굴 표정이겠지요?"

"지금의 그 얼굴이 결혼한 후의 당신 얼굴이라면 난 기독교인으로서 요정이나 불도마뱀과 같을 것을 아내로 삼을 생각은 당장이라도 버려야지. 그런데 도대체 물어보겠다는 것이 뭐지, 응? 자, 용감하게 말해 봐요!"

"그것 보세요, 벌써 예절을 잊으셨군요. 하지만 저는 아첨하는 것보다는 무례한 말을 하는 것이 훨씬 더 좋습니다. 천사라고 불리는 것보다는 '요것'이라고 불리는 것이 더 좋아요. 제가 묻고 싶었던 것은 바로 이거에요. —왜 당신은 그토록 고생을 해서 잉그램 양과 결혼하려는 것처럼 제게 믿게 하려고 애를 쓰셨던 가요?"

"그것뿐이오? 참, 다행이군, 그런 걸 가지고!" 이렇게 말하고 그는 검은 눈썹을 펴고 미소지으며 나의 머리를 쓰다듬었다. 위험이 빗나간 것을 알고 매우 기쁘다는 표정이었다. "고백하지." 그는 말을 이었다. "당신을 좀 화나게 할지 모르겠지만, 제인—당신은 화를 내면 불의 요정처럼 된다. 어젯밤 당신이 운명에 거역하여 자기는 나와 동등하다고 단언했을 때 당신은 저 차가운 달빛 속에서 불타듯이 빛나고 있었어. 그런데, 자네트, 나에게 결혼 신청을 하게 한 것은 당신이었어."

"물론 저였어요. 그러나 제발 옆길로 들어서지 마시고—잉그램 양은요?"

"그렇군. 나는 잉그램 양에게 구혼을 하는 체한 거지. 그건 내가 당신을 미칠 만큼 사랑하고 있는 것처럼 당신도 그렇게 되어 주기를 원했으니까. 질투라는 것은 그런 생각을 이루기 위해서는 가장 좋은 방법이라는 것을 알고 있었던 거지."

"아주 멋진 생각이세요. 그러고 보면 당신이란 분도 참 작은 분이군요. 제 새끼손가락 끝만큼 작은 분이에요. 그런 방법은 부끄러운 일이에요. 비열하기 짝이 없는 일이에요. 잉그램 양의 마음을 조금도 생각지 않으셨나요?"

"그녀의 마음은 한 가지—오직 오만에 쏠려 있어요. 그런 것은 창피하게 해 주어야 돼요. 당신은 질투를 내고 있었나, 제인?"

"염려 마세요, 로체스터 님. 그런 것을 아신댔자 조금도 흥미가 없으실 거예요. 한 번만 더 정직하게 대답해 주세요. 잉그램 양은 당신의 이런 불성실한 태도에 괴로워하지 않았을까요? 그분은 자신이 버림받고 배반당했다고 느끼고 있지 않을까요?"

"설마! 반대로 그녀가 나를 버렸다고 하지 않았소? 내가 빚을 짊어지고 있다는 말을 듣고 그녀의 마음은 식어 버렸어요. 그녀의 불꽃이 순식간에 꺼져버린 거요."

"당신은 참 이상한 일을 하셨군요, 로체스터 씨. 당신의 행동 원칙은 어느 점에서 비정상적이라고 생각해요."

"나의 원칙은 이제까지 한 번도 올바르게 훈련을 받은 일이 없어요. 애정을 받은 일이 없어서 조금 비뚤어지게 자랐는지도 모르지."

"다시 한 번 진지하게 대답해 주세요. 저에게 주신 이 크나큰 호의를 받아도 될까요? 제 자신이 얼마 전에 맛보았던 괴로움을 다른 사람이 맛보지나 않을까 하고 두려워하지 않아도 될까요?"

"그렇고말고, 나의 착한 아가씨. 당신과 같이 순결한 사랑을 바치는 사람이 달리 또 없으므로 저 '기분 좋은 유약(油藥)을 나의 영혼에 바르고 있는'

거요, 제인. 당신의 사랑에 대한 믿음의 향유를 말야."

나는 내 어깨에 놓인 그의 손에 입술을 가져갔다. 나는 진정으로 그가 사랑스러워 견딜 수 없었다—입으로 말하기에는 무서울 정도로, 말로는 이루다 말할 수 없을 정도로 사랑스러웠다.

"뭣이든 더 물어 봐요." 그는 이윽고 말했다. "당신의 부탁을 받고 그걸 들어 주는 것이 난 기쁘니까."

나는 다시 부탁할 일을 꺼냈다. "당신의 생각을 페어팩스 부인에게 알려 주세요. 어젯밤 현관홀에서 제가 당신과 함께 있는 걸 보고 깜짝 놀라셨어요. 제가 그분과 다시 만나기 전에 설명을 해 주세요. 그처럼 선량한 분에게 이상하게 오해받는 건 괴로워요."

"당신 방에 가서 보닛을 쓰고 나와요." 그는 대답했다. "오늘 아침에는 밀코트까지 같이 가는 거요. 당신이 마차로 떠날 채비를 차리는 동안 난 저 노파에게 설명을 잘 해 두지. 당신이 사랑을 위해 모든 것을 버리고, 조금도 후회하지 않는다고 그녀는 생각하고 있을까, 자네트?"

"그분은 제가 제 신분도 분별하지 못하고 있다고 생각하고 계실 겁니다. 그리고 당신의 신분도."

"신분! 신분이라! 당신이 있어야 할 곳은 나의 마음속이오. 앞으로 당신에게 무례한 짓을 하는 놈은 지금이나 또 앞으로도 그냥 안 놔둘 테야. 자, 어서 가요."

나는 곧 몸차장을 끝마쳤다. 로체스터 씨가 페어팩스 부인의 방으로부터 나오는 소리를 듣고는 급히 그 방까지 내려갔다. 노부인은 아침의 일과로 삼고 있는 성경의 한 구절을 읽고 있었으므로 성경이 펴진 채 앞에 놓여 있고 안경이 그 위에 얹혀 있었다. 그녀의 일과는 로체스터 씨의 발언으로 멈추어져 이제는 모두 잊혀져 버린 것 같았다. 그녀의 눈은 맞은편, 아무것도 없는 벽에 쏠려 있었고 예사롭지 않은 소식에 평온한 마음이 뒤흔들린 놀라움이 나타나 있었다. 나를 보았을 때 그녀는 마음을 가다듬은 것 같았다. 억지로 미소를 지으며 두어 마디 축하의 말을 하려고 했으나, 그 미소도 사라지고 축하의 말도 중간에서 끊어지고 말았다. 노부인은 안경을 치우고 성경책을 덮고 테이블에서 의자를 뒤로 밀었다.

"너무나도 놀라워서," 그녀는 입을 열었다. "뭐라고 말씀드려야 좋을지 모르겠군요, 에어 양. 내가 꿈을 꾼 건 아니겠지? 때때로 혼자 앉아 있노라면 깜빡 잠이 들어 있지도 않은 일들을 상상하는 일이 있어요. 이제까지도 몇 차례 있었던 것 같은 기분이 들지만 꾸벅꾸벅 졸고 있노라면 15년 전에 돌아가신 영감님이 글쎄 방안에 걸어 들어와 내 옆에 앉는 거야, 그리고 옛날처럼 앨리스라고 나를 부르는 소리가 들리는 거예요. 그런데 로체스터 님이 당신에게 청혼하신 것이 사실일까? 웃지 말아줘요. 그분이 5분 전에 여기 들어오셔서 앞으로 한 달 이내에 당신이 그분의 아내가 된다고 말씀하신 것 같은데 말야."

"제게도 같은 말씀을 하셨어요." 나는 대답했다.

"역시 그렇군! 그래 그분의 말씀을 믿었어요? 당신은 승낙했어요?"

"네."

부인은 당황한 표정으로 나를 바라보았다.

"전혀 생각도 못했던 일이었어요. 그분은 기품이 높으신 양반이에요. 로체스터 집안 사람들은 모두 자존심이 강해요. 적어도 그분 선친께서 돈을 무척 좋아했어요. 하긴 주인양반께서도 돈 문제에 대해선 퍽 까다롭다는 말이 있긴 하지만서두. 그분이 당신과 진정으로 결혼하겠다고 하셨어요?"

"그분이 제게 그렇게 말씀하셨습니다."

그녀는 나를 머리끝에서 발끝까지 유심히 훑어보았다. 그녀의 눈은 이 수수께끼를 풀 만한 힘이 있는 매력은 어디에서도 찾아볼 수가 없다고 말하고 있는 것 같았다.

"도무지 알 수 없군!" 그녀는 말을 이었다. "하지만 선생님이 그렇게 말씀하는 걸 보니 틀림없겠군요. 어떤 결과가 되는지 난 알 수 없어요. 정말 모르겠어요. 이런 경우엔 신분이나 재산이 평등해야 바람직한 것으로 되어 있고 애당초 당신하고는 20년이나 나이 차이가 있고. 아버지라고 해도 좋을 정도예요."

"그렇지는 않아요, 페어팩스 부인!" 나는 정색을 하고 소리쳤다. "그분이 나의 아버지라뇨. 우리 두 사람이 함께 있는 걸 보아도 절대로 부녀(父女)로는 보이지 않아요. 로체스터 님은 젊게 보이고 실제로 스물다섯 살이라고 해도 통해요."

"그 양반이 선생님과 결혼하려는 건 참으로 그분이 선생님을 사랑하고 계시기 때문일까요?" 부인은 물었다.

나는 그녀의 냉담함과 의심 때문에 몹시 기분이 상해서 눈물이 솟았다.

"선생님을 슬프게 해 드려 미안해요." 미망인은 말을 계속했다. "선생님은 아직 젊으시고 남자들을 잘 모르시니까 조심하라고 일러 드리고 있는 거예요. '번쩍이는 것은 모두가 황금은 아니라' 하는 오래된 속담도 있어요. 난 이번 경우, 선생님이나 내가 기대하고 있는 것과 혹시 다른 일이 되지나 않을까 하고 걱정하고 있는 거예요."

"왜 그렇죠? 제가 무슨 괴물인가요?" 나는 말했다. "로체스터 님이 제게 성실한 애정을 갖는다는 건 불가능한 일이라고 하시는 거예요?"

"아니죠, 선생님은 참 예뻐요. 그리고 요새 훨씬 더 예뻐졌어요. 과연 로체스터 님은 선생님을 좋아하실 거예요. 그렇지 않아도 난 벌써부터 눈치를 채고 있었지만, 로체스터 님은 당신을 귀여워하고 계셔요. 당신을 위해 조금 걱정을 하고 있었어요. 분에 넘치는 호의에 말이에요. 당신도 조심을 했으면 했어요. 하지만 잘못된 일이 일어날지도 모른다는 말을 하기에도 망설여졌어요. 그렇게 여겨진다면 선생님은 기분이 나빠질 거에요. 선생님은 사려가 깊고 분별심이 있으시니까 염려할 것은 없다, 자기 자신을 굳게 지킬 거라고 생각하고 있었죠. 어젯밤 온 집안을 찾아다녔는데 선생님이 보이지 않고 주인님의 모습도 찾을 수도 없고, 그러다가 12시가 되어서 당신이 주인님과 함께 들어오는 것을 보고 얼마나 가슴이 아팠는지 몰랐답니다."

"그랬어요. 이젠 그런 건 염려 마세요." 나는 더 이상 참을 수 없어서 말을 가로챘다. "아무 일도 없었다는 것으로 충분해요."

"끝까지 제발 아무 일도 없었으면 해요." 그녀는 말했다. "지나치게 조심해서 나쁠 건 없어요. 제발 로체스터 씨를 멀리 하세요. 그리고 그분과 마찬가지로 자기 자신도 믿어선 안 돼요. 그런 신분에 있는 양반들이 자기 집의 가정교사와 결혼한다는 건 퍽 드문 일이니까요."

나는 점점 화가 치밀었다. 다행히 그때 아델라가 뛰어 들어왔다.

"나도 데리고 가요! 나도 밀코트에 데리고 가요!" 그녀는 소리쳤다. "로체스터 아저씬 날 안 데려간대요. 새로 사온 마차엔 자리가 넉넉한데두. 날 데려가 달라고 부탁해 줘요, 선생님."

"그래, 부탁해 볼게, 아델라." 이렇게 말하고 나는 침울한 훈계자의 곁을 떠나는 것이 기뻐서 아델라와 함께 방을 나왔다. 마차는 준비되어 있었다. 마부들은 마차를 현관으로 돌리고 있는 참이었다. 로체스터 씨는 돌을 깐 길을 거닐고 있었다. 파일럿은 주인의 앞뒤로 뛰어다니고 있었다.

"아델라도 함께 가도 괜찮겠죠?"

"안 된다고 했는데, 거추장스러우니까! 당신만 데리고 가겠소."

"제발 데리고 가주세요, 로체스터 님. 그게 더 좋겠어요."

"그것만은 안 돼요. 거추장스럽기만 해요."

그의 표정과 목소리는 냉정했다. 페어팩스 부인의 충고의 냉기와 의심의 독기(毒氣)가 나에게 밀어닥쳤다. 정체를 알 수 없는 불온한 것이 나의 희망의 둘레를 감싸고 있었다. 그를 지배하는 힘을 나는 잃어 가고 있었다. 그 이상 주장할 기력도 없고 무의식적으로 그를 따를 작정으로 있었다. 그러나 마차에 오르는 나에게 손을 내밀면서 그는 나의 얼굴을 물끄러미 바라보았다.

"웬일이오?" 그는 물었다. "햇빛이 모두 사라졌군. 당신은 정말 저 애를 데리고 가고 싶소? 저 애를 두고 가면 걱정이 되오?"

"데리고 갈 수 있었으면 좋겠어요."

"그럼, 모자를 쓰고 오너라. 번개같이 갔다 와야 한다!" 그는 아델라를 향해 소리쳤다.

아델라는 하라는 대로 하고 이내 되돌아왔다.

"하루아침의 방해쯤은 그대로 봐 주기로 할까?" 그는 말했다. "머지않아 나는 평생 동안 당신을 내 것으로 할 수가 있으니까—당신이 생각하는 것도, 당신과의 대화도, 당신과 함께 다니는 것도—모두 손에 넣을 수 있으니까."

아델라는 마차 안으로 들어오자 나의 배려에 감사의 마음을 가지고 나에게 키스를 퍼부었다. 그러나 곧장 로체스터 씨의 구석진 옆자리로 밀려가고 말았다. 그러자 그녀는 내가 앉아 있는 쪽을 자꾸만 엿보는 것이었다. 이렇게 엄격한 이웃하고는 답답하기 짝이 없는 것이다. 무슨 말을 속삭일 수도 없고 물어볼 수도 없었다.

"아델라를 저한테로 보내 주세요." 나는 부탁했다. "귀찮게 굴지도 모르니까. 이쪽엔 앉을 자리가 넉넉해요."

그는 아델라를 강아지라도 다루듯이 나 있는 쪽으로 넘겨 주었다. "이젠 아델라를 학교에 보내야겠군." 그는 이렇게 말했지만 이제 웃고 있었다.

아델라는 그 말을 듣자 선생님과 헤어져서 학교에 가야 되느냐고 물었다.

"그렇다." 그는 대답했다. "선생님과는 헤어져야 한다. 선생님은 달나라로 가셔야 하니까. 그곳 화산 꼭대기에 있는 하얀 골짜기 어딘가의 동굴을 발견해서 선생님과 내가 거기서 함께 산단다."

"선생님은 먹을 것이 없을 텐데요. 선생님은 굶어 죽으세요." 아델라가 말했다.

"아침저녁으로 하느님의 은혜를 모아드린다. 달의 평원이나 언덕은 만나^(이스라엘 사람들이 아라비아 사막)로 하얗게 덮여 있단다, 아델라."

_(에서 하느님으로부터 받은 음식)

"불을 쬐고 싶어질 거예요. 불이 필요할 땐 어떻게 하죠?"

"불은 달나라의 산 속에서 솟아오르지. 에어 선생이 추워지면 내가 선생을 산꼭대기로 데리고 가서 분화구 옆에 눕혀 드리지."

"와, 혼이 나실 거야, 틀림없이 기분이 나빠질 거야. 그런데 옷은 어떻게 하죠? 넝마처럼 될 텐데. 새 옷을 어떻게 장만하죠?"

로체스터 씨는 난처한 표정을 짓는다. "음!" 그는 말하였다. "너 같으면 어떻게 하겠니, 아델라? 머리를 짜서 생각해 보렴. 흰빛이나 분홍빛 구름으로는 옷이 되지 않을까? 그리고 무지개로부터 아주 아름다운 엷은 천을 잘라낼 수 없을까?"

"선생님은 지금 그대로 계신 편이 좋아요." 아델라는 한참 생각하다가 말을 맺었다. "그리고 달나라에서 아저씨와 단둘이서만 살게 되면 싫증이 나실 거예요. 제가 선생님이라면 절대로 가지 않을 거예요."

"선생님은 승낙하셨어. 단단히 약속을 하신걸."

"하지만 아저씬 거기에 선생님을 데려갈 순 없어요. 달나라로 가는 길이 없는걸요. 모두가 공기뿐이고 아저씨나 선생님은 날지도 못하면서."

"아델라, 저 들판을 봐." 우리는 손필드의 문을 나와 밀코트로 향하는 평탄한 길을 경쾌하게 달리고 있었다. 간밤의 폭풍우로 먼지는 깨끗이 가라앉아 있었고 길 양쪽의 낮은 생울타리와 높이 솟은 관목들은 비 덕분으로 푸르게 빛나고 있었다.

"저 밭을 말야, 아델라, 두 주일쯤 전에 밤늦게 산책하고 있었지—네가 과수원의 풀밭에서 풀을 베는 나를 도와주던 바로 그날 저녁이지. 난 벤 풀단을 주워 모으기에 지쳐서 좀 쉬려고 층계 위에 앉았다. 그러고는 수첩과 연필을 꺼내서 옛날 내게 일어났던 불행한 추억과 앞으로의 생활은 제발 행복하게 되었으면 하는 소원 등을 쓰기 시작했었지. 종이 위의 햇빛은 차츰 희미해져 가고 있었지만 나는 꽤 열심히 쓰고 있었어. 바로 그때 뭣인가가 길을 걸어오더니 내게서 2야드쯤 떨어진 곳에 멈추었다. 나는 그것을 바라보고 있었지. 머리에 엷은 베일을 쓴 조그만 녀석이었어. 내 곁으로 오라구 손짓을 하자 곧 내 무릎 앞에 와 서는 거야. 나는 그 녀석에게 말을 건네지 않았고 그 녀석도 내게 한 마디도 말은 건네지 않았지. 말로는 말야. 하지만 나는 그 녀석의 눈을 읽은 거야. 그 녀석도 나의 눈을 읽었지. 말을 사용하지 않고 교환한 이야기로 이런 것을 알았지.

그 녀석은 요정으로, 요정의 나라에서 왔다고 했지. 그 녀석의 용무는 나를 행복하게 하는 일이었다. 그 녀석과 함께 이 세상 어딘가 외딴 곳으로 가자고 했다—예를 들면 달 같은—그 녀석은 헤이 언덕으로 솟아오르는 초승달 쪽으로 고개를 돌려 보았다. 거기에는 우리가 살 수 있는 설화석고(雪花石膏)의 동굴이나 은빛 계곡이 있다는 거야. 거기에 가보고 싶다고 나는 말했지. 하지만 네가 방금 말한 대로 날개가 없으니 날아갈 수 없지 않느냐고 말해 주었지.

'아아' 요정이 대답했다. '염려 없어요! 여기에 수호신이 있어요. 이것은 어떤 곤란도 이내 없애 줍니다.' 그리고 요정은 아름다운 금반지를 내놓았지. '이것을 끼어요' 요정이 말했지. '나의 왼손 무명지에 이걸. 그러면 나는 당신의 것, 당신은 내 것이 된답니다. 그리하여 우리는 이 세상을 떠나서, 거기에서 우리만의 천국을 만들어요' 그녀는 다시 달을 향해 고개를 끄덕여 보였다. 그 반지는 말야, 아델라, 지금 내 바지 호주머니에 들어 있단다. 1파운드짜리 금화의 모습이지만. 하지만 나는 그것을 곧 다시 반지로 되돌려줄 작정이란다."

"그렇지만 우리 선생님과 그 요정은 무슨 관계가 있어요? 전 요정 같은 건 싫어요. 아저씨가 달나라로 데려가시려는 분은 우리 선생님이라고 하셨지요?"

"선생님이 요정이란 말이야." 그는 수수께끼 같은 어조로 말하였다. 여기서 나는 아델라에게 로체스터 씨의 농담은 곧이듣지 말라고 타일렀다. 그러나 아델라는 아델라대로 프랑스인 특유의 회의주의를 크게 발휘해서 '로체스터 아저씨는 지독한 거짓말쟁이'라고 말하고, 나는 그런 '옛 이야기는 믿지 않으며' '게다가 요정 같은 건 존재하지 않고 혹시 존재하고 있다고 해도' 절대로 선녀는 그의 앞에 나타나지도 않을 뿐더러, 반지를 주거나 달나라에서 함께 살자는 얘기는 절대로 할 리가 없다고 단언했다.

밀코트에서 보낸 시간은 나에게는 어리둥절한 일들뿐이었다. 로체스터 씨는 억지로 나를 어느 비단 옷감집으로 데리고 가, 거기서 여섯 벌의 옷을 고르라고 말했다. 나는 그런 일은 하기가 싫어서 나중에 하는 일로 해달라고 부탁하였다. 안 돼—지금 당장 고르라는 것이었다. 작은 목소리지만 단호한 어조로 애원한 덕택으로, 여섯 벌 중에서 두 벌 분으로 줄이기는 했지만 그 두 벌도 자기가 고른다고 우겨댔다. 그의 눈이 진열된 옷감 사이를 부지런히 오가는 것을 나는 근심스럽게 바라보고 있었다. 이윽고 그의 시선은 가장 화려한 자줏빛 비단과 눈부신 분홍빛 새틴에 머물렀다. 나는 또 작은 목소리로 단호하게 이렇게 하면 황금 의상과 은으로 만든 보닛을 사는 것과 같은 것인데 골라주신 것을 입을 용기는 도저히 없다고 항의하였다. 돌과 같이 완고한 그를 어떻게든 설득해서 차분한 검정 새틴과 자줏빛 비단으로 바꾸게 하였다. "현재로서는 그것으로 좋지만" 하고 그는 말하였다. "앞으로 화려한 화단처럼 당신을 화려하게 꾸밀 작정이오."

그를 비단 상점에서, 다음은 보석 상점에서 간신히 데리고 나올 수가 있게 되어 나는 마음이 놓였다. 그가 나를 위해서 물건을 사 주면 사 줄수록 나의 뺨은 초조함과 굴욕감으로 달아올랐다. 다시 마차를 타고 피곤하고 열에 들뜬 몸을 좌석에 기댔을 때 어두운 일과 즐거운 일이 어지럽게 스치고 지나가는 동안에 아주 잊어버리고 있던 일이 생각났다. 리드 부인 앞으로 보낸 나의 삼촌인 존 에어의 서신이었다. 나를 양녀로 하여 유산 상속인으로 한다는 삼촌의 의지를 생각해 낸 것이다. '비록 얼마 안 되지만 독립해서 살아갈 수 있을 정도의 수입이 있으면 안심할 수 있을 것이다'고 나는 생각했다. '로체스터 씨로부터 인형처럼 옷을 입히다니 견딜 수 없는 일이고 매일 황금 소나기를 맞아 가며 다나에(그리스 신화에 나오는 미인. 지하 감옥에 갇혀 있을 때 제우스가 그녀를 찾아갔다.)처럼 앉아 있는 것도 질색이야. 돌아가면 곧 마데이라로 편지를 써서 존 아저씨에게 내가 결혼하려고 한다는 것과 결혼 상대자에 대해서도 알려 드려야지. 장차 로체스터 씨에게 내가 상속한 것을 드릴 수가 있다는 가망이 있다면 지금 그에게 신세지고 있다고 해도 속이 편할 거야'. 이렇게 생각하고 마음이 조금 편안해진 나는 (이 생각은 그날 바로 실행으로 옮겨졌다), 다시 한 번 주인의, 애인의 눈을 용기를 내어 바라보았다. 나는 얼굴도 시선도 외면을 하고 있었는데 주인의 눈은 끈질기게 나의 눈을 쫓고 있던 것이다. 그는 미소를 지었다. 그 미소는 황금이나 보석으로 장식한 노예를 황홀하게 바라보는 술탄(이슬람 국가의 군주)의 얼굴에 떠오르는 것 같은 미소였다. 나의 손을 끊임없이 더듬고 있던 그의 손을 빨갛게 될 정도로 힘껏 쥐었다가 밀어젖혔다.

"그런 식으로 보실 필요는 없어요." 나는 말했다. "그런 얼굴을 하시면 전 언제까지나 낡은 로우드의 제복 외엔 아무것도 안 입겠어요. 이 보랏빛 줄무늬의 무명옷을 입고서 결혼하겠어요. 당신은 그 진주빛 비단옷으로 잠옷을 만드시고 검정 새틴으로 조끼를 몇 개라도 만드시지요."

그는 킥킥 웃고서 두 손을 비볐다. "아, 이렇게 당신을 보며 이야기를 듣는 건 참 유쾌한걸!" 그는 외쳤다. "다시 없는 별난 사람인가? 신랄한 사람인가? 이 귀여운 영국 처녀를 교환으로 터키왕의 예쁜 후궁의 미녀를 그대로 준다고 해도, 영양 같은 눈을 하고, 극락에 산다고 하는 미녀를 모두 준다고 해도 놓치고 싶지 않아."

동양의 후궁을 들먹인 것이 나의 비위를 건드렸다. "후궁의 미녀 대신이라니 안 될 일입니다." 나는 말했다. "그런 사람들과 저를 똑같이 보지 마세요. 그런 종류의 여자를 좋아하신다면 지금 곧 이스탄불의 노예 시장으로 가서서, 여기서 어떻게 소비했으면 좋을지 처치 곤란한 여분의 돈을, 노예의 대량 구매에 쓰면 좋겠군요."

"그럼 당신은 어떻게 하겠소, 자네트? 내가 여러 톤의 인육과 검은 눈들을 구색 맞추어 사들이는 동안 당신은 뭘 하지?"

"당신의 노예가 돼 버린 사람들에게—당신의 후궁으로 있는 사람들도 포함해서—자유를 설교하는 선교사를 지원하겠어요. 후궁으로 들어가서 반란을 선동하겠어요. 그리고 최고위의 파샤인 당신은 얼마 안 가서 우리의 손으로 차꼬가 채워집니다. 우리로서는 어느 전제 군주도 인정한 일이 없는, 가장 너그러운 칙허장(勅許狀)에 서명하실 때까지는 당신의 속박을, 수갑을 푸는 데 찬성하지 않을 겁니다."

"당신의 자비에 매달리기로 하겠소, 제인."

"전 자비심이란 건 없어요, 로체스터 님. 그런 눈을 뜨시고 매달리셔도 말예요. 당신이 그런 얼굴을 하고 계시는 동안에는, 당신이 어떤 칙허장에 강요를 받고 서명을 하셔도, 석방되면 그 약속을 파기하실 것이 분명해요."

"왜 그러지, 제인. 당신은 도대체 무엇을 원하는 거요. 교회의 제단 앞에서 올리는 혼례 외에 비밀 결혼식을 억지로 올리려고 하는 것은 아니겠지? 아무래도 특별한 조건이라도 요구할 작정인 모양인데─도대체 그건 뭐요?"

"저는 그저 편안한 마음을 원할 뿐입니다. 감당치도 못할 무거운 짐에 짓눌리는 것은 질색입니다. 셀린 바랭스에 대해서 하신 말씀을 기억하고 계세요? 당신이 그분에게 준 다이아몬드니 캐시미어 같은 것을. 저는 영국의 셀린 바랭스가 될 생각은 없습니다. 저는 아델라의 가정교사의 일을 앞으로도 계속할 작정입니다. 그렇게 되면 저는 그걸로 제 식사와 거처를 마련하구, 그밖에도 매년 30파운드의 급료를 받을 수 있어요. 전 그 돈으로 옷도 사 입게 되니까 당신께서는 제게 다만……."

"그래, 그게 뭐지?"

"호의만 가져 주시면 되겠어요. 저도 당신에게 그것을 드리면 서로의 빚은 없어집니다."

"그렇지. 타고난 냉정하고 뻔뻔스런 성격, 순수한 천성의 긍지 같은 것에 대해서는 당신을 당할 자가 없을 거요." 그는 말했다. 우리는 손필드 가까이에 와 있었다. "오늘 나와 함께 식사를 하지 않겠소?" 대문 안을 들어설 때 그가 물었다.

"네, 좋겠죠."

"'좋겠죠'는 무슨 뜻이지? 듣고 싶은데."

"여태껏 식사를 함께 해 본 적이 없는걸요. 오늘따라 같이 식사를 해야만 할 이유를 모르겠어요. 그때가─."

"그때가? 당신은 중도에 말을 끊는 걸 좋아하는 모양이지?"

"꼭 함께 하지 않으면 안 될 때가 올 때까지는."

"내가 식인종인가? 시신을 먹는 악귀처럼 먹는다고 생각하고 있나? 그래, 함께 식사하는 것이 무섭다는 건가?"

"그렇게 생각해 본 적은 없어요. 하지만 앞으로 한 달 동안만은 여느 때처럼 해 주시면 좋겠어요."

"가정교사라는 노예의 고역은 당장 그만두겠지?"

"별말씀을! 죄송하지만 그만둘 생각은 없습니다. 여느 때처럼 그대로 계속하겠어요. 이제까지와 마찬가지로 낮 동안에는 당신 옆으로 가지 않도록 하겠어요. 밤에 저를 만날 생각이 드시면 사람을 보내 주세요. 그러면 찾아뵙겠습니다. 하지만 다른 때는 안 됩니다."

"한 대 피우고 싶군, 제인. 코담배라도 괜찮아. 이런 나 자신을 위로하기 위하여. 아델라라면 '기분을 안정시키기 위하여'라고나 하겠지. 유감스럽게도 잎담배 상자나 코담배 곽도 가까이에 없지만. 하지만 들어 봐요—귓속말이야—지금은 당신의 세상이지만, 귀여운 폭군이여, 마침내는 나의 시대가 오게 될 거요. 일단 당신을 꽉 잡으면 놓치지 않도록—이것은 비유지만—당신을 이와 같이 쇠사슬에 묶어 둘 작정이오." (그는 회중시계의 줄을 만져 보았다). "그래, 나의 귀여운 꼬마여, '나의 보석을 잃지 않도록 당신을 내 가슴에 붙여 두리라.'"

마차에서 내리는 나를 거들어 주며 그는 이렇게 말했다. 그 다음에 그가 아델라를 내려 주고 있는 동안, 나는 집 안으로 들어가 재빨리 2층으로 올라가 버렸다.

그날 밤, 그는 제시간에 나를 불렀다. 나는 그를 위해 그 시간을 보내는 방법을 생각하고 있었다. 마주앉아 하는 이야기는 피할 작정이었기 때문이다. 나는 그의 아름다운 목소리를 기억하고 있었다. 그는 노래를 부르는 것을 좋아했다—노래를 잘하는 사람은 대체적으로 노래하는 것을 좋아하는 법이다. 나 자신 노래는 잘 하지 못했고, 그의 엄격한 평가에 의하면, 피아노도 서툴렀다. 그러나 잘 하는 연주라면 듣는 것을 좋아했다. 사랑을 속삭이는 그 시각, 황혼이, 사랑의 시각이 창살 너머로 별을 뿌린 푸른 깃발을 격자창에 드리우기 시작하면 나는 이내 자리에서 일어나 피아노 뚜껑을 열고 노래를 한 곡 불러 달라고 그에게 부탁하였다. 그는 나를 변덕스러운 마녀라면서 다른 기회에 부르겠다고 했으나 오늘 저녁 같은 기회는 다시 없으리라고 나는 떼를 썼다.

"내 목소리가 마음에 들었소?" 그는 물었다.

"참 좋아요." 나는 그의 민감한 허영심을 북돋워 주기는 싫었으나 이번만은 임기응변책으로 그의 허영심을 채워 주고 자극시켜 주기로 했다.

"그럼, 제인, 당신이 반주를 해야지."

"좋아요, 쳐 보겠어요."

나는 쳤다. 그러나 곧 의자에서 쫓겨나고 '엉터리 아가씨'라는 핀잔을 맞았다. 나를 난폭하게 한쪽으로 밀어내고—그것은 내가 바로 원했던 것이었지만—내 자리를 빼앗자 자신이 반주를 하기 시작했다. 그는 노래도 잘했지만 피아노도 잘 쳤다. 나는 급히 창가로 물러났다. 거기 앉아서 조용한 나무들과 어두컴컴한 잔디밭을 내다보고 있는 동안, 다음과 같은 노래가 아름다운 곡조를 타고 상쾌한 밤공기 속을 흐르기 시작했다.

불타는 가슴 깊이
　싹튼 참사랑은
빠른 혈류가 되어,
　내 몸을 돌아다닌다.

날마다 그녀를 초조하게 기다리고,
　그녀가 떠나면 나는 괴로워 ;
그녀가 오는 발걸음 더디면
　모든 혈관은 얼어붙는다.

다시없는 기쁨이여,
　이렇게 사랑하고 사랑 받다니 ;
오직 이 꿈을 향하여
　소경처럼 앞으로 나아간다.

그러나 우리를 갈라놓은
　끝없는 황야에 길은 없고,
푸른 대양의 거센 파도의
　사나운 파도처럼 위험하여라.

황야와 숲에 숨은
　도둑이 나오는 길을 헤매어 ;
힘과 정의, 비탄과 노여움이,
　우리의 영혼을 떼어놓는다.

위험에 도전하고 방해를 비웃으며 ;
　불길한 조짐도 아랑곳하지 않고 ;
위협하고 괴롭히고 경고하는 자도,
　빠른 걸음으로 지나가네.

나의 무지개는 빛처럼 빨리 달리고 ;
　나는 꿈속에서 마냥 쫓는다 ;
눈부시게 내 앞에 나타난 것은
　저 소나기와 빛의 아기.

괴로움의 어두운 구름 위에 눈부시게
　저 부드럽고 엄숙한 기쁨이 빛난다 ;
이젠 두렵잖아.
　어떤 재앙이 닥쳐와도.

달콤한 이 한때가 이제는 두렵지 않아,
　내 일찍이 모두 질풍처럼 뛰어넘은 것
세차고 빠른 날개를 타고,
　격렬한 복수를 외치더라도.

오만한 증오가 나를 쓰러뜨리고,
　정의의 장벽이 내게 닥칠지라도,
권세 분노가 처량한 형상으로,
　영원한 원수가 될지라도.

나의 사랑, 그 작은 손을
  믿음을 가지고 내 손에 얹고,
성스러운 혼인의 질긴 끈으로 맹세하고
  우리 영혼과 함께 묶일지니.

나의 사랑 키스로 맹세했노라,
  나와 함께 살고 함께 죽자고;
이리하여 다시 없는 기쁨은 내것이 되고:
  나 사랑하듯이 사랑받으리!

그는 일어나서 내게로 왔다. 얼굴은 온통 타는 듯이 빛나고 있었고, 커다란 매 같은 눈은 번쩍이고, 사랑과 정열은 온 얼굴에 가득 차 있었다. 나는 순간적으로 움찔했지만—이내 기운을 되찾았다. 사랑의 달콤한 장면도, 대담한 사랑의 표현도, 어느 쪽도 피하고 싶었으나 나는 이 두 가지 위험에 직면하고 있었다. 방어의 무기를 준비해야지—나는 혀를 가다듬었다. 그가 내 곁에 왔을 때 나는 일부러 무뚝뚝하게 물었다. "당신은 이번에는 누구와 결혼을 하시겠어요?"

"귀여운 제인이 묘한 질문을 하는군."

"하죠! 아주 당연하고 필요한 질문이라고 생각해요. 그는 미래의 아내에게 함께 죽으라고 하십니다. 그런 이교도적인 생각을 하시다니 어쩔 작정이신가요? 저라면 같이 죽을 생각은 하지 않습니다—그것만은 분명합니다."

"아, 내가 오직 바라는 것은, 기원하는 것은, 당신이 나와 함께 산다는 거요! 당신과 같은 사람에게 죽음이란 무의미해."

"그럴 리는 없습니다. 저도 당신과 마찬가지로 그때가 오면 죽을 권리가 있습니다. 하지만 그때까지 참고 기다리지 않으면 안 됩니다. 순사(殉死)와 같은 풍습을 따라서 죽음을 서두르면 안 됩니다."

"당신은 멋대로 생각한 나를 용서해 주겠소? 용서해 준다는 증거로 화해의 키스를 해 주겠소?"

"싫습니다. 이것으로 실례하겠어요."

여기서 나는, 나를 '고집통이'라고 하는 소리를 들었고, 다시 그가 이렇게 말하는 것을 들었다. "다른 여자라면 이렇게 자기를 찬양해 주는 노래를 들으면 기뻐서 뼛속까지 녹아 버릴 텐데."

나는 나면서부터 고집이 센 성격이라는 것과, 앞으로 자주 그것을 알게 될 것이라고 말하였다. 게다가 앞으로 4주일 동안에 자기 성격의 여러 면을 보여드릴 작정이라고도 말하였다. 아직 철회할 수 있는 동안에 어떤 계약을 하셨는지 곰곰이 잘 생각해 보라고도 했다.

"좀 얌전하고 진지하게 말할 수는 없소?"

"원하신다면 그렇게 하죠. 진지하게 말을 하라고 하시는데 저는 지금 그렇게 말씀드리고 있다고 생각하는데요."

그는 초조해서 흥! 하고 코웃음을 치는가 하면 쯧쯧 하고 혀를 차기도 했다. '잘됐구나.' 나는 생각했다. '화를 내고 애를 태워 보시려면 태워 보세요. 당신하고 해나가기 위해서는 이것이 가장 좋은 방법이니까. 하지만 감정에 빠질 생각은 없습니다. 그래서 나는 임기응변의 묘라는 바늘을 가지고 당신을 절벽 언저리에서 떨어지지 않도록 해드리겠습니다. 그 찌르는 듯한 아픔을 빌어 당신과 나 사이에 서로를 위해 가장 좋다고 여겨지는 거리를 유지합시다.'

나는 조금씩 그의 마음을 자극해서 초조하게 만드는 데에 성공하였다. 그래서 그가 화가 나서 방 다른 쪽 편으로 가버리자 나는 일어나 여느 때처럼 자연스럽고도 공손한 태도로 "안녕히 주무세요" 하고는 옆문으로 나왔다.

이런 식으로 시작한 이 방법을 약혼 기간 동안 줄곧 계속하여, 순조롭게 성공을 거두었다. 확실히 그는 조금 기분이 나쁘고 무뚝뚝해졌으나 대체로 즐기고 있는 것처럼 보였다. 양과 같은 순종이나 산비둘기처럼 자상한 정감은 그의 횡포를 더욱 조장하면 했지 그의 이성을 기쁘게 하거나 양식(良識)을 그다지 만족시키지도 못하고 그의 기호에도 맞지 않는 것 같았다.

남이 있는 곳에서는 나는 전과 다름없이 공손하고 침착한 태도를 취하고 있었다. 그 이외의 태도는 필요가 없었다. 내가 그를 정면으로 부딪쳐서 괴롭히는 것은 밤의 단란한 한때뿐이었다. 시계가 7시를 치면 그는 곧 사람을 보낸다. 하지만 지금은 나를 앞에 놓고 '사랑스럽다'거나 '귀엽다'거나 하는 달콤한 말이 입술에 오르는 일은 없었다. 나에게 바쳐진 가장 좋은 말도 '극성스러운 꼭두각시'니 '짓궂은 꼬마 요정'이니 '꼬마 도깨비', '요정의 화신'

과 같은 말들이었다. 포옹 대신에 얻는 것은 찌푸린 얼굴, 악수 대신에 팔을 꼬집고, 뺨에의 키스 대신 귀를 잡아당기는 것이다. 그것으로 좋았다. 현재로서는 부드러움보다도 이런 식으로 거칠게 사랑을 표현해 주는 것이 훨씬 좋았다. 페어팩스 부인도 내가 하는 방법에 찬성하는 것 같았다. 나를 염려하는 마음도 사라졌다. 따라서 나의 방법은 옳았다고 확신하였다. 한편, 로체스터 씨는 나 때문에 뼈와 가죽만 남게 되었다면서 앞으로 때가 오면 지금의 내 처사에 대해서 복수를 하겠다고 위협했다. 그의 이런 위협을 나는 속으로 웃었다. '현재로 보아서는 나는 당신의 머리를 누르고 있는 것 같군요' 하고 나는 생각하였다. '앞으로도 틀림없이 잘 할 수 있다고 생각해요. 어떤 수단이 효과가 없으면 다른 수단이 있으니까.'

그러나 이 일은 쉬운 일이 아니었다. 그를 초조하게 하는 것보다도 기쁘게 해주고 싶다고 생각하는 편이 많았기 때문이었다. 나의 미래의 남편은 나에게 온 세계였다. 아니 세계 이상의 것이었다. 거의 대망의 천국과 같은 것이었다. 그는 나와 신앙상의 모든 생각 사이를 가로막고 서 있었다. 일식(日蝕)이 인간과 거대한 태양 사이에 개재하는 것처럼. 그 무렵의 나는 하느님이 만드신 인간을 우상시하고 있었으므로 하느님의 모습이 보이지 않았던 것이다.

25

구혼 기간 한 달은 눈 깜짝할 사이에 지나가고 그 날이 시시각각으로 다가오고 있었다. 다가오는 그날—결혼 날—을 이제 미룰 수는 없었다. 그리고 그날을 위해 준비는 모두 갖추어져 있었다. 적어도 나는 이제 아무것도 할 일이 없었다. 나는 트렁크 속에 물건을 다 챙겨서 자물쇠를 잠가 밧줄로 묶어 작은 방 벽 쪽에 죽 늘어놓았다. 내일 이맘때면 런던을 향해 가고 있을 것이다. 그리고 나도 (하느님의 뜻대로 된다면)—아니 오히려 내가 아니라 제인 로체스터라고 하는, 내가 아직 알지 못하는 인물이라고 말하는 편이 좋을 것이다—주소를 적은 꼬리표를 다는 일만 남았다. 넉 장의 네모진 꼬리표가 장롱 위에 놓여 있었다. 로체스터 씨가 손수 주소를 썼다. '런던, ○○호텔, 로체스터 부인'이라고. 나는 내가 직접 이 꼬리표를 달 생각은 없었고 달아 달라고 부탁할 마음도 나지 않았다. 로체스터 부인! 그런 사람은 아직 존재하지 않는다. 내일 아침 8시를 지나지 않으면 탄생하지 않는다. 그 사람이 분명히 이 세상에 나타날 때까지는 이런 모든 소지품을 그 분에게 드리는 것을 기다리고 싶었다. 화장대 맞은편에 있는 옷장에는 로우드에서 입던 검은 옷과 밀짚모자 대신에 로체스터 부인의 것으로 되어 있는 옷이 들어 있는 것만으로 충분했다. 저 한 벌의 신부 옷, 주인을 바꾼 양복걸이에 걸려 있는 진주빛 겉옷과 안개 같은 베일은 내 것이 아닌 것이다. 그 기묘한 생령(生靈)과 같은 옷을 감추기 위해 나는 옷장 문을 닫았다. 이런 밤중—오후 9시—에 그 옷은 어슴프레한 방 저편에서 희미하게 떠올라 있었다. "너를 혼자 있게 하겠다. 하얀 환상이여." 나는 말하였다. "어쩐지 몸이 화끈거려. 바람 소리가 들린다. 밖에 나가서 바람을 쐬어야지."

몸이 화끈거리는 것은 준비하기에 바빴기 때문이 아니었다. 커다란 변화에의 예감—내일부터 시작하려는 새로운 생활의 예상 때문만도 아니었다. 물론 이 두 가지 정황이 겹쳐서 어쩐지 기분이 들뜬 것은 확실했고, 그 때문에 이렇게 밤늦은 시간에 황급히 밖으로 나갈 마음이 생긴 것도 확실했다. 그러나 그뿐만이 아니었다. 또 하나의 원인이 나의 마음을 어지럽히고 있었던 것이다.

나의 마음속에는 묘한 불안이 있었다. 나의 이해가 미치지 않은 그 무엇인가가 일어났다고 하는 불안. 나 이외에는 그 사건을 본 사람이 없고 누구 하나 이것을 아는 사람이 없었다. 그것은 전날 밤에 있었던 일이다. 로체스터 씨는 전날 밤 집을 비웠고 아직 돌아오지 않고 있었다. 30마일쯤 떨어진 곳에 그가 소유하고 있는 두서너 개의 농장이 있는 작은 영지가 있었고, 그곳에 볼일이 있어서 간 것이다. 영국을 떠나기에 앞서 사전에 처리해야 할 일이 있었던 것 같았다. 나는 마음의 짐을 풀고 싶어서, 나를 괴롭히고 있는 수수께끼를 풀어주기를 기다리며 그가 돌아오기를 기다리고 있었다. (독자여, 그가 돌아오기까지 기다려 주기 바란다. 그 수수께끼를 그에게 털어놓을 때 여러분도 그 수수께끼의 정체를 알 수 있을 것이다).

나는 과수원으로 갔다. 바람에 쫓기어 그 피난처로 간 것이다. 남풍이 온종일 세차게 불고 있었으나 비는 한 방울도 내리지 않았다. 밤이 깊어감에 따라서 바람은 가라앉기는커녕 더욱 세차게 불어왔다. 나무들은 꼼짝 못하고 한쪽으로 쏠린 채 한 시간에 한 번도 큰 가지를 일으키지도 못하고 가지 머리를 오직 북으로 북으로 숙이고 있을 뿐이었다. 구름은 하늘 끝에서 끝으로 커다란 덩어리를 이루고 연달아 흘러가고 있었다. 7월의 그날, 푸른 하늘은 조금도 볼 수 없었다.

하늘을 뚫고 소용돌이치는 거대한 대기의 분류에 마음의 괴로움을 맡기며 바람에 쫓겨 달린다는 것은 무엇인가 마음이 들끓는 것 같은 쾌감이 있었다. 월계수의 오솔길을 내려가자니까 마로니에의 무참한 잔해가 보였다. 검게 그을리고 두 개로 쪼개져서 서 있었다. 줄기 한가운데가 쪼개져서 무참한 꼴을 보이고 있었다. 둘로 쪼개진 줄기는 서로 떨어진 것이 아니고 굵은 줄기 부분과 강인한 뿌리가 갈라진 줄기를 굳게 받치고 있었다. 그러나 공유하고 있던 생명력은 끊어져 있었다. 수액이 이미 흐르지 않기 때문이었다. 어느 쪽이나 큰 가지는 시들어 있었고 이 겨울의 폭풍우가 확실하게 쪼개진 한 쪽을 또는 양쪽을 쓰러뜨릴 것이라는 것은 분명했다. 하지만 아직은 한 그루의 나무 모양을 갖추고 있다고 말할 수 있을지 모른다. 잔해라고는 하지만 나무 모양을 하고 있는 잔해였다.

"너희들은 서로 꼭 붙들고 있기를 잘했어." 나는 말을 걸었다. 쪼개진 괴물과 같은 거목이 살아 있어서 나의 목소리를 알아듣기라도 하는 것처럼 나는 말을 걸었다. "이렇게 상처를 입고 검게 그을렸지만 너의 속에는 아직 조금이나마 생명을 통하게 하는 것이 있구나. 믿을 수 있는 충실한 뿌리에 단단히 받쳐서 서 있는 너는 두 번 다시 푸른 잎을 우거지게 할 수는 없고 너의 가지에 둥지를 틀고 한가하게 지저귀는 새의 모습도 두 번 다시 볼 수 없을 것이다. 기쁨과 사랑의 나날은 이미 끝났어. 하지만 너희들의 고독은 아니구나. 각기 썩어가는 상대방을 위로하는 친구가 있으니까." 쪼개진 줄기를 올려다보고 있자니까 달이 그 쪼개진 틈을 메우고 있는 하늘로부터 한순간 얼굴을 내밀었다. 둥근 달은 핏빛처럼 빨갛고 반은 구름에 가리어 있었다. 그리고 어리둥절하면서도 슬픈 듯한 눈으로 나를 바라보더니 이내 흘러가는 두터운 구름 속에 몸을 감추고 말았다. 손필드 주위에서 부는 바람은 딱 그쳤으나 멀리 숲이나 냇가에서는 바람이 흐느끼는 듯한 비명을 지르며 세차게 불고 있었다. 그것을 듣고 있는 나는 어쩐지 슬퍼져서 다시 뛰기 시작했다.

과수원 안을 여기저기 헤매면서 사과나무 밑동 주위의 풀밭 위에 떨어져 있는 사과를 주워 모아 익은 것과 안 익은 것을 가려서 집으로 가져다가 광 속에 넣어 두었다. 그러고는 난롯불이 피어 있나 알아보려고 서재로 갔다. 여름이라고는 하지만 이처럼 음산한 밤이면 로체스터 씨는 방안에 들어와 활활 타는 난로를 좋아한다는 걸 나는 알고 있었다. 나는 그의 안락의자와 테이블을 난롯가에 가져다 놓았다. 커튼을 내리고 불을 켤 준비를 갖춘 촛대 를 가지고 오게 했다. 이런 준비를 다 마치고 나서도 좀처럼 안정이 되지 않 아 가만히 앉아 있거나 집안에 있을 수도 없었다. 서재의 작은 시계와 현관 홀의 큰 시계가 동시에 10시를 쳤다.

"밤이 꽤 깊었구나!" 나는 말했다. "대문까지 달려갔다 와야지. 가끔 달 빛이 비치고 멀리까지 길이 보이니까. 지금쯤 돌아오고 계실지 몰라. 마중 나가면 이 불안한 기분도 가실지도 몰라."

바람은 대문을 가리고 있는 큰 나무들 위에 마구 휘몰아치고 있었다. 그러 나 오른쪽이나 왼쪽 내 눈이 닿는 한 사람의 모습은 보이지 않고 조용했다. 이따금 달이 얼굴을 내밀 때마다 구름의 그림자가 길을 가로지를 뿐 움직이 는 것이라고는 하나도 없는 해쓱하고 긴 한 줄기의 선이 뻗어 있었다.

그것을 바라보고 있는 동안 나는 어린애같이 눈물이 앞을 가렸다—실망과 초조의 눈물. 그것이 부끄러워서 눈물을 닦는다. 그래도 그 자리에 머뭇거리 고 서 있었다. 달은 자기 방으로 들어앉아 두터운 구름의 커튼을 내려 놓고 있었다. 밤의 어둠은 더욱 깊어지고 비가 질풍을 타고 세차게 불어 닥치고 있다.

"돌아오세요! 돌아오세요!" 나는 무엇인가 불길한 예감에 사로잡히면서 외쳤다. 차 마시는 시간 전까지는 돌아오리라고 생각했는데 이렇게 어두워 지고 말았다. 어째서 이렇게 시간이 걸리고 있을까? 무슨 사고라도 일어났 을까? 지난 밤의 사건이 또다시 머리에 떠오른다. 그것은 재앙의 조짐이 아 니었을까? 나의 앞날에의 희망은 너무나 눈부셔서 실현될 수 없는 것이 아 닐까 불안했다. 최근 더없는 기쁨을 몇 번이고 맛보았으므로 나의 운은 그 절정을 넘어 내리막길에 접어든 것이 아닐까?

'아직 집에는 돌아갈 수 없어.' 나는 생각했다. '이런 악천후를 뚫고 그 분 이 돌아오시는데 내가 난롯가에 평안하게 있을 수는 없어. 가슴을 죄고 기다 리는 것보다는 손발을 고달프게 하는 편이 낫지. 더 앞까지 마중하러 가봐야

지.'

나는 걷기 시작했다. 빨리 걸었다. 그러나 멀리까진 가지 못했다. 4분의 1 마일쯤도 채 가지 않았는데 말발굽 소리가 들려 왔다. 말을 탄 사람이 전속력으로 질주해 오고 있었다. 개 한 마리가 그 곁을 달려왔다. 불길한 생각은 꺼져 버려라! 그분이었다. 메스루어를 타고 파일럿을 거느리고 그분이 오고 있었다. 그는 나를 보았다. 달이 하늘에서 푸른 들판을 쪼개며 물 표면처럼 빛나며 나아가고 있었기 때문이었다. 그는 모자를 벗어 높이 휘둘렀다. 나는 그를 맞으러 달려갔다.

"자아!" 그는 외치더니 한 팔을 내밀고 안장에서 몸을 내밀었다. "당신은 내가 없으면 아무것도 할 수 없군그래. 이 장화 끝에 발을 걸치고 두 손을 이리 줘요. 올라와요!"

나는 그가 하라는 대로 따랐다. 기뻐서 몸도 가벼웠다. 그의 앞에 날렵하게 올라탔다. 나는 환영의 열렬한 키스를 받았다. 그리고 그의 의기양양한 태도도 될 수 있는 대로 솔직한 기분으로 받아들였다. 솟아오르는 기쁨을 누르며 그는 이렇게 물었다. "어떻게 된 거요, 자네트? 이런 시각에 나를 마중 나오다니, 무슨 일이라도 있었소? 무슨 걱정되는 일이라도 생겼소?"

"아녜요, 돌아오시지 않아서 걱정이 되었을 뿐이에요. 집안에서 기다리는 것이 견딜 수 없었어요. 이렇게 비바람이 휘몰아치는데."

"그렇군, 비바람이! 인어처럼 흠뻑 젖었군. 내 망토를 둘러요. 그런데 열이 있는 것 같은데. 제인, 뺨도 손도 타는 듯이 뜨겁군. 다시 묻지만 무슨 일이 있었소?"

"아무 일도 없어요, 지금은. 이제 무섭지도 비참하지도 않아요."

"그럼 아까는 무섭고 비참했소?"

"조금. 하지만 이제 차차 말씀드리죠. 아마 들으시면 쓸데없이 애를 썼다고 당신은 웃으시겠지만."

"내일이 지나면 마음껏 웃어주지. 그때까진 웃을 수 없소. 사냥감이 손에 들어올지 어떨지 아직 안심이 되지 않으니까 말요. 이것이 당신이었소? 지난 한 달 동안 미꾸라지처럼 미끄러워 잡히지 않고 들장미처럼 가시투성이가 아니었소? 손가락을 대려고 하면 가시에 찔리고. 그런데 이제 길 잃은 새끼양을 내 손 안에 안은 것 같군. 새끼양이 양치기를 찾아 우리를 뛰쳐나온 거 아냐, 제인?"

"전 당신이 보고 싶었어요. 그렇다고 뽐내지는 마세요. 벌써 손필드에 다 왔네요. 내려 주세요."

그는 나를 돌을 깐 길 위에 내려 주었다. 존이 말을 끌고 가버리자 내 뒤를 따라 현관홀로 들어왔다. 그리고 그는 빨리 마른 옷으로 갈아입고 서재로 오라고 했다. 내가 층계를 올라가려고 하자 나를 붙들고 지체하지 말고 곧 오도록 다짐을 받았다. 나는 오래 걸리지 않았다. 한 5분 뒤에는 다시 그와 만났다. 그는 저녁 식사 중이었다.

"앉아서 나하고 식사를 같이 합시다, 제인. 당분간은 이것이 손필드 저택에서는 마지막이자 두 번째 식사가 되는 거니까."

나는 그의 옆에 앉았다 그러나 먹을 수는 없다고 했다.

"눈앞의 여행이 신경 쓰이나, 제인? 런던으로 간다고 생각하니 식욕이 없나?"

"오늘 밤엔 장래의 일은 잘 모릅니다. 나 자신이 무엇을 생각하고 있는지 잘 알 수 없습니다. 이 세상 모든 것이 현실적이 아닌 것 같은 생각이 듭니다."

"나를 빼놓고. 나는 제대로 된 실물이야—만져봐."

"당신이야말로 무엇보다도 환상인 것 같아요. 덧없는 꿈 같아요."

그는 웃으면서 한손을 내밀었다. "이게 꿈이오?" 하고 말하고는 그 손을 내 눈에 바짝 가져왔다. 그는 길고 억센 팔과 마찬가지로 근육질의 두툼한 손이었다.

"네. 만져 봐도 이건 꿈이이에요." 나는 이렇게 말하면서 그 손을 내렸다. "저녁 식사는 다 하셨나요?"

"아, 제인."

나는 벨을 눌러 상을 물리라고 일렀다. 다시 우리 두 사람만이 있게 되자 나는 난롯불을 돋우어놓고는 주인의 무릎 가까이에 있는 낮은 의자에 가서 앉았다.

"벌써 밤도 깊었어요." 나는 말했다.

"그렇군. 하지만 기억하고 있소, 제인? 결혼 전날 밤엔 나와 함께 뜬눈으로 밤을 새우겠다고 한 약속을 말이오."

"기억하고 있어요. 약속은 지키겠어요. 기껏해야 한두 시간은. 잘 생각이 나지 않으니까요."

"준비는 다 됐소?"

"네, 됐어요."

"나도 마찬가지요." 그는 다시 말했다. "용건은 모두 정리했으니까 내일은 교회에서 돌아온 후 30분 안에 손필드를 떠나기로 합시다."

"네, 분부하신 대로."

"분부하신 대로라고 하면서 참 묘한 웃음을 띠고 있군, 제인. 두 뺨이 붉어졌어요! 그리고 그 눈빛이 참 이상하게 빛나는구려! 괜찮아요?"

"아무렇지도 않다고 생각해요."

"생각한다고! 도대체 어떻게 된 거요? 어떤 기분인지 말 좀 해 봐요."

"말할 순 없어요. 지금의 제 기분은 말로는 할 수 없어요. 지금의 이 시간이 결코 끝나지 않았으면 하고 생각해요. 앞으로 어떤 운명이 기다리고 있는지 아무도 알 수 없잖아요?"

"우울증인가, 제인. 너무 흥분했거나 과로한 탓이야."

"당신은 편안하고 행복한 느낌이세요?"

"편안? 아냐. 하지만 행복해─마음속으로부터."

나는 그를 올려다보고 그의 얼굴에 행복의 빛이 있는지 알아보려고 하였다. 그의 얼굴은 타는 듯이 상기되어 있었다.

"비밀을 털어놓아요, 제인." 그는 말했다. "당신 마음의 무거운 짐을 내게도 나누어서 마음을 편안하게 하란 말이오. 무얼 걱정하고 있소? 내가 좋은 남편이 못될까봐?"

"그런 건 생각해 보지도 않았어요."

"그럼 당신이 얻으려고 하는 신분이 마음에 걸리는 거요? 앞으로 보내게 되는 새로운 생활이 걱정이 되는 거요?"

"아니에요."

"알 수 없는 일이군, 제인. 슬픈 듯하면서도 대담한 표정이나 어조는 크게 고민거리가 되는걸. 설명을 해 주지 않겠소?"

"그럼 들어 보세요. 어젯밤엔 집에 안 계셨죠?"

"집에 없었지. 그랬지. 아까 당신은 내가 집에 없는 동안 무슨 일이 일어난 것처럼 암시했어. 아마 대수롭지 않은 사소한 일일 테지만. 그런데 그것에 당신의 신경이 쓰인단 말이지? 그것이 무엇인지 말해 봐요. 페어팩스 부인이 뭐라고 합디까? 아니면 하인들이 하는 얘기를 당신이 엿들었소? 당신의 과민한 자존심이 상했단 말이오?"

"아니에요." 시계가 12시를 쳤다—작은 시계의 은방울 같은 멜로디가 끝나는 것을, 현관홀의 커다란 시계의 쉰 듯한 울림이 끝나는 것을 기다리고 나서 말을 이었다.

"어제는 온종일 이리저리 뛰어다니며 바빴고 매우 행복했어요. 왜냐하면 저는 당신이 생각하시는 것처럼 새로운 신분 등에 대해서는 아무런 두려움도 가지고 있지 않으니까요. 당신 곁에서 살 수 있다니 더없는 기쁨이라고 생각하고 있어요. 당신을 사랑하고 있으니까요. 아네요, 안 돼요, 지금 그런 일은. 부디 조용히 얘기를 하게 해 주세요. 어제 나는 모든 것을 하느님에게 맡기고, 당신에게나 나에게 '모든 일이 서로 잘 되어 이익이 될 것으로' 믿고 있었습니다. 맑게 갠 날이었습니다. 대기도 하늘도 온화하여 여행길의 안녕을 염려할 일도 없었습니다. 차를 마신 후 당신의 일을 생각하면서 돌포장 길을 잠시 걷고 있었습니다. 제 바로 옆에 계실 당신의 모습을 상상하고 있었으므로 실제로 계시지 않아도 조금도 적적하지 않았습니다. 제가 가는 앞날에 기다리고 있는 생활에—아니, 당신의 생활에—제 생활보다도 훨씬 넓고 활기에 찬 생활을 생각하고 있었습니다. 시냇가의 좁고 얕은 강바닥보다 그 시냇물이 흘러들어가는 바다 쪽이 훨씬 깊은 거나 마찬가지죠. 도학자들이 왜 이 세상을 쓸쓸한 황무지라고 불렀는지 이상해요. 저에게 이 세상은 장미꽃처럼 피어 있었어요. 해가 질 무렵 피부에 한기를 느끼고 하늘도 흐려졌습니다. 그래서 안으로 들어갔습니다. 소피가 2층으로 올라와서 방금 가지고 온 신부 의상을 보아달라고 말했습니다. 의상 아래 상자 안에 당신의 선물을 발견하였습니다—당신이 왕과 같은 낭비를 하셔서 런던으로부터 가지고 오게 한 베일 말이에요. 제가 보석을 받으려 들지 않으니까 저를 속여서라도 뭣이든 값진 것을 받아들이게 하시려고 하신 것 같습니다. 저는 베일을 펴 보면서 웃었어요. 그리고 당신의 귀족적인 취미나, 평민 출신의 신부를 귀부인이 아니면 몸에 걸치지 않는 것으로 치장을 시키려고 하는 수고를 어떻게 놀려드릴까 하고 생각하였습니다. 저의 머리에 쓰려고 제가 마련한,

수놓지 않은 네모난 비단 레이스를 어떻게 몸에 지니고 당신에게로 갈까하고. 그리고 남편을 위해 재산도 미모도 집안도 가지고 갈 수 없는 여자는 이 것으로 충분하지 않을까요 하고 물어보려고 생각하였습니다. 당신이 어떤 얼굴을 하실지 분명히 보이는 것 같았습니다. 당신의 과격하고 혁신적인 대답이 들려왔습니다. 부(富)나 보관(寶冠)과 같은 것과 결혼함으로써 나의 부를 늘리고 신분을 높일 필요가 전혀 없다고 하는 당신의 오만한 대답이 들려왔습니다."

"참 잘도 내 마음을 읽었군 그래, 이 마녀 같은 아가씨야!" 로체스터 씨는 말을 가로막았다. "그래서 그 베일의 자수 외에 무엇을 발견했지? 독약인가? 단검이라도 발견했소? 그렇게 슬픈 얼굴을 하고 있는 걸 보니 말요."

"아녜요, 아녜요. 천이 촘촘하고 섬세하고 아름답다는 것 외에는 아무것도, 페어팩스 로체스터 님의 자부심을 별도로 한다면. 그런 것은 무섭지 않았습니다. 왜냐하면 당신의 그 악마는 눈에 익은 것이거든요. 하지만 어두워짐에 따라 바람이 불기 시작하였습니다. 어젯밤에 분 바람은 오늘과 같이 성난 바람이 아니라 더 으스스한 '음산하고 신음하는 것 같은 소리'를 내고 있었습니다. 당신이 옆에 있었으면 하고 얼마나 바랐는지 모릅니다. 이 방으로 들어와서 텅 빈 의자나 불기가 없는 난로를 보면 가슴이 서늘했습니다. 잠자리에 들어갔으나 좀처럼 잠이 오지 않았습니다. 묘하게 흥분이 되어 불안해서 견딜 수가 없었습니다. 여전히 휘몰아치고 있는 강풍이 무엇인가 음산하고도 남몰래 간직한 소리를 머금고 있는 것처럼 여겨졌습니다. 그것이 집 안에서 들리는 것인지 밖에서 들리는 것인지 처음에는 알 수 없었으나 바람이 잔잔해질 때마다 어딘지 비통한 소리를 지르는 것입니다. 어딘가 멀리에서 개가 짖고 있겠지 나는 그렇게 판단하였습니다. 그 소리가 그쳤을 때 나는 기뻤습니다. 잠이 들자 바람이 부는 어두운 밤이 꿈에 나타나는 것입니다. 당신이 옆에 있으면 얼마나 좋을까 하고 생각하면서도 우리들 사이를 갈라놓는 어떤 장벽과 같은 것의 존재를 느끼고 묘하게 고민을 하고 있는 것입니다. 처음의 꿈에서 나는 알지도 못하는 꼬불꼬불한 길을 걷고 있었습니다. 캄캄한 어둠이 저를 에워싸고는 비가 마구 퍼부었어요. 저는 한 어린애를 안고 있었습니다. 아주 작고 너무 어리고 약해서 걷지도 못하는 어린애로 저의 차가운 팔에 안겨, 떨면서 애처롭게 우는 것이었습니다. 당신은 제가 가고

347

있는 길 훨씬 앞쪽에 있다고 생각했습니다. 저는 있는 힘을 다해서 당신을 따라가려고 이름을 부르고 기다려달라고 부탁했으나—마치 차꼬를 채운 것처럼 움직일 수가 없고 목소리는 말로 되어 나오지 않은 채 사라지는 것입니다. 그러는 동안 당신은 시시각각으로 자꾸만 멀리 가 버리는 것을 느낄 수 있었습니다."

"그래, 그런 꿈을 꾸고 마음이 무거운 거요, 제인? 지금 내가 이처럼 당신 곁에 있는데도? 당신은 신경과민이군! 그런 꿈같은 건 잊고 현실의 행복을 생각해요! 나를 사랑한다고 했잖소, 자네트. 그래—나는 이 말을 잊지 않을 거요. 그것은 당신도 부인 못할 거요. 이 말들은 당신의 입술에서 말이 되지 않고 사라지거나 하지 않았어. 나는 그 상냥한 음성을 분명히 들었소. 너무나도 엄숙한 생각이지만 음악처럼 기분이 좋아—. "당신과 함께 살아나갈 희망을 가질 수 있다는 것은 더없는 기쁨입니다, 에드워드. 왜냐하면 나는 당신을 사랑하고 있으니까요."—당신은 나를 사랑하고 있소, 제인? 다시한 번 말해 줘요."

"사랑해요—진심으로 사랑하고 있어요."

"그런데," 잠시 침묵을 지키던 그는 말을 이었다. "이상한데. 그 말이 내 가슴을 아프게 찌르니, 왜 그렇지? 아마 당신이 경건한 열의를 담고 그렇게 말했기 때문이겠지. 나를 쳐다보는 당신의 눈길은 숭고한 성실·진실·헌신에 가득 차 있어. 마치 정령이 곁에 있는 것 같아서 거북해. 심술궂은 표정을 지어 봐요, 제인. 어떤 얼굴인지 잘 알고 있겠지? 억척스럽고 수줍은, 얄미운 미소를 지어 봐. 날 미워한다고 말해 봐요—나를 놀려대고 화나게 해 봐요. 날 슬프게 하지 않는다면 무슨 짓이라도 좋아. 슬퍼하는 것보다는 화를 내는 것이 차라리 낫소."

"제 이야기가 끝나면 소원대로 만족하실 때까지 놀려서 화를 나게 해드리지요."

"그걸로 다 끝난 줄 알았지, 제인. 난 당신의 우울한 원인은 꿈 탓인 줄 알았는데!"

나는 머리를 흔들었다.

"뭣? 또 있단 말이오? 그러나 그다지 대단한 것은 아니겠지. 미리 경고해 두지만 나는 쉽사리 믿지 않겠소. 자, 말해 봐요."

그의 흔들림이, 무엇인가 불안한 태도가 나를 놀라게 하였다. 그러나 나는 말을 계속했다.

　"또 하나 다른 꿈을 꿨어요. 손필드 저택이 쓸쓸한 폐허가 되어 박쥐와 올빼미의 소굴이 된 꿈이었어요. 으리으리한 저택의 전면은 사라지고 껍데기와 같은 벽이 매우 높아 자칫하면 무너질 것처럼 보였습니다. 달 밝은 밤 저는 풀이 무성한 집터를 거닐고 있었습니다. 대리석 벽난로에 걸려서 넘어지는가 하면 건물의 처마 장식의 파편에 걸려 비틀거리기도 하였습니다. 숄에 감싼 그 알 수 없는 아이를 안고 있었습니다. 제아무리 팔이 아파도 그 애를 내려놓을 수가 없었습니다. 매우 무거워서 발이 제대로 나아가지 못해도 그 아이를 안고 있지 않으면 안 되었습니다. 길 저 멀리에 말이 달리는 소리가 들려왔습니다. 길 위를 말이 달려가는 소리를 들었어요. 틀림없이 당신이었어요. 지금부터 당신이 머나먼 나라로 여러 해 걸리는 여행을 떠나는 참이었어요. 높은 곳으로부터 모습을 단 한 번이라도 당신을 뵙고 싶은 심정에서 미친 듯이 벽으로 기어올라갔습니다. 발밑에선 돌멩이가 구르고 꼭 붙잡고 있던 담쟁이덩굴은 손에서 빠지고 아이는 무서워서 제 목에 매달려서 숨이 막힐 것 같았습니다. 간신히 꼭대기까지 올라갔습니다. 당신의 모습이 하얀 길 위에 한 개의 점처럼 보여 그것이 시시각각으로 작아지는 것이었습니다. 강한 돌풍이 불어와서 저는 서 있을 수가 없었어요. 좁은 선반과 같은 곳에 웅크리고 앉아서 겁에 질린 애를 무릎 위에서 달랬어요. 당신은 길모퉁이를 돌아가려 하고 있었습니다. 마지막으로 한 번이라도 뵈려고 몸을 내밀었습니다. 발 아래의 돌이 무너져 몸이 흔들렸습니다. 어린애는 무릎에서 굴러 떨어지고 마침내 균형을 잃은 저는 떨어지다가 잠이 깼어요."

　"그래, 그걸로 다 끝났군, 제인."

　"서론은 끝났어요. 그러나 이야기는 이제부터예요. 눈을 뜨자 빛나는 것이 있어서 눈이 부셨습니다. 저는 생각하였습니다—아아, 낮이구나! 하지만 그것은 착각이었습니다. 촛불이었습니다. 틀림없이 소피가 들어온 거라고 생각했어요. 화장대 위에 촛대가 놓여 있었어요. 자기 전에 신부 의상과 베일을 걸쳐놓은 벽장의 문이 열려 있어서 거기에 옷이 스치는 소리가 들려왔습니다. 저는 물었습니다. "소피, 거기서 뭘 하고 있지?" 아무 대꾸도 없었습니다. 그러자 벽장에서 사람과 같은 그림자가 나타나서 촛대를 높이 들고 옷걸이에 걸려 있는 옷을 샅샅이 훑어보고 있는 것입니다. "소피! 소피!" 저는 다시 외쳤습니다. 하지만 여전히 아무 대꾸도 없었어요. 저는 침대 위에 일어나 앉아서 몸을 내밀었습니다. 처음엔 놀라움이 다음엔 당황이 나를 덮쳤습니다. 그러고는 제 전신의 혈관은 얼어붙고 말았어요. 로체스터 씨, 그것은 소피가 아니었어요. 리어도 아니고 페어팩스 부인도 아니었어요. 그것은—네, 절대로 확신이 있었습니다. 지금도 있습니다—그 이상한 여자는 그레이스 풀도 아니었어요."

"그 중의 한 사람일 테지." 주인은 말했다.

"아녜요, 그렇지 않다는 것을 단언합니다. 제 앞에 섰던 그 모습은 여태까지 이 손필드 저택 안에선 한 번도 본 적이 없었어요. 그런 키에 그런 모습은 제겐 처음이었어요."

"설명해 봐요, 제인."

"그것은 키가 큰 여자 같았어요. 키도 몸집도 크고 숱이 많은 검은 머리를 어깨 너머로 길게 늘어뜨리고 있었어요. 무슨 옷을 입고 있었는지는 모르겠어요. 하얀 무늬 없는 천이었는데 잠옷인지, 이불인지, 수의였는지 그건 모르겠어요."

"얼굴은 봤소?"

"처음엔 못 봤지요. 그런데 곧 그 여자는 제 베일을 떼어 들었어요. 그리고 그것을 높이 쳐들더니 한참 동안 보다가 그것을 자기 머리 위에 걸치고 거울 쪽으로 돌아섰어요. 그 순간 어둠침침한 타원형 거울 속에서 얼굴과 몸매가 비친 것을 저는 똑똑히 보았답니다."

"그래, 어떻게 생겼습디까?"

"무시무시하고 소름이 끼치는 무서운 얼굴이었습니다— 아, 전 그런 얼굴은 본 적이 없어요! 보통과는 다른 얼굴 빛깔, 그것은 야만인의 얼굴이었어요. 아, 그 빨간 눈과 그 꺼멓게 부풀어 오른 얼굴을 잊어버렸으면 좋겠어요!"

"유령은 보통 해쓱한데, 제인."

"그건 자줏빛이었어요. 입술은 부풀어서 검었고 이마엔 깊은 주름이 잡혀 있었고 검은 눈썹이 충혈된 눈 위에서 치켜올려져 있었습니다. 그것이 무엇을 제게 연상시켜 주었는지 말씀드릴까요?"

"말해 봐요."

"독일 전설에 나오는 도깨비—흡혈귀였어요."

"뭐라구! 그것이 무슨 짓을 했단 말이오."

"그 무시무시한 머리에서 제 베일을 벗어 버리더니 두 갈래로 갈기갈기 찢어서 마룻바닥에 내동댕이치고는 발로 마구 짓밟아 버렸어요."

"그 다음엔?"

"커튼을 열고 밖을 내다보더군요. 아마 새벽이 가까워 온 것을 보았겠죠. 촛불을 들고 문 있는 쪽으로 되돌아갔어요. 바로 제 침대 곁에서 발을 멈추자 불처럼 타는 눈으로 저를 노려보았습니다. 촛불을 제 얼굴 가까이 갖다 대고 제 눈앞에서 꺼 버렸어요. 그 무서운 얼굴이 제 얼굴에 번쩍 빛났다고 깨닫고는 의식을 잃고 말았어요. 세상에 태어난 후 두 번째예요. 다만 두 번째의 일이었지만—무서워서 기절해 버린 겁니다."

"의식을 회복했을 때 누가 옆에 있었소?"

"아무도 없었어요. 대낮이 되어 있었습니다. 일어나서 머리와 얼굴을 씻고 물을 넉넉히 마셨습니다. 몸이 나른하기는 했지만 병이 아니라는 것을 알았으므로 이 환상에 대해서 당신 외에는 아무에게도 이야기하지 않기로 마음먹었습니다. 그럼, 그 여자가 누구이고 정체가 무엇인가를 말씀해 주세요."

"지나치게 흥분한 머리가 만들어 낸 환상이야. 그게 틀림없을 거요. 당신의 몸을 좀더 보살펴 주어야 했어요, 내 귀중한 보배여. 당신과 같은 신경은 함부로 다룰 수 없이 되어 있으니."

"틀림없이 제 신경 탓은 아니에요. 그것은 현실이었어요. 이 사건은 실제로 있었던 일이에요."

"그렇지만 그 전에 꾸었다는 꿈, 그것도 현실의 일이란 말이오? 손필드 저택이 폐허란 말이오? 극복할 수 없는 걸림돌 때문에 내가 당신으로부터 분리되어 있단 말이오? 눈물 한 방울 없이, 키스도 없이, 말 한 마디도 없이 당신을 두고 떠나려고 한단 말이오?"

"아뇨, 아직은."

"그럼 이제부터 내가 그렇게 하려고 한단 말이오? 그게 무슨 소리요, 우리들을 굳게 결합시킬 날이 이미 시작되고 있는데. 우리가 일단 결합하는 날엔 그런 신경이 가져오는 두려움 따윈 다시 일어나지 않을 거요. 내가 보증

하지."

"신경이 가져오는 두려움! 그렇게 생각할 수만 있다면 좋겠지만. 지금은 차라리 그렇게 생각하고 있습니다. 왜냐하면 당신마저도 그 무서운 방문자의 비밀을 제게 설명할 수 없으니까요."

"나도 설명할 수 없는 일이니까 그건 사실이 아닌 것이 틀림없소, 제인."

"오늘 아침 일어났을 때 저도 그렇게 스스로 다짐했습니다. 항상 낯익은 것이 대낮의 빛을 받아 밝게 빛나고 있으면 틀림없이 용기와 위로를 얻을 수 있을 것이라고 생각하고 방안을 둘러보았을 때, 융단 위에, 제 생각이 틀렸다는 것을 확실히 해 주는 것을 보았어요—위에서 아래까지 두 갈래로 찢어진 베일입니다."

나는 로체스터 씨가 깜짝 놀라 몸을 움칠하는 것을 느꼈다. 그는 황급히 나를 끌어안았다. "주여, 감사합니다!" 그는 소리쳤다. "무엇인가 악의에 차 있는 것이 지난 밤에 당신의 방에 들어갔지만 피해를 입은 것은 베일뿐이구려. 아아, 무슨 큰 변이 일어날 뻔했다는 것을 생각만 해도!"

그는 가쁜 숨을 몰아쉬며 나를 꼭 껴안았으므로 나는 숨이 막힐 것 같았다. 잠시 잠자코 있다가 그는 명랑한 어조로 말을 이었다.

"이봐, 자네트, 속 시원하게 모두 설명해 주지. 그건 절반은 꿈, 절반은 현실이었어. 여자가 당신의 방에 들어간 것은 의심할 여지가 없소. 그 여자는—틀림없이 그레이스 풀이었어. 언젠가 당신도 그 여자를 수상한 사람이라고 했지 않나. 당신이 그렇게 말하는 것은 그럴 만한 이유가 있어서야. 그 여자는 나에게 무엇을 했단 말인가? 메이슨에게 무엇을 했단 말인가? 비몽사몽으로 당신은 그 여자가 들어온 것을 알고 그 행동을 알아차렸어. 그러나 열에 들뜬 것처럼 몹시 흥분한 당신은 그 여자의 평소와 다른 모습을 보고 만 거야. 등으로 기다랗게 늘어뜨린 긴 머리, 부어오른 검은 얼굴과 과장된 키 등은 모두 상상이 빚어낸 거야. 악몽 탓이오. 베일을 무참하게 찢은 것은 정말이겠지. 그건 그 여자가 할 법한 짓이지. 어쩌면 그런 여자를 왜 집에 두느냐고 당신이 묻고 싶겠지. 우리들이 결혼해서 만 1년과 하루가 지나면 그 까닭을 설명하겠소. 하지만 지금은 안 돼요. 제인, 이걸로 납득이 갔소? 나의 해석을 믿어 주겠소?"

나는 생각해 보았다. 그리고 사실 그렇게 생각할 수밖에 없다는 생각이 들었다. 납득은 하지 않았지만 그를 기쁘게 하기 위해 납득한 것 같은 표정을 지어 보였다—안심이 된 것은 확실했다. 그래서 나는 만족한 미소를 지어 보였다. 벌써 1시가 지난 지도 오래여서 나는 그의 곁을 떠나려 했다.

"소피는 어린이방에서 아델라와 함께 자고 있겠지?" 초에 불을 붙이고 있는 나에게 그는 물었다.

"네."

"아델라의 조그만 침대엔 당신이 잘 만한 자리가 있을 거요. 오늘 밤은, 제인, 그 애와 같이 자시오. 그런 사건이 있은 후라 신경이 곤두서 있을 거요. 혼자선 자지 않는 편이 좋을 것 같소. 어린이방으로 가겠다고 약속해 줘요."

"기꺼이 그렇게 하겠어요."

"그리고 방안에서 문을 꼭 잠그도록 해요. 2층에 올라가거든 소피를 깨워서 내일은 알맞은 시간에 깨워 달라고 부탁한다고 말해요. 8시 전에는 옷을 입고 아침식사를 끝내야 해요. 이젠 우울한 생각은 아예 하지 말아요. 쓸데 없는 걱정은 털어 버려요, 제인. 들어봐요. 바람이 무척 부드러운 속삭임으로 변한 것 같구려. 유리창을 때리던 비도 그치고. 봐요." 그는 커튼을 올리고, "얼마나 아름다운 밤인가!"

아름다운 밤이었다. 하늘의 반쯤은 맑고 구름 한 점 없었다. 구름은 이때 서풍으로 변한 바람에 밀리어 긴 은색 행렬을 이루고 동쪽을 향해 행진을 하고 있었다. 달은 평화롭게 빛나고 있었다.

"그런데," 로체스터 씨는 캐묻는 듯이 내 눈을 바라보며 말했다. "나의 제인은 지금 어떤 기분이지?"

"밤하늘은 맑게 개어 있어요. 저의 마음도."

"오늘 밤은 이별이나 슬픈 꿈은 꾸지 않고 행복한 사랑과 축복받은 결혼의 꿈을 꿀 거요."

이 예언은 절반은 맞았다. 슬픈 꿈은 꾸지 않았지만 기쁜 꿈도 별로 꾸지 않았다. 거의 잠을 이룰 수가 없었으니까. 나는 어린 아델라를 팔에 안고, 푹 잠이 들어 있는 아이의 자는 모습—그렇게 평화롭고 잔잔하고 천진난만한—을 지켜보면서 가까워 오고 있는 새벽을 기다리고 있었다. 나의 몸 안에는 나의 온갖 생명이 눈을 뜨고 활기에 차 있었다. 나는 해가 뜨자 곧 일어났다. 아델라의 곁을 떠나려고 했을 때 그 애가 내게 꼭 달라붙던 일을 기억한다. 내 목에서 그 애의 조그만 두 손을 풀고 그 애에게 키스하던 일을 기억하고 있다. 이상한 감정에 사로잡혀 그 애 앞에서 나는 울었다. 흐느껴 우는 소리가 그녀의 단잠을 깨는 것을 두려워하여 나는 소리 없이 그녀의 곁을 떠났다. 아델라는 나의 지난날 생활의 상징처럼 여겨졌다. 그리고 지금부터 옷을 차려 입고 만나러 가려고 하는 그는, 불안에 차 있기는 하지만, 내가 동경하는, 알지 못하는 미래의 상징이었다.

<h2 style="text-align:center">26</h2>

소피는 7시에 내게 옷을 입혀 주려고 왔다. 그녀는 그 일을 마칠 때까지 많은 시간이 걸렸다. 너무 시간이 오래 걸렸으므로, 좀처럼 나타나지 않는 나에게 로체스터 씨는 초조해 했는지 왜 오지 않느냐고 재촉하는 사람을 보냈다. 소피는 마침 베일을 (결국 수도 놓지 않은 하얀 네모난 비단 레이스가 되었다) 브로치로 머리에 고정시키고 있는 참이었다. 나는 될 수 있는 대로 빨리 그녀의 손에서 빠져나왔다.

"잠깐만!" 소피는 프랑스 말로 소리쳤다. "거울을 좀 봐요. 아직 한 번도 보지 않았잖아요."

문간에서 나는 돌아섰다. 긴 옷을 늘어뜨리고 베일을 쓴 모습은 거의 낯선 사람의 모습으로, 여느 때의 나 자신과는 달랐다. "제인!" 하고 부르는 큰 소리가 들렸으므로 나는 급히 아래층으로 내려갔다. 층계를 내려가자 로체스터 씨가 나를 맞아 주었다.

"느림뱅이!" 그는 말했다. "조급해서 내 머리는 불이 날 것 같은데 그렇게 늑장을 부리다니!"

그는 나를 정찬실로 데리고 가서 내 머리끝에서 발끝까지 샅샅이 살핀 다음 말했다.

"백합꽃처럼 아름답군. 내 삶의 자랑일 뿐 아니라 내 눈이 바라던 모습이오." 그리고 그는 내게 아침 식사를 하는 데 10분밖에 줄 수 없노라고 하고 벨을 울렸다. 최근 고용한 한 하인이 들어왔다.

"존은 마차 준비를 끝마쳤나?"

"네, 주인님."

"짐은 아래층으로 내려놨나?"

"아래층으로 내려놓았습니다."

"교회에 갔다 와 주게. 우드 목사와 서기가 와 있는지 보고 알려 주게."

독자도 아시다시피 교회는 대문 맞은편에 있었다. 하인은 곧 돌아왔다.

"우드 목사는 교회 성구실(聖具室)에서 의식용 교의를 입고 계십니다."

"그럼 마차는?"

"말에 마구를 달고 있습니다."

"교회로 가는 데는 마차는 필요 없다. 교회에서 돌아오면 곧 출발을 할 수 있도록 준비를 해 두게. 트렁크나 여행 짐은 모두 끈으로 묶어 놓게. 마부는 마부석에서 기다리라고 하고."

"알겠습니다."

"제인, 준비는 어떻게 되었소?"

나는 일어났다. 우리를 기다렸다가 행렬을 앞장설 신랑의 들러리도 신부의 들러리도 친척도 없었다. 로체스터 씨와 나 밖엔 아무도 없었다. 현관홀에 서 있는 페어팩스 부인 앞을 우리는 지나갔다. 나는 그녀에게 말을 건네고 싶었으나 내 손은 무쇠 같은 그의 손에 꼭 쥐어져 있었다. 간신히 따라갈 수 있을 정도로 그는 성큼성큼 걷고 있었다. 로체스터 씨의 얼굴을 보니 어떤 일이 있어도 단 1초의 지체도 허용하지 않는다는 느낌을 주었다. 신랑은 모두 이런 얼굴을 하는 것일까? ─목적을 향해 오직 달려간다는 단호한 결의가 얼굴에 나타나 있었다. 이토록 결연한, 불길처럼 빛나는 눈을 하고 있는 신랑이 또 있을까?

그날은 개었는지 흐렸는지 생각이 나지 않았다. 차도를 내려가면서 나는 하늘도 땅도 보지 않았다. 마음이 눈 역할을 하고, 그 눈은 둘 다 로체스터 씨의 몸 안으로 빨려 들어간 것 같았다. 같이 걸으면서, 그가 사납고 무서운 시선으로 단호하게 바라보고 있는 것처럼 여겨지는 것을 나도 보고 싶었다. 그가 대담하게 맞서고 저항하고 있는 것 같은 격렬한 생각을 나도 느껴보고 싶었다.

교회의 작은 문 앞에서 그는 걸음을 멈췄다. 내가 숨이 찬 것을 그는 알아챘다. "내가 사랑하는 방법은 잔인한가?" 그는 말했다. "잠깐만 쉬어요. 내게 기대요, 제인."

 내 앞에 조용히 서 있는 고풍스런 회색빛의 하느님의 집을, 그 뾰족탑 둘레를 감돌고 있는 땅까마귀를, 그 멀리 붉은 아침 하늘을 지금도 생생하게 떠올릴 수 있다. 그리고 푸른 풀로 덮인 무덤도 떠올리고 있다. 작은 산을 이루고 있는 몇몇 무덤 사이를 거닐면서 이끼가 긴 비석에 새겨진 비문을 읽고 있던 두 낯선 사람도 잊지 않고 있다. 나는 그들을 알아차렸다. 왜냐하면 그들은 우리를 보자 교회 뒤쪽으로 돌아가고 있었기 때문이었다. 바깥복도의 문으로 들어와 우리 결혼식에 참관할 것이라는 것을 나는 의심치 않았다. 로체스터 씨에게는 그들의 모습이 보이지 않았다. 그는 내 얼굴을 뚫어지게 바라보고 있었기 때문이었다. 그때 내 얼굴엔 핏기가 잠시 나마 가셔져 있었는가 보다. 이마엔 이슬이 맺히고 뺨도 입술도 차가웠다. 내가 곧 기분을 가다듬은 것을 알자 그는 나에게 다가와 교회 입구까지 오솔길을 천천히 걸어갔다.

 우리는 간소하고 조용한 교회 안으로 들어섰다. 간소한 제단 앞에 흰 교의를 입은 목사가 서 있고 서기가 그의 옆에서 대기하고 있었다. 둘레는 조용했다. 두 사람이 멀리 떨어진 곳에서 움직이고 있었다. 내가 추측한 대로 그 낯선 사람들은, 우리들보다 먼저 여기에 들어와, 우리에게 등을 돌리고 로체스터 집안의 묘소 옆에 서 있었고, 난간 너머로 오랜 세월의 때가 묻은 대리석 무덤을 바라보고 있었다. 거기에는 무릎을 꿇은 천사가, 17세기의 내란 때에 마스턴 황야에서 전사한 데이머 드 로체스터와 그의 부인 엘리자베스의 유해를 지키고 있었다.

 우리 자리는 강단 앞, 난간이 있는 곳에 정해져 있었다. 나는 등 뒤에서 조심스레 걸어오는 발자국소리를 듣고 어깨 너머로 흘끗 돌아보았다. 낯선 사람 중의 한 사람이—분명히 신사였다—강단 앞으로 걸어오고 있었다. 예식이 시작되었다. 결혼의 의도에 대한 설명이 끝난 후, 목사는 한 걸음 앞으로 나아가 로체스터 씨 쪽으로 조금 몸을 굽히고는 이렇게 말을 이었다.

 "나 그대들 두 사람에게 요구하고 명하노니, 만일 그대들 중 어느 누구이든지 이 결혼이 합법적으로 결합할 수 없는 어떤 장애가 있음을 알고 있으면 이를 숨기지 말고 만인의 마음속의 비밀이 탄로되는 심판의 날에 대답하듯이 지금 여기서 고백할지어다. 하느님의 말씀을 거역하고 짝을 맺는 인연은 하느님의 섭리로 결합된 것이 아니라 그 결혼은 불법임을 알지어다.”

그는 여기서 관례대로 말을 멈추었다. 이 선포가 있은 다음의 침묵이 이에 대한 대답으로 나선 사람에 의해서 깨진 일이 있었을까? 아마도 백 년에 한 번도 없었을 것이다. 목사는 기도서에서 눈을 떼지 않고 잠시 숨을 죽였다가 다시 시작했다. 그의 손은 이미 로체스터 씨에게 뻗어 있었고 그의 입술이 “그대는 이 여자를 아내로 삼겠는가?” 하고 막 물으려고 열렸을 때 아주 명확하고 분명한 목소리가 말했다.

“이 결혼식은 계속할 수 없습니다. 저는 이 결혼에 장애가 있다는 것을 단언합니다.”

목사는 말없이 발언자를 쳐다보았다. 서기도 마찬가지였다. 로체스터 씨는 발밑의 대지가 흔들린 것처럼 조금 몸을 움직였다. 그는 단단히 버티고 서더니 머리와 눈을 돌리지 않고 말했다. “계속해 주십시오.”

그가 이 말을 굵직하고 나지막한 목소리고 말했을 때 깊은 침묵이 주위를 지배하였다. 이윽고 우드 목사가 말하였다.

“방금 주장한 것을 조사해서 진위를 판명하기까지 나는 더 이상 식을 진행할 수 없습니다.”

“이 결혼식은 더 진행을 시킬 수 없습니다.” 우리 등 뒤의 목소리가 덧붙였다. “저에게는 이 진술을 확증해야 할 의무가 있습니다. 이 결혼에는 넘을 수 없는 장애가 있습니다.”

“식은 즉각 멈추어야 합니다.” 뒤에서 목소리가 이어서 말했다. “저는 이 진술을 입증할 용의가 있습니다. 이 결혼에는 극복하기 어려운 장애가 존재합니다.”

로체스터 씨는 이 말을 들었으나 조금도 개의치 않았다. 무뚝뚝하게 굳어져서 내 손을 잡는 것 외엔 몸 하나 까딱하지 않고 서 있었다. 어쩌면 이렇게도 뜨겁고 힘차게 손을 잡을까! 이 순간 그의 해쓱하고 건장한 넓은 얼굴은 방금 깎아낸 대리석을 연상시켰다. 그의 눈은 조용하고 빈틈없이, 그러면서도 그 속엔 사나운 광채가 빛나고 있었다.

우드 목사는 당황한 듯했다. “그 장애는 어떤 것입니까?” 그는 물었다. “아마도 그것은 해결할 수 있거나 해명할 수 있는 것은 아닐까요?”

“그럴 수 없습니다. 이것은 극복하기 어려운 장애라고 말씀드렸습니다.

심사숙고한 다음에 말씀드리는 것입니다."

발언자는 앞으로 나오더니 난간에 몸을 내밀었다. 그는 말을 계속했다. 한 마디 한 마디 분명하고 조용히 힘차게, 그러나 억제된 목소리로 말하였다.

"그 장애란 이전의 결혼이 아직 존속하고 있다는 단순한 사실에 있습니다. 로체스터 씨에겐 현재 살아 있는 아내가 있습니다."

천둥소리에도 결코 떤 일이 없는 내 신경이 나지막하게 말한 이 말에 떨렸다—나의 피는, 얼음이나 불에도 느끼지 않았던, 안에 깃든 폭력을 그 말에 느꼈다. 그러나 나는 침착했고 실신할 염려는 없었다. 나는 로체스터 씨를 바라보았다. 얼굴 전체가 파리한 돌 같았다. 눈은 부싯돌처럼 단단하고 불꽃을 튕기고 있었다. 그는 아무것도 부정하지 않았다. 그는 모든 것을 태연하게 무시하는 것 같았다. 말도 않고 웃음도 보이지 않고, 내가 인간이라는 것을 인정하는 기색도 없고 다만 한손을 나의 허리에 감고 그의 옆으로 끌어당기고 있었다.

"당신은 누구요?" 그는 난입자에게 물었다.

"나는 브리그스라는 사람이오. 런던 ○○가에서 변호사를 하고 있습니다."

"당신은 나에게 아내라는 것을 강요하는 거요?"

"당신에게 부인이 계시다는 걸 떠올리기 바랍니다. 제아무리 당신이 부정해도 법률이 그것을 인정하고 있습니다."

"그 여자에 대해서 자상한 설명을 하시오—이름, 출생, 현재의 주소를."

"그러지요." 브리그스 씨는 침착하게 호주머니에서 한 장의 종이쪽지를 꺼내어 일종의 직업적인 콧소리로 읽기 시작했다.

"기원 ○○년 10월 20일(15년 전 날짜), 영국 ○○군의 손필드 저택 및 ○○주의 펀딘 저택의 주인 에드워드 페어팩스 로체스터는 상인인 조너스 메이슨과 서인도 제도 소생인 그의 처 앙투아네트의 딸, 즉 나의 누이동생인 버사 앙투아네트 메이슨과 자메이카의 스패니시 타운의 ○○교회에서 결혼하였음을 확인하고 여기에 증명함. 결혼 기록은 동교회의 등록부에 기록되어 있음. 그 서류는 본인의 소유임을 증명함. 리처드 메이슨 서명."

"그것은—진짜 서류라면—내가 결혼했다는 것을 증명할지는 모르지만 그것에 기재된 여자가 내 처로서 아직 살아 있다는 걸 증명하는 건 아니오."

"그녀는 3개월 전까지 살아계셨습니다." 변호사가 대답했다.

"당신이 어떻게 아오?"

"그 사실을 증명하는 증인이 있습니다. 그분의 증언은 당신도 부인을 못할 겁니다."

"증인을 내놓으시오. 아니면 꺼져 버려!"

"우선 그 증인을 내지요. 바로 이 장소에 있습니다. 메이슨 씨, 앞으로 나오시오."

메이슨이란 이름을 듣자 로체스터 씨는 이를 악물었다. 그는 온몸을 부르르 떨고 있었다. 곁에 있던 나는, 분노인지 절망인지, 그것이 그의 온몸 안에 경련이 되어 퍼지는 것을 느꼈다. 그때까지 뒤에 서 있던 또 한 사람의 낯선 사람이 앞으로 나왔다. 해쓱한 얼굴이 변호사의 어깨 너머로 보였다—그렇다, 그것은 메이슨 씨였다. 로체스터 씨는 몸을 돌려 그를 노려보았다. 그의 눈은, 내가 이전에도 가끔 말했듯이, 검었다. 그것이 지금은 누르스름한, 아니 피와 같이 빨간 빛을 띠고 있었다. 그의 얼굴은 상기되어 올리브빛 뺨과 핏기가 가신 이마는 타오르는 심장의 불꽃에서 나는 것 같은 빛이 비치고 있었다. 그는 몸을 움직여 억센 팔을 쳐들었다—그는 메이슨을 교회 마룻바닥에 때려눕혔을지도 모른다. 가차 없는 일격으로 그의 숨통을 끊었을지도 모른다. 그러나 메이슨은 움츠러들며 가냘픈 목소리로 "살려 주세요!" 하고 희미하게 외쳤다. 모멸감이 로체스터 씨를 사로잡았다. 분노는 동고병(胴枯病)에 걸린 식물처럼 시들고 말았다. 그는 다만 이렇게 물었을 뿐이었다.

"네가 무슨 할 말이 있지?"

알아들을 수 없는 대답이 메이슨의 핏기 없는 입술에서 새어나왔다.

"네가 똑똑히 대답 못하는 것을 보니 악마가 하는 짓이군. 다시 한 번 묻겠다. 무슨 할 말이 있지?"

"여러분," 목사가 가로막았다. "당신들은 신성한 장소에 계시다는 걸 잊지 마시오." 그리고 메이슨을 향해서 점잖게 물었다. "당신은 이분의 부인이 아직 살아 계신지 어쩐지 알고 있습니까?"

"용기를 내어 서슴지 말고 말하시오." 변호사는 그를 격려했다.

"부인은 지금 손필드 저택에서 살고 있습니다." 메이슨은 아까보다는 분명한 어조로 말했다. "저는 지난 4월에 그곳에서 만났습니다. 제가 그 여자의 오빠입니다."

"손필드 저택에서!" 목사는 놀란 목소리로 외쳤다. "그럴 수가—나는 이 근처에서 오래 전부터 사는 사람이지만 손필드 저택에 로체스터 부인이 있다는 소리는 들어보지 못했는데요."

나는 로체스터 씨의 입술이 음울한 미소로 뒤틀리는 것을 보았다. 그는 중 얼거리듯이 말했다.

"그래요, 절대로 있을 수 없는 일이오! 그녀에 관해서는—그런 이름의 여자의 일은—그 누구의 귀에도 들어가지 않도록 조심을 해왔소." 그러고 나서 그는 곰곰이 생각했다—10분쯤 심사숙고한 끝에 그는 결심을 한 듯 단호히 말하였다.

"됐소—총신에서 총알이 튀어나오듯이 모든 것을 털어놓겠소. 우드 씨, 기도서를 덮고 교의를 벗으시오. 존 그린 군(하고 서기를 향해서) 자넨 돌아가게. 오늘 결혼식은 그만둘 테니까." 서기는 그 말에 따랐다. 로체스터 씨는 거리낌 없이 말을 계속했다. "이중 결혼이란 건 추악한 말이야! 그러나 나는 이중 결혼자가 될 작정이었다. 그러나 운명이 배반했다. 아니, 하느님이 나를 가로막았다, 아마도 후자일 것이다. 지금 이 순간 나는 악마와 다를 바가 없다. 여기 계신 목사님이 말씀하시겠지만, 확실히 나에겐 하느님의 가장 엄한 심판을 받는 것이 당연하다. '영원한 불길과 죽지 않는 구더기가 들끓는 지옥'에 가야 마땅하다. 여러분, 내 계획은 깨져 버렸소! 여기에 있는 변호사와 의뢰인이 한 말은 사실입니다. 나는 결혼했소. 그리고 내가 결혼한 여자는 아직도 살아 있소! 당신은 저기 저 집에 로체스터 부인이 있다는 데 관해선 들은 적이 없다고 하시지만, 우드 씨, 그러나 수수께끼의 광인 (狂人)이 감시하에 유폐되고 있다는 소문은 여러 번 들었을 거요. 그 여자는 이복 누이동생이라고 귀띔을 한 사람도 있었을 것이오. 나의 버림을 받은 애인이라고 한 사람도 있었을 것이오. 지금 내 입으로 분명히 가르쳐 주지. 그 여자는 나의 아내요. 15년 전에 결혼을 했소. 이름은 버사 메이슨이오. 의지가 굳은 이 분의 누이동생이오. 이렇게 사지를 부들부들 떨며 해쓱한 얼굴을 하고, 남자라는 것이 어디까지 용기를 낼 수 있는가 하는 것을 여실히 보여주고 있는 이 사람의 누이동생이란 말이오. 기운을 내게, 리처드 군. 버사 메이슨은 미쳤소. 미친 사람 집안 출신이오. 3대에 걸쳐 백치와 미친 사람이 태어나고 있어. 서인도 제도 출신의 어머니는 미치광이로 술고래였소! 그의 딸과 결혼하고 나서 그것을 알았던 거요. 결혼 전에는 가족의 비밀에 대해서는 모두 입을 다물고 있었으니까. 버사는 효녀라고 할까, 그 두 가지를 그대로 어머니로부터 이어받고 있었소. 나는 훌륭한 반려를 얻은 셈이오—깨끗하고 현명하고 얌전한 반려를 말이오. 내가 얼마나 행복했는지 상상이 갈 거요. 덕택으로 여러 가지 좋은 꿈을 꾸었소. 아! 하늘에라도 올라갈 심정이었소, 아무도 상상할 수 없을 테지만. 그러나 이 이상 설명할 의무는 없소. 브리그스·우드·메이슨, 자네들은 모두 나의 집으로 오게. 그리고 풀 부인이 돌보는 환자, 즉 내 아내를 만나 보기로 하지. 내가 속아서 어떤 부류의 사람을 아내로 삼았는지 보여 주고, 내가 옛날 약속을 저버리고 무엇인가 적어도 인간다운 것에 동정을 구할 권리가 있는지 없는지를 판가름해 주시기 바라오. 이 처녀는—," 그는 나를 보며 말을 이었다.

"이 혐오스런 비밀에 대해서는, 우드여, 자네처럼 아무것도 몰랐다. 모두가 옳고 적법한 것이라고 생각하였다. 야수처럼 미친 악녀와 인연을 맺고 있던 파렴치한 악한에 속아 사기 결혼을 하게 되는 일은 전혀 몰랐던 거요! 자, 그럼 여러분, 따라 오시오!"

아직도 나를 꼭 안은 채 그는 교회에서 나왔다. 세 신사가 그 뒤를 따랐다. 현관 앞에 마차가 서 있었다.

"마차는 차고에 도로 넣어 두게, 존." 로체스터 씨는 냉정하게 말했다. "오늘은 필요 없어."

우리들이 현관에 들어서자 페어팩스 부인과 아델라·소피·리어가 우리를 맞아 축하의 인사를 하러 다가왔다.

"뒤로 돌아—모두!" 로체스터 씨는 외쳤다. "축하고 뭐고 다 필요 없다! 누가 축하를 원해? 난 필요 없어! 15년이나 늦었어!"

그는 그 앞을 지나가자 신사들에게 따라오라고 신호를 하였다. 여전히 나의 손을 잡은 채 계단을 올라갔고 그들은 뒤를 따랐다. 처음 계단을 올라가 복도를 지나 3층으로 올라갔다. 작고 검은 문이 로체스터 씨의 큰 열쇠로 열리고 우리들은 태피스트리가 걸려 있는, 커다란 침대와 장식 장롱이 있는 방으로 들어갔다.

"자네 이 방을 알고 있지, 메이슨." 우리의 안내자는 말했다. "그 여자는 여기서 자네를 물어뜯고 자네를 찔렀어."

그가 벽에서 태피스트리를 올리자 제2의 문이 나타나 그것도 열었다. 창문 없는 그 방의, 높고 튼튼한 난로 쇠우리에 둘러싸여 난롯불이 타고 있었고, 등불이 천장에 쇠사슬로 매달려 있었다. 그레이스 풀은 난롯불에 허리를 굽히고 분명 냄비에다 무슨 요리를 하고 있었다. 방 안쪽 구석에서 무엇인가가 오가고 있는 것이 보였다. 그것이 무엇인지, 짐승인지 사람인지 분간할 수 없었다. 얼른 보기엔 네 발로 기어 다니는 듯했다. 본 적도 없는 매우 사나운 짐승과 같은 소리를 지르며 덤비려고 하지만 그 몸은 옷으로 덮여 있었다. 갈 기처럼 흐트러진 회색의 두터운 머리카락이 머리와 얼굴을 덮고 있었다.

"안녕하시오, 풀 부인!" 로체스터 씨는 말했다. "좀 어떠시오? 그리고 당신의 환자는 오늘 좀 어떻소?"

"덕택으로 그저 그럭저럭 지내죠." 그레이스는 대답하고 끓이던 요리를 조심스럽게 시렁 위에 올려놓으며 대답했다. "조금 기분이 나쁜 것 같지만 손을 댈 수 없을 정도는 아니에요."

맹렬한 비명이, 괜찮다고 하는 그레이스 풀의 보고를 거짓말로 만들어 버렸다. 옷을 걸친 하이에나는 일어나 뒷발로 우뚝 섰다.

"앗, 주인님을 보고 있어요!" 그레이스는 소리쳤다. "여기 계시지 않는 게 좋겠어요."

"잠깐만, 그레이스. 잠깐만 있게 해 줘요."

"그럼 조심하세요. 제발 조심하세요!"

광녀는 울부짖었다. 더부룩하게 엉켜 있는 머리칼을 얼굴에서 쓸어 올리고 방문객들을 무섭게 노려보았다. 그 자줏빛 얼굴, 그 부풀어 오른 얼굴을 나는 기억하고 있었다. 풀 부인은 앞으로 나왔다.

"저리 비켜." 로체스터 씨는 그녀를 옆으로 밀어젖혔다. "지금은 칼을 안 갖고 있겠지? 난 경계하고 있어."

"뭘 갖고 있는지 아무도 모르죠. 어찌나 간교한지, 저것의 음흉한 흉계를 인간의 지혜로써는 알아낼 수 없답니다."

"우린 나가는 게 좋겠소." 메이슨이 속삭였다.

"맘대로 해!" 그의 매부의 조언이었다.

"조심하세요!" 그레이스는 소리쳤다. 세 신사는 동시에 물러갔다. 로체스터 씨는 나를 뒤로 밀어젖혔다. 미친 여자는 달려들어 로체스터 씨의 목덜미를 움켜잡고 그의 뺨을 물었다. 두 사람의 격투가 벌어졌다. 그녀는 몸집이 큰 여자로 키는 거의 그의 남편과 같았고 게다가 뚱뚱했다. 그 여자는 이 격투에서 남자와 같은 힘을 발휘해서—한 번도 아니게 그처럼 늠름한 그도 몇 번이나 목이 졸릴 뻔했다. 겨우어 쳤으면 쓰러뜨릴 수도 있었을 것이다. 그러나 그는 때리려 하지 않았다. 다만 격투만 할 뿐이었다. 간신히 그는 그녀의 두 팔을 억누를 수가 있었다. 그레이스 풀이 내준 끈으로 두 팔을 뒤로 묶었다. 그리고 가까이에 있던 밧줄로 그녀를 의자에 붙들어 맸다. 찢어지는 듯한 절규와 격렬한 저항을 받으면서 간신히 작업을 끝마쳤다. 로체스터 씨는 구경꾼들 쪽을 돌아보고 쓸쓸하고 암울한 미소를 지었다.

"저게 바로 내 아내요." 그는 말을 이었다. "이게 바로 내가 처음 알게 된 오랜만의 부부의 포옹이고, 이게 바로 내가 여자를 위로해 주는 애정의 표시요! 그리고 여기 있는 처녀야말로 내가 바라는 여자요." (내 어깨에 손을 얹으며) "이 젊은 여성, 지옥의 연못가에서도 침착한 태도로 서서 악마가 날뛰는 꼴을 바라보고 있는 이 젊은 여성. 나는 그 고약한 스튜 요리를 먹은 다음에 입가심으로 이 처녀를 원했던 것이오. 우드와 브리그스, 이 차이를 보시오. 이 맑은 눈과 저쪽의 핏기가 선 붉은 눈알을—이 얼굴과 저 무서운 가면과—이 모습과 저 꼴을. 그리고 나서 심판을 해 주시오. 복음을 전하는 목사여, 법률가여, 알겠소? '너희의 비판하는 그 비판으로 너희가 비판을 받을 것'^(마태복음)_{7장 2절}을 명심하시오. 자, 그럼 돌아가 줄까요. 나는 이 보물을 가두어야 하니까."

우리는 모두 방을 나왔다. 로체스터 씨는 그레이스 풀에게 무엇인가 지시를 하느라고 잠시 남아 있었다. 층계를 내려오면서 변호사는 내게 말하였다.

"아가씨께선 모든 비난에서 깨끗이 벗어났소. 메이슨 씨가 마데이라로 돌아가서 아가씨의 숙부께 이 소식을 전하게 되면 무척 기뻐하실 겁니다. (아직 살아 계시다고 생각합니다만)."

"제 숙부님? 숙부님이 어떻게 됐나요? 당신은 제 숙부님을 아세요?"

"메이슨 씨는 알고 있죠. 에어 씨는 여러 해 동안 그의 거래처였으니까요. 로체스터 씨와의 결혼을 고려하고 있다는 당신의 서신을 숙부님께서 받으셨을 때, 자메이카로 돌아가는 길에 휴양차 마데이라에 머물고 있던 메이슨 씨가 공교롭게도 숙부와 함께 있었습니다. 에어 씨는 그 편지 내용을 메이슨 씨에게 전했습니다. 여기에 있는 나의 의뢰인 메이슨 씨가 로체스터라고 하는 이름의 신사와 아는 사이라는 것을 숙부께선 알고 계셨기 때문이었죠. 메이슨 씨는 놀라서, 아시는 바와 같이 매우 고민을 하신 끝에 실상을 털어 놓은 것입니다. 당신의 숙부는 유감스럽게도 현재 병석에 계시는데, 그 병—노쇠 현상입니다만—의 성질, 또 그 진행 상황으로 보면 재기는 불가능하실 것 같습니다. 아가씨가 빠지려 하고 있는 덫에서 아가씨를 구출해 내기 위해서 자신이 급히 영국으로 오실 수가 없었으므로 이 허위 결혼을 방해하도록 때를 놓치지 않고 행동해 달라고 메이슨 씨에게 간청을 한 것입니다. 나는 신속한 조처를 취해서 다행히도 때가 늦지 않았습니다. 당신도 틀림없이 감사하고 계실 겁니다. 당신이 마데이라에 도착하실 때까지 돌아가시지 않는다는 것이 확실하다면 나는 아가씨를 메이슨 씨와 함께 마데이라로 가시도록 권하는 바입니다. 그러나 현재의 상황으로는 이대로 영국에 계셔서 에어 씨의 연락을 또는 현황을 알리는 소식을 기다리는 것이 좋을 것입니다. 아직도 볼일이 남았습니까?" 그는 메이슨 씨에게 물었다.

"아니, 아니오. 돌아갑시다." 그의 걱정스러운 대답이었다. 그들은 로체스터 씨에게 인사도 하지 않고 현관문으로 나갔다. 목사는 오만하고 무례한 교구민에게 훈계나 질책을 하려고 남아 있었으나 볼일을 마치자 그도 돌아갔다.

나는 이미 내 방으로 돌아와 반쯤 열린 문간에 서서 목사가 돌아가는 소리를 들었다. 모두 가버리자 나는 방안에 틀어박혀 아무도 못 들어오게 빗장을 지르고—울거나 한탄하기에는 나는 아직 너무나 냉정했다—다만 손이 움직이는 대로 신부 의상을 벗고 어제까지 이것이 마지막이라고 여겼던 모직옷으로 갈아입었다. 그러고 나서 앉았다. 나는 피곤했다. 테이블 위에 두 팔을 얹고 그 위에 머리를 묻었다. 그러자 마침내 나는 생각을 할 수가 있었다. 그때까지는 다만 귀로 듣고, 눈으로 보고, 움직이고—이끌리고 끌려가는 대로 뒤를 따랐을 뿐—그리고 여러 가지 뜻하지 않은 일이 생기고 꼬리를 물고 밝혀지는 비밀을 방관하고 있었을 뿐이었다. 그러나 이번엔 마침내 나도 생각을 할 수 있었다.

참 조용한 아침이었다—그 미치광이와의 잠시 동안의 난리를 별도로 한다면 교회에서의 일도 조용한 것이었다. 격정(激情)의 폭발도 없었고, 시끄러운 언쟁도 없었으며, 이의(異議) 제기나 도전도 없었고, 눈물도 흐느낌도 없었다. 몇 마디 말이 오가고 혼인에 대한 이의가 조용히 피력되었다. 로체스터 씨로부터 엄격하고 간단한 질문 몇 마디가 나왔고 답변과 설명이 있었고, 증거가 제시되었다. 사실을 분명히 용인하는 말을 내 주인이 했고 다음엔 산 증거가 공개되었고 난입자들은 떠남으로써 모든 것이 끝났다.

나는 여느 때와 다름없이 나의 방에 있다―겉보기에 달라진 데가 없는 내가 있다. 타격을 입혀 상처를 준 것도 없고 위해를 끼친 것도 없다. 그러나 어제의 제인 에어는 어디에 있단 말인가? 그녀의 삶은 어디 있고, 그녀의 앞길은 어디에 있는가?

제인 에어, 불타듯이 빛나고 미래에 가슴이 부풀고 신부가 될 뻔한 여자는 다시 고독한 아가씨가 되어 버리고 말았다. 그 삶은 빛을 잃고 미래는 황량했다. 크리스마스의 서리가 한 여름에 찾아오고 12월의 눈보라가 6월에 소용돌이치고 있다. 얼음이, 익은 사과를 뒤덮고, 눈보라가, 피기 시작한 장미를 할퀴었고, 들판이나 보리밭은 얼음으로 뒤덮였다. 꽃이 흐드러지게 피어 불그레하던 어젯밤의 오솔길이 오늘은 온통 눈으로 뒤덮여 흔적조차 없었다. 열 두 시간 전까지 열대 지방의 숲처럼 잎이 너울대며 향기를 풍기던 숲이 지금은 겨울철 노르웨이의 소나무 숲처럼 쓸쓸하고 거칠며 하얗게 퍼져 있었다. 내 희망은 모두 죽어 버렸다. 마치 옛날 이집트 땅에서 장자들에게 하룻밤 사이에 엄습한($\binom{\text{출애굽기}}{\text{12장 29절}}$) 운명처럼, 더없는 운명으로 분쇄되고 말았다. 가슴속에 품고 있던 희망을 나는 바라보았다. 어제는 꽃을 가득 피우고 싱싱하게 숨을 쉬고 있었는데 이제는 이미 되살아날 수 없는 차갑고 창백한 껍데기였다. 나는 사랑을 바라보았다. 주인의 것이었던 그 애정―그가 그것을 뽑아내 준 것이었다. 그것이 지금은 차가운 요람 속에 누운 병든 아이처럼 괴로움과 아픔을 안고 나의 가슴속에서 떨고 있다. 이젠 다시 로체스터 씨의 팔을 구할 수가 없다―그의 품에서 따뜻한 체온을 찾아낼 수도 없다. 아, 두 번 다시 그의 도움을 구할 수는 없는 것이다. 신의는 시들었고―신뢰는 파괴되었기 때문이었다! 로체스터 씨는 이제 이제까지의 그는 아니었다. 왜냐하면 내가 생각하고 있는 것과 같은 인물이 아니었기 때문이었다. 부도덕의 오명을 그에게 지게 할 생각은 없다. 그가 나를 배반했다고 하고 싶지도 않다. 그러나 한 점 티 없이 진실을 관철한다는 특성이 그로부터 사라져 버렸다. 그로부터 나는 떠나지 않으면 안 된다. 이것만은 분명히 느낄 수가 있었다. 언제, 어떻게, 어디로—그러나 아직은 분명히 생각할 수는 없다. 그러나 그 자신이 나를 손필드로부터 빨리 쫓아내고 싶다고 생각하고 있는 것은 확실하다. 순수한 애정 같은 건 나에게 품을 수 있을 리가 없을 것이다. 한때의 정열에 지나지 않았던 것이다. 그것이 방해를 받은 지금 이제 나에게는 볼일이 없을 것이다. 이제는 그의 앞을 지나가는 것까지도 망설여진다. 보기도 싫다고 그는 생각하고 있을 것이다. 아, 어쩌면 내 눈이 그렇게도 멀었던가? 내 행위는 얼마나 연약했던 것인가?

나의 두 눈은 가리어지고 감겨져 있었다. 어둠이 나의 주위를 소용돌이 치고 있다. 그리고 후회가 검은 탁류처럼 덮쳐 왔다. 나는 자포자기의 심정으로 전신의 힘을 빼고 큰 강의 말라붙은 강바닥에 나의 몸을 내던지고 있는 것 같은 기분을 느꼈다. 저 멀리 산에서 계곡물이 넘치는 소리가 들리고 분류가 밀어닥치는 것을 느꼈다. 나는 일어날 의욕도 도망칠 힘도 없었다. 정신이 멀어지고 죽고 싶었다. 단 한 가지 생각이 아직 내 안에 남은 생명처럼 꿈틀거리고 있었다—하느님에 대한 생각. 그것은 무언의 기도를 낳았다. 해야 할 기도의 말이 어둠에 갇힌 나의 마음을 정처 없이 헤매고 있었다. 그러나 그것을 입에 담을 기력은 전혀 없었다.

'나를 멀리하지 마옵소서. 환난이 가깝고 도울 자 없나이다$_{(22편 11절)}^{(시편)}$.'

분류는 점점 가까워지고 있었다. 그리고 나는 이것을 피하게 해 달라고 하늘을 향해 청원할 기력도 없고 두 손을 모으는 것도 무릎을 꿇기도 입술을 움직일 수도 없었다. 분류는 단숨에 나에게 밀어닥쳤다. 버림받은 나의 인생, 잃어버린 나의 사랑, 지워진 희망, 부서진 신뢰와 같은 모든 의식이 암울한 덩어리가 되어 나의 머리 위에서 소용돌이치고 있었다. 나는 그 괴로움을 말로 나타낼 방법을 모른다. 그것은 참으로 '물들이 내 영혼까지 흘러들어 왔나이다. 내가 설 곳이 없는 깊은 수렁에 빠지며 깊은 물에 들어가니 큰 물이 내게 넘치나이다$_{(69편 1·2절)}^{(시편)}$'라는 성경의 말 그대로였다.

27

그날 오후, 어느 때쯤이었을까. 나는 고개를 들어 주위를 둘러보았다. 서쪽에 있는 태양이 벽을 황금빛으로 물들이는 저녁놀을 보며 나는 나 자신에

게 물었다. '앞으로 어떻게 하면 좋단 말인가?'

그러나 나의 머릿속에서 들린 대답은—곧 손필드를 떠나라—라는 것이었다. 너무나도 무서운 대답에 나는 나의 귀를 막았다. 그런 일은 견딜 수 없는 일이라고 나는 말하였다. '에드워드 로체스터의 신부가 아니라는 것은 내 슬픔의 매우 작은 부분입니다' 하고 나는 주장하였다. '이 세상의 가장 눈부신 꿈에서 깨어나 모든 것이 공허하다는 것은 알아도 그것은 내가 견딜 수 있는, 정복할 수 있는 두려움입니다. 하지만 지금 곧 그로부터 영원히 떠나야 한다는 것은 나로서는 견딜 수 없습니다. 그런 일은 할 수 없습니다.'

그러나 이때 내 마음의 소리는, 너는 할 수 있다고 단언하고 앞으로 그렇게 될 것이라고 예언하였다. 나는 나의 결의와 싸웠다. 차라리 내가 좀더 약한 인간이라면 눈앞에 펼쳐진 고난의 길은 피해서 갈 텐데 하고 생각하였다. 그러자 양심이 갑자기 폭군으로 변하여 정열의 목덜미를 휘어잡자 비웃듯이 말했다. '너는 진흙 속에 그 예쁜 발을 지금 막 들여놓았을 뿐이 아닌가. 이 무쇠 같은 이 팔로 너를 한없이 깊은 고뇌의 밑바닥으로 떨어뜨리겠다'라고 기세가 대단했다.

'그렇다면 저를 떼어 놓아 주세요!' 나는 외쳤다. '누가 좀 도와 주세요!'

'아니다. 네 자신이 여기를 떠나야 한다. 아무도 도울 사람은 없다. 너 자신이 네 오른쪽 눈을 파 버리고 스스로 오른쪽 팔을 잘라 내라. 네 심장을 산 제물로 만들어라. 네가 성직자가 되어 그것을 찔러라."

그처럼 무자비한 심판관이 따라다니는 고독에 겁먹어—이토록 가혹한 목소리에 찬 고요의 두려움에 시달려 나는 무턱대고 일어났다. 똑바로 서자 머리가 빙빙 돌았다. 흥분과 굶주림으로 기분이 나빴다. 이날은 음식을 전혀 입에 대지 않고 있었던 것이다. 아침밥을 먹지 않았기 때문이었다. 그리고 이토록 오랫동안 여기에 갇히다시피 하고 있는데 누구 하나 나를 보러 오는 사람도, 아래층으로 내려오라고 하는 사람도 없다는 것을 알자 가슴이 괜히 아렸다. 어린 아델라까지도 문을 두드리지 않았고 페어팩스 부인마저 나를 찾아오지 않았다. "운명으로부터 버림을 받은 자는 친구로부터도 버림을 받는다"고 나는 중얼거리면서 문의 빗장을 열고 밖으로 나갔다. 그러자 장애물에 걸려 나는 비틀거렸다. 어지럽고 눈앞은 흐릿하고 손발은 힘이 없었다. 기운을 차릴 수 없었다. 나는 쓰러졌다. 그러나 마룻바닥에 넘어진 것은 아니었다. 뻗친 팔이 나를 부축하고 있었다. 얼굴을 들자 로체스터 씨의 손이 나를 받치고 있었다. 그는 내 방 앞의 의자에 앉아 있었던 것이다.

"마침내 나왔구려." 그는 말했다. "오랫동안 당신을 기다리고 있었소. 귀를 기울이고 말야. 그러나 아무 소리도 들리지 않았소. 흐느끼는 소리조차 들리지 않았어. 앞으로 5분, 이 죽음과 같은 적막이 계속되었더라면 난 강도처럼 자물쇠를 비틀었을 거요. 그래 당신은 나를 피할 작정이오? 들어앉아서 혼자 슬퍼하다니! 여기로 나와서 나에게 한바탕 화를 내고 나무라는 편이 좋았어요. 당신은 격정적인 사람이니까 말요. 그래서 무슨 일이 일어날 거라고 생각하고 있었소. 뜨거운 눈물의 비를 각오하고 있었지. 그러나 나의 가슴에서 흘려 주기를 바라고 있었소. 무감각한 바닥이, 푹 젖은 손수건이 그 비를 받아 버렸나? 아니야. 전혀 울지를 않았군! 뺨은 해쓱하고 눈은 흐리지만 눈물의 흔적조차 없어. 그렇다면 당신의 심장이 피눈물을 흘리고 있었단 말요?

이봐요, 제인, 나를 꾸짖을 말이 한 마디도 없소? 혹독한 한 마디도—통렬한 한 마디도 없소? 감정을 찢고 노여움을 북돋우는 것이 아무것도 없단 말인가? 내가 앉힌 곳에 얌전하게 앉아서 피곤하고 무기력한 눈으로 나를 쳐다보고만 있구려.

제인, 당신을 이런 식으로 상처를 입힐 생각은 전혀 없었소. 어떤 사나이가 자기 빵을 먹이고, 자기 그릇으로 물을 먹이고, 자기 가슴에 안고 딸처럼 귀여워했던 단 한 마리의 어린 양을 잘못해서 죽였다고 해도 그는 내가 지금 뉘우치고 있는 것만큼 후회는 하지 않을 거요. 당신은 나를 용서해 줄까?"

독자여! —나는 그때 그 자리에서 그를 용서했다. 그의 눈에는 그처럼 깊은 뉘우침이 있었고 그 말투에는 진정한 아쉬움이 있었다. 그 태도엔 남자다운 정력이 있었던 것이다. 게다가 표정에도 모습에도 변하지 않는 사랑이 넘치고 있었던 것이다—나는 모든 것을 다 용서해 주었다. 그러나 말로 나타낸 것은 아니고 겉으로 나타낸 것도 아니라 내 마음속 깊은 곳에서 용서했던 것이다.

"난 악당이지, 제인?" 이윽고 안타까운 듯이 그는 물었다. 언제까지나 내가 잠자코 가만히 있는 데에 아마도 어리둥절했는지도 모른다. 그렇게 하고 있었던 것은 나의 의지가 아니라 몸이 기력을 잃고 있었기 때문이었다.

"네, 그래요."

"그럼, 그렇다고 솔직히 말해 줘요—가차 없이 말이오."

"전 할 수 없어요. 지쳐서 몸이 불편해요. 물이나 좀 주세요." 그는 떨리는 듯한 한숨을 짓고는 나를 안고 아래층으로 내려갔다. 처음에 나는 어느 방으로 데리고 가는지 몰랐다. 흐려진 내 눈엔 모든 것이 몽롱했다. 이윽고 나는 난롯불의 훈훈한 온기에 기운이 되살아났다. 여름이었지만 나는 내 방에서 얼음처럼 꽁꽁 얼어 있었던 것이다. 그는 포도주를 내 입에 넣어 주었다. 나는 그것을 마시자 되살아난 기분이 들었다. 그 다음에 그가 권하는 것을 먹고는 곧 정신을 차렸다. 나는 서재에서—그의 의자에 앉아 있었고 그는 바로 내 곁에 있었다. '이대로 심한 괴로움이 없이 숨을 거둘 수 있다면 얼마나 기쁠까?' 나는 생각했다. '그러면 로체스터 씨와 나를 맺고 있는 마음의 실을 끊지 않아도 될 테니까. 나는 이 사람과 헤어져야 할 것 같다. 하지만 헤어지고 싶지 않아—헤어질 수가 없어.'

"제인, 이제 좀 어떻소?"

"퍽 좋아졌어요. 곧 기운을 차릴 수 있을 거예요."

"포도주를 좀더 마시구려, 제인."

나는 그의 말에 따랐다. 그러자 그는 컵을 테이블에 놓더니 내 앞에 서서 걱정이 된다는 듯 나를 바라보았다. 갑자기 그는 격한 감정에 사로잡힌 듯 말도 되지 않는 고함을 지르고 등을 돌렸다. 성큼성큼 방 반대편으로 갔다가 되돌아왔다. 내 쪽으로 몸을 숙이고 키스를 하려는 듯한 태도를 보였다. 그러나 지금은 키스도 허락할 수 없다고 나는 생각하였다. 얼굴을 돌리고 그의 얼굴을 밀었다.

"아니! 왜 이러는 거요?" 그는 다급히 소리쳤다. "아아, 알았소! 당신은 버사 메이슨의 남편에겐 키스하지 않겠다는 거군? 내 팔은 이미 다른 사람의 것이란 말이지."

"아무튼 제겐 들어갈 자리도 권리도 없습니다."

"왜 그래, 제인? 당신이 여러 말을 늘어놓는 수고를 덜어 줄까? 당신 대신 내가 대답하지—왜냐하면 나에게는 이미 아내가 있으니까, 하고 말하고 싶은 거지. 그렇지?"

"네."

"그렇다면, 당신은 나라는 사람에 대해서 이상한 눈으로 보고 있음에 틀림없소. 나를 흉계를 꾸미는 패륜아, 계획적으로 파놓은 함정으로 당신을 유인해서 당신의 명예를 빼앗고 당신의 자존심을 상하게 하기 위하여 깨끗한 애정을 가장해 온 비열하고 천한 패륜아라고 여기고 있는 것이 틀림없소. 자, 여기에 대해서 당신은 뭐라고 대답하겠소? 당신이 아무 말도 안 하리라는 걸 나는 알고 있소. 첫째로 당신은 아직 피곤해 있고 호흡을 하기에도 힘들어 하고 있소. 둘째로, 당신은 나를 비난하고 꾸짖는 데에 익숙하지 못해요. 그리고 당신의 눈물의 둑이 무너져 무슨 말을 하려고 하면 눈물이 쏟아지겠지. 당신은 타이르거나 비난하거나 떠드는 것을 떳떳하게 생각하지 않아요. 어떻게 행동을 할까 하고 생각하고 있어요. 이야기해 봤자 소용없는 일이라고 생각하고 있어요. 나는 당신이라는 사람을 잘 알고 있으니까. 그래서 조심을 하고 있는 거요."

"당신에게 맞설 생각은 없어요." 나는 말했다. 목소리가 떨려 말을 짧게 끊는 것이 좋을 것 같았다.

"당신은 그렇게 말하고 있지만, 내가 보기에는 당신은 나를 파멸시키려 하고 있어. 당신은 결혼한 사람이오, 라고 말하고 있는 거나 다름없어. 결혼한 사람이니까 나를 멀리 하고 나를 피한다고. 방금 키스를 거절하지 않았소. 나와는 남이 되자는 거겠지. 다만 아델라의 가정교사로서 이 지붕 밑에 살 셈이군. 내가 다정한 말을 건넨다 해도, 또 만일 당신이 나에게 다정한 마음을 품을 때가 있다고 해도 당신은 이렇게 말할 거야. '저 남자는 나를 정부(情婦)로 만들 뻔했어. 나는 마음을 얼음으로 만들고 돌로 만들지 않으면 안 돼. 언젠가는 얼음이 되고 돌이 되겠지.'"

나는 목소리를 가다듬고 분명히 대답하였다. "저의 환경은 모두 변했어요. 저도 변하지 않으면 안 돼요. 이것은 의심할 여지가 없는 일입니다. 그리고 감정의 흔들림을 피하고 여러 기억이나 추억과 끊임없이 싸우기 위해서는 방법은 딱 한 가지밖에 없습니다. 아델라는 새 가정교사를 맞아야 해요."

"그래, 아델라는 학교로 갈 거요. 그건 이미 결정돼 있소. 또 손필드 저택의 혐오스러운 기억이나 추억으로 당신을 괴롭힐 생각은 없소. 이 저주받은 집―이 '아간의 천막(《여호수아》7장에 나오는 아간은 여리고를 정복하여 얻은 전리품을 자신의 천막에 숨겨 놓았다.)'―산 시체의 무서운 그림자를 창궁(蒼穹)의 빛 속으로 내던지는 이 불손한 감옥―우리가 상상할 수 있는 악귀의 한 떼보다도 더 혐오스런 진짜 악귀가 사는 이 좁은 돌담의 감옥. 제인, 나는 당신을 여기에서 살게 할 생각은 없소. 나도 여기서 살 생각은 없어요. 처음부터 손필드로 당신을 데려온 것이 잘못이었소. 여기가 악귀가 달라붙은 곳이라는 것을 알면서 말이오. 당신을 만나기 전에 이 집이 저주받은 집이라는 것을 당신에게는 숨기도록 하인들에게 일러두었던 거요. 함께 살게 될 동거인의 정체를 알고서는 아델라의 가정교사로 올 사람이 없을 것이라고 생각했기 때문이지. 그렇다고 저 미치광이를 어딘가 다른 곳으로 옮길 마음도 없었소―나는 여기보다 더 시골인 펀딘 장원(莊園)이라고 하는 낡은 집이 있는데, 거기라면 남의 눈에 띄지 않는 곳에 숨길 수도 있었지만 사방이 숲으로 둘러싸인 건강에 워낙 좋지 않은 곳이라는 점이 양심에 걸려 그 여자를 옮기지 못했던 거요. 그곳의 습기 찬 벽이 나의 무거운 짐을 당장이라도 풀어 주겠지만 악당에는 악당 나름대로의 규범이 있어서 말야. 내 경우는 제아무리 미워도 그 상대방을 간접적으로나마 죽이는 일을 하고 싶지 않았던 거요.

그러나 미친 여자가 당신 가까이에 있다는 것을 감춘다고 하는 것은 어린 아이를 망토로 싸서 독기를 내뿜는다고 하는 유퍼스나무 가까이 눕혀 놓는 것과 같았소. 그 악마의 주위에는 언제나 독기가 있소. 또 언제나 있었소. 하지만 앞으로 손필드 저택은 폐쇄할 작정이오. 현관문을 못질하고 아래층 창문은 판자를 치려 하오. 나는 그레이스 풀에게 일 년에 200파운드를 주어, 저 무서운 마녀, 당신이 나의 아내라고 말하는 그 여자를 돌보게 할 작정이오. 그레이스는 돈을 위해서라면 무슨 일이든지 해줄 거요. 그리고 그림스비 정신요양소에서 간호사로 있는 그녀의 아들도 오라고 해서 그녀의 이야기 상대가 되게 하여 그녀가 발작을 일으켰을 때 도와주도록 가까이 있게 할 작정이오. 워낙 나의 아내는 마가 끼어서 밤중에 자고 있는 사람을 태워 죽이기도 하고 찌르기도 하고 살을 물어뜯기도 하고 그밖에 갖은 짓을―."

"주인님은" 나는 그의 말을 가로막았다. "그 불행한 분에게는 꽤 가혹하시군요. 증오에 차서, 앙심 깊은 증오에 차서 말씀하시네요―잔인해요, 미친다는 건 그녀 자신도 어쩔 수 없는 일인데요."

"제인, 사랑스러운 당신이여―이렇게 부르게 해 줘요. 그것이 어울리니까

—당신은 자기가 하는 말을 알고 있지 않아요. 또 나를 오해하고 있어요. 내가 그녀를 미워하는 건 미친 사람이기 때문이 아냐. 당신이 미치면 내가 당신을 미워할 것이라고 생각하나?"

"그렇죠."

"그러니까 오해하고 있다는 거요. 당신은 나라는 사람을 조금도 이해하지 못해요. 내가 얼마나 사람을 사랑할 수 있는지 알지 못하고 있어요. 당신의 몸을 이루고 있는 모든 원자는 나 자신의 것과 마찬가지로 사랑스러운 것이오. 그것이 아픔이나 병으로 괴로움을 받고 있어도 그것으로 사랑스럽소. 당신의 마음은 나의 보배요. 비록 그것이 망가져도 보배임에는 변함이 없어요. 당신이 날뛰면 나의 팔이 당신을 억누르지 광인용 구속복 같은 것의 도움은 빌리지는 않아요. 당신이 난동을 부려 나에게 덤벼도 나는 그것이 사랑스러운 거요. 그 여자가 오늘 아침 나에게 덤빈 것처럼 당신이 덤빈다 해도 나는 당신을 안아서 달랠 거요. 그 여자 앞에서 혐오하는 나머지 기가 죽는 일은 하지 않아요. 당신이 얌전하게 있을 때에는 감시를 하는 사람이나 간호를 하는 사람은 나밖에 없소. 당신이 고맙다는 미소를 보내 주지 않아도 지치지 않는 부드러운 마음으로 지킬 수 있을 거요. 그리고 당신의 눈이 나를 알아볼 시력을 잃어버려도 나는 그 눈을 바라보는 데 조금도 지치지 않고 바라볼 거요. 그런데 나는 왜 이런 생각을 하고 있는 거지? 당신을 손필드 저택에서 끌어내는 일을 이야기하고 있었는데. 지금이라도 당장 떠날 수 있도록 모든 준비는 되어 있어요. 내일 떠나도록 합시다. 하룻밤만 더 이 지붕 밑에서 참아 주오, 제인. 그러면 이 불행과 두려움과는 영원히 작별이지! 갈 곳은 정해져 있소. 그곳은 지긋지긋한 추억과 반갑잖은 침입으로부터—중상이나 비방으로부터도 안전한 피난처가 될 거요."

"그럼 아델라를 데리고 가세요." 나는 그의 말을 가로막았다. "아델라는 주인님의 좋은 말벗이 될 거예요."

"그건 무슨 뜻이오, 제인? 아델라는 학교에 보낸다고 말하지 않았소? 내가 무엇 때문에 어린애를 데리고 가야 한단 말이오? 더구나 내 아이도 아닌, 프랑스 댄서의 사생아를. 왜 당신은 내 동반자로 아델라를 떠맡기는 거요?"

"은거하실 것처럼 말씀을 하셨어요. 은거해서 혼자 계시면 따분하니까요.

아마도 지루하실 거예요."

"혼자라고! 혼자라고!" 그는 벌컥 화를 내며 소리쳤다. "아무래도 제대로 설명을 해야겠군. 당신의 얼굴에 나타난 수수께끼 같은 표정이 무엇인지 나는 알 수 없지만. 나의 은거 생활의 상대는 당신이란 말이오. 알겠소?"

나는 머리를 저었다. 흥분한 그에게 무언의 거부를 하는 것만이라도 상당한 용기가 필요했다. 그는 방안을 잰 걸음으로 왔다갔다하더니 별안간 못에 박힌 듯이 한 곳에 멈춰 섰다. 나를 오랫동안 뚫어지게 바라보고 있었다. 나는 그에게서 눈을 돌려 난로 위로 시선을 고정시키고 조용하고 침착한 태도를 취하려고 애썼다.

"이제 제인의 까다로운 성격이 나타났군." 그는 마침내 입을 열었으나 그 표정으로 보아 내가 예측하고 있었던 것보다 조용한 어조였다. "이제까지 실타래에 감긴 명주실은 술술 풀렸지만 언젠가 도중에서 얽히지나 않을까 하고 염려했는데 마침내 그것이 나타났군. 자, 이제부터 고민하고 화가 나고 끝없는 까다로운 일의 시작이다! 젠장! 삼손의 힘 중에서 나에게 조금의 힘이라도 있었으면 좋겠소. 그러면 이런 얽힌 실은 당장 끊어버릴 수가 있을 테니까."

그는 또다시 걷기 시작했으나 곧 멈추었다. 이번에는 내 바로 앞에 섰다.

"제인, 말을 듣겠소?" 그는 허리를 굽히고 내 귀에다 그의 입술을 가까이 갖다 댔다. "들어주지 않으면 난 폭력으로라도 해보겠단 말이오." 그의 목소리는 쉬고, 그의 얼굴은 참을 수 없는 속박을 끊어 버리고, 정도를 벗어난 방종의 생활로 뛰어들려고 하는 사람의 얼굴이었다. 다시 흥분하는 일이 일어나면 이제 나는 어찌할 수가 없을 것이다. 지금 이 순간을―지나가는 이 시시각각을―놓치면 그를 말리고 억제할 길은 없을 것이다. 거부하고 도망가고 무서워하는 태도를 보이면 나의 운명도 그의 운명도 여기서 끝장이 날 것이다. 그러나 나는 두려워하지 않았다. 조금도 두려워하지 않았다. 나는 몸 안에 숨어 있는 힘, 상대방을 움직이는 힘을 느꼈고 그것이 나를 지탱해 주었다. 위기에 직면해 있었지만 그 위기에 매력까지 느끼고 있었다. 통나무배를 조종하는 인디언이 급한 물살을 빠져나갈 때 느끼는 것과 같은 매력일지도 모른다. 나는 굳게 쥔 그의 손을 잡고 꼬부린 손가락을 펴 주면서 달래듯이 그에게 말했다.

"앉으세요. 원하시는 대로 언제까지나 얘기를 하겠어요. 하시고 싶은 이야기가 있으면 듣겠습니다. 그리고 이치에 닿든 안 닿든 주인님이 하시는 말씀은 다 듣겠어요."

그는 앉았다. 그러나 그는 곧 얘기할 수는 없었다. 나는 당장이라도 넘칠 것 같은 눈물을 참았다. 내가 우는 모습 같은 것은 그가 보고 싶지 않을 것이라고 생각했으므로 필사적으로 억제하고 있었다. 그러나 지금은 차라리 마음껏 눈물을 흘리는 것이 좋을 것이라고 생각하였다. 눈물의 비에 그가 난처해 한다면 그보다 더 좋은 일은 없을 것이다. 나는 이렇게 생각하자 눈물을 흘리고 마음껏 울었다.

이윽고 진정하라고 하며 간곡히 달래는 그의 소리를 들었다. 나는 그가 이렇게 화를 내고 있다면 침착하라고 해도 할 수가 없다고 나는 말했다.

"그러나 난 화가 난 건 아니오, 제인. 너무나도 당신을 사랑하기 때문이오. 당신이 그 해쓱한 얼굴을 그처럼 단호하고도 얼음장 같은 표정으로 굳혀 버리고 있는 것을 난 견딜 수가 없소. 자, 이제 울음을 그치고 눈물을 닦아요."

부드러워진 그의 목소리는 그가 진정되었다는 것을 알려 주는 것이었다. 그래서 이번에는 내가 침착해졌다. 그는 머리를 내 어깨 위에 기대려고 했으나 나는 그것을 허락하지 않았다. 그러자 그는 이번에는 끌어당기려 했다. 안 돼!

"제인, 제인!" 그는 말했다. 그 애타는 어조에 온몸의 신경이 부들부들 떨렸다. "그럼 나를 사랑하지 않았던 거요? 당신이 소중히 여긴 것은 다만 나의 신분, 내 아내라고 하는 지위뿐이었소? 내가 당신의 남편이 될 자격이 없다는 것을 알자마자 내가 마치 두꺼비나 원숭이가 되는 것처럼 내가 만지는 것을 싫어하는군."

이 말은 내 가슴을 쿡 찔렀다. 그렇다고 해서 내가 무엇을 할 수 있단 말인가, 무슨 말을 할 수가 있단 말인가? 아무 일도 해서는 안 되고 아무 말도 해서는 안 될 것이다. 하지만 이토록 그의 마음을 상하게 한 데 대한 자책감이 생겨 내가 입힌 상처에 향유를 부어 주고 싶은 마음을 억제할 수 없었다.

"전 당신을 사랑하고 있어요, 이제까지보다도 더." 나는 말했다. "하지만 이런 마음은 표면으로 나타내면 안 됩니다. 이런 기분에 빠져도 안 됩니다. 그리고 이런 말씀을 드리는 것도 이것이 마지막이에요."

"이것이 마지막이라고, 제인! 무슨 말이야! 당신이 나와 함께 살고 매일같이 내 얼굴을 보게 될 텐데. 더욱이 날 사랑한다면 늘 쌀쌀하게 하고 있을 수가 있다고 생각하는 거요?"

"아뇨, 물론 그럴 수는 없어요. 그러니까 한 가지 길밖엔 없어요. 그렇지만 그것을 말씀드리면 틀림없이 당신은 화를 내실 것입니다."

"오오, 말해 봐요! 내가 미쳐 날뛴다 하더라도 당신에겐 우는 재간이 있잖소."

"로체스터 님, 저는 곁을 떠나야만 합니다."

"얼마 동안이오, 제인? 잠시 헝클어진 머리를 만지고 열에 들뜬 그 얼굴을 식히는 몇 분 동안?"

"아델라와 손필드를 떠나지 않으면 안 됩니다. 앞으로 한평생 헤어지지 않으면 안 됩니다. 낯선 사람들이나 낯선 환경에서 새로운 생활을 시작하지 않으면 안 돼요."

"물론이지. 그렇게 해야 한다구 내가 말했지. 나와 헤어진다는 그런 정신 나간 소리는 생각하지 않겠소. 틀림없이 나의 분신이 되리라고 말하고 있는 거지? 새로운 생활이라는 뜻이라면 그것으로 좋아요. 당신은 앞으로 내 아내가 된다. 나는 결혼을 하지 않은 사람이오. 당신이 로체스터 부인이 되는 거야—명실상부하게 말야. 두 사람이 살아 있는 한 나는 당신 한 사람을 지켜가겠소. 남프랑스에 있는 내 집으로 갑시다. 지중해 연안에 있는 벽이 하얀 별장이오. 거기서 당신은 나의 보호를 받고 행복하고 깨끗한 생활을 보내는 거요. 내가 당신을 그릇된 길로 유혹하지나 않을까—당신을 내 정부로 만들려고 하는 것은 아닌가—하고 두려워할 필요는 전혀 없어요. 왜 고개를 흔들지, 제인? 내 말을 좀 분간해 들어요. 그렇잖으면 정말이지 나는 또 화를 내겠소."

그의 목소리와 손은 떨고 있었다. 그의 커다란 콧구멍은 더욱 커지고 눈은 이글이글 타고 있었다. 그래도 나는 말하지 않으면 안 되었다.

"당신의 아내는 살아 계십니다. 그것은 오늘 아침 자신이 직접 인정하신 사실입니다. 당신이 바라시는 대로 제가 당신과 함께 살게 된다면 저는 당신의 정부(情婦)가 되는 겁니다. 그렇지 않다고 하시는 것은 궤변, 거짓입니다."

"제인, 나는 온순한 성격의 남자가 아니오. 당신은 그걸 잊어버리고 있소. 나는 참을성이 강한 것도 아니고 자제심도 없고 냉정하지도 않아요. 나와 당신 자신을 불쌍하게 생각한다면 그 손가락으로 나의 맥을 짚어 봐요. 그것이 힘차게 뛰고 있다는 것을 확인해 봐요. 그리고—조심하는 거요!"

그는 팔목을 걷어붙이고 내게 내밀었다. 그의 뺨과 입술은 핏기가 없어지고 차츰 납빛으로 변해갔다. 나는 어떻게 할 길이 없었다. 그가 싫어하는 반항을 어디까지나 계속하여 그를 이토록 심하게 동요시키는 것은 잔혹하지만, 그렇다고 해서 양보한다는 것은 다른 문제였다. 인간이 궁지에 몰렸을 때 본능적으로 하는 일을 하였다—인간보다 높은 곳에 계시는 분에게 구원을 청한 것이다. "하느님, 도와주소서!"라는 말이 나도 모르게 나의 입술에서 튀어나왔다.

"내가 바보였어!" 갑자기 로체스터 씨는 소리쳤다. "나는 결혼을 하지 않았다고 계속 말하면서 그 이유를 설명하지 않았으니 말이야. 그 여자의 성격에 대해서 당신은 아무것도 아는 것이 없었잖은가. 게다가 나는 그 여자와의 지옥 같은 결혼에 얽힌 경위도 무엇 하나 설명을 하지 않았지 않은가. 아, 제인. 이 모든 것을 알면 틀림없이 나의 의견에 찬성을 해 줄 거요! 제발 당신의 손을 내 손 위에 얹어 주오, 제인. 그렇게 하면 당신이 곁에 있다는 것을 눈만이 아니라 촉감으로도 느낄 수 있으니까. 그러면 간단하게 사정 얘기를 해 주겠소. 듣겠소?"

"네, 하고 싶으시다면 몇 시간이라도."

"몇 분이면 돼요. 제인, 당신은 내가 이 집의 장남이 아니라 형이 있었다는 말을 들은 적이 있소? —또는 알고 있었소?"

"언젠가 페어팩스 부인이 그렇게 말한 기억이 나요."

"그럼, 내 아버지가 욕심이 많고 탐욕적인 사람이었다는 말도 들었소?"

"그렇게 들은 것 같습니다."

"그런가, 제인. 그래서 아버지는 재산을 분산시키지 않기로 결심을 하셨소. 자신의 땅이 분할되어 나에게 응분의 몫을 남겨 준다는 생각은 참을 수 없는 일이었던 거요. 선친은 온 재산을 형인 롤런드에게 넘겨주실 작정이었소. 그렇지만 그의 아들 중의 하나가 가난뱅이라는 것도 참을 수 없는 노릇이었지. 나는 부잣집 딸과 결혼함으로써 생활비를 얻지 않으면 안 되었소. 그런데 마침 그런 상대를 찾을 수 있었소. 서인도 제도의 농장주이자 상인인 메이슨 씨는 아버지의 옛 친구였소. 아버지는 그 사람의 재산이 확실하고 막대하다는 것을 알고 조사를 했소. 그래서 메이슨 씨에게 아들 하나와 딸 하나가 있다는 것을 알게 된 거요. 그리고 아버지는 메이슨 씨가 3만 파운드의 재산을 딸에게 줄 수 있고, 주려고 한다는 것을 그에게서 들었소. 그것으로 충분했지. 나는 대학을 졸업하자 자메이카로 보내어졌소. 부모가 이미 정한 신부와 결혼을 하기 위해서 말야. 아버지는 신부의 재산에 관해선 아무 말도 없었지만 메이슨 양은 스패니시 타운의 이름난 미인이라고 말했소. 그것은 거짓말이 아니었소. 블랑슈 잉그램과 같은 타입의 미인으로 키가 크고 거무스름하고 늠름한 여자였소. 그녀의 양친은 훌륭한 집안에서 태어난 나를 놓치지 않으려고 했고, 그녀 또한 그랬소. 그들은 그녀를 화려하게 차려서 여러 곳의 파티에서 그녀를 내게 선보였소. 나는 그녀와 단둘이 만난 일도 거의 없고, 그녀와 사사로운 이야기를 주고받은 일도 별로 없었소. 그녀는 내게 아양을 떨고 내 환심을 사려고 온갖 매력과 재능을 아낌없이 발휘했소. 그녀를 둘러싼 사나이들은 그녀를 찬미하고 나를 부러워하는 듯했소. 나는 현혹되고 자극을 받았소. 내 감각은 흥분했었소. 무지하고 미숙하고 경험이 없는 나는, 나도 그녀를 사랑한다고 생각했소. 사교계의 어리석은 경쟁, 청년시대의 색정, 무분별, 맹목 등이 남자를 외길로 몰아세워 어리석은 행동을 하게 한 거요. 친척들이 부추기고 경쟁 상대는 더욱더 나를 선동하고 그녀는 나를 유혹했소. 나도 나 자신의 입장을 잘 모르는 가운데 결혼식이 거행되었소. 아, 그때의 일을 생각하면 나는 지금도 내 자신이 비참하오. 나 자신을 아무리 경멸해도 시원치가 않아요. 나는 상대방을 조금도 사랑하지 않았고 또 존경하지도 않았고 그녀에 대해서는 아무것도 몰랐소. 나는 그녀의 성품에 뭔가 한 가지 장점이나마 있는지 없는지도 몰랐소. 겸손도 자비로운 마음도 솔직함도 우아함도 그녀의 마음이나 태도에서 찾아볼 수 없었소. 그런데도 나는 그녀와 결혼을 했단 말이오. 나는 우둔하고 비열하고 맹목적인 멍청이였던 거요, 나는. 이토록 죄가 깊지 않으면 틀림없이 나는―아냐, 누구를 향해서 내가 이야기를 하고 있는지 잊어서는 안 돼.

나는 신부의 어머니를 한 번도 본 적이 없었소. 죽은 것으로만 생각하고 있었소. 신혼여행이 끝나자 나는 그것이 착각이었다는 걸 알았소. 어머니는 미쳐서 정신 병원에 감금되어 있었소. 남동생도 있었는데 이것도 완전히 벙어리에다가 백치였소. 큰 오빠는 당신도 본 일 있는 남자지만, 아마 장차는 똑같은 운명을 걷게 될 거요. 나는 그 여자의 근친 모두를 미워하면서도 그 큰 오빠만은 미워할 수 없었소. 왜냐하면 비참한 누이동생에게 늘 그자가 베풀어 주는 사랑으로도 알 수 있듯이, 또 옛날 강아지처럼 붙임성 있게 나를 따르던 것을 보아도 알 수 있듯이, 저 연약한 마음속엔 조금의 애정이 깃들어 있으니까 말이오. 내 선친과 형 롤런드는 이것을 모두 알고 있었지만 그들은 그 3만 파운드만을 생각하고 내 의사를 무시한 채 이 일을 공모했던 거요.

　이것은 끔찍한 발견이었으나, 그것을 감추고 있었다는 배반을 제외하고는. 나는 그것을 아내에 대한 비난거리로 삼진 않았소. 그 여자의 성질이 나와 전혀 맞지 않았고, 그녀의 취미가 내겐 불쾌한 것이라는 것을 알았다고 해도 말이오. 그녀의 사람됨이 저속하고 편협하고 보다 더 높은 차원으로 높아질 능력도, 보다 더 큰 것으로 확대되어갈 능력이 없다는 것을 알고서도 말이오. 곁에 있어서 편안한 심정을 느낀 것은 단 하룻밤도 없었소. 하루 동안에 단 한 시간도 없었소. 기분 좋은 대화를 두 사람 사이에서 나누기란 불가능했소. 내가 기분 좋은 화젯거리라도 꺼내면 그녀는 그걸 금방 야비하고도 진부하고 괴팍하고 우둔한 화제로 바꾸고 만 거요. 평온하고 안정된 가정은 결코 가질 수가 없다는 것을 안 것은, 하녀가 그녀의 난폭하고 어처구니없는 성격에서 나오는 끊임없는 발작이나, 불합리하고도 모순되고 가혹한 명령을 견디다 못해, 오래 있지 못한다는 것을 알았기 때문인데—그래도 나는 나 자신을 억제하고 있었소. 나는 그녀에 대한 비난을 삼가고 타이르려고도 생각하지 않았소. 후회와 혐오를 남몰래 삼키려고 애를 썼소. 몸 안에 생기는 심한 혐오도 억누르고 있었소.

　제인, 난 지긋지긋한 일들을 자세히 늘어놓아 당신을 괴롭힐 생각은 없소. 몇 가지 강렬한 말로 내가 하고 싶은 말은 전달될 거요. 나는 4년 동안 위층에 있는 저 여자와 함께 살았는데 그 동안 줄곧 나는 괴로움을 당해 왔었소. 그녀의 성격은 놀라운 속도로 무르익어 갔소. 악의 싹이 터서 그것은 맹렬한 기세로 뻗어 나갔소. 그것은 매우 강인해서 가혹한 손이 아니면 그 성장을 멈추게 할 수는 없었소. 나는 가혹하게 될 수는 없었소. 그녀의 지력(知力)이 얼마나 왜소했는지—그러면서도 이 혐오스런 성질이 얼마나 강력했는지! 그 혐오스런 성질이 나에게 던진 화가 얼마나 무서운 것이었는지! 부끄러운 어머니의 친딸인 버사 메이슨은, 주색에 빠진 음탕한 아내에게 묶인 남편에게, 비참하고 굴욕적인 고뇌를 유감없이 맛보게 해 주었소.

그러는 동안 내 형이 죽었소. 4년이 가까워 올 무렵에 아버지도 돌아가셨소. 나는 지금 어엿한 부자가 되었소—그런데도 지독한 가난으로 허덕이고 있소. 이 세상 것이라고는 여겨지지 않는 무교양에 야비하고 사악한 성질의 인간이, 나와 같은 성질의 인간과 결합되어, 법률에 의해서, 사회에 의해서 나의 반려라고 불리어 있었기 때문이오. 그리고 나는 그 어떤 법적 수단에 의해서도 그것으로부터 빠져나올 수는 없었소. 의사들이 내 아내가 미친 사람이라는 진단을 내렸기 때문이오—그녀의 지나친 난잡한 행동이 광기의 싹을 빨리 싹트게 했다고 말했소. 제인, 당신은 이런 이야긴 싫겠지. 기분이 나쁜 것 같소—다른 날로 미룰까?"

"아뇨, 지금 모두 말씀하세요. 동정합니다—진정으로 동정해요."

"동정은 사람에 따라 달라요, 제인. 때로는 불쾌하기 짝이 없는 굴욕적인 선물이 되기도 해요. 받은 쪽은 그것을 준 상대방에게 되던지는 것이 도리지. 그런 것은 무정하고 독선적인 마음에서 생기는 동정이오. 남의 고민을 들었을 때의 괴로움에, 그런 고민을 견디고 있는 상대방에 대한 몰이해한 경멸이 뒤섞인 심정의 산물이지. 그러나 당신의 동정은 그런 것이 아니겠지, 제인. 지금 이 순간 당신의 얼굴에 넘치고 있는 감정은 그런 것이 아냐. 당신의 눈에서 금방이라도 눈물이 넘칠 것 같소—그것 때문에 당신의 가슴은 헐떡이고 있소. 손이 나의 손 안에서 떨리고 있소. 당신의 동정은 괴로워하는 어머니의 사랑이오. 그 괴로움은 숭고한 사랑을 낳는 고통이오. 나는 그것을 받아들이겠소, 제인. 자, 그 딸을 낳아 주시오. 나의 팔은 그녀를 받을 준비가 되어 있어요."

"더 계속하세요. 그분이 미쳤다는 것을 아셨을 때 어떻게 하셨나요?"

"제인, 나는 절망의 연못으로 가까이 갔소. 얼마 남지 않은 긍지의 찌꺼기만이 나와 그 심연(深淵) 사이에 남아 있었소. 세상의 눈으로 보자면 어느 모로 보나 나는 오욕(汚辱)에 젖어 있었을 것이오. 그러나 나는 내 눈으로

381

보아 깨끗하면 좋다고 마음속으로 정했소—그리고 마지막에는 그녀의 악업(惡業)에 물드는 것을 거부하고 마음의 병과의 관여를 거부한 거요. 그래도 상류사회는 나의 이름과 인격을 그녀의 이름과 인격과 결부시켰소. 나는 매일같이 그녀를 만나고 목소리를 들었소. 그녀가 토해 내는 숨이 (오오!) 내가 숨 쉬는 공기와 섞여 있었소. 더욱이 내가 이전에 그녀의 남편이었다는 사실은 잊을 수가 없었소—당시에는 물론, 지금도 생각하기만 해도 등골이 오싹하오. 게다가 그녀가 살아 있는 한 나는 두 번 다시 다른, 보다 더 좋은 아내의 남편이 될 수 없는 거요. 나보다 다섯 살이나 연상이지만 (그녀의 가족도 나의 아버지도 그녀의 나이까지 속이고 있었소), 정신은 이상해도 몸은 건장하니까 내가 사는 한 그녀도 살아갈 것 같았소. 그런 까닭으로 나는 스물아홉 살 때 이미 절망의 밑바닥으로 가라앉고 말았소.

어느 날 밤, 나는 그 여자의 고함소리에 잠을 깼소—의사들이 그녀의 발광을 선고한 이래 물론 그 여자는 감금되어 있었지—서인도 제도 특유의 무더운 밤이었소. 그 지방에 폭풍이 불어오기 전에 흔히 있는 그런 밤이었소. 나는 잠을 이룰 수 없어 침대에서 일어나 창문을 열었소. 공기는 유황을 포함한 증기 같았소—어디나 기분을 상쾌하게 해 주는 것은 없었지. 모기가 들어와서 방 안을 음산하게 앵앵 소리를 내며 떠돌고 있었소. 들려오는 바닷소리는 마치 지진처럼 낮게 우르렁 거리고 검은 구름이 바다 위에 검은 그림자를 떨어뜨리고 있었소. 달아오른 포탄처럼 크고 둥근 달은 바닷속으로 가라앉으려 하고 있었소. 다가오는 폭풍우로 들끓을 세계에 달은 마지막으로 핏빛 같은 시선을 던졌소. 나는 이 대기와 정경에 몸이 흔들렸고 귀는 그 광인이 절규하는 욕지거리로 꽉 차 있었소. 그 악담 속에서 때때로 그 여자는 악마 같은 저주와 내 이름을 섞어 부르며 고함을 쳤소. 어떤 직업적인 창부라도 그 여자 이상의 음탕한 소리를 지껄이지는 못했을 거요. 두 개의 방을 사이에 두고 있었지만 그 말들이 분명히 들려 왔소—서인도 제도의 얄팍한 벽으로는 그 여자의 그 이리와 같은 부르짖음을 막을 도리가 없었던 거요.

'이런 생활은' 하고 나는 마침내 말했소—'지옥이다! 이것은 지옥의 공기다—이것은 밑 없는 구멍에서 울리는 소리다! 나에게는 여기에서 자신을 해방시킬 권리가 있다. 현세의 이 괴로움도 나의 영혼을 괴롭히고 있는 이 무거운 몸과 함께 사라져 버리는 거다. 광신자가 말하는 지옥 같은 건 무섭지는 않다. 지금이 이 상태보다도 더 나쁜 미래는 있을 수 없다—나의 몸을 여기서부터 떼어놓고 하느님에게로 가게 해 주소서!'

나는 무릎을 꿇고 이렇게 말하고는 총알을 잰 한 쌍의 권총이 들어 있는 트렁크의 자물쇠를 열었소. 나는 자살할 작정이었소. 그러나 나는 그런 생각을 잠깐 동안만 품었을 뿐이었소. 왜냐하면 나는 미치지 않았으니까 자살하고 싶다는 욕망과 계획을 꾸미기까지에 이르렀던 절망도 순식간에 사라져 버리고 없었소.

유럽 대륙에서 생긴 폭풍우가 대양(大洋)을 넘어 불어와, 열려 있는 창문으로 몰려들어 왔소. 폭풍우가 갑자기 덮쳐 격렬하게 비가 쏟아지고 천둥이 치고 번갯불이 번쩍이며 대기는 맑아졌소. 나는 그때 어떤 결심을 굳힌 것이오. 비에 젖은 정원의, 물방울이 떨어지는 오렌지 나무들 아래, 흠뻑 젖은 석류나무와 파인애플나무 사이를 거닐고 있는 동안, 열대 지방의 눈부신 아침놀이 내 주위에서 찬연하게 빛나고 있었소—거기에서 나는 이렇게 생각한 거요, 제인. 잘 들어 줘요. 그 때 나를 위로해 주고 내가 가야만 할 올바른 길을 제시해 준 것은 참된 지혜였기 때문이오.

유럽에서 불어오는 상쾌한 바람은 되살아난 잎들 사이에서 여전히 속삭이고 대서양은 빛나는 자유를 우렁차게 구가하고 있었소. 오랫동안 말라비틀어진 나의 마음은 그 우렁찬 소리와 함께 부풀어 올라 싱싱한 피로 충만했소—나라는 존재가 신생을 갈망했소. 내 영혼은 목이 타 깨끗한 물을 단숨에 마시고 싶었소. 희망이 되살아난다는 것을 알았소. 신생은 가능하다는 느낌이 들었소. 나는 정원 안쪽의 한창 꽃이 피고 있는 아치에서 바다를 둘러보았소—하늘보다도 푸른 바다를. 예로부터의 세계가 저편에 있는 맑게 갠 미래는 이렇게 해서 내 앞에 열렸소.

'가라.' 희망이 말했소. '그리고 유럽에서 다시 살아라. 거기라면 네가 어떤 불명예를 짊어지고 있는지, 어떤 더러운 짐을 지고 있는지 아는 사람은 없다. 미친 사람을 영국으로 데리고 가는 것이 좋아. 손필드에 적당한 시중들 사람과 감시원을 두어 그녀를 감금해 두면 돼. 그리고 너는 네가 좋아하는 곳을 여행해서 너의 생각대로 새로운 인연을 맺으면 된다. 그 여자는 오랫동안 너를 괴롭히고 너의 이름을 더럽히고 너의 명예를 짓밟고 너의 청춘을 못 쓰게 만들었다. 그 여자는 너의 아내가 아니다. 너는 그 여자의 남편도 아니다. 그 여자는 그 증상에 따른 돌봄을 받게 해 주면 된다. 그렇게 하면 너는 하느님과 인간이 네게 요구하는 모든 것을 완수한 셈이 된다. 그 여자의 존재를, 너와의 연관을 모두 망각 속에 묻어 버려라. 누구에게도 그 사실을 알릴 의무는 없다. 그녀를 안전하고 편하게 놓아두고 심신의 퇴행을 끝까지 숨기도록 하고 그리고 너는 여자로부터 떠나라.'

　나는 이 지시에 충실하게 따랐소. 아버지도 형도 나의 결혼을 친지에게 알리지 않았소. 왜냐하면 두 사람에게는 이 결혼을 알린 처음 편지에서 결혼에 대해서는 꼭 비밀로 해달라고 부탁했기 때문이었소―나는 이미 이 결혼에 매우 꺼림칙한 혐오를 느끼기 시작했고, 그녀 가족들의 성격과 체질로 보아 무서운 장래가 기다리고 있다는 것을 알고 있었기 때문이었소. 그리고 아버지도 스스로 선택한 내 아내의 불미스런 행동에는 부끄럽게 여기게 되어 며느리로서는 도저히 받아들일 마음이 생기지 않았소. 이 혼인을 공표하기는커녕 나와 마찬가지로 오직 감추기만 했던 것이오.

　그래서 나는 그 여자를 영국으로 데리고 왔소. 그런 괴물과 함께 항해한다는 것은 무서운 일이었소. 간신히 손필드로 그 여자를 데리고 와서 저 3층 방에다 안전하게 가두었을 땐 안도의 한숨이 나왔소. 그로부터 10년, 그녀가 정착한 저 안쪽, 비밀의 작은 방은 야수의 잠자리―악귀의 작은 방이 되었소. 그 여자를 위해 시중들 사람을 구하는 데 꽤 애를 먹었소. 충실하면서도 믿을 수 있는 인물을 골라야 했으니까. 왜냐하면 그녀의 미쳐 날뛰는 꼴은 내 비밀을 아무래도 폭로하고야 말 테니까 말이오. 뿐만 아니라 며칠마다―또는 몇 주일 동안 제정신으로 돌아가는 일도 있었는데 그럴 때면 그냥 내게 욕설을 퍼붓곤 했소. 마침내 그림스비 정신 병원에 있던 그레이스 풀을 고용할 수 있었소. 그녀와 외과 의사인 카터가―메이슨이 찌르고 물어뜯긴 그날 밤, 메이슨의 상처를 치료해 준 그 의사요―내가 비밀을 털어놓은 단 두 사람이오. 페어팩스 부인도 물론 조금 의문은 품고 있었는지 모르지만 실제 사정에 관해선 정확한 내막을 알고 있을 리 없어요. 그레이스는 대체로 충실한 시중꾼이었소. 하지만 그녀 자신에게도 약점이 있고 그것을 고친다는 것은 불가능해요, 그런 성가신 직업에는 어쩔 수 없이 일어나는 결점이긴 하지만. 여러 번 그레이스의 경계가 어수룩해서 낭패를 보기도 한 일이 있었소. 그 미치광이는 교활하고 심보가 나쁘기 때문이오. 감시원이 잠시라도 눈을 팔면 영락없이 그 틈을 이용하는 거요. 한 번은 칼을 감추어가지고 있다가 자기 오빠를 찌르기도 하고 자기 방 열쇠를 입수하여 한밤중에 방에서 빠져나온 일도 두 번쯤 있었소. 그때는 우선 자고 있는 나를 태워 죽이려고 했었소. 두 번째는 당신의 침실로 그 무시무시한 방문을 했던 거요. 당신을 지켜 주신 하느님에게 감사하는 바요. 그녀는 당신의 신부 의상에 화풀이를 했소. 아마도 자기 결혼날의 기억이 희미하게 되살아났을 거요. 그러나 그 다음 어떻게 되어 있었던가를 생각하는 것만으로도 무섭소. 오늘 아침 나의 목에 달려든 사람이, 검고 빨간 빛의 얼굴이, 나의 귀여운 비둘기의 둥지를 덮쳤다는 것을 생각하면 피도 얼어붙을 심정이오."

"그래서," 하고 나는 그가 입을 다물자 이렇게 물었다. "그 분을 안정시킨 후 무슨 일을 하셨습니까? 어디로 가셨습니까?"

"내가 한 일 말인가, 제인? 난 도깨비불로 모습을 바꾸었지. 어디로 갔느냐고? 늪지대의 정령처럼 무턱대고 돌아다녔지. 대륙을 헤매고 모든 땅을 정처 없이 돌아다녔지. 나는 어떻게 해서든지 성격이 좋고 총명한 여성을 찾고 싶었소. 사랑할 수 있는 여성을. 손필드에 남겨 두고 온 표독스런 여자와는 정반대의ㅡ."

"그렇지만 당신은 결혼하실 수 없어요."

"나는 결혼할 수 있다고, 결혼하지 않으면 안 된다고 확신하고 결심하고 있었소. 결과는 당신을 속인 것이 되었지만 본디 속일 생각은 없었던 거요. 신상 이야기를 솔직하게 밝히고 당당히 청혼할 생각이었소. 나에게는, 사랑하고 사랑을 받을 자유가 있다고 생각하는 것은 매우 당연한 것으로 생각되었소. 어딘가에 있는 여성이, 나에게 씌워진 저주에도 나의 사정을 이해하고 나를 흔쾌히 받아들여 줄 것으로 믿고 의심하지 않았소."

"그래서요?"

"캐물을 때의 당신을 보면, 제인, 흐뭇한 생각이 들어요. 호기심이 왕성한 작은 새처럼 눈을 크게 뜨고 안절부절못하니 말이오. 마치 상대방의 대답을 채 기다리지 못하고 상대방의 마음에 적혀 있는 것을 읽겠다는 태도군. 그러나 이야기를 더 계속하기 전에 당신의 그 '그래서요?'가 어떤 의미인지 가르쳐 주오. 당신이 항상 쓰는 말이지만 말야. 그 덕택으로 나는 끝없이 말을 계속해야 했던 일이 얼마나 많았던가. 왜 그런지는 도무지 모르겠소."

"그 다음엔 어떻게 됐나요 하는 뜻이죠. 그리고 어떻게 하셨어요. 사건의 결과는 어떻게 됐나요?"

"그렇군. 그래 지금은 무엇을 알고 싶소?"

"마음에 드는 분이라도 발견했는지 어떤지, 또 그 여자에게 구혼을 했는지, 또 그분은 어떤 대답을 했는지?"

"마음에 든 상대를 발견했는지 어쩐지, 그 사람에게 결혼을 신청했는지에 관한 거라면 대답할 수 있소. 하지만 상대방이 무엇이라고 했는가 하는 것은 이제부터 운명의 여신의 기록부에 기록될 거요. 10년이란 기나긴 세월을 나는 여러 곳을 헤매었소. 이 나라의 수도에서 저 나라의 수도로. 어떤 때는 상트페테르부르크에서, 그리고 대개는 파리에서 보냈소. 때로는 로마, 나폴리, 피렌체에서도 보냈소. 풍족한 돈과 명문(名門)이라는 통행 수표를 가지고 있었으므로 나는 나를 상대해 줄 상대를 고를 수 있었소. 어떤 사교계나 나를 거부하진 않았소. 영국의 귀부인들이나, 프랑스의 백작 부인들, 이탈리아의 부인들, 독일의 백작 부인들 사이에서 내 이상의 아내를 찾았소. 그러나 나는 찾아내지 못했소. 이따금 순간적으로 내 꿈의 실현을 알리는 듯한 시선을 보고, 목소리를 듣고, 모습을 보았다고 느꼈지만 곧 꿈에서 깨어났소. 당신은 내가 여자의 정신이나 용모가 완전한 걸 바랐다고 생각해선 안 돼요. 나는 다만 자신에게 적합한 사람을 구한 것에 지나지 않아요—서인도 제도의 이민 자손과는 정반대의 것을 말이오. 그러나 그것도 허사였소. 그들 중에는, 내가 비록 자유의 몸이었다 해도 청혼하고 싶다고 생각한 여성은 한 사람도 없었소. 어울리지 않는 결혼이 가져오는 위험이나 무서움 같은 건 이미 경험했던 거요. 나는 낙담한 나머지 자포자기가 되었소. 낭비를 일삼았지만 결코 방탕은 하지 않았소. 그것만은 싫었던 거요. 지금도 싫소. 그것은 내 서인도 제도의 메살리나(로마 황제 클라우디우스의 세 번째 아내로 방종한 행실의 황후였다.)를 뺨치는 나의 서인도 여인의 주특기였으니까 말요. 이런 것과 그 여자에 대한 혐오의 마음이 향락 속에서도 나를 튼튼하게 지탱해 준 거요. 방탕이라는 향락은, 나 자신을 그 여자에게, 그 여자의 악덕에 가깝게 가게 하는 생각이 들었으므로 그것만은 삼갔소.

그래도 혼자서는 살 수 없었소. 정부를 두기로 했소. 최초에 고른 것이 셀린 바랭스—그 어리석은 행동을 생각하면 나 자신을 비웃지 않을 수 없소.

그녀가 어떤 여자였던가, 그녀와의 관계가 어떤 종말을 가져왔는가, 당신은 이미 알고 있는 일이오. 그녀 다음에 두 사람이 있었소. 이탈리아 여자인 자친타와 독일 태생의 클라라. 두 사람이 다 보기 드문 미인이었지만, 몇 주일 지나는 동안 그 여자들의 아름다움도 내게는 덧없는 것이 되고 말았소. 자친타는 파렴치하고 난폭했소. 나는 석 달도 못가서 그녀에게 싫증이 나 버렸소. 클라라는 정직하고 얌전했지만 우둔하고 어리석고 무슨 일에도 반응이 없는 여자였소. 내 취미엔 조금도 맞지 않았단 말이오. 나는 그녀에게 좋은 직업을 갖도록 충분한 돈을 주고서 한시름 놓았소. 그런 식으로 그 여자와는 적절하게 손을 끊었소. 그런데 제인, 당신의 표정으로 보아 당신은 지금 나에 대해서 별로 좋게 생각하고 있지 않구려. 나를 무정하고 소행이 나쁜 바람둥이로 생각하고 있어요, 그렇지?"

"이전과 같은 호감은 별로 가질 수 없습니다. 정부를 차례로 바꾸는 생활을 당신은 조금도 나쁘다고 생각하지 않으시니까요. 마치 당연한 것처럼 말씀하고 계세요."

"나로서는 당연한 일이었소. 나도 그런 생활을 좋아해서 한 것은 아니오. 비굴한 생존 방법이었지. 다시는 그런 생활로 돌아가고 싶지 않아요. 정부를 둔다는 것은 노예를 사는 일 다음가는 악습이오. 어느 것이나 천성도 사회적 지위도 뒤떨어진 것이오. 열등한 자와 친하게 지내고 있으면 이쪽 품위도 떨어지는 법이오. 셀린이나 자친타, 클라라 등과 함께 살았던 때를 떠올리면 진저리가 나오."

나는 그의 말에 진실을 느꼈다. 그리고 거기에서 명백한 결론을 끄집어냈다. 즉, 만일 내가 나를 잊고 이 몸에 주입된 모든 가르침을 잊고—구실을 달아 정당한 이유를 끌어내고 유혹에 져서—그 가엾은 여자들의 뒤를 잇게 된다면 그는 틀림없이 언젠가는 지금 머릿속에서 그녀들의 추억을 모독하고 있는 것과 같은 기분을 나에게도 품게 되리라는 것이었다. 이 확신을 나는 입 밖에 내지 않았다. 느끼는 것만으로 충분했다. 나는 그것을 나의 가슴속에 새겼다. 시련이 닥칠 때 그것이 나를 도와줄 수 있도록.

"그런데, 제인, 왜 '그래서요'라고 말하지 않소? 얘기는 아직 끝나지 않았는데. 당신은 심각한 표정을 하고 있군. 아직도 나를 비난하고 있는 모양이야. 아무튼 요점을 다 말하게 해 줘요. 지난 한 달 동안 나는 모든 정부와 손을 끊고 헛되고 고독한 방랑 생활로 거칠어진 비참한 생각을 안고, 모든 사람에게, 특히 여자라는 족속에 환멸을 느끼고(총명하고 성실하고 정이 깊은 여성은 꿈에 지나지 않는다고 생각하기 시작하고 있었으니까) 실망에 싸인 나는 볼일이 있어서 영국으로 돌아왔소.

몹시 추운 어느 겨울날 오후, 손필드 저택이 보이는 곳까지 나는 말을 달려왔소. 그 몸서리쳐지는 곳! 나는 그곳에서 마음의 편안함도 기쁨도 기대하지 않았소. 헤이의 오솔길의 나무 문 층계 위에 작은 사람의 그림자가 보였소. 꼼짝도 않고 혼자 앉아 있는 조그만 모습을 보았소. 그 건너편, 가지를 자른 버드나무 앞을 지날 때와 마찬가지로 나는 무심코 그 앞을 지나쳤소. 그것이 장차 내게 소중한 것이 되리라는 예감은 전혀 없었소. 내 삶의 중재자가—천사든 악마든—조촐한 몸으로 변하여 거기에서 기다리고 있다는 내면적인 목소리가 들리지는 않았소. 메스루어가 사고를 일으켰을 때, 그것이 가까이 와서 진지하게 나를 돕겠다고 말했을 때에도 나는 그것을 몰랐소. 가냘프게 야윈 여자였지! 마치 홍방울새가 내 발 밑에 깡충깡충 뛰어와서 작은 날개에다가 나를 태워 주겠다고 하는 것과 같았소. 나는 기분이 언짢았지만 그 사람은 가려고 하지 않았소. 묘하게 참을성 있게 내 옆에 서 있었는데 그 모습이나 말투에 위엄과 같은 것이 있었소. 나는 그 손에 의해 꼼짝없이 도움을 받아야 한다는 거요. 그래서 나는 도움을 받았소.

그 가냘픈 어깨에 기댔을 때, 무엇인가 신선하고 싱싱한 활력과 감각이 나의 몸 안으로 스며들어 왔소. 그 요정이 나에게로 돌아온다는 것을 알고 기뻤소. 눈 아래 보이는 내 집의 것이라는 것을 알고 기뻤소. 그렇지 않으면 그것이 나의 손으로부터 빠져나가 희미하게 보이는 생울타리 저편으로 사라지는 것을 보았을 때, 묘한 아쉬움을 느꼈을 것이오. 그날 밤 나는 당신이 돌아오는 기척을 엿듣고 있었다오, 제인. 내가 당신을 생각하고 당신의 모습을 기다리고 있었다는 것은 아마도 알지 못했을 거요. 이튿날 나는 당신을 관찰하고 있었소—내가 보이지 않도록 숨어서— 반시간 동안 아델라와 함께 복도에서 놀고 있는 당신의 모습을 바라보고 있었소. 그날은 눈이 내리고 있었소. 그래서 밖으로 나갈 수가 없었던 거요. 나는 내 방에 있었소. 문이 조금 열려 있어서 목소리도 들렸고 모습도 보였소. 아델라는 잠시 당신의 주의를 끌고 있었으나 당신의 생각은 어딘가 딴 데에 있는 것처럼 보였소. 그래도 참을성 있게 아델라를 상대해 주고 있었지, 나의 귀여운 제인. 아델라에게 말을 걸고 오랫동안 같이 놀아 주었지. 아델라가 마침내 당신 곁을 떠나자 당신은 뭣인가 깊은 생각에 잠겨 복도를 천천히 오가기 시작했지. 창가에 이르자 눈이 두텁게 쌓인 정원을 흘끗 보았지. 흐느끼는 바람 소리에 귀를 기울이고 있다가 천천히 걸어가면서 몽상에 잠기고 있었소. 당신이 본 그날의 몽상은 어둡지는 않았을 거요. 그 눈엔 가끔 밝은 빛이 반짝이고 얼굴에는 부드러운 흥분의 기색이 떠오르고 그것이 우울한 생각을 하지 않고 있다는 것을 말해 주고 있었소. 젊은 영혼이 날개를 펴고 희망의 뒤를 쫓아 이상의 천국을 향하여 날아갈 때 그 표정에 청춘의 향기로운 몽상이 나타나는 법이오. 현관에서 하인에게 무엇인가 말을 하고 있는 페어팩스 부인의 목소리가 당신을 깨어나게 했었지. 그때 얼굴에 떠오른 것은 참으로 기묘한 미소였소, 자네트! 당신의 웃음에는 깊은 뜻이 있었소. 매우 예리한 웃음이었소. 자기가 방심하고 있었던 일 같은 건 별것이 아니라고 여기게 하는 그런 웃음이었소. 그 웃음은 이렇게 말하고 있는 것 같았소. —'나의 환상은 모두 훌륭한 것이었지만 그런 것은 현실적으로는 있을 수 없는 일이라는 것을 잊으면 안 돼. 나의 머릿속에는 장밋빛 하늘이 있고 꽃이 흐드러지게 핀 에덴의 동산이 있지만, 내가 잘 알고 있는 밖에는 걸어가야 할 험한 길이 기다리고 있고, 나의 둘레에는 검은 폭풍우가 소용돌이치며 덤비려 하고 있다는 것이.' 당신은 계단을 뛰어내려 가 페어팩스 부인에게 무슨 할 일이 없느냐고 묻고 있었소. 주마다의 가계의 계산 같은 그런 일이었다고 생각해요. 당신이 보이지 않는 곳으로 가 버리자 서운한 생각이 들었소.

나는 초조한 마음으로 밤을 기다렸소. 당신을 부를 수 있었기 때문이었소. 당신은 드물게 보는—나에게는—전혀 새로운 성격의 사람 같았소. 나는 그것을 좀더 깊이 파 내려가고 싶다, 좀더 잘 알고 싶다고 생각하였소. 방으로 들어온 당신은 그 표정도 태도도 내성적이면서도 의연했소. 입고 있었던 옷은 색달랐소—지금 입고 있는 옷처럼. 당신에게 말을 시켜 보고 당신이 기묘하게 서로 상반되는 것을 갖추고 있다는 것을 발견하였소. 입은 것이나 모습은 딱딱한 편이었으나, 태도는 대체적으로 내성적이고 차분한 기품이 있었지만 사람을 대하는 태도는 전혀 익숙지 않았고, 자칫 잘못해서 실언이나 실수를 해서 자기가 눈에 띄는 것을 몹시 두려워하고 있는 것 같았소. 그러면서도 일단 입을 열면 날카롭고 대담하게 반짝이는 눈으로 상대방을 올려 다보는 거요. 당신이 던지는 시선에는 통찰력이 있고 힘찬 지배력이 있었소. 아슬아슬한 질문을 해도 이내 솔직한 대답을 했지. 당신은 이내 내게 익숙해 진 것 같았소. 자기와 완고하고 까다로운 주인 사이에 상통한 것이 있다는 점을 느끼고 있었던 것 같았소, 제인. 어떤 느긋한 여유가 생기고 당신의 태 도가 이내 안정을 찾은 데에는 놀랐으니까 말야. 내가 떠들어대도 놀라지도 않고 무서워하지도 않고 귀찮게 여기지도 않고 나의 까다로운 성질에 불쾌 하다는 얼굴도 보이지 않았소. 당신은 나를 물끄러미 지켜보고 이따금 가식 없는 동정어린 얌전한 태도로 나에게 미소를 띠웠소. 그런 당신을 보고 나는 이내 만족하고 흥분하였소. 나는 내가 본 것에 호감을 가지고 좀더 보고 싶 다고 생각하였소. 그 표정이 마음에 들어 좀더 보고 싶었소. 그러면서도 오 래도록 나는 당신에게 서먹서먹하게 대하고 별로 부르지도 않았소. 나는 지 능적인 쾌락주의자였으므로 이 색다른 흥미를 자아내는 인물과 친해지는 즐 거움을 뒤로 미루고 싶었던 거요. 게다가 이 꽃을 마음대로 다루거나 하면 이내 색깔이 바래지나 않을까 하는 두려움도 가지고 있었소—싱싱하고 향기 로운 그 매력이 사라지지나 않을까 하고 말야. 그때에는 아직 그것이 잠시 동안 핀 덧없는 꽃이 아니라 단단한 보석에 새겨진 빛나는 꽃이라는 것을 몰 랐던 거요. 게다가 내가 피하고 있으면 당신 쪽에서 나를 쫓아다니지나 않을 까, 그것도 알고 싶었소—그러나 당신은 그렇게 하지 않았소. 자기 책상이 나 이젤과 마찬가지로 가만히 학습실에 틀어박혀 있었소. 우연히 만나는 일 이 있어도 당신은 예를 벗어나지 않을 정도로 가볍게 인사만 할 뿐 그냥 지 나쳐 버리고 말았소. 그 무렵 당신의 표정은, 제인, 무엇인가를 생각하고 있 는 것 같았소. 당신은 병이 든 것도 아니었으므로 기운이 없었다는 얘긴 아 니지만, 희망도 별로 없고 나날의 즐거움도 없었으므로 즐거운 모습도 아니 었소. 나에 대해서 당신이 어떻게 생각하고 있을까 신경이 쓰였소—도대체 나라는 사람을 생각해 주고 있는지. 그것을 알기 위해 나는 당신에게 주의를 기울이기로 하였소. 이야기를 나눌 때, 나를 쳐다보는 눈에는 기쁜 듯한 빛 이 있고 태도는 상냥했소. 어쩐지 남과 사귈 생각은 있는 것 같았소. 당신의 마음을 침울하게 만든 것은 조용한 공부방—생활의 단조로움이었소. 나는 당신에게 상냥하게 대하는 즐거움을 맛보기로 하였소. 상냥하게 대하면 기분은 바로 움직이는 법이오. 당신의 표정은 부드러워지고 말투도 상냥해졌소. 당신의 입술이 나의 이름을 즐거운 듯한 어조를 부르는 것이 좋았소. 그 무렵은 당신을 우연히 만나는 것이 즐겁기 짝이 없었소, 제인. 당신의 태도는 기묘하게 망설이는 듯했소. 희미한 의심을—따라붙는 의심을 안고 나를 보았던 거요. 나의 변덕이 어떻게 나올지 몰랐던 것 같았소—내가 주인으로서 행세하여 엄하게 대하는지, 친구로서 부드럽게 대해 주는지 알 수가 없었던 거요. 그 무렵에는 당신이 좋아서 견딜 수 없었으므로 처음과 같은 변덕을 되풀이할 마음은 들지 않았소. 내가 친밀하게 손을 내밀고 당신의 젊고 사색에 잠긴 것 같은 얼굴이 장밋빛으로 물들고 환하게 빛나면서 행복감에 넘치면 나는 그때 그 자리에서 당신을 가슴에 안고 싶은 심정을 견디는 데 얼마나 고생을 했는지."

"부디 그때의 일은 더 말씀하지 마세요." 나는 말을 가로막고 눈물에 젖은 눈을 남몰래 닦았다. 그의 말은 고문이었다. 내가 무엇을—더욱이 조급하게 내가 해야 할 일을 알고 있었으므로, 이런 회상이나 감정의 토로는 내가 할 일을 더욱 하기 힘들게 만들 뿐이었다.

"그래, 제인." 그는 대답했다. "우리들의 현재가 이렇게 확실하고 미래가 그렇게 빛나는데 언제까지나 과거에 얽매일 필요가 어디 있겠소?" 그가 기뻐서 어쩔 줄 모르는 이 말을 듣고 나는 소름이 끼쳤다.

"당신도 사정을 잘 이해했군—그렇지?" 그는 말을 이었다. "청춘시대에나 장년시대에, 반은 말로 이루 다 할 수 없는 비참함 속에서, 나머지 반은 외로운 고독 속에 지나가 버렸는데 이렇게 해서 지금 처음으로 마음으로부터 사랑할 수 있는 사람을 발견했소—당신을 발견한 거요. 당신은 나에게 공명(共鳴)하는 것—나의 좋은 분신, 나의 천사요. 나는 강한 유대로 당신과 맺어져 있소. 당신은 선량하고 재능이 있고 사랑스럽소. 뜨겁고 진지한 정열이 내 마음속에 솟고 있소. 그 정열은 당신 가까이 가서 당신을 나의 중심으로, 생명의 원천으로 끌어당겨 나라고 하는 존재로 당신을 감싸서 맑은 불길이 되어 당신과 나를 하나로 녹이려 하고 있소.

내가 당신과 결혼하려고 결심한 것은 내가 이것을 느끼고 알고 있었기 때문이오. 내게 이미 아내가 있다고 말하는 것은 공허한 비웃음에 지나지 않아요. 나에게 있는 것은 무시무시한 악마라는 것을 당신은 알고 있지 않소. 당신을 속이려 했던 것은 잘못이었소. 그러나 나는 당신 성격의 완고함을 두려워했던 거요. 조급하게 편견을 심는 것을 두려워한 거요. 비밀을 감히 털어놓기 전에 당신을 안전한 곳에 두고 싶었소. 분명히 이것은 비겁한 방법이었소. 먼저 당신의 고결한 품성과 아량에 호소했어야 했소. 지금 이렇게 하고 있는 것처럼 나의 고뇌의 삶을 솔직하게 털어놓고—보다 높이, 보다 가치가 있는 삶을 얼마나 동경하고 있었던 가를 설명했어야 했소—그리고 내가 한결같이 사랑할 수 있는 것, 나를 한결같이 사랑해 주는 것을 얻으려는 결의 (이 말로는 약하지?) 참을 수 없는 갈망이라고나 할까, 그것을 당신에게 알려야 했었소. 그리고 나서 나의 참다운 맹세를 받아달라고, 당신의 참된 맹세를 나에게 달라고 부탁했어야 했소. 제인, 지금 그것을 나에게 주시오."

잠시 동안의 침묵이 흘렀다.

"왜 잠자코 있소. 제인?"

나는 무서운 시련을 겪고 있었다. 뜨거운 무쇠 손이 나의 급소를 잡고 있었다. 갈등·암흑·불타는 생각이 넘치는 고민의 순간이었다. 인간으로서 지금 내가 사랑을 받고 있는 것처럼 깊이 사랑을 받고 있는 사람이 또 있을까? 이토록 나를 사랑해 주는 그를 나는 마음속으로부터 존경하였다. 그러나 그 사랑도, 존경하는 것도 거부하지 않으면 안 된다. 나의 견딜 수 없는 의무는 단 한 마디면 충분했다—"떠나라!"

"제인, 내가 당신에게 어떻게 해 주기를 원하고 있는지 알았소? 이것만 약속해 주면 돼요—'로체스터 님, 저는 당신 것이 되겠습니다'라고."

"로체스터 님, 저는 당신의 것이 되지 않아요."

다시 긴 침묵이 흘렀다.

"제인!" 그는 다시 입을 열었다. 그것은 나를 슬픔으로 주저앉게 할 정도로 부드럽고, 불길한 두려움으로 나를 돌처럼 차디차게 만들 정도로 부드러운 목소리였다. 이 낮은 목소리는 일어서려고 하는 사자(死者)의 헐떡임이었다—"제인, 당신과 나는 각자의 길을 가겠다는 거요?"

"그렇습니다."

"제인," 그는 나에게로 몸을 숙이고 나를 껴안으면서 "이렇게 해도 그렇게 말할 작정이오?"

"그렇습니다."

"이래도?" 그는 내 이마와 뺨에 가볍게 키스하였다.

"네." 나는 재빨리 그의 팔을 뿌리쳤다.

"오오, 제인, 그건 너무해! 그런—그렇게 심한 처사가 어디 있단 말요. 나를 사랑하는 건 나쁜 일이 아녜요."

"당신을 따르는 일은 나쁜 일입니다."

사나운 표정이 그의 눈썹을 치켜올리고—얼굴 구석구석까지 스쳐갔다. 그는 일어났다. 그러나 아직 견디고 있었다. 나는 손을 의자 등에 얹고 몸을 지탱하였다. 나는 떨리고 무서웠다—그러나 결심은 굳었다.

"잠깐만, 제인. 떠날 때 다시 한 번 나의 비참한 생활을 잠깐 보아 주오. 행복은 송두리째 당신과 함께 사라지는 거요. 뒤에는 뭣이 남겠소? 아내라는 사람은 3층에 있는 미치광이오. 차라리 건너편 교회의 묘지에 있는 시체를 안겨 주는 것이 낫소. 나는 어떻게 하면 좋지, 제인? 반려를 구해서, 희망을 구해서 도대체 어디로 가면 되지?"

"제가 하라는 대로만 하세요. 하느님을, 당신 자신을 믿으세요. 하늘나라를 믿으세요. 거기에서 다시 만날 날을 기다리기로 하죠."

"그럼 당신은 어떤 일이 있더라도 들어주지 않겠다는 거요?"

"네."

"그럼 당신은 나더러 평생 비참하게 살다가 저주받고 죽으라고 하는 거요?" 그의 목소리가 들떴다.

"저는 주인님께서 깨끗한 생애를 보내시도록, 그리고 편안한 죽음을 맞이할 수 있도록 기도하고 있습니다."

"그럼 당신은 내게서 사랑과 순결을 빼앗겠다는 거요? 정열 대신 육욕으로, 정업(正業) 대신에 악업(惡業)으로 떠밀어 버리는 거요?"

"로체스터 님, 저는 그와 같은 운명을 당신에게 짊어지게 하려는 것도, 제가 그런 운명을 붙들려고도 생각하고 있지 않습니다. 우리는 싸우고 견디는 운명의 별 아래 태어난 것입니다—저와 마찬가지로 당신도. 그러니까 그렇게 하세요. 제가 당신을 잊어버리기 전에 틀림없이 당신은 저를 잊어버리게 되실 거예요."

"그런 말로 당신은 나를 거짓말쟁이로 만들 작정이오? 내 명예에 먹칠을 할 작정이오? 나의 마음은 변하지 않는다고 단언했는데. 당장이라도 마음이 변한다고 나에게 말하고 있소. 당신의 판단이 얼마나 비뚤어지고 얼마나 틀린지는 당신의 행동으로 알 수 있소! 인간이 만든 법률을 어기느니보다는 절망으로 몰아넣는 것이 더 좋단 말이오? 법률을 어긴다 해도 아무도 피해를 입을 사람은 없는데도? 당신이 나와 함께 산다고 해서 노하거나 두려워할 친척이나 친지도 없지 않소."

분명히 그러했다. 그가 이야기하고 있는 동안 내 양심과 이성은 나를 배반하여 내가 그에게 거역하는 것은 죄악이라고 비난했다. 둘 다, 감정과 마찬가지로 소리 높이 지껄였다. 사납게 외쳤다. 그리고 감정은 요란스럽게 떠들어 댔다.

'자, 승낙하는 것이 좋아!' 감정은 말했다. '그의 비참한 모습을 생각해 보라구―혼자 남게 되었을 때의 그의 상태를 똑바로 봐. 그의 사나운 성격을 떠올려 봐. 절망에 빠져 무모한 행동을 저지를 것이라는 것을 생각하여 그를 달래라. 그를 구원하고 그를 사랑해라. 그를 사랑하고 있다고 말하고 그의 것이 되겠다고 해라. 도대체 이 세상에서 너를 누가 돌봐 주겠느냐? 네가 무슨 일을 하든 그로 말미암아 상처를 입는 사람이 있을까?'

그래도 대답은 여전히 굴복하지 않았다―'나는 나 자신에게 신경을 쓰고 있다. 친구도 없고 고독하면 할수록 지탱하는 것을 잃으면 잃을 수록 자신이 의지가 된다. 하느님이 주시고 인간에 의해 인정된 법을 지키리라. 지금의 나처럼 내가 정신이 온전하고 미치지 않았을 때 받아들인 윤리를 지키리라. 법률도 윤리도 유혹이 없을 때에는 필요가 없는 것이다. 법률도 윤리도, 이와 같은 때야말로, 몸이나 영혼이 그들의 엄격함에 반란을 일으킬 때야말로 필요한 것이다. 법도 윤리도 엄격한 것으로, 범해서는 안 된다. 만일 자기의 형편에 좋을 대로 범해도 좋다고 한다면 그것에 무슨 가치가 있단 말인가. 그것에는 가치가 있다. 그래서 나는 항상 믿어왔다. 지금 그것을 믿을 수가 없다고 한다면 그것은 내가 제정신이 아니기 때문이다―전적으로 제정신이 아니기 때문이다. 혈관을 흐르는 피가 불이 되어 타오르고 심장은 헤아릴 수 없을 만큼 빨리 뛰고 있기 때문이다. 이제까지 품어왔던 의견, 이전의 결의가 지금 나를 지탱하는 모든 것이다. 거기에 나는 발을 붙이리라.'

나는 그대로 했다. 로체스터 씨는 내 얼굴빛을 읽고 내가 그렇게 한 것을 알았다. 그의 격분은 절정에 이르렀다. 그 뒤에 무엇이 닥쳐오건 그는 잠시 노여움에 몸을 맡기지 않으면 안 되었다. 성큼성큼 마룻바닥을 가로 지르더니 나의 팔과 허리를 잡았다. 그의 불타는 듯한 눈동자로 나를 삼킬 듯이 바라보았다. 그때의 나의 몸은 부엌의 열풍이나 새빨간 불길에 노출된 보릿짚처럼 무력했다. 그러나 나의 내부에는 아직은 영혼이 있고 그 영혼이 있으면 안전하다는 확신이 있었다. 다행히 영혼에는 통역이 있었다―대개 무의식적인, 그러나 충실한 통역이―눈 안에 있었다. 나의 눈은 그의 눈을 올려다보았다. 그 험한 얼굴을 보고 있는 동안에 나도 모르게 한숨이 나왔다. 붙들고 있는 그의 손은 아팠다. 혹사한 나의 힘은 거의 소진되어가고 있었다.

"그 어디에도 없을 것이다." 그는 이를 갈며 말했다. "이처럼 연약하면서도 이처럼 완고한 사람은 그 어디에도 없을 거야. 내 손 안의 이 사람은 마치 덧없는 갈대와 같다!"(이렇게 말하고는 잡은 손으로 힘껏 나를 흔들었다.) "두 개의 손가락으로 꺾을 수 있을 것 같군. 꺾어서 뿌리를 뽑아서 짓눌러도 그게 무슨 소용이 있을까? 저 눈을 좀 봐. 거기에서 이쪽을 내다보고 있는 저 결연하고 사나운 자유분방한 것을 봐. 용기 이상의 것을 가지고―단호한 승리를 높이 쳐들고 나에게 반항하고 있어. 그 우리를 부숴도 나의 손은 그에게는 닿지 않는다―사납고 아름다운 생물이여! 아무리 이 연약한 감옥을 부숴도, 그것은 오직 그 죄수를 해방시킬 뿐일 것이다. 나는 그 집을 정복할 수는 있지만 내가 그 집의 육체적 승리자라고 주장하기 전에 당신의 영혼은 재빨리 천국으로 도망쳐 버리고 있을 거요. 내가 바라는 것은 당신이오. 영혼이여―의지와 활력, 미덕과 순결을 갖춘 영혼인 것이다. 너의 부서지기 쉬운 몸만을 구하고 있는 것이 아니다. 당신이 할 마음이 있다면 살며시 내 곁으로 조용히 날아와 내 가슴으로 다가오면 돼요. 억지로 붙잡아도 당신은 향기처럼 내 손아귀에서 사라져 버릴 거요―내가 당신의 향기로운 냄새를 맡기도 전에 사라져 버릴 거요. 아! 이리 와 주오. 제인, 내게로 와주오."

그는 이렇게 말하면서 나를 잡고 있던 손을 놓고는 물끄러미 바라보았다. 그 표정은 격렬한 포옹보다도 훨씬 더 맞서기 힘든 것이었다. 어리석은 사람이라면 여기서 굽히고 말았을 것이다. 그러나 나는 용기를 북돋아 맞서서 그의 노여움의 창끝을 꺾은 것이다. 그의 슬픔 또한 잘 처리하지 않으면 안 된다. 나는 문 쪽으로 물러났다.

"가는 거요, 제인?"

"네, 가야겠어요."

"나를 두고?"

"네."

"이리 오지 않으려오? 나를 위로하고 구해 줄 사람이 되지 않으려오? 나의 깊은 사랑도 거친 슬픔도 미칠 듯한 기도도 당신에게는 아무것도 아니란 말이오?"

말할 수 없는 슬픔이 그 목소리에 배어 있었다! 단호하게 "가야겠어요" 하고 되풀이하는 것이 얼마나 괴로웠던가.

"제인!"

"로체스터 님!"

"그럼 가 봐요―동의하겠소―그러나 잊지 마시오. 당신은 고민하는 나를 여기에 내버려 두고 가는 거요. 당신 방으로 가서 내가 한 말을 모두 처음부터 생각해 보아요. 제인. 그리고 내 괴로움을 좀 헤아려 주시오. 나를 생각해 주시오."

그는 돌아섰다. 그리고 몸을 던져 소파에 얼굴을 파묻었다. "아, 제인! 나의 희망, 나의 사랑, 나의 생명!" 그의 입술에선 괴로움에 찬 목소리가 새어 나왔다. 그리고 낮고 벅찬 흐느낌이 흘러 나왔다.

이미 나는 문턱까지 와 있었다. 그러나 독자여, 나는 되돌아갔다―물러갔을 때와 같이 단호히 되돌아간 것이다. 나는 그의 곁에 무릎을 꿇었다. 쿠션에 파묻힌 그의 얼굴을 내게로 돌려 뺨에 입을 맞추고 그의 머리칼을 쓰다듬었다.

"하느님의 축복이 있으시기를. 나의 귀중한 주인님!" 나는 말했다. "하느님께서 주인님을 위험과 죄악에서 꼭 보호하실 겁니다. 당신을 인도하셔서 위로해 주실 겁니다. 저에게 친절하게 해 주신 상을 주십니다."

"귀여운 제인의 사랑이 내겐 최상의 상이었는데." 그는 대답하였다. "그것이 없이는 나의 심장은 찢어진 채로 있을 거요, 그러나 제인이라면 나에게 사랑을 줄 것이다. 그렇다―고귀하고 너그러운 마음으로."

그의 얼굴에 핏기가 확 돌았다. 눈에선 불같은 빛이 튀어 나왔다. 그는 벌떡 일어서서 두 팔을 벌렸다. 그러나 나는 그의 포옹을 피하여 곧 방에서 나왔다.

'안녕히 계세요!' 그와 헤어졌을 때 나의 마음은 그렇게 외쳤다. 그리고 절망이 이렇게 덧붙였다. '안녕히 계세요! 영원히!'

그날 밤 나는 잠을 잘 생각은 없었는데도 침대에 눕자마자 곧 잠이 들어 버렸다. 어렸을 무렵의 정경을 꿈으로 보았다. 나는 게이츠헤드의 붉은 방에서 자고 있었다. 캄캄한 밤에 나의 가슴은 묘한 두려움으로 가득 찼다. 먼 옛날 나를 실신시킨 그 빛이 꿈속에 나타나 미끄러지듯 벽을 타고 올라가 희미하게 보이는 천장의 중앙에 머물러 벌벌 떨고 있는 것처럼 보였다. 나는 머리를 들고 그것을 쳐다보았다. 이윽고 지붕은 녹아 높은 하늘에 떠 있는 어두운 구름이 되었다. 그 빛은 달이 바야흐로 헤치려고 하는 구름에 던지는 빛처럼 보였다. 나는 달이 나타나기를 지켜보고 있었다―불가사의한 기대를 가지고 바라보았다. 운명을 선고하는 말이 달의 표면에 쓰여 있는 것 같았다. 달은 일찍이 볼 수 없었던 방법으로 구름을 뚫고 나왔다. 하나의 손이 우선 검은 주름을 뚫어 구름을 쫓았다. 그리고 달이 아니라 하얀 인간의 모습을 한 것이 푸른 하늘에 빛나더니 거룩한 이마를 지상으로 돌렸다. 그것은 나를 바라보고 또 바라보았다. 그리고 나의 영혼에 말을 걸었다. 그 음성은 저 멀리에서 말하고 있는데 매우 가까이 들려왔다.

"나의 딸아, 유혹에서 피하라!"

"어머님, 그렇게 하겠어요."

꿈과 같은 황홀한 상태에서 깬 후 나는 그렇게 대답하고 있었다. 7월의 밤은 짧았다. 한밤이 지나면 곧 새벽이 온다. '해치워야 할 일을 시작하는데 너무 이른 법은 없다'고 생각하였다. 나는 자리에서 일어났다. 옷은 입은 채였다. 신발 외엔 어젯밤에 아무것도 벗지 않았던 것이다. 장롱 서랍의 어디를 찾으면 속옷이나 로켓(사진·머리카락·기념품 등을 넣어 목걸이에 다는 작은 금합), 반지 등이 있는지 알고 있었다. 그런 것들을 찾고 있자니까 수일 전에 로체스터 씨가 억지로 내게 떠맡겨 준 진주 목걸이를 발견하였다. 그것은 그대로 두었다. 내 물건이 아니니까. 그것은 사라져 버린 환상 속의 신부의 것이었다. 다른 것들은 작은 꾸러미로 챙겼다. 20실링(내가 가지고 있는 모두였다)이 들어 있는 지갑을 주머니에 넣었다. 밀짚모자의 끈을 매고 숄을 핀으로 꽂고 짐 꾸러미와 밖에 나가면

신을 구두를 가지고 살그머니 방을 빠져나왔다.

"안녕, 친절한 페어팩스 부인!" 나는 그녀의 방문을 지나갈 때 작은 목소리로 속삭였다. "잘 있어, 사랑스러운 아델라!" 어린이방 쪽을 흘끗 바라보며 말했다. 아델라를 껴안으려고 거기 들어간다는 건 생각할 수도 없는 일이었다. 나는 예민한 귀를 속이지 않으면 안 되었다. 아마 그는 지금 귀를 곤두세우고 있음에 틀림없었다.

나는 로체스터 씨의 침실 앞에서 걸음을 멈추지 않고 지나칠 작정이었다. 그러나 그 문에 이르렀을 때 나의 심장은 순간 그 고동을 멈추고 발도 저절로 멈추고 말았다. 거기에는 잠이 찾아 온 기색이 없었다. 안에 있는 사람은 방 안을 이리저리 초조하게 걸어다니고 있었다. 귀를 기울이고 있자니까 몇 번이고 한숨을 쉬는 소리가 들렸다. 이 방에는 나를 위한 천국이—일시적이긴 하지만 천국이 있다. 내가 마음만 먹으면 안으로 들어가서 이렇게 말하기만 하면 되는 것이다—

"로체스터 님, 나는 당신을 사랑해요. 생명이 다하는 날까지 함께 살겠어요." 그러면 기쁨의 샘물이 내 입술에 넘칠 것이다. 나는 그 일을 생각하였다.

지금도 잠을 이루지 못하고 있는 저 친절한 주인은 초조하게 날이 새기를 기다리고 있다. 아침이 되면 나를 데리러 사람을 보내올 것이다. 나는 가 버리고 없을 것이다. 나를 찾게 할 것이다. 그러나 허탕을 칠 것이다. 틀림없이 자신은 버림받았다고 생각할 것이다. 자신의 사랑은 거부당했다, 라며 괴로워하겠지. 결국 자포자기를 하게 되겠지. 나는 그런 일도 생각해 보았다. 나의 손은 손잡이 쪽으로 뻗었다. 그러나 생각을 고쳐먹고 그대로 지나갔다.

나는 천천히 계단을 내려갔다. 내가 해야 할 일을 알고 있었다. 손이 가는 대로 그렇게 하였다. 부엌 뒷문의 열쇠를 찾아 작은 기름병과 깃털을 찾아 열쇠와 자물쇠에 기름칠을 했다. 물을 조금 마시고 빵도 먹었다. 아마도 먼 길을 걸어야만 될 것이다. 요새 몹시 지친 기력을 더 잃게 되면 안 된다. 나는 이 모든 것을 소리 하나 내지 않고 해치웠다. 문을 열고 밖으로 나가서 살며시 문을 닫았다. 희미한 빛이 뒤뜰을 비치고 있었다. 대문은 닫혀 자물쇠가 채워져 있었지만 쪽문에는 걸쇠만 걸려 있었다. 그것을 지나 밖으로 나왔다. 쪽문을 닫았다. 이렇게 해서 나는 손필드 밖으로 나왔다.

들판 1마일쯤 저편에, 밀코트와는 반대 방향으로 한 줄기의 길이 뻗어 있었다. 한 번도 지나가 본 적은 없었지만 가끔 바라보고 어디로 통하는 길일까 하고 생각했던 적은 있었다. 나는 그 길로 발걸음을 옮겼다. 지금은 어떤 회상에도 잠길 틈이 없었다. 뒤를 돌아보는 것도, 앞을 볼 수도 없었다. 과거의 일도 미래의 일도 생각할 틈이 없었다. 과거는 매우 감미로운 한 페이지—몹시 슬프기도 한 한 페이지—그것을 한 줄 읽기만 해도 나의 용기는 좌절되고 기력은 시들고 말 것이다. 미래는 두려운 공백. 큰 홍수가 휩쓸고 간 뒤의 세계와도 같다.

해가 떠오르고 나서도 나는 들판이나 생울타리, 오솔길을 따라 걸었다. 상쾌한 여름날의 아침이었다고 생각한다. 집에서 나올 때 신은 신발이 곧 이슬에 젖은 것을 기억한다. 그러나 나는 그때 솟아오르는 태양도, 맑게 갠 하늘도 보지 않았고 잠을 깬 자연에도 눈을 돌리는 일도 없었다. 아름다운 경치 속을 단두대로 끌려가는 남자가 생각하는 것은 길가에 핀 가련한 꽃이 아니라 단두대의 도끼날, 절단되는 순간의 뼈나 혈관, 마지막으로 크게 입을 벌리고 있는 무덤에 관한 것이다. 나는 쓸쓸한 도주와 집 없는 방랑을 생각하였다. 그리고 아아! 뒤에 남겨 둔 일을 생각하자 가슴이 아팠다. 하지만 생각하지 않을 수 없었다. 지금쯤 그는—그 방에서—해가 뜨는 것을 바라보고 있을까? 내가 이윽고 나타나서, 곁에 있기로 하였습니다, 당신 것이 되겠습니다 하고 말하러 오는 것을 기다리고 있을 것이다. 나는 그의 것이 되고 싶었다. 돌아가기를 절실히 바랐다. 이제라도 늦지는 않았다. 지금이라도 그에게 쓰라린 상실의 괴로움을 주지 않아도 될 것이다. 내가 나왔다는 것은 아직 알아차리지 않았을 것이다. 지금이라면 돌아갈 수가 있다. 그리고 그를 위로하는 사람이—그의 자랑이 될 수 있을 것이다. 슬픔의 바닥에 가라앉은 그를, 파멸에 부닥친 그를 구출할 수 있을 것이다. 아, 그가 자포자기에 빠지는 것이 아닐까 하는 두려움이—나의 자포자기보다 훨씬 더 무서운—얼마나 내 마음을 책망했던가! 그것은 가시 돋친 화살촉이 되어 나의 가슴에 꽂혔다. 뽑아 버리려고 하면 할수록 가슴을 찢었다. 회상이 그 화살을 더욱 깊게 찔러 나의 마음은 병들어 갔다. 새들이 풀숲과 덤불 숲 속에서 노래하기 시작했다. 새들은 각기 그 배우자에게 충실하다. 새들은 사랑의 상징이었다. 그렇다면 나는 무엇인가? 가슴의 괴로움에 허덕이고 필사적으로 믿음을 따르려고 하는 나 자신을 나는 혐오하였다. 자기만족에 젖어 있어도 아무런 위로도 얻지 못했다. 하물며 자부심 같은 것이 무슨 위안이 된단 말인가. 나는 주인을 해치고 상처를 입히고 버리고 온 것이다. 나 자신의 눈에도 얄밉게 보였다. 그래도 나는 한 걸음도 되돌아설 수는 없었다. 주님께선 틀림없이 인도해 주신 것이다. 나 자신의 의지나 양심에 대해 생각해 볼 때 나의 격렬한 슬픔이 의지를 짓밟고 양심을 때려눕혔다. 쓸쓸한 길을 터벅터벅 걸으면서 나는 큰소리로 울었다. 나는 열에 들뜬 사람처럼 오직 발걸음을 재촉하였다. 기력이 빠지자 그것이 사지로 퍼져서 나는 쓰러졌다. 몇 분 동안 땅에 쓰러진 채 젖은 잔디에 얼굴을 누르고 있었다. 여기서 죽게 될 것이라고 하는—두려움과—희망이 솟았다. 그래도 곧 몸을 일으켜 기어가면서 다시 일어났다. 저 길로 나가야 한다.

길에 이르자 생울타리 밑에 주저앉고 말았다. 그렇게 하고 있을 때 수레바퀴소리가 들리더니 한 대의 마차가 오고 있는 것이 보였다. 나는 일어나서 손을 들었다. 마차는 멈췄다. 어디까지 가느냐고 묻자 마부는 먼 고장의 이름을 댔다. 거기라면 로체스터 씨의 손이 미치지 않는 곳임에 틀림없다고 생각하였다. 그래서 거기까지 가려면 돈이 얼마나 필요하냐고 묻자 30실링이라고 했다. 내가 20실링밖엔 없다고 하자 마부는 타라고 했다. 안에는 아무도 없었다. 내가 올라가서 문을 닫자 마차는 달리기 시작하였다.

친애하는 독자여, 제발 내가 그때 느꼈던 감정을 결코 느끼지 말기를 바란다. 나의 눈에서 넘친, 타는 듯한, 가슴이 찢어지는 것 같은 눈물을 독자들께서는 흘리지 말기를—. 그때 나의 입술에서 새어 나온 기도의 말처럼, 절망에 빠져 고뇌에 찬 말로 여러분이 하늘을 향해 호소하는 일이 없기를—. 나와 같이 마음으로부터 사랑하는 사람을 악으로 몰아넣는 앞잡이가 되는 것이 아닌가 하고 두려워하지 않기를—.

28

이틀이 지났다. 여름날 저녁이었다. 마부는 나를 위트크로스라는 곳에서 내려 주었다. 내가 지불한 금액으로 그는 더 이상 멀리 실어다 줄 수 없다는 것이었다. 나는 이제 한 푼도 가진 것이 없었다. 지금쯤 마차는 1마일이나 멀리 달리고 있을 것이다. 나는 혼자 남았다. 이때 나는 안전을 위해 마차의 짐칸에 넣어 둔 짐을 그대로 잊고 있었다는 것을 알았다. 짐은 틀림없이 거기에 있을 것이다. 넣어둔 대로 그대로 있을 것이다. 이제 나는 정말 빈털터리가 되었다.

위트크로스는 읍도 아니고 촌락도 아니었다. 다만 네 개의 길이 마주치는 곳에 세워진 돌로 만든 이정표에 지나지 않았다. 흰 칠을 한 것은 아마 멀리에서나 어둠 속에서도 잘 보이기 때문이었을 것이다. 돌기둥 꼭대기에 네 개의 팔이 뻗쳐 있는데 새겨진 글에 의하면 여기서 가장 가까운 소도시가 10마일이고, 가장 먼 곳은 20마일 이상이나 되었다. 이들 잘 알려진 읍 이름으로 미루어 여기가 무슨 주(州)라는 것을 알았다. 내륙의 북으로 치우친 주, 어두컴컴한 황무지와 연이은 산의 오르내림이 보였다. 나의 뒤쪽이나 좌우에는 넓은 황야가 있었다. 발 아래 깊은 골짜기 저 멀리에 산들이 보였다. 이 근처는 인구도 적은 것 같았다. 어느 길에도 인기척은 없었다. 길은 동·서·북, 그리고 남으로 뻗어 있었다—하얗고 넓고 쓸쓸한 길. 어느 길이나 황야를 통과하여 히스(_{철쭉과 에리카속에}
_{속하는 소관목})가 길 가장자리까지 무성해 있었다. 그래도 우연히 나그네가 지나갈지도 모른다. 지금은 아무도 나를 보지 않았으면 싶었다. 낯선 사람들은, 분명히 정처 없이 어쩔 줄 몰라 하며 이정표 앞에서 길을 잃고 우물쭈물하고 있는 내 거동을 본다면 도대체 무엇을 하고 있을까 하고 의심쩍게 생각할 것이다. 무슨 말을 물어볼지도 모른다. 나는 남이 믿을 수 없는 의심을 자아낼 만한 대답밖엔 할 수 없을 것이다. 지금 이 순간 인간 사회에 나를 묶어 두는 유대는 아무것도 없고 친구들이 있는 곳으로 갈 수 있게 하는 마법도 없고 희망도 없는 것이다—지금의 나를 보면 친절한 마음이나 호의를 가져 주는 사람은 한 사람도 없는 것이다. 친척이라고는 만물의 어머니, 자연밖에는 없는 것이다. 자연의 품에서 휴식을 구하리라.

나는 히스 속으로 곧장 걸어 들어갔다. 갈색 황야의 비탈에 깊게 파인 구덩이를 향해서 거무스름한 식물에 무릎까지 빠지면서 걸었다. 구덩이를 따라서 돌아가자 이끼로 거무스름해진 화강암의 큰 바위가 히스 속에 숨어 있는 것을 발견하고 그 아래에 앉았다. 황야의 높은 둑이 나를 둘러싸고 있고 그 바위가 나의 머리를 지켜 주고 하늘은 그 위에 있었다.

이런 곳에서도 좀처럼 안정이 되지 않았다. 방목한 들소가 근처에 있지나 않을까, 사냥꾼과 밀렵자에게 발견되지나 않을까 하는 막연한 불안이 있었다. 바람이 황야를 빠져나가자 나는 수소가 돌진해 올 기미가 없는가 하고 겁을 먹고 고개를 든다. 물떼새가 울면 사람의 휘파람이 아닌가 하고 착각한다. 그러나 이 불안도 기우라는 걸 알고 날이 어두워짐에 따라 사방을 지배하는 깊은 적막에 싸이자 기분이 안정되어 자신도 생겼다. 그때까지 나는 생각에 잠길 수도 없었고 귀를 기울이고 눈을 부릅뜨고 무서움에 떨 뿐이었다. 간신히 생각할 기력이 되돌아 왔다.

나는 어떻게 해야 하나? 어디로 가야 하나? 아, 얼마나 가혹한 물음인가? 할 일도 없고 갈 곳도 없는데! 인가가 있는 곳까지 가려면 피곤하고 떨리는 다리로 먼 길을 가지 않으면 안 된다. 하룻밤의 숙소를 얻는 데도 차디찬 남의 정에 매달려야 하고, 나의 이야기를 들려주고 나에게 없는 것을 동정 받으려면 끈질기게 졸라서 마지못해 응하게 만들거나 딱 거절을 당하든가 해야 할 것이다.

나는 히스를 만져 보았다. 그것은 말라 있었지만 여름날의 열로 따스하였다. 나는 하늘을 쳐다본다. 맑았다. 다정한 별이 하나 구덩이 바로 위에서 깜박이고 있다. 밤이슬이 내렸지만 알맞게 촉촉해 기분이 좋았다. 속삭이는 바람은 없었다. 자연은 내게 친절하게 해 주는 것 같았다. 나는 의지할 곳 없는 처지이긴 했지만 '자연'은 나를 사랑해 주고 있다고 생각했다. 인간으로부터는 불신과 거절과 모욕밖에 기대할 수 없는 나는 어린아이와 같은 애착을 가지고 자연에 매달렸다. 오늘 밤만은 적어도 자연의 손님이 되리라— 나는 자연의 딸이 아닌가. 어머니라면 돈도 받지 않고 무료로 숙박을 하게 해주겠지. 아직 빵 한 조각이 남아 있었다. 정오에 마차가 어느 고을에 들렀을 때 지갑에 처진 잔돈으로—마지막 동전—구한 빵이 남은 것이었다. 무르익은 월귤나무 열매가 빛나는 새까만 구슬처럼 히스 사이에서 여기저기 반짝이고 있었다. 그것을 손바닥 가득 따서 빵과 함께 먹었다. 심한 허기를 채우지는 못했지만 이 수행자의 식사 덕분에 조금 기분이 아늑해졌다. 저녁의 기도를 마치고 잠자리가 될 만한 곳을 찾았다.

바위 옆에 히스가 무성한 곳이 있었다. 거기에 눕자 다리가 히스 속에 파묻혔다. 히스가 양쪽에 높이 자라서 밤의 한기가 스며들 틈은 거의 없었다. 나는 숄을 두 겹으로 접어서 몸을 덮었다. 조금 솟은, 이끼가 끼어 있는 지면이 나의 베개가 되었다. 이렇게 해서 하룻밤의 숙소를 얻은 나지만 처음 동안에는 춥지 않았다.

슬픈 마음이 방해하지만 않았다면 편안하게 쉴 수 있었을지도 모른다. 마음은 딱 벌린 상처를, 안으로 흐르는 피를, 단절된 인연의 줄을 한탄했다. 그것은 로체스터 씨와 그의 운명을 생각하여 떨었다. 그를 가엾게 여기고 애절한 동정심을 기울이고 지칠 줄 모르게 그를 요구하였다. 두 날개가 부러진 새처럼 무력하긴 했지만 그래도 그를 찾으러 가려고 짓눌린 날개를 헛되이 떨고 있었다.

이런 고문과 같은 생각에 지쳐서 나는 무릎을 꿇고 일어났다. 밤이 되어 별들이 떴다. 평온하고 고요한 밤. 두려움을 벗하기엔 너무나도 맑은 밤이다. 하느님은 어디든지 계시다는 것을 알고 있다 그러나 하느님의 존재를 가장 절실하게 느낄 수 있는 것은 하느님의 역사(役事)가 우리들의 눈앞에서 펼쳐질 때일 것이다. 그것은 구름 하나 없는 밤하늘에 있다. 거기에서 하느님의 세계가 엄숙하게 회전하고 있고, 우리는 하느님의 끝없는 힘, 하느님의 전능하신 힘, 하느님의 두루 계심을 가장 확실히 알게 되는 것이다. 나는 로체스터 씨를 위하여 기도를 올리려고 무릎을 꿇었다. 눈물어린 눈으로 하늘을 쳐다보니 장대한 은하수가 보였다. 그것이 무엇인가를 생각했을 때—거기에는 무수한 소우주가 엷은 빛을 공간에 펼치고 있다는 것을 상기했을 때—나는 하느님의 전능하신 힘을 느꼈다. 전능하신 하느님은 손수 창조하신 것은 모두 구원해 주신다고 나는 확신하였다. 지상의 것은 망하지 않고 지상에 비축된 영혼은 하나도 소멸하지 않는다는 확신을 더욱 깊게 하였다. 나의 기도는 감사의 기도로 바뀌었다. 생명의 창조주는 또 영혼의 구세주이기도 하다. 로체스터 씨는 무사하다. 그도 또한 하느님의 것, 하느님의 가호를 받을 것이다. 나는 다시 언덕의 품안에 편안하게 안겼다. 이윽고 잠이 들어 슬픔도 잊었다.

그러나 다음날, 가차 없는 굶주림이 찾아왔다. 새들이 둥지를 떠난 지 얼마 안 되어, 꿀벌이 아침 이슬이 마르기 전에 히스의 꿀을 거두려고 찾아온 지 한참 지나서—아침의 긴 그림자가 짧아지고 태양이 온 누리에 충만할 무렵—나는 일어나 사방을 둘러보았다.

얼마나 덥고 고요하고 맑은 날씨였던가! 눈앞에 펼쳐진 황야는 마치 황금의 사막이 아닌가! 도처에 햇빛이 충만하고 있다. 나는 이 햇빛과 더불어 여기서 살아가고 싶다고 생각하였다. 도마뱀이 바위 위를 재빨리 달려갔다. 벌은 월귤나무 사이를 바삐 날고 있었다. 그 순간, 나는 차라리 벌이나 도마뱀의 모습이 되어 여기에서 영원한 보금자리와 먹이를 구할 수 있으면 하고 생각하였다. 그러나 나는 인간이었고 인간의 욕구를 가지고 있는 이상 그것을 채워줄 만한 것이 하나도 없는 곳에서 어물거리고 있을 수 없었다. 나는 일어났다. 지금 막 일어난 잠자리를 바라보았다. 미래에 절망하고 있던 나는 오직 이런 일을 소원하고 있었다―밤, 내가 자고 있는 동안에 하느님이 혼을 걷어 가셨더라면 좋았을 텐데, 이 피곤에 지친 껍데기가 죽음으로 운명의 투쟁으로부터 해방되어 지금은 조용히 썩어 가서 이 황야의 흙과 편안하게 섞이게 되었으면 좋았을 텐데. 그러나 생명은 아직 내 것이었다. 이 무거운 짐을 짊어지지 않으면 안 된다. 욕구를 채우고 고난을 견디고 책임을 다하지 않으면 안 된다. 나는 걷기 시작했다.

다시 위트크로스로 되돌아가 지금은 중천에 높이 떠서 불타는 태양과는 반대의 길을 걸어갔다. 아무튼 정면의 태양을 피하는 방향으로 가야겠다고 생각하는 힘밖에 없었다. 나는 오랫동안 걸었다. 이 이상 걷지 못하겠다고 여겨질 정도로 걸어서 온몸에 밀어닥친 피로에 할 수 없이 굴복하자, 이 이상 무리할 필요도 없다고 근처에서 발견한 돌 위에 앉아서, 심장이나 손발의 움직임을 둔하게 하는 무기력에 몸을 내맡기고 말았다. 그때 종소리가 들려왔다―교회의 종소리가.

소리가 나는 곳을 돌아보았다. 한 시간 전부터 그 경관(景觀)의 변화에 눈을 돌리는 일도 없어졌던 훌륭한 언덕들 사이에 작은 마을과 교회의 뾰족탑이 보였다. 오른쪽에 보이는 골짜기에는 들판과 보리밭, 숲이 퍼져 있었다. 그리고 여러 가지 농담(濃淡)의 푸른빛이나 무르익은 곡물과 컴컴한 숲, 햇볕이 넘치는 상쾌한 초원을 지나 강이 흐르고 있었다. 앞에 보이는 길에서 덜거덕거리는 마차바퀴 소리에 정신이 든 나는 무거운 듯이 짐을 잔뜩 실은 마차가 언덕 위로 허덕이며 올라오고 있는 것을 보았다. 그리 멀지 않은 곳에 암소 두 마리와 소몰이가 보였다. 인간의 생활과 인간의 노동이 가까이 있었다. 어떻게 해서든지 거기까지 가지 않으면 안 된다. 나는 이 사람들처럼 노력하고 열심히 일을 하지 않으면 안 된다.

오후 2시쯤, 나는 그 마을로 들어섰다. 한 가닥밖에 없는 길을 벗어난 곳에 작은 가게가 있고 진열장에 빵이 몇 개가 진열되어 있었다. 나는 그 빵이 한 조각이라도 좋으니까 먹고 싶어서 견딜 수 없었다. 그것을 먹으면 얼마간 기운을 돌이킬 수 있으리라. 그렇지 않으면 이 이상 걷는다는 것은 무리한 일이었다. 체력과 기력을 회복하고 싶은 생각이 인간의 세계로 돌아오자 되살아났다. 마을의 길바닥에서 굶주림으로 졸도하는 것은 창피하다고 생각했다. 저 빵 하나와 바꿀 수 있는 것이 없을까? 나는 생각해 보았다. 목에 감은 작은 명주 손수건이 있다. 장갑도 있다. 무일푼으로 막다른 골목에 이른 사람이 어떻게 하는지를 나는 잘 알지를 못했다. 이런 물건을 받아줄는지 몰랐다. 어쩌면 받지 않을 거다. 그러나 시도해 보기로 하였다.

나는 그 가게로 들어갔다. 여자가 한 사람 있었다. 단정한 옷차림으로 보아 귀부인으로 여겼는지 그 여자는 공손한 태도로 다가왔다. 무얼 드릴까요? 나는 부끄러워서 미리 준비한 말도 입에서 나오지 않았다. 닳아빠진 장갑이나 구겨진 손수건을 내밀 용기가 없었다. 그것은 어리석은 일처럼 여겨졌다. 피곤하니 좀 앉게 해달라고 말했을 뿐이다. 손님이라는 기대에서 실망한 그녀는 쌀쌀하게 내 요구를 들어 주었다. 의자 하나를 가리켰다. 나는 털썩 주저앉았다. 나는 실컷 울고 싶었다. 그러나 우는 꼴을 보이는 것이 얼마나 창피한가를 깨닫고 꾹 참았다. 곧 나는 물었다.

"이 마을에 재봉사나 간단한 바느질하는 사람이 있습니까?"

"네, 두세 사람. 일거리에 알맞을 정도는 있어요."

나는 생각했다. 나는 지금 막다른 골목에 다다랐다. 궁핍과 직면하고 있는 것이다. 의지할 데도 없고 친구도 없고 무일푼이었다. 어떻게 하지 않으면 안 되었다. 어딘가에서 일할 곳을 찾지 않으면 안 되었다.

"이 근처에서 혹시 가정부를 구하고 있는 집은 없을까요?"

"모르겠는데요."

"이 마을의 주된 직업은 무엇인가요? 사람들은 대부분 무슨 일을 하고 계시나요?"

"농사를 짓고 있는 사람들이 조금 있고 올리버 씨의 바늘 공장과 주물 공장에서 일하는 사람이 꽤 있어요."

"올리버 씨는 여자도 채용하나요?"

"아뇨, 그건 남자의 일이니까요."

"그럼 여자는 무슨 일을 하나요?"

"모르겠는데요" 하는 대답이었다. "닥치는 대로 이것저것 하죠. 가난뱅이들은 닥치는 대로 일을 해야 하니까요."

그 여자는 내 질문에 귀찮은 듯했다. 내가 무슨 권리가 있다고 그녀를 귀찮게 할 수 있단 말인가? 이웃 사람이 한둘 들어왔다. 내가 앉은 의자가 필요한 것 같았다. 나는 그 가게에서 나왔다.

거리를 걸으면서 좌우에 늘어선 집들을 하나씩 바라보았다. 그러나 어느 집에도 들어갈 만한 구실도 없었고 들어갈 기력도 없었다. 한 시간 동안 마을 안을 어슬렁거리다가 때로는 조금 떨어진 곳까지 갔다가 다시 돌아왔다. 몹시 지친 데다 너무 허기가 지고 피로워서 나는 골목에 접어들자 생울타리 밑에 주저앉았다. 그래도 잠시 후 다시 일어나 다시 무엇인가를—그 어떤 방책을, 적어도 어떻게 하면 좋은가에 대하여 좋은 지혜를 빌려 줄 사람을—찾으러 나섰다. 골목 끝 막다른 곳에 작은 집이 서 있었고 집 앞에는 정원이 있었다. 손질이 잘 된 그 마당에는 아름다운 꽃들이 피어 있었다. 나는 발을 멈추었다. 도대체 무슨 구실로 저 하얀 문으로 접근하여 번쩍번쩍 빛나는 노커에 손을 대려고 하는가? 이 집에 사는 사람들이 내게 친절을 보인들 무슨 소용이 된단 말인가? 그러나 나는 용기를 내어 다가가서 문을 두드렸다. 부드러운 표정에 깔끔한 옷차림의 젊은 부인이 문을 열었다. 나는 절망한 나머지 실신할 것 같은 인간이 내는 목소리로 희망을 잃은 마음과 피로에 지친 몸에 어울리는 목소리로—가엾을 정도로 겁먹은 목소리로—댁에선 가정부를 구하지 않느냐고 물었다.

"아뇨," 그녀는 말했다. "우리 집엔 가정부를 안 써요."

"어떤 일이라도 좋으니 써 줄 곳은 없을까요?" 나는 말을 이었다. "이 마을에는 처음 왔으므로 아는 사람이 없어요. 일을 하고 싶어요. 무슨 일이든지 상관없어요."

그러나 나를 위해 생각해 주거나 나를 위해서 일자리를 구해 주는 것은 그녀에게는 관계가 없는 일이었다. 게다가 나의 인품도, 신분도 그런 이야기도 매우 의심쩍게 여겨졌을 것이다. 그녀는 고개를 저으면서 "미안하지만 그럴 만한 곳이 없는 것 같은데요" 하고 말했다. 하얀 문이 조용히 닫혔다. 나는 쫓겨난 셈이었다. 좀더 오래 그 문을 열고 있었더라면 나는 그 여자에게 틀림없이 빵 한 조각을 구걸했을 것이다. 나는 그 정도로 기력이 쇠약해져 있었던 것이다.

저 초라한 마을로 되돌아가는 것은 견딜 수 없는 일이었다. 그곳에서 도와주는 사람을 찾을 수 있을 것 같지도 않았다. 그다지 멀지 않은 곳에 보이는 숲속으로 가고 싶었다. 울창한 숲속에 기분 좋은 은신처를 찾을 수 있을지도 모른다. 그러나 기분도 나빴고 몸도 몹시 쇠약해 있는 데다가 허기져 있었으므로 본능적으로 먹을 것이 있음직한 인가의 주위를 돌아다니고 있었다. 굶주림이라고 하는 독수리가 내 옆구리에 부리와 발톱을 꽂고 있는 한 고독은 고독이 되지 않고 휴식은 휴식이 되지 못했다.

인가에 가까이 갔다가는 떨어지고 다시 되돌아와서는 또 떨어졌다. 먹을 것을 구걸할 권한이 없다고 하는 자각—자기의 고독한 운명에 동정을 기대할 권리가 없다고 하는 자각에 얽매어 있었다. 배를 곯은 개가 헤매고 있는 동안에도 해는 사정없이 기울어져 갔다. 들판을 가로지르자 눈앞에 교회의 뾰족탑이 보였다. 나는 그곳을 향해 걸음을 재촉했다. 이 교회의 묘지 근처, 정원 한 가운데에 작기는 하지만 야무진 구조의 작은 집이 서 있는데 그것은 틀림없이 목사관이었다. 아는 사람도 없는 낯선 고장에 와서 일자리를 구하려는 사람이 직장을 찾고 싶을 때 목사의 소개를 받거나 도움을 부탁한다는 것을 떠올렸다. 자기 힘으로 살아나가려는 사람들을 돕는—적어도 조언을 하는 것은 목사의 직분이다. 나는 여기서는 의논을 해 볼 권리가 있는 것 같은 기분이 들었다. 그래서 나는 용기를 새롭게 다지고 남아 있는 마지막 힘을 다해 앞으로 나아갔다. 집에 이르러 부엌문을 두드렸다. 한 노파가 문을 열었다. 여기가 목사관이냐고 나는 물었다.

"그런데요."

"목사님은 계시나요?"

"안 계십니다."

"곧 오실까요?"

"아뇨, 볼일 보러 나가셨어요."

"먼 곳으로요?"

"그다지 멀지는 않지만…… 한 3마일쯤 되는 곳이죠. 목사님의 부친이 갑자기 돌아가셔서 가신 겁니다. 지금 마시 엔드에 계시는데, 아마 2주일 동안 거기 머무르실 겁니다."

"댁엔 부인은 안 계신가요?"

"없어요, 나 혼자예요. 내가 살림을 맡고 있습니다." 독자여, 나는 굶주림으로 쓰러질 지경이었지만 그녀에게 간청할 수는 없었다. 구걸은 차마 할 수 없었다. 다시 나는 비실비실 걸어 나왔다.

또 한 번 나는 손수건을 꺼냈다. 또다시 그 조그마한 가게에 진열된 빵을 생각했다. 아아, 단 한 조각이라도 좋다. 이 괴로운 배고픔을 잊을 수 있다면! 나는 본능적으로 다시 그 마을 쪽을 향했다. 다시 그 가게를 찾아내어 안으로 들어갔다. 아까 그 여자 말고 다른 사람들도 있긴 했지만 나는 용기를 내어 부탁했다.

"이 손수건을 드릴 테니 빵 한 개 얻을 수 없을까요?"

그 여자는 귀찮다는 듯이 나를 보았다.

"안 돼요, 난 그런 식으로 물건을 팔아 보지 않았어요."

필사적인 생각으로 반이라도 좋으니 하고 부탁하였으나 다시 거절을 당했다. "그 손수건도 어디서 구했는지 내가 어떻게 알겠소." 그녀는 말했다.

"그럼, 이 장갑은 받아 주시겠어요?"

"안 돼요! 그까짓 걸 어디다 쓰겠어요?"

독자여, 이런 자질구레한 일까지 이야기한다는 것은 유쾌한 일이 아니다. 고생한 과거를 되돌아본다는 것은 즐거운 일이라고 하는 사람이 있는데 내가 지금 말한 것 같은 것을 회상한다는 것은 지금도 견딜 수 없는 심정이다. 육체적 괴로움과 뒤섞인 정신적인 타락은 생각하기에도 쓰라린 굴욕적인 경험이었다. 나는 거절한 사람들을 비난할 생각은 하나도 없다. 그것은 당연했던 일이고 할 수 없이 한 일이었을 것이다. 보통의 구걸은 의심을 받아도 당연한 일이다. 몸치장이 좋은 사람의 구걸은 더욱 그럴 것이다. 분명히 내가 구걸한 것은 일자리였다. 그러나 도대체 누가 자진해서 나에게 일자리를 알선해 준단 말인가? 나와 초대면인, 내가 어떤 신분인지 모르는 사람에게는 관련이 없는 일이었다. 빵과 교환으로 손수건을 받는 것을 거절한 저 여자의 입장에서 보아도 내 말이 귀찮게 느껴졌다면, 그 교환이 아무런 벌이가 되지 않는 것이라고 한다면 그렇게 하는 것이 당연한 일이었을 것이다. 그래요, 간추려 말하겠다. 이 이야기엔 나도 싫증이 난다.

해가 지기 직전, 농가 앞을 지나갔다. 열린 문 앞에 농부가 앉아 빵과 치즈로 저녁밥을 먹고 있었다. 나는 걸음을 멈추고 말했다.

"그 빵 한 조각만 주실 수 없을까요? 배가 몹시 고파서 그러는데요." 농부는 어이가 없다는 듯이 나를 흘끗 보았으나 말없이 커다란 빵을 두툼하게 잘라서 나에게 주었다. 내가 구걸을 한 것이 아니라 검은 빵이 마음에 든 별난 여자라고 생각한 것 같았다. 농가가 보이지 않는 곳에 이르자 나는 이내 앉아서 빵을 먹었다.

나는 지붕 밑에서 잠을 잔다는 가망성이 없었으므로 이미 말한 그 숲 속에서 잘 장소를 찾았다. 그러나 나의 밤은 비참해서 편안하게 잘 수 없었다. 땅은 젖어 있고 밤공기는 차가웠다. 게다가 한 번도 아니게 나의 근처를 지나가는 것이 있어서 나는 몇 번이고 자는 장소를 바꾸지 않으면 안 되었다. 여기라면 안전하다는 기분도, 편안한 기분도 찾아오지 않았다. 새벽녘에 비가 왔다. 이튿날은 온종일 비가 오고 있었다. 독자여, 그날의 일을 낱낱이 이야기하라고 말하지 않기를 바란다. 전날과 마찬가지로 일을 찾고 전날과 같이 거절을 당했다. 전날과 마찬가지로 배가 고팠으나 딱 한 번 음식이 나의 입으로 들어갔다. 어느 시골집 앞에서 소녀가 찬 죽 남은 것을 돼지 먹이 통에 쏟으려고 하는 것을 보았기 때문이다.

"그걸 날 주지 않겠니?" 나는 부탁하였다.

그 애는 나를 물끄러미 쳐다보았다. "엄마!" 소녀는 소리를 쳤다. "어떤 여자분이 이 죽을 달라구 하시는데요."

"그래?" 집 안에서 소리가 들렸다. "거지라면 주려무나. 돼지도 잘 먹지도 않으니까."

소녀가 굳어 버린 오트밀 덩어리를 내 손에 쏟아 주자 나는 그것을 게걸스럽게 먹었다.

비가 오는 하루도 완전히 저물어서 나는 한 시간쯤 걷고 있던, 인기척이 없는 호젓한 길에서 발을 멈췄다.

'아주 지쳐 버렸어.' 나는 혼잣말로 중얼거렸다. '이 이상 더 걸을 수 없을 것 같아. 오늘 밤도 노숙을 해야 한단 말인가? 이 빗속에서 차가운 땅바닥을 베개로 삼아야 한단 말인가? 그렇게 할 수밖에 없는 것 같아. 나를 재워 줄 사람은 없을 테니까. 하지만 무서워. 이 굶주림과 추위로 정신이 흐려질 것 같다. 희망도 끊긴 이 외로운 기분으로 노숙을 하다니. 틀림없이 날이 새기 전에 숨을 거두고 말 것이다. 그런데 왜 나는 이 몸을 죽음에 맡기지 않지? 아무런 가치도 없는 목숨을 이으려고 왜 이토록 안달을 하지? 하기야 로체스터 씨가 살아 계시니까, 아니 살아계신다고 믿고 있으니까. 게다가 굶주림과 추위로 죽다니, 인간으로서는 너무나 비참한 운명이니까. 아아, 하느님! 조금만 더 저를 살게 해 주십시오! 부디 힘을―인도해 주소서!'

나의 흐린 눈은 몽롱하고 안개 낀 경치를 헤맸다. 마을에서 꽤 멀리까지 떨어져 나왔다. 마을은 이제 보이지 않았다. 그 주위의 밭조차 보이지 않았다. 나는 갈림길과 샛길을 지나 다시 한 번 황무지의 길 근처까지 끌려와 있었다. 이때 나와 어두컴컴한 언덕 사이에는 거의 경작이 된 적이 없는 히스의 들판처럼 황폐한 몇 개의 밭만이 있을 뿐이었다.

'그렇다, 거리에서나 사람의 통행이 잦은 길가에서 죽느니 차라리 저기서 죽는 게 좋겠다'고 나는 생각했다. '죽어서 빈민구제원의 관속에 담겨 거지의 묘지에서 썩느니 까마귀나 갈까마귀―만일 이 근처에 있다면―에게 내 뼈에서 살을 뜯어먹게 하는 편이 훨씬 좋을지 모른다.'

그래서 나는 언덕 쪽으로 향했다. 그곳에 이르렀다. 이제는 누울 수 있는 구덩이를 찾을 뿐, 비록 안전하진 않아도 적어도 몸을 숨길 수 있는 곳을 발견하는 일뿐이었다. 그러나 황야는 어디까지나 평탄하게 보였다. 오르내림이라는 것이 없고 변화가 있는 것은 다만 빛깔뿐이었다. 자랄 대로 자란 골풀이나 이끼가 있는 늪지는 녹색으로, 마른 땅에 히스만이 나 있는 곳은 검게 보였다. 날은 꽤 어두워졌지만 그런 변화는 아직은 구별할 수가 있었다. 그러나 그것도 해가 져감에 따라 빛도 희미해졌으므로 그것은 빛과 그림자의 변화에 지나지 않았지만.

내 눈은 여전히 어두운 황야를, 바로 황량한 풍경 속에 사라져 가는 을씨년스런 황야의 녹색 근처를 헤매고 있었다. 늪지와 언덕 사이의 저 멀리 어두컴컴한 한 점에 불빛이 하나 반짝였다. '저건 도깨비불이다' 처음에는 그렇게 생각하였다. 그래서 곧 꺼질 것이라고 생각하였다. 그러나 그것은 멀어지지도 가까워지지도 않고 움직이지도 않은 채 계속 불타고 있었다. '그렇다면 방금 피우기 시작한 모닥불일까?' 나는 그것이 널리 퍼지는지 지켜보고 있었다. 그것은 작아지기도 않고 커지지도 않았다. '집안에 켜놓은 촛불일지도 모른다' 하고 나는 추측하였다. '하지만 그렇다 해도 나는 도저히 거기까지 갈 순 없어. 너무 멀어. 더구나 저 불빛이 불과 1야드 안에 있다 해도 내게 무슨 도움이 될까? 문을 두드린다 해도 눈앞에서 퇴짜를 맞을게 뻔한데.'

나는 선 자리에 주저앉아 땅바닥에 얼굴을 댔다. 한참 동안 꼼짝도 않고 그대로 있었다. 밤바람이 언덕을 불어 넘고 내 몸 위를 지나 멀리서 신음 소리를 내며 사라졌다. 비가 심해져서 나는 다시 흠뻑 젖었다. 이대로 나는 단단한 얼음처럼 몸이 얼어서 상냥한 죽음의 무감각에 싸이면 나는 아무것도 느끼지 않을 것이다. 그러나 아직은 살아 있는 나의 몸은 추위로 떨었다. 이윽고 나는 일어났다.

빛은 아직도 보이고 있었다. 희미한 빛이었지만 빗속에서도 움직이지 않고 빛나고 있었다. 다시 걸으려고 시도해 보았다. 빛을 향해서 피곤에 지친 손발을 느릿느릿 끌고 갔다. 언덕을 넘어 넓은 늪지대를 건너 빛은 나를 이끌었다. 겨울에는 지나갈 수 없는 늪지는 여름이 한창인 지금도 질퍽질퍽하고 발밑이 불안했다. 여기서 두 번이나 넘어졌으나 그때마다 일어나 있는 힘을 다했다. 오로지 이 빛만이 나의 희망이었다. 나는 그곳까지 가야 한다.

늪지를 건너가자 황야에 한 줄로 난 흰 길이 보였다. 나는 그곳으로 다가갔다. 그것은 한길이 아니면 오솔길인 듯했다. 그 길은 불빛이 있는 곳까지 곧장 통해 있었다. 빛은 이제 나무숲—빛을 통해 보이는 나무의 모습이나 잎의 모양으로 보아 전나무 숲—으로 둘러싸인 작은 산과 같은 곳에서 비치고 있었다. 그러나 가까이 가는 동안에 나의 별은 사라지고 말았다. 무엇인가 장애물이 나와 빛 사이를 가로막은 것이다. 나는 손을 내밀어 더듬어 보았다. 그것은 낮은 거칠거칠한 돌담으로—그 위에 울타리 같은 것이 있고 울타리 안쪽은 가시투성이의 높은 생울타리였다. 나는 더듬더듬 걸어갔다. 또다시 흰 것이 내 앞에서 빛나고 있었다. 문이라고 하기보다는 쪽문이었다. 그것에 손을 대자 돌쩌귀가 움직였다. 그 양쪽에는 사철나무인지 주목(朱木)인지 검은 숲이 있었다.

대문을 들어서서 관목들을 지나자 내 눈앞에 한 채의 집이 나타났다. 검고 낮은, 꽤 긴 건물이었으나 인도해 준 그 빛은 그 어디에도 보이지 않았다. 모든 것이 어둠에 싸여 있었다. 집안 사람들은 잠이 들었을까? 틀림없이 그렇다고 여겨졌다. 현관문을 찾으려고 건물 모서리를 돌아갔다. 그러자 다시 그 부드러운 불빛이 보였다. 지면에서 1피트도 채 못 되는 아주 작은 창살이 달린 마름모꼴 창문에서 그 빛은 비치고 있었다. 그 창이 끼어 있는 벽은 무슨 덩굴로 덮여 있었으므로 창은 더욱더 작아 보였다. 창이 이렇게 가려지고 좁혀져 있어 커튼이나 덧문은 필요가 없는 것 같았다. 몸을 숙이고 창을 덮고 있는 덩굴의 잎을 좌우로 가르자 안이 잘 보였다. 모래 빛깔의 마루와 깔끔하게 닦아 놓은 방이 똑똑히 보였다. 호두나무로 만든 찬장은 몇 줄로 늘어놓은 백랍(白鑞) 접시가 가지런히 놓여 있고 세차게 타고 있는 이탄(泥炭)의 빨간 빛에 반사하고 있었다. 시계와 흰 전나무로 만든 식탁과 몇 개의 의자가 보였다. 내 등댓불이었던 촛불은 식탁 위에서 타고 있었다. 그 옆에는 노파가 앉아서 양말을 뜨고 있었다. 겉보기에는 조잡한 느낌의 몸치장이었지만 그 주위에 있는 것처럼 더할 나위 없이 깨끗하게 보였다.

나는 이런 것들을 대충 훑어보았을 뿐이었다. 특별히 다른 점은 없었기 때문이었다. 그보다도 흥미를 끈 것은 난롯가에서 장밋빛 평화와 따뜻함이 충만한 속에 조용히 앉아 있는 사람들이었다. 두 사람의 젊은 우아한 여인이 ―어디를 보나 숙녀 같은― 한 사람은 흔들의자에, 다른 하나는 좀더 낮은 의자에 앉아 있었다. 두 사람 모두 크레이프와 봄버진 천으로 만든 상복을 입고 있었다. 그 거무스름한 옷은 아름다운 목덜미와 얼굴을 유난히 돋보이게 했다. 커다란 포인터 종류의 늙은 개 한 마리가 그 커다란 머리를 한 여인의 무릎에 얹고, 또 한 여인의 무릎 위에는 검은 고양이가 기분 좋게 누워 있었다.

이와 같은 사람들에 이런 간소한 부엌은 조금 묘한 생각이 들었다. 그녀들은 누구일까? 식탁 옆에 앉아 있는 노파의 딸들은 아니리라. 왜냐하면 노파는 시골 여자 같았고 여인들은 모두 우아하고 교양이 높은 여자들로 보였기 때문이었다. 이런 얼굴은 이제까지 본 일이 없었다. 그런데도 가만히 보고 있으면 이목구비 하나하나에 그 어떤 친밀감을 느꼈다. 미인이라고는 할 수 없는―미인이라고 하기에는 얼굴도 해쓱하고 딱딱했다. 제각기 책에 머리를 숙이고 있는 모습은 사려 깊고 준엄하기까지 하였다. 두 사람 사이에 놓여 있는 탁자 위에는 또 하나의 촛불과 두꺼운 책이 두 권 놓여 있었는데, 그녀들은 그것을 가끔 넘기고 있었다. 마치 번역을 할 때 사전(辭典)을 뒤적이듯 손에 가지고 있는 작은 책과 두꺼운 책을 참고하고 있는 것 같았다. 그 정경은, 거기에 있는 사람들이 모두 그림자 그림 같이 조용하고, 난롯불에 비친 방은 그야말로 한 폭의 그림과 같았다. 너무나 조용해서 난로에서 석탄 재가 떨어지는 소리나 어두컴컴한 구석에 있는 시계가 시간을 새기고 있는 소리가 들릴 정도였다. 노파의 뜨개질바늘의 소리까지도 들리는 것 같았다. 그래서 사람의 목소리가 이 고요를 깨뜨렸을 때에도 그 목소리가 분명히 들렸다.

"들어 봐요, 다이애너." 책에 열중했던 한 사람이 말했다. "프란츠와 늙은 다니엘은 밤에 함께 있었어. 그런데 프란츠는 지금 꾼 무서운 꿈 이야기를 하고 있어—들어 봐요!" 이렇게 말하고 그녀는 낮은 목소리로 무엇인가 읽었는데 나는 한 마디도 그 뜻을 알아듣지 못했다. 알지 못하는 말이었기 때문이었다—프랑스 어나 라틴 어도 아니었다. 그리스 어인지 아니면 독일어인지도 나는 몰랐다.

"힘찬 문장이야." 다 읽고 난 그녀는 말했다. "난 이 구절이 맘에 들어." 동생이 읽는 한 구절에 귀를 기울이기 위해 머리를 들고 있던 또 한 사람의 젊은 여성은 이렇게 되풀이하였다. 후일에 가서야 나는 그 말과 책의 제목을 알았다. 그러므로 여기에 그 구절을 인용해 보기로 한다. 하긴 처음 들었을 땐 아무 뜻도 없는, 그저 울리는 종소리로 밖엔 들리지 않았다.

"'Da trat hervor Einer, anzusehen wie die Sterhen Nacht(그때, 별빛 반짝이는 밤하늘을 보고자 한 사람이 걸어 나왔다.) (실러의 희곡〈군도(群盜)〉 제5막에 나오는 대목) 참 멋져! 멋있어!" 그녀는 외치고는 까맣고 깊은 눈을 반짝이며 소리쳤다. "여기서 몽롱한 위대한 천사가 눈앞에 나타나는 것 같아! 이 한 페이지는 백 페이지의 미사여구보다 더 좋아. 'Ich wage die Gedanken in der Schale meines Zornes und die Werke mit dem Gevichte meines Grimms(나는 그 생각을 분노의 천칭(天秤)에 올려놓고 그 업(業)을 분노의 분동(分銅)으로 달아 보리라) (실러의 희곡〈군도(群盜)〉 제5막에 나오는 대목).' 난 여기가 참 좋아!"

두 사람은 다시 말이 없었다.

"그렇게 말하는 나라가 어디 있어요?" 노파는 뜨개질감에서 얼굴을 들고 물었다.

"있구말구요, 해너. 영국보다도 훨씬 더 큰 나라예요. 거기선 모두 그런 말을 쓴대요."

"그래요? 내 생각으로는 서로 무슨 말을 하고 있는지 알지 못할 거예요. 아가씨들 중에 누가 거기 가시게 되면 거기 사람들이 하는 말을 다 알아들으신단 말씀인가요?"

"무슨 말을 하고 있는지 조금은 알지만 모두는 몰라요. 왜냐면 우리는 당신이 생각하고 있을 정도로 영리하지 않으니까요, 해너. 독일어로 말을 할 수도 없고, 사전의 도움 없이는 읽지도 못해요."

"그럼, 그런 거 무슨 소용이 되지요?"

"우린 언젠가 독일어를 가르치려고 생각하고 있어요—적어도 초보만이라도. 그렇게 되면 지금보다도 돈을 더 많이 받을 수 있고."

"그렇군요. 하지만 공부는 그 정도로 해 두세요. 오늘 공부는 많이 하셨으니."

"그래, 난 좀 피로해졌어. 메리, 넌 어때?"

"몹시 피곤해. 정말 선생도 없이 사전만 가지고 외국어와 씨름한다는 건 힘든 일이야."

"그래. 특히 어렵기 짝이 없는 독일어니까 말야. 세인트 존은 언제 돌아올까?"

"곧 돌아오겠지. 아직 10시야," (허리띠에 매단 조그만 금 회중시계를 보면서) "비가 몹시 오네. 해너, 객실의 난롯불을 좀 봐 주겠어요?"

노파는 일어났다. 문을 열었으므로 복도가 희미하게 보였다. 안방 난로의 불을 북돋우는 소리가 들렸다. 이윽고 그녀는 돌아왔다.

"아아, 아가씨들!" 노파는 말했다. "저쪽 방에 들어가는 것은 정말 괴로워. 어쩐지 적적해서 말야. 주인이 없는 의자가 덜렁 구석으로 치워져 있는 것이 아주 쓸쓸해 보여요."

노파는 앞치마로 눈을 닦았다. 여태껏 까다로운 표정을 짓고 있던 젊은 여인들이 슬픈 듯한 표정을 지었다.

"하지만 그분은 여기보다는 더 좋은 곳으로 가셨는 걸." 해너는 말을 이었다. "다시 한 번 이곳에 돌아오셨으면 하고 생각해서는 안 됩니다. 게다가 그 이상 평안하게 임종하신 분은 없을 거예요."

"아버지께선 우리들 얘기를 한 마디도 안 하셨다구요?" 한 아가씨가 물었다.

"말씀하실 시간이 없었어요. 아버님께선 갑자기 돌아가셨으니까요. 전날처럼 좀 편찮으시긴 했지만 별로 위독하시진 않았어요. 세인트 존 서방님이 두 아가씨 중 한 분을 불러올까요, 하고 여쭈었더니 아버님은 세인트 존 서방님의 얼굴을 쳐다보시며 껄껄 웃으셨어요. 그 다음날, 그러니까 지금부터 2주일 전인데요. 머리가 좀 무겁다고 하시고 잠드셨어요. 그러고는 다시는 깨어나지 못하셨어요. 오라버님께서 방안에 들어가서 뵈었을 때는 거의 몸이 굳어져 있었답니다. 아, 아가씨! 돌아가신 분은 오랜 혈통 집안의 마지막 어른이었지요. 아가씨들이나 세인트 존 님은 이미 돌아가신 분과는 달라요. 아가씨들은 어머님과 닮은 데가 많아요. 공부를 무척 좋아하시고. 메리 아가씨는 아주 어머님의 판박이고, 다이애너 아가씨는 아버지를 더 많이 닮았어요."

나는 둘 다 똑같이 보였으므로 이 늙은 하녀가 (이때에는 하녀라고 이미 판단하고 있었다) 지정한 두 사람의 차이는 알 수가 없었다. 두 사람은 모두 얼굴이 희고 날씬한 몸집이었다. 두 사람 모두 기품과 지성이 넘치는 얼굴 생김새를 하고 있었다. 분명히 한 사람은 다른 한 사람보다 머리카락의 색깔이 조금 진한 것 같았고 머리를 빗은 방식도 각기 달랐다. 메리의 밝은 갈색 머리는 양쪽으로 갈라서 매끈하게 땋았고 다이애너의 검은 머리는 고수머리가 되어 목덜미까지 덮고 있었다. 시계가 10시를 쳤다.

"밤참으로 할까요?" 해녀가 말하였다. "세인트 존 서방님도 돌아오시면 시장하실 테니까."

그녀는 식사 준비를 시작했다. 아가씨들은 일어섰다. 거실로 가려는 것 같았다. 나는 그녀들을 정신없이 바라보고 있었고 그녀들의 모습이나 대화에 강한 흥미가 끌렸으므로 그 순간까지 나 자신의 비참한 처지를 거의 잊고 있었는데 지금 그것이 되살아났다. 눈앞의 사람들과 나의 처지를 비교했기 때문이었으리라. 전보다도 더욱더 비참하고 절망감은 더욱더 깊어갔다. 게다가 이 집에 사는 사람들의 마음을 움직여서 나 자신의 일을 생각해 주도록 돌리게 한다는 것은 도저히 무리한 일이라고 생각하였다. 나의 절실한 굶주림과 슬픔을 이해하게 하고 방황하는 나에게 하룻밤의 휴식을 베풀어 주게 한다는 것은 도저히 불가능한 일로 여겨졌다! 문을 더듬어 찾아 망설이며 두드렸을 때 나는 그런 생각은 환상에 지나지 않을 것으로 여겼다. 해녀가 문을 열었다.

415

"무슨 일이죠?" 손에 든 촛불로 나를 훑어보면서 노파는 놀란 목소리로 물었다.

"아가씨들께 드릴 말씀이 있었습니다만." 나는 말했다.

"아가씨들께 드릴 말씀이라면 내게 하시구려. 당신은 어디서 왔소?"

"먼 데서 왔는데요."

"이런 시간에 무슨 볼일이 있길래?"

"창고든 어디든지 좋으니 하룻밤만 재워 주세요. 그리고 빵을 조금만 주셨으면 해요."

분명 내가 두려워하고 있던 것, 바로 의심이라는 것이 해녀의 얼굴에 나타났다. "빵 한 조각은 주겠어요" 하고 그녀는 얼마 후 말하였다. "하지만 떠도는 사람을 재울 순 없어요. 당치도 않은 말이지."

"제발 아가씨들에게 직접 말씀드리게 해 주세요."

"아니, 그건 안 돼요. 아가씨들도 당신에겐 아무것도 해 드릴 수가 없어요. 이런 시간에 떠돌아다니다니 아무리 보아도 수상하게 보일 테니까."

"하지만 여기서 쫓겨나면 나는 어디로 가야 할까요? 어떻게 하면 좋을까요?"

"그야 어디로 가서 뭘 하든 당신이 알아서 할 일이지. 나쁜 짓 하면 안 된다는 것만 명심해요. 자아, 동전 한 푼을 줄 테니 돌아가요—."

"동전 한 푼으로 아무것도 먹을 수가 없어요. 이 이상 걸을 힘도 없어요. 제발 문을 닫지 마세요—아아, 제발!"

"닫아야겠소. 비가 들이쳐서—."

"아가씨들께 말씀해 주세요—아가씨들과 만나게 해 주세요—."

"정말 안 되겠소. 당신은 조금 수상한 사람이야. 이렇게 떠드는 걸 보니. 어서 돌아가요."

"여기서 쫓겨나면 죽을 수밖에 없어요."

"죽긴 왜 죽어. 어떤 나쁜 짓을 꾸미고 있는 거 아냐? 이렇게 밤늦게 남의 집에 오다니. 이 근처에 패거리가—강도 같은 놈들이—숨어 있는 건 아냐? 그들에게 일러두어요. 이 집엔 여자들만 있는 게 아니라구. 남자도 있고 개도 총도 있다구."

정직하지만 완고한 하녀는 문을 탁 닫고 안에서 잠가 버렸다.

이것이 마지막이다. 심한 괴로움—절망의 바닥에서 오는 괴로움—이 내 가슴을 갈기갈기 찢었다. 이젠 아주 지쳐서—한 걸음도 움직일 수 없었다. 나는 비에 젖은 현관의 층층대에 주저앉았다. 나는 신음하고 양손을 비틀며 괴로워서 울었다. 아, 죽음의 망령이여! 아, 마지막 순간이 이런 두려움과 함께 오다니! 아, 이 외로움—같은 인간으로부터 이런 식으로 내쫓기다니! 희망의 닻줄이 뚝 끊기고 기력을 버틸 바탕도 무너지고 말았다—잠시 동안 은. 그러나 곧 나는 다시 한 번 기력을 북돋으려고 애를 썼다.

'이제 죽을 수밖에 없다.' 나는 말했다. '나는 하느님을 믿으리라. 조용히 하느님의 뜻을 기다리자.'

이런 말을 속으로 생각했을 뿐 아니라 소리내어 중얼거렸다. 그리고 갖가 지 슬픈 생각을 가슴속으로 모아 거기서 조용히 있게 하려고 애를 썼다.

"누구나 다 죽는 겁니다." 바로 옆에서 사람의 목소리가 들려왔다. "그러 나 가령 당신이 여기서 굶주림 때문에 죽는다고 해도, 모든 사람이 당신처럼 너무 일찍 찾아온 죽음을 초조하게 맞이한다고는 할 수 없어요."

"누구세요? 그렇게 말씀하시는 분은?" 갑작스러운 사람의 목소리에 겁을 먹고 나는 물었다. 이제 무슨 일이 일어나든 구원의 손길을 바라는 기력은 아주 사라지고 말았다. 사람의 그림자는 가까이 있었다—캄캄한 어둠속에서 쇠약해진 시력은 그것이 누군지 식별할 수 없었다. 새로 나타난 사람은 요란 하게 문을 두드리고 있었다.

"세인트 존 도련님이세요?" 해너의 목소리가 물었다.

"그래, 그렇소, 빨리 문을 열어요."

"어머나, 비를 저렇게 맞았으니 얼마나 추우시겠수. 참 고약한 밤이군요! 어서 들어오세요. 아가씨들께서도 퍽 걱정하고 계신다우. 이 근방엔 못된 사 람들이 있나 봐요. 아까는 어떤 거지 여자가 와서—어머나, 아직 거기 있군 요! 이런 데서 자고 있군요. 일어나! 저런, 세상에! 썩 가래두!"

"조용히 해, 해너! 내 저 여자에게 할 말이 있소. 저 여자를 내쫓은 것으 로 당신은 당신의 임무를 완수했어. 이번에는 안으로 들어오게 하는 것이 나 의 임무야. 옆에서 나는 당신과 이 여자의 이야기를 듣고 있었지. 무슨 특별 한 사연이 있을 거야. 적어도 그 사정이라는 것을 들어봐야겠소. 아가씨, 일 어나요. 어서 집으로 들어가요."

간신히 나는 그의 말을 따랐다. 이윽고 나는 깨끗하고 밝은 부엌에—저 난롯가에—서서 메스꺼운 기분을 느끼면서 떨고 있었다. 비바람에 지쳐 죽은 사람처럼 해쓱하고 비참한 모습을 보이면서. 두 여인, 그 오빠 세인트 존, 나이든 하녀가 모두 나를 지켜보고 있었다.

"세인트 존, 이분이 누구에요?" 이렇게 묻는 소리가 들렸다.

"모르겠어. 문간에서 만났어."

"해쓱한 얼굴을 하고 있군요." 해너가 말했다.

"마치 죽은 사람처럼 흙빛이에요." 이렇게 말한 사람이 있었다. "쓰러지겠어요. 좀 앉힙시다."

정말 나는 머리가 빙빙 돌았다. 나는 힘없이 무너졌으나 의자가 나를 받쳐 주었다. 의식은 있었으나 지금은 말을 할 수가 없었다.

"물을 좀 먹으면 기운을 내겠지. 해너, 물을 좀 가져와요. 몹시 지쳤어. 어쩌면 이렇게 말랐을까. 그리고 핏기도 없고!"

"유령 같아요!"

"아파서 그럴까, 아니면 굶어서 그럴까?"

"굶어서 그런 게지. 해너, 그건 우유지? 이리 줘, 그리고 빵도 좀."

다이애너는 (나는 긴 고수머리로 그녀라는 것을 알았다. 그녀가 내게 허리를 숙였을 때 긴 머리가 나와 난로 사이에 늘어지는 것을 보았다) 빵을 떼어서 우유에 담갔다가 내 입가로 가져왔다. 그녀의 얼굴은 내 얼굴 가까이 있었다. 그녀의 얼굴에는 연민의 빛이 있었고 그녀의 가쁜 호흡에서 동정을 느꼈다. 간단한 말 속에도 마찬가지로 따뜻한 정이 깃들어 있었다. "좀 드셔 보세요."

"그래요—드셔 봐요." 메리도 부드럽게 되뇌었다. 메리의 손이 비에 젖은 내 보닛을 벗기고 내 머리를 쳐들어 주었다. 나는 그들이 권하는 걸 먹었다. 처음엔 먹을 힘도 없었지만 곧 게걸스레 먹었다.

"처음부터 너무 많이 먹어서는 안 돼—이젠 그만 줘." 오빠라는 사람이 말했다. "그만하면 충분해." 그는 우유가 든 컵과 빵 접시를 치웠다.

"조금만 더, 세인트 존. —이분의 눈이 먹고 싶다고 말하고 있어요."

"지금은 안 돼. 이제 말할 수 있나 시험해 보자. 이름을 물어봐."

나는 말할 수 있을 것 같았다. 그래서 나는 이렇게 대답하였다. "제 이름은 제인 엘리엇이라고 합니다." 발각될까봐 가명을 쓰기로 마음먹고 있었다.

"그래, 당신은 어디 살고 있소? 당신의 친지들은 어디 있습니까?"

나는 잠자코 있었다.

"누구든 당신이 아는 분을 부르러 보낼까요?"

나는 머리를 저었다.

"어떤 사정인지 설명을 좀 해 주지 않겠소?"

아무튼 나는 일단 이 집 문설주를 넘어서서 이 집 사람들과 얼굴을 맞대고 있는 지금, 나 자신은 이미 낙오자도 아니고 추방자도 아니고 이 넓은 세상에서 버림받은 사람이라는 느낌도 들지 않았다. 나는 용기를 내어 이 거지꼴을 그만두고 나의 본디의 태도와 성격을 되돌리려고 생각하였다. 나는 다시 나 자신을 되돌리기 시작하고 있었다. 세인트 존 씨가 자상한 설명을 요구했을 때—몸이 매우 쇠약한 지금의 나로서는 도저히 이야기할 수가 없었으므로—잠시 사이를 두고서 이렇게 대답하였다.

"오늘 밤엔 자세한 말씀을 드릴 수 없어요."

"그럼" 하고 그는 말했다. "우리들은 당신에게 무얼 해 드리면 좋단 말이오!"

"아무것도." 나는 대답했다. 이 체력으로는 짧은 대답밖엔 할 수 없었다. 다이애너가 내 말을 받았다.

"이런 것이 아닐까요?" 그녀는 물었다. "당신이 필요로 하는 도움은 이미 받았다는 건가요? 그래서 우리는 당신을 황야로, 비가 오는 밤으로 내쫓아도 좋다는 말씀이세요?"

나는 그녀를 보았다. 그녀는 힘과 선량함이 넘치는 보기좋은 얼굴을 하고 있었다. 나는 갑자기 용기를 냈다. 나는 그녀의 동정어린 눈길을 미소로 받으며 말했다. "전 당신을 믿습니다. 비록 제가 주인이 없는 길 잃은 개라도 당신은 저를 오늘 밤 이 난롯가에서 쫓아내지는 않으시리라고 생각해요. 따라서 저는 아무것도 두려워하지 않고 있어요. 절 어떻게 하시든 좋으실 대로 하세요. 하지만 긴 이야기는 용서해 주세요—숨이 가빠서요—이야기를 하면 목이 막힐 것 같아요." 세 사람은 나를 살펴보고 말이 없었다.

"해너." 마침내 세인트 존 씨가 입을 열었다. "잠시 이분을 저기에 앉아 있게 해요. 아무것도 물어서는 안 돼요. 앞으로 10분쯤 있다가 아까 남은 그 우유와 빵을 주어요. 메리와 다이애너, 우리는 객실로 가서 이 문제를 의논하자."

모두 나갔다. 이윽고 한 아가씨가 되돌아왔다―누구였는지 나는 몰랐다. 따뜻한 난롯가에 있자니까 일종의 기분 좋은 마비상태가 전신에 스며들어왔다. 그녀는 낮은 목소리로 뭣인가 해너에게 지시를 하고 있었다. 이윽고 나는 노파의 부축을 받아 간신히 층계를 올라갔다. 흠뻑 젖은 내 옷은 벗겨지고 따뜻하고 마른 침대가 나를 맞아주었다. 나는 하느님께 감사하였다―말할 수 없이 피로에 몸을 맡기면서도 감사에 넘친 기쁨을 맛보고―그리고 잠이 들었다.

29

그 뒤 사흘 동안에 일어난 일은 희미한 기억밖에 없다. 그 동안에 맛본 감각은 어느 정도 생각해 낼 수 있다. 그러나 무엇인가를 생각한 기억도 없고 무엇인가를 한 기억도 없다. 조그만 방 속의 좁은 침대 위에 누워 있었다는 것만은 알고 있다. 그 침대에 뿌리라도 박은 듯이 나는 꼼짝도 않고 돌처럼 누워 있었다. 억지로 나를 거기서 떼어 놓는다는 것은 나를 죽이는 것과 마찬가지였을 것이다. 시간의 관념은 없어지고 아침에서 정오로, 정오에서 저녁으로의 변화도 알지 못했다. 누군가가 방으로 들어왔다 나가는 것은 알고 있었고 누가 들어왔는지도 알고 있었다. 누군가가 내 곁에 서서 말하고 있을 때에는 무엇을 말하는가를 알았는데 대답을 할 수는 없었다. 입을 열거나 손발을 움직일 수도 없었다. 하녀인 해너가 가장 자주 드나들었다. 그녀가 들어오면 내 마음은 불안했다. 그녀는 나를 쫓아내려 하고 있는 것처럼 느껴졌다. 나라는 사람이나 처지를 이해하지 못하고, 나에게 이유 없는 반감을 가지고 있는 것처럼 보였다. 다이애너와 메리는 매일 한두 번 내 침실에 나란히 나타나곤 했다. 그들은 내 침대 옆에서 이런 말을 속삭이고 있었다.

"집에 묵게 해서 참 다행이야."

"그래, 밤새도록 밖에 그냥 놔뒀더라면 아침엔 아마 문간에서 죽어 있었을 거야. 어떤 일이 있었을까?"

"이상한 역경을 겪었겠지. 가엾게도 이렇게 야위구 해쓱하다니, 사방을 떠돌아 온 거야."

"말씨로 보면 교육을 못 받은 사람 같진 않아. 발음도 아주 정확하고 벗어 놓은 옷을 보아도 흙투성이에 젖어 있긴 하지만 별로 해진 데가 없구 훌륭한 거야."

"특징이 있는 얼굴을 하고 있어. 생기가 없고 말라 있지만 이 얼굴, 어쩐지 마음에 들어. 건강하고 기운이 있을 때에는 틀림없이 호감을 가질 수 있는 얼굴일 거라고 생각해."

그녀들의 대화에는 나에게 베풀어 준 친절을 후회하는 것 같은 어조나, 나를 의심하거나 싫어하고 있는 것 같은 어조는 조금도 없었다. 나는 안심이 되었다.

세인트 존은 꼭 한 번 찾아왔다. 그는 나를 살펴보고 이 가면상태는 오랫동안의 과로에서 온 충격의 결과라고 했다. 의사를 불러올 필요도 없다고 했다. 이대로 자연의 회복력에 맡겨 두는 것이 가장 좋다. 전신의 신경이 아무래도 극도의 긴장에 노출된 것 같으니까 얼마 동안은 푹 자게 하는 것이 좋다. 병은 아니다. 일단 회복을 하기 시작하면 계속 좋아질 것이다. 그는 이런 의견을 조용하고 낮은 목소리로 간단하게 말하고 나서 잠깐 사이를 두었다가 길게 의견을 말하는 일에는 익숙하지 못한 듯한 어조로 이렇게 말하였다. "보기 드문 인상(人相)을 하고 있어. 품위가 없거나 야비한 흔적은 보이지 않아."

"정반대예요." 다이애너가 대답했다. "사실이지, 세인트 존, 난 이 가엾은 작은 영혼에 끌리고 있어요. 우린 앞으로 이 사람의 힘이 되어 주었으면 해요."

"글쎄." 그는 대답했다. "가족들과 서로 사이가 멀어진 젊은 여자일지도 몰라, 아마도 앞뒤 가리지 않고 친척들로부터 뛰쳐나왔는지도 모르지. 이 사람만 고집을 부리지 않는다면 거기로 돌아가게 할 수 있을지도 몰라. 그런데 이 얼굴에는 고집이 나타나 있으니까 얌전하게 말을 들을 것으로는 여겨지지 않지만." 그는 한참 동안 내 얼굴을 물끄러미 바라보고 있었다. 그리고 이렇게 덧붙였다. "영리한 것 같으나 예쁜 얼굴은 아니군."

"지금은 아픈 상태야, 세인트 존."

"아프든 건강하든 예쁘지 않은 건 마찬가지야. 우아한 아름다움이나 조화가 잡힌 아름다움 같은 것은 이 얼굴에는 없어."

사흘째 되던 날, 나는 상당히 회복이 되었다. 나흘째가 되자 말을 할 수도, 몸을 움직이는 것도 침대 위에 일어나는 것도 돌아누울 수도 있게 되었다. 해녀가 죽과 아무것도 바르지 않는 토스트를 점심시간이라고 여겨질 무렵에 가지고 왔다. 매우 맛이 있었다. 음식이 맛있다—이제까지는 입 안에 열이 있었고 무엇을 먹어도 맛이 없었는데 그 열기가 사라지고 없었다. 해녀가 나간 후 어쩐지 기운이 나는 것 같았다. 이윽고 정양(靜養)에도 싫증이 나서 움직이고 싶은 생각이 들었다. 일어난다고 해도 나는 무엇을 입어야 하나? 젖은 진흙투성이의 옷밖에 없다. 옷을 입은 채 땅바닥에서 자고 늪지에서 넘어진 것이다. 그런 옷으로 은인들 앞으로 나간다는 것은 부끄러운 일이다. 그러나 나는 부끄러운 꼴을 당하지 않게 되었다.

침대 곁의 의자 위에는 깨끗이 세탁되어 말린 내 소지품이 모두 놓여 있었다. 나의 검은 비단 윗옷은 벽에 걸려 있었다. 진흙 자국은 깨끗이 없어졌고 비에 젖어서 생긴 주름살도 깨끗이 펴졌다. 신발과 양말까지도 깨끗하게 손질해서 보기에 흉하지 않았다. 방안에는 세면기가 놓여 있고 머리를 손질하기 위한 빗과 브러시도 있었다. 5분만큼씩 손을 쉬면서 천천히 몸치장을 끝냈다. 상당히 말라서 옷은 헐렁했으나 보기 싫은 곳은 숄로 가렸다. 이렇게 해서 다시 깨끗하고 개운한 몸치장으로—품격을 떨어뜨린다고 염려하고 있던 진흙 흔적이나 더러운 곳은 볼 수가 없었다—나는 난간에 의지해서 돌층계를 기다시피 내려가 천장이 낮은 좁은 복도를 지나 마침내 부엌에 이르렀다.

빵을 굽는 냄새가 자욱하고 세차게 타는 불길의 따뜻함이 가득 차 있었다. 해녀는 빵을 굽고 있었다. 편견이라는 것은 교육에 의해 개발되거나 비료를 준 일도 없는 마음의 표토(表土)로부터 씻어 버리기란 매우 어려운 일이다. 편견은 그런 표토에서 자라고 돌 사이에서 생긴 잡초처럼 끈질긴 것이다. 해녀는 처음 동안에는 차갑고 속이 좁았다. 그러나 최근에는 마음이 누그러져서 단정해졌고 깨끗한 몸차림을 하고 나타난 나를 보고 미소까지 지어 보였다.

"어머나, 일어나셨군!" 해녀는 말했다. "그럼 기분이 좋아진 거군요. 괜찮다면 그 난롯가 의자에 앉으시우."

그녀는 흔들의자를 가리켰다. 나는 그 의자에 앉았다. 그녀는 이따금씩 곁눈으로 나를 힐끗힐끗 보며 바삐 일하고 있었다. 그녀는 오븐에서 몇 개의 빵 덩어리를 꺼내면서 나를 돌아다보고 무뚝뚝하게 말했다.

"여기오기 전에도 구걸을 하고 다녔수?"

순간 나는 화가 치밀었으나 여기서 화를 낸다는 것은 이상했다. 분명히 이 사람 눈에는 구걸하는 사람으로 비쳤을 것이라고 생각을 고쳐먹고 조용히 대답하였다. 그래도 조금 말투가 거칠었다.

"날 거지로 생각한 것은 당신의 착각이에요. 나는 거지가 아니에요. 당신이나 이 댁의 아가씨들이 거지가 아닌 것처럼."

잠시 잠자코 있다가 그녀는 입을 열었다. "그런 사정은 알 수 없지만 아가씬 집도 없고 쇠도 없는 것 같은데?"

"집도 없고 쇠도 없다고 해서 당신이 말하는 거지가 되는 건 아니에요."

"공부는 했수?"

"그래요, 많이 배웠어요."

"그렇지만 기숙학교엔 못 가 봤겠지?"

"나는 기숙학교에 8년 동안이나 있었어요."

해녀는 눈이 휘둥그레졌다.

"그러고도 왜 혼자 살아가지 못하는 거요?"

"혼자 살아 왔어요. 앞으로 또 혼자 살아갈 작정이에요. 그런데 그 구스베리는 어떡할 거지요?" 그녀가 열매가 든 바구니를 꺼냈으므로 나는 물었다.

"파이를 만들 거라우."

"이리 주세요. 따 드릴게."

"아냐, 아직 일을 하면 안 돼요."

"그래도 무슨 일이든 하고 싶어요. 그거 이리 주세요."

해녀는 승낙했다. 깨끗한 수건을 가지고 와서 옷 위에 펴라고 했다. "옷을 더럽히면 안 될 테니까" 해녀가 말했다.

"부엌일을 잘 안 해 봤군그래. 그 손을 보면 알지." 해녀가 말했다. "혹시 재봉사는 아니었는지 몰라."

"아뇨, 그렇지 않아요. 내가 무엇을 해왔는지에 대해서는 신경 쓰지 마세요. 제게 대해선 이 이상 머리를 쓰지 마세요. 그것보다는 이 집의 이름이나 가르쳐주세요."

"마시 엔드(늪지의 언저리)라고 하는 사람도 있고 무어 하우스(황야의 집)라고 부르는 사람도 있어요."

"그리구 이 댁에 사시는 신사 양반은 세인트 존이라구 합니까?"

"아니, 그분은 이집에 늘 계시는 게 아니에요. 잠시 동안 여기 다니러 오셨을 뿐이라우. 보통 계시는 곳은 모튼에 있는 그의 교구(敎區)지요."

"2, 3마일 떨어진 곳에 있는?"

"그래요."

"그분은 무얼 하고 계세요?"

"목사님이세요."

언젠가 목사관에서 내가 목사님을 만나게 해 달라고 했을 때 그 늙은 가정부가 한 말을 나는 기억하고 있었다. "그럼, 이 집은 그분의 아버님의 집인가요?"

"그래요. 아버님이신 리버스 님이 이 집에서 사셨지요. 그 전엔 그분의 아버님도 할아버님도 그 전의…… 증조 할아버님두."

"그럼, 그분의 이름은 세인트 존 리버스이신가요?"

"그래요, 세인트 존은 그분의 세례명이에요."

"그리구 그의 누이동생들은 다이애너와 메리 리버스양이구요?"

"그래요."

"그분들의 부친께선 돌아가신 거군요?"

"3주일 전에 뇌일혈로 돌아가셨어요."

"어머님은 안 계신가요?"

"마님께선 벌써 오래 전에 돌아가셨지요."

"이 댁에서 오래 살았어요?"

"30년이나 살았다우. 저 세 분은 모두 내가 키웠어요."

"그렇다면 댁에선 정직하고 충실한 일꾼이셨군요. 그것만은 인정해 드려야지. 나를 거지라고 실례된 말은 했지만."

그녀는 다시 놀란 눈으로 나를 보았다. "난 정말이지" 그녀는 말했다. "아가씨를 잘못 봤나봐요. 워낙 이 근처엔 나쁜 사람들이 얼쩡거리고 있으니까 말예요. 용서해 주세요."

"게다가" 나는 조금 엄한 어조로 말을 이었다. "개라도 쫓아내지 못할 만한 밤에 나를 문 밖으로 내쫓으려고 했었지요."

"참 그건 너무 괴로웠다우. 하지만 어떻게 하면 좋았겠어요? 난 당신보다도 우리 아가씨들을 걱정하고 있었어요. 가엾게도! 아가씨들은 나 이외에 다른 사람이 시중을 들어 줄 사람도 없어요. 언제나 정신을 바짝 차리구 있어야 해요."

나는 몇 분 동안 무거운 침묵을 지키고 있었다.

"나를 너무 심하다고 생각하지 마세요." 해너는 말했다.

"그래도 난 그렇게 생각할 수밖에 없어요." 나는 말하였다. "왜 그런지 이야기할까요? 그건 나를 재워 주지 않았다거나 사기꾼으로 생각했다고 해서 그런 것이 아녜요. 방금 집도 없고 '쇠'도 없다고 비난한 듯한 말을 했기 때문이에요. 제아무리 훌륭한 생활을 했던 사람이라도 나와 같이 가난해지는 경우도 있어요. 만일 당신이 크리스천이라면 가난을 죄악이라고 생각해선 안 돼요."

"이젠 그런 식으로 생각하지 않아요." 그녀는 말했다. "세인트 존님께서도 그렇게 말씀하셨어요. 내가 잘못했어요. 이제 나는 아가씨를 달리 생각하고 있어요. 아무리 보아도 얌전한 아가씨로 보이니까요."

"그럼 됐어요. 용서해 주겠어요. 자, 악수해요."

해너는 밀가루 투성이의 딱딱한 손을 내밀었다. 이번에는 좀더 따뜻한 미소가 그녀의 얼굴을 빛나게 했다. 이때부터 우리는 친구가 되었다.

해너는 이야기하는 것을 매우 좋아했다. 내가 구스베리 열매를 따고 그녀는 파이의 반죽을 하고 있는 동안에, 돌아간 이 집 주인 부부의 얘기며 젊은이들, 그녀가 늘 '아기들'이라 부르는 젊은이들에 관한 이야기를 이것저것 자세히 말해 주었다.

그녀의 말로는 돌아가신 리버스 씨는 꽤 검소한 신사로 아주 옛날로 거슬러 올라가는 오래 된 집안의 출신이었고 했다. 마시 엔드의 집이 생긴 이후로 그것은 리버스 씨의 소유였다. 그리고 해너는 이렇게 단언하였다. "근 200년이나 되는데—그야 작고 조촐한 집으로, 모튼 골짜기에 있는 올리버 씨의 훌륭한 저택에 비한다면 보잘것없는 초라한 집으로 보이지만, 빌 올리버의 부친은 바늘 만드는 직공이었대요. 난 기억하구 있어요. 리버스 집안은 헨리 왕 시대에는 지주계급이었다우. 모튼 교회의 보관실에 있는 등기부를 보면 알 수 있어요." 해너는 계속하였다. "돌아가신 주인님은 평민과 같은

—평민다운 일을 하고 계셨어요. 사냥을 나가서 총을 쏘기도 하고 밭일을 열심히 하시기도 하고, 그런 일을 퍽 좋아하셨답니다." 그러나 마나님은 달랐다. 대단한 독서가로 공부도 많이 했다. 그래서 '아기들'은 모두 어머니를 닮았다. 이 근처엔 이제까지 그들과 같은 아기들은 한 사람도 없었고 일찍이 있지도 않았다. 세 사람 모두 말을 하기 시작했을 때부터 공부를 좋아했고 줄곧 혼자서 공부를 해 왔었다. 세인트 존은 성인이 되자 대학에 들어가 목사가 되기를 지망했고, 딸들은 학교를 졸업하자 곧 가정교사 자리를 찾게 되었다. 그것은 몇 년 전에 부친이 신용하고 있었던 사람이 파산으로 몰려 막대한 돈을 잃었기 때문이라고 한다. 그래서 아기들에게 재산을 남길 수도 없게 되어 아기들은 자활을 하지 않으면 안 되었다. 세 사람 모두 이 집으로 돌아오는 일은 좀처럼 없고, 아버지가 돌아가셨으므로 몇 주일 쯤 이 집에서 지내고 있다는 것이다. 그러나 그들은 이 마시 엔드나 모튼이나 이 근방의 황야와 산을 몹시 좋아했다. 세 사람은 모두 런던이나 그 밖의 여러 대도시에서 살아 왔으나 고향처럼 좋은 곳은 어디에도 없다고 항상 말하고 있다. 게다가 이 남매들은 사이가 아주 좋았다—싸우거나 말다툼 같은 것은 해 본적이 없었다. 이처럼 마음이 맞는 가족들은 본 일이 없다는 것이다.

구스베리를 다 따고 나서 나는 두 아가씨들과 그 오빠 되는 분은 지금 어디 있느냐고 물었다.

"산책하러 모튼까지 갔어요! 하지만 반시간만 있으면 차를 마시러 돌아올 거예요."

그들은 해녀가 말한 시간에 돌아와 부엌문으로 들어왔다. 세인트 존은 나를 보자 가볍게 고개를 숙여 인사만 하고 그대로 지나갔다. 누이동생들은 걸음을 멈췄다. 메리는 아래층으로 내려올 수 있을 만큼 나아져서 기쁘다고, 간단하고 조용하게 말했다. 다이애너는 내 손을 잡고 나를 향해 머리를 저었다.

"내가 내려와도 괜찮다고 할 때까지 기다리실 걸 그랬어요." 그녀는 말했다. "아직 얼굴빛이 몹시 해쓱해요—그리고 이렇게 수척하고! 가엾게도!"

다이애너의 목소리는 내 귀엔 마치 비둘기의 구구대는 소리같이 들렸다. 그녀 눈이 나를 쳐다보면 기쁜 감정이 솟는 그런 눈이었다. 그녀의 얼굴 전체엔 매력이 넘쳐흐르는 것처럼 느껴졌다. 메리의 얼굴도 마찬가지로 지적인 분위기가 있었다—이목구비도 마찬가지로 아름다웠다. 그러나 그녀의 표정 쪽이 더 얌전했다. 태도도 상냥하지만 조금 서먹한 점이 있었다. 다이애너는 표정이나 화법에도 무게가 있었고 강한 의지를 느끼게 하였다. 그녀와 같은 인물 속에 갖추어진 힘을 따르는 일, 양심과 자존심이 허용하는 한 이런 강한 의지에 굽히는 데에 기쁨을 느끼는 것이 나의 성격이었다.

"어째서 이런 곳으로 내려왔어요?" 그녀는 말을 이었다. "여기는 댁이 있을 곳이 못돼요. 메리나 나도 가끔 부엌에 앉은 일은 있어도 집에 있을 때만은 자유롭고 멋대로 하고 싶으니까요—댁은 손님이에요. 그러니 객실에 계셔야 해요."

"여기가 참 좋아요."

"천만에요—해너가 부지런히 움직이고 있으니까 당신도 밀가루 투성이가 돼요."

"그리고 이곳은 불이 너무 뜨거워요." 메리가 참견을 했다.

"정말이에요" 하고 다이애너가 말하였다. "자아, 이리 오세요, 말을 잘 들어야 해요." 그녀는 내 손을 잡고 나를 일으켜 세우고는 안쪽에 있는 방으로 데리고 갔다.

"자아, 거기 앉으세요." 그녀는 소파에 나를 앉혔다. "우리가 옷을 갈아입고 차를 준비하는 동안, 이것이 황야에 있는 이 작은 집에 있을 때의 우리의 특권이에요. 우리가 마음이 내킬 때나, 해너가 빵을 굽거나 맥주를 만들거나 세탁을 하거나 다림질을 할 때에는 우리가 스스로 식사 준비를 하기도 해요."

그녀는 문을 닫고 나가고 나는 세인트 존과 둘이 남았다. 그는 나의 맞은편에 앉아서 신문인가 책인가를 손에 들고 있었다. 나는 우선 객실을 둘러보고 다음에는 거기에 있는 인물을 물끄러미 바라보았다.

객실은 작은 편이고 가구도 아주 간소하게 꾸며져 있었지만 깨끗하고 아담해서 기분이 좋은 방이었다. 고풍스런 의자는 반짝반짝 빛나고 호두나무 테이블은 마치 거울과 같았다. 옛 시절의 남녀를 그린 색다른 낡은 초상화가 색칠한 벽에 걸려 있었다. 유리문이 달린 찬장에는 몇 권의 책과 골동품 도자기가 한 벌 들어 있었다. 방에는 불필요한 장식물은 하나도 없었다. 창가의 탁자 위에 놓여 있는 한 쌍의 바느질 그릇과 자단목(紫檀木)으로 만든 부인용 책상을 제외하고는 현대식 가구란 하나도 없었다. 모든 것이—융단이나 커튼까지도—깨끗하게 사용되고 손질이 잘 되어 있었다.

　세인트 존은—벽에 걸려 있는 거무스름한 그림처럼 움직이지 않고 앉아 있었다. 입술은 단단히 다물고 그의 눈은 읽고 있는 책을 보고 있었으므로 여유 있게 바라볼 수가 있었다. 그가 인간이 아니고 조상(彫像)이었을지라도 이렇게 여유 있게 관찰할 수는 없었으리라. 그는 젊었다—아마 28세에서 30세—키가 크고 마른 편이었다. 그의 얼굴은 남의 눈을 끌었다. 그리스인과 같은 얼굴, 완벽한 윤곽, 콧날이 시원한 고전적인 코, 아테네인과 같은 입과 턱이었다. 영국인의 얼굴이 이토록 고대 그리스의 조각과 같은 얼굴은 좀처럼 없을 것이다. 그 자신의 얼굴이 이토록 균형이 잡힌 것이라고 한다면 그가 나의 균형이 잡히지 않은 이목구비에 조금 놀랐다고 해도 무리는 아니었다. 커다란 눈은 파랗고 속눈썹은 갈색이었다. 뛰어난 이마는 상아처럼 희고 황금색의 고수머리가 늘어져 있었다.

　독자여, 이렇게 묘사하면 온화한 인물을 상상할지도 모른다. 그러나 이렇게 묘사된 당사자는 온화·유연·섬세·단정 등과 같은 말로 나타낼 만한 인상은 전혀 없었다. 이렇게 말없이 앉아 있는데 코 구멍이나 눈썹 근처에 침착하지 못하다고나 할까, 냉혹하다고나 할까, 한곳에 열중하는 기색과 같은 것이 느껴졌다. 누이동생들이 돌아올 때까지 나에게는 한 마디의 말도 하지 않고 흘끗 쳐다보는 일도 없었다. 다이애너는 차 준비를 하는 동안 들락날락했는데 이때 오븐에서 구운 조그만 과자를 내게 갖다 주었다.

　"들어보세요." 그녀는 말했다. "시장하실 거예요. 해너로부터 들었는데 아침부터 죽을 조금 드셨을 뿐이라면서요."

　나는 그것을 사양하지 않았다. 내 식욕은 다시 생생하게 되살아났기 때문이었다. 세인트 존은 책을 덮고 테이블로 다가와서 자리에 앉았더니 그림 같은 푸른 눈으로 나를 물끄러미 바라보았다. 그의 눈동자에는 젠 체하지 않는 솔직함, 무엇인가를 찾으려고 하는 단호한 결의가 보여, 이제까지 낯선 나로부터 눈을 딴 데로 돌리고 있었던 것은 내성적인 탓이 아니라 확고한 의지가 있었기 때문이라는 것을 말해 주고 있었다.

　"몹시 시장하셨던가 봐요." 그는 말했다.

　"네, 그랬어요." 이것이 나의 방법이었다—간단한 말에는 간결하게, 단도직입적인 물음에 대해서는 솔직하게 대답한다는 것이 항상 몸에 배어 있었다.

"요 사흘 동안 미열로 아무것도 먹을 수 없었던 것이 오히려 좋았습니다. 처음부터 맹렬하게 식욕이 일었더라면 위험했을 겁니다. 이제는 드셔도 좋아요. 그렇지만 과식을 해서는 안 됩니다."

"이렇게 언제까지고 폐를 끼치는 일은 없을 것으로 생각합니다." 나는 생각난 대로 어설프고 버릇없는 대답을 하고 말았다.

"그러실 겁니다." 그는 쌀쌀하게 대답했다. "댁의 친척 되시는 분의 주소를 가르쳐 주시면 이쪽에서 편지를 쓰겠습니다. 그렇게 되면 집으로 돌아가실 수 있을 겁니다."

"솔직히 말씀드리면 저로서는 그것을 할 수 없습니다. 집도 없고 친척도 없으니까요."

세 사람은 나를 바라보았으나 의심하는 것 같지는 않았다. 세 사람의 눈동자에는 불신의 그림자는 없고 호기심이 있는 것처럼 느껴졌다. 특히 젊은 여자들은 그러했다. 세인트 존의 눈은 보기에는 맑았지만, 거기에 깃든 것을 헤아리기가 어려운 눈이었다. 그 눈은 아무래도 남의 생각을 탐지해 내는 도구이지 자기 생각을 전달하는 대변자는 아닌 것 같았다. 날카로움과 자제(自制)—이 두 가지 조합은 나의 용기를 북돋우는 것보다는 차라리 당혹하게 만드는 것 같았다.

"그럼 이렇다는 뜻인가요?" 그는 물었다. "모든 연고관계에서 완전히 떠나 있는 몸이라는 말인가요?"

"그렇습니다. 살아 있는 어떤 사람과도 연관이 없습니다. 이 영국에서 그 어떤 지붕 아래에도 들어갈 권리가 없습니다."

"당신 나이로는 참 드문 일이군요!"

여기서 나는, 그의 시선이 내 앞의 테이블 위에 포개져 있는 내 손으로 향해 있다는 것을 알았다. 거기서 그는 무엇인가를 발견한 것 같았다. 그의 말이 이내 그 물음에 대답하였다.

"당신은 결혼한 적이 없으시군요? 미혼이군요?"

다이애너는 웃었다. "어머나, 세인트 존, 이분은 기껏해야 열일곱 아니면 열여덟밖에 안 될 거예요." 그녀는 말했다.

"곧 열아홉이 됩니다. 하지만 결혼은 안 했어요, 안 했습니다."

나는 얼굴이 뜨거워지는 것을 느꼈다. 쓰라리고 설레는 추억들이 결혼이라는 말 때문에 일깨워진 것이다. 그들은 나의 당황과 흥분을 알아챘다. 다이애너와 메리는 나의 빨개진 얼굴에서 눈을 딴 데로 돌려서 나를 안심시켜 주었다. 그러나 냉담하고 엄격한 오빠는 나를 계속 바라보아 마침내 그에 의해서 환기된 고뇌는 나의 얼굴을 붉게 만들었을 뿐만 아니라 눈물까지 흘리게 만들었다.

"지금까지 어디서 살았습니까?" 그는 이렇게 물었다.

"너무 캐묻는 말이에요, 세인트 존" 하고 메리가 낮은 소리로 중얼거렸다. 그러나 그는 테이블에 몸을 내밀고 또다시 단호하고 찌르는 듯한 눈으로 대답을 구했다.

"제가 살고 있던 고장의 이름이나, 함께 살고 있던 사람의 이름은 제 비밀입니다." 나는 간단하게 대답했다.

"당신이 말하고 싶지 않다면, 세인트 존이든 다른 어떤 사람이든 묻는 사람에게 비밀로 해 둘 수 있는 권리가 있다고 전 생각해요." 다이애너가 말했다.

"그렇지만 내가 당신에게 관해서, 또는 당신의 경력을 전혀 모른다면 당신을 도울 수 없군요." 그는 말했다. "당신은 도움이 필요하지 않습니까, 그렇죠?"

"필요합니다. 그것을 구하고 있습니다. 어떤 진실한 자선 사업가가 제가 할 수 있는 일을 구해 주셔서 거기서 받을 수 있는 보수로 살아갈 수 있으면 하고 생각하고 있습니다."

"제가 진정한 자선 사업가인지 아닌지는 모르겠지만 그처럼 진지하게 생각하고 있다면 힘이 닿는 한 도와드리겠습니다. 그럼 우선 이제까지 어떤 일을 해 왔는지, 무엇을 할 수 있는지 가르쳐 주십시오."

나는 이미 차를 다 마시고 있었다. 포도주를 마신 거인처럼 나도 이 차 덕택으로 기운을 완전히 회복하였다. 차는 나의 약해진 신경에 새로운 힘을 불러일으켜서 이 통찰력이 있는 젊은 재판관을 향해 침착하게 이야기를 할 기력을 주었다.

"리버스 님." 나는 그를 향해 돌아앉아서 그가 나를 보고 있는 것처럼 나도 그를 바라보았다. "목사님도 누이동생들도 저에게 매우 친절하게 대해 주셨습니다—인간이 인간에 대해 할 수 있는 최고의 친절을. 당신의 넘치는 친절이 저를 죽음으로부터 구해 주셨습니다. 그 은혜에 대해서는 아무리 감사를 해도 감사를 다했다고 할 수 없는 일이고, 저의 비밀을 조금이라도 말씀드리는 것이 도리일 것입니다. 당신이 감싸 주신 유랑인의 내력을, 내 자신의 마음의 평화를 흐트러뜨리지 않은 한—내 자신의 정신적·육체적인 안전을, 그리고 여러분의 안전에 폐를 끼치지 않는 한 자상하게 이야기하려고 합니다.

저는 고아입니다. 목사의 딸이었습니다. 양친은 제가 철도 들기 전에 돌아가셨습니다. 그래서 저는 남의 손에서 자랐고 자선 시설에서 교육을 받았습니다. 학생으로서 6년 동안, 교사로서 2년 동안 지낸 그 시설의 이름을 가르쳐 드리지요. ○○주의 로우드 자선 학교입니다. 들어보신 적이 있으시죠, 리버스 씨? —로버트 브로클허스트 목사가 재무 담당자였습니다."

"브로클허스트 씨에 관해선 들은 적이 있고 그 학교도 본 적이 있습니다."

"약 1년 전, 가정교사가 되기 위해 로우드를 떠났습니다. 좋은 일자리를 얻어서 매우 다행이었습니다. 그 집을 여기에 오기 4일 전에 떠나지 않으면 안 될 사정이 있었습니다. 떠나게 된 이유는 설명할 수도 없고 또 설명해서는 안 됩니다—위험하기도 하고 도저히 믿어주시지도 않으실 겁니다. 저의 잘못은 아니었습니다. 여기에 계시는 세 분과 마찬가지로 저에게는 아무런 죄가 없습니다. 하지만 비참합니다. 당분간은 비참한 생각을 하지 않으면 안 됩니다. 제가 천국으로 여겼던 그 집에서 저를 떠나게 한 그 파탄이란 이 세상에서도 기괴하고 비참하기 짝이 없는 것이었습니다. 떠나기에 앞서 마음먹은 것은 두 가지—빨리, 그리고 아무도 모르게 떠난다는 것이었습니다. 그것을 성공시키기 위해서는 작은 꾸러미 외에는 모든 소지품을 남기지 않으면 안 되었습니다. 그 꾸러미도 너무 괴롭고 당황해서 위트크로스까지 데려다 준 마차에 놓고 내렸습니다. 그래서 저는 아주 무일푼으로 이 근처에 오게 된 것입니다. 이틀 밤은 노숙하고 이틀 동안 어느 집에도 들어갈 수 없이 헤매고 돌아다녔습니다. 그 동안 단 두 번밖에 음식을 먹지 못했습니다. 너무 배가 고프고 피로와 절망한 끝에 이제 숨이 끊어지지나 않을까 하고 여기고 있었을 때 당신이, 리버스 씨가 우리집 현관에서 굶어죽는 일은 없다고 하시면서 이 집으로 들어오게 하셨던 것입니다. 그 뒤 누이동생들이 저를 극진히 대해 준 것을 모두 알고 있습니다. 혼수상태로 보여도 의식이 전혀 없는 것은 아니었습니다. 누이동생들의 자발적이고 진심이 깃든 온정에는 당신의 복음주의의 자선과 마찬가지로 큰 은혜를 느끼고 있습니다."

"이제 더 이상 이분에게 말을 시켜선 안 돼요, 세인트 존." 내가 한숨 돌렸을 때 다이애너가 말했다. "아직은 흥분하게 해서는 안 돼요. 소파에 가서 앉아요, 엘리엇 양."

나는 가명을 듣자 나도 모르게 찔끔했다. 나는 새 이름을 깜빡 잊고 있었던 것이다. 빈틈없는 세인트 존은 이내 내 태도를 눈치챘다.

"당신은 이름이 제인 엘리엇이라구 말씀하셨지요?" 그는 말했다.

"네, 그랬어요. 당분간 그 이름으로 불러 주시면 편하리라고 생각했습니다. 하지만 그것은 본명이 아니므로 그렇게 불리자 이상한 기분이 들었습니다."

"본명은 알릴 수 없단 말씀이지요?"

"네, 무엇보다도 저는 들킬까봐 걱정입니다. 뭐든 들킬 만한 일은 이야기하고 싶지 않습니다."

"정말 옳은 말이에요" 다이애너가 말했다. "이젠 오빠, 부디 잠시 동안 이분을 쉬게 해 주세요."

그러나 세인트 존은 잠시 생각에 잠겼다가 여전히 침착하게, 게다가 앞서와 마찬가지로 날카롭게 다시 묻기 시작했다.

"당신은 언제까지나 우리의 호의에 의지할 생각은 아닐 것입니다—아마도 당신은 될 수 있는 대로 빨리 누이동생들의 동정으로부터 벗어나고 싶다고, 특히 나의 자선으로부터 벗어나려고 하고 있을 겁니다. (온정과 자선을 구별한 것은 잘 알고 있다고 생각하며, 그것을 불쾌하게 생각하고 있는 것도 아닙니다—사실이 그러니까요) 당신은 우리에게 의지하지 않고 자립하고 싶겠죠?"

"그렇습니다. 방금도 그렇게 말씀드렸습니다. 어떤 일을 하면 좋은가, 어떻게 하면 일을 찾을 수 있는가를 가르쳐 주십시오. 그것이 저의 모든 소원입니다. 제아무리 초라한 오두막집에라도 보내 주세요. 하지만 그때까지는 부디 여기 있게 해 주세요. 저는 집도 없고 궁핍에 허덕이는 두려움 두 번다시 맛보고 싶지 않아요."

"좋아요. 여기에 있어요." 다이애너가 흰 손을 내 머리 위에 얹으며 말했다. "여기에 있으세요." 메리도 그녀의 천성인 듯한 남의 눈에 띄지 않는 진정어린 어조로 말하였다.

"동생들은 보시다시피 당신을 돌보는 것이 즐거운 것 같습니다." 세인트 존이 말했다. "마치 얼어 죽어가는 새가 추운 겨울바람에 쫓기어 창문으로 날아 들어온 것을 돌보는 것이 기쁜 것과 마찬가지죠. 나로서는 당신이 스스로 살아 갈 수 있는 길을 찾아 주고 싶습니다. 그렇게 노력하겠습니다. 그러나 아시다시피 나의 활동 범위는 좁습니다. 가난한 시골 교구의 목사에 불과합니다. 제대로 도와드릴 수가 없을 것 같습니다. 그래도 만약에 당신이 '보잘것없는 생활'을 경멸하신다면 제가 제공할 수 있는 것보다도 좀더 유력한 도움을 구해 보십시오."

"이분은 뭐든지 자기가 할 수 있는 일로 정직한 일이라면 무엇이든지 하겠다고 하지 않아요." 다이애너가 나를 대신해서 대답해 주었다. "그리고 세인트 존, 이분은 도와주는 사람을 고를 입장이 아니에요. 오빠처럼 무뚝뚝한 분이라도 참아야 해요."

"저는 양재도, 품팔이 바느질도 할 수 있습니다. 하녀나 유모도, 무엇이든지 합니다. 그보다 더 좋은 자리를 얻을 수 없으면요." 나는 대답했다.

"좋습니다." 세인트 존은 아주 냉담하게 말했다. "당신의 생각이 그렇다면 당신을 돕기로 약속을 하지요. 나의 시간이 허용하는 한, 내 나름의 방법으로."

그리고 그는 차를 마시기 전에 읽고 있던 책을 또 읽기 시작했다. 나는 곧 물러 나왔다. 나는 지금의 내 체력이 허용하는 데 비해 너무 오래 이야기하고 오랫동안 앉아 있었기 때문이다.

30

무어 하우스 사람들의 마음씨를 더 알면 알수록 나는 그들을 더욱 좋아하게 되었다. 며칠이 지나자 내 건강은 매우 회복되어 하루 종일 앉아 있을 수도 있었고 때로는 밖에 나가 산책을 할 수도 있게 되었다. 나는 다이애너와 메리가 하는 일에는 다 참여할 수 있었다. 나는 그들이 원하는 대로 얼마든지 얘기할 수도 있었고 허락을 해 주면 언제 어디서든 그녀들을 도울 수 있었다. 이런 이 교제에는 처음으로 맛보는 즐거움이 있었다. 취미도 생각하는 일도 완전히 일치하는 데에서 생기는 즐거움이었다.

그녀들이 즐겨 읽는 것을 나도 즐겨 읽고 싶었다. 그녀들이 즐거운 것은 나에게도 즐거웠다. 그녀들이 옳다고 하는 것은 나도 존중하였다. 그녀들은 이 한적한 집에 애착을 느끼고 있었다. 나도 또한 고풍스런 회색의 작은 집에, 그 나지막한 지붕, 격자 창문, 무너져 가는 담, 늙은 전나무의 가로수(전나무는 모두 산에서 불어 내리는 바람 때문에 한쪽으로 기울어 있었다), 주목이나 호랑가시나무가 울창하고, 내한성의 튼튼한 식물밖에 꽃을 피우지 않는 정원이 있었다. 이런 집에 싫증나지 않게 사람을 끌어당기는 매력을 발견하고 있었다. 집 뒤나 주위에 퍼지는 보랏빛 황야에—이 집의 문에서 자갈이 깔린 마찻길이 내려가는 골짜기에 그녀들은 깊은 애착을 느끼고 있었다. 마찻길은 우선 고사리가 무성한 둑과 둑 사이를 굽이쳐 지나, 히스의 황야와 경계를 이루며 황야에 서식하는 양떼와, 이끼와 같이 미끄러운 얼굴을 한 작은 양들에게 먹이를 주는 몇 개의 들판을 지난다. 그녀들은 이 풍경을 매우 마음에 들어 하고 있었다. 그 기분은 나도 알 수 있었으므로 그녀들의 진지한 감정에 공감하였다. 나는 이 지방의 매력을 알았다. 나는 그 고고한 신성함을 느꼈다. 내 눈은 부드러운 오르내림을 이루는 언덕을 마음껏 즐겼다. 이끼나 에리카, 산봉우리나 골짜기가 서로 어울려 이루고 있는 천연의 색깔을 즐겼다. 이들 자연의 풍물은 나에게도 그녀들에게도 달콤하고 순수한 기쁨의 샘이기도 하였다. 이 지역의 심한 돌풍, 부드럽게 불어오는 산들바람, 사나운 날씨와 평온한 날, 해가 돋고 지는 시각, 달밤이나 구름이 낀 밤 등은 그녀들과 마찬가지로 나의 마음을 사로잡고, 그녀들을 끌어당기는 것과 같은 마력으로 나의 오감(五感)을 감쌌다.

집안에서도 우리는 마찬가지로 뜻이 맞았다. 두 사람 모두 나보다도 교양이 있고 책도 많이 읽고 있었다. 나도 열심히 두 사람이 걸어온 학문의 길을 따랐다. 그녀들이 빌려 준 책을 정신없이 탐독했고, 낮에 읽었던 책에 대해서 밤에 두 사람과 서로 논의를 할 때 더없는 충실감을 느꼈다. 생각하는 것도 일치하고 의견도 일치하였다. 요컨대 우리는 모든 점에서 완전히 일치된 것이다.

우리 셋 중에서 가장 뛰어난 사람, 리더가 있다면 그것은 다이애너였다. 육체적으로 그녀는 나를 훨씬 능가했다. 우선 미인이었고 생기가 넘치고 있었다. 그리고 그 '동물 정기(精氣)'라고 말할 수 있는 것이 발랄하게 넘쳐흘러 그것은 나의 놀라움을 불러일으키면서 나를 어리둥절하게 만들기도 하였다. 초저녁에는 나도 얼마 동안만 이야기에 참가할 수가 있었지만, 그러는 동안에 처음의 의욕이 시들고 혀의 움직임도 둔해지면, 나는 다이애너의 발밑에 있는 발판에 앉아 그녀의 무릎에 머리를 기대고, 내가 잠깐 말한 문제를 철저하게 논의하고 있는 다이애너와 메리가 주고받는 이야기에 귀를 기울이는 것을 좋아했다. 다이애너는 내게 독일어를 가르쳐 주겠다고 말했다. 나는 그녀에게 배우는 것이 기뻤다. 교사의 역할을 그녀는 즐겼고, 또 그것은 그녀에게 어울린다는 것을 알았다. 동시에 학생의 역할을 나도 즐겼고, 마찬가지로 그것은 나에게 어울렸다. 서로의 성격이 딱 맞았다. 그 결과─세 사람 사이에 매우 강한 애정이 싹텄다. 내가 그림을 그리는 것도 그녀들은 알았다. 그래서 연필이나 그림물감 상자를 자유롭게 쓰게 해 주었다. 그녀들보다도 뛰어난 단 하나의 이 재능은 그녀들을 놀라게 하고 그녀들의 마음을 사로잡았다. 메리는 내가 그림을 그리는 동안 줄곧 곁에 앉아서 바라보고 있었는데 그러는 동안에 그림을 배우고 싶다고 했다. 온순하고 총명하고 끈기가 있는 학생이었다. 이렇게 해서 충실한 나날을 보내고 서로 즐기고 있는 동안에 며칠이 몇 시간처럼, 몇 주일이 며칠처럼 지나갔다.

세인트 존에 관해서 말하자면, 나와 그의 누이동생들 사이에 자연스럽고 급속하게 생기고 있던 친밀감은 그에게까지는 미치지 못했다. 우리 사이에 언제까지나 거리가 있는 이유는 그가 별로 집에 없었기 때문이었다. 그는 하루의 대부분을 교구 안에 흩어져 있는 환자나 가난한 사람들을 방문하는 데 쓰고 있는 것 같았다.

어떤 날씨도 목사로서의 심방을 방해하지는 못하는 것 같았다. 비가 오든 갠 날이든 아침 공부가 끝나면 모자를 쓰고 아버지가 귀여워하고 있던 포인터 종의 늙은 카를로를 데리고, 사랑을 위해서인지 의무를 위해서인지─그가 어떻게 생각하고 있는지는 몰랐지만─사명을 다하기 위해 나가는 것이다. 때때로 날씨가 몹시 궂을 땐 그의 누이동생들이 말리는 일도 있었다. 그럴 때면 그는 쾌활하기보다는 엄숙하고 진지한 미소를 띠면서 이렇게 말하는 것이었다.

"바람이 분다거나 비가 온다고 해서 이렇게 편한 임무를 등한시하는 그런 태만한 행동이 나의 장래의 계획에 쓸모가 있을까?"

이런 대답을 들으면 다이애너와 메리의 대답은 으레 한숨을 쉬고 몇 분 동안 슬픈 듯이 생각에 잠기는 것이다.

그러나 그가 자주 집을 비우는 외에도 그와의 우정을 방해하고 있는 것이 있었다. 그는 내성적이며 항상 무엇인가를 생각하고 있는 것 같은 성격인 것 같았다. 목사로서의 일에는 열심이고 생활이나 일상적인 행동에도 나무랄 데가 없는데, 진지한 기독교인이나 실천파의 자선가들에게 대한 보수인 저 정신적 평온이나 마음의 만족을 마음껏 즐기는 것 같지는 않았다. 저녁때면 곧잘 창가에 앉아서 한손으로 턱을 괴고 무엇인가 생각에 잠기고 있었는데, 그의 마음이 흐트러지고 흥분하고 있다는 것은 가끔 날카롭게 빛나거나 가끔 크게 뜨는 눈을 보면 잘 알 수가 있었다.

그뿐 아니라 그의 누이동생들에게는 즐거움의 보고(寶庫)인 이 자연도 그에게는 그렇지가 않은 것 같았다. 그는 단 한 번 나에게 자연에 대해 이야기한 적이 있었다. 그것도 단 한 번, 내가 듣고 있는 곳에서, 주위에 있는 산의 거친 매력에 대한 강한 인상과 그가 내 집이라고 부른 검은 지붕과 흰 벽의 건물에 대해 타고나면서 지녔던 그의 깊은 애정을 이야기하였다. 그러나 그 감정을 토로하는 어조나 말투에는 기쁨보다도 우울한 생각이 깃들어 있었다. 마음을 진정시켜 주는 고요를 찾아 언덕을 돌아다니는 일은 없는 것 같았다. 황야가 줄 수 있는 무수한 평화로운 기쁨을 구하는 일도 없고 그 기쁨에 잠기는 일도 없었다.

이처럼 말없는 사람이었으므로 그의 마음의 깊이를 짐작할 수 있는 기회를 갖는 데는 많은 시간이 걸렸다. 그의 기량이라는 것을 처음으로 안 것은, 모튼의 그의 교회에서 그의 설교를 들었을 때의 일이었다. 그 설교를 꼼꼼하게 재현하고 싶지만 그것은 나의 힘이 미치는 일이 아니다. 또 그것이 나에게 미친 감명도 충실하게 나타낼 수도 없다.

설교는 조용히 시작되었다. 발성법이나 어조에 대해서 말할 것 같으면 그것은 마지막까지 조용했다. 강력하게 마음에 느끼면서 엄격하게 억제하고 있는 열정이 이내 뚜렷한 어조 속에 숨 쉬며 간결하고 힘찬 말을 불러일으켰다. 말은 더욱 기세를 더하여—압축되고 응축되고 억제되어 박력을 더해 갔다. 설교자의 박력으로 청중의 가슴은 떨리고 충격을 받았으나 그 어느 것도 완화되지는 못했다. 설교에는 시종 신랄함이 있었고 위안이 될 만한 부드러움은 없었다. 칼뱅파의 교리에 있는, 하느님의 선택, 예정설, 영원한 정죄(定罪)에 대해서 가끔 날카로운 말이 있었고 그런 대목이 인용되었을 때 그것은 마치 최후의 심판의 날에 내려지는 영원한 단죄처럼 들렸다, 설교가 끝나자 그의 설교에 의해서 더욱 계발되고 기분이 가볍고 편안해지기는커녕 말할 수 없는 슬픔을 느끼는 것이었다. 다른 신자도 그랬는지는 몰라도—나에게는 이제까지 듣고 있던 그 웅변은 절망이 고여 앙금이 가라앉은 심연(深淵)에서 솟아나고 있는 것처럼 여겨졌다—거기에는 지칠 줄 모르는 갈망과 불온(不穩)한 야망이라는 시끄러운 충동이 꿈틀거리고 있었다. 세인트존 리버스라고 하는 사람—깨끗한 생활을 보내며 성실하고 열의에 넘치는 이 인물은, 아직 '모든 지각에 뛰어난 하느님의 평강($\binom{\text{빌립보서}}{\text{4장 7절}}$)'을 발견하지 못하고 있다고 나는 확신하였다. 파괴된 우상과 잃어버린 낙원에 대한 감추어진 격렬하고 쓰라린 후회—이야기하는 것을 아직도 피하고 있는 그런 후회에 사로잡혀 가차 없이 학대를 받고 있는 나와 마찬가지로 하느님의 평강(平康)을 발견하지 못하고 있는 것이다.

그럭저럭하는 동안에 한 달이 지나갔다. 다이애너와 메리는 곧 무어 하우스를 떠나 영국 남부의 번화한 대도시로 가서 거기에서 가정교사로서 일을 한다고 하는, 여기와는 아주 판이하게 다른 생활과 활동의 장으로 돌아가는 것이다. 서로 다른 집에서 따로 살면서, 기품이 높은 부유한 집안 사람들로부터는 천한 하인으로밖에 여겨지지 않고, 그녀들의 내부에 갖추고 있는 뛰어난 능력 등은 알지도 못하고 알려고도 하지 않고, 그녀들이 갖추고 있는 교양도 요리사의 솜씨나 시녀의 취미를 평가하는 정도로밖에 평가되지 않는 것이다. 세인트 존은 나를 위해서 구해 보겠다고 약속한 일자리에 관해선 아직 한 마디도 없었다. 그러나 아무튼 내가 무슨 직업이라도 가지지 않으면 안 되는 것이 나에게는 시급한 문제였다.

어느 날 아침, 잠시 객실에서 단 둘만이 있게 되자 나는 용기를 내어 밖으로 내민 창가로 가까이 가서—여기에 테이블과 의자가 놓여 있어 일종의 서재와 같은 용도로 쓰이고 있었다—어떻게 말을 꺼내야 할지 알지 못하면서도 아무튼 그와 이야기를 할 생각이었다. 그의 성격을 유리처럼 덮고 있는 얼음과 같은 자제심을 파괴하는 것은 항상 쉬운 일이 아니었다. 그러나 그가 먼저 계기를 만들어 주어서 수고를 덜 수 있었다.

내가 가까이 다가가자 그는 얼굴을 들고 "내게 할 말이 있소?" 하고 그는 말하였다.

"네, 제가 맡아서 할 수 있는 일자리를 혹시 알아보셨는지 알고 싶어서요."

"3주일 전에 당신에게 어울리는 일을 발견했다고 할까, 생각을 해냈지만, 당신은 이 집에서 도움이 되고 있고 게다가 행복한 것 같고—더구나 누이동생들도 아무래도 당신을 좋아하는 것 같았고 당신과의 교제가 다시없는 즐거움이 된 것 같아서—누이동생들이 마시 엔드를 떠나가게 되어 당신이 그 일이 필요하게 될 때까지는 여러 사람들의 즐거움을 방해하지 않는 것이 좋겠다고 생각했던 참이라."

"하지만 그분들은 이제 사흘만 있으면 떠나가실 게 아녜요?" 나는 물었다.

"그래요. 누이동생들이 떠나면 나도 모튼의 목사관으로 돌아갑니다. 해너도 나와 함께 가지요. 그리고 이 낡은 집은 문을 잠가 버리게 됩니다."

그가 처음에 끄집어낸 일에 대한 이야기를 하는 것으로 기대하고 잠시 입을 다물고 있었지만 그는 다른 생각을 하고 있는 모양이었다. 그의 표정은 나나 내 일거리 같은 것은 아주 잊어버리고 있는 것 같았다. 그래서 나로서는 당연히 다급한 문제로 그를 끌어오지 않을 수 없었다.

"생각해 보셨다는 일이란 어떤 것인가요, 리버스 씨? 머뭇거리고 있는 동안에 그 일을 놓치지 않으면 좋을 텐데요."

"아아, 아니, 그 일을 제공하는 것은 나에게 달려 있고 받아들이는 것은 당신에게 달려 있으니까요."

그는 다시 입을 다물었다. 말을 계속할 기분이 내키지 않는 것 같았다. 나는 조바심이 났다. 안절부절못하여 두서너 차례 몸을 움직여 한결 같은 시선으로 그의 얼굴을 바라보고 말로써는 좀처럼 전달되지 않는 기분을 이렇게 해서 손쉽게 그에게 전달한 것이다.

"서둘 필요는 없습니다." 그는 말했다. "솔직하게 말씀드리면 당신에게 권할 만한 유리하고 바람직한 일이 있는 것은 아닙니다. 설명하기 전에 언젠가 분명히 내가 전한 일을 돌이켜 생각하시기 바랍니다. 제가 당신의 힘이 된다고 해도 장님이 다리가 부자유스러운 사람을 돕는 것 같은 일이라고 했지요.

나는 가난합니다. 내가 선친의 빚을 갚으면 나에게 남은 세습재산은 이 쓰러져가는 집과 뒤뜰에 늘어선 벌레 먹은 전나무, 그리고 집 앞의 주목과 호랑가시나무의 숲이 있는 얼마 안 되는 황폐한 땅덩어리뿐이라는 걸 알게 되었소. 나는 비천한 몸입니다. 리버스 집안은 오래된 가문이지만 이 가계의 유일한 자손인 세 사람 중에서 두 사람은 전혀 알지도 못하는 남의 집에서 생계를 잇고 있고, 세 번째는 모국을 버린 이방인이라고 생각하고 있어요—살아 있는 동안뿐만 아니라 죽을 때까지도. 그렇습니다. 나는 그런 운명을 영예라고 생각하고 또 그렇게 생각하지 않을 수 없습니다. 육의 속박으로부터 해방되는 십자가가 어깨에 놓이는 그날을 고대하고, 그도 미천한 종인 전투의 교회(현세에서 악과 싸우고 있는 지상의 교회를 가리킨다)의 우두머리인 그리스도께서 '일어나 나를 따르라!'고 명하시는 그날만을 기다리고 있는 겁니다."

세인트 존은 그가 설교를 할 때처럼 침착하고 낮은 목소리로 뺨을 붉히지도 않고 눈만을 번쩍이며 이와 같이 말한 것이다. 그는 말을 이었다.

"나 자신이 가난하고 보잘것없는 인간이므로, 당신에게도 가난하고 보잘것없는 일밖에 드릴 수가 없습니다. 당신은 틀림없이 품위가 떨어졌다고 생각할지도 모릅니다. 당신은 일상생활은 어쩌면 고귀한 생활이었던 것 같으니까 말입니다. 당신의 취미는 이상으로 기울어져 있고, 당신이 교제해 온 사람들은 적어도 교양이 있는 사람들이었던 것 같습니다. 그러나 우리 인류를 향상시킬 수 있는 봉사라면 품위를 떨어뜨린다고 나는 생각하지 않습니다. 기독교인인 어떤 노동자에게 경작하라고 명령한 장소가 불모의 황무지라고 한다면 그 노동자의 대가가 박하면 박할수록—주어지는 영예는 더욱더 고귀한 것이 되리라고 나는 생각합니다. 이와 같은 정황에 놓인 사람의 운명은 개척자의 운명이죠. 복음의 최초의 개척자는 12사도입니다. 그들의 우두머리는 구세주이신 예수님 바로 그분이십니다."

"그래서요?" 나는 다시 입을 다물고 그를 재촉하였다. "그 다음을 계속해 주세요."

그는 입을 열기 전에 나를 바라보았다. 마치 나의 이목구비나 선 하나하나가 책에 쓰인 글자이기라도 한 것처럼 나의 얼굴을 천천히 읽고 있는 것 같았다. 그 결과 끌어낸 결론의 일부를 그는 다음과 같은 말로 나타냈다.

"당신을 위해 준비하는 근무처를 당신은 받아들여 주실 것으로 생각합니다” 하고 그는 말했다. “얼마 동안은 말입니다, 영원히는 아니지만. 이 가난한, 더욱더 가난해지는 직분—이 외딴 영국 마을의 시골 교회의 직분으로 내가 영원히 머물 생각이 아닌 것처럼. 왜냐하면 당신의 성격에는, 종류는 다르지만, 나의 성격과 마찬가지로 안식에 만족하지 않는 것이 있기 때문입니다.”

“제발 설명해 주세요.” 그가 입을 다물었으므로 나는 재촉하였다.

“설명하지요. 이것을 들으면 이 제의가 얼마나 빈약하고 얼마나 하찮고 얼마나 답답한 것인가를 알 수 있을 것입니다. 아버지는 돌아가셨고, 나도 독립을 해야 하니까 모튼에는 오래 머물러 있지 않습니다. 아마도 1년 이내에는 그 땅을 떠나게 될 것이라고 생각하는데, 거기에 있는 동안에는 온힘을 다해서 그곳의 개선을 위해 힘쓸 작정입니다. 2년 전 내가 모튼에 왔을 때 학교가 없었습니다. 가난한 집의 어린애들은 모든 발전의 희망에서 소외되어 있었습니다. 나는 사내아이들을 위해서 학교를 세웠습니다. 이번엔 여자 아이들을 위해서 두 번째 학교를 세울 작정입니다. 이를 위해서 여교사의 숙사로서 작은 건물을 빌려 놓았습니다. 교사의 봉급은 연봉으로 30파운드입니다. 그 숙사의 가구 등은 간소한 것이지만 올리버 양이라는 분의 호의로 충분히 갖추어져 있습니다. 나의 교구의 유일하게 유복한 분, 골짜기에 있는 바늘 공장과 주물 공장을 운영하는 올리버 씨의 외동딸입니다. 이 올리버 양께서 고아원의 고아를 한 사람 맡아서 그의 교육이나 의복 비용을 지불해 주기로 되어 있습니다. 주택과 학교 양쪽의 잡일을 돕는다는 조건입니다. 교직이라고 하는 일은 매일의 잡일까지 손이 닿지 않으니까요. 이 교장의 일을 맡아 주시지 않으시겠습니까?”

그는 이 질문을 조금 서두르는 듯한 투로 말하였다. 상대방이 이 제의에 분개하든가 무조건 거절하든가, 그 어느 쪽이라고 반은 정하고 있는 것 같았다. 어느 정도 추측하고는 있지만 나의 생각이나 기분을 제대로 파악하지 못하고 있었으므로, 과연 내가 그것을 어떻게 받아들일 것인지 전혀 알 수 없었기 때문이었다. 분명히 이것은 조촐한 일이었다—남의 눈에 띄지 않고 비바람을 피할 수 있었다. 내가 구하고 있던 것은 이런 안전한 도피처였다. 이것은 꾸준히 해 나가야 하는 고된 일이지만 부잣집에 가정교사로서 있는 것에 비하면 독립된 직업이었다. 남을 섬긴다는 두려움이 나의 마음을 좀먹고 있었다. 불명예스런 일도 무가치한 일도 아니다. 품위를 떨어뜨리는 일도 아니다. 나는 마음을 정했다.

"리버스 씨, 그 제안에 감사합니다. 전 충심으로 그 일을 받아들이겠습니다."

"그렇지만 내가 말씀드린 의도를 이해하셨습니까?" 그는 말했다. "시골 학교입니다. 학생은 가난한 소녀들입니다—시골 아이들입니다. 기껏해야 농부의 딸들입니다. 가르치는 것은 뜨개질·바느질·읽기·쓰기·셈하기 정도입니다. 당신의 세련된 교양은 어떻게 됩니까? 당신의 마음 대부분을 차지하고 있는 것—감수성이나 취미는 어떻게 하시겠습니까?"

"필요할 때까지 간직해 두겠어요. 없어지는 것이 아니니까요."

"그럼 어떤 일을 맡게 되시는지 아신단 말이죠?"

"알고 있어요."

그는 마침내 미소를 띠었다. 쓴 미소도 아니고 슬픈 미소도 아니고 정말로 만족해 하는 미소였다.

"그 학교는 언제 여시게 됩니까?"

"내일 나의 집으로 돌아가게 되니까 당신만 좋으시다면 내주에라도 개교를 하겠습니다."

"좋습니다. 그렇게 해 주시지요."

그는 일어나 방안을 거닐었다. 그러다가 도중에 발을 멈춰서더니 나를 물끄러미 바라보았다. 그리고 머리를 가로저었다.

"못마땅하신 일이라도 있나요, 리버스 씨?" 나는 물었다.

"당신은 모튼에 그리 오래 있지 않을 거요. 그래요. 그럴 거예요."

"왜 그러죠? 어째서 그런 말씀을 하시죠?"

"당신의 눈에 그렇게 쓰여 있습니다. 단조로운 삶을 보내야겠다고는 말하고 있지 않아요."

"전 야심가는 아니에요."

그는 '야심가'라는 말에 놀란 것 같았다. 그는 되풀이 했다. "그렇습니다. 어떻게 해서 야심가라는 말을 생각해 냈습니까? 누가 야심가입니까? 분명히 나는 야심가입니다. 어떻게 당신이 그것을 알았을까?"

"저는 저 자신의 얘기를 했을 뿐이에요."

"그래요? 야심가가 아니라면 당신은……." 그는 입을 다물었다.

"무엇인가요?"

"정열가라고 하려 했소. 그러나 당신은 이 말을 오해하고 기분이 상할 겁니다. 내가 말하고 싶은 것은, 인간의 애정이나 공감이라고 하는 것이, 당신의 마음을 가장 강하게 붙잡고 있다는 것입니다. 당신은 여가를 고독하게 지내는 일에, 당신이 일하는 시간을 아무런 자극이 없는 단조로운 노동에 바치는 일에 언제까지고 만족할 사람이 아니라는 겁니다. 내가," 그는 어조를 강하게 하여 덧붙였다. "늪지에 묻히고 산중에 갇혀서 생활하는 것에 만족해하지 않는 것과 마찬가지입니다. 하느님이 주신 나의 성격에 어긋나고, 하늘로부터 받은 나의 능력을 마비시켜, 쓸모없는 것으로 만들고 있으니까요. 내가 얼마나 모순된 이야기를 하고 있는지 아시겠죠? 검소한 운명에 만족하라고 설교하고, 하느님에게 봉사하는 일이라면 '나무 패며 물 긷는 자(여호수아 9장 23절)'까지도 천직이라고 설교하는 내가—하느님이 정해 주신 목사인 내가 어쩐지 헛소리를 하고 있는 겁니다. 성향(性向)과 믿음은 그 어떤 수단에 의해서 절충을 시키지 않으면 안 됩니다."

그는 방을 나갔다. 이 짧은 시간 동안에 나는 그에 대해서 지나간 한 달 동안에 안 것보다도 훨씬 더 많은 것을 알게 되었다. 그래도 그는 아직도 나에게는 수수께끼였다.

다이애너와 메리는 집을, 오빠 곁을 떠날 날이 가까워오자, 더욱 슬퍼진 것 같았고 말이 없었다. 두 사람은 평소와 다름없이 행동을 하려고 하였으나, 그녀들이 억누르려고 한 슬픔은 완전히 극복할 수 없었고 감출 수 있는 것이 아니었다. 다이애너는 이번의 작별은 일찍이 그녀들이 경험한 것과는 다른 작별이라고 암시했다. 세인트 존에 관한 한 아마도 오랜 작별이 될지도 모른다, 어쩌면 평생의 이별이 될지도 모른다는 것이다.

"오빠는 오랫동안 계획하고 있던 결심을 위해서는 모든 것을 희생하실 작정이세요." 다이애너가 말했다. "아직도 타고난 애정이나 감정이 매우 강해요. 세인트 존은 보기에는 온후한 사람처럼 보이지만 말예요, 제인. 오빠의 생명 속에는 열병이 숨어 있어요. 부드러운 사람이라고 생각하실지 모르지만 어떤 일에 대해서는 아주 용서가 없어요. 하지만 난처하게도 오빠의 굳은 결의를 바꾸게 한다는 것은 나의 양심이 허락을 하지 않아요. 분명히 오빠의 결심은 전혀 비난할 수는 없어요. 옳고 고결한 기독교인다운 결심이니까요. 하지만 가슴이 찢어질 것만 같아요." 아름다운 그녀의 눈엔 눈물이 솟구쳤다. 메리는 고개를 숙인 채 일을 하고 있었다.

"우리는 아버지를 잃었어요. 이제 곧 집도 없고 오빠도 계시지 않게 되어요." 그녀는 중얼거렸다.

그때 어떤 작은 사건이 일어나서, 그것은 마치 '불행은 이어지는 것'이라고 하는 속담이 진리라는 것을 증명하기 위해, 그리고 얼마 안 되는 시간에 그녀들의 슬픔에 더욱 애처로운 괴로움을 더하도록 일부러 운명이 꾸민 것 같았다. 세인트 존이 편지를 읽으며 창밖을 지나갔다. 그리고 방으로 들어왔다.

"존 외삼촌이 돌아가셨어." 그는 말했다.

두 자매는 모두 놀란 것 같았다. 그러나 충격을 받거나 몹시 놀란 것 같지는 않았다. 이 소식은 슬픈 통지라기보다는 무엇인가 중요한 소식인 것 같았다.

"돌아가셨어요?" 다이애너가 되물었다.

"그래."

다이애너는 살피듯이 오빠의 얼굴을 바라보았다. "그래 어떻게 됐어요?" 그녀가 낮은 목소리로 물었다.

"어떻게 되었느냐구?" 그는 대리석처럼 눈 하나 까딱하지 않고 대답했다. "어떻게 됐느냐구? 아무것도 아니야. 읽어 보렴."

그는 편지를 다이애너의 무릎 위에 내던졌다. 그녀는 그것을 훑어보고는 메리에게 넘겨주었다. 메리는 잠자코 읽은 뒤 그것을 오빠에게 돌려주었다. 셋은 서로 얼굴을 쳐다보며 미소를 띠었다—쓸쓸하고 우수에 잠긴 미소였다.

"좋아요! 그래도 우리는 살아갈 수 있어." 다이애너가 마침내 말했다.

"아무튼 지금보다는 나빠지지는 않을 테니까." 메리가 의견을 말했다.

"다만, 이렇게 되었을지도 모른다는 상상을 나도 모르게 해 버렸을 뿐이야." 세인트 존이 말했다. "그 대신 지금의 현실이 절실히 되새겨진다는 거지."

그는 편지를 접어서 책상 속에 넣고 자물쇠를 잠그고 나서 방을 나갔다.

잠시 동안 아무도 입을 열지 않았다. 이윽고 다이애너가 내 쪽으로 향했다.

"제인, 우리의 수수께끼 같은 태도를 이상하게 여길 거예요." 그녀는 말했다. "외삼촌이라고 하는 가까운 육친이 돌아가셨는데도 슬퍼하지 않는 무정한 사람들이라고 말이에요. 하지만 우리들은 한 번도 외삼촌을 보지도 못했고 알지도 못했어요. 어머니의 동생 되시는 분이에요. 그런데 오래 전에 아버지와 외삼촌은 서로 의가 상했어요. 외삼촌의 권유를 받고 아버지는 거의 모든 재산을 투기사업에 집어넣어 파탄나고 말았어요. 두 사람은 서로 비난한 끝에 싸움을 하고 헤어지고 말았어요. 다시는 화해를 하지 않으셨어요. 외삼촌은 그 후 경기가 좋은 사업에 손을 대어 2만 파운드쯤의 재산을 만드셨나 봐요. 외삼촌은 평생 결혼을 안 하셨고, 우리 외에는 가까운 친척은 하나도 없었어요. 다만 한 사람, 우리와 같을 정도로 가까운 사람이 있을 뿐이었어요. 아버지께선 항상 외삼촌이 우리들에게 재산을 남겨서 잘못의 보상을 하실 것으로 생각하셨어요. 그 편지에서 외삼촌은 전 재산을 그 또 한 사람의 근친자에게 준다고 쓰여 있었어요. 다만 30기니를, 세인트 존 리버스와 다이애너 리버스와 메리 리버스 세 사람이서 나누어 유품의 반지를 사라는 거예요. 물론 외삼촌은 좋을 대로 하실 권리가 있어요. 하지만 그 소식을 받고 세 사람은 잠시 실망을 했어요. 메리나 나도 1천 파운드씩만 갖게 되더라도 큰 부자가 된 기분이 들었을 것이고, 세인트 존으로 보아서도 그만한 돈은 대단한 가치가 있어요. 남을 위해 하고 싶은 일을 할 수 있으니까요.”

설명이 끝나자 이 이야기는 그것으로 없던 것으로 하여 세인트 존이나 그의 여동생들도 그 이상 여기에 대해서는 말을 하지 않았다. 다음날 나는 모튼을 향해 마시 엔드를 떠났다. 그 다음날 다이애너와 메리도 먼 B시로 떠났다. 일주일 후에 세인트 존과 해너는 목사관으로 돌아왔다. 이리하여 낡은 집에는 아무도 없게 되었다.

31

내 집─마침내 찾아낸 내 집은 작은 오두막이었다. 하얗게 칠한 벽과 토방에는 페인트를 칠한 의자 네 개, 테이블과 기둥시계, 그리고 식기장이 갖추어져 있었다. 식기장에는 두서너 개의 접시와 델프트산(產) 찻그릇 한 벌이 들어 있었다. 이층에는 부엌과 마찬가지 넓이의 방이 있었는데, 전나무로 만든 침대와 몇 가지 안 되는 옷을 넣기에는 너무나 클 정도의 옷장이 있었다. 그러나 마음씨 좋고 너그러운 친구들 덕택으로 필요한 옷은 상당히 늘어나 있었다.

저녁때가 되었다. 내 시중을 들어주러 온 고아 소녀에게 오렌지 한 개를 주어 돌려보냈다. 그리고 난롯가에 혼자 앉아 있었다. 오늘 아침, 마을 학교는 문을 연 것이다. 학생은 20명. 그러나 그 중에서 글자를 읽을 줄 아는 아이는 세 명뿐, 글을 쓰거나 셈을 할 줄 아는 아이는 한 명도 없었다. 뜨개질을 할 수 있는 아이가 몇 명, 바느질을 조금 할 수 있는 아이도 몇 명 있었다. 어느 아이나 이곳 사투리로 이야기를 했으므로 현재로서는 학생이나 나나 서로의 말을 잘 알 수가 없었다. 태도도 나쁘고 난폭해서 다루기 힘든 데다가 무지(無知)한 아이도 있었다. 그러나 다른 아이들은 모두 온순하고 배우려는 의욕도 있고 소질도 있는 것이 기뻤다. 조촐한 옷을 입은 농민의 아이도 귀족의 자제에 못지않은 인간이라는 것을 잊어서는 안 된다. 타고난 소질·품위·지성·배려 등은 신분이 좋은 집 아이들과 마찬가지로 그들의 마음에 이미 싹트고 있다는 것을 잊어서는 안 된다. 내 임무는 이런 싹을 가꾸는 일일 것이다. 그런 직분을 다하는 일에 틀림없이 나는 어느 정도의 행복을 느끼게 될 것이다. 앞으로 시작되는 생활에 큰 즐거움이 있을 것이라고는 생각하지 않지만 제대로 마음을 가다듬고 마땅히 해야 할 내 정력을 기울이기만 하면 그날그날을 살아갈 만한 마음의 양식은 얻을 수 있을 것이다.

오전에서 오후에 걸쳐, 저 텅 빈 조촐한 교실에서 보낸 시간은 과연 나에게 더할 나위 없는 기쁨이었고 마음이 편안해지는 충실한 시간이었을까? 나 자신을 속이지 않고 말한다면 이렇게 대답하지 않으면 안 된다—아니다 라고. 어쩐지 비참했다. 나는—그래 어리석은 나는—전락한 기분이 들었다. 사회생활의 계단을 올라가는 것이 아니라 내려가는 첫발을 내디딘 것이 아닌가 하는 기분이 들었다. 내 둘레에서 보고 듣는 것 모두가 무지하고 가난하고 조잡하다는 것에 조금 낙담을 하고 있다. 그렇다고 해서 나 자신을 미워하지 않으리라, 경멸을 하지 않으리라. 이런 기분이 잘못이라는 것을 알고 있다—그것만으로도 커다란 진보이다. 나는 그런 기분을 극복하기 위하여 노력하고 싶다고 생각한다. 내일은 조금이나마 그런 기분을 견뎌낼 수 있으리라 그리고 아마도 몇 주일이 지나면 그런 생각은 모두 사라질 것이다. 그리고 몇 개월이 지나면 학생의 진보와 향상의 모습을 볼 수 있는 행복이 혐오감을 충족감으로 바꿀 것이다.

그런데 하나의 질문을 나 자신에게 던져 보자—어느 편이 더 좋은가 하는 물음이다. 유혹에 빠지고 정열의 포로가 되어 괴로운 노력도 않고 고뇌와 싸우지도 않고 비단옷으로 만든 덫에 몸을 담고 덫을 덮는 아름다운 침대에서 자고 남방 풍토의 사치를 다한 저택에서 아침에 눈을 뜨는 것이 좋은가, 그리고 로체스터 씨의 애인으로서 프랑스에서 생활하고 자기 시간의 반은 그의 애정에 도취되어 있는 것이 좋은가. 그는 틀림없이—그래, 그는 얼마 동안은 나에게 푹 빠질 것이다. 그는 나를 사랑해 주었다—그토록 사랑해 주는 사람은 두 번 다시 나타나지 않을 것이다. 아름다움·젊음, 그리고 기품에 바쳐진 그 찬미를 다시는 들을 수 없을 것이다. 나에게 그와 같은 매력이 갖추어져 있다고 생각하는 사람이 그 사람 말고 달리 누가 또 있을까? 그는 나를 사랑하고 나를 자랑으로 알고 있었다. 그를 빼놓고 나를 그렇게 생각해 주는 사람이 있을 리 없다. 그런데 나는 도대체 어디를 헤매고 있는가? 도대체 무슨 소리를 하고 있는가? 아니, 도대체 나는 무엇을 구하고 있는가? 어느 편이 좋은가 하고 나는 묻고 있는 것이다. 마르세유에 있는 어느 바보의 낙원에서 노예가 되어 잠시 동안의 허망한 행복감에 취했다가 눈을 뜨면 후회와 치욕의 쓰디쓴 눈물을 흘리며 숨이 막히게 흐느껴 우는 것과, 영국 중부의 건실하고 신선한 산속 한구석에서 아무 구속도 없이 독실한 시골 여교사로 살아가는 것 중 어느 편이 좋은가 하고 나는 묻고 있는 것이다.

그렇다. 나는 믿음과 법률을 고집하여 저 미친 듯한 유혹을 거절하고 무시하였다. 그때의 나는 옳았다고 나는 지금도 생각하고 있다. 하느님이 올바른 선택을 하도록 나를 인도해 주신 것이다. 인도를 나는 감사하고 있다.

황혼의 명상이 여기까지 미치게 되자, 나는 의자에서 일어나 문간까지 가서 추수기의 낙조를 바라보기도 하고, 마을에서 반 마일이나 떨어져 있는 학교와 나의 작은 집 앞에 펼쳐진 작은 들판을 바라보았다. 새들이 황혼의 노래를 지저귀고 있었다—.

대기는 부드럽고 이슬은 향유처럼. (월터 스콧의 시구)

그것을 바라보면서 나는 행복하다고 생각했다. 그러나 어느 틈엔가 울고 있는 나 자신을 알아차리고 놀랐다—왜 우는가? 주인과 이별한 나의 운명

을 생각하고, 이제는 만날 수 없는 그를 생각하고, 내가 떠남으로써 절망적인 슬픔과 어두운 분노를 생각하고 그것이 그를 올바른 길에서 빗나게 하여 두 번 다시 올바른 길로 되돌아갈 가망이 없다는 것을 생각하고 운 것이다. 여기까지 생각하자 나는 이 아름다운 석양의 하늘과 모든의 쓸쓸한 골짜기로부터 얼굴을 돌렸다—쓸쓸하다고 감히 말하리라. 나에게 보이는 길이 구부러진 근처에는 나뭇잎 사이로 보이는 교회와 목사관 외에는 아무런 건물도 없고, 그보다 더 떨어진 곳에 돈이 많은 올리버 씨와 그의 딸이 사는 베일 저택의 지붕이 보일 뿐이었다. 나는 눈을 가리고 돌로 된 문기둥에 머리를 기대었다. 그러나 이윽고 건너편 들판과 나의 작은 정원 사이의 쪽문 근처에서 희미한 소리가 나서 나는 놀라 고개를 들었다. 개가—세인트 존의 포인터종 늙은 개 카를로라는 것을 이내 알았다—코로 쪽문을 밀었고 세인트 존이 팔짱을 끼고 쪽문에 기대어 있었다. 이마에 주름을 잡고 언짢게도 보이는 험한 눈초리가 나를 물끄러미 바라보고 있었다. 들어오세요 하고 나는 말하였다.

"아니오. 시간이 없어요. 누이동생들이 남기고 간 작은 꾸러미를 전하러 온 겁니다. 이 속에는 그림물감·연필·도화지들이 있을 겁니다."

나는 그것을 받으러 다가갔다. 고마운 선물이었다. 내가 가까이 다가가자 그가 엄한 눈으로 내 얼굴을 바라보고 있는 것 같았다. 얼굴에 눈물 자국이 뚜렷이 남아 있었음에 틀림없었다.

"첫날의 일은 매우 힘드셨을 겁니다."

"아니에요! 그렇지 않아요. 오히려 학생들과 즐겁게 지낼 수 있을 것 같다고 생각하고 있던 참이에요."

"하지만 이 집에는—당신의 이 집에는—가구에는 실망하시지 않았습니까? 워낙 빈약해서요. 하지만—."

나는 그의 말을 가로막았다. "이 집은 깨끗하고 비바람을 가려 줍니다. 가구도 충분하고 편리합니다. 눈에 띄는 모든 것은 고마움을 느끼게 하고 실망시키는 것은 없어요. 양탄자나 소파나 은 접시 같은 것이 없다고 해서 섭섭해 할 그런 바보 같은 감각주의자가 아니니까요. 게다가 5주일 전의 저는 무일푼의 몸—숙소도 없는 구걸하는 유랑자였습니다. 지금의 저에게는 친구들도 집도 일도 있습니다. 하느님의 자비를 접하고 놀라고 있습니다. 친구의 친절과 너그러움, 운명의 풍부한 은혜에도 불만은 하나도 없습니다."

"그렇지만 혼자 지내신다는 것은 외롭고 울적하시지 않겠습니까? 당신 뒤에 있는 저 작은 집은 컴컴하고 인기척이 없습니다."

"저는 아직 조용한 기분을 즐길 틈도 없고, 더구나 외로워서 못 견딜 그런 여유는 더더욱 없습니다."

"그럼 좋습니다. 당신의 말대로 만족하고 계시면 좋다고 생각하겠습니다. 아무튼 뒤를 돌아보고 싶어 하는 롯의 아내의 망설임에 몸을 맡기기에는 아직 빠르다고 당신의 양식이 가르쳐 줄 것입니다. 저를 만나기 이전의 당신이 뒤에 무엇을 남기고 오셨는지 물론 저는 모르지만 과거를 뒤돌아보라는 유혹은 단호히 배척하시기를 저는 충고하는 바입니다. 적어도 앞으로 몇 달 동안은 현재의 근무를 꾸준히 그리고 열심히 하시기를 바랍니다."

"저도 그렇게 하려 하고 있습니다." 나는 대답하였다. 세인트 존은 말을 이었다.

"하고 싶은 활동을 억누르거나 마음의 자세를 바꾼다는 것은 힘든 일입니다. 하지만 저의 경험으로 말할 것 같으면 그것은 할 수 있는 일입니다. 하느님은 어느 정도는 자신의 운명을 개척해 갈 수 있는 힘을 우리에게 주셨습니다. 그리고 우리의 힘, 얻을 수 없는 양분(養分)을 구하고, 우리의 의지가 걸어갈 수 없는 길을 가려고 필사적으로 몸부림칠 때 우리는 채워지지 않는 굶주림 때문에 죽는 일도 없고 절망하여 걸음을 멈추는 일도 없습니다. 우리는 다른 마음의 양식을 구하면 됩니다. 맛보고 싶어서 견딜 수 없는 금단의 양식처럼 맛도 냄새도 강력한, 아마도 보다 더 깨끗한 양식을 구하면 됩니다. 그리고 운명이 가로막은 것과 같은 곧고 넓은 길을, 설사 그것이 더욱 험할지라도 모험을 구하는 다리를 위해 개척해 나가면 되는 겁니다.

1년 전 나는 참으로 비참했습니다. 제가 목사가 된 것이 잘못은 아니었는가 하는 생각이 들었기 때문입니다. 틀에 박힌 근무가 죽고 싶을 정도로 따분했습니다. 저는 이 세상에서 보다 더 활동적인 생활을 동경하고 있었습니다. 문학가라고 하는 직업의 자극에 찬 생활에—화가·작가·변론가 등이 살아가는 방식을 동경하고 있었습니다. 목사 이외의 직업이라면 무엇이든지 좋았습니다. 그렇습니다. 정치가의 마음, 군인의 마음, 명성을 신봉하고 명성을 사랑하는 사람의 마음, 권력을 갈망하는 사람의 마음이 나의 부목사라는 하얀 옷 밑에서 숨쉬고 있었던 것입니다. 나는 생각해 보았지요. 내 삶은 너무나 비참하다, 바꾸지 않으면 안 되겠다, 그렇지 않으면 죽어야겠다고. 어두운 고뇌의 시기가 지나자 빛이 비치고 안식이 찾아왔습니다. 여유가 없이 옥죄였던 저의 생활은 이내 끝없는 평원으로 확대되어—저의 온몸의 힘은 '일어나라, 힘을 결집하여 그 날개를 펴고 미지의 저편으로 날아라'라고 하는 하늘의 목소리를 들은 것입니다. 하느님은 저에게 사명을 주셨습니다. 그것을 저 멀리까지 옮기어 잘 전달하기 위해서는 숙련과 힘, 용기와 웅변, 즉 군인과 정치가와 변론가의 모든 최고의 자질이 필요했습니다. 이들 모두가 실은 좋은 선교사가 될 자질이었던 것입니다.

나는 선교사가 될 결심을 했습니다. 그 순간부터 내 마음의 자세는 바뀌었습니다. 모든 기능을 속박하고 있던 것은 풀어지고 그 속박의 쑤시는 듯한 아픔만이 남았습니다. 그 아픔은 시간만이 고쳐 줍니다. 아버지께서는 역시 이 결심에 반대하셨지만 아버지가 돌아가신 후에는 다투어야 할 걸림돌은 아무것도 없었습니다. 몇 가지 문제도 처리되고 모튼 교회의 후임자도 결정되고 한두 가지 감정의 갈등도 풀었습니다. 그 후에는 인간의 약점과의 마지막 싸움입니다. 이것은 장차 극복되리라고 생각합니다. 극복한다고 맹세했기 때문입니다. 그래서 저는 유럽을 떠나 동쪽으로 향합니다."

그는 이런 말을, 그의 독특하고 억제된 힘찬 목소리로 말하였다. 이야기를 다 끝마쳤을 때 그는 내가 아니라 지고 있는 태양을 바라보고 있었다. 나도 태양을 바라보았다. 그와 나는 초원을 올라가 작은 쪽문으로 통하는 오솔길에는 등을 향하고 있었다. 풀이 난 오솔길을 걸어가는 발소리를 두 사람은 알아차리지 못했다. 골짜기를 흐르는 물소리가 그때의 정경에서 듣기 좋은 자장가였다. 그래서 은방울처럼 명랑하고 달콤한 소리가 이렇게 외쳤을 때 우리가 깜짝 놀란 것도 무리는 아니었다.

"안녕하세요, 리버스 씨, 잘 있었니, 카를로. 목사님보다도 개가 더 빨리 친구를 알아보네요. 제가 들판 훨씬 아래쪽에 있었을 때 이미 귀를 쫑긋 세우고 꼬리를 흔들고 있었어요. 당신은 아직 저에게 등을 보이고 있었는데."

분명히 그랬다. 이 음악과 같은 멜로디를 듣는 순간 리버스 씨는 마치 천둥이 머리 위의 구름을 갈라놓은 듯이 놀랐지만, 상대방의 말이 다 끝났어도 깜짝 놀랐을 때와 같은 자세로 그대로 서 있었다—쪽문에 팔을 얹고 얼굴을 서쪽으로 돌리고 있었다. 이윽고 천천히 뒤돌아보았다. 환상이라고 여겨졌던 것이 그의 옆에 서 있었다. 그로부터 3피트쯤 떨어진 곳에 새하얀 옷을 입은 모습이 있었다—젊고 우아한 모습이었다. 풍만한 몸집이면서도 날씬한 체형이었다. 카를로를 쓰다듬어 주려고 허리를 구부렸다가 머리를 들고 긴 베일을 뒤로 젖혔을 때 완벽한 아름다움을 갖춘 얼굴이 그의 시선 아래에 꽃처럼 나타났다. 완벽한 아름다움이란 너무 과장된 표현이지만 나는 그것을 취소하거나 수정할 생각은 없다. 앨비언의 온화한 기후가 만든 아름다운 얼굴, 습기를 띤 바람과 하늘이 낳은 장미와 백합의 청순한 색조라고 하면 이 경우 어울리는 말일까? 그 매력에 무엇 하나 빠진 것이 없고 그 어떤 결점도 찾아볼 수 없었다. 젊디젊은 이 처녀의 이목구비는 단정하고 우아하였다. 아름다운 그림에서나 볼 수 있는 크고 까맣고 둥근 눈동자, 아름다운 그 눈을 둘러싸고 있는 부드러운 매력을 지닌 그늘진 속눈썹이 섬세한 매력을 더하고 있었다. 산뜻하게 그린 눈썹, 잘 조화된 싱싱한 아름다움에 안정감을 더해 주는 하얗고 매끄러운 이마, 폭신한 볼은 살결도 아름답게 생생하다. 보기 좋게 빨간 입술도 생기 있고 건강하게 보였다. 아름답게 갖추어진 이도 하얗게 빛나고 있었다. 작은 턱에는 보조개가 있었다. 머리를 덮은 아름답고 풍성한 머리카락—요컨대 모두가 갖추어지면 이상적인 아름다움의 구현(具顯)이 될 갖가지 아름다운 것들이 그녀에게 모두 갖추어져 있는 것이다. 이 아름다운 사람을 보고 나는 놀랐다. 그리고 마음속으로부터 감탄하였다. 분명히 조화의 여신은 이 사람을 기준으로 만들어진 것이리라. 계모와 같은 인색한 선물이 아니라 사랑하는 딸에게 할머니가 한 것과 같은 기분 좋은 선물이었던 것이다.

세인트 존은 이 지상의 천사를 어떻게 생각하고 있을까? 그가 뒤돌아 그녀를 보았을 때 나는 당연히 이렇게 나 자신에게 물었다. 그리고 당연하지만 그 물음에 대한 대답을 그의 얼굴에서 구했다. 그는 이미 이 아름다운 요정에서 눈을 돌리고 쪽문 옆에 듬성듬성 나 있는 들국화를 바라보고 있었다.

"아름다운 석양이지만 이렇게 늦게 혼자 나다니면 안 됩니다." 그는 발 아래의 눈처럼 흰 꽃봉우리를 밟으면서 말했다.

"어머나, 오늘 오후에 S시에 갔다가 지금 막 돌아온 참이에요." (20마일쯤 떨어진 큰 도시의 이름을 댔다) "당신이 학교를 시작하시고 새로운 여선생님이 오셨다고, 아빠로부터 들었어요. 그래서 차를 마시자마자 곧 모자를 쓰고 계곡을 뛰어올라와 여선생님을 보러 왔어요. 이분이 선생님이세요?" 그녀가 나를 가리켜며 물었다.

"그래요." 세인트 존은 대답했다.

"모튼이 마음에 드실까요?" 그녀는 솔직하고 상냥스럽고 천진난만한 말투와 태도로 나에게 물었다. 어린애 같지만 호감을 가질 수 있었다.

"좋아질 것 같아요. 좋아질 만한 이유가 많이 있으니까요."

"학생들은 생각하셨던 것만큼 공부를 열심히 했나요?"

"네, 매우."

"집은 마음에 드세요?"

"아주 마음에 들어요."

"내가 꾸며 놓은 건 마음에 들었는지 모르겠네요."

"정말 잘 꾸며 놓았어요."

"그리고 앨리스 우드는 어떠세요?"

"정말 좋은 아이예요. 온순하더군요." (그럼 이분이 상속자인 딸 올리버 양일까 하고 나는 생각하였다. 재산과 자연의 선물을 안은 이 아가씨는 도대체 어떤 행운의 별 아래에 태어났을까?)

"제가 가끔 와서 가르치는 걸 도와드리겠어요." 그녀는 말했다. "가끔 방문하는 것도 저에게는 기분 전환이 될 거예요. 저는 변화 있는 생활을 좋아해요. 리버스 씨, 전 S시에 머물러 있는 동안 무척 재미있었어요. 어젯밤인지, 아니 오늘 이른 새벽 2시까지인지 춤을 추고 있었어요. 그 폭동 이후 계속해서 제○○연대가 거기 주둔해 있는 걸요. 장교들이란 참 멋져요. 그 사람들에게 비한다면 거리의 칼 가는 젊은 사람이나 가위 장수란 사람들은 그 축에도 끼지 못해요."

세인트 존 씨의 아랫입술이 불쑥 나오고 윗입술이 비죽거리는 것처럼 보였다. 그녀가 웃어대며 이 이야기를 했을 때 그의 입은 굳게 다물어지고, 턱 언저리가 여느 때와는 달리 딱딱하고 모나게 보였다. 그는 들국화에서 시선을 들어 그녀를 바라보았다. 웃지도 않고 무엇을 찾아내려는 듯한 의미심장한 시선이었다. 그녀는 다시 웃으면서 이에 응했다. 그 웃음소리는 그녀의 젊음에, 그녀의 장밋빛 얼굴에, 보조개에, 빛나는 눈에 잘 어울렸다.

그가 말없이 뿌루퉁한 얼굴을 하고 있자 그녀는 다시 몸을 숙여 카를로의 머리를 쓰다듬었다. "귀여운 카를로는 나를 좋아하지?" 하고 그녀는 말했다. "너는 친구들에게 엄격하지도 않고 냉정하지도 않아. 말을 할 수 있다면 가만히 있지 않겠지?"

그녀가, 젊고 까다로운 개 주인 앞에서, 몸에 배인 우아한 동작으로 몸을 숙여 개의 머리를 가볍게 두들기고 있을 때, 그 주인의 얼굴에 붉은 기가 스미는 것이 보였다. 고지식한 눈이 갑자기 타오른 불에 녹아서 거역할 수 없는 감정이 흔들리고 있었다. 얼굴을 붉히고 눈을 빛내고 있는 그는, 그녀가 여성으로서 아름다운 것과 마찬가지로, 남자로서 아름답다고 말할 수 있었다. 그의 가슴이 한 차례 요동을 쳤다. 마치 난폭한 압박에 견딜 수 없는 심장이 자기의 의지와는 상관없이 부풀어 올라 자유롭게 되기 위해서 세차게 튕기는 것 같았다. 그러나 그는 늠름한 기수가 초조해 하는 말을 달래기라도 하듯이 그것을 억제한 것 같았다. 그를 향한 상냥한 유혹에 그는 말로도 동작으로도 거기에 응하려고 하지 않았다.

"요즈음 한 번도 집에 오시지 않는다고 아버님이 말씀하셨어요," 올리버 양이 얼굴을 들고 말하였다. "오랫동안 베일 저택에는 안 들르셨지요? 오늘 밤은 아빠 혼자 계세요. 그리고 몸도 불편하세요. 저와 함께 아빠를 문안하시지 않으시겠어요?"

"올리버 선생님을 찾아뵙기엔 아직 적당한 시간이 못됩니다." 세인트 존은 대답했다.

"적당한 시간이 아니라구요? 아니에요, 오히려 참 좋은 시간이라고 생각해요. 지금이 아빠에게 말벗이 가장 필요한 때예요. 일이 끝나고 이제는 할 일이 없는 시간이에요. 자, 리버스 씨, 같이 가세요. 왜 그렇게 주저하시고 침울해 하세요? 어째서 그렇게 어두운 얼굴을 하고 계세요?" 그녀는 상대방의 침묵 때문에 생긴 틈을 자신의 대답으로 메웠다.

"잊어먹고 있었어요!" 하고 그녀는 놀란 듯이 아름다운 고수머리를 흔들었다. "참 깜박했어요! 죄송해요. 제 수다 같은 걸 상대할 수 없는 이유가 여러 가지 있다는 것을 깜빡 잊고 있었어요. 다이애너와 메리는 가 버렸고 무어 하우스는 문을 닫았고, 무척 쓸쓸하시겠어요. 참 안 됐어요. 그러니까 저의 아빠를 만나 주세요."

"오늘 밤은 안 되겠습니다, 로저먼드 양. 오늘 밤은 말입니다."

세인트 존은 마치 자동인형처럼 말했다. 이렇게 거절하는 것이 얼마나 괴로운지 그만이 알고 있으리라.

"좋아요. 그렇게 고집을 부리신다면 전 이제 돌아가겠어요. 언제까지나 여기 있을 수도 없고, 밤이슬이 내리기 시작하는군요. 안녕!"

그녀는 손을 내밀었다. 그는 잠시 그 손을 댔을 뿐이었다. "안녕히 주무세요." 그는 마치 메아리처럼 낮고 공허한 목소리로 말하였다. 그녀는 등을 돌리고 걷기 시작하다가 이내 돌아왔다.

"어디 편찮으세요?" 그녀는 물었다. 무리한 물음은 아니었다. 그의 얼굴은 그녀의 옷만큼이나 해쓱했다.

"전혀." 그는 단호하게 말하고서 가볍게 인사를 하고 문을 나섰다. 그녀는 저쪽 길을, 그는 이쪽 길을 걷기 시작하였다. 그녀는 초원을 요정처럼 가벼운 걸음으로 내려가면서 두 번이나 그를 뒤돌아보았다. 그는 침착한 걸음으로 성큼성큼 들판을 가로질러 가면서 한 번도 돌아보지 않았다.

이런 타인의 고뇌와 수난의 정경을 눈앞에 보자 혼자 생각에 잠기고 있을 수만은 없었다. 다이애너 리버스는 자기 오빠를 '지렛대로도 움직일 수 없는 사람'이라고 평하고 있었다. 이 말은 과장이 아니었다.

32

나는 마을 학교의 일에 있는 힘을 다해서 충실하게 종사했다. 처음엔 무척 힘이 들었다. 학생들의 말이나 성격을 대충 이해하기까지는 어느 정도의 시일이 걸렸다. 교육을 전혀 받은 적도 없고, 본디 능력도 잠자는 상태였으므로, 무엇부터 손을 대야 할지 모를 정도로 우둔하게 보였다. 처음에 만났을 때에는 모두가 한결같이 우둔해 보였으나 곧 내가 잘못 생각했었다는 걸 알게 되었다. 교육을 받는 사람도 각기 다른 점이 있듯이 이 학생들에게도 차이가 있었다. 내가 학생들을 이해하게 되고, 학생들도 나를 이해하게 되자 그 차이는 당장 눈에 띄게 되었다. 나에 대한 놀라움, 나의 말이나 나의 규율이나 내가 하는 방식에 대한 놀라움이 가라앉자 멍하니 입을 벌리고 있는 우둔한 얼굴의 시골 소녀 중에서 재능이 뛰어난 아이들이 눈을 뜬 것처럼 나타나기 시작하였다. 학생들은 대개가 온순하고 성격도 좋았다.

나는 그 애들 가운데서 뛰어난 재능과 타고난 예의 바름, 자존심을 갖춘 아이들이 적지 않게 있다는 것을 알고 그런 아이들에게는 칭찬을 아끼지 않았다. 얼마 안 가서 이런 학생들은 주어진 일을 솔선해서 해내고, 몸차림을 깨끗하게 유지하도록 유의하고, 규칙을 올바르게 배우고, 깔끔한 예법을 몸에 지니게 되었다. 어떤 아이들의 진보는 놀랄 만한 데가 있어서 새삼 긍지를 느꼈다. 게다가 가장 성적이 좋은 소녀 몇 명은 나의 마음에 들었고 그녀들도 나를 따랐다. 학생들 가운데는 성숙한 처녀라고 해도 좋을 농부의 딸이 몇 명 있었다. 그녀들은 이미 읽고 쓰기와 바느질도 할 줄 알았다. 나는 그녀들에게는 문법·지리·역사 등을 가르치고 손이 많이 가는 자수도 가르쳤다. 그런 가운데에 감탄할 만한 학생들, 지식에 대한 욕구나 향학심을 가지고 있는 아이들이 몇 명 있어서 나는 그녀들의 집에서 즐거운 저녁을 자주 보냈다. 그럴 때에는 그녀들의 부모(농부와 그의 아내)로부터 극진한 대접을 받았다. 이런 순박한 친절을 솔직하게 받아들이고 그들의 마음에 경의를 표하면서 세심한 배려로 그들에게 응답하는 것이 매우 즐거웠다. 그들은 이런 대접에 익숙하지 않았으므로 그들은 매우 기뻐해 주었고 또 그들에게 유익한 일이 되기도 하였다. 이런 대접을 받음으로써 그들은 자기들의 품격이 올라간 것으로 자부했고 주어진 경의에 어울리도록 그들도 노력하게 되었기 때문이다.

나는 이 근처의 인기를 한 몸에 모은 것 같은 기분이 들었다. 밖에 나가면 여기저기서 정중한 인사를 받았고 친절한 미소로 영접을 받았다. 노동자라고는 하지만 그런 사람들의 존경심 속에서 산다는 것은, '빛이 닿는 아늑한 곳에 앉아 있는 것' 같았고, 온화한 감정이 빛을 받아 싹이 트고 꽃을 피웠다. 내 생애의 이 시기에 나는 실의에 빠지지 않고 감사의 마음으로 가득 찼다. 그러나 독자여, 여러분에게 숨김없이 말하리라. 이 평온하고 뜻 깊은 생활 속에서 학생들 사이에서 보람 있는 노동의 하루를 보내고 저녁에는 혼자서 충족된 마음으로 그림을 그리고 독서를 하고 지냈지만 밤이 되면 이상한 꿈에 시달리는 것이다. 다채로운 꿈, 마음을 교란하고 환상에 찬, 폭풍우처럼 격렬하게 마음을 뒤흔드는 꿈에서 여러 가지 모험이나, 아슬아슬한 위험이나 가슴을 설레게 하는 사건이 일어나는, 그런 이상한 장면 소용돌이 속에서 그 어떤 절박한 위기가 찾아오면 영락없이 나는 로체스터 씨를 만나게 되는 것이다. 그의 팔에 안겨, 그의 목소리를 듣고, 그의 눈을 바라보고, 그의 손과 뺨에 닿고, 그를 사랑하고 그의 사랑을 받고 있다는 감각이 그 곁에 평생토록 있고 싶은 소원이 한때의 저 강한 힘과 정열과 함께 되살아오는 것이다. 그 때 나는 눈을 뜬다. 그리고 내가 어디에 있는가, 어떤 처지인가를 생각한다. 그리고서 커튼도 없는 침대에서 덜덜 떨면서 일어난다. 그러면 고요하기 짝이 없는 어두운 밤이 나의 절망의 흐느낌을 지켜보고 정열의 분출을 듣는 것이다. 그러나 이튿날 아침 9시가 되면 나는 정시에 어김없이 학교를 열고 차분하게 그날의 정해진 내 의무를 다하기 위한 마음의 준비를 한다.

로저먼드 올리버는 약속대로 왔다. 학교에 얼굴을 내미는 것은 대개 아침 승마를 하면서였다. 철 따라 해 입힌 옷을 입은 하인이 탄 말을 거느리고 망아지를 탄 채 학교 입구까지 천천히 달려온다. 보랏빛 승마복에 검은 벨벳 여인용 승마 모자를, 뺨을 스쳐 어깨에 넘실거리는 지진 머리에 눌러쓴 그 우아한 모습보다 더 아름다운 것은 없었다.

그녀는 초라한 건물 안에 들어서자 눈부신 듯이 바라보고 있는 마을의 소녀들 사이를 미끄러지듯 걸어온다. 대개는 세인트 존이 교의(敎義) 문답을 하고 있는 시간에 왔다. 이 방문자의 눈은 젊은 목사의 심장을 예리하게 꿰뚫는 것이 아니었을까? 그 모습이 보이지 않을 때에도, 본능과 같은 것이 그녀의 방문을 알리는 것 같았다. 문 쪽을 바라보고 있지 않을 때에도 그녀의 모습이 거기에 나타나면 그의 뺨에는 붉은 기가 떠오르고 대리석과 같은 얼굴도 누그러지지 않으려고 애를 쓰지만 거기에 말로 다할 수 없는 변화가 나타난다. 어디까지나 냉담한 그의 얼굴에, 억누른 정열이 근육의 움직임이나 재빠른 시선 등으로는 전달할 수 없을 정도로 분명하게 배어 나오는 것이다.

물론 그녀는 자기의 힘을 알고 있었다. 그도 자기의 반응을 감추지도 않았다. 감출 수 없었던 것이다. 기독교인으로서 금욕주의로 몸을 다스리면서도, 그녀가 와서 말을 걸고 명랑하게 격려하는 상냥한 미소를 던지면 그의 손은 떨리고 눈은 불타올랐다. 비록 입술은 움직이지 않아도 슬픈 듯한 굳은 의지를 감춘 눈이 이렇게 호소하고 있는 것 같았다. "나는 당신을 사랑하고 있습니다. 당신이 나를 좋아한다는 것도 알고 있습니다. 내가 침묵하고 있는 것은 가망성이 없다고 체념하고 있기 때문이 아닙니다. 내가 이 심장을 바치면 당신은 그것을 받아들일 것입니다. 하지만 이 심장은 이미 성스러운 제단에 바쳐져 있는 것입니다. 제단 둘레에는 이미 불이 피워져 있습니다. 이윽고 제물로서 재가 될 것입니다."

그러면 그녀는 실망한 어린애처럼 입을 뾰족하게 내민다. 우수의 구름이, 빛나도록 밝은 얼굴을 흐리게 한다. 그에게 맡긴 손을 급히 거두고 이내 영웅처럼, 순교자와 같이 된 그의 얼굴로부터 샐쭉한 듯이 등을 돌린다. 이렇게 해서 그녀가 떠나가면 세인트 존은 그녀 뒤를 쫓아가 불러 세우고 다시 되돌아오게 하기 위해서는 그 어떤 희생도 마다하지 않았을 것이다. 그러나 그는, 사랑의 낙원을 얻기 위하여 천국으로 가는 길을 전적으로 단념할 생각도, 영원한, 참다운 낙원에 이르는 소망 한 조각조차도 단념할 생각은 없는 것이다. 게다가 그는 자기에게 갖추어져 있는 모든 소질―방랑자의, 야심가의, 시인의, 목사의 소질을 단 하나의 정열 안에 가두어 둘 수는 없었다. 그는 또, 전도라고 하는 야전장(野戰場)을 베일 저택의 응접실이나 평안을 위해 버릴 수가 없었고, 또 버릴 생각도 없었을 것이다. 내가 이토록 많은 것을 그 자신의 입으로부터 알 수 있었던 것은, 어느 때 과감하게 내성적인 그의 입을 열게 하여 마음속을 털어놓게 했기 때문이다.

올리버 양은 이미 몇 번이고 나의 오두막집을 방문하는 영예를 나에게 베풀고 있었다. 그래서 나는 그녀의 성격을 완전히 알고 있었다. 숨기거나 자기를 속이는 일도 없었다. 교태를 나타내는 일은 있어도 정은 있었다. 따지는 마음은 강했지만 쓸데없는 고집은 피우지 않았다. 나면서부터 응석을 부리며 자랐지만 걷잡을 수 없게 버릇이 없는 것도 결코 아니었다. 성급하기는 해도 언제나 밝았고, 자만심이 강하긴 했지만 (거울을 흘끗 볼 때마다 빛나는 미모를 보고는 그렇게 되는 것도 무리는 아니지만) 새침하지는 않았다. 물건을 아끼지 않고 부를 자랑하지도 않고, 겉치레를 하지도 않고, 처지에 어울리게 머리도 좋고 밝고 활발하지만 분별이 모자란 곳도 있었다. 요컨대 나와 같은 동성의 냉정한 관찰자가 보아도 꽤 매력이 있었다. 그러나 깊은 관심을 자아내거나 강렬한 인상을 주지는 않았다. 예를 들어 말하자면 세인트 존의 누이동생들하고는 전혀 종류가 다른 마음의 소유주였다. 하지만 나는 이전에 학생이었던 아델라를 좋아한 것만큼 그녀도 좋았다. 단, 우리가 돌보고 가르치는 아이들에게는, 똑같은 매력을 가진 어른 친구들에게 느끼는 애정보다 훨씬 더 친밀한 애정이 생긴다는 법이다.

그녀는 천진난만하게 나를 대하였다. 내가 세인트 존과 닮았다고 했다. (단, 분명히 이렇게도 말하였다. "아름다움으로 말하자면 그 분의 10분의 1 에도 미치지 않지만 당신도 매우 훌륭한 좋은 분입니다. 그 분은 천사예요.") 하지만 당신은 그 분과 마찬가지 정도로 선량하고 현명하고 침착하고 빈틈이 없어요. 당신은 마을 선생으로서는 '괴짜'라고 단언했다. 나의 이제까지의 신상을 알면 재미있는 이야기가 될 것이라고도 말하였다.

어느 날 저녁, 평소의 어린애다운 활동과, 경솔하기는 하지만 악의 없는 호기심에서 나의 조그만 부엌 찬장과 테이블 서랍을 뒤져, 우선 프랑스 어 책 두 권, 실러 작품집, 독일어 문법책과 사전을, 그리고 그림물감과 몇 장의 데생 그림을 찾아냈다. 데생 그림 안에는 학생 한 사람, 천사처럼 귀여운 소녀의 얼굴을 그린 연필화와 모든 골짜기와 주변의 황야에서 그린 자연의 여러 가지 풍경화들이 섞여 있었다. 처음에는 깜짝 놀란 것처럼 바라보고 있다가 이윽고 깡충깡충 뛰며 기뻐했다.

"이 그림, 당신이 그리셨어요? 프랑스 어와 독일어를 읽을 수 있어요? 참 멋져요! 정말로. 당신은 S시 초등학교의 선생님보다도 더 훌륭해요. 내 초상을 그려 주시지 않겠어요? 아버님에게 보이고 싶어요."

"좋아요!" 나는 대답했다. 눈부실 정도로 아름다운, 완벽한 초상을 그릴 수 있다고 생각하자 그리고 싶은 마음의 자극을 받아 설레었다. 그때 그녀는 검은 쪽빛 비단옷을 입고 있었다. 팔도 목도 노출되어 있었다. 장식다운 것이라고 하면 밤색의 풍요로운 머리뿐, 천연 그대로의 고수머리가 그녀의 어깨 위에 넘실거리고 있었다. 바닥이 고운 두꺼운 종이를 한 장 꺼내어 윤곽을 세심하게 그렸다. 거기에 색칠하는 것이 기대되는 즐거움이었다. 이미 날이 저물었기에 내일 또 와달라고 했다.

그녀는 이 이야기를 아버지에게 자랑했는지, 올리버 씨 자신이 이튿날 저녁 함께 왔다. 큰 키에 이목구비가 뚜렷한, 흰머리가 섞인 중년 남성, 그 옆에 있는 아름다운 아가씨는 낡은 탑 옆에 핀 아름다운 꽃과 같았다. 그는 입이 무겁고 어쩌면 오만한 사람 같았으나 내게는 매우 친절했다. 로저먼드 양을 그린 데생은 무척 그를 기쁘게 해 주었다. 그는 꼭 그것을 완성해 주었으면 했다. 그리고 내일 베일 저택에 꼭 와 달라고도 했다.

나는 갔다. 크고 아름다운 저택으로. 집주인이 대단한 부자라는 것을 나타내고 있었다. 로저먼드는 내가 머물러 있는 동안 말이 많았다. 그녀의 아버지는 호감이 가는 사람이었다. 차를 마신 후 나와 함께 여러 가지 이야기를 주고받기 시작하자, 내가 모튼의 학교에서 이룩한 일에 대해서 극구 찬양하고, 자기가 보고 들은 바로 미루어 생각하면, 당신은 이 고장에는 분에 넘치는 존재이므로 머지않아 좀더 어울리는 곳으로 옮기지나 않을까 걱정이 된다고 말했다.

"정말이에요!" 로저먼드는 소리쳤다. "매우 현명한 분이셔서 신분이 높은 집의 가정교사도 되실 수 있어요, 아빠."

나는 생각했다―이 나라의 그 어떤 고귀한 분의 가정에 있는 것보다는 현재 여기에 이렇게 있는 편이 훨씬 더 좋다. 미스터 올리버는 세인트 존에 관한 일―리버스 집안에 대한 일을―매우 경의를 품고 이야기를 하였다. 이 근처에서는 매우 오래 된 집안으로, 그 저택을 대대로 이어온 사람들은 모두 부유했다고 한다. 모튼의 토지는 이전에는 모두 그 사람들의 소유였다. 저 저택의 후계자라면, 마음만 먹으면 보다 더 상류 집안과 인연을 맺을 수 있을 것이 아닌가? 그토록 훌륭하고 유능한 청년이 선교사로서 해외로 나갈 계획을 세우다니 매우 유감된 일이다. 귀중한 삶을 내던진 거나 마찬가지가 아니냐고 말했다. 그렇다면 로저먼드의 아버지는 세인트 존과 딸이 결혼하는 데 대해서 아무런 이의가 없는 것 같았다. 미스터 올리버는 이 젊은 신부의 좋은 혈통과 문벌과 신성한 직업 등은 재산이 없는 데 대한 충분한 보상이 된다고 보고 있는 것 같았다.

11월 5일, 휴일이었다. 나의 어린 하녀는 집안 청소를 거들어 주고는 1페니의 품삯을 받고 기뻐하며 돌아갔다. 주위를 돌아봐도 그 어디에도 티 하나 없이 반들반들했다. 깨끗하게 쓸어 낸 토방, 닦아서 윤이 나는 문창살, 잘 훔쳐서 깨끗해진 의자. 나 자신도 깔끔한 옷차림으로 느긋하게 지낼 작정이었다.

몇 페이지의 독일어 번역에 한 시간쯤 걸렸다. 그리고 나서 팔레트와 연필을 꺼내들고 로저먼드 올리버의 작은 초상을 완성시키는, 보다 더 편안하고 즐거운 일에 착수하였다. 머리 부분은 이미 완성되어 있었다. 배경을 엷은 색깔로 칠하고 옷자락에 농담을 넣고 부드러운 입술에 붉은 색을 더한다. 푹

신한 머리카락에는 부드러운 지진 머리를 여기저기 손질한다. 엷은 청색으로 채색된 눈썹에 다시 진한 색으로 그늘을 칠한다. 나는 이 세밀한 부분을 끝맺는 데 정신이 팔려 있었는데, 단 한 번, 문을 두드리는 소리가 나더니 문이 열리면서 세인트 존이 들어왔다.

"휴일을 어떻게 지내시나 보러 왔습니다." 그는 말했다. "생각에 잠기는 일 같은 건 하지 않으면 좋은데. 아, 이건 참 좋은 일이에요. 그림을 그리고 있는 동안 쓸쓸하지는 않겠죠. 그래요, 나는 아직 당신을 믿지 않고 있어요. 현재까지는 잘 버티고 있는 것 같지만. 저녁 시간의 위안이 되도록 책을 한 권 가져 왔습니다."

그는 이렇게 말하고서 새로 나온 책을 테이블 위에 놓았다—시집이었다. 근대 문학의 황금시대라고 일컬어졌던 당시의 행운의 대중에게 자주 제공되었던 진짜 작품 중의 하나였다. 아아! 슬프게도 우리가 사는 시대의 독자들은 이런 혜택을 못 받고 있다. 그러나 용기를 내자! 나는 그 사실을 비난하거나 한탄하기 위해 멈춰 서지는 않으리라. 시는 아직 죽지 않고 천재는 아직 멸망하지 않았다. 부귀의 사신(邪神)이 이 양자를 묶어서 참살(斬殺)하여 승리를 거둔 것도 아니다. 언젠가는 이 둘, 시도 천재도 그 목숨을, 그 존재를, 그 자유를, 그 힘을 다시 주장하게 될 것이다. 힘이 센 천사들이여, 천국에서 편안히 쉬시라! 사악한 영혼이 승리를 자랑하고 연약한 영혼이 그 파멸을 한탄할 때, 천사들은 미소를 짓고 있는 것이다. 시가 사멸되었다고? 천사가 추방되었다고? 아니다, 평범한 자들이여, 선망하여, 그런 생각으로 뛰어가서는 안 된다. 아니 시와 천재는 살아 있을 뿐만 아니라 이 세상에 군림하고 구제할 것이다. 그리고 그 신성한 힘이 골고루 미치지 않는다면 우리는 지옥에 살게 된다—우리 자신의 비천함이라는 지옥에.

내가 〈마미온〉(19세기 초 스코틀랜드의 월터 스콧의 서사시)의 눈부신 책장을(그 책은 〈마미온〉이었다) 넘기며 읽고 있는 동안 세인트 존은 몸을 숙이고 내 그림을 들여다보았다. 그는 깜짝 놀란 듯이 다시 일어섰다. 아무 말도 없었다. 나는 그를 올려다보았으나 그는 나의 눈을 피했다. 나는 그가 생각하고 있는 것을 잘 알고 있다. 그의 마음을 분명히 읽을 수도 있었다. 그 순간, 나는 그보다도 더 침착하고 냉정해져 있었다. 잠시 동안이었지만 그보다 우위에 서 있었다. 그리고 나는 할 수 있는 일이 있다면 그를 위해서 도움이 되고 싶은 생각이 들었다.

'확고한 의지와 극기심이 있다고 해도,' 하고 나는 생각했다. '자기를 너무나도 몰아붙이고 있다. 모든 감정을 가두고 그 안에서 괴로워하고 있다—한마디의 말도 하지 않고 털어놓지도 않고 전달하려고도 하지 않는다. 이 사랑스러운 로저먼드의 이야기를, 그가 결혼해서는 안 된다고 생각하고 있는 로저먼드에 대한 일을 잠시 이야기한다는 것은 그를 위해 좋은 일이 될 것이다. 그에게 이야기를 시켜야지.'

내가 먼저 말했다. "앉으세요, 리버스 씨." 그러나 그는 언제나 입버릇처럼 오래 있을 수는 없다고 대답했다. '좋아요,' 나는 혼자 속으로 대답했다. '좋으시다면 서 계세요. 하지만 곧 돌아가시게 할 생각은 없어요. 혼자 있다는 것은 나에게도 좋지 않지만 당신에게도 좋지 않아요. 당신의 비밀의 샘을 찾을 수 없다면, 그 대리석 가슴에 틈을 발견하여 공감이라고 하는 향유를 한 방울 떨어뜨립시다.'

"이 초상화, 닮았죠?" 나는 느닷없이 물었다.

"닮았다구! 누구와? 자세히 보지 않았지만."

"자세히 보셨어요, 리버스 씨."

나의 묘하게 무뚝뚝한 응대에 당황한 것 같았다. 그는 놀란 듯 나를 바라보았다. '아직 시작도 안 한걸요' 하고 나는 혼자 속으로 중얼거렸다. '당신의 조금 완고한 점이 두려워서 도망갈 생각은 없어요. 차분하게 상대하겠어요.' 나는 말을 이었다. "가까이에서 유심히 보고 계셨어요. 하지만, 다시 한 번 보시면 어떨까요?" 나는 일어서서 그의 손에 그림을 얹었다.

"참 잘 그렸군요." 그는 말했다. "매우 부드럽고 선명한 빛깔입니다. 매우 우아하고 정확한 필치입니다."

"네, 그래요. 그 정도는 저도 알고 있어요. 하지만 잘 닮았죠? 누가 이 그림과 닮았다고 생각하세요?"

그는 조금 주저하는 마음을 뿌리치면서 대답했다. "올리버 양이라고 생각합니다만."

"그래요. 그런데 아주 잘 알아맞혀 주셨으니까, 그 선물로 이것과 똑같은 그림을 정성껏 그려서 드리겠어요. 흔쾌히 받으시겠다고 말씀해 주신다면. 당신이 쓸데없다고 생각하시는 것에 나의 시간과 수고를 낭비하고 싶지 않으니까요."

462 제인 에어

그는 여전히 그 그림을 바라보고 있었다. 오래 보고 있는 동안에 그림을 가진 손에 힘이 들어가 그것을 가지고 싶은 생각이 더해 가는 것 같았다. "똑같이 닮았어!" 그는 중얼거렸다. "이 눈은 참 잘 그려져 있어요. 색깔·빛·표정 등 모두 완벽해. 정말로 미소를 짓고 있군!"

"그것과 같은 걸 갖게 되시면 위안이 될까요? 그렇잖으면 불쾌한 생각이 드실까요? 말씀해 주세요. 목사님께서 마다가스카르나 희망봉, 인도에 계실 때 이 추억의 물건을 가지고 가시면 위안이 될까요? 그렇지 않으면 그것을 보실 때마다 기운을 잃게 되고 슬픈 생각을 떠올리게 되는 원인이 될까요?"

이때 그는 살며시 눈을 들고 주저하는 듯, 불안한 시선을 나에게 던졌다. 그리고 또 그림을 바라보았다.

"이것을 갖고 싶은 생각은 분명히 있습니다. 그것이 분별 있는 짓인지 현명한 짓인지는 별도의 문제이지만……"

로저먼드가 정말로 그를 좋아하고 있다는 것, 그녀의 부친이 두 사람의 결혼에 반대하지 않을 성싶다는 것을 확신하고 있었으므로 나—세인트 존만큼 고매한 생각을 갖고 있지 않은 나—는 두 사람의 결혼을 밀어 주고 싶다고 생각하고 있었다. 만일 그가 올리버 씨의 막대한 재산을 이어받게 된다면, 남쪽으로 가서 열대의 태양 아래에서 그의 재능을 발휘하고 그의 힘을 다하여 전도에 매진하는 데에 못지않을 정도의 선행을 세상을 위해 쌓을 수 있을 것이라고 생각하였다. 나는 이렇게 대답하였다.

"제가 생각하기로는 지금 당장 그 그림의 장본인을 자신의 것으로 만드시는 것이 훨씬 더 현명하고 분별이 있는 일이 아닐까요?"

이때 그는 의자에 앉아 있었다. 그림을 앞 테이블 위에 놓고 두 손으로 이마를 받치고 사랑스럽다는 듯 내려다보고 있었다. 그는 이제 나의 대담한 말에 화도 내지 않고, 충격을 받은 것 같지도 않았다. 도저히 말하기가 어렵다고 생각한 문제를 이와 같이 솔직하게 꺼냈다는 것—이와 같이 털어놓고 꺼냈다는 것은 새로운 기쁨을—뜻하지 않는 구조를 느끼게 한 것 같았다. 신중한 사람은 대범한 사람에 비하면 자신의 심정이나 괴로움 등에 대해서 솔직하게 이야기를 주고받는 것이 자주 필요하게 되는 법이다. 매우 근엄한 금욕주의자도 결국 인간인 것이다. 선의를 가지고 그들의 영혼의 '침묵의 바다로 뛰어 든다'(콜리지의 시 '늙은 선원'의 한 구절)는 것은 무엇보다도 그들을 위해서인 것이다.

"그분은 목사님을 좋아하고 있죠?" 나는 그의 의자 뒤에 서서 말했다. "아가씨의 부친도 목사님을 존경하고 계시고, 게다가 매우 귀여운 아가씨— 조금 경솔한 데가 있긴 하지만, 그러나 목사님은 두 사람 몫의 분별을 가지고 계시니까요. 그분과 결혼하셔야 해요."

"나를 좋아하고 있다는 겁니까?" 그는 물었다.

"그럼요. 누구보다도 목사님을 좋아해요. 언제나 목사님 얘기만 하시는 걸요. 항상 기쁜 듯 화제로 삼고 있답니다."

"듣기에 기쁜 일이군요" 하고 그는 말하였다—"매우. 앞으로 15분쯤 이야기를 들려주세요." 그는 시간을 재기 위하여 정말로 회중시계를 꺼내서 책상 위에 놓았다.

"이 이상 이야기할 필요가 있을까요?" 하고 나는 물었다. "아마도 목사님께선 거절이라고 하는 철퇴의 일격과 자신의 마음을 묶는 새로운 쇠사슬을 준비하고 계실 텐데요."

"그렇게 지나친 상상은 하지 말아 주세요. 나는 지금 이처럼 마음이 녹아하라는 대로 하고 있는 걸 알아주셔야죠. 나의 마음속에는 인간의 애정이라고 하는 것이 새로 샘솟는 샘처럼 솟아나 이제까지 내가 정성껏 갈고 선의 씨앗이나 극기심의 씨앗을 부지런하게 뿌려온 밭에 물이 넘쳐흐르고 있어요. 그 밭이 지금 신의 술처럼 달콤한 물에 섞여—새싹은 진흙 속에 가라앉고 달콤한 독이 그것을 썩히려 하고 있습니다. 베일 저택 객실, 나의 신부 로저먼드 올리버의 발밑에 있는 오토만(동받이·팔걸이가 없는 긴 의자의 일종)에 길게 누워 있는 나 자신의 모습이 보입니다. 그녀는 달콤한 목소리로 나에게 말을 걸고, 당신의 솜씨가 훌륭하게 그린 저 눈동자로 나를 바라보고 있습니다. 저 산호빛과도 같은 입술로 내게 미소를 던지고 있습니다. 저 분은 나의 것—나는 저분의 것—지금의 이 생활과 잠시 동안의 이 세상이 나를 만족시킵니다. 쉿! 아무 말도 하지 마세요—내 마음은 기쁨으로 가득 차 있어요. 나의 감각은 황홀합니다. 부디 내가 정한 이 시간을 조용하게 지내게 해 주세요."

나는 그의 기분을 맞추어 주었다. 회중시계는 똑딱똑딱 소리를 내고 있다. 그는 낮고 가쁜 숨을 쉬고 있다. 고요함 속에 15분은 이내 지나갔다. 그는 시계를 치우고 그림을 놓자 난로 앞에 섰다.

"그런데" 하고 그는 말했다. "지금의 이 짧은 시간은 미망(迷妄)과 망상

(妄想)에 지나갔어요. 나는 유혹의 가슴에 관자놀이를 올려놓고 꽃의 멍에 밑에 나의 목을 내밀었어요. 그 잔도 맛을 보았습니다. 머리를 얹은 베개는 불타고, 화관(花冠)에는 독사가 숨어 있었어요. 포도주는 쓰고 그 맹세는 헛되고—그 제의는 거짓이오. 나에게는 모든 것이 보이고, 그리고 알고 있어요."

나는 놀라서 그의 얼굴을 바라보았다.

"이상한 일입니다," 그는 말을 계속했다. "나는 로저먼드 올리버를 열렬히 사랑하고 있는데도—그야말로 첫사랑의 열정을 기울여 사랑하고 있는데도—동시에, 그 분이 나의 좋은 아내가 되지 않는다는 것을, 나에게 어울리지 않는 반려라는 것을, 결혼하여 일 년도 지나지 않아 알아차리고, 그리고 열두 달의 환희 나날 뒤에는 죽을 때까지 후회가 계속된다는 것을 냉정하고 명쾌하게 자각을 하고 있으니까요. 이것만은 알고 있어요."

"이상한 일입니다, 정말!" 나는 나도 모르게 소리치지 않을 수 없었다.

"내 안에 있는 그 무엇이," 그는 말을 이었다. 그 여자의 매력에 강하게 끌리면서도 그녀의 갖가지 결점을 강하게 느끼고 마는 겁니다. 내가 동경하고 있는 것에 무엇 하나 공감할 수 없다고 하는 결점이나, 내가 하는 모든 일에 전혀 협력할 수 없다고 하는 결점입니다. 수난자의, 노동자의, 하느님의 사도인 로저먼드를 생각할 수 있습니까? 선교사의 아내 로저먼드를 상상할 수 있습니까? 아닐 겁니다."

"하지만 당신은 선교사가 되지 않아도 돼요. 그 계획을 단념하면 좋으니까요."

"단념한다고요? 무슨 말씀을! 나의 사명을? 내 위대한 일을? 천국의 거처를 위하여 지상에 마련한 주춧돌을? 인류를 향상시키고 무지의 영역에 지식을 나르고, 전쟁을 평화로, 예속을 자유로, 미신을 종교로, 지옥의 두려움을 천국의 희망으로 바꾸어 놓는 영광스러운 하나의 목적을 위하여 모든 야심을 융합시킨 집단의 일원이 되고자 하는 나의 소원을 단념하라고? 버리라고? 그것은 나의 혈관에 흐르는 피보다 소중한 겁니다. 이것이야말로 내가 내 삶의 목표이며, 살아나가는 보람입니다."

한참 동안 사이를 두었다가 나는 말했다. "그럼 올리버 양은? 그분의 실망이나 슬픔이 당신께는 아무것도 아니란 말씀이에요?"

"올리버 양은 항상 구혼자나 아첨하는 사람들에게 둘러싸여 있어요. 한 달도 채 되기 전에 나의 일 같은 건 그녀의 마음에서 사라져 버릴 거요. 그 여자는 나를 잊어버리고 나보다 훨씬 행복하게 해 주는 남자와 결혼하겠지요."

"몹시 냉담하신 말씀이시군요. 하지만 당신은 마음의 갈등으로 괴로워하고 있어요. 몸이 무척 수척해졌어요."

"아니오, 조금 여위었다고 하더라도 그건 아직 확고하지 못한 내 앞날에 대한 불안 때문입니다—나의 출발은 자꾸만 늦어지고 있어요. 내 후임자의 도착을 매우 오랫동안 기다리고 있었지만 앞으로 석 달 동안은 오지 않는다고 알려 왔어요. 아마도 석 달이나 여섯 달로 미루어질지 모르지만."

"목사님은 올리버 양이 교실에 들어오면 언제나 몸을 떠시고 낯을 붉히시던데요."

또다시 놀란 빛이 그의 얼굴을 스쳐갔다. 그는 여자가 남자에게 이처럼 서슴지 않고 말을 하리라고는 상상도 못했던 것이다. 나로선 이런 종류의 대화가 마음이 편했다. 상대방이 남자이건 여자이건, 의지가 굳고 사려가 깊은 품격 있는 사람들과 접할 때에는 세속적인 사양의 겉치레를 넘어서 믿음이라고 하는 문턱을 지나 상대방 마음의 화롯가에 이를 때까지는 만족이 가지 않았다.

"당신은 참 이상한 사람이군요." 그는 말했다. "게다가 겁도 없고, 정신에도 씩씩한 데가 있지만, 그 눈에도 사람을 꿰뚫는 힘이 있어요. 하지만 아무래도 나의 감정을 조금 오해하고 있는 것 같군요. 실제보다도 격렬하고 강한 것처럼 생각하고 있어요. 그리고 저에게는 지나친 동정도 베풀고 있는 것 같아요. 올리버 양 앞에서 얼굴을 붉히고, 떠는 나를 나는 가엾게 여기지 않아요. 그 연약함을 경멸합니다. 그 점이 못났다는 걸 나는 알고 있어요. 단순한 육체의 열병에 불과합니다. 절대로 영혼의 떨림은 아닙니다. 영혼은 파도치는 바닷속에 깊이 뿌리를 박고 있는 바위와도 같은 겁니다. 있는 그대로의 나를—차가운, 완고한 사람으로서—봐 주십시오."

나는 믿을 수 없다는 듯 미소를 지었다.

"당신은 내 비밀에 덤벼들어 그것을 빼앗고 말았어요" 하고 그는 말을 이었다. "그 후는 당신이 마음먹은 대로입니다. 지금의 나는 본디 모습의 나에 지나지 않습니다. 기독교에서 인간의 추함을 덮어 감추어 주는 저 '새끼양의 피로 씻어 하얗게 된 옷'을 벗어던진 냉철한 야심가입니다. 나에게 변치 않는 힘을 가지고 있는 것은, 모든 심정 중에서, 단 하나, 자연스러운 애착뿐입니다. 감정이 아니라 이성이 나를 인도하는 것입니다. 나의 야심은 끝이 없습니다. 나의 욕망은 남보다도 많은 일을 하려고, 싫증을 모르고 높게 높게 올라갑니다. 나는 인내, 불굴의 노력, 부지런함, 천부의 재능을 존중합니다. 왜냐하면 그것들은 커다란 목적을 이룩하고 보다 더 높은 곳으로 올라가기 위한 수단이기 때문입니다. 나는 당신이 사는 방식을 깊은 흥미로 지켜보고 있습니다. 그 이유는 당신은 부지런하고 규칙 바르고 기개가 있는 여인의 전형이라고 생각하기 때문입니다. 당신이 이제까지 고난을 견디어 왔다는 것, 또는 아직도 괴로워하고 있는 일에 깊이 동정하고 있기 때문이 아닙니다."

"마치 당신은 이교도 철학자인 것처럼 말씀하시네요." 나는 말했다.

"아니오. 나와 이교론자와 철학자 사이에는 차이가 있어요. 즉, 나는 복음을 믿고 있어요. 당신은 표현을 잘못하고 있어요. 나는 이교도가 아니라 기독교 철학자입니다—즉, 예수파에 속해 있는 사람이란 말입니다. 예수의 사도로서 나는 예수의 순수하고 자비가 깊고 인자한 교의를 믿습니다. 나는 그것을 대변하고 전파하는 것을 맹세하고 있습니다. 어렸을 때 종교에 이르렀기 때문에 종교는 나의 천부의 소질을 이처럼 키워 주었습니다. 자연스러운 애착이라고 하는 작은 싹을, 가지를 크게 넓히는 큰 나무로 길러 준 것입니다. 인간의 정의라고 하는 들판에 난 가는 뿌리로부터 신의 정의라는 올바른 정의감으로 키워 준 것입니다. 이 가련한 자기 자신을 위해 권력과 명성을 획득하려는 야심을, 주님의 나라를 넓히려는 야심, 십자가의 깃발 아래 승리를 실현한다고 하는 야심으로 개조해 주었습니다. 타고난 소재를 훌륭하게 길러 주었던 것입니다. 그러나 종교라 할지라도 자연의 자질을 뿌리째 뽑아 버릴 수는 없었고 앞으로도 '이 죽을 것이, 죽지 아니함을 입을 때' (〈고린도 전서〉 15장 53절)까지는 뿌리를 뽑는 일은 어려울 거요."

이야기를 끝내자 그는 나의 팔레트 옆에 놓아두었던 모자를 집어 들었다. 그리고서 다시 그 초상화를 보았다.

"정말 아름답군." 그는 중얼거렸다. "'이 세상의 장미'('로저먼드(Rosamond)'는 이런 뜻임) 참 잘 지은 이름이야!"

"이것과 똑같은 걸 그려 드릴까요?"

"무엇 때문에? 괜찮습니다."

그는 내가 그림을 그릴 때 바탕 종이를 더럽히지 않기 위해 손에 얹도록 되어 있는 얇은 종이를 초상화 위에 씌웠다. 이 흰 종이에 그가 갑자기 무엇을 보았는지, 나는 알 길이 없었다. 그러나 무엇인가가 그의 눈을 끈 모양이었다. 얇은 종이를 집어 들고는 종이 가장자리를 물끄러미 보다가 나를 흘끗 바라보았으나 그것은 표현할 수 없는 야릇하고 이해할 수 없는 시선이었다. 나의 모습이나 얼굴, 옷 구석구석까지 놓치지 않으려고 하는 눈, 그것은 번개와도 같이 빠르고 예리하게 모든 것을 스쳐 지나갔다. 무엇인가 말하려는 듯이 그 입술이 열렸으나 알 수 없는 그 말을 삼키고 말았다.

"어떻게 된 일이에요?" 나는 물었다.

"아니, 아무것도 아닙니다." 그는 대답했다. 그리고 얇은 종이를 되돌려 놓으면서 그가 남몰래 종이 끝을 가늘게 찢는 것이 보였다. 그것은 그의 장갑 안으로 사라지고 그는 "안녕" 하고 다급히 인사를 하더니 모습을 감추었다.

"아이참!" 나는 이 지방의 독특한 말투를 흉내 내어 소리쳤다. "무엇이 무엇인지 도무지 알 수가 없어!"

이번에는 내가 그 종이를 잘 살펴보았으나 화필로 빛깔을 칠해 보았던 곳에 그림물감의 얼룩이 거무스름하게 몇 개 있는 것 외에는 아무것도 찾아볼 수 없었다. 이 수수께끼에 대해서 몇 분 동안 생각해 보았으나 아무래도 풀 수 없어서 대단한 일은 아니라고 생각하고 더 이상 거기에 대해서 생각하지 않고 곧 잊어버리고 말았다.

33

세인트 존이 돌아가자 눈이 내리기 시작했다. 눈보라는 밤새도록 계속되었다. 다음날에는 살을 에는 찬바람이 새로이 눈코 뜰 새 없는 눈을 몰고 왔다. 저녁 무렵이 되자 모튼의 골짜기는 눈이 쌓여 왕래가 거의 끊어졌다. 나는 덧문을 닫고 눈이 스며들지 않도록 문지방에 매트를 대고 불을 일구고 뿌옇게 흐린 눈보라 소리에 귀를 기울이면서 난롯가에 한 시간쯤 앉아 있다가 이윽고 촛불을 켜고 〈마미온〉을 꺼내어 읽기 시작했다.

해는 노램 성채에,

트위드의 넓고 깊고 아름다운 강 위에,

체비엇의 쓸쓸한 산 너머로 지고 ;

높이 솟은 탑에, 본성 망루에,

구비구비 둘러싼 성벽에,

금빛으로 빛나네.

시의 아름다운 리듬에 취하여 나는 곧 눈보라를 잊었다.

무슨 소리가 났다. 바람이 문을 흔드는 거라고 생각했다. 그러나 그것은 세인트 존이었다. 걸쇠를 올리고 살을 에는 폭풍우—요란스러운 어둠—에서 벗어나 안으로 들어오자 내 앞에 섰다. 큰 키를 감싼 외투는 빙하처럼 새하얗다. 나는 깜짝 놀랐다. 이런 밤에 눈으로 뒤덮인 골짜기를 지나 손님이 오리라고는 꿈에도 생각지 못했기 때문이었다.

"무슨 언짢은 소식이라도 있으세요?" 나는 물었다. "무슨 일이 생겼어요?"

"아닙니다. 그렇게 놀라시다니" 하고 그는 대답하면서 외투를 벗어 문에 걸고 자기가 들어올 때 흐트러진 매트를 침착하게 처음의 자리로 돌려놓았다. 그는 발을 굴러 장화의 눈을 털었다.

"깨끗한 마루가 더러워졌군요." 그는 말했다. "그러나 한 번 정도는 용서해 주시겠죠?" 그리고서 난롯가로 다가갔다. "여기까지 오느라고 아주 혼이 났어요." 그는 불길에다 손을 녹이며 말했다. "쌓인 눈이 허리까지 묻히던데요. 다행히 눈은 아직은 퍽 부드러워서 도움이 되었어요."

"그런데 어떻게 오셨어요?" 나는 이렇게 묻지 않을 수 없었다.

"손님에겐 좀 무뚝뚝한 질문이군요. 그러나 물으신다면 대답하죠. 잠깐 얘기할 것이 있어서 왔습니다. 난 말이 없는 책이나 텅 빈 방에 이젠 진절머리가 났어요. 게다가 어제 이후로 얘기를 절반밖에 못 듣고, 그 다음이 듣고 싶어서 참지 못할 만큼 안절부절 못했죠."

그는 자리에 앉았다. 나는 어제의 그의 이상한 행동을 생각해 내고 그의 마음에 상처를 준 것이 아닌가 하고 걱정이 되었다. 그러나 제정신을 잃었다 해도 매우 침착하고 냉정하게 돈 것이었다. 그의 단정한 얼굴이 이처럼 대리석 조각처럼 보이는 일은 전에는 없었다. 눈에 젖은 머리카락을 이마에서 쓸어 올리고 해쓱한 이마와 파리한 뺨을 난로 불빛에 비쳐 빛나고 있지만 거기에 지금 마음고생과 슬픔으로 얼빠진 듯한 흔적이 뚜렷하게 새겨진 것을 보자 어쩐지 슬퍼졌다. 적어도 내가 알아들을 수 있는 무엇인가를 말해 주리라고 생각하면서 나는 기다리고 있었다. 그러나 한 손으로 턱을 괴고 손가락을 입술에 대고 그는 생각에 잠겨 있었다. 그 손이 얼굴과 마찬가지로 여윈 것을 보자 가슴이 아팠다. 어쩌면 쓸데없는 일일지도 모르는 동정이 가슴에 복받쳤다. 나는 참을 수 없어서 이렇게 말했다.

"다이애너나 메리와 함께 사시는 게 좋으실 텐데. 혼자 계신다는 것은 정말 좋지 않아요. 자신의 건강에 대해선 너무 무관심하시네요."

"그런 일은 없어요." 그는 말했다. "필요할 땐 몸을 조심하고 있어요. 지금은 아주 건강해요. 나의 어디가 나빠 보입니까?"

아무렇지도 않게, 마치 건성으로 그렇게 말하고 나서, 나의 걱정 같은 건, 적어도 그의 말을 빌리자면, 쓸데없는 걱정이라는 투로 말하였다. 나는 말없이 있었다.

그는 손가락으로 윗입술을 천천히 만지면서, 눈은 여전히 빨갛게 불타고 있는 난로 바닥을 꿈꾸듯이 바라보고 있었다. 무엇이든 말을 해야만 할 것 같은 생각이 들어서 나는 그의 뒤에 있는 문틈에서 찬바람이 스며들어 춥지가 않느냐고 물었다.

"아니, 아뇨." 그는 짧게, 어딘지 초조한 듯이 대답했다.

'그렇다면' 하고 나는 생각했다. '이야기하는 것이 싫으면 가만히 있는 것이 좋아요. 당신을 혼자 내버려 두고 나는 시집을 다시 읽겠어요.'

나는 촛불의 심지를 자르고 〈마미온〉을 다시 읽기 시작하였다. 얼마 안 가서 곧 그는 몸을 움직였다. 이내 나의 눈은 그의 움직임에 끌렸다. 그는 다만 모로코가죽으로 된 지갑을 꺼냈을 뿐이었고, 그 속에서 한 통의 편지를 꺼내어 소리 없이 읽은 다음 접어서 다시 지갑 속에 넣고는 한참 동안 무엇인가 생각에 잠기고 있었다. 눈앞에서 이런 알 수 없는 일이 벌어지고 있는 상황에서 책을 읽는다는 것도 무리한 일이었고 이렇게 자극을 받으면 가만히 있을 수도 없었다. 퇴짜를 놓을 테면 놓으라지—그래도 나는 말을 할 작정이었다.

"최근 다이애너나 메리로부터 소식이 있었어요?"

"일주일 전에 보여 드린 편지가 마지막입니다."

"목사님이 준비하시는 일에 무슨 변화라도 생긴 것은 아니에요? 예정보다 빨리 영국을 떠나시도록 소환을 받으신 것은 아니겠지요?"

"유감스럽지만 그런 건 없어요, 물론. 그런 기회의 혜택을 받기가 어려운 걸요." 첫 화제가 이 모양이어서 나는 화제를 바꾸었다―학교와 학생들의 이야기를 하려고 생각하였다.

"메리 개러트의 어머니가 건강해지셔서 메리는 오늘 아침부터 학교에 오게 되었어요. 그리고 내주부터는 주물 공장이 있는 마을에서 신입생 네 사람이 오게 되어 있어요―눈만 오지 않았더라면 오늘 왔을 텐데."

"잘 됐군요!"

"올리버 씨가 두 사람의 학비를 부담해 주시기로 하셨어요."

"그래요?"

"크리스마스엔 학생 전체에게 한턱내신대요."

"그렇다면서요."

"목사님이 제안하셨나요?"

"아니오."

"그럼 어떤 분이?"

"그분 따님이겠지요."

"그분다워요. 참 마음이 착한 분이세요."

다시 침묵이 흘렀다. 시계가 8시를 쳤다. 그는 그 소리에 눈을 뜬 것처럼 꼬고 있던 다리를 펴고 똑바로 앉아서 내가 있는 쪽으로 얼굴을 돌렸다.

"잠깐 책을 놓고 좀더 난롯가로 가까이 와 주세요." 그는 말했다.

의아한 생각에 사로잡힌 채 나는 시키는 대로 했다.

"반 시간 전에" 그는 말을 계속했다. "얘기를 계속 듣고 싶어서 초조해 했다는 말을 했지요. 잘 생각해 보니까 아무래도 이번에는 내가 얘기하는 사람이 되고 당신은 듣는 사람이 되어 주는 것이 좋을 것 같아요. 미리 이야기해 두지만 이 이야기는 당신에게 재미없을지도 몰라요. 그러나 하찮은 이야기도 다른 사람의 입을 통해서 듣게 되면 어느 정도 신선한 맛을 되찾는 법이랍니다. 아무튼, 들은 이야기든 처음 듣는 이야기든 내용은 짧다는 것입니다.

20년 전, 가난한 부목사가—지금 여기서는 그 이름은 아무래도 상관없어요—부잣집 딸과 사랑에 빠졌어요. 아가씨도 그를 사랑해서 마침내 그녀는 친척들의 충고를 물리치고 그 사람과 결혼했어요. 친척들은 당연히 결혼한 그녀와 이내 인연을 끊었죠. 2년도 채 되기 전에 이 무분별한 두 사람은 세상을 떠나 두 사람은 나란히 한 무덤 속에 조용히 잠들고 있습니다. (나는 그들의 무덤에 간 일이 있습니다. 무덤은 ○○주의 어떤 공업 도시에 있는데, 그을음으로 거무스름해진 고풍스런 대성당을 둘러싼 드넓은 묘지의 포석(鋪石)의 하나가 되어 있습니다. 그들에게는 딸이 하나 있었는데 그 딸은 태어나자 곧 자비의 품에 인계되었습니다. 오늘 밤 내가 오가지도 못할 눈처럼 차가운 자비에 말입니다. 자비는 의지할 곳이 없는 그 아이를 부유한 외가 쪽으로 보내어져, 외숙모—이름을 말하지요—게이츠헤드의 리드라고 하는 분의 손으로 양육되게 되었습니다. 놀라시는군요. 무슨 소리라도 들렸습니까? 아마도 옆 교실의 서까래를 뛰어다니는 쥐일 거예요. 내가 수리해서 교실로 쓰기 전에는 광이었으니까요. 광에는 흔히 쥐가 들끓는 법이니까요. 이야기를 계속하겠습니다. 리드 부인은 그 고아를 10년간 길렀습니다. 그 10년 동안이 그 고아로선 행복했는지 어쩐지는 들어본 일이 없으므로 뭐라고 내가 말할 순 없지만, 마지막에 그 아이는 당신도 아는 시설로 옮겨졌습니다. 다름 아닌 로우드 자선 학교, 바로 당신이 오랫동안 있었던 곳입니다. 그곳에서 그녀의 경험은 상당히 훌륭했던 모양입니다. 당신처럼 학생에서 선생이 되었습니다. 그녀의 경력과 당신의 경력이 여러 점에서 너무나 비슷한 점이 놀라울 정도입니다. 그녀는 가정교사가 되기 위하여 그곳을 나왔습니다. 그것도 당신의 운명과 똑같습니다. 그녀는 어떤 사람이 돌봐 주고 있는 아이의 교육을 맡게 되었습니다. 로체스터 씨라는 사람의."

　　"리버스 님!" 나는 말을 가로막았다.

　　"당신의 마음은 알 수 있어요." 그는 말했다. "그러나 잠깐 참아 주세요. 얘기는 곧 끝나 가니까요. 끝까지 들어주십시오. 로체스터 씨의 인품에 대해서는 나는 아무것도 모르지만, 그가 이 젊은 처녀에게 정식 결혼을 신청했다는 사실, 그리고 결혼식 당일 교회 앞에서 로체스터 씨에겐 살아 있는 아내가 있었다는 사실이 탄로났다는 사실은 듣고 있습니다. 그 후의 그의 행동이나 제안에 대해서는 모두 추측할 수밖에 없는 일이지만, 어떤 사정에 의해,

그 가정교사의 행방을 꼭 알 필요가 생겼을 때, 그녀가 행방불명이 되었다는 것을 안 것입니다—언제, 어디로, 어떻게 해서 모습을 감추었는지 아는 사람은 한 사람도 없었습니다. 그녀는 밤중에 손필드 저택을 빠져나간 것입니다. 그녀의 행방을 좇아 수색이 이루어졌지만 모두 허사로 돌아갔습니다. 그 지방 구석구석까지 뒤졌지만 그녀에 대한 소식은 거의 없었습니다. 그런데 어떻게 해서든지 그녀를 찾지 않으면 안 되는 긴박한 사태가 생긴 것입니다. 모든 신문에 광고가 났습니다. 나 자신도 변호사 브리그스 씨로부터 편지를 받아 지금 이야기한 바와 같은 자상한 이야기를 듣게 된 것입니다. 이상한 이야기죠?"

"잠깐, 이것만 가르쳐 주세요." 나는 말했다. "당신은 여러 가지 알고 계시니까 꼭 가르쳐 주실 수 있을 겁니다. 로체스터 씨는 어떻게 되었나요? 지금 어디에서 어떻게 지내시나요? 어디 계신가요? 지금은 무얼 하고 계신가요? 잘 계신가요?"

"로체스터 씨에 관해서는 아무것도 모릅니다. 변호사의 편지는 그에 대한 이야기는 전혀 언급이 없었고 다만 아까 내가 말한 사기와 같은 불법적인 계획이 대해서 적혀 있는 데에 지나지 않았습니다. 당신은 오히려 그 가정교사의 이름을 물어야 했지 않을까요? 그녀를 꼭 찾아내야 한다는 그 사정을 물어야 했지 않았을까요?"

"그럼 아무도 손필드 저택에는 가시지 않았군요? 로체스터 님을 만난 사람은 아무도 없군요?"

"없을 겁니다."

"하지만 그 분에게 조회 편지는 냈겠죠?"

"물론입니다."

"그래, 그분은 어떤 답장을 보냈을까요? 그 분의 편지를 누가 가지고 계신가요?"

"브리그스 씨의 말에 의하면, 그의 조회에 대한 대답은 로체스터 씨로부터 온 것이 아니라 어떤 부인으로부터 온 것 같습니다. '앨리스 페어팩스'라고 서명이 돼 있습니다."

나는 깜짝 놀라 온몸의 털이 곤두섰다. 그렇다면 내가 가장 두려워하고 있던 일이 현실이 되었을까? 그는 자포자기에 빠져 영국을 떠나, 전에 곧잘 찾아간 일이 있는 대륙 그 어딘가로 무턱대고 뛰쳐나갔음에 틀림없었다. 그리고 그의 고뇌를 달래 줄 그 무엇을—그의 격렬한 정열을 받아 주는 것을—거기에서 무엇에서 구했을까? 그 물음에 대답할 용기가 나에게는 없었다. 아, 나의 가엾은 주인—한때 나의 남편이 되려고 했던 분—"그리운 에드워드"라고 항상 불렀던 분!

"나쁜 사나이였음에 틀림없어요." 세인트 존이 말했다.

"목사님은 그분을 모르시면서—그분을 비판하지 마세요." 나는 정색을 하고 말했다.

"그러지요." 그는 조용히 대답했다. "그런데 사실 내 머리는 그 사람의 일보다는 다른 일로 가득 차 있어요. 당신이 가정교사의 이름을 묻지 않으신다면, 내가 알려드리지 않으면 안 되겠어요—잠깐—여기에 있어요—중요한 일은 항상 종이에 쓰인 것에 의존하는 것이 좋습니다."

그는 예의 지갑을 천천히 꺼내 살펴보았다. 지갑의 어떤 칸에서 넝마가 다 된 종잇조각을 꺼냈다. 그 종이의 재질과 군청색, 진홍색, 주홍색의 얼룩을 보고 그것이 초상화를 덮고 있던 엷은 종이에서 찢은 조각이라는 것을 한눈에 알았다. 그는 의자에서 일어나 그것을 내 눈앞에 내밀었다. 인디언 잉크로 쓰인 내 자신의 필적을 더듬으면서 '제인 에어'라는 글자를 읽었다—아아, 무심결에 어쩌다가 써 놓은 것이리라.

"브리그스가 제인 에어라는 인물의 이름을 써 보낸 것입니다." 그는 말했다. "광고는 제인 에어라고 하는 사람을 찾고 있었어요. 나는 제인 엘리엇이라는 인물은 알고 있었습니다.—사실을 말하자면 나는 이제까지 의심을 가지고 있었죠. 그러나 그것이 확신으로 변한 것은 바로 어제 오후였습니다. 당신은 가짜 이름을 버리고 그것이 당신이 본명이라는 것을 인정하시죠?"

"네, 그래요. 하지만 브리그스 씨는 어디 계세요? 아마 그분이라면 목사님보다는 자세히 로체스터 님에 대해서 잘 아실지도 몰라요."

"브리그스 씨는 런던에 있습니다. 그가 로체스터 씨에 관해서 알고 있다고는 여겨지지 않습니다. 그가 관심을 두고 있는 것은 로체스터 씨가 아니니까요. 그건 그렇고, 당신은 사소한 일만 캐물으려 하고 요긴한 일은 잊고 있군요. 왜 브리그스 씨가 당신을 찾고 있는지 당신은 묻지 않는군요—그가 당신에게 무슨 용무가 있는지를 말이오."

"그렇군요. 그분은 무슨 용무가 있었죠?"

"당신의 삼촌인 마데이라의 에어 씨가 돌아가셔서, 당신에게 그의 전 재산을 남겼다는 것, 그리고 이제 당신은 부자가 되었다는 것을 전하는 일—다만 그것뿐—그 이상 아무것도 없습니다."

"제가요! 제가 부자라구요?"

"그래요, 당신은 부자—대단한 유산 상속인입니다."

침묵이 흘렀다.

"물론 당신은 제인 에어 본인이라는 것을 증명해야만 합니다." 세인트 존은 이윽고 말을 이었다. "절차에는 조금도 어려운 일은 없을 겁니다. 그리고 당장에 재산권을 얻을 수속을 하는 겁니다. 당신의 재산은 영국 공채에 투자되어 있습니다. 브리그스 씨가 유서와 필요한 서류를 보관하고 있어요."

이제 새로운 카드가 들추어진 것이다! 독자여, 가난한 몸에서 단숨에 부자가 된다는 건 신나는 일이다—참으로 멋진 일이다. 그러나 당장 실감이 나지 않으므로, 따라서 즐길 마음도 내키지 않는다. 삶에는 더 신나는, 마음이 으쓱해지는 기회는 얼마든지 있다. 이것은 확실히 현세의 일이지 공상적인 이야기는 아니었다. 이제 관계되는 모든 것이 확실하고 현실적이다, 상속의 표명도 마찬가지이다. 재산이 손에 들어왔다고 듣고 기뻐서 뛰어오르거나 만세를 부르는 사람은 없다. 오히려 그것에 얽히는 여러 가지 책임에 신경이 쓰여 재산의 관리를 생각하기 시작한다. 확고한 만족감의 바닥에서 여러 가지 불안이 솟아난다—그렇게 되면 누구나 자아를 억제하고 심각한 표정으로 자신의 행복에 대해서 생각하게 된다.

게다가 유산이나 유증이란 말에는 죽음이나 장례라는 말이 붙어 있다. 나의 숙부—단 한 사람의 혈연—인 내 삼촌이 돌아가셨다고 한다. 숙부의 존재가 알려진 후부터 언젠가는 만날 수 있으리라는 희망을 간직하고 있었다. 이젠 만날 수 없는 것이다. 그리고 그의 재산만이 나에게로 증여되었다. 나와, 그리고 기쁨을 나누는 식구들에게 보내온 것이 아니라 나에게만 보내어진 것이다. 말할 것도 없이 그것은 대단한 은혜임에는 틀림없다. 자립할 수 있다는 것은 얼마나 신나는 일인가—그래, 그것은 실감할 수 있다—그렇게 생각하면 가슴은 터질 것만 같았다.

"마침내 이맛살을 펴게 됐군요." 세인트 존이 말했다. "메두사가 쳐다보는 바람에 당신이 돌로 변하지나 않나 하고 걱정했어요. 아마도 이제는 유산의 액수를 물어 볼 마음이 생겼죠?"

"유산의 액수는 얼마나 될까요?"

"아, 몇 푼 안 되지요! 말할 만한 정도는 아닙니다. —분명히 2만 파운드라고 하던가—얼마 되지 않죠?"

"2만 파운드!"

나는 또다시 아연했다—기껏해야 4, 5000파운드 정도로 생각하고 있었던 것이다. 이 새로운 사실을 알고서 순간 나는 숨을 죽였다. 이제까지 웃은 일이 없는 세인트 존이 웃었다.

"아니." 그는 말했다. "살인을 저지른 당신에게 당신의 죄가 발각되었다고 알려 주어도 이렇게 놀라지는 않겠죠?"

"굉장한 금액인걸요. 혹시 무슨 착오라도 있는 것이 아닐까요?"

"천만에요, 없습니다."

"어쩌다 숫자를 잘못 읽으셨는지도 몰라요. 2000파운드였는지도 몰라요!"

"숫자가 아니라 글자로 쓰여 있습니다—2만이라고."

나는 다시 평범한 식욕을 가진 사람이 100명분의 요리를 차린 식탁에 혼자 앉은 기분이 들었다. 세인트 존은 일어나서 외투를 입었다.

"이처럼 험악한 밤이 아니라면." 그는 말하였다. "해너를 보내고 싶었습니다. 몹시 괴로운 듯한 표정을 하고 있는 당신을 남겨두고 가기에는 정말 안됐군요. 유감스럽게도 해너는 다리가 길지 않아서 깊은 눈을 나처럼 잘 온다는 것은 무리겠죠. 그러니까 슬픔에 잠긴 당신을 그대로 두고 가야만 하겠군요. 편히 쉬세요."

그는 걸쇠를 올렸다. 문득 내게 떠오르는 생각이 있었다.

"잠깐만 기다려 주세요!" 나는 소리쳤다.

"네?"

"왜 브리그스 씨가 나의 일을 목사님께 물었을까요? 어떻게 해서 그분이 목사님을 아시는지, 이처럼 동떨어진 시골에 사시는 목사님에게 나를 찾을 힘이 있다고 왜 생각했을까요?"

"아아! 난 목사요." 그는 말했다. "목사라고 하는 것은 곧잘 이상한 부탁을 받게 됩니다." 걸쇠가 다시 딸가닥 소리를 냈다.

"아니에요. 그것으로는 납득이 가지 않아요!" 나는 외쳤다. 분명히 그 서두르는 듯한, 말도 되지 않는 그 대답에는 무슨 까닭이 있을 것 같아서 나의 호기심은 누그러뜨리기는커녕 더욱 자극을 받았다.

"참 이상한 이야기에요." 나는 덧붙였다. "좀더 자세히 알고 싶어요."

"다음 기회에."

"아니에요, 오늘 밤! 어떻게 해서든 오늘 밤!" 그가 문으로 돌아섰을 때 나는 문과 그 사이에 막아섰다. 그는 조금 난처한 얼굴이었다.

"제게 모두 말씀해 주시기 전에는 절대로 못 가세요!"

"지금은 이야기하고 싶지 않습니다."

"말씀해 주세요! 꼭 말씀해 주셔야 해요!"

"다이애너나 메리에게 전하게 하겠습니다."

물론 이런 거절은 오히려 내 궁금증을 더욱더 부채질했다. 궁금증은 풀어야 한다, 그것도 당장 지금. 그에게 그렇게 전했다.

"그러나 나는 전에 말씀드린 바와 같이 고집이 센 남자랍니다." 그는 말했다. "설득은 쉽지 않을걸요."

"저도 고집이 센 여자예요―절대로 단념하지 않아요."

"게다가," 그는 말을 이었다. "난 냉정한 사람이오. 어떤 뜨거운 것에도 태연하답니다."

"저는 뜨겁습니다. 불은 얼음을 녹입니다. 저 불은 목사님 외투의 눈을 완전히 녹였어요. 그 증거로 녹은 눈이 마루 위에 흘러내려서 진창길처럼 되어 버렸어요. 부엌 바닥을 더럽힌 중대한 죄를 용서 받으시려거든, 리버스 씨, 제가 알고 싶어 하는 걸 말씀해 주세요."

"그렇다면," 그는 말을 이었다. "내가 지죠. 당신의 열성에, 아니 그 끈기에 졌습니다. 끊임없이 떨어지는 빗물은 돌에도 구멍을 낸다고 합니다. 게다가 당신도 머잖아 알지 않으면 안 됩니다. 당신 이름은 제인 에어죠?"

"물론이지요, 다 알고 계시지 않아요."

"아마도 당신은 내가 당신과 같은 성이라는 걸 모르고 있군요. 나의 세례명이 세인트 존 에어 리버스라는 것을?"

"설마! 당신이 몇 차례 빌려 주신 책 속에 쓰인 이름의 첫 글자가 E자였다는 것이 지금 생각나는 군요. 하지만 그 E가 무슨 이름을 나타내는지 여쭤

보질 않았었어요. 그러나 그것이 어떻게 됐다는 거예요? 틀림없이—."

나는 입을 다물었다. 갑자기 나의 머리에 떠오른 생각이 구체적인 모양을 취하여, 이내 부정할 수 없는 하나의 가능성이 되었으나, 그런 생각을 받아들이는 것도, 하물며 입 밖으로 낼 수가 없었다. 여러 정황이 결합되어 짜맞추어지고, 정연한 모습을 드러냈다. 이제까지는 모양을 갖추지 않은, 다만 고리에 지나지 않았던 것이 이제 똑바로 펴졌다—어느 고리나 완벽하고 빈틈없이 이어져 있었다. 세인트 존이 무엇인가 말하기 전에 본능적으로 나는 사정을 이해하였다. 독자께서는 나와 똑같은 직관력을 가지고 있다고는 여겨지지 않으므로 그의 설명을 여기에서 되풀이해야겠다.

"나의 어머니의 성은 에어였습니다. 어머니에겐 두 동생이 있었죠. 한 분은 목사로, 게이츠헤드의 미스 제인 리드와 결혼했습니다. 또 한 분은 존 에어, 무역상으로 마데이라의 푼샬에서 돌아가셨습니다. 에어 씨의 변호사인 브리그스 씨로부터 작년 8월, 숙부의 죽음을 알리는 편지가 왔습니다. 숙부의 재산은 목사인 동생의 고아가 된 딸에게 증여된다고 알려 왔습니다. 숙부와 나의 아버지는 사이가 안 좋아 평생을 두고 화해하지 않았으므로 우리는 무시되었던 것입니다. 그로부터 몇 주일 후에, 그는 또 상속인의 딸이 행방불명인데 우리 쪽에서 알고 있는 일이 없느냐고 물어 온 것입니다. 그리고 한 장의 종이에 무심코 적은 이름이 그녀를 찾는 단서를 제공해 준 것입니다. 그 후의 일은 아시는 바와 같습니다."

다시 그는 가려고 했으나 나는 문을 등지고 막아섰다.

"잠깐만 제게 말을 하게 해 주세요." 나는 말했다. "한숨 돌리고 잠깐 생각할 틈을 주세요." 나는 입을 다물었다. 그는 모자를 손에 들고 침착한 표정으로 내 앞에 서 있었다. 나는 말을 이었다.

"목사님의 어머니께선 제 아버지의 누님이었군요?"

"그래요."

"그럼, 저의 고모이신가요?"

그는 고개를 끄덕였다.

"저의 삼촌 존 아저씨가 바로 댁의 외삼촌이시지요? 목사님과 다이애너와 메리는 제 삼촌의 누님이 낳으셨군요. 저는 삼촌의 형님 딸이고요."

"바로 그렇습니다."

"그럼, 세 분은 제 고종 사촌이군요. 우리 피의 절반은 같은 핏줄에서 나왔군요?"

"우리들은 사촌 형제간입니다. 그래요."

나는 유심히 그를 바라보았다. 마치 오빠를 찾은 것 같았다. 자랑할 수 있는 오빠, 사랑할 수 있는 오빠를. 그리고 두 자매는. 그녀들을 단순히 남이라고 생각하고 있었을 때에도 그 인품에 애정과 찬탄을 느끼지 않을 수 없었던 것이다. 저 축축한 땅바닥에 무릎을 꿇고 무어 하우스의 낮은 격자창 틈으로 호기심과 절망이 뒤섞인 쓰라린 생각으로 바라보고 있던 저 두 사람이 나의 혈연이었다니. 그리고 그의 집 문간에서 거의 죽어 가던 나를 발견해 준 저 젊고 기품이 있는 신사가 나와 피를 나눈 친척이었다니. 불쌍한 고아에게 이 얼마나 훌륭한 발견인가! 이것이야말로 바로 보물이었다! 마음의 보물! 순수하고 상냥한 애정의 광맥이 아닌가. 이것은 찬란하고 눈이 부시는, 마음이 고동치는 축복이었다. 묵직한 황금의 선물과는 다르다. 황금은 나름대로 귀중하고 환영할 만한 것이지만 그 무게에는 기쁨도 사라진다. 갑자기 나는 기쁨이 넘쳐 손뼉을 쳤다—고동이 높아지고 혈관이 떨렸다.

"아아, 기뻐요! 정말 기뻐요!" 나는 소리쳤다.

세인트 존은 미소를 지었다. "아까 내가 말을 하지 않았어요? 당신은 쓸데없는 일에 얽매여 중요한 문제를 소홀히 하고 있다고." 그는 말했다. "유산이 들어왔다는 것을 알렸을 때에는 침착했던 당신이 쓸데없는 일에 흥분하고 있군요."

"무슨 말씀을 하시는 거예요? 목사님에게는 대수롭지 않을지도 모르지만, 목사님껜 누이동생이 두 분이나 계시니까 고종 사촌 동생쯤은 아무래도 괜찮다고 생각하시겠죠. 하지만 제겐 아무도 없었어요. 그것이 지금 세 친척이, 나를 거기에 넣지 말라고 하신다면 둘, 친척이 두 사람이나 어른의 모습으로 나의 세계에 태어난걸요. 다시 말씀드리겠어요. 참으로 기뻐요!"

나는 잰 걸음으로 방안을 돌아다녔다. 받아들이고 이해하고 판단할 틈이 없을 정도로 여러 가지 생각이 연이어 떠올라 숨이 막힐 거 같아서 나는 걸음을 멈췄다. 도대체 어떻게 될 것인가? 무엇을 할 수 있는가? 무엇을 하고 싶은가? 무엇을 어떻게 할 것인가? 그것도 가까운 시일 안에 해야 한다는 생각이. 나는 빈 벽을 바라보았다. 그것은 떠오르는 별들이 눈부시게 빛나는 하늘과 같았다. 반짝이는 별 하나하나가 목적이나 환희로 나를 인도하는 것 같았다. 나의 목숨을 도와준 분들, 지금까지 오직 사랑하기만 했던 분들에게 무엇인가 은혜를 갚을 수 있을 것이다. 그분들은 멍에에 매어 고생을 하고 있다. 이 분들을 자유롭게 해 드릴 수 있는 것이다. 지금은 뿔뿔이 흩어진 이분들을 한 곳에 모으면 된다. 그리고 독립과 부가 이 분들의 것이 되어도 좋을 것이다. 우리는 네 사람이 아닌가? 2만 파운드를 똑같이 나누면 5000 파운드씩 돌아간다. 공평하게 나누면 각자가 행복하게 되는 데에는 충분할 정도이다. 이렇게 생각하자 재산도 무거운 짐이 아니었다. 지금은 단순한 화폐의 유산이 아닌, 생명의, 희망의, 기쁨의 유산이었다.

이런 생각이 내 머리에 폭풍우처럼 스치고 지나가고 있는 동안에 내가 어떤 표정을 짓고 있었는지 알 수 없다. 그러나 세인트 존이 내 뒤에 의자를 놓고 부드럽게 앉히려 하고 있다는 것을 알았다. 그는 또 마음을 가라앉히라고 말하고 있었는데, 나는 볼품없이 당황하고 있는 것처럼 여겨지는 것이 싫어서 그의 손을 뿌리치고 성급하게 방 안을 걷기 시작하였다.

"내일 다이애너와 메리에게 편지를 써 주세요." 나는 말했다. "곧 집으로 돌아오라고 전해 주세요. 다이애너는, 두 사람 다 1000파운드만 있으면 부자라고 생각한다고 말하고 있었으니까 5000파운드씩만 있으면 여유 있게 살 수가 있을 거예요."

"물을 한 잔 가져다 주면 좋겠는데 어디로 가면 돼죠?" 세인트 존이 말했다. "마음을 가라앉히지 않으면 안 돼요."

"쓸데없는 말씀을! 이 유산이 목사님께 어떤 영향을 미칠까요? 영국에 머무르면서 올리버 양과 결혼해서 보통 사람처럼 정착할 수도 있어요."

"열에 들떠 있어요. 머리가 혼란해진 것 같아요. 너무 갑자기 알려 준 것이 잘못이었어요. 당신을 지나치게 흥분시키고 말았어요."

"리버스 님! 참 답답하시네요. 저는 정신이 멀쩡해요. 오해하고 계신 것은 목사님이세요? 아니면 오해하고 있는 체하시는 거예요?"

"나에게 잘 알 수 있도록 좀더 분명히 설명해 주시면 좋은데."

"설명이라고요? 무슨 설명이 필요해요. 문제의 2만 파운드는 우리 숙부님 조카와 세 사람의 조카딸이 똑같이 나누어 가지면 각자 5000파운드씩 돌아간다는 것쯤은 아실 거예요. 두 사람에게 편지를 내서 그분들에게 당연히 돌아갈 재산에 대해서 전해 주었으면 하는 거예요."

"당신에게 돌아갈 재산이겠죠."

"이 문제에 대해서는 제 생각은 이미 말씀드렸어요. 달리 생각할 여지가 없어요. 나는 지독한 이기주의도, 무턱대고 부당한 짓을 하는 인간도, 악마와 같은 배은망덕한 사람이 아니에요. 게다가 저는 집과 인척들을 가질 결심을 한 거예요. 저는 무어 하우스를 매우 좋아 하니까 무어 하우스에서 살 작정입니다. 다이애너와 메리가 아주 좋아서 한평생 그들의 곁을 떠나지 않을 작정이에요. 5000파운드도 받으면 이렇게 기쁜 은혜는 없습니다. 2만 파운드를 받으면 저에겐 고생의 씨앗, 무거운 짐이 되어요. 게다가 2만 파운드는 법률상으로는 저의 것일지 모르지만 사실은 저의 것이 아닐 것입니다. 따라서 여분의 것은 여러분에게 맡기겠습니다. 반대나 논의도 필요 없습니다. 우리 사이에서 합의를 해서 곧 이 문제에 대한 결말을 내도록 하죠."

"충동에 사로잡혀 일을 결정해서는 안 돼요. 당신의 말이 법적 효력을 갖는다고 여겨지기 전에 이 문제는 시간을 들여 신중하게 생각해야 합니다."

"어머나! 당신이 의심하는 것이 저의 성실성만이라면 마음이 편합니다. 이렇게 하는 것이 옳은 일이라는 것을 모르시겠어요?"

"어느 정도는 압니다. 그러나 이것은 세상의 관습에 어긋나는 일입니다. 게다가 이 재산은 모두 당신에게 권리가 있어요. 숙부께서 손수 노력해서 버신 거니까. 그것을 남기고 싶은 사람에게 남기는 것은 숙부님의 자유입니다. 숙부께서는 그것을 당신에게 남겼어요. 결국 당신이 그것을 이어받는 것이 옳다는 겁니다. 당신의 양심의 가책 없이 모두 자기 것이라고 생각해도 좋아요."

"저에게는," 나는 말했다. "양심의 문제인 것과 마찬가지로 전적으로 감정의 문제이기도 합니다. 제가 생각하는 대로 하고 싶은 겁니다. 이제까지 그런 기회는 좀처럼 없었어요. 당신이 앞으로 1년 동안 의논하고 반대하고 나를 괴롭힌다 해도 저는 잠시 맛본 이 훌륭한 기쁨을 버릴 수 없습니다. ─크나큰 은혜를 조금이나마 갚아드린다고 하는, 그리고 평생의 친구를 얻는다는 기쁨을 말입니다."

"지금은 그렇게 생각하겠지만," 세인트 존이 말하였다. "당신은 재산을 갖는다는 것이 어떤 일인지 아직 알지 못하고 있어요. 따라서 그것을 즐기는 일도 몰라요. 2만 파운드가 당신에게 주는 무게가, 그것이 당신에게 어떤 사회적인 지위를 가져오는지, 그것에 의해서 어떤 앞길이 열리는지 당신은 모르고 있어요. 당신에게는—."

"그런데 목사님은," 나는 그의 말을 가로막았다. "형제자매의 애정에 굶주리고 있는 저의 감정 같은 건 상상할 수도 없어요. 이제까지 저에게는 가정이 없었어요. 오빠도 언니도 없었어요. 지금이야말로 그것을 내 것으로 해야해요. 꼭 그렇게 할 작정이에요. 당신은 저를 가족으로 인정하고 받아들이는 것이 싫으신가요?"

"제인, 나는 당신의 오빠가 되겠소—누이동생들도 당신의 언니가 될 거요—당신의 정당한 권리를 희생하지 않더라도."

"오빠라구요? 그래요, 몇 천 마일이나 떨어져 계시는 오빠! 언니들? 그래요, 낯선 사람들 틈에 끼여서 고생하며 열심히 일하는 언니들! 유복해진 저는, 스스로 일을 해서 얻은 것도 아닌, 받을 가치도 없는 황금을 넉넉히 가지고 있어요! 그리고 여러분들은 무일푼! 대단한 평등과 우애군요! 굳건한 유대군요! 깊은 애착이군요!"

"그러나 제인, 가족의 유대나 가정의 행복을 동경하는 당신의 마음은, 당신이 생각하고 있는 방법이 아니라도 실현할 수 있어요. 결혼하면 돼요."

"또 터무니없는 말씀을! 결혼! 결혼 같은 거 절대로 하지 않아요."

"그건 지나친 말 아닐까? 그렇게 무턱대고 단정한다는 것은 당신이 괴로워하고 흥분하고 있다는 증거야."

"지나친 말이 아니에요. 저는 제 마음을 알고 있어요. 결혼은 생각만 해도 진저리가 나요. 애정을 가지고 저와 결혼할 사람은 없을 거예요. 다만 재산을 노리고 프러포즈를 받는다는 건 질색이에요. 게다가 남은 싫어요—아무런 공감도 느끼지 않는, 나와 동떨어진 남은 싫어요. 저와 핏줄이 통한 사람을 원해요. 그런 사람이라면 서로 공감할 수 있어요. 저의 오빠가 되어 주신다고 다시 한 번 말씀해 주세요. 당신이 그 말씀을 하셨을 때 저의 마음은 넉넉하고 행복했어요. 가능하면 다시 한 번 말씀해 주세요. 진정으로 그렇게 말씀해 주세요."

"좋아요. 나는 누이동생들을 언제나 사랑해 왔어요. 그 애정이 어디에서 생기는가도 알고 있어요. 그녀들의 진가에 대한 경애, 재능을 찬미하는 마음입니다. 당신에게도 믿음과 지성이 있어요. 당신의 취미도 습관도 다이애너나 메리와 비슷해요. 당신의 존재는 나에게 언제나 마음이 편해요. 당신의 이야기 속에서 마음의 위안이 되는 것을 이미 깨닫고 있어요. 나의 셋째 막내 누이로서 내 마음 속에 받아들일 장소를 쉽게, 그리고 자연스럽게 만들 수 있을 것 같아요."

"고마워요. 오늘 밤은 그 말씀으로 만족해요. 그럼, 이제 돌아가시는 게 좋겠어요. 더 이상 여기 계시면 틀림없이 당신은 또 무엇인가 의심을 꺼내어 저를 초조하게 만드실 테니까."

"그럼 학교 쪽은? 이렇게 되면 폐쇄해야 하지 않겠소?"

"아니에요, 대신 일할 사람이 나타날 때까지 저는 애들 가르치는 일을 계속하겠어요."

그는 웃는 얼굴로 찬동하였다. 우리는 악수를 나누고, 그는 밖으로 나갔다.

유산에 관한 여러 가지 문제를 내가 희망한 대로 결말을 짓기 위해서는 내가 얼마나 분투를 하고 어떻게 설득했는가를 자세히 말할 필요가 없을 것이다. 확실히 어렵기는 했지만 나의 결심은 굳어서―사촌들은 마침내 재산을 평등하게 분배한다고 하는 나의 의사는 진정이고 절대로 변하지 않는다는 것을 인정한 것이다―그들도 마음속으로는 그 의도가 옳다는 것을 틀림없이 느꼈을 것이고, 또 그들이 나의 처지에 놓이면 그들도 또한 내가 바랐던 일을 그대로 했을 것이라고 직감적으로 틀림없이 느꼈을 것이다―그들은 마침내 뜻을 굽혀 문제를 중재 재판에 맡기는 일에 동의하였다. 선발된 판사는 올리버 씨와 유능한 변호사로, 두 사람 모두 나의 의견에 동의하였다. 나는 목적을 이룩하였다. 양도증서가 작성되었다. 세인트 존, 다이애너, 메리 그리고 나는 각기 많은 재산을 소유하게 되었다.

34

모든 일이 처리된 것은 크리스마스가 가까웠을 무렵이었다. 온 나라에 휴가철이 다가오고 있었다. 모든 학교의 수업도 마지막이 되었으나 무미건조한 작별을 하지 않도록 나는 배려하였다. 행운이라고 하는 것은 마음을 열게 할 뿐만 아니라 손까지도 크게 벌리게 하는 법이다. 많은 것을 받았을 때,

그 중 얼마만큼을 나누어 준다고 하는 것은 이상하게 흥분된 감정의 돌파구가 된다. 시골의 소박한 학생들이 나를 따라 준다고 하는 것은 전부터 기쁘게 생각하고 있었는데 헤어질 때에는 그런 기분은 더욱더 강해졌다. 그녀들도 애정을 꾸미지 않고 있는 그대로 나타냈다. 그녀들의 순박한 마음에 내가 진정으로 있을 곳을 차지하고 있었다는 것을 알았다는 만족감은 컸다. 앞으로는 1주일에 한 번은 꼭 학교를 찾아와 그녀들에게 한 시간의 수업을 하겠다고 약속하였다.

세인트 존이 왔을 때—나는 지금은 60명으로 늘어난 학생들이 열을 지어 나가는 것을 전송한 후 문을 잠그고 손에 열쇠를 든 채 여섯 명쯤의 우수한 학생들과 특별히 작별 인사를 하던 참이었다. 영국의 농민계급에서도 찾아볼 수 있는 예의 바르고 기품이 있는, 지식도 풍부한 소녀들이었다. 이것은 굉장한 칭찬이 되지만, 본디 영국 농민들은 유럽의 어느 나라 농민보다도 교육을 가장 많이 받고 가장 예의가 바르고 자존심도 강했다. 그 후 나는 프랑스나 독일의 농촌 부녀자를 보아 왔는데 그 중에서도 가장 뛰어나다고 여겨지는 사람들도 모튼의 나의 학생에 비하면 무식하고 거칠고 둔했다고 여겨졌다.

"한 학기를 돌아보고 노력한 보람이 있다고 생각해요?" 모두가 돌아가자 세인트 존이 물었다. "평생 동안에 무엇인가 정말로 좋은 일을 했다고 여겨지는 것은 기쁜 일이라고 생각하지 않아요?"

"물론이지요."

"그것도 불과 몇 달 고생한 것만으로 말이오! 평생을 여성 교육을 위해 바친다고 하는 것은 뜻있는 삶이라고 생각하지 않아요?"

"네." 나는 말했다. "하지만 언제까지나 이렇게 있을 수만은 없는걸요. 남의 능력을 기르는 것도 중요하지만 자신의 능력도 시험해 보고 싶습니다. 앞으로 그것을 즐기고 싶은데, 저의 마음이나 몸에 학교 일을 생각나게 하지 말아 주세요. 학교를 떠나서 휴일을 마음껏 즐기고 싶어요."

그는 근심스러운 얼굴을 하였다. "앞으로 무엇을 하겠다는 거요? 갑자기 그런 일에 열을 올리고? 앞으로 무엇을 할 작정이죠?"

"돌아다니는 일. 부지런히 돌아다니는 일. 우선 해너를 내보내고 오빠의 시중을 들 사람을 따로 찾아 주어요."

"해녀가 꼭 필요하단 말이요?"

"네, 해녀를 데리고 무어 하우스로 가려고요. 다이애너와 메리는 일주일 안에 돌아올 테니까 돌아올 때까지 모든 것을 정돈해 놓고 싶어요."

"알겠어. 난 또 에어 양이 어디 여행이라도 떠나는 줄 알았지. 그럼 좋아요. 해녀를 보내 주지."

"그럼, 내일까지 떠날 채비를 해 두라고 전해 주세요. 이것이 학교 열쇠에요. 저의 집 열쇠는 아침에 드리겠어요."

그는 열쇠를 받았다. "어쩐지 매우 기쁜 듯 열쇠를 돌려주는군." 그는 말했다. "어떻게 해서 그렇게 기분이 좋을까? 당신이 학교 일을 그만두고 앞으로 무엇을 할 작정인지 짐작이 가지 않아요. 앞으로의 생활에 어떤 목표가, 어떤 목적이, 어떤 야심이 있는 거죠?"

"처음 목표는 대청소(이 말의 뜻을 아실까?), 무어 하우스의 침실에서 지하실까지 깨끗이 대청소를 하는 일이에요. 다음엔 밀랍과 기름과 걸레로 다시 윤이 날 때까지 닦는 거예요. 셋째로 의자·테이블·침대·양탄자 등을 가지런하게 정돈해 놓는 것. 그 다음에는 당신을 파산하게 할 정도로 부지런히 석탄이나 이탄을 때서 모든 방에 항상 따뜻한 불이 끊어지지 않도록 하는 것. 그리고 마지막으로 언니들이 이르기 전 이틀 동안은 저와 해녀 둘이서 달걀을 풀고 건포도를 추려 내고, 양념을 갈고, 크리스마스 케이크 재료를 반죽하고, 민스 파이 재료를 썰고, 그밖에 여러 가지 요리 의식을 거행하겠어요. 당신처럼 경험이 없는 분은 알지 못할 테니까 그렇게 일러두겠어요. 요컨대 저의 목적은 다음 주 목요일까지 다이애너와 메리를 위해 모든 준비를 완벽하게 갖추어 놓는 일이에요. 그리고 제 야망을 말씀드리면, 두 사람이 돌아오실 때 최고의 환영을 해 드리는 거예요."

세인트 존은 엷은 미소를 지었다. 그래도 아직 만족을 하고 있지 않았다.

"지금으로서는 그것으로 좋겠지만," 그는 말했다. "그러나 곰곰이 생각하면 그 들뜬 기분이 사라졌을 때 가정에의 애착과 가사의 즐거움보다는 좀더 높은 곳으로 눈을 돌려 주었으면 해."

"이것이 세상에서 가장 좋은 거예요!" 나는 그의 말을 가로막았다.

"아니야, 제인. 그렇지 않아. 이 세상은 목적달성을 즐기는 자리가 아냐. 그런 것으로 만들어서는 안 돼. 또 안식의 장도 아냐. 게으른 사람이 되어서는 안 돼."

"저는 반대로 바삐 돌아다닐 작정으로 있는데요."

"제인, 우선은 그것으로 좋아. 두 달 동안의 여유를 줄 테니까 그 동안은 새로운 환경을 마음껏 즐기면 돼. 친척이라고 하는, 당신이 겨우 찾은 즐거움에 젖는 것도 좋아. 그러나 그 뒤에는 무어 하우스나 모튼, 그리고 자매로서의 교제와, 여유로움이 가져오는 자기 본위의 안식이나 감각적인 위안 저편에 있는 것을 보면 좋겠어. 그때에는 당신의 활력이, 그 훌륭한 힘으로 당신을 괴롭히게 될 거야."

나는 깜짝 놀라 그를 보았다. "세인트 존." 나는 말했다. "그런 말씀을 하시다니 참 심술궂어요. 저는 여왕처럼 만족한 마음으로 있고 싶은데 오빠는 그걸 뒤흔들어 불안으로 몰아세우려고 하시는군요. 도대체 무엇 때문에?"

"하느님이 제인에게 의탁하신 저 몇 달란트의 돈, 즉, 당신의 능력을 하느님을 위해서 사용하지 않으면 하느님은 기뻐하시지 않아요. 제인, 나는 제인을 가까이서 유심히 지켜보고 있겠어―미리 말해 두겠는데 말야. 제인은 평범한 가정적인 안락에 젖으려 하고 있어, 제인에게 어울리지 않는 그 열의를 식히도록 노력해 줘. 제발 육의 구속에 그렇게 집착하지 않도록. 제인의 지조와 열정은 제대로 된 목적을 위해 간직해 둬. 잠시 동안의 하찮은 목적을 위해 낭비를 하지 않도록. 듣고 있어, 제인?"

"네, 마치 그리스어로 말하고 있는 것 같군요. 저는 행복해질 만한 이유를 갖고 있다고 생각해요. 저는 행복해질 거예요. 안녕히 가세요!"

나는 무어 하우스에서 행복했다. 나는 열심히 일했다. 해너도 그러했다. 집안이 온통 큰 난리를 벌이고 있는 가운데 내가 기꺼이 일을 하고 있는 것을 보고 감탄하고 있었다―내가 바닥을 닦고, 청소를 하고, 요리를 한다고 감탄해 하고 있었다. 그로부터 이틀 동안 혼란을 자아냈으나 우리가 만들어 낸 혼돈 속에서 어느 정도 질서가 생기는 것을 보자 기뻤다. 나는 이에 앞서서 S시까지 멀리 가서 새로운 가구를 구입하였다. 사촌들은 내가 좋도록 무늬를 바꾸면 된다고 백지 위임장을 주고, 가구를 구입하는 비용은 별도로 준비되어 있었다. 평소에 사용하는 거실과 침실은 거의 그대로 두었다. 다이애너와 메리는 세련된 현대풍 가구보다도 낡은 검소한 식탁이나 의자·침대를 다시 만나는 것을 기뻐할 것이라고 생각했기 때문이었다. 하지만 그녀들이 돌아올 때 무엇인가 야무진 분위기를 내고 싶다는 나의 소원을 이룩하기 위해서는 무엇인가 새로운 것이 필요했다. 진한 색깔의 아름다운 융단과 커튼, 세심하게 고른 도자기와 청동의 오래된 장식품 한 벌, 새로운 벽지, 거울, 화장대에 얹은 화장용 작은 상자 등을 장만함으로써 그 목적을 이루었다. 그 것들은 눈에 띄지 않고 신선했다. 예비 객실과 침실은 고풍스러운 마호가니의 가구나 진홍색 커튼으로 분위기를 바꾸었다. 복도에는 올이 굵은 캔버스 천을, 계단에는 융단을 깔았다. 모든 것이 갖추어지자 무어 하우스의 실내는 마치 이 계절에 옥외가 황량한 겨울 광야의 쓸쓸한 본보기인 것처럼, 밝고 편안한 실내의 완벽한 표본이 되었다.

마침내 그 중요한 목요일이 왔다. 그녀들은 어두워질 무렵에 이를 예정이었으므로 이층도 아래층도 난로에 불이 환하게 타고 주방은 가지런히 정돈이 되어 있었다. 해너와 나는 옷을 갈아입고 모든 준비를 갖추고 있었다.

먼저 세인트 존이 이르렀다. 모든 준비가 끝날 때까지는 집에 가까이 오지 말라고 부탁했었다. 분명히 집 안의 더럽고 엉망진창인 꼴을 생각만 해도 그를 접근하지 못하게 하기에 충분하였다. 그가 주방으로 들어왔을 때, 나는 차를 위해 과자가 구워지는 것을 보고 있는 중이었다. 난로에 다가와서 가정부 일을 마음껏 해보았느냐고 물었다. 나는 대답 대신에 함께 나의 노동의 성과를 봐주지 않겠느냐고 부탁하였다. 주저하는 그를 어떻게든 끌고 다니며 집안을 보여 주었다. 그는 다만 내가 열어 주는 문 안을 들여다볼 뿐이었다. 이층으로 올라갔다가 아래층으로 내려오자 이토록 짧은 시간에 이 정도로 바꾸기 위해서는 상당히 시간이 들기도 하였고 피곤도 하겠다고 말하였다. 그러나 그의 주거가 분위기를 바꾼 점에 대해서는 한 마디도 기쁘다는 말을 하지 않았다.

이 침묵에 나는 기분이 꺾였다. 아마 이번의 변화가 그가 소중히 여겨 왔던 옛 추억을 없애 버렸을지도 모른다고 나는 생각하였다. 나는 그런 게 아니냐고 조금 풀이 죽은 어조로 물었다.

"천만에, 오히려 여러 가지 추억 거리를 세심하게 존중해 주었다고 생각해. 확실히 너무 사소한 일까지 신경을 쓴 것 같지만. 이를테면 이 방의 배치를 생각하는 데에 얼마나 많은 시간이 걸렸을까? —그런데 그 책은 어디에 있지?"

나는 책장에 있는 그 책을 가리켰다. 그는 그 책을 꺼내더니 언제나 가서 앉는 창가로 가서 읽기 시작했다.

그런데 독자여, 나는 이것이 마음에 들지 않았었다. 세인트 존은 좋은 사람이다. 그러나 그가 언젠가 자기는 냉철한 사람이라고 말한 것은 진실이었구나 하고 느끼기 시작했다. 인정이나 생활의 쾌적함과 같은 것에는 거의 아무런 흥미도 없는 것이다—평온한 생활의 즐거움에도 아무런 매력을 느끼지 않는 것이다. 그는 위대한 것만을 갈망하면서, 사는 보람을 느끼고 있는 사람이다. 선한 것, 위대한 것을 추구하고 있는 사람이다. 더욱이 결코 쉬려고 하지 않았고 주위 사람들이 쉬는 것을 달갑게 생각하지 않았다. 흰 돌처럼 희고 조용한 그의 잘 생긴 이마를—책에 몰두하고 있는 단정한 이목구비를 보고 있는 동안에, 그는 좋은 남편은 되지 않을 거라고, 그의 아내가 되는 일은 괴로운 일일 것이라고 나는 깨달았다. 올리버 양에 대한 그의 애정이 어떤 것인가, 나는 직관적으로 이해하였다. 그것은 감각에서 생기는 사랑에 지나지 않는다고 하는 것은 나도 동감이다. 자기에게 미치는 열병과 같은 힘을 그가 경멸하고 있다는 것도 이해할 수 있다. 그것을 억누르고 지워 버리고 싶다고 바라고 있는 것도, 그것이 자기 행복에 또는 그녀의 행복에 영원히 소용되는 것이 아니라고 믿고 있는 것도 이해할 수 있다. 그라는 인간은, 자연이—기독교도이든 이교도이든—영웅을, 율법자를, 정치가를, 정복자를 만들어 낼 때 쓰일 그런 소재로 되어 있는 사람이라고 나는 생각하였다. 위대한 사업에는 의지할 만한 부동의 성채이지만, 가정의 난롯가에서는 음침하고 자리를 잘못 잡은 방해가 되는 기둥밖에 되지 않는 것이다.

'이 객실은 그가 있을 곳이 아냐.' 하고 나는 생각했다. '히말라야 산 봉우리나 카프리 족이 사는 밀림이나 병으로 저주를 받은 기니 해안의 습지가 차라리 그에게 알맞은 곳이 아닐까? 평온한 가정생활을 꺼리어 멀리하는 것도 무리는 아닐지도 모른다. 여기에서는 그의 재능의 진면목이 발휘되지 않는다. 여기에서는 그의 능력은 위축된다. 진보할 수도 없고 두드러질 수도 없다. 그가 지도자로서, 뛰어난 사람으로서, 그가 이야기하고 행동하는 것은, 용기가 테스트되고 힘이 발휘되고 인내가 요구되는 자리, 분쟁과 위기에 찬 자리가 아닐까? 이 난롯가에서는 쾌활한 아이 쪽이 그보다 나을 것이다. 그가 선교사라고 하는 일을 고른 것은 옳았다—나는 그것을 이제 안 것이다.'

"돌아오셨어요, 돌아오셨어요!" 해너가 큰 소리로 외치면서 객실 문을 열어젖혔다. 그와 동시에 늙은 개 카를로가 기쁜 듯이 짖어댔다. 나는 밖으로 뛰어나갔다. 벌써 어두웠지만 마차바퀴 소리가 들려왔다. 해너는 곧 초롱불을 밝혔다. 마차는 쪽문 앞에서 멈추고 마부가 마차의 문을 열었다. 눈에 익은 모습이 하나 먼저 마차에서 내리고 다음에 또 한 사람이 내렸다. 나는 두 사람을 모자 밑으로 들여다보고 우선 메리의 부드러운 뺨에, 다음에는 다이애너의 폭신한 고수머리에 얼굴을 댔다. 그녀들은 웃으면서 나에게 키스하고, 그리고 해너에게 키스하고, 기뻐 날뛰는 카를로의 머리를 가볍게 두들겨 주고, 모두 변한 것이 없는가를 묻고 변함이 없다는 대답에 안심하고 집안으로 들어갔다.

두 사람 모두 위트크로스로부터 긴 여정을 덜커덕대는 마차 여행으로 흔들려 왔으므로 몸은 굳어 있고 차가운 밤기운으로 차기는 했지만 기쁨이 넘친 두 사람의 얼굴은 활활 타는 난롯불에 비치어 부드러워져 있었다. 마부와 해너가 짐을 나르고 있는 동안 두 사람은 세인트 존을 찾았다. 그때 그는 객실에서 모습을 나타냈다. 두 사람은 곧 그의 목에 매달렸다. 그는 각자에게 조용히 키스를 해 주고 낮은 목소리로 환영의 말을 하고서 누이동생들의 말을 들으면서 잠시 거기에 서 있었다. 이윽고 객실에서 또 만나자고 하고서 객실의 피난처로 가 버렸다.

이층으로 올라가도록 두 사람의 촛대에 불을 켰으나, 다이애너가 먼저 마부를 위로하라는 지시를 하러 갔다가, 그것이 끝나자 마침내 내 뒤를 따라왔다. 두 사람 모두 자기 방의 변화나 장식, 새로운 홑이불, 새로운 융단, 선명한 색깔의 꽃병 등을 크게 기뻐하여 아낌없는 감사의 마음을 나타냈다. 이번의 바꿈이 그녀들의 의도에 맞아 내가 한 일이 그녀들의 기쁜 귀향에 싱싱한 꽃을 더했다는 것을 느끼고 기뻤다.

훌륭한 밤이었다. 기쁨에 들떠 기분이 좋은 사촌언니들이 몹시 떠들어댔기 때문에 말 없는 세인트 존도 그 존재가 드러나지 않을 정도였다. 그는 여동생들을 맞아 마음속으로부터 기뻐하고 있었다. 그러나 그녀들의 빛나는 열정이나 넘치는 기쁨에는 공감할 수 없었다. 이날의 사건—다이애너와 메리의 귀향—을 그는 기뻐하였으나 거기에 딸린 것, 즉, 대접에 들뜬 정경에는 따분해 하는 것 같았다. 좀더 조용한 아침이 오기를 기다리는 것 같았다.

차를 마신 후 한 시간쯤 지나서 이 밤의 즐거운 분위기가 최고조에 이르렀을 때 문을 두드리는 소리가 났다. 해너가 들어와서 "이렇게 밤늦게 병석에 누운 자기 어머니를 만나 달라고 사내아이가 리버스 님을 모시러 왔어요" 하고 용건을 말했다.

"그 사람은 어디 살고 있다지, 해너?"

"위트크로스 브라우에서 더 들어간 곳이래요. 4마일쯤 떨어진 곳이래요. 도중엔 황무지와 늪지대래요."

"가겠다고 말해다오."

"목사님, 제발 가시지 않는 편이 좋겠어요. 날이 어두워지면 길이 더욱 험해지고 늪지엔 길도 없는걸요. 더구나 이렇게 추운 밤에, 전에 없이 살을 에는 바람이 불고요. 아침에 가신다고 전갈을 보내시는 것이 좋지 않을까요, 목사님."

그러나 세인트 존은 이미 복도에서 외투를 입고 있었다. 불평 한 마디 없이 그는 나갔다. 그때가 9시였으나 그는 자정이 되어서야 돌아왔다. 허기가 지고 피로에 지쳐 있긴 했지만 떠날 때보다는 기쁜 얼굴을 하고 있었다. 그는 의무를 다하려고 노력을 다한 것이다. 그는 자신을 이기고 실천하는 힘을 느끼고 자기 자신에게 만족하고 있었던 것이다.

이어지는 1주일 동안은 그의 인내력도 시련에 직면했던 것이 아닐까? 크리스마스의 1주일 동안 별로 정해진 일도 없이 우리는 즐거운 가정적인 단란 속에서 시간을 보냈다. 황야의 공기, 자유로 행동할 수 있는 가정, 막을 연 여유로운 생활 등은 다이애너와 메리의 마음에 생명을 불어넣는 영약과 같은 효능을 가져왔다. 두 사람 모두 아침부터 낮까지, 낮에서 밤까지 명랑했다. 아무리 이야기를 해도 지칠 줄을 몰랐다. 두 사람의 이야기는 재치가 풍부하고 독창성이 넘쳐 간결하고 요령을 얻은 것이어서 말할 수 없는 매력이 느껴지고, 그 밖의 그 무엇보다도 두 사람의 이야기를 듣고 이야기에 어울리는 것이 즐거웠다. 세인트 존은 우리가 떠들썩하게 떠드는 것도 비난하는 일이 없이 다만 그 자리를 피했다. 좀처럼 집에 없었다. 그가 담당하는 교구는 넓었고 주민들은 사방으로 흩어져 있었으므로 여기저기에 있는 환자나 가난에 허덕이는 사람들을 방문하는 것이 그의 일과가 되어 있었다.

어느 날 아침, 아침을 먹는 자리에서 잠시 생각에 잠기고 있던 다이애너가 그에게 물었다. "오빠의 계획은 지금도 변함이 없겠죠?"

"변하지도 않았고 절대로 변할 수도 없을걸." 그는 대답했다. 그러고는 영국을 출발하는 것은 내년으로 확정되었다고 우리에게 알려 주었다.

"그럼 로저먼드 올리버 양은?" 메리가 말했다. 무의식중에 입에서 튀어나온 것 같았다. 그 말이 입에서 나온 순간, 그것을 거두고 싶은 동작을 보였다. 세인트 존은 책을 들고 있었다—식사 때에 책을 읽는 것은 그의 버릇이었다—그것을 덮고 얼굴을 들었다.

"로저먼드 올리버는," 그는 말했다. "그랜비 씨와 곧 결혼할 예정이야. S시에서 가장 훌륭한 친척을 두고 있으며 가장 존경을 받고 있는 사람이야. 프레드릭 그랜비 경(卿)의 손자이자 그 후계자야. 어제 올리버 양의 부친에게서 이 말을 들었다."

누이동생들은 서로 얼굴을 쳐다보고 그러고는 나를 보았다. 우리 셋은 그의 얼굴을 바라보았다. 그는 유리처럼 맑은 표정을 하고 있었다.

"그 혼담은 급히 서둘렀음에 틀림없어요." 다이애너가 말했다. "전부터 알고 있었을 리가 없으니까요."

"두 달은 됐나? 두 사람은 S시의 주(州) 주최 무도회에서 10월에 만났으니까. 그러나 이들 짝처럼 아무런 하자가 없고 어느 모로 보나 바람직한 혼담일 때에는 지체할 필요가 없지. 두 사람은, 프레드릭 경이 두 사람에게 보낸 S시에 있는 저택의 개축이 끝나는 대로 결혼식을 올리게 될 것이다."

이런 소식을 들은 후 처음으로 나는 세인트 존이 혼자 있는 것을 보고 이번 사건이 그를 괴롭히지나 않았나 하고 물어보고 싶은 유혹을 느꼈다. 그러나 동정 같은 건 전혀 필요 없을 것 같아서 쓸데없는 참견을 하기는커녕 이전에 내가 과감하게 그에게 한 말들을 생각하고 조금 부끄럽다는 생각을 하였다. 게다가 최근 그와는 대화가 그다지 없었다. 침묵이 다시 얼음처럼 꽁꽁 얼어 나의 솔직함도 그 아래에 얼어붙어 있었다. 나를 누이동생처럼 대하겠다는 약속을 그는 지키지 않았다. 우리 사이에 끊임없이 차가운 거리를 두고 있어서 그 때문에 따뜻한 우정도 깊어지는 일이 없었다. 즉, 내가 그의 친족이라고 인정되어, 같은 지붕 아래 살게 되고 나서 우리 사이의 거리는 마을 학교 교사로서 대하고 있었을 때보다 훨씬 벌어진 것처럼 여겨졌다. 한때 그가 비밀을 털어놓던 일을 생각하면 지금 그의 냉담함을 도저히 이해할

491

수 없었다.

그런 사정이었으므로 그가 줄곧 몸을 숙이고 있던 책에서 갑자기 고개를 들고 말을 했을 때 나는 깜짝 놀랐다.

"제인, 싸움은 끝나고 승리를 거둔 셈이지."

이렇게 말을 거는 바람에 나는 곧 대답을 못했다. 잠깐 주저한 후 나는 대답했다.

"승리를 얻기 위해 너무나 큰 희생을 치른 정복자의 입장에 계신 것은 아닐까요? 또 한 번 이런 일이 있으면 자신이 파멸되지 않을까요?"

"그렇게 생각하지는 않는데. 그렇다 하더라도 그것은 그다지 중요한 일은 아냐. 그와 같은 싸움을 도전받는다는 것은 두 번 다시없을 테니까. 싸움의 결과는 결정적이야. 내가 가야 할 길은 뚜렷해. 나는 이것을 하느님께 감사하고 있어!" 이렇게 말하고 그는 다시 서류에 눈을 돌려 침묵하고 말았다.

우리 서로의 행복(즉 다이애너와 메리와 나의 행복)은 마침내 조용한 것이 되었다. 우리가 여느 때의 일과를 지키고, 정해진 공부를 계속하게 되자, 세인트 존은 집에 있는 일이 더 많아졌다. 그는 우리와 같은 방에 있었고, 때로는 몇 시간이고 함께 지내는 일이 있었다. 메리가 그림을 그리고 다이애너가 전부터 시작했던 백과사전 읽기(여기에는 나도 놀랐다)에 전념하고, 내가 독일어를 부지런히 공부하는 동안, 그는 자기의 신비적인 학문—즉, 계획에 필요하다고 여겨지는 동양 언어의 연구와 습득에 몰두하고 있었다.

이렇게 해서 겉으로 보면 그는 자기가 있을 곳에서 조용히 공부를 하고 있는 것처럼 보였으나 그의 푸른 눈은 이국(異國)의 문법책에서 줄곧 떠나 근처를 헤매고, 때로는 공부 친구인 우리에게로 눈을 돌려 이상하게 열심히 관찰하고 있는 것이었다. 가끔 눈이 마주치면 이내 시선을 돌리곤 했으나 그래도 어느 틈엔가 살피는 것 같은 눈이 우리 테이블로 되돌아오는 것이다. 도대체 어떻게 하려는 것인지 짐작할 수 없었다. 나에게는 그다지 중요하다고는 여겨지지 않는 것, 즉—내가 모튼의 학교를 매주 찾아갈 때 그가 반드시 보이는 만족스러운 모습도 이상하기 짝이 없었다. 또 이해할 수 없는 것은 그날의 날씨가 나빠서 눈이 오거나 비가 오거나 바람이 세거나 해서 그의 누이동생들이 내가 가는 것을 막으면 그는 으레 그런 걱정은 소용없다고 하여, 날씨 같은 것에는 얽매이지 말고 일을 완수하라고 권고하는 일이었다.

"제인은 너희가 생각하고 있는 것과 같은 약골이 아니야." 그는 이렇게 말하는 것이었다. "폭풍이 불든 우박이 쏟아지든 눈보라가 치든 우리와 마찬가지로 견딜 수 있어. 이 사람의 몸은 건강할 뿐만 아니라 반발력도 있어. 가장 강한 사람들보다도 기후의 변화에 견딜 수 있도록 되어 있어."

그래서 가끔 비바람을 맞고 지친 몸으로 돌아와도 나는 결코 불평을 하지 않았다. 우는 소리를 하다가는 그가 짜증을 낼 것이라는 것을 알고 있었기 때문이었다. 그 어떤 경우, 그것을 참으면 그는 기뻐하고 그 반대로 하면 그는 못마땅해 했다.

그런데 어느 날 오후, 감기에 걸린 나는 집에 머물러 있도록 허락받았다. 그의 누이동생들이 나 대신 모튼에 가 주었다. 나는 앉아서 실러를 읽고 있었다. 그는 어려운 동양의 두루마리 책을 판독하면서 앉아 있었다. 나는 번역을 그만두고 연습 문제로 옮기려고 했을 때 우연히 그에게로 눈을 돌렸다. 거기에서 나는 여느 때처럼 살피는 듯한 저 푸른 눈이 나를 바라보고 있다는 것을 알았다. 얼마나 오랫동안 되풀이해서 나를 살피고 있었는지 나는 알 수 없었다. 그의 눈은 매우 날카롭고 그러면서도 차가워서, 나는 같은 방에 무엇인가 알 수 없는 것과 같이 있는 것 같은 으스스한 기분이 들었다.

"제인, 지금 뭘 하고 있지?"

"독일어를 공부하고 있어요."

"독일어는 그만두고 힌디어 공부를 해 주었으면 좋겠는데."

"진심으로 하시는 말씀은 아니시겠죠?"

"꼭 그렇게 해 주었으면 하고 생각하니까 진심으로 말하고 있는 거지. 그 이유를 설명해 줄까?"

그러고 나서 그는 힌디어는 그가 현재 공부하고 있는 말이라는 것을 설명하였다. 공부가 진행되면 처음 배운 곳을 잊기 쉽다. 만일 학생이라도 있으면 초보를 함께 되풀이해서 머리에 넣을 수 있으니까 자기로서는 크게 도움이 될 것이라는 것이다. 그 후보로서 나를 고르느냐, 누이동생을 고르느냐 하고 잠시 망설였지만 결국 내가 세 사람 중에서 가장 오래 계속될 것 같아서 나로 정했다는 것이다. 이 청을 들어 줄 수 없을까? 그렇게 오랫동안 희생을 강요하지는 않을 것이다. 출발까지 불과 석 달에 지나지 않을 테니까.

세인트 존은 시원하게 거절할 수 있는 대상자가 아니었다. 그의 머리에 일단 새겨진 일은 그것이 괴로운 일이건, 즐거운 일이건 영원히 지워지지 않는다는 느낌이 든다. 나는 승낙했다. 다이애너와 메리가 돌아오자, 다이애너는 자기 학생이 오빠의 학생이 되었다는 것을 알고 깔깔대며 웃었다. 자기들이 상대였다면 세인트 존은 여기까지 설득하지 않았을 것이라고 제각기 말했다. 그는 조용히 대답했다.

"알고 있어."

그는 매우 끈기가 있고 인내심이 강하고 그러면서도 엄격한 교사라는 것을 알았다. 나에게 많은 것을 기대하고 내가 기대에 좇으면 그 나름대로 칭찬을 해 주었다. 그는 서서히 나에게 영향력을 미치게 되어 내 마음의 자유는 빼앗겨 갔다. 그의 칭찬을 받고 주목을 받는다는 것은 무관심으로 있는 것보다도 거북한 느낌이 들었다. 그가 곁에 있으면 마음대로 말을 하거나 웃을 수도 없게 되었다. 쾌활한 행동은(적어도 나의), 그에게는 불쾌한 일이라고 끈질긴 본능이 귀찮을 정도로 줄곧 깨닫게 했다. 진지한 마음가짐과 진지한 일솜씨만이 받아들여지고 그의 앞에서는 그 이외의 일을 하거나 찾는다는 것은 쓸데없는 일이라는 것을 분명히 알았다. 내 자신이 얼어붙는 것 같은 속박에 묶여 있다는 것을 느낄 수 있었다. 나는 그가 '가라'면 가고 '오라'면 왔다. '이것을 해' 하면 나는 하였다. 그러나 이런 예속 관계에는 진저리가 났다. 그가 나를 그대로 무시해 주면 좋았을 것이라고 얼마나 자주 생각했던가!

어느 날 밤, 잠잘 시간이 되었을 때, 그의 누이동생들과 나는 그를 둘러싸고 잘 자라는 인사를 했을 때, 그는 습관에 따라 누이동생에게는 키스를, 그리고 이것도 습관에 따라서 나에는 손을 내밀었다. 마침 들뜬 기분이었던 다이애너는 (그녀는 오빠의 의지에 강하게 속박되는 일 없이, 그녀 자신의 의지는 오빠와는 다른 뜻에서 오빠에 못지않게 완고했다) 이렇게 외쳤다.

"오빠는 언제나 제인을 세 번째 동생이라고 말하고 있으면서 누이동생처럼 대하지 않고 있잖아요. 제인에게도 키스를 해 줘요."

다이애너는 나를 그에게로 떠다밀었다. 나는 다이애너가 너무 대담하다고 생각하고 어색한 생각이 들어 당황했다. 그러는 동안에 세인트 존은 그의 몸을 숙였다. 그리스 조각 같은 얼굴이 나의 얼굴로 가까이 와서 그의 눈이 꿰뚫는 듯이 나의 눈을 바라보고—그리고 나에게 키스를 하였다. 대리석의 키스나 얼음 키스 같은 것은 존재하지 않는다. 하지만 성직자인 나의 사촌 오빠의 인사는 말하자면 그런 인사였다. 시험 삼아 하는 키스가 있다고 하면 바로 그것이었다. 키스를 한 후 그는 결과를 확인하려는 듯이 나를 보았으나 나는 이렇다 할 반응을 보이지 않았다. 얼굴이 화끈거리는 일도 없었다. 아마도 얼굴은 조금 해쓱해졌을는지도 모른다. 이 키스가 나의 차꼬에 봉인을 찍은 것과 같은 기분이 들었기 때문이다. 그러고 나서부터는 이 의식을 결코 생략하는 일이 없었고, 내가 그것을 진지하고 태연한 태도로 받아들이고 있었으므로 그에게는 그것이 일종의 매력을 준 것 같았다.

나로 말하자면, 나는 나날이 그를 좀더 기쁘게 해 주고 싶었다. 그러나 그렇게 하려면 내 성격의 반을 버리고 내 능력의 반을 죽이고 내 취미를 본디의 것과는 다른 것으로 하고 본디 나에게는 소질이 없는 일을 억지로 하지 않으면 안 된다. 그는 나를 도저히 이를 수 없는 높이까지 끌어올리려고 애썼다. 그가 제시하는 수준까지 올라가려고 노력한다는 것은 끊임없는 괴로움이었다. 그런 일은 나의 못생긴 이목구비를 그의 단정한 고전적인 얼굴 생김새에 끼워 넣고, 나의 끊임없이 변화하는 녹색 눈에 바다와 같은 푸른 빛깔이나 엄숙한 빛을 더해 주려는 것과 같은 일로서, 도저히 불가능한 일이었다.

그러나 지금 나를 속박하고 있는 것은 그의 지배력뿐만이 아니었다. 요즘 내가 슬픈 듯이 보여도 이상한 일이 아니었다. 서서히 좀먹어 가는 나쁜 병 —불안이라고 하는 나쁜 병—이 내 가슴 속에 자리 잡고 나의 행복을 송두리째 시들어 버리게 했기 때문이었다.

독자여, 내가 이런 환경과 운명의 변화 속에서 로체스터 님을 아주 잊어버렸다고 생각하는지도 모른다. 그러나 나는 잠시도 잊은 적이 없었다. 그분에 대한 생각은 지금도 사라지지 않고 있다. 나의 머릿속에 분명히 새겨져 있다. 그것은 햇빛 앞에 사라져가는 수증기도 아니고 비바람으로 씻겨 내려가는 모래 위에 그려진 모습도 아니기 때문이다. 그것은 석판(石板)에 새겨진 이름, 그것을 새긴 대리석 면이 닳아져 없어지지 않는 한 사라지지 않는 이름이다. 그분이 도대체 어떻게 되었는가를 알고 싶은 갈망은 내가 어디를 가나 따라다니고 있는 것이다. 모튼에 있었을 때에도, 매일 밤 나의 작은 집으로 되돌아갈 때에도 그 일을 생각하고 있었다. 그리고 지금 무어 하우스에서는 매일 밤 그것을 생각하기 위해서 침실에 들어가는 것이다.

유언장에 대해서 브리그스 씨와 필요한 연락을 취할 때에도 로체스터 씨가 현재 사는 주소와 건강 상태에 대해서 알고 있는지 문의해 보았으나, 세인트 존의 추측대로 브리그스 씨는 아무것도 몰랐다. 그래서 나는 페어팩스 부인 앞으로 편지를 써서 그 일에 대해서 무엇인가 아는 것이 있으면 알려 달라고 부탁했다. 이렇게 하면 나의 목적은 틀림없이 이룩될 것이라고 기대하고 있었다. 지금 당장에라도 답장을 받을 수 있다고 생각하였다. 그러나 2주일이 지나도 아무 답장이 없어 나는 놀랐다. 두 달도 헛되이 지나고 우편물은 매일같이 오는데도 내게는 소식이 없어 나는 심각한 불안에 사로잡혔다.

나는 다시 편지를 냈다. 처음 편지가 도중에서 분실되었을지도 모른다. 두 번째 시도에 다시 희망이 솟았다. 지난번 편지를 냈을 때와 마찬가지로 몇 주간은 희망에 불타고 있었는데 그것도 또 이전과 마찬가지로 빛이 흐려져 이윽고 사라지려 하고 있었다. 한 마디 답장도 없었다. 반 년쯤 헛되이 시간을 보낸 후 나의 희망은 완전히 사라져 버리고 말았다. 그때부터 나의 마음은 정말로 침울해졌다.

주위에서는 화창한 봄빛이 빛나고 있었는데 나는 즐길 마음이 생기지 않았다. 여름이 다가왔다. 다이애너는 어떻게든 내 마음을 즐겁게 해 주려고 애를 썼다. 몸이 어딘지 야위어 보인다고 해서 나를 바닷가로 데려가고 싶다고 말했다. 세인트 존은 여기에 반대했다. 그는 기분 전환이 필요한 것이 아니라 할 일이 필요하다고 말하였다. 현재의 나의 생활에는 아무런 목적도 없다, 따라서 무엇인가 목표가 필요하다고. 그리고 부족한 것을 보충한다는 뜻으로, 힌디어의 공부를 계속하여 그것을 완전히 자기 것으로 만들도록 더욱더 재촉하는 것이었다. 나는 바보처럼 그에 거스를 생각도 하지 않았다—나는 그를 거스를 수 없었다.

어느 날, 나는 여느 때보다 더 어두운 기분으로 공부를 시작하였다. 심한 실망감에 사로잡혀 있었으므로 기분이 몹시 가라앉아 있었다. 아침에, 해녀로부터 나에게 편지가 왔다는 말을 듣고, 오랫동안 기다리던 소식이 마침내 왔다고 생각하고 아래로 가지러 간 것이다. 그러나 그것이 브리그스 씨로부터 온 업무상 자질구레한 연락이라는 것을 알았다. 기대가 한꺼번에 어긋나나도 모르게 눈물이 났다. 인도인이 필사한 읽기 어려운 장식 문자나 화려한 미사여구를 판독하고 있는 동안에 또다시 눈물이 솟았다.

세인트 존은 자기 곁으로 와서 소리내어 읽어 보라고 나에게 말했다. 하라는 대로 읽으려 했지만 소리가 나오지 않았다. 말이 목에서 흐려지고 마는 것이다. 거실에 있는 것은 그와 나뿐이었다. 다이애너는 거실에서 음악 연습을 하고 있었고, 메리는 정원을 가꾸고 있었다—하늘은 맑고 햇빛은 넘쳐 미풍이 부는 5월의 오후였다. 세인트 존은 이런 감정의 폭발에 놀라는 빛도 없이 이유도 묻지 않고 다만 이렇게 말하였다.

"마음이 가라앉을 때까지 잠시 기다려볼까, 제인?" 내가 이런 격정의 발작을 나도 모르게 억제하고 있는 동안에 그는 책상에 기대어, 당연히 예상되고, 잘 알고 있는 환자의 위험한 증상을 과학의 눈으로 지켜보고 있는 의사처럼, 조용히 앉아 있었다. 흐느낌을 억누르고 눈물에 젖은 눈을 닦고 오늘 아침은 그다지 기분이 안 좋아서 하는 뜻의 말을 중얼거리면서도 나는 주어진 일을 계속하여 간신히 그것을 끝마쳤다. 세인트 존은 내 책과 그의 책을 치워 놓고 책상에 자물쇠를 채우고 나서 말했다.

"자, 제인, 산책하러 가자, 나와 함께."

"다이애너와 메리도 부르겠어요."

"아냐, 오늘은 혼자가 좋아. 그것도 꼭 제인이어야 해. 준비를 해. 부엌문으로 나가서 마시 골짜기 꼭대기로 통하는 길로 가. 나도 곧 따라갈 테니."

나는 중도라는 것을 몰랐다. 태어나면서 이제까지, 나 자신의 성격과는 정반대의 현실적이고 냉철한 성격의 인물을 접할 때, 절대적인 복종과 단호한 반항 사이에 중도라는 것이 있다는 것을 전혀 모르고 있었다. 나는 항상 폭발 직전까지 충실하게 복종하여, 다음에는 화산의 분화처럼 격렬하게 반항하였다. 그러나 그 어느 쪽도 현재의 정황에는 통용되지 않았고, 또 지금의 기분으로는 반항할 마음도 내키지 않았으므로 세인트 존의 지시에 신중하게 따르기로 하였다. 10분 후에는 그와 어깨를 나란히 하여 골짜기의 험한 길을 걷고 있었다.

바람은 서쪽에서 히스와 골풀의 달콤한 향기를 몰아 언덕을 넘어 불어왔다. 하늘은 티 없이 푸르렀다. 골짜기를 흘러내려 가는 개울은 지난 봄비로 불어 있었고 맑은 물에 황금빛 태양의 번쩍임과 하늘의 남색 빛을 받아 맑게 흐르고 있었다. 얼마 동안 가다가 오솔길을 벗어나자 이끼처럼 미끄럽고 에메랄드처럼 선명한 녹색의 부드러운 잔디를 밟고 갔다. 잔디는 흰 꽃으로 점점이 무늬를 놓고 별처럼 노란 꽃이 번쩍이고 있었다. 언덕이 우리를 완전히 둘러싸고 있었다. 골짜기는 안으로 갈수록 언덕 중심으로 접어들고 있었기 때문이었다.

"여기서 쉽시다." 세인트 존이 말했다. 우리는, 산길을 지키기라도 하는 것처럼 무리를 짓고 있는 바위들로부터 단 하나 외로이 떨어져 있는 큰 바위에 이르렀다. 바위 저편은 골짜기 물이 폭포를 이루어 떨어지고 있었다. 그곳에서 좀더 가면 산은 잔디도 꽃도 떨쳐 버리고 있는 것은 오로지 히스뿐. 그리고 이들을 장식하고 있는 것은 거친 바위뿐이었다. 자연의 모습은 살벌한 풍경으로 변하고 신선함이 위압감으로 바뀌어 얼마 남지 않은 고독을, 정적의 마지막 피난처를 지키고 있었다.

나는 앉았다. 세인트 존은 내 옆에 서 있었다. 그는 산길을 올려다보고 골짜기를 내려다보았다. 그의 눈길은 시냇물을 쫓다가 다시 되돌아와 골짜기 물을 물들이는 하늘을 가로질렀다. 모자를 벗고 산들바람이 머리카락을 휘날리며 이마에도 스쳐 가게 내버려 두었다. 그는 항상 찾아오고 있는 이 땅의 정령과 마음을 소통하고 있는 것처럼 보였다. 그의 눈은 무엇인가에 작별을 고하고 있는 것처럼 보였다.

"꿈속에서 또다시 이 풍경을 만나게 될 거야." 그는 소리내어 말했다. "갠지스 강변에서 잘 때. 그리고 먼 훗날—다시 한 번의 잠이 나를 찾아올 때—어두운 강가에서 만날 수 있을 것이야."

이상한 애정을 나타내는 이상한 말! 조상의 땅을 사랑하는 엄숙한 열정! 그는 앉았다. 약 반 시간 동안 우리는 아무 말도 없었다. 그는 내게, 나는 그에게 말을 건네지 않았다. 이윽고 침묵을 깨고 그는 입을 열었다.

"제인, 나는 6주일 후에 떠나. 6월 20일에 출항하는 동인도 무역선의 선실을 예약했어."

"하느님께서 가호해 주실 거예요. 오빠는 하느님의 사업을 맡으셨으니까요." 나는 대답했다.

"그래." 그는 말했다. "거기에 내 영광과 기쁨이 있어. 나는 절대로 과오를 저지르지 않는 주님의 종이야. 나는 인간의 인도로, 불완전한 법을 따라서, 연약한 인간의 그릇된 지시를 따라서 가는 것이 아냐. 나의 왕, 나의 율법자, 나의 선장은 전능하신 하느님이야. 내 주위에 있는 모든 것이 같은 깃발 아래 모여들려고—같은 계획에 참가하려고—분기(奮起)하려 하지 않는 것이 이상해."

"누구나가 오빠와 같은 힘을 갖고 있다고는 할 수 없어요. 게다가 약한 사람이 강한 사람과 함께 걸어가기를 바란다는 것은 어리석은 일이에요."

"나는 약한 사람에게 이야기를 하고 있는 것이 아냐. 또 약한 사람에 대해서 생각하고 있는 것도 아니고. 이 일을 할 만한 자격이 있고 그것을 완수할 능력이 있는 사람에게 말하고 있는 거야."

"그런 사람은 적을 테니까 찾기가 힘들 거예요."

"옳은 말이야. 하지만 일단 찾아냈을 때에는 그런 사람을 일깨우고, 격려하고, 설득·분발시켜서, 그들에게 어떤 재능이 있는지, 왜 그런 재능을 부여받았는지를 가르쳐 주고―하느님의 말씀을 그 귀에 전하고―하느님으로부터 직접 받은 지위를 그들에게 제의하는 것이야말로 옳은 일이지."

"그들이 정말 그 일을 할 자격이 있다면, 그들 자신의 마음이 먼저 그것을 그들 자신에게 알려 주지 않을까요?"

무서운 마력이 내 둘레를 둘러싸고 죄어 오는 것 같은 기분이 들었다. 무엇인가 운명적인 말이 나와서 그것으로 주문(呪文)에 걸리지나 않을까 하고 나는 몸을 떨었다.

"그렇다면 제인의 마음은 뭐라고 말하고 있지?" 세인트 존은 물었다.

"제 마음은 아무 말도 안 해요. 아무 말도 안 해요." 심한 충격을 받고 나는 떨면서 대답했다.

"그럼 내가 대신해서 말하지." 낮고 가차 없는 목소리가 이어졌다. "제인, 나와 함께 인도로 가요. 나의 반려로서, 노동하는 동료로서."

골짜기와 하늘이 빙빙 돌고, 연이은 산들이 꿈틀거렸다! 마치 하늘의 부름을 들은 것 같았다―마치 마케도니아 사람들의 환상이 나타나서, '건너와서 우리를 도우라!'($^{사도행전}_{16장\ 9절}$) 하고 말하는 것 같았다. 그러나 나는 사도는 아니었다―나는 사자(使者)가 아니다―나에게는 선교사는 보이지 않았다―그의 호소를 받아들일 수 없었다.

"아, 세인트 존!" 나는 소리쳤다. "용서해 주세요!"

의무라고 믿고 있는 것을 수행하기 위해서는 자비도 용서도 아랑곳하지 않는 사람에게 나는 호소하였다.

"하느님과 자연은 제인을 선교사의 아내로 삼기로 작정했어요. 그분들이 제인에게 내려 준 것은 용모가 아니라 정신적 재능이야. 제인은 사랑을 위해 만들어진 것이 아니라 노동을 하기 위해 만들어졌어요. 선교사의 아내가 당신은 되어야 하고, 되는 거요. 당신은 내 아내가 되어야 해요. 나는 당신을 요구해. 나의 즐거움을 위해서가 아니라 나의 주님을 섬기기 위해."

"저는 거기엔 맞지 않아요. 제게는 하늘의 부름이 없어요." 나는 말했다.

이런 저항에 부딪칠 것이라는 것을 그는 당연히 예상하고 있었으므로 초조한 빛은 없었다. 확실히, 뒤에 있는 바위에 등을 기대고 팔짱을 끼고 엄격한 표정이 된 모습을 보자 완고한 저항이 한없이 계속될 거라는 것을 각오하고 그것이 끝날 때까지 그것을 버틸 수 있을 정도의 인내력을 간직하고 있다는 것을 나는 알았다—그리고 마지막으로는 그의 승리로 끝나지 않으면 안 된다고 결의하고 있는 것도.

"겸손은 말야, 제인." 그는 말했다. "기독교도의 미덕의 기초지. 제인이 이 일에 맞지 않는다고 말하는 건 옳아. 그것에 적합한 사람이 있을까? 또는 신의 부름을 받은 사람으로 자기가 그 부름에 어울린다고 믿은 사람이 있을까? 예를 들어, 나는 먼지와 재에 지나지 않아. 성 바울과 함께 나는 '죄인 중에 내가 괴수'(^{디모데 전서}_{1장 15절})라고 인정하고 있어. 그렇다고 내 몸의 그런 죄의식에 의해 좌절되는 일은 없어. 나는 나를 인도하는 지도자를 알고 있어요. 주는 전능하시고 옳은 분이야. 주는 위대한 사업을 성취시키기 위해 약한 도구를 고르셨다고 해도, 주님은 무진장한 섭리를 가지고 목적을 이룩하는 수단에 부족한 것을 보충해 주십니다. 나처럼 생각해요, 제인—나처럼 믿어요. 의지하라고 당신에게 부탁하는 것은 '영원한 반석'(^{이사야}_{26장 4절})에 의지하라는 거야. 그것이 당신의 인간으로서의 약점을 버티어 주신다는 것을 의심해서는 안 돼요."

"전도 생활이라는 것을 나는 이해할 수 없어요. 전도에 대해서 배운 적은 한 번도 없어요."

"그러면 내가 이처럼 보잘것없지만 제인에게 필요한 힘을 빌려 주겠어요. 당신이 할 일을 정해 주겠어. 그리고 그 옆에 항상 서 있겠어. 끊임없이 당신을 도와주겠어. 이것은 처음에 내가 해 줄 수 있는 일이야. 당신은 곧—나는 당신의 힘을 알고 있어—나처럼 강해지고 일에도 익숙해져서 나의 도움 같은 건 필요로 하지 않게 될 거야."

"하지만 저의 힘 같은 것, 그와 같은 일을 하기 위한 힘 같은 것이 어디에 있을까요? 저에게는 느껴지지가 않아요. 오빠께서 말씀하고 계시는 동안 저에게 호소하는 것은 아무것도 없고 저의 마음을 흔드는 것도 없어요. 빛이 켜지는 일도 없고—가슴의 울렁거림도 없고—조언을 하는, 격려를 하는 소리도 들리지 않습니다. 아, 당신에게 보여드릴 수 있다면, 나의 마음이 지금 이 순간, 얼마나 캄캄한 토굴과 비슷한가, 토굴 안쪽에서는 차꼬가 채워진 두려움이 겁을 먹고 있습니다—저로서는 도저히 할 수 없는 일을 시험해 보라—하고 당신에게 설득당하는 두려움이!"

"대답은 내가 알고 있어요. 들어 봐요. 나는 처음 만났을 때부터 당신을 지켜보고 있었어요. 열 달 동안 나는 제인을 연구해 왔었어요. 그 동안 여러 가지 시련을 통해서 제인의 자질을 시험했어요. 그것에서 나는 무엇을 보고 무엇을 도출해 냈는가? 마을 학교에서 제인은 자기의 습관이나 기호에 맞지 않은 일을 올바르게 처리했어요. 그 일을 충분한 능력과 연구로 완수했어요. 제인은 자제하면서 믿음을 쟁취했어요. 갑자기 부자가 되었다는 것을 알았을 때의 제인의 침착한 태도 속에서 나는 데마의 죄((디모데 후서)4장 10절. 데마는 이 세상을 사랑하여 사도 바울의 말씀을 저버렸다.)에 물들지 않은 당신의 마음을 보았어요. —돈은 제인의 마음에 부당한 힘을 미칠 수는 없었어. 재산을 4등분해서 그 중 하나만을 취하고 심오한 정의를 주장하여 나머지 셋을 포기했어요. 그 단호한 결의에 희생의 정열과 흥분에 만족하는 영혼을 보았어요. 내가 바라는 대로 자신의 흥미 있는 연구를 내던지고 나의 흥미 있는 연구에 착수한 제인의 양순함에, 그 후 그 연구에 착수한 부지런함에, 난관에 부딪혔을 때의 끈질긴 정력과 요지부동한 기개에 내가 구하고 있던 여러 가지 자질을 서로 보완하는 완벽한 것을 발견한 거요. 제인, 당신은 온순하고 부지런하고 사심이 없고 성실하고 견실하고 용기가 있어요. 매우 부드럽고 매우 대담해요. 자기를 불신하는 일은 그만둬요. 나는 무조건 제인을 믿을 수 있어요. 인도인 학교의 지도자로서 인도 여성의 도우미로서 당신의 협력은 나에게는 헤아릴 수 없을 정도로 귀중한 것이 될 거요."

쇠로 된 수의(囚衣)가 나의 몸을 죄어 왔다. 설득은 천천히, 그러면서도 확고하게 진행되었다. 나는 눈을 감으려고 했지만 그의 이와 같은 말은 이제까지 꽉 막힌 것으로 여겨졌던 곳에 분명한 길을 열어 주었다. 막연하고 절망적일 정도로 산만했던 나의 일이 그의 말과 함께 응결되어 그의 손에 의하여 하나의 정확한 모양을 취하기 시작하였다. 그는 대답을 기다리고 있었다. 나는 다시 대답할 때까지 15분 동안 생각할 여유를 달라고 했다.

"그럼 좋아." 그는 대답했다. 그러고는 일어서서 오솔길을 좀더 위로 걸어가다가 히스가 무성한 언덕진 곳에 몸을 던져 가만히 누워 있었다.

'그가 나에게 하라고 말하고 있는 것은 하려고 마음만 먹으면 할 수 있다. 그것은 싫어도 알 수 있고 인정하지 않을 수 없다'고 나는 생각했다—'목숨이 있다면. 하지만 인도의 태양 아래에서는 그리 오래 살 수 없을 것이다. 그땐 어떻게 될까. 그는 그런 일에는 개의치 않는다. 내가 죽을 때가 되면 그는 아주 침착하게, 그리고 아주 경건하게 나를 주신 하느님에게 맡길 것이다. 그것은 분명한 일이다. 영국을 떠난다고 하는 것은 사랑하는 나라를, 그러나 텅 빈 나라를 떠난다는 것이다—로체스터 님이 안 계시니까. 로체스터 님이 계신다 해도 나에게 그것이 무엇이란 말인가? 나는 이제 그분이 없어도 살아가야 한다. 그와 다시 만날지도 모른다고 하는, 있을 것 같지 않은 경우의 변화를 기다리고 있기나 하는 것처럼, 할 일 없이 세월을 보내는 것처럼 어리석은 일은 없다. 물론 나는(세인트 존이 한때 말한 것처럼) 잃어버린 관심 대신에 새로운 것을 삶에서 구하지 않으면 안 된다. 그가 지금 내게 제의하는 이 직무야말로 인간이 고를 수 있는, 또는 하느님이 주신 직무 중에서 가장 영광된 것이 아닐까? 찢긴 사랑과 산산이 부서진 희망에 의해서 생긴 빈틈을 메우기 위해서는, 고매한 책임과 숭고한 성과를 가져오는 이 직무는 생각할 수 있는 것 중에서 가장 최고의 것이 아닌가? 나는 지금 '네!'라고 말해야 한다고 생각한다—그런데도 오한이 스치고 지나간다. 아! 세인트 존을 따라가면 나는 나 자신의 반을 버리는 것이 된다. 인도에 간다는 것은 죽을 시기를 앞당기는 것이다. 영국을 떠나 인도에 가서, 인도에서 무덤까지 갈 동안의 세월은 어떻게 채워질 것인가? 아, 나는 잘 안다! 그것도 나의 눈에 환히 보인다. 세인트 존을 만족시키기 위해 온몸의 근육이 아파 올 때까지 버티어 그의 기대에 응할 것이다—그의 기대가 제아무리 커지더라도 그를 만족시킬 수 있을 것이다. 내가 만일 그와 함께 간다면—그리고 만일 그가 희생을 바치라고 강요한다면, 나는 어디까지나 희생을 바칠 것이다. 제단 앞에 모든 것을 내던질 것이다—심장을, 모든 장기를 산 제물로 바칠 것이다. 그래도 그는 나를 결코 사랑하지는 않는 것이다. 하지만 나는 그에게 인정하게 하리라. 그가 아직 보지 않는 힘을, 그가 생각하지도 못한 재능을 그에게 보여 주는 것이다. 그렇다, 나는 그에 못지않게 열심히 일을 할 수 있다. 더욱이 조금도 불평을 하지 않고.

그렇다면 그의 요구에 응하는 건 가능하다. 그러나 한 가지, 두려운 한 가지 조건만 없다면. 그것은—그가 나에게 아내가 돼 달라고 말한 거였다. 그런데 그는, 저 골짜기를 거품을 일구면서 흘러가는 골짜기 물속에 서 있는, 이맛살을 찌푸린 거대한 바위처럼, 남편으로서의 사랑 같은 건 가지고 있지 않을 것이다. 병사가 성능이 좋은 무기를 소중히 하는 것처럼 나를 소중히 하는 것이다. 그뿐인 것이다. 그의 아내가 되지 않으면 그것은 전혀 괴로움이 아니다. 그러나 내가 그의 냉혹한 계산을 완수할 수가 있을까—그의 계획을 냉정하게 실행시켜—결혼식을 올릴 수 있을까? 영혼이 전혀 거기에 있지 않다는 것을 알면서 결혼반지를 받고 사랑의 모든 모양의 표현에(그가 규율에 제대로 따를 것이라는 것은 틀림없으므로) 견디어 갈 수 있을까? 그로부터 받는 사랑의 표현 모두가 도덕적 동기에 목숨을 걸고 이루어지는 희생이라고 하는 자각을 견딜 수가 있을까? 아니다, 그런 순교 같은 건 생각만 해도 몸이 으스스해 진다. 그런 것을 견딜 생각은 없다. 그의 누이동생으로서라면 함께 가도 좋다—그의 아내로서는 갈 수 없다. 그에게 그렇게 이야기해야지.'

나는 조금 높아진 히스 들판 쪽을 바라보았다. 거기에 그는 쓰러진 둥근 기둥처럼 누워 있었다. 그의 얼굴이 나를 향했다. 그의 눈은 주의 깊고 날카롭게 빛났다. 일어나서 나에게로 다가왔다.

"인도에 갈 각오는 되어 있습니다. 만일 자유의 몸으로 갈 수가 있다면."

"제인의 그 대답에는 설명이 필요하군." 그는 말했다. "뜻을 잘 모르겠어."

"당신은 오늘날까지 저의 친척 오빠였지요. 저는 당신의 사촌 누이동생. 이대로 지냈으면 해요. 당신과 저는 결혼하지 않는 편이 좋을 거예요."

그는 머리를 저었다. "이 경우에는 사촌 형제로서는 안 돼요. 친 누이동생이라면 사정은 달라지겠지만. 나는 당신을 데리고 가서 아내를 구하지는 않을 거요. 그러나 이 경우 우리의 결합은 결혼을 통해 신성한 것으로 만들어서 굳히지 않으면 안 돼요. 그렇지 않으면 이 결합은 있을 수 없어요. 달리 어떤 계획을 세우더라도 현실적인 걸림돌이 생깁니다. 그것을 몰라요, 제인? 잠깐 생각해 봐요—당신의 흔들림 없는 판단력이 당신을 인도해 줄 거요."

나는 생각했다. 그러나 나의 판단력은 우리가 남편과 아내가 서로 사랑하는 것처럼 사랑하고 있지 않다는 사실에 나를 끌고 간 데에 지나지 않았다. 따라서 우리는 결혼해서는 안 된다는 판단을 내렸다.

"세인트 존, 저는 당신을 오빠로 생각하고 있습니다—당신은 저를 누이동생으로 생각하고 계시고요. 따라서 지금 이대로의 관계로 갔으면 해요."

"그럴 수는 없어—그럴 순 없어." 그는 짧지만 단호하게 대답했다. "그럴 수는 없어요. 당신은 나와 인도에 가겠다고 말했어. 알겠어요? 당신은 그렇게 말했어요."

"조건부로요."

"자, 그렇다면 중요한 대목으로 갑시다—즉, 나와 함께 영국을 출발하는 것, 내 미래의 일에 협력한다는 데에는 당신은 반대하고 있지 않고 있어요. 당신은 이미 그런 일에 손을 댄 거나 마찬가지란 말이오. 철저한 당신이 설마 발을 빼지는 않겠지. 지금은 다만 한 가지 목적에 전념하면 돼요—맡은 일에 대해서 어떻게 하면 최선을 다할 수가 있는가에 대해서. 당신의 복잡하기 짝이 없는 관심·감정·사고·소망·목표를 단순한 것으로 만들면 돼요. 생각해야 할 모든 것을 단 한 가지 목적에 몰입시키면 돼요. 당신의 위대한 주님의 사명을 전력을 다하여 이룩하면 돼요. 그렇게 하기 위해서는 보좌역이 필요해—오빠가 아니라. 오빠와의 유대는 느슨해. 남편이어야 해요. 나도 누이동생은 필요 없어. 누이동생은 언제라도 남이 데려갈지도 모르는 일이지. 나는 아내가 필요해. 앞으로의 삶에서 마음대로 움직일 수 있는, 죽을 때까지 절대로 떠나지 않고 있는 유일한 반려가 필요하단 말이오."

그의 이야기를 들으면서 나는 소름이 끼치는 것을 느꼈다. 뼛속까지 그의 힘이 스며드는 것을—사지가 붙잡히는 것을 느꼈다.

"저 같은 사람이 아니라 다른 사람을 찾아 주세요, 세인트 존. 당신에게 어울리는 사람을 찾아 주세요."

"내 목적에 어울리는 사람—내 천직에 어울리는 사람이겠죠. 되풀이해서 말하지만, 내가 반려로서 원하는 사람은 예사 사람이 아니에요. 자기 본위로만 생각하는 사람이 아니에요. 그것은 선교사란 말이오."

"그러시다면 그 선교사의 일에 저의 모든 힘을 바치겠어요—그것이 당신이 바라는 모든 것이지 제 자신은 아니니까요. 저 같은 건 곡식알에 껍데기를 붙이는 데에 지나지 않아요. 당신에게는 껍질이나 껍데기는 쓸모가 없어요. 저는 그것을 저대로 간직해 두겠어요."

"그럴 수는 없어요—그래서는 안 돼요. 하느님께서 반쪽의 헌납으로 만족하시리라고 생각해요? 하느님은 팔다리가 잘린 제물을 받아들일까요? 내가 대변하고 있는 것은 하느님의 대의(大義)야. 나는 그대를 하느님의 깃발 밑으로 달려오기를 바라는 거예요. 어정쩡한 충성 같은 건 하느님의 대리(代理)로서 받아들일 수 없어요. 완전한 충성이라야 하는 거요."

"아! 제 마음은 하느님께 바치겠어요." 나는 말했다. "당신에게는 마음은 필요 없으니까요."

독자여, 내가 이 말을 할 때의 말투나 거기에 따른 감정에도 조금의 비꼼이 깃들어 있지 않았다고는 말할 수 없다. 이때까지 내가 속으로 세인트 존을 두려워하고 있었던 것은 그 사람에 대해서 잘 몰랐기 때문이다. 그에게 경외(敬畏)의 마음 품고 있었던 것은 그가 알 수 없는 인물이었기 때문이다. 그가 어디까지 성자(聖者)인가, 어디까지 살아 있는 인간인가 이제까지 알 수 없었다. 그러나 이번의 만남에서 여러 가지 일이 명백해졌다. 그의 성격이 눈앞에서 분석되어 갔다. 그도 또한 잘못을 면할 수 없다는 것을 알았다. 나는 그의 잘못을 이해할 수 있었다. 나는 이 히스의 둑 위에서 그의 아름다운 모습을 보면서 나와 마찬가지로 잘못을 저지른 사람의 발 아래에 앉아 있다는 것을 깨달은 것이다. 그의 냉철함과 완고함을 덮고 있던 모든 것이 미끄러져 내려왔다. 이런 소질이 그의 내부에 존재하고 있다는 것을 느끼고, 그가 불완전하다는 것을 느끼고 용기를 북돋았다. 나의 상대는 대등한 인간, 정면으로 토론을 할 수 있는 인간인 것이다. 내가 옳다고 생각하면 저항할 수 있는 것이다.

내가 마지막 말을 한 뒤 그는 아무 말도 안 했다. 이윽고 나는 마음을 단단히 먹고 눈을 들어 그의 표정을 살폈다. 나에게로 향한 그의 눈은 심한 놀람과 찌르는 듯한 의심의 표정을 나타내고 있었다. '나를 비꼬고 있는 건가,

나라는 사람을 비꼬고 있는 건가! 도대체 이건 무슨 뜻인가?' 그의 눈은 이렇게 말하고 있었다.

"이것이 엄숙한 문제라는 것을 잊어버리지 않도록 합시다." 이윽고 그는 말했다. "경솔하게 생각하거나 말해서는 죄를 짓는 일이 될지도 모릅니다, 제인이 하느님에게 마음을 바치겠다고 말했을 때 진지한 기분으로 그렇게 말했다고 나는 믿어요, 제인. 그것이야말로 바로 내가 원하는 바요. 제인의 마음을 인간으로부터 떼어 내어 창조주에 바친다면 지상에서의 하느님의 나라의 발전이 바로 당신의 커다란 즐거움이 되고, 목표가 될 거요. 그 목적에 이르는 길을 나아가기 위한다면 무엇이든지 착수할 준비가 당신에게는 되어 있을 거요. 결혼에 의한 우리의 몸과 정신의 결합에 의해서 당신과 나의 노력에도 박차가 가해진다는 것을 알 수 있을 거요. 이 결합이야말로 인간의 운명과 인간이 그리는 구상에 영원히 합치되는 성격을 주는 겁니다. 그리고 쓸데없는 변덕—사소한 곤란이나 감정의 미묘한 흔들림—다만 개인적인 취향의 종류·강도·집착 등에 대한 망설임은 모두 무시하고 지금 당장이라도 이 결합에 몸을 맡겼으면 해요."

"그렇게 될까요?" 나는 짧게 말하고 그의, 어디까지나 가지런하게 갖추어진 아름다운 얼굴을, 조용한 엄숙함 속에 무엇인가 무서운 것을 간직한 얼굴을 물끄러미 바라보았다. 위엄은 있지만 탁 트이지 못한 이마와 밝고 깊고 무엇을 찾아내려는 것 같지만 부드러움이라고는 전혀 느낄 수 없는 두 눈과, 키가 크고 당당한 체격을 바라보면서, 그의 아내가 될 나를 상상하였다. 아, 도저히 생각할 수 없는 일이다! 그의 조수로서, 동방의 태양 아래, 아시아의 사막에서, 그와 함께 고생을 해도 좋아. 그의 용기와 헌신과 활력을 칭찬하고, 그것을 본받고 묵묵히 그의 지배를 달게 받아들이고, 그의 끈질긴 야망에도 흔들림이 없이 미소를 지을 것이다. 기독교도인 그와 인간인 그를 구별하여 전자를 높이 평가하고 후자를 너그럽게 허락하리라. 이런 역할을 맡고 그를 따라가면 고생도 많이 할 것이다. 그러나 나의 몸은 엄중한 굴레에 매어 있어도, 마음과 영혼은 자유로울 수 있을 것이다. 아직은 고갈되어 있지 않은 자신에게 의존할 수 있을 것이다. 고독할 때에는 속박을 받지 않는 타고난 자유로운 감정을 토로할 수 있을 것이다. 나의 마음속에는 그도 절대로 들어올 수 없는 나만의 은신처가 있고, 거기에서 감정이 새로 살아나고,

안전하게 지켜지고, 그의 금욕적인 언행도 그것을 고갈시킬 수 없고 보폭을 맞춘 전사(戰士)의 행진에도 짓밟히는 일은 없다. 그러나 그의 아내가 되면 ―항상 그의 옆에 있어서 항상 구애되고 항상 억제되어, 나의 타고난 정열의 불이 끊임없이 마음 깊은 곳에서 불타도록 강요되어 갇혀진 불꽃이 안에 있는 내장이나 기관을 차례차례 태워가도 비명 하나 지를 수 없는―그런 일을 견딜 수 있을 리 없었다.

"세인트 존!" 내 안의 생각이 거기까지 이르렀을 때 나는 나도 모르게 외쳤다.

"뭐죠?" 그는 얼음처럼 차갑게 대답했다.

"거듭 말씀드리겠어요. 당신의 동료 선교사로서 가는 데에는 마음속으로부터 동의해요. 하지만 당신의 아내로서 가는 데에는 동의할 수 없어요. 당신과 결혼하여 당신의 분신이 될 수는 없어요."

"제인은 나의 분신이 되어야 해요." 그는 침착하게 말하였다. "그렇지 않으면 이 계약은 성립되지 않아요. 서른도 되지 않은 사나이인 내가 열아홉 살의 아가씨를 인도로 데리고 갈 수 있을까? 내가 그 아가씨와 결혼하지 않는 한은. 어떻게 하면 언제나 함께 있을 수가 있을까, 때로는 인가에서 멀리 떨어진 곳에서, 때로는 야만스러운 부족 속에서 결혼을 하지 않은 두 사람이 어떻게 함께 있을 수 있겠소?"

"그렇다면," 나는 이내 말했다. "그럴 경우에는 당신의 친동생처럼 행동하든가, 그렇지 않으면 당신과 마찬가지로 남성 목사처럼 행동하면 좋아요."

"제인이 내 친동생이 아니라는 것은 누구나 다 알고 있어요. 나는 제인을 내 친동생이라고 소개할 순 없어. 그런 짓을 하면 우리들 두 사람에게 불리한 의심을 사게 될 거야. 그리고 후자에 대해서는, 분명히 당신은 남성과 같은 정력적인 두뇌를 가지고 있지만, 마음은 여성이오. 게다가―잘 되어갈 이유가 없어요."

"할 수 있어요. 아주 훌륭하게요." 나는 조금 경멸하는 투로 잘라 말했다. "완벽하게. 저는 여성의 마음을 갖고 있지만 오빠에 대해선 가지고 있지 않아요. 오빠에 대해선 동료로서의 충성만을 지니고 있을 뿐이에요. 전우(戰友)의 솔직함, 우애라고나 할까요? 비의(祕儀)의 사제에 대해 순종하는 경의와 굴종, 그 이상의 것은 아니에요―걱정하실 건 없어요."

"그것이야말로 내가 바라는 바지." 그는 혼잣말처럼 말했다. "바로 내가 원하는 거야. 두 사람의 길에는 여러 가지 걸림돌이 있어요. 그걸 넘어뜨려야 해요. 제인, 나와 결혼해서 후회하지 않을 거요. 믿어 주어요. 우리는 무슨 일이 있어도 결혼해야 해요. 나는 그것을 거듭 말하겠어. 달리 길은 없어요. 그리고 틀림없이 결혼하면 제인의 마음에도 이 결합이 옳다고 여겨지는 충분한 애정이 생겨나게 될 거요."

"전 애정에 대한 오빠의 그런 생각을 경멸해요." 일어나서 바위에 등을 대고 그의 앞에 서면서 나는 이렇게 말하지 않을 수 없었다. "오빠가 내미는 허위의 애정을 경멸해요. 그래요, 세인트 존, 그런 것을 내미는 오빠를 경멸해요."

그는 나를 물끄러미 바라보았다. 바라보면서 잘 생긴 입술을 굳게 다물고 있었다. 화가 났는지, 놀랐는지, 또는 어떤 다른 일인지, 나는 알 수 없었다. 그는 얼굴빛을 마음대로 바꿀 수 있는 사람이니까.

"나는 제인에게서 그런 말을 들으리라고는 상상도 못했어." 그는 말했다. "나는 경멸을 받을 만한 행동도 말도 하지 않았다고 생각해."

나는 그의 부드러운 말투에 감동되고 그의 고상하고 침착한 태도에 위압을 느꼈다.

"용서하세요, 세인트 존. 하지만 제가 이런 경솔한 말을 나도 모르게 뱉은 것은 오빠 탓이에요. 우리의 성격으로서는 서로 용납할 수 없는 문제를 오빠가 꺼냈기 때문이에요. 우리 사이에서 결코 논의해서는 안 될 문제를. 사랑이라고 하는 말 그 자체가 우리 사이에서 불화를 가져오는 나무의 열매에요. 만일 우리가 서로 사랑해야 한다면, 도대체 어떻게 하면 될까요? 우리는 어떻게 느끼면 될까요. 사촌 오라버님, 결혼 계획은 제발 버려 주세요—잊어 주세요."

"안 돼." 그는 말했다. "이것은 오랫동안 마음속에 품고 있던 계획이야. 나의 커다란 꿈을 이룰 수 있는 유일한 길이야. 하지만 지금은 이 이상 귀찮게 굴지는 않겠어. 내일, 케임브리지로 가요. 거기에는 작별을 고해야 할 친구들이 많이 있어요. 2주일 동안 집을 비우게 돼요. 그 동안에 나의 제안을 잘 생각해 줘요. 만일 당신이 거부하면 그것은 나를 거부하는 게 아니라 하느님을 거부한다는 사실을 잊지 말도록. 하느님은 나를 중간에 세워서 당신에게 고결한 길을 열어 주시는 거예요. 나의 아내로서만 당신은 그 길로 들어설 수 있어요. 나의 아내가 되는 것을 거절한다는 건, 제인은 영원히 자기 본위의 안일한 길, 열매 없는, 이름도 없는 길을 의미할 뿐이야. 두려워해야 해요. '신앙을 버린 자로서, 불신자들보다도 더 나쁜 자들'의 축에 들어가지 않도록!"

그는 말을 끝냈다. 내게서 돌아서며 그는 다시 한 번—,

강가에서, 산을 바라보았다. (월터 스콧의 장시 '최후의 음유시인' 중 한 구절)

그러나 지금의 그의 감정은 모두 가슴속에 완전히 갇혀 있었다. 나는 그것을 들을 자격이 없는 것이다. 그와 나란히 집으로 돌아오면서, 그의 무쇠와 같은 침묵 속에 그가 나에 대해서 느끼고 있는 것을 분명히 읽어 냈다. 굴종을 기대하고 있었는데 격렬한 저항을 만난, 엄격하고 독선적인 성격이 맛보는 실망감—냉정하고 완고한 판단을 하는 사람이, 공감할 수 없는 감정이나 견해를 발견하고, 그것을 비난하는 기분. 요컨대 그는 남자로서 나를 힘으로써 굴복시키고 싶었던 것이다. 그는 오직 진지한 기독교도로서, 고집이 센 나를 참고 참아 반성과 회개의 시간을 충분히 갖는 것을 허용한 데에 지나지 않았다.

그날 밤, 그는 누이동생들에게 키스하고 나서 내게는 악수조차 하지 않았다. 그는 그것을 당연한 일이라고 생각한 것 같았다. 아무 말도 없이 방에서 나갔다. 나는—그를 사랑하는 마음은 없으나 우정은 다분히 있었으므로 그의 노골적인 무시에 마음이 아팠다. 눈에서 눈물이 났다.

"제인, 들판을 산책하다가 오빠하고 말다툼했지?" 다이애너가 말했다. "오빠 뒤를 따라가 봐요. 혹시 제인이 올까 하고 복도에서 서성대고 있을지도 몰라요. 화해하려는 걸거예요."

이 경우 자존심에 구애받을 내가 아니었다. 젠 체하는 것보다 마음이 편한 편이 낫다. 나는 그의 뒤를 쫓아갔다. 그는 층계 아래에 서 있었다.

"안녕히 주무세요, 세인트 존." 나는 말했다.

"잘 자, 제인." 그는 조용히 말했다.

"그럼 악수라도 해 주세요." 나는 말했다.

나의 손가락에 닿은 그의 손가락이 얼마나 차디차고 맥이 없었는가! 그는 그날의 일이 매우 불쾌해서 견딜 수 없었던 것이다. 정성을 담은 인사도 그의 마음을 부드럽게 할 수 없었고 눈물도 그의 마음을 움직일 수 없었다. 행복한 화해 같은 건 그에게는 바랄 수가 없는 것이었다―기운을 북돋우는 미소도, 너그러운 말도. 그러나 그래도 기독교도는 인내가 강하고 냉정했다. 그에게 용서를 빌자 그는 불쾌한 일은 언제까지나 고민하는 성격이 아니라고, 본디가 용서할 일도 아니고 따라서 감정을 해치고 있는 것도 아니라고 대답하였다.

이렇게 대답하자 그는 가 버렸다. 나를 한 대 쳐서 때려눕히기라도 했으면 얼마나 좋았을까 하고 나는 생각했다.

35

그 다음날 그는 가겠다고 말했던 케임브리지에 가지 않았다. 그는 일주일 동안 출발을 미루었다. 그 동안 내내 그는, 선량하지만 엄격하고, 성실하지만 집념 깊은 인간이, 자기를 불쾌한 꼴을 당하게 한 상대방에 대해서 어느 정도 가혹한 벌을 부과할 수 있는지를 나로 하여금 뼈저리게 느끼게 한 것이다. 적의를 나타내는 행동 하나, 책망하는 말 한 마디 없어도 내가 그의 관심에서 벗어나 있다고 하는 확신을 끈질기게 느끼게 한 것이다.

세인트 존이 기독교인에게 있어서는 안 될 복수심을 품은 것은 아니었다 ―비록 그렇게 할 힘이 있었다 해도 내 머리카락 하나 건드린 것은 아니었다. 그의 성격이나 믿음으로 보아 그는 복수라는 천한 욕구 등에는 사로잡히고 있지 않았다. 그를, 그의 애정을 경멸한다고 말한 나를 그는 용서하고 있었기는 했지만 그렇게 말한 나의 말은 잊고 있지 않았다. 우리가 살아 있는 한, 그는 결코 그 말을 잊지 않을 것이다. 그가 나를 되돌아볼 때 나와 그의 사이의 공간에 항상 그 말이 쓰여 있다는 것을 그의 표정으로 알 수 있는 것이다. 내가 이야기할 때에는 언제나 그 음성에 그 말이 울리는 것이 그의 귀에는 들리는 것이다. 그리고 그 메아리가 나에게 주는 그의 대답에 항상 섞이는 것이다.

그는 나와 이야기하는 것을 피하려고는 하지 않았다. 이제까지 대로 그는 매일 아침 책상을 향하는 그의 곁에 나를 불렀다. 그리고 그의 내부에 깃든 배덕자가, 겉으로 나타나 있는 순결한 기독교인에게는 전달할 수도 서로 나눌 수도 없는 어떤 종류의 쾌감을 맛보고 있었던 것은 아닐까? —표면상으로는 일단 평소와 다름이 없는 행동이나 이야기를 하면서, 이제까지는 그 언동에 가식 없는 매력을 더하고 있던 나에 대한 흥미나 칭찬을, 자기의 모든 행동으로부터 교묘하게 빼내는 것을 노골적으로 보이는 쾌감을 즐기고 있었던 것은 아닐까? 나에게 그는 이미 인간은 아니고 대리석이었다. 그 눈은 차갑게 빛나는 파란 보석, 그의 혀는 이야기를 하는 도구—그 이상의 것은 아니었다.

이런 모든 것은 내게는 고문이었다—정묘하고도 집요한 고문이었다. 그것은 분노의 불길을 부글부글 태우고 슬픔으로 괴로워하게 하여 나를 괴롭히고 짓눌렀다. 만일 내가 그의 아내였다면—이 선량한 사람, 햇볕이 닿지 않는 깊은 샘처럼 맑은 사람은, 나의 혈관으로부터 한 방울의 피도 빼지 않고 수정과 같은 자신의 양심에 죄악감이라고 하는 한 점의 얼룩도 남기지 않고 나를 당장이라도 죽일 수 있을 것이라고 생각하였다. 그의 기분을 어떻게든 누그러지게 만들려고 할 때 특히 그것을 느꼈다. 나의 슬픔에 응답해 주는 슬픔 같은 건 그 어디에도 없었다. 이 불화에 대해서도 그는 아픔도 느끼고 있지 않았다—화해하고 싶다는 생각도 없었다. 그리고 두 사람이서 얼굴을 숙이고 있는 책 위에 나의 눈물이 떨어지는 일이 여러 차례 있었는데 그의 마음은 돌이나 금속으로 되어 있는지 아무런 반응도 보이지 않았다. 한편, 누이동생에게는 여느 때보다도 더 상냥했다. 다만 냉정하게 하고 있는 것만으로는 내가 완전히 제외되고 관심 밖에 있다는 것이 나에게 충분히 전달이 안 된다는 듯 분명한 대비를 보인 것이다. 이것도 악의에서 나온 것이 아니라 그의 믿음이 그렇게 한 것만은 분명했다.

그가 출발하는 전날 밤, 해질 무렵에 정원을 걷고 있는 그의 모습을 우연히 보았다. 그를 보고 있는 동안에, 지금은 사이가 나빠진 이 사람이 한때 나의 생명을 구해 주고, 지금은 가까운 친척이라는 것을 생각하자 그와의 우정을 되돌리기 위해 최후의 노력을 하리라 하고 마음먹었다. 마당을 나가서 쪽문에 기대어 서 있는 그에게로 가까이 갔다. 나는 곧 본론으로 들어갔다.

"세인트 존, 저는 슬퍼서 견딜 수 없어요. 당신은 아직도 화를 내고 계신

걸요. 사이좋게 했으면 좋겠어요."

"사이좋게 하고 있지 않아요?" 그는 태연하게 대답하였다. 내가 가까이 갔을 때부터 바라보고 있던 떠오르는 달을 물끄러미 바라보고 있었다.

"아네요, 세인트 존. 우리들은 전 같은 친구는 아네요. 잘 아시면서."

"친구가 아니라고? 그건 잘못이야. 나는 제인에게 아무런 유감도 없고 모든 것이 좋게 되는 것을 바라고 있어요."

"그건 저도 믿어요, 세인트 존. 오빠는 남을 원망하는 분이 아닌걸요. 하지만 가족으로서, 당신이 남에게 보이는 것 같은 박애 같은 것보다 좀더 따뜻한 애정을 원해요."

"그렇겠지." 그는 말했다. "제인이 원하는 것도 당연해. 그러나 나는 제인을 절대로 남이라고 생각하고 있지 않아."

쌀쌀하고 조용하게 한 이 말은 굴욕적이고 뜻을 알 수가 없었다. 긍지와 분노가 하라는 대로 했다면 나는 이내 그의 곁을 떠났으리라. 그러나 나의 마음에 그런 감정보다도 더 강한 무엇인가가 작용하고 있었다. 나는 사촌오빠의 재능과 믿음을 깊이 존경하고 있었다. 그의 우정은 나에게 귀중한 것이었다. 이것을 잃는다는 것은 매우 괴로운 일이었다. 그것을 되돌리려는 노력을 그렇게 쉽사리 버리고 싶지 않았다.

"이렇게 우리들은 헤어져야만 하나요, 세인트 존? 오빠가 인도에 가실 때까지 이런 식으로 저를 놔두고 가시려는 겁니까? 이제까지 이상으로 친절한 말씀을 건네지도 않고."

그때 그는 달에서 눈을 떼고 나에게로 돌아섰다.

"제인을 놔두고 인도로 간다고, 제인? 그게 무슨 말이야! 그럼 제인은 인도에 가지 않는다는 건가?"

"오빠와 결혼하지 않는 한 저는 가지 못한다고 말씀하셨어요."

"그럼 나와 결혼을 안 한단 말인가? 그래 제인은 그 결심을 고집하겠다는 거로군?"

독자여, 여러분은 나처럼 알고 있을까? 이렇게 냉혹한 사람들이 그들의 얼음 같은 물음 속에 얼마나 큰 위협을 간직하고 있는가를? 그들의 노여움이 얼마나 처참한 눈사태를 일으키는 것인지, 그들의 분노 속에 얼어붙은 바다라도 깨뜨리는 무시무시한 힘이 얼마나 깃들어 있는가를 여러분께서는 알 수 있을까?

"네, 세인트 존, 저는 오빠와 결혼 안 해요. 제 결심은 변함이 없어요."

눈사태는 흔들려 조금 미끄러졌으나 아직 무너져 내리지는 않았다.

"다시 묻지만 왜 거절을 하는 거지?"

"전에는," 나는 대답했다. "오빠가 저를 사랑하지 않으셨기 때문이에요. 지금은 이렇게 대답하겠어요. 오빠는 저를 미워하고 있다고 해도 좋기 때문이에요. 오빠와 결혼하게 되면 오빠는 저를 죽일 거예요. 지금도 죽이려고 하시는걸요."

그의 입술과 뺨은 파랗게 변했다.

"내가 제인을 죽인다고? 이미 내가 제인을 죽이려 하고 있다고? 그런 말은 입에 담지도 못할 말이지. 난폭하고 여자답지 않은 불성실한 말이야. 비참한 마음의 상태가 잘 나타나 있어. 엄한 힐책을 받아 마땅해. '일흔 번씩 일곱 번을' 우리 형제를 용서하는 것이 인간의 의무라지만, 그렇지가 않다면 도저히 용서할 수 없는 말이야."

나의 일은 이제 끝나고 있었다. 내가 준 모욕을 그의 마음으로부터 지워 버리겠다고 필사적으로 원하고 있었는데, 그의 집요한 마음속에 훨씬 큰 낙인만을 찍어 버리고 만 것이다.

"이젠 정말 저를 미워하시겠죠." 나는 말했다. "오빠의 마음을 가라앉히려고 한 것은 아무 소용이 없는 일이군요. 저는 오빠의 영원한 적이 되고 말았어요."

이 말은 또 하나의 새로운 상처를 주고 말았다. 진실을 찔렀으므로 더욱 그랬다. 핏기 없는 입술은 잠시 경련을 일으켰다. 자신이 불러일으킨 강철 같은 강한 분노를 나는 눈앞에 보았다. 나는 가슴이 쥐어짜이는 것 같았다.

"오빠는 제 말을 전적으로 오해하고 계세요." 나는 곧 그의 손을 잡고 말했다. "저는 오빠를 슬프게 하거나 괴롭혀 드릴 마음은 조금도 없어요. 정말 그런 마음은 없어요."

그는 쓰디쓴 미소를 지었다. 그리고 단호하게 손을 뺐다. "그럼 약속을 취소한다는 거군. 인도에 갈 생각은 없다고?" 그는 한참 만에 말했다.

"아니에요, 가겠어요. 오빠의 조수로." 나는 대답했다.

꽤 오랜 침묵이 흘렀다. 그 사이 그의 마음속에서 천성과 덕성 사이에 어떤 상극이 있었는지 나는 모른다. 다만 이상한 빛이 그 눈에 번뜩이고 기묘한 그늘이 그의 얼굴을 스치고 지나갔다. 그는 마침내 입을 열었다.

"전에도 설명한 바와 같이 제인과 같은 나이 또래의 독신 여자가 나와 같은 독신자와 해외에 동행하는 건 비상식적인 일이오. 나로서는 당신이 두 번 다시 그런 제안을 하지 않게 하려는 생각으로 제대로 설명을 했어요. 그런데도 또다시 그런 제안을 한다는 것은 유감스러운 일이야—제인을 위해서."

나는 그의 말을 가로막았다. 이런 명백한 비난에 대해서는 이내 용기가 솟았다.

"양식(良識)에 따라 주세요, 세인트 존. 당신은 어리석은 말을 하고 계세요. 제가 한 말에 놀란 척하고 계세요. 사실은 놀라고 있지 않으시면서. 왜냐하면 그렇게 뛰어난 머리를 가지신 분이라면 제 말의 뜻을 오해할 정도로 둔할 리가 없고 자만에 빠져 있을 리도 없어요. 다시 한 번 말씀드리겠어요. 만일 좋으시다면 당신의 부목사가 되겠습니다. 하지만 아내는 절대로 되지 않겠습니다."

다시 그의 얼굴은 납덩어리처럼 해쓱해졌다. 그러나 이번에도 격렬한 감정은 완전히 억제하고 있었다. 그는 말투를 강하게 하기는 했지만 침착하게 대답하였다.

"나의 아내가 아닌 여자 부목사는 거부합니다. 나와 함께 당신은 갈 수 없다는 겁니다. 그러나 당신이 마음속으로부터 제의하는 것이라면 런던에 있는 동안에 여자가 보좌역을 맡고 있는 기혼 선교사에게 말을 해 보겠습니다. 당신 정도의 재산이 있으면 전도협회의 도움이 없어도 해 나갈 수 있을 것입니다. 그렇게 되면 행동을 같이 하겠다고 약속한 동료를 버렸다고 하는 당신의 불명예도 용서될 겁니다."

독자도 알고 있는 바와 같이 나는 정식 약속을 한 것도 아니고 계약을 한 것도 아니다. 이 경우, 불명예 등과 같은 말은 너무나도 엄격하고 독단적이었다. 나는 이렇게 대답했다.

"이 경우, 불명예니, 약속을 어겼느니, 배신했느니 하는 것이 이 문제엔 아무 관계가 없어요. 저는 인도에 가야한다는 의무는 전혀 없어요. 특히 남과 같이 갈 의무 같은 것은. 당신과 함께라면 용기를 내어 가 볼까 해요. 당신을 존경하고 믿고 있기 때문입니다. 그리고 누이동생으로서 당신을 사랑하고 있는 걸요. 하지만 언제 그 누구와 같이 간다고 해도 그 기후로는 오래 살 수 없을 것 같아요."

"아! 제인은 자기 자신을 염려하고 있군." 그는 입술을 일그러뜨렸다.

"그래요. 하느님께서 쓸데없이 내던져버리는 생명을 주신 건 아니니까요. 오빠 소원대로 따른다는 것은 자살하는 것과 다름없다는 생각이 점점 들어요. 게다가 영국을 떠날 결심을 굳히기 전에, 여기를 떠나는 것보다 여기에 머무는 편이 훨씬 좋지 않을까, 그것을 확인하고 싶어요."

"그건 무슨 뜻이지?"

"설명을 해도 소용없을 거예요. 하지만 제가 오랫동안 불안하게 생각하고 가슴 아파해 온 일이 있어요. 그 불안이 그 어떤 방법으로 제거될 때까지는 아무데도 갈 수 없어요."

"제인의 마음이 어디로 향하고 있는지, 뭣에 집착돼 있는지 나는 알고 있어요. 무엇에 집착하고 있는가도. 제인이 품고 있는 관심은 법에 어긋나고 하느님이 용서하실 수 없는 거예요. 먼 옛날에 그런 것은 짓눌러 버렸어야 했어. 지금 새삼스럽게 그런 일을 입 밖에 내는 것은 부끄러운 일이야. 당신은 로체스터 씨를 생각하고 있는 거지?"

그대로였다. 침묵에 의해서 그렇다고 고백했다.

"로체스터 씨의 행방을 알려고 하는 거요?"

"그분이 어떻게 되셨는지 알아봐야 해요."

"그렇다면 나에게 남겨진 일은," 그는 말했다. "기도 속에 당신의 이름을 넣어 당신이 하느님의 버림을 받지 않도록 오직 기도하는 일뿐이에요. 당신 안에 하느님이 선택하신 것을 보았다고 생각했는데. 그러나 '하느님이 보는 바는 사람이 보는 것'과 다를 거요. 하느님의 뜻은 이루어집니다."

그는 쪽문을 열고 골짜기 쪽으로 내려갔다. 곧 그의 모습은 보이지 않게 되었다.

객실로 되돌아가자 다이애너가 창가에 서서 무엇인가를 생각하고 있는 것 같았다. 다이애너는 나보다 훨씬 키가 컸다. 한손을 나의 어깨에 얹고 몸을 숙이고 내 얼굴을 들여다보았다.

"제인." 그녀는 말했다. "요즈음 당신은 줄곧 해쓱한 얼굴로 초조해 하고 있군요. 무엇인가 문제가 있죠? 세인트 존과 무슨 일이 생겼는지 내게 얘기

좀 해 봐요. 지난 반 시간 동안 나는 창에서 당신을 바라보고 있었어요. 몰래 엿본 것을 용서해 줘요. 하지만 난 오랫동안 무엇인가 터무니없는 상상을 하고 있었어요. 세인트 존은 좀 이상한 사람이에요."

그녀는 입을 다물었다—나는 잠자코 있었다. 이윽고 그녀는 말을 이었다.

"오빠는 제인에게 무슨 생각을 갖고 있어요. 오랫동안 다른 그 누구에게도 나타낸 일이 없는 관심을 가지고 당신을 주목하고 있었어요—무슨 목적이 있어서 그럴까? 오빠가 제인을 사랑하고 있는 거라면 좋은데—사랑하고 있을까, 제인?"

나는 그녀의 차가운 손을 나의 뜨거운 이마에 얹었다.

"아냐, 다이애너, 조금도."

"그렇다면 왜 오빠는 당신으로부터 눈을 떼지 않을까. 게다가 늘 제인을 곁으로 부르고, 두 사람만이 있고 싶어 할까? 메리와 나는, 오빠가 당신과 결혼하고 싶어 한다는 결론을 내렸어."

"그래요, 나더러 아내가 돼 달라고 말씀하시더군요."

다이애너는 손뼉을 쳤다. "그거야말로 우리들이 원했고 생각했던 건데……그래 오빠와 결혼해요, 제인. 그렇게 되면 오빠는 영국에 머물러 계시게 될 거야."

"어림도 없어요, 다이애너. 제게 청혼을 하신 건 다만 인도에서 할 일을 위해 고생을 같이 해 줄 동료를 얻기 위한 거예요."

"뭐라고! 제인을 인도에 데리고 간다고?"

"그래요!"

"머리가 어떻게 됐어!" 그녀는 소리쳤다. "거기 가면 제인은 석 달도 살 수 없어요. 절대로. 가서는 안 돼요. 승낙한 것은 아니겠죠, 제인?"

"결혼은 거절했어요."

"그래서 오빠가 화가 난 거군요?"

"아주 굉장히. 오빠는 절대로 나를 용서해 주시지 않을 거예요. 하지만 누이동생으로서는 같이 가겠노라고 했어요."

"그건 정말 어리석은 말이에요, 제인. 제인이 맡을 일을 생각해 봐—고생 투성이예요. 피로 때문에 제아무리 건강한 사람도 죽어 버리는데, 제인은 몸이 약해요. 세인트 존은—잘 알겠지만—제인에게 무리한 일을 강요할 거예요. 오빠와 함께 있으면 대낮의 뜨거운 시간에도 쉬지 못하게 할 거야. 더구나 내가 보기엔 제인은 오빠가 강요하는 것이라면 무엇이든지 해 버릴 사람이에요. 제인이 오빠의 구혼을 거절할 용기가 났다니 참 놀라워. 그럼, 오빠를 사랑하고 있지는 않는 거야, 제인?"

"남편으로서는."

"하지만 오빠는 미남이야."

"그렇지만 나는 이렇게 못생겼는걸. 다이애너, 아무래도 두 사람은 어울리지 않아요."

"못생겼다니! 제인이? 천만에. 제인은 너무 아름답고 너무 착해요. 캘커타에서 산 채로 타 죽다니 어림없는 일이야." 그녀는 내가 그녀의 오빠와 함께 국외로 가는 일은 깨끗이 단념해 버리라고 또 간곡히 타일러 주었다.

"정말, 단념해야겠죠?" 나는 말했다. "방금 그분의 부목사로서 일하겠다는 제의를 되풀이한 참이었지만, 내가 불성실하다고 매우 놀라셨어요. 결혼도 하지 않고 함께 가자고 하니 온건치 못한 언동이라고 생각하고 있는 것 같아요. 나는 그분이 나의 오빠가 되어 주었으면 좋겠다고 생각하고 있었고, 평소부터 오빠로 생각해 왔는데."

"어떻게 해서 오빠가 제인을 사랑하고 있지 않다고 생각해요, 제인?"

"그건 오빠한테서 들어 보시는 게 좋을 거예요. 결혼을 바라고 있는 것은 자기가 아니라 자기 임무라고 되풀이해서 말씀하고 계셨으니까요. 난 노동을 위해서 만들어진 사람이라고 말씀하셨어요—사랑이 아니라. 분명히 그건 사실이에요, 하지만 내가 보기에는 내가 사랑을 위해 만들어진 것이 아니라면 결국 결혼을 위해서 만들어진 것이 아니라는 것도 되죠. 묘한 이야기가 아니겠어요? 다이애너, 나를 편리한 도구로밖에 보고 있지 않은 사람에 한평생 매어 있다는 것이?"

"그건 참을 수 없는 일이야—부자연스럽고—문제가 되지 않아요!"

"지금은 그분에게 누이동생으로서의 애정밖에 가지고 있지 않지만 만일 억지로 세인트 존의 아내가 된다면 그분에 대해서 꼼짝 못하는, 기묘하고 괴로운 애정을 품게 되지 않을까? 왜냐하면 많은 재능이 있고 그 표정·태도·이야기에는 영웅과 같은 위엄이 있으니까 말야. 그렇게 되면 나의 운명은 말할 수 없이 비참해질 것 같아요. 존은 내가 자기를 사랑하기를 원치 않아요.

만일 내가 애정을 표시하면 그런 건 자기에게는 필요 없는 것이다, 귀찮은 것이다, 나에게는 어울리지 않는 것이다는 것을 내가 깨닫게 할 거야. 틀림없이 그래요."

"하지만 세인트 존은 좋은 사람이에요." 다이애너는 말했다.

"좋은 분이고 훌륭한 분이에요. 하지만 그분은 자신의 큰 목적을 추구하여 보잘것없는 사람들의 감정이나 하고 싶은 말들을 사정없이 잊어버리시는 걸요. 그러니까 예사 사람들은 방해를 하지 않는 것이 좋아요. 그렇지 않으면 그분은 가는 길에 있는 것을 짓밟고 가요. 아, 오셨어요! 난 가 보겠어요, 다이애너." 그가 정원으로 들어서는 걸 보고 2층으로 올라갔다.

그러나 나는 저녁 식사 때 아무래도 그와 얼굴을 맞대지 않을 수 없었다. 식탁에서는 여느 때와 같이 침착하게 보였다. 그는 내게 말을 건네지는 않을 것이고 결혼 계획을 추진하는 일은 단념했으리라고 믿었다. 그러나 결국 이 두 가지 일에 대해서 나는 잘못 생각하고 있었다는 것을 알았다.

그는 평소대로의 태도라고 할까, 요즈음에는 그것이 보통이었는데—새삼 정중하게—내게 말을 건네 왔다. 내가 북돋은 노여움을 가라앉히기 위해 성령에게 힘을 빌려 달라고 기도했음에 틀림없었다. 아무래도 나를 다시 용서해 준 것 같았다.

기도 전의 저녁 성경 봉독으로 그는 요한 계시록 21장을 골랐다. 그의 입에서 흘러나오는 성경 말씀에 귀를 기울인다는 건 언제나 즐거운 일이었다. 이제까지 한 번도 그의 목소리가 이토록 부드럽고 낭랑하게 들린 일은 없었다—하느님의 말씀을 전하는 그의 태도의 거룩함과 순박함이 이토록 가슴에 와 닿은 적은 없었다. 오늘 저녁 그 목소리는 여느 때 못지않게 엄숙하고, 그 태도는 여느 때 못지않게 감동적이었다. 그는 가족들의 중심에 앉아 (5월의 달빛이 커튼이 없는 창문으로 비쳐 들어와 테이블 위의 촛불은 필요 없을 정도였다), 부피가 큰 성경에 몸을 기울이고 그 책장에 그려진 새로운 하늘과 새로운 땅의 모습을 말하고—'하느님은 사람과 함께 살고, 사람의 눈물을 모조리 닦아주시는 도다, 앞으로는 죽음도 없고 슬픔도 애통도 고통도 없을지어다. 앞의 것은 이미 지나갔으니'하고 말하였다.

그가 말한 그 다음의 말들에 나는 이상한 전율을 느꼈다. 이런 말을 할 때의, 말로 나타낼 수 없는 음성의 변화로 그의 눈이 나를 향한다는 것을 느끼자 더더욱 몸이 떨렸다.

"이기는 자는 이것들을 유업으로 얻으리라. 나는 저희 하느님이 되고 그는 내 아들이 되리라. 그러나" 하고 여기서부터 천천히 뚜렷한 어조로 변했다. "두려워하는 자들과, 믿지 아니하는 자들과……불과 유황으로 타는 못에 참예하리니 이것이 둘째 사망이라." _(〈요한 계시록〉
21장 7·8절)

이로써 나에게 어떤 운명이 기다리고 있는가를 세인트 존이 두려워하고 있는 것을 알았다.

이 장의 마지막, 장엄한 한 구절의 낭독에는 조용하고 억제된 승리감이 넘치고 있었다. 봉독하는 사람은 그 이름이 이미 '어린 양의 생명록'에 기록되었다고 믿고 있었다. 그리고 '땅 위의 왕들이 자신들의 영광과 명예를 가지고 성에 들어가도록 허락될 날을 고대'하고 있었다. '그 성은 해나 달의 비침이 필요 없고, 하느님의 영광을 밝히고 어린 양이 그 등불'이었다.

이 장에 이어지는 기도에 그는 온갖 힘을 쏟아부었다. 그의 처참한 열정이 눈을 떴다. 그는 온힘을 집중하여 하느님에게 기도하고 승리를 다짐하였다. 약한 자를 위해 힘을 달라고 기도하였다. 무리를 떠나 헤매는 자들을 인도하고 비록 현세와 육(肉)의 유혹에 끌려 좁은 문으로부터 벗어난 자도, 최후의 순간에라도 영혼의 목자에게로 되돌아오게 해 달라고 기도하였다. 그는 '불 붙는 가운데에서 빼낸 나무 조각 같은' _(〈아모스〉
4장 11절) 은총을 빌고, 그것을 구했다. 진지한 기도는 항상 엄숙하다. 그 기도에 귀를 기울이고 있을 때 나는 처음에는 그의 진지한 자세를 의심하고 있었다. 기도가 이어지고 열의가 높아짐에 따라 나는 그의 열의에 감동되어 마침내 두려움을 느꼈다. 자신의 목적은 위대하고 옳다고 그는 마음속으로부터 믿고 있었다. 그가 호소하는 말을 들은 사람도 또한 그렇게 느끼지 않을 수 없었다.

기도가 끝나자 우리들은 그에게서 떨어졌다. 그는 다음날 아침 일찍 출발할 예정이었다. 다이애너와 메리는 그에게 키스를 하고 방을 나가 버렸다. 그가 뭐라고 말하고 그것에 따른 것 같았다. 나는 손을 내밀어 여행이 무사하기를 빈다고 말했다.

"고마워, 제인. 전에도 말한 바와 같이 케임브리지로부터 2주일 후에 돌아와요. 그러니까 그때까지 다시 한 번 생각해 봐요. 인간의 긍지에 귀를 기울이면 더 이상 제인에게 결혼 얘기를 해서는 안 되는 것을 알 수 있어요.

그러나 나는 의무에 귀를 기울이고 모든 것은 하느님의 영광을 위해 한다고 하는 나의 첫 번째 목적을 똑바로 바라보지 않으면 안 돼요. 나의 주는 인내심이 깊은 분입니다. 따라서 나도 인내할 작정입니다. 제인을 '진노의 그릇'(로마서 9장 22절)으로서 파멸시킬 수는 없어요. 회개하고 결심해요. 아직 시간이 있는 동안에. 알겠어요? '때가 아직 낮이매 나를 보내신 이의 일을 우리가 하여야 하리라. 밤이 오리니 그때는 아무도 일할 수 없느니라'(요한복음 9장 4절)고 타이르고 계시다는 것을 잊지 말아요. '살아 있는 동안에 그대의 좋은 물건을 받은 부자'의 운명을 잊어서는 안 돼요. 하느님은 당신에게 '좋은 편을 택하였으며 빼앗기지 아니하리라'(누가복음 10장 42절)라는 것을 잊지 않도록!"

이 마지막 말을 하면서 그는 내 머리에 손을 얹었다. 그는 온건하게, 그러나 성의를 다해서 부드럽게 말했다. 그의 얼굴은 사랑하는 사람을 보고 있는 사람의 눈이 아니었다. 길을 잃고 헤매는 양을 불러들이려는 목자의 얼굴이었다. 좀더 좋게 말한다면 지켜보지 않으면 안 되는 영혼을 지켜보는 수호천사의 얼굴이었다. 정이 깊은 사람이든 아니든 재능이 뛰어난 모든 사람들은, 그가 광신자이든, 큰 희망을 품는 사람이든, 독재자이든—만일 그들이 진지하다면—숭고한 빛을 보이는 순간이 있는 법이다. 그럴 때 그들은 남을 복종시키고 정복하는 것이다. 나는 세인트 존에게 존경의 마음을 느꼈다. 존경의 마음은 너무나 격렬하여 그 격렬한 기세로 나는 이제까지 줄곧 피해 오던 곳으로 단번에 밀리고 말았다. 그와 다투는 것을 그만두리라는 생각이 들었다. 그의 의지의 격류에 밀려가서 그라는 존재의 깊은 바다 속에 빠져서 거기서 자기를 잃어버리고 싶은 마음이 들었다. 한때 다른 사람에 의해서 다른 형태로 붙잡혔던 것처럼, 지금은 또 그에 의해서 꼼짝 못하게 잡히고 말았다. 어느 경우나 나는 어리석었던 것이다. 그때 굽혔더라면 신념을 못 지킨 과실을 범했을 것이고 이번에 굽히면 판단을 그르치는 과오를 범하게 될 것이다. 이렇게 해서 지금 세월이라고 하는 시간 간극을 통해서 그 위기를 되돌아보면 그렇게 생각하지만, 그때의 나는 나의 어리석음을 알아차리지 못했던 것이다.

나는 성직자의 손아래에서 꼼짝 못하고 있었다. 나의 갖가지 거부는 잊혀지고, 나의 두려움은 극복되고, 나의 몸부림은 힘을 잃었다. 불가능한 일—즉, 세인트 존과의 결혼—이 급속히 가능해지려 하고 있었다. 모든 것이 눈

깜짝할 사이에 변하고 말았다. 신앙이 부르고 천사가 손짓하고 하느님이 명령을 내렸다. '생명은 두루마리처럼 말려라'라고―죽음의 문이 열리고 그 저편의 영원이 모습을 나타냈다. 거기에서의 평안과 지복(至福)을 위해서라면 모든 것을 일순간에 희생시켜도 좋을 것처럼 생각되었다. 어두운 방은 환상으로 넘쳐 있었다.

"지금 결심을 할 수 있습니까?" 선교사는 물었다. 그 물음은 부드러운 어조였다. 그는 부드럽게 나를 끌어당겼다. 아, 그 상냥함! 힘보다도 그 얼마나 강한 것인가! 나는 세인트 존의 분노엔 저항할 수 있었다. 그의 상냥함에는 나는 갈대처럼 유순했다. 그래도 나는 알고 있었다. 만일 여기서 굽히면 앞서의 반역을 언젠가 후회할 때가 올 것이라는 것을. 단 한 시간의 엄숙한 기도로 그의 성격이 변할 리가 없다. 한때 고양(高揚)되었을 따름이다.

"확신을 가질 수만 있다면 결심할 수 있지만," 나는 대답했다. "당신과 결혼하는 것이 하느님의 뜻임을 확신할 수 있으면 지금 여기에서 당신과 결혼을 맹세할 수 있어요. 나중엔 어떻게 되든지!"

"내 기도는 보답되었어!" 세인트 존이 갑자기 외쳤다. 그는 자기 것이라는 듯이 손으로 내 머리를 더욱더 강하게 눌렀다. 그리고 나를 사랑하고 있다고 말하기라도 하는 것처럼 그 팔로 나를 안았다. (말하기라도 하듯이―라고 내가 말하는 것은 나에게는 그 차이를 알 수 있기 때문이다―사랑을 받는다는 것이 어떤 일인가, 나는 알고 있었던 것이다. 그러나 지금 나는, 그와 마찬가지로, 사랑 같은 건 문제가 아니라 의무만을 생각하고 있었다.)

나는 마음속의, 구름으로 가려진 희미한 환상과 싸웠다. 나는 마음속으로부터 깊이, 불타는 생각으로 올바른 일을 하고 싶다고 생각하였다. 올바른 일만을. "가르쳐 주소서. 제가 갈 길을 가르쳐 주소서!" 나는 하느님께 간구하였다. 나는 전에 없이 흥분하고 있었다. 다음에 일어난 일이 흥분의 결과였는지는 독자 여러분의 판단에 맡길 수밖에 없다.

집 안은 조용했다. 세인트 존과 나 외에는 모두 침실로 들어간 것 같았다. 단 하나의 촛불이 꺼져 가고 있었다. 방안에는 달빛이 넘쳐 있었다. 내 심장은 고동쳐서 그 소리가 들리는 것 같았다. 갑자기 그것이 조용해지더니 말할 수 없는 감정이 가슴을 꿰뚫어 이내 머리로부터 온몸으로 퍼졌다. 그 감정은 번개같은 것은 아니었지만 매우 날카로운, 매우 이상한, 놀랄 만한 것이었다. 그것은 나의 오감(五感)에 강하게 작용하였다. 이제까지 있는 힘을 다해서 활동하고 있었을 오감이 마비라도 된 것처럼. 오감은 그 마비상태로부터 깨어났다. 오감은 무엇인가를 기대하고 일어났다. 눈과 귀가 기다리고 살이 뼈 둘레에서 부들부들 떨렸다.

"무슨 소리가 들렸소? 무엇인가가 보여요?" 세인트 존이 물었다. 아무것도 보이지 않았다. 그러나 어딘가에서 외치는 소리를 들은 것이다.

"제인! 제인! 제인!" 그것뿐이었다.

"오오, 하느님! 저것은 무엇일까요?" 나는 허덕이듯이 말하였다.

"저것은 어딜까요?" 하고 물었을지도 모른다. 방 안에서 들린 것이 아닌 것 같았다. 이 집 안에서—뜰에서—들린 것은 아닌 것 같았다. 하늘에서 들린 것도 아니고 땅 아래에서 들린 것도 아니고 머리 위에서 울린 것도 아니었다. 그러나 분명히 들렸던 것이다. 도대체 어디에서 들린 것인가? 알 길이 없었다! 인간의 소리였다! 낯이 익은, 그리운, 결코 잊을 수 없는 목소리—에드워드 페어팩스 로체스터의 목소리. 그 소리는 고민에 가득 차고 거칠고 으스스하며 절박한 어조였다.

"가겠어요!" 나는 소리쳤다. "기다려 주세요! 아아, 가고말고요!" 나는 문으로 달려가 복도를 살펴보았다. 캄캄했다. 나는 뜰로 뛰어나갔다. 거기에는 아무것도 없었다.

"어디 계세요?" 나는 소리쳤다.

마시 골짜기 저편의 언덕에서 희미하게 메아리쳐 왔다. "어디 계세요?" 귀를 기울였다. 바람은 전나무 숲에서 살며시 한숨짓고 있었다. 둘레에는 황야의 적막과 한밤의 고요뿐이었다.

"미신이여, 물러가라!" 대문 옆의 검은 주목나무 옆에서 검게 솟아오른 환상을 향해 말하였다. "이것은 너의 환상술도 아니고 요술도 아니다. 그것은 '자연'의 작용이다. '자연'이 눈을 뜨게 하고 최선을 다한 데에 지나지 않은 것이다—기적은 아냐."

나는 말리려고 뒤에서 따라온 세인트 존의 손을 뿌리쳤다. 지금이야말로 내가 우위에 설 차례이다. 힘이 넘쳤다. 질문이나 설교는 삼가 달라고 그에게 말하였다. 떨어져 있어 달라고 그에게 부탁하였다. 나는 혼자 있지 않으면 안 된다. 혼자 있고 싶은 것이다. 그는 이내 내말에 따라주었다. 분명히

523

명령하는 힘이 있는 곳에는 반드시 순종이 있었다. 나는 나의 방으로 올라가 문을 잠그고 무릎을 꿇고 내 나름의 기도를 올렸다. 세인트 존의 기도와는 달라도 나름대로의 효과는 있었다. 나는 성령 바로 옆까지 간 것 같은 기분이 들었다. 나의 영혼은 너무나 감사한 나머지 그 발 아래에 엎드려 버리고 말았다. 일어나서 감사의 기도를 드리고 결의를 굳히고 빛을 발견하고 두려움 없이 자리에 누웠다. 오직 태양의 빛을 기다리면서.

36

아침 햇빛이 비쳐 들었다. 나는 새벽에 일어났다. 잠시 집을 비우는 동안 잠시 남기고 갈 것은 제대로 정리해 두고 싶었으므로 방안에 있는 것, 서랍이나 장롱 속에 있는 것을 두 시간쯤 들여서 치웠다. 그러는 동안 세인트 존이 방에서 나가는 기척이 났다. 그는 내 방문 앞에서 걸음을 멈췄다. 나는 그가 노크를 하지 않을까 하고 불안했다—그러나 한 장의 종이가 문 밑으로 들어왔다. 나는 그걸 집어 들었다. 거기에는 이런 말이 적혀 있었다.

　　어젯밤에는 갑자기 나가시더군요. 좀더 그곳에 있었더라면 그리스도의 십자가와 천사의 관(冠) 위에 손을 얹었을 겁니다. 2주일 후 돌아오면 나는 당신의 확실한 결심을 들을 수 있으리라고 생각합니다. 그 동안 '시험에 들지 않게 깨어 기도하라. 마음에는 원이로되 육신이 약하도다.' 당신을 위해 끊임없이 기도를 드리겠습니다.

당신의 세인트 존

'나의 영혼은' 하고 나는 속으로 대답했다. '옳은 일을 하고 싶습니다. 나의 몸은 하느님의 뜻이 확실히 나의 눈앞에 나타났을 때, 그것을 성취할 수 있을 정도로 강해야 한다고 생각합니다. 아무튼 그것은 이 의문의 구름에서 빠져나갈 길을 찾고 구하며, 확신이라고 하는 밝은 날을 찾아낼 정도로 셀 것입니다.'

6월 1일의 아침이었다. 그래도 아침나절에는 흐리고 으스스했다. 비가 세차게 창틀을 때리고 있었다. 현관문이 열리는 소리가 나더니 세인트 존이 나가는 기색이 들렸다. 창밖으로 내다보니 뜰을 가로질러 가는 그의 모습이 보였다. 위트크로스 방향으로 안개가 낀 황야를 넘어가고 있었다. 그곳에서 합승마차를 기다릴 작정인 것 같았다.

'앞으로 몇 시간이 지나면 나도 당신의 뒤에서 그 길을 가게 될 것입니다, 오빠' 하고 나는 생각했다. '나도 위트크로스에서 합승마차를 탑니다. 나에게도 만나고 싶은 사람이 있습니다. 영원히 이 땅을 떠나기 전에, 그 사람의 소식을 찾아 온 나라를 찾아다녀야 합니다.'

그러나 아침 식사 시간까지는 아직도 두 시간이 남아 있었다. 그 동안 나는 방안을 조용히 거닐면서 지금 내가 이런 계획을 생각해 낸 계기가 된 저 외침소리에 대해서 생각해 보았다. 그때 맛본 내부의 감동을 떠올려 보았다. 떠올림과 동시에 말로 다할 수 없는 그 불가사의한 느낌도 되살아났다. 내가 들은 그 목소리를 떠올려 보았다. 도대체 어디에서 들렸는가 하고 다시 물어 보아도 여전히 답을 얻을 수 없었다. 그것은 밖에서 들린 것이 아니라 나의 내부에서 들린 것처럼 여겨졌다. 그것은 단순히 신경의 장난이나 착각은 아니었는가 하고 자신에게 물어보았다. 그렇다고 생각할 수도 믿을 수도 없었다. 그것은 오히려 영감과 같은 것이 아니었는가? 불가사의한 충격과 같은 감정이 그때 바울과 실라(〈사도행전〉에 나오는 인물로 로마 식민지의 이교도들에게 선교를 하다가 필립비에서 감옥에 갇혔다.)의 감옥의 바탕을 뒤흔든 지진과 같이 닥쳐온 것이다. 그것은 영혼의 작은 방문을 열고 묶어 놓은 끈을 풀고 영혼을 눈뜨게 하고 영혼은 떨면서 벌떡 일어나 귀를 기울었다. 그것은 영혼을 통해서 나의 놀라는 귀에, 떨고 있는 심장에 세 번 외쳤다. 영혼은 두려워하지도 않고 떨지도 않고 번거로운 몸을 떠나서 허용된 단 한 번의 노력의 성과를 기뻐하는 듯이 흥분한 것이다.

"머지않아," 나는 명상을 그치고 이렇게 말하였다. "어젯밤 나를 부른 것 같은 그 목소리의 주인에 대해서 무슨 소식을 듣게 되겠지. 편지는 아무런 소용도 없었다— 직접 가서 알아보면 될 것이다."

아침 식사 때에 나는 다이애너와 메리에게 나도 여행을 떠날 작정이라는 것과 적어도 나흘 동안은 집을 비울 것이라고 알렸다.

"혼자서, 제인?" 그녀들은 물었다.

"오랫동안 마음에 걸리던 친구를 만나서 소식을 듣고 싶어서요."

두 사람은, 자기들 외에 달리 친구가 있었다고는 생각하지 않았다고 말해도 좋았다. 당연히 그렇게 생각하고 있었을 것이기 때문이었다. 분명히 나는 몇 번이고 그렇게 말해 왔으니까. 그러나 두 사람은 타고난 섬세한 마음씨로 그렇게 말하는 것을 삼간 것이다. 다이애너는 혼자 여행을 해서 몸이 괜찮겠느냐고 물었을 뿐이었다. 얼굴빛이 매우 나쁘지만 하고 말했다. 마음의 불안 외에는 아무런 지장이 없다고 나는 대답하였다. 그 불안도 이내 가벼워질 것이라고도.

그로부터의 준비는 편했다. 성가신 질문이나 이런저런 추측으로 번거로운 생각을 하지 않아도 되었기 때문이었다. 나의 계획에 관해서는 지금은 밝힐 수 없다고 설명하자 그녀들은 진심으로 내가 하려고 한 일을 묵인해 주었다. 같은 입장에 놓이면 나도 그녀들과 마찬가지로 행동의 자유를 주었을 것이다.

오후 3시에 나는 무어 하우스를 떠나 4시가 조금 지났을 때 위트크로스의 이정표 밑에 서서 멀리 손필드까지 타고갈 합승마차가 도착하기를 기다리고 있었다. 인기척이 없는 길과 황량한 언덕의 고요 속에서 멀리서 다가오는 마차 소리가 들려왔다. 1년 전 여름날 저녁 때, 바로 이곳에서 내가 내린 그 마차였다—그때는 희망도 없고 목적도 없이 얼마나 비참한 기분이었던가! 내가 손을 들자 마차는 멈췄다. 나는 마차에 올랐다. —지금은 찻삯으로 있는 재산을 다 내놓지 않아도 되었다. 다시 손필드로 향하는 길을 달리기 시작하자 나는 둥지로 돌아가는 전서구(傳書鳩)와 같은 기분이었다.

36시간의 여행이었다. 화요일 저녁에 위트크로스를 출발해서 목요일 아침 일찍 마차는 말에 물을 먹이기 위해 길가의 여관 앞에 멈추었다. 그 여관은 푸른 생울타리와 널따란 밭과 낮은 들판 위 언덕이 이어지는 풍경 한 가운데서(모튼의 내륙 북부의 황량한 황야에 비하면, 얼마나 아늑한 지형의 풍요로운 녹색의 땅일까!), 나의 눈에는 이전에 친했던 얼굴을 만난 것처럼 반가웠다. 그래, 나는 이 풍경의 기억이 있었다. 목적지에 도착한 것은 확실했다.

"여기서 손필드까지 얼마나 되나요?" 나는 여관의 마부에게 물었다.

"들판을 가로질러 가면 2마일도 채 안 돼요."

'여행은 끝났다'고 나는 생각하였다. 마차에서 내리자 나중에 찾으러 올 때까지 트렁크를 맡아달라고 마부에게 부탁하고 마차 삯을 치르고 마부에게 조금의 팁을 주고 나서 걷기 시작했다. 밝은 햇빛이 여관 간판을 눈부시게 비추고 있었다. 나는 금빛 가루로 쓰인 글자를 읽었다. '로체스터 암스'. 나의 가슴은 뛰었다. 이미 나는 주인의 영지(領地)를 밟고 있는 것이다. 그러나 마음은 다시 가라앉았다. 어떤 생각이 떠오른 것이다.

'너의 주인은 어쩌면 영국 해협을 건너갔는지도 모른다. 게다가 지금 네가 급히 가려하고 있는 손필드 저택에 주인이 있다고 해도 그의 곁에 있는 사람은 누구인가? 미친 아내이다. 너는 그와 아무런 관계도 없는 것이다. 그에게 말을 걸거나 그의 소재를 물을 용기는 없겠지. 너의 노력은 허사였다— 이 이상 가지 않는 것이 좋아.' 권고자는 독촉한다. '여관 사람에게 소식을 물어 봐라. 네가 알고 싶은 건 모두 알려 줄 것이다. 너의 의심을 당장 풀어 준다. 저 남자에게로 가서 로체스터 씨가 집에 있는지 물어보는 것이 좋아.'

그 제안은 당연한 일이었다. 그래도 그렇게 할 생각은 도저히 일어나지 않았다. 나는 절망으로 짓누르는 대답이 무서웠던 것이다. 의심스러운 마음을 뒤로 미루는 것은 희망을 연장하는 일이다. 다시 한 번 그 저택을 희망의 빛 아래에서 볼 수 있을지 모른다. 눈앞에 그 계단이 있었다—손필드를 도망친 그날 아침, 원한과 노여움에 쫓기면서 눈도 보이지 않고 귀도 들리지 않은 채 미친 듯이 달려갔던 들판이 있었다. 어느 길을 갈까 하고 채 정하기도 전에 나는 그 들판 안에 있었다. 얼마나 빨리 걸었는가! 얼마나 빨리 뛰었는가! 그 눈에 익은 숲을 한시바삐 보고 싶다고 얼마나 바랐는가! 본 일이 있는 나무들과 그 사이에 보이는 들판과 언덕의 그리운 풍경이 보였을 때 얼마나 기뻤던가!

마침내 숲이 나타났다. 땅까마귀가 까맣게 떼 지어 있었다. 까악 까악 하는 소리가 아침의 고요를 깨뜨렸다. 야릇한 기쁨이 나를 부들부들 떨게 만들었다. 나는 걸음을 더욱 재촉하였다. 들판을 다시 가로질렀다—오솔길이 굽이굽이 뻗어 있다—가운데 뜰과 담과 뒤채가 보였다. 저택 자체는 아직 땅까마귀의 둥지에 가리어져 있었다. '우선 저택 정면에서 보아야지' 하고 나는 마음먹었다. 그 으리으리한 흙벽이 곧 당당한 그 모습을 나타내게 될 것이다. 거기에서라면 주인님 거실을 찾을 수 있다. 그분은 창가에 서 계실는지도 몰라—일찍 일어나는 분이니까. 그렇지 않으면 과수원을 산책하고 계실지도 몰라. 아니, 정면의 돌길을 산책하고 계실지도 모른다. 한 눈으로라도 그분을 만날 수가 있으면—한 눈만이라도 좋아! 그때 나를 잃고 뛰어갈 흉내를 내지 않고 있을 수 있을까? 모르는 일이다—자신이 없었다. 그런 흉

527

내를 냈다고 해서—그것이 어떻다는 건가? 아, 하느님! 어떻다는 것입니까? 그분의 눈동자가 나에게 불어넣은 생명을 다시 한 번 맛본다고 해서 도대체 누가 상처를 입는다는 것인가? 나는 헛소리를 하고 있는 것 같았다. 혹시 이 순간에 그는 피레네 산맥 위에, 또는 지중해에 뜨는 태양을 보고 있을지도 모르는데.

나는 과수원의 낮은 담을 따라 걸어가다가 그 모퉁이를 돌았다. 바로 거기에 들판으로 나가는 문이 있고, 문 양쪽에 둥근 돌 장식이 얹힌 돌기둥이 서 있다. 기둥 그늘에서 남몰래 저택을 볼 수 있을 것이었다. 침실 창의 차양이 올라가 있는 곳은 없는가 하고 확인하기 위하여 주의 깊게, 살며시 머리를 내밀었다. 흥벽·창, 옆으로 긴 건물의 정면이 한눈으로 볼 수 있을 것이었다.

머리 위를 날아다니고 있는 까마귀들은 이렇게 살펴보고 있는 나를 망보고 있을 것이다. 도대체 그들은 어떻게 생각하고 있을까? 처음에는 신중하게 겁을 먹고 있던 주제에, 갑자기 대담하게 무모한 행동을 한다고 생각했을 것이다. 살며시 들여다보고 이어 오랫동안의 응시(凝視), 그리고 그 자리를 떠나면 들판 쪽을 비틀거리며 헤맨다. 저택 앞에서 갑자기 걸음을 멈춘다. 대담한 시선을 언제까지고 거기에 보낸다. "처음에 그렇게 주저한 것은 무슨 뜻이었지?" 하고 까마귀들이 물을지도 모른다. "지금은 어째서 그렇게 대담한 바보짓을 하고 있지?"

독자여, 부디 한 가지 비유를 들어 보기 바란다.

사랑을 하는 사람이, 이끼와 같이 푸른 둑에서 자고 있는 사랑스러운 여인을 발견했다고 하자. 상대방이 눈을 뜨지 않게 그 아름다운 얼굴을 한 번 보고 싶다고 생각한다. 소리내지 않도록 살며시 풀을 밟고 가서 걸음을 멈춘다—그녀가 몸을 움직였다고 생각했기 때문이다. 그는 자기 모습을 보여서는 안 되겠다고 생각하여 뒤로 물러난다. 둘레는 고요하다. 그는 다시 가까이 간다. 그녀 위에 몸을 숙인다. 얼굴에는 엷은 베일이 덮여 있다. 베일을 들고 다시 낮게 몸을 숙인다. 그의 눈은 아름다운 얼굴을 기대한다—따뜻한, 꽃과 같이 아름다운 잠든 얼굴을. 처음에 던진 눈길은 얼마나 재빨랐던가! 그것이 지금은 물끄러미 바라본다. 남자의 놀란 얼굴! 아까까지 손가락으로 닿을 용기도 없었던 그 몸을 갑자기 꽉 껴안은 것이다! 큰 소리로 그 이름을 부르고, 그 무거운 몸을 떨어뜨리고 미친 듯이 그것을 바라본다! 매달리고 울부짖고 응시한다. 이제 제아무리 소리를 질러도—그 어떤 움직임을 해도—상대방의 눈을 뜨게 할 염려가 없었기 때문이다. 그녀는 잠이 들고 있는 줄 알았는데 그녀는 죽어 있었던 것이다.

당당한 저택을 나는 주저하듯이, 기쁨을 가지고 바라본다. 그러나 거기에 보인 것은 거무스름한 폐허였다.

문기둥 뒤에 몸을 숨길 필요도 전혀 없었다. 침실의 격자창문을, 그 뒤에 사람의 그림자가 있지나 않을까 하고 남몰래 올려다볼 필요도 없었던 것이다! 문이 열리는 소리에도 포도(鋪道)와 자갈길을 걸어오는 발소리에도 귀를 기울일 필요가 없었다! 잔디도 땅도 무참하게 황폐되어 있었다. 정면의 현관은 입을 벌리고 있었다. 이전에 꿈에 본 저택의 정면은 유리가 없는 창문으로 구멍이 나고 조개껍데기로 만든 것과 같은 벽이 지금이라도 무너져 내릴 듯이 높이 서 있을 뿐이었다. 지붕도 흙벽도 굴뚝도 없는—모두가 무너져 내리고 있었다.

그리고 가까이에는 죽음의 고요가 있었다. 쓸쓸한 광야의 적막함. 여기에 사는 사람에게로 보낸 편지에 답장이 오지 않은 것도 당연한 일이었다. 교회 옆, 납골당으로 편지를 부친 것과 마찬가지였다. 석재의 음침한 검은 빛깔은 이 저택이 어떤 운명의 길을 걸었는지를—어느 정도 맹렬한 불에 휩싸였는가를—이야기해 주고 있었다. 어떻게 해서 불이 났을까? 이 참사에는 어떤 사연이 숨어 있을까? 모르타르와 대리석과 목재 외에 그 어떤 것이 상실되었는가? 가재와 함께 인명도 상실되었는가? 상실되었다면 누구의 목숨이? 몸이 떨리는 물음이었다. 이에 대답해 줄 사람은 여기에는 아무도 없다—소리 없는 표지, 무언의 암시조차 없었다.

무너진 벽 둘레와 황폐된 안으로 들어가 거닐면서 이 참사는 최근의 사건이 아니라는 증거를 모았다. 겨울눈이 문짝이 없는 텅빈 아치로부터 들어오고 겨울비가 딱 벌린 창으로 들어온 것 같았다. 젖은 쓰레기 더미 사이에 봄이 식물을 키우고 있었다. 풀꽃이나 잡초가 돌이나 불타서 떨어진 서까래 사이 여기저기에 자라고 있었다. 그러나 아아, 이 폐허의 불행한 주인은 도대체 어디 있는가? 어느 땅에? 누구의 보호 밑에? 내 눈은 나도 모르게 문에 가까운 교회의 탑 쪽으로 걸어가서 물었다. '그분은 조상인 데이머 드 로체스터와 함께 대리석의 좁은 집을 나누어 쓰고 있는 것이 아닐까?'

이런 의문에는 그 어떤 대답이 필요했다. 그것을 찾아내기 위해서는 그 여관밖에 없었다. 이윽고 나는 여관으로 되돌아갔다. 여관 주인은 객실로 아침밥을 가져다주었다. 그에게 문을 닫고 앉아 달라고 했다. 그에게 물어야 할 질문이 몇 가지 있었다. 그러나 그가 나의 제의에 응했을 때 나는 어떻게 말을 꺼내야 할지 가늠할 수가 없었다. 어떤 대답이 돌아올까 해서 매우 두려웠다. 그러나 방금 보고 온 저 황폐한 광경을 생각하면 비참한 이야기를 어느 정도 들을 각오는 되어 있었다. 여관 주인은 풍채가 좋은 중년 남자였다.

"손필드 저택에 대해서는 물론 알고 계시죠?" 나는 마침내 입을 열었다.

"네, 그전에 그곳에서 살았습니다."

"그러세요?" 내가 있었을 무렵이 아니다, 라고 나는 생각하였다. 모르는 얼굴이었다.

"돌아가신 로체스터 님의 집사였습니다." 그는 덧붙였다. 돌아가신! 나는 한 방 얻어맞은 기분이었다.

"돌아가셨다구요!" 나는 숨이 막혔다. "돌아가셨어요?"

"지금의 주인인 에드워드 님의 선친을 말하는 겁니다." 그는 설명했다. 나는 숨을 돌렸다. 피가 다시 돌기 시작했다. 지금 그 말로 에드워드 님—나의 로체스터 님은 (지금 어디 계시든, 하느님이시여, 그분을 지켜 주옵소서!) 적어도 살아 계시다는 것이 그 말로 확인할 수 있었다. 그분은 결국 '현재의 주인님'인 것이다, 반가운 이 말! 나머지 이야기는—비록 무슨 말을 하든지—차분한 마음으로 들을 수 있을 것 같았다. 그분이 무덤 속에 계시지만 않는다면 비록 지구 반대편에 있다고 해도 견딜 수 있을 것이다.

"로체스터 님은 지금 손필드 저택에 살고 계신가요?" 물론 대답은 알고 있었지만 그분의 지금 사는 곳이 어디냐는 질문은 아직은 뒤로 돌리고 싶었다.

"원 천만의 말씀을! 거기에는 아무도 살고 계시지 않습니다. 손님께선 이 근처 분이 아니군요. 작년 가을에 무슨 사건이 있었는지 모르시는 것 같으니까. 손필드는 완전히 폐허가 되었습니다. 가을걷이 때 타 버렸죠. 끔찍한 재난이었어요. 그처럼 많은 귀중한 재산이 다 타 버리고 거의 가구 하나 건져내지 못했어요. 한밤중에 불이 났으므로 소방차가 밀코트에서 오기도 전에 저택은 불덩어리가 되고 말았어요. 무서운 광경이었어요. 제가 직접 목격했으니까요."

"한밤중이라구요!" 나는 중얼거렸다. 그렇다. 한밤중이면 손필드로서는 마(魔)의 시각이었다.

"화재의 원인은 밝혀졌나요?" 나는 물었다.

"소문은 나 있습니다. 세상에서는 소문들을 말하고 있지만. 제 생각으로는 의심할 여지가 없는 일이라고 여겨집니다. 아마도 아시지 못하겠지만," 그는 말을 이으면서 의자를 조금 탁자로 끌어당기면서 목소리를 낮추었다. "그 저택에는, 부인이……저……정신 이상의 부인이 있어서 말입니다."

"그런 이야기는 들은 일이 있습니다."

"그 여자는 아주 엄중하게 감금돼 있었어요. 세상에서는 그 사람의 존재는 전혀 모르고 있었죠. 아무도 그 여자를 본 일이 없었으니까요. 그런 사람이 저택 안에 있다는 걸 소문으로만 알고 있었을 뿐이었죠. 그게 누구인지 어떤 분인지 아무도 몰랐습니다. 소문에 의하면 웨드워드 님이 외국에서 데려오신 여자로서 애인이라고 말하는 사람도 있었죠. 그런데 약 1년 전에 이상한 일이 있었습니다—그것은 참으로 이상한 일이었습니다."

여기에서 내 자신의 이야기가 나오지 않을까 하고 불안해졌다. 나는 그를 이야기의 본 줄거리로 끌어오려고 애썼다.

"그럼, 그 부인은요?"

"이 부인이 글쎄 로체스터 님의 아내였던 것입니다! 그것이 탄로가 난 것도 이상한 내력이 있었던 것입니다. 그 댁에 젊은 여자 가정교사가 있었는데 그 아가씨에게 로체스터 님은 그만—"

"그런데 불은?" 나는 재촉하였다.

"이제 말씀드리죠. 그 가정교사에게 웨드워드 님이 반해 버렸어요. 하인들 말로는 그렇게 주인님처럼 사랑에 빠진 사람은 처음 봤다던가요. 줄곧 그여자를 쫓아다녔답니다. 하인들은 항상 지켜보고 있었으니까요—하인들이란으레 그런 것이지만—주인님께선 그 아가씨를 아주 소중히 여기셨답니다. 누가 보아도 그다지 예쁜 편은 아니고, 몸집이 자그마하고 마치 어린애처럼 보였답니다. 저는 한 번도 본 적이 없습니다만. 하지만 하녀인 리어가 하는 얘기를 나는 들었습죠. 리어는 그 아가씨를 퍽 좋아 했었대요. 로체스터 님은 그럭저럭 40세 전, 그 아가씨는 20세도 채 못 됐죠. 40세 사나이가 처녀에 반하면 마귀가 따른 것처럼 되니까요. 로체스터 님은 그 처녀와 결혼하시겠다고 하셨답니다."

"그 이야기는 또 다음 기회에 들려주세요." 나는 말했다. "지금은 화재에 관한 걸 묻고 싶은 특별한 이유가 있어요. 그 정신병자인 로체스터 부인이 화재와 무슨 관계가 있나요?"

"말씀대로죠. 그 여자가 틀림없어요. 달리 생각할 수 없죠. 풀 부인이라는 여자가 시중을 들고 있었는데—그런 면에서는 매우 수완이 좋은 여자로서, 한 가지 결점만 없었더라면 참으로 믿을 수 있는 사람이었답니다. 간호사들에게 흔히 있는 결점으로—진(gin) 술병을 항상 가까이 두고 때로는 과음을 하곤 했어요. 괴로운 생활을 하고 있으니까 할 수 없는 일이지만 위험한 일입니다. 풀 부인이 물 탄 진을 마시고 깊이 잠들어 버리면 마녀처럼 교활한 그 미친 여자는 자기 방에서 빠져나오려고 풀 여인의 호주머니에서 열쇠를 꺼내어 감시를 받고 있는 방 밖으로 나가서 온 집안을 돌아다니면서 생각난 대로 심한 행동을 하고 다녔던 것입니다. 소문에 의하면 침대에서 자고 있는 주인님을 태워 죽일 뻔 했던 일도 있었답니다. 그날은 먼저 자기 방 옆에 있는 방 주단에 불을 질렀던 모양입니다. 그러고 나서 아래층으로 내려가 가정교사가 쓰던 방으로 가서—가정교사와의 일을 알고 있었던 모양으로—그곳 침대에도 불을 질렀어요. 그런데 다행히도 거기엔 아무도 자고 있지 않았어요. 가정교사는 두 달 전에 도망가고 없었으니까요. 로체스터 님은 이 세상에서 무엇보다도 소중한 것을 잃어버리기나 한 것처럼 그 처녀를 찾아보셨지만, 그 아가씨에 관해선 아무 소식도 듣지 못하셨어요. 주인님은 실망하여 성질이 사나워지시고, 본디 성질이 사나우신 분은 아니었는데 그 아가씨가 없어지고 나서 손을 댈 수 없게 되었습니다. 그리고 홀로 계시겠다는 것이었습니다. 가정부인 페어팩스 부인도 먼 곳에 있는 자기 친구 집으로 보내고 말았습니다. 그래도 후하게 대접을 해서 내보냈답니다. 듣기로는 한평생 먹고 살 종신 연금을 주셨다고 합니다. 페어팩스 부인은 그럴 만한 자격이 있는 분이었죠—참으로 훌륭한 여인이었으니까요. 주인님께서 돌봐 주시던 아델라 양은 학교로 보내졌습니다. 주인님께선 상류 계급 양반들과는 아주 교제를 끊어 버리시고 은자(隱者)처럼 저택에 혼자 파묻혀 계셨습지요."

"어머나! 그러면 로체스터 님은 영국을 떠나지 않으셨군요?"

"영국을 떠나시다니요? 어림없는 일이죠. 저택의 현관 문지방도 넘으려

하시지 않았어요. 다만 밤이 되면 뜰이나 과수원을 유령처럼, 정신 나간 사람처럼 돌아다니고 계셨답니다. 마치 정신이 나간 것 것처럼 말이에요—실제로 정신이 나가지나 않았는가 하고 생각합니다. 아시는 바와 같이 그 어린 가정교사가 나타날 때까지는 위세가 당당하고 고집이 세고 머리가 날카로운 분이었으니까요. 술이나 노름이나 경마에 빠지는 일은 없으셨고, 그다지 미남도 아니면서도 누구에게도 지지 않는 용기와 결단력을 가진 분이었습니다. 저는 그분을 소년 시절부터 잘 알고 있었으니까요. 내 생각으로는 그 에어 양이라는 여자가 손필드에 오기 전에 바닷속에 빠져 버렸더라면 좋았을 것이라는 생각이 들었어요."

"불이 났을 때 로체스터 님은 댁에 계셨군요?" 나는 물었다.

"네, 계셨고말고요. 위층과 아래층이 모두 불바다가 됐을 때 주인님은 다락방으로 올라가 잠자고 있는 하인들을 깨우고 아래층으로 내려가도록 한 후—미친 부인을 독방에서 끌어내기 위해 다시 되돌아가셨어요. 그때 모두가 부인이 지붕에 있다고 저마다 소리쳤죠. 부인은 흉벽 위에 올라가서 두 팔을 내저으며 1마일 밖에서도 들릴 만큼 커다랗게 소리를 지르고 있었답니다. 제가 그걸 직접 보고 또 소리도 들었습니다. 몸집이 큰 여자로 검은 머리를 길게 기르고 있었는데 그 머리카락이 불길에 날리고 있는 것이 보였습니다. 로체스터 님이 지붕 위로 올라가신 걸 분명히 보았어요. 모두들 '버사!' 하고 주인님이 부르시는 소리를 들었습니다. 그리고 부인 쪽으로 가까이 가시자 부인은 외마디 고함을 지르며 몸을 던진 것입니다. 눈 깜짝할 사이에 부인께서는 바닥 돌에 쓰러져 있었습니다."

"죽었나요?"

"죽었냐구요? 물론이지요, 머릿골과 피가 산산이 흩어져서 뻣뻣이 죽어 있었습죠."

"어마나!"

"정말입니다. 정말로 무서운 일이었습니다!"

그는 몸서리를 쳤다.

"그러고 나서 어떻게 되었습니까?" 나는 재촉했다.

"집은 모조리 타 버리고 지금은 벽이 조금 남아 있을 뿐입니다."

"그밖에도 죽은 사람은요?"

"없습니다만—차라리 죽은 것이 더 좋았을는지 모르겠습니다."

"무슨 뜻이죠?"

"가엾은 웨드워드 님" 그는 감정이 복받치는 것 같은 소리를 질렀다. "그렇게 되리라고는 꿈에도 생각한 적이 없었어요! 당연한 보복이라고 말하는 사람도 있습니다. 처음 결혼을 비밀로 하고 부인이 아직 살아 있는 동안에 다른 여자를 얻으려고 한 데에 대한 벌이라고. 그렇지만 나로서는 주인님이 불쌍하기 짝이 없습니다."

"그분은 살아 계시다고 하셨죠?" 나는 큰 소리로 말했다.

"네, 네, 살아 계시고 말고요. 하지만 그분은 차라리 돌아가신 편이 나았으리라고 모두들 말하고 있죠."

"왜요? 어째서요?" 내 몸의 피는 또다시 싸늘해졌다.

"어디 계세요?" 나는 대답을 재촉했다. "영국에 계세요?"

"네—네—영국에 계십니다. 아마 영국을 떠나실 수는 없을 겁니다—지금은 몸도 못 움직이십니다."

이 얼마나 쓰라린 괴로움인가! 여관 주인은 아직도 그 괴로움을 연장하려는 것 같았다.

"그분은 아주 장님이 되셨습니다." 겨우 그는 말했다. "그렇습니다. 장님이 되셨습니다. 웨드워드 님은."

나는 그 이상의 불길한 일을 상상하고 있었다. 정신이 이상해지지 않았을까 하고 생각한 것이다. 나는 용기를 내어 여관 주인에게 무엇이 그런 재난을 가져왔는가를 물었다.

"주인님의 용기 때문이라고 사람들은 말할지도 모릅니다. 마음이 따뜻하기 때문이라고도 말할지 모릅니다. 하인들이 모두 나올 때까지 주인님은 저택을 나오시려 하지 않았습니다. 로체스터 부인이 흉벽에서 뛰어내린 뒤 큰 층계를 내려오셨을 때 굉장한 소리가 나서—모든 것이 무너진 것입니다. 건물의 잔해 속에서 구출은 되었지만 끔찍하게 다치고 말았습니다. 대들보 하나가 로체스터 님을 그분을 보호하는 것처럼 떨어졌지만, 그러나 그것 때문에 한 쪽 눈이 튀어나오고 한 쪽 손도 부러져서 외과 의사 카터 선생님이 바로 그것을 절단하지 않으면 안 되었습니다. 한 쪽 눈도 염증을 일으켜서 그쪽 시력도 잃고 말았습니다. 지금은 혼자서는 아무것도 할 수 없습니다—눈도 보이지 않고 몸이 불편하십니다."

"어디 계세요? 지금 어디 살고 계시나요?"

"여기서 30마일쯤 떨어진 펀딘에 계십니다. 그분의 농원 저택에. 아주 쓸쓸한 곳입니다."

"누가 함께 계신가요?"

"늙은 존 내외입니다. 그들 외에는 있게 하고 있지 않습니다. 몸도 퍽 쇠약해지셨다고들 하더군요."

"여기서 거기까지 갈 수 있습니까?"

"이륜마차가 있습니다. 매우 훌륭한 이륜마차지요."

"곧 마차 준비를 시켜 주세요. 그리고 만일 댁의 마부가 오늘 저녁 어두워지기 전에 펀딘까지 태워다 주신다면, 평소 요금의 두 배를 드리겠어요."

37

펀딘의 저택은 건축물로서는 그다지 보잘것없는, 크기도 보통의 고풍스런 건물로 숲 속 깊숙이 파묻혀 있었다. 나는 이전에 이 저택에 관해서 들은 적이 있었다. 로체스터 씨가 가끔 그 저택을 화제로 삼았고 때때로 방문한 일이 있었다. 사냥감이 많이 있을 것이라 해서 아버지께서 사들였던 것이다. 이 집은 세를 놓을 작정이었으나 살기도 불편하고 건강에도 좋지 않은 땅이었으므로 세들 사람을 구할 수 없었다. 그래서 펀딘은 아무도 사는 사람이 없었고 가구도 갖추어져 있지 않았으나, 주인이 사냥 때에 머물기 위해 방 두서너 개는 나름대로 갖추어져 있었다.

이 저택에 내가 이른 것은 찌푸린 하늘과 찬바람과 줄곧 몸에 스미는 이슬비가 내리는, 이제 막 어두워질 무렵이었다. 미리 약속한 바와 같이 두 갑절의 보수를 주고 마차와 마부를 돌려보내고 나서 나는 남은 1마일을 걸었다. 손에 잡힐 정도의 거리로 다가갔을 때도 건물은 그 그림자조차도 보이지 않았다. 건물을 둘러싼 컴컴한 숲은 나무들이 울창하게 우거져 있었다. 화강암으로 된 두 문 기둥 사이에 철문이 있었는데 그것이 입구라는 걸 알았다. 거기로 들어가자 거기도 나무들이 촘촘히 서 있어서 어두웠다. 마디 투성이의 노목들 사이, 큰 가지가 아치처럼 덮여 있는 아래에 풀이 난 오솔길이 나 있었다. 곧 저택에 이를 것이라고 생각하고 그 길을 따라가자 그것은 멀리 이어져, 주거나 뜰과 같은 것은 어디에도 찾을 수 없었다.

방향을 잘못 잡아 길을 잃었는가 하고 나는 불안한 마음이 들었다. 다가오는 어둠이 숲속의 어둠과 겹쳐서 나를 둘러쌌다. 달리 길은 없는가 하고 둘레를 돌아보았으나 어디에도 없었었다. 서로 얽힌 가지, 기둥처럼 줄을 이은 나무줄기, 울창한 여름 가지와 잎—어디에도 열려 있는 곳은 없었다.

나는 앞으로 나아갔다. 마침내 앞길이 트이고 나무가 드문드문해지고 울타리가 나타나더니 건물이 보였다. 허물어지기 시작한 벽은 거의 나무와 분간할 수 없는 녹색이었으므로 어둠 속에서 간신히 구별할 수 있었다. 걸쇠밖에 걸려 있지 않은 문을 열고 들어가자 울타리로 둘러싸인 부지 한 가운데에 나는 서 있었다. 숲은 여기서부터 반원 모양으로 잘려 나가 있었다. 꽃도 없고 화단도 없는, 풀밭을 띠 모양으로 둘러싼 자갈길이 있을 뿐, 그것이 숲이라고 하는 묵직한 테에 끼워져 있었다. 건물 정면에는 뾰족한 박공 두 개가 나란히 있었다. 창은 좁은 격자창이었다. 현관문도 좁고 돌계단을 하나 올라가면 바로 현관이었다. 로체스터 암스의 주인이 말한 대로 아무리 보아도 '그것은 쓸쓸한 곳'이었다. 주일의 교회처럼 조용했다. 나뭇잎에 똑똑 떨어지는 빗방울 소리만이 근처에서 들리는 유일한 소리였다.

'이런 곳에 사람이 살 수 있을까?' 나는 생각해 보았다.

그래, 사람이 살고 있는 기색이 있었다. 뭣인가 소리가 들린 것이다. 좁은 현관문이 열리는 소리, 그리고 무엇인가가 집안으로부터 나오는 기색.

문이 천천히 열렸다. 사람의 그림자가 황혼 속에 나타나서 돌계단 위에 섰다. 모자도 쓰지 않고 한손을 뻗어 비가 내리고 있는지 확인하고 있는 것 같았다. 어둠속이기는 했지만, 나는 그것이 누군가를 알았다. —나의 주인, 에드워드 페어팩스 로체스터, 바로 그 사람이었다.

나는 걸음을 멈추고 숨을 죽이고 선 채 그를 지켜보았다—이쪽이 보이지 않도록, 그를 차분하게 바라보기 위해, 그러나, 아, 그에게는 내가 보이지 않는 것이다. 뜻하지 않은 만남이었지만 가슴이 아프고 기쁨은 솟아나지 않았다. 소리를 지르지 않으려고 소리를 억제하는 일도 서두는 발을 말리는 번거로움도 필요 없었다.

그의 모습은 여전히 튼튼하고 건강했다. 그의 씩씩한 윤곽은 이전과 같고 머리칼도 아직 윤이 나는 검은 빛이었다. 용모도 변하거나 여위지 않았다. 1년이란 세월은 어떤 슬픔으로 해서 그 늠름한 체력을 쇠퇴시키거나 왕성한 장년을 좀먹을 수는 없었으리라. 그러나 그의 얼굴 표정에는 변화가 있었다. 절망에 짓눌린 우울한 표정—그것은 학대된, 쇠사슬에 매어져 노여움에 가득 찬 위험한 야수를 연상시켰다. 우리에 갇혀 잔학한 손에 의해 그 금빛 눈으로부터 광채를 빼앗긴 매는 장님이 된 저 삼손처럼 보였는지도 모른다.

그러나 독자여, 장님이 되어 광포해진 그를 내가 두려워했다고 생각하시는지? 만일 그렇다면 나를 잘 알지 못하고 있는 것입니다. 이제 곧 저 바위와 같은 이마에, 또 그 밑에 시무룩하게 굳게 닫힌 눈꺼풀에 과감하게 키스를 할 것이라는 담담한 희망이 슬픔과 섞여 있었다. 그러나 잠시 기다리리라. 잠시 가까이 가지 않고 있으리라.

그는 돌계단을 한 단 내려와서 천천히 손을 더듬으면서 풀밭 쪽으로 걸어갔다. 그 씩씩했던 걸음걸이는 지금 어디로 가 버렸는가? 어디를 돌아가야 할지 모른다는 듯이 발을 멈추었다. 머리를 들고 눈꺼풀을 열고 보이지 않는 눈을 열심히 하늘에 반원을 그리고 있는 나무 쪽을 바라보고 있다. 그의 눈에는 모든 것이 어둠의 허공인 것이다. 오른손을 뻗은 (절단된 왼손은 줄곧 가슴 속에 넣고 있다.) 손에 닿는 것으로 둘레에 무엇이 있는가를 알려고 하는 것 같았다. 그러나 손은 허공을 더듬을 뿐이었다. 나무는, 그가 서 있는 곳으로부터 아직도 몇 야드 떨어져 있다. 그는 마침내 단념하고 팔을 개고 아무것도 덮지 않은 머리에 비를 맞으면서 말없이 서 있다. 그때 존이 어디에선가 나타났다.

"제 팔을 붙드세요, 주인님?" 그는 말했다. "비가 많이 올 것 같으니까 안으로 들어가시는 편이 좋지 않을까요?"

"내버려 둬." 로체스터는 대답했다.

존은 나를 알아차리지 못하고 안으로 들어가 버렸다. 이제 로체스터 씨는 주위를 걸어 보려고 했으나 그 노력도 헛되이 발걸음은 불완전했다. 손으로 더듬어 집으로 들어가자 문을 닫았다.

나는 다가가 문을 두드렸다. 존의 아내가 문을 열어 주었다.

"메리, 안녕하세요?" 나는 말했다.

메리는 마치 유령을 본 것처럼 깜짝 놀랐다. 나는 그런 그녀를 안정시켰다. "정말 선생님이세요? 이 쓸쓸한 곳에 이렇게 늦게 오시다니" 하고 빠른 말로 말하는 그녀에게 나는 손을 잡고 대답하였다. 그러고 나서 그녀를 따라 부엌으로 들어가자 존은 활활 타고 있는 불 옆에 앉아 있었다. 나는 두 사람에게 사정을 간단히 이야기하였다. 내가 손필드를 떠난 후에 생긴 일은 모두 들어서 알고 있다는 것, 로체스터 씨를 만나러 왔다는 것을. 존에게는 내가 마차를 내린 통행세 받는 사무소까지 가서 거기에 두고 온 트렁크를 가져다 달라고 부탁하였다. 보닛과 숄을 벗으면서 이 집에서 머무를 수 있느냐고 메리에게 물었더니 그 정도라면 안 될 것도 없다는 말을 듣고 여기에서 묵기로 하였다. 이때 거실의 벨이 울렸다.

"들어가거든," 나는 말했다. "주인님께 뵙고 싶어 하는 사람이 와 있다고 말씀드려 줘요. 내 이름은 대지 말고."

"만나려고 하시지 않을 거예요." 그녀는 대답했다. "누구든 안 만나시니까요."

나는 메리가 돌아오자 대답이 어떠했었느냐고 물었다.

"이름과 용건을 말하라고 하셨어요." 그녀는 대답했다. 그러고는 컵에 물을 가득 따라 그걸 촛불과 함께 쟁반에 올려놓았다.

"부르신 건 이것 때문이에요?"

"네, 어두워지면 보시진 못하지만 꼭 촛불을 가져오라십니다."

"그 쟁반을 내게 줘요. 내가 들고 갈게요."

나는 쟁반을 그녀한테서 받아들었다. 그녀는 내게 거실 문을 가르쳐 주었다. 쟁반을 든 손이 떨려서 물이 컵에서 쏟아졌다. 심장의 고동이 갈비뼈를 쳤다. 메리는 문을 열어 주고 내가 안으로 들어서자 밖에서 닫았다.

거실은 음산해 보였다. 잘 돌보지 않은 한줌의 불이 격자 위에서 힘없이 타고 있었다. 높다란, 고풍스러운 벽난로에 머리를 기대어 불 옆에 서 있는 것은 이 방의 눈먼 주인 같았다. 그의 옆에 누워 있는 늙은 개 파일럿은 방해가 되지 않도록 한쪽 구석에서 몸을 둥글게 하고 누워 있었다. 들어가자 파일럿은 귀를 쫑긋했다. 그러고 나서 한 차례 짖어대더니 코를 킁킁 거리며 달려들었다. 하마터면 쟁반을 떨어뜨릴 뻔했다. 나는 쟁반을 테이블에 놓고 개를 달래면서 "앉아!" 하고 나직한 소리로 말했다. 도대체 무슨 일인가 하고 로체스터 씨는 획 돌아섰으나 눈이 보이지 않았으므로 다시 돌아서서 한

숨을 지었다.

"물을 줘, 메리."

나는 물이 반쯤 찬 잔을 가지고 그에게로 다가갔다. 아직도 흥분하고 있는 파일럿은 뒤에서 따라왔다.

"웬일이냐?" 그가 물었다.

"파일럿, 앉아!" 나는 다시 한 번 말했다. 로체스터 씨는 입술까지 가져갔던 물을 마시려다 말고 귀를 기울이는 것 같았다. 그는 다 마시고 나서 컵을 내려놓았다. "넌 메리지, 그렇지?"

"메리는 부엌에 있어요." 나는 대답했다.

날쌔게 그는 손을 내밀었다. 그러나 보이지 않는 나에게 닿을 수가 없었다. "누구야? 거기에 있는 것은 누구야?" 그는 이렇게 말하면서 보이지 않는 눈으로 무엇인가를 보려고 하였다—헛되고 안쓰러운 노력! "대답을 해—다시 한 번 말해 봐!" 그는 큰 목소리로 건방지게 명령하였다.

"물을 좀더 가져올까요? 컵의 물을 절반이나 엎질렀어요." 나는 대답했다.

"누구야? 어떤 사람이야? 누가 말하고 있는 거야?"

"파일럿은 저를 알고 있어요. 존과 메리는 제가 여기 있는 걸 알고 있어요. 바로 오늘 저녁에 이르렀어요." 나는 대답하였다.

"무슨 말이야! —내가 망상에 사로잡혔나? 달콤한 광기에 사로잡혔군."

"망상도 광기도 아니에요. 주인님의 마음은 망상에 사로잡히기엔 너무나 튼튼해요. 이상해지시기엔 너무나 건강하세요."

"목소리의 주인은 어디에 있어? 그렇지 않으면 목소리뿐인가? 아! 보이지 않는 것은 만져 봐야 해. 그렇지 않으면 심장은 멎고 머리가 파열된다. 네가 무엇이든—누구이든 이 손가락에 닿게 해 다오. 그렇지 않으면 살아갈 수 없다!"

그는 손으로 더듬었다. 나는 이리저리 더듬는 그의 손을 잡아 내 두 손에 꽉 붙들었다.

"바로 그 손가락이다!" 그가 소리쳤다. "그 사람의 작고 가느다란 손가락이야! 그렇다면 그밖에도 그 사람의 것이 더 있을 거야."

억센 손이 쥐고 있는 내 손을 뿌리치고 내 팔과 어깨를—목을, 허리를 잡고, 나는 껴안기고 그에게로 끌려갔다.

"제인인가? 이건 뭐야? 이건 그 사람의 모습! 그 사람의 몸집이야!"

"이건 그 사람의 목소리예요." 나는 덧붙여 말했다. "그 사람은 고스란히 여기에 있습니다. 그 사람의 마음도. 아아, 고마워라! 다시 곁에 오게 돼서 기뻐요."

"제인 에어…… 제인 에어." 그는 이렇게 말할 뿐이었다.

"그리운 주인님." 나는 대답했다. "저는 제인 에어예요. 마침내 주인님을 찾아냈어요. 저는 다시 곁으로 돌아왔어요."

"정말이오? 살아 있소? 살아 있는 내 제인인가?"

"만져 보고 계십니다. —저를 안고 있습니다. 시체처럼 차갑지도 않아요. 공기처럼 허망하지도 않아요."

"나의 살아 있는 귀여운 사람! 이것은 틀림없이 그 사람의 손과 발, 이것은 그 사람의 얼굴. 그러나 이토록 비참한 꼴을 당한 내가 이토록 축복을 받을 리가 없다. 이것은 꿈이다. 내가 밤중에 꾸는 꿈, 그런 꿈속에서 나는 지금처럼 그 사람을 다시 한 번 이 가슴에 품는다. 이런 식으로 그 사람에게 키스를 한다. 그리고 그 사람이 나를 사랑하고 있다고 느끼고 그 사람은 나를 버릴 리가 없다고 믿었다."

"오늘부턴 절대로 곁을 떠나지 않겠어요."

"결코—라고 환상은 말하는가? 그러나 언제나 눈을 뜨면 그것은 허망한 조롱거리에 지나지 않았다는 것이 탄로나고 만다. 나는 고독하고 버림받은 자—삶은 어둡고 쓸쓸하고 아무런 희망도 없다. 나의 영혼은 목말라 하면서도 마시는 것이 허락되지 않는다. 마음은 굶주리는데 결코 채워지지 않는다. 지금은 나의 팔에서 쉬고 있는 자비로운 꿈이여, 너도 떠나갈 것이다. 너의 자매들이 떠나가는 것처럼. 그러나 가기 전에 키스를 해다오—안아 다오, 제인."

"그래요, 주인님, 그래요!"

나는, 전에는 빛을 띠었으나 지금은 그 빛을 잃은 그의 눈에 나는 입술을 눌렀다. 이마의 머리칼을 쓸어 올리고 거기에도 키스를 했다. 문득 그는 잠에서 깨어난 듯했다. 모든 것이 현실이라는 확신이 그를 사로잡은 것이다.

"너냐? 제인이냐? 정말로 돌아왔단 말이냐?"

"네."

"그렇다면 너는 어느 개울에서, 어느 강바닥에 죽어서 쓰러져 있었던 것이 아니구나. 어딘가 낯선 타인 속에서 바싹 말라서 헤매고 있는 것이 아니었구나."

"네, 지금 저는 자립한 한 사람의 여자예요."

"자립한? 그건 무슨 뜻이지, 제인?"

"마데이라의 숙부께서 돌아가실 때 제게 5천 파운드의 유산을 남겨 주셨으니까요."

"아아, 그건 사실이야, 그건 현실이야!" 그는 소리를 질렀다. "그런 꿈을 꿀 리가 없다. 게다가 그 사람의 독특한 목소리가 아닌가. 활기 있는 야무진 목소리. 그러면서도 부드러운……. 나의 시들어 버린 마음을 북돋워 주는……. 생명을 불어넣어 주는……. 뭐라고? 자네트? 당신이 자립한 여자라고? 돈이 많은 여자라고?"

"정말 부자가 되었어요. 만일 저를 옆에 있게 하시지 않는다면 이 집 옆에 제 집을 지을 수 있어요. 밤에 이야기 상대가 필요하시면 저의 거실로 오시면 돼요."

"그러나 제인, 당신이 부자라면 틀림없이 당신에게 신경을 써 줄 사람들이 많을 텐데. 나처럼 눈먼 불구자를 위해 한 몸을 바칠 필요는 없겠지?"

"저는 부자일 뿐 아니라 자립을 하고 있어요. 저는 제 자신의 주인이에요."

"그리고 내 옆에 있어 주겠다고?"

"물론이죠—반대하시지 않으신다면. 당신의 이웃이 되겠습니다. 당신의 간호사, 당신의 하녀가 되겠습니다. 쓸쓸해 하시는 것 같으니까요. 당신의 말 상대가 되어—책도 읽어 드리고 같이 산책도 하고 같이 놀기도 하고. 당신 곁에서 시중을 들고 당신의 눈이 되고 손이 되겠어요. 그렇게 슬픈 얼굴을 하지 마세요. 제 목숨이 붙어 있는 한 버리지는 않겠어요."

그는 대답하지 않았다. 침통한 표정으로—무엇인가 곰곰이 생각하고 있는 것 같았다. 이윽고 한숨을 쉬고 무엇인가 말하려는 듯이 입을 열려고 하였다. 그러나 다시 다물고 말았다. 나는 조금 당황했다. 아마도 말 상대가 되고 눈이 되고 손이 된다고 하는 나의 제의가 너무 성급했는지도 모른다. 그도 또한 세인트 존처럼 세상의 관습을 무시한 나의 경솔한 언행을 좋지 않게 생각했을지도 모른다. 그가 나에게 아내가 되어 주길 바라고 그렇게 말해 주리라고 생각하였으므로 이런 제의를 했던 것이다. 지금 당장이라도 나를 아내로 삼고 싶다고 말할 것이라는 기대가 내 마음을 들뜨게 했었다. 그런데 그와 같은 일은 그의 입에서 한 마디도 나오지 않고 그 표정이 더욱 어두워지는 것을 보고 나는 이내 모든 것은 나의 착오였는지도 모른다, 그것도 모르고 바보짓을 한 것이 아닌가 하는 생각이 들었다. 그래서 나는 그의 팔로부터 살며시 몸을 빼려고 했지만—그는 나를 더욱 힘차게 껴안았다.

"아냐, 아냐, 제인. 가서는 안 돼요. 나는 당신을 만져 보고 당신의 목소릴 듣고 당신이 옆에 있는 기쁨을 맛보았어. 훌륭한 위로를 느꼈어. 그런 기쁨을 놓치고 싶지 않아요. 나 자신에게는 이제 아무것도 남아 있지 않아요—그러나 어떤 일이 있어도 당신이 필요해. 세상은 비웃을지 몰라요. 나를 바보라고 말할지도 몰라요. 그러나 그런 것은 아무렇지도 않아요. 나의 영혼이 당신을 구하고 있소. 그것을 채워 주고 싶소. 그렇지 않으면 영혼이 나의 몸에 복수할 거요."

"네, 꼭 옆에 있겠어요. 방금 그렇게 말씀드렸어요."

"아—하지만 내 곁에 있겠다고 해도 당신에게는 당신의 생각이 있고, 나에게는 나의 생각이 있어. 당신은 아마도 나의 손이 되고 의자가 될 생각으로 있을지 몰라—친절하고 귀여운 간호사로서 옆에 있을지 몰라요. 워낙 당신은 상냥한 마음과 너그러운 정신을 가진 사람이니까 동정해야 할 것에는 그 어떤 희생도 아끼지 않을 거요. 나에게는 그것으로 충분할 거요. 당신에 대해서는 아버지와 같은 기분을 가져야 하겠지. 당신도 그렇게 생각하겠지? 자, 말해 줘요."

"전 당신이 좋아하시는 대로 생각하겠어요. 당신의 간호사가 되는 걸로 만족하겠어요. 그것이 좋으시다면."

"그러나 당신은 영원히 간호사로 있을 수는 없어, 자네트. 당신은 젊어—언젠가는 결혼을 해야 하니까."

"결혼 같은 건 생각하고 있지 않아요."

"결혼해야 해요, 자네트. 옛날의 나라면 당신을 진지하게 생각하겠지만—그러나—눈이 보이지 않는 불구자로서는!"

그의 얼굴은 다시 어두워졌다. 나로서는 반대로 기분이 밝고 새로운 용기가 솟았다. 그의 마지막 말로 해서 어디에 문제가 있는가를 안 것이다. 나에게는 그것은 문제가 되지 않았으므로 이제까지의 어리둥절한 마음도 이내 사라지고 말았다. 나는 용기를 북돋우듯이 이야기를 계속하였다.

"누군가가 당신을 다시 인간다운 분으로 만들 때에요." 나는 제멋대로 자란 그의 머리칼을 갈라 주며 말했다. "당신은 사자와 같은 것으로 변신한 것처럼 보입니다. 아무리 보아도 들판에 있는 느브갓네살 왕의 '세상을 피하는 모습'과 같아요. '머리카락은 매의 깃털처럼, 그 발톱도 새 발톱처럼 되었도다'는 아직 보지 못하고 있지만."

"이 팔에는 손도 손톱도 없소." 그는 말하며 절단된 팔을 가슴에서 꺼내 보였다. "마치 나무 그루터기와 같다─보기에도 끔찍해! 그렇게 생각하지 않나, 제인?"

"보면 마음이 아픕니다. 당신의 눈을 보면 마음이 아픕니다─이마의 상처도. 하지만 무엇보다도 곤란한 건, 그럼에도, 당신을 자기도 모르게 지나치게 사랑하고, 당신을 자기도 모르게 너무 소중하게 다루는 사람이 있다는 것입니다."

"이 팔을 보면, 화상으로 망가진 얼굴을 보면 기분이 나빠지지나 않을까 하고 생각했는데."

"그렇게 생각하셨어요? 부디 그런 말씀은 마세요─그렇지 않으면 그렇게 생각하시는 당신을 경멸하는 말을 하게 될지도 모르니까요. 자, 잠깐 저를 놓아주세요. 불을 피우고 난롯가를 청소해야 하니까요. 한창 타는 불은 보여요?"

"아, 오른쪽 눈은 빛이 보여─빨간 안개와 같이."

"촛불은요?"

"희미하게─두 자루가 빛나는 구름처럼."

"제가 보이세요?"

"아니, 나의 요정 아가씨. 그러나 당신의 목소리를 듣고 당신을 만져 보는 것만으로도 나는 감사할 뿐이오."

"저녁은 언제 드세요?"

"저녁은 먹은 일이 없어."

"하지만 오늘 밤은 좀 드셔야지요. 저는 배가 고픈걸요. 당신도 또한 그럴 거예요. 그저 그것을 잊고 계실 뿐이에요."

나는 메리를 불러 방을 좀더 안락한 기분이 들도록 다시 정리하게 하였다. 그리고 그를 위해 가벼운 식사를 준비하게 하였다. 나는 흥분하여, 저녁을 먹는 동안에도, 식사가 끝난 후에도, 마음이 들떠 그에게 말을 걸었다. 그가 상대라면 신경을 쓸 일도 없고 기쁨이나 명랑한 기분을 억제할 번거로움도 없었다. 그가 상대라면 마음을 놓을 수 있었다. 워낙 서로 마음을 알고 있기 때문이다. 내가 말하는 것, 하는 일 모두가 그를 위로하고 고무하였다. 얼마나 기쁜 일인가! 그것은 나의 본디의 성질을 되살아나게 하고 명랑하게 했다. 그의 앞에서 나는 다시 살았다. 내 앞에서 그도 다시 살았다. 눈은 보이지 않아도 미소가 얼굴에 떠오르고 기쁨이 이마를 빛나게 하였다. 모습은 부드러워지고 온화한 기운이 감돌았다.

저녁 식사가 끝난 뒤 그는 여러 가지 질문을 하였다. 내가 오늘날까지 어디서 무엇을 했고 또 어떻게 그를 찾아내게 됐느냐는 등 여러 가지를 물어 왔다. 그러나 나는 매우 일부분만 대답했다. 자세한 이야기를 꺼내기에는 밤이 깊었다. 뿐만 아니라 그의 마음속에 새로운 감정의 샘을 파 일으키고 싶지 않았다. 지금 내가 지향하고 있는 것은 그의 기운을 북돋우는 일이었다. 이미 말한 바와 같이 그는 기운을 되찾았다. 그러나 아직은 발작적인 것에 불과했다. 이야기 도중에 잠시 침묵이 찾아오면 그는 불안해하고 나를 만져보며 "제인!" 하고 말하는 것이었다.

"도대체 당신은 정말로 인간인가, 제인? 분명히 그런가?"

"분명합니다, 로체스터 님."

"그건 그렇고, 어떻게 이 캄캄하고 음산한 저녁에 어떻게 나 혼자 있는 이 외로운 난롯가에 이처럼 별안간 나타날 수 있었지? 내가 하녀한테서 컵을 받아들려고 손을 내밀었을 때 그것을 건네준 것이 당신이었어. 존의 아내가 대답하는 줄 알고 물었더니, 당신의 음성이 들려왔어."

"메리 대신에 제가 쟁반을 날라 왔기 때문이에요."

"당신과 이렇게 지내고 있는 이 시간에는 마법이 걸려 있는 것 같다. 내가 이제까지의 세월 동안 얼마나 어둡고 비참하고 절망적인 생활을 해 왔는지 아무도 모를 거야. 아무 일도 하지 않고 아무것도 기대하지 않고 낮과 밤의 구별도 할 수 없고 난롯불이 꺼지면 추위를 느끼고 먹는 것을 잊으면 배가 고팠지. 그리고 한없는 슬픔과 때로는 나의 제인을 다시 한 번 보고 싶다는 미칠 듯한 소원. 그렇다. 제인을 되돌리려고 얼마나 원했던가. 잃은 시력을 되돌리고 싶은 생각보다 더 컸다. 그 제인이 옆에 와서 나를 사랑해 준다고 하니 그런 일이 있을 수 있을까? 나타났을 때와 마찬가지로 갑자기 사라져 버리지는 않을까? 내일, 그 사람은 이제 아무 데도 없는 것이 아닐까?"

그의 이런 불안한 생각과는 동떨어진 일상적인 평범한 일들이 그의 그런 기분을 안정시키는 데에 가장 좋은 방법이 아닌가 하는 생각이 들었다. 손가락으로 그의 눈썹을 만져 보고 이 타 버린 눈썹에 무엇인가를 발라서 이전과 같이 검고 굵은 눈썹으로 해 드리겠다고 나는 말하였다.

"나를 위해 그런 친절을 베풀어 준들 무슨 소용인가, 자비로운 요정이여. 막상 일이 닥치면 나를 버리고 그림자처럼 나를 버리고 사라져 버리겠지. 어디로 어떻게 해서 어디로 가는지 나에게도 알리지 않고. 결국 내가 찾지 못하게 말이오."

"머리빗을 가지고 계세요?"

"왜, 제인?"

"이 텁수룩한 검은 머리카락을 빗겨 드리려구요. 가까이서 자세히 보니 좀 무섭게 보여요. 저더러 요정이라고 하셨지만 당신은 마치 브라우니 (스코틀랜드 전설에 나오는, 밤에 나타나는 갈색 괴물) 같은 걸요."

"그렇게 무섭게 보이나, 제인?"

"무척. 언제나 당신은 그랬어요."

"흥! 어디에 있었는지는 모르지만 하는 말은 여전히 엄격하군."

"그래도 친절한 분들과 함께 있었어요. 주인님보다도 백 배나 훌륭한 분들과 함께. 백 배나 더 좋은 사람들. 주인님의 마음에는 떠오른 일도 없는 생각이나 의견을 가진 분들이었어요. 세련되고 훌륭한 분들이었어요."

"도대체 어떤 녀석들과 같이 있었소?"

"그렇게 목을 비틀면 머리카락이 빠져요. 머리카락이 빠지면 저의 실체성을 의심하지 않게 되시겠지만."

"누구와 함께 있었소, 제인?"

"오늘 밤엔 이 이상 이야기하지 않겠어요. 내일까지 기다리셔야 해요. 그 얘기를 절반만 하고 나머지를 남겨 두면 나머지 이야기를 하기 위해 아침 식사에 또 나타나게 되는 보증이 되는걸요. 그런데 그때에는 물 한 컵만을 가지고 이 난롯가에 나타나지는 않을 거예요. 적어도 달걀 하나라도 가지고 와야지—햄 지짐은 물론이고."

"이 수다스러운 '바꿔치기'(요정이 예쁜 아이를 데리고 가고 그 대신 남겨 놓았다고 하는 조그만 아이). 요정으로 태어나서 인간으로 자란 건가! 지난 열두 달 동안 내가 느끼지 않았던 것을 느끼게 해 주는군. 사울이 다윗 대신에 당신을 옆에 두었더라면 하프의 힘을 빌리지 않고도 마귀들을 쫓아낼 수 있었을 텐데."

"자, 이제야 산뜻하고 맵시 있게 됐어요. 그럼 이것으로 물러나겠어요. 사흘 동안이나 여행을 해서 피곤합니다. 안녕히 주무세요."

"한 마디만 더 들려줘요. 제인, 당신이 있던 집은 여자들뿐이었나?"

나는 웃고서 도망쳐 나왔다. 층계를 올라가면서 나는 여전히 웃고 있었다. '좋은 생각이야!' 나는 기분이 좋았다. '여기서 당분간 그분을 애타게 만들어 우울을 날려 버려야지.'

다음날은 이른 아침부터 그가 일어나서 방에서 방으로 돌아다니는 기색이 들렸다. 메리가 내려오자 이런 소리가 들렸다. "에어 양은 여기 있나?" 그러고는 "어느 방에 에어 양을 재웠지? 거기는 습기는 없었나? 그분은 일어났나? 뭐 필요한 건 없나? 언제 아래층으로 내려오느냐고 물어봐 다오."

아침 식사를 차릴 무렵에 나는 아래층으로 내려갔다. 그의 방으로 살며시 들어가 내가 온 걸 그가 알아차리기 전에 나는 그의 모습을 보았다. 그의 활발한 정신이 육체적인 결함에 굴복당하고 있는 것을 보는 건 정말 안쓰러운 일이었다. 그는 의자에 걸터앉아 있었다. 움직이지 않고 있었지만 느긋한 휴식을 취하고 있는 것이 아니라 분명히 무엇인가를 기다리고 있었다. 지금은 항상 꺼지는 일이 없는 슬픔이 그 엄격한 표정에 새겨져 있었다. 그것은 불이 꺼진, 다시 불이 켜지기를 기다리는 램프 같았다—아, 어찌된 일인가! 싱싱한 빛을 그의 얼굴에 켤 수 있는 것은 그 자신이 아닌 것이다. 그렇게 하기 위해서는 누군가 다른 사람의 힘을 빌리지 않으면 안 된다! 나는 자연스럽게, 그리고 명랑하게 행동할 작정이었으나 강인한 사람이 무력하게 된 것을 보고 나의 가슴은 쥐어짜이는 것 같았다. 나는 그에게 가까이 가서 될 수 있는 대로 명랑하게 말을 건넸다.

"화창한 아침이에요." 나는 말했다. "비도 그치고 따뜻한 햇볕이 비치고 있어요. 곧 산책을 하시도록 모시겠어요."

나의 말이 불꽃을 깨워놓았다. 그의 얼굴이 환하게 밝아졌다.

"아아! 정말 있어 줬군. 내 종다리! 이리와요. 정말 가 버리지 않았군, 사라지지 않았군? 한 시간 전에 당신의 목소리와 같은 것을 숲 위에서 들었어. 그러나 그것은 곡조가 없는 노래였지. 솟아오르는 태양에 곡조가 없는 것처럼, 그 노래의 아름다운 곡조는 들리지 않았어. 지상의 모든 노랫소리는 제인의 혀에 모여 나의 귀에 들려온다. 그것이 타고 나면서 말이 없는 것이 아니어서 나는 기뻐. 그리고 태양빛은 모두 제인이 있는 곳에서만 느껴지는 거야."

남에게 의지하지 않으면 안 된다는 것을 스스로 인정하고 있는 것을 듣자 눈에 눈물이 넘쳤다. 횃대에 묶인 새의 왕자가 참새에게 먹이를 날라다 줄 것을 간청하는 것처럼 들렸다. 그러나 눈물에 잠겨 있을 수만은 없었다. 눈물을 닦아 내고 부지런히 아침 식사 준비를 서둘렀다.

아침나절에는 거의 밖에서 지냈다. 습기가 많은 울창한 숲을 빠져나와 아늑한 풀밭에 그를 안내하였다. 나는 그에게 녹색 들판이 얼마나 눈부시게 곱고, 비를 맞은 꽃이나 산울타리가 얼마나 성싱해 좋으며, 하늘은 얼마나 파랗게 빛나고 있는가를 자세히 설명하였다. 사람의 눈에 띄지 않는 아늑한 곳에서 앉을 자리를 발견하였다. 마른 나무의 그루터기였다. 그가 거기에 앉아 나를 무릎에 앉히려는 걸 굳이 사양하지 않았다. 그도 나도 떨어져 있느니보다는 함께 있는 편이 행복한데 어찌 내가 거부할 필요가 있겠는가? 파일럿이 우리들 곁에 누워 있었다. 사방은 고요했다. 그는 나를 껴안으며 갑자기 소리를 질렀다.

"잔인한, 잔인한 도망자! 오, 제인, 당신이 손필드에서 도망쳐 나갔다는 것을 들었을 때, 그리고 그 어디에서도 찾을 수 없었을 때, 내가 어떤 기분이었었는지 아나? 당신의 방을 살펴보고 당신이 돈도 가지지 않고 돈이 될 만한 것은 아무것도 가지지 않고 나갔다는 것을 알았을 때 나는 어떤 기분이었는지 아나? 당신에게 준 진주 목걸이도 손을 대지 않은 채 상자 속에 있었다. 트렁크도 신혼여행으로 떠나기 위해 준비된 채 자물쇠가 잠기고 끈으로 묶인 채 그대로 있었다. 아무것도 가지지 않고 한 푼도 없는 몸으로, 내가 사랑하는 사람은 도대체 어떻게 될 것인가 하고 나는 생각했지. 도대체 어떻게 된 거야. 자, 들려다오."

　이렇게 독촉을 받은 나는 지난 한 해 동안 겪은 경험을 이야기하기 시작하였다. 굶주림으로 고생하면서 방황한 저 3일 동안의 이야기는 적당히 해 두었다. 모든 것을 털어놓고 이야기하면 그에게 쓸데없는 괴로움을 주게 된다. 사소한 이야기도 예상 밖으로 깊이 그의 성실한 마음에 상처를 입히고 말았다.

　앞으로 살아갈 수단도 가지지 않고 그런 식으로 떠나서는 안 되었다고 그는 말했다. 그때 각오했던 일을 털어놓았으면 좋았던 것이다. 정부(情婦)가 되라고 누가 강요하겠는가? 절망에 쫓겨 미친 듯이 보였을지도 모르지만 정말로 사랑하고 있었다. 너무나 깊이 너무나 진하게 사랑하고 있었으므로 폭군은 되지 못했다. 넓은 세상에 의지할 곳도 없는 몸으로 뛰어나갈 정도라면 키스 한 번도 요구하지 않고 재산의 반도 주었을 것이다. 지금 이야기한 것보다 실제로는 더 쓰라린 경우를 겪었겠지? 이렇게 그는 말하였다. "제가 겪은 고생이 어떤 것이든 짧은 동안이었어요" 하고 나는 대답하고 어떻게 해서 무어 하우스에서 받아들여지고 마을 학교 교사직이 주어졌는지, 그 과정을 이야기하였다. 유산을 상속했다는 것, 친척들을 발견했다는 것도 순서를 따라 이야기하였다. 그 이야기 중에는 세인트 존 리버스의 이름도 자주 나왔다. 이야기가 끝나자 그 이름이 이내 화제가 되었다.

　"그 세인트 존이란 사람이 당신의 고종 사촌이란 말이오?"

　"네."

　"그의 이름이 자주 나오는데 그 남자를 좋아했나?"

　"정말 좋은 분이었어요. 좋아질 수밖에 없었어요."

　"좋은 사람이라? 그것은 존경할 만한, 품행이 단정한 쉰 살쯤 된 남성이란 말인가? 아니면 무슨 뜻이오?"

　"세인트 존은 아직 스물아홉 살이에요."

　"프랑스 사람들이 말하는 '죈 앙코르(Jeune encore : 아직 젊다는 뜻)'군. 키가 작고 무기력하고 평범한 사람이오? 그 녀석의 좋은 점은 미덕이 풍부하다고 하느니보다는 악덕이 없다는 데에 있나?"

　"그분은 피로를 모르는 활동가예요. 위대하고 숭고한 행위를 이룩하기 위해 그는 살고 있어요."

　"그렇지만 머리는? 아마도 둔하겠지? 기특한 말을 하고 있지만. 이야기를 듣고 있으면 어깨를 움츠리고 싶어지지 않나?"

"좀처럼 말을 하지 않아요. 하는 말은 요령이 있고 두뇌는 우수해요. 감성적이 아닌 편이긴 하지만 적극적인 힘이 있어요."

"그럼 그 녀석은 유능한 사람이군?"

"매우 유능한 분이세요."

"충분한 교육을 받은 사람인가?"

"세인트 존은 교양이 풍부하고 박식한 학자예요."

"그 녀석의 태도는 당신 취미에 안 맞는 것 같은데. 딱딱하다거나 목사 냄새가 난다거나."

"그분의 태도에 대해서 말씀드린 기억이 없어요. 하지만 제가 여간한 악취미가 아닌 한 맞지 않는 일은 없습니다. 품위가 있고 온건하고 신사다운 분입니다."

"풍채는—녀석의 풍채를 당신이 어떻게 설명했는지 잊었소. —풋내기 목사 후보, 흰 목도리를 목에 감고 챙이 두터운 단화를 신고 키를 크게 보이려는 그런 녀석이군, 안 그래?"

"세인트 존은 몸가짐이 좋은 분이에요. 미남자로 키가 크고 금발에 푸른 눈은 그리스 조각 같은 분이에요."

(옆을 바라보고) "제기랄!"—(나를 향해) "그 녀석이 좋았군, 제인?"

"네, 좋아했어요, 로체스터 님. 그런데 그건 아까도 물어 보셨어요."

물론 나는 상대방의 마음을 느끼고 있었다. 질투가 그를 사로잡아 괴롭히고 있었던 것이다. 그러나 그러는 편이 좋았다. 끊임없이 덥쳐오는 우울이라는 독아(毒牙)에서 잠시라도 벗어날 수가 있으니까. 그래서 나는 질투라고 하는 뱀을 바로 달래지는 않으리라고 마음먹었다.

"이제 내 무릎에 더 앉아 있고 싶진 않겠지, 에어 양?" 그는 조금 엉뚱한 말을 하기 시작하였다.

"왜 그러세요, 로체스터 님?"

"방금 그려 보인 초상화는 너무나 대조적이 아닌가. 당신의 말은 우아한 아폴로의 모습을 아주 훌륭하게 그려내 주었어. 그 녀석은 당신의 공상 속에 있어—키가 크고 금발에 푸른 눈, 그리스인과 같은 옆얼굴. 그는 당신의 공상 속에 자리를 차지하고 있어. 그런데 지금 당신이 보고 있는 것은 불카누

스(로마 신화에 나오는 불과 대장장이의 신)야. 튼튼한 몸집의 갈색 얼굴을 한 대장장이와 똑같은 사나이
—더구나 장님인 데다가 걸음도 마음대로 걸을 수 없는."

"이제까지 그런 식으로 생각한 일이 없었습니다. 하지만 그렇게 말을 듣고 보니 불카누스와 비슷하군요."

"그럼 여기를 떠나는 것이 좋아. 그러나 떠나기 전에," 그는 더욱 힘주어 나를 껴안았다. "한두 가지 내 질문에 대답은 해 줄 수 없겠나?" 그는 입을 다물었다.

"무슨 질문이세요, 로체스터 님?"

그러자 그의 엄격한 심문이 시작되었다.

"세인트 존은 당신이 자기 고종사촌 누이동생이라는 걸 알기 전에 당신을 모튼의 마을학교 선생을 시켰군?"

"네."

"자주 그 남자를 만났겠군? 그 사람은 가끔 학교를 찾아 왔겠지?"

"매일요."

"그 사람은 당신의 여러 가지 하는 일에 찬성했겠지, 제인? 재능이 풍부한 당신이니까. 수업 방법도 훌륭했을 거야."

"찬성해 주었어요—네."

"그는 당신한테서 생각지 못했던 소질을 발견했겠지? 아무튼 재능이 보통이 아니었으니까."

"그것에 대해서는 모르겠어요."

"당신은 학교 근처에 조그만 집을 갖고 있었다지. 그 사람은 당신을 만나러 그곳에 왔던 일이 있소?"

"가끔요."

"밤에는?"

"한두 번요."

침묵.

"당신은 사촌간이라는 걸 알고 나서 어느 정도 함께 살았지?"

"다섯 달 동안요."

"리버스는 자기 가족 중에서 대체로 여자들과 오랜 시간 같이 지내고 있었나?"

"네, 안쪽 거실은 그의 서재였고, 우리의 서재이기도 했습니다. 그분은 늘 창가에 앉고 우리들은 테이블을 둘러싸고 있었으니까."

"그 사람은 공부에 열성을 다한 건가?"

"매우 열심히."

"무슨 공부지?"

"힌디어를요."

"그러는 동안에 당신은 뭘 했소?"

"처음엔 독일어를 배웠어요."

"그가 가르쳐 주었소?"

"그분은 독일어는 못해요."

"아무것도 당신에게 가르치진 않았소?"

"힌디어를 조금요."

"리버스가 당신에게 힌디어를 가르쳤다고?"

"네."

"자기 누이동생들에게도?"

"아녜요."

"당신에게만?"

"제게만요."

"가르쳐 달라고 당신이 부탁했소?"

"아닙니다."

"리버스가 가르쳐 주겠다고 한 거요?"

"네."

두 번째로 말이 끊어졌다.

"뭣 때문에 그가 그렇게 하고 싶었을까? 힌디어가 당신에게 도대체 무슨 소용이 된단 말이오?"

"그분은 저를 인도로 함께 데려갈 작정이었어요."

"아! 이제야 문제의 핵심을 파악하겠군. 그는 당신과 결혼하려고 했었군."

"청혼해 왔어요."

"그건 꾸며낸 말이군. 나를 괴롭게 하려고 만들어 낸."

"죄송하지만 이건 어쩔 수 없는 사실이에요. 여러 번 청혼해 왔어요. 한두 번도 아니게 청혼을 했습니다. 그것도 자기 의지를 관철하는 데에는 당신과 마찬가지로 고집이 셌습니다."

"에어 양, 다시 말하지만 당신은 여기를 떠나도 좋아요. 몇 번이나 같은 말을 해야 알겠소? 떠나도 좋다는데 왜 내 무릎에 눌러앉아 있는 거요?"

"그렇지만 여기가 편하니까요."

"아냐, 제인. 편할 리 없어. 당신의 마음은 나한테 있는 것이 아니니까. 당신의 마음은 그 사촌오빠와 같이 있으니까, 그 세인트 존에게. 아, 바로 이 순간까지도 나의 귀여운 제인은 모두 내 것인 줄만 알았는데! 나를 버리고 갔을 때도 나를 사랑하고 있다고 믿었는데. 쓴 것들 중의 한 방울의 감로(甘露)였는데. 오랫동안 헤어져 있기는 했지만, 당신과의 이별에 뜨거운 눈물을 흘리고는 있었지만, 내가 제인을 잃고 슬픔에 잠겨 있을 때 제인이 다른 남자를 사랑하고 있을 줄은 생각도 못했소! 그러나 슬퍼해도 소용없지. 제인, 나를 두고 가요. 가서 리버스와 결혼을 해요."

"그렇다면 저를 내동댕이쳐 주세요. —밀어 팽개쳐 주세요. 제 발로 곁을 떠날 생각은 없으니까요."

"제인, 당신의 그 목소리가 나는 좋아. 지금도 희망을 되살아나게 해 주고 있어. 진정한 마음이 있소. 그것을 들으면 1년 전으로 되돌아가는 거요. 당신이 새로운 인연을 맺었다는 것을 잊고 말지. 그러나 나는 바보가 아니야 —어서 가요—."

"어디로 가면 되겠습니까?"

"당신 자신의 길로, 당신이 택한 남편과 함께."

"그게 누구란 말이에요?"

"알고 있으면서. 세인트 존 리버스잖아."

"그분은 제 남편이 아니에요. 앞으로도 그렇지 않을 거예요. 그분은 저를 사랑하지 않아요. 저도 그분을 사랑하지 않아요. 그가 사랑하는 사람은 (그도 사랑을 할 수 있어요. 당신이 사랑하는 방법과는 다르지만) 로저먼드라는 아름다운 아가씨예요. 그가 나와 결혼하려고 생각한 것은 내가 선교사의 아내에 어울린다고 생각했기 때문이에요. 로저먼드는 그렇게는 되지 않아요. 그분은 좋은 사람이고 훌륭하지만 너무 엄격해요. 저에 대해서는 얼음장처럼 차가워요. 당신과는 다릅니다. 전 그분 곁에 있어도 행복하지 않아요. 제게 대해선 너그럽지 않아요, 사랑도 없고요. 제게선 아무 매력도 느끼지 않아요. 저의 젊음조차도 그래요. 인정해 주는 것은 조금 쓸모가 있을 것 같은 정신적인 특질뿐이에요. 그래도 나는 당신 곁을 떠나서 그분에게로 가야 한단 말씀이세요?"

나는 나도 모르게 몸서리를 쳤다. 눈이 멀긴 했지만 다시없이 사랑하는 나의 주인에게 본능적으로 매달렸다. 그는 미소를 지었다.

"제인! 그게 정말이오? 당신과 리버스 사이는 그런 관계였단 말이오?"

"정말이고말고요. 아, 질투 같은 건 필요 없어요. 슬픔을 조금이라도 가볍게 해 드리기 위해 일부러 긁려 준 거예요. 화를 내시는 것이 슬퍼하시는 것보다 낫다고 생각해서요. 제가 당신을 사랑해 주기를 원하신다면, 그리고 제가 얼마나 당신을 사랑하고 있는가를 아시게 되면 당신은 가슴을 펴고 만족하실 거예요. 제 마음은 모두 당신의 것이에요. 당신 곁에 있는 것이 어울려요. 비록 운명이 제 몸을 영원히 당신한테서 멀리한다 해도 마음은 언제든 당신 곁에 있습니다."

그는 내게 다시 키스하면서 그의 얼굴에는 또다시 괴로움이 스며 나왔다.

"불타 버린 나의 시력! 쇠약해진 이 힘!" 그는 억울하다는 듯이 중얼거렸다.

나는 그를 위로해 주고 싶어서 그를 꼭 껴안았다. 그가 무엇을 생각하고 있는지 나는 알고 있다. 그를 대신해서 말하고 싶었으나 아무래도 말할 수 없었다. 얼굴을 잠깐 돌렸을 때 감긴 그의 눈꺼풀 밑에서 눈물이 한 방울 나타나 사내다운 그의 빰을 흘러내리는 것이 보였다. 나는 가슴이 뭉클해졌다.

"나는 손필드의 과수원에 있는 벼락 맞은 마로니에 고목과 마찬가지야." 얼마 후에 그는 입을 열었다. "그렇게 썩은 나무가 막 싹이 튼 인동덩굴더러 그 싱싱한 잎으로 썩은 모습을 덮어 달라고 명령할 권리가 있을까?"

"당신은 폐목도, 벼락 맞은 나무도 아니에요. 당신은 파랗고 힘이 있어요. 당신이 명령하지 않아도 여러 가지 새싹이 주인님의 자비로운 나무 그늘을 따라 당시의 뿌리 근처에서 자랍니다. 그리고 성장함에 따라 당신에게 기대고 감깁니다. 힘찬 주인님의 줄기가 든든한 버팀목이 되어 주니까요."

다시 그는 미소를 지었다. 그는 나의 말에 위로를 받은 것이다.

"그것은 친구에 대한 이야기겠지, 제인?" 그는 물었다.

"네, 친구에 대한 이야기예요." 나는 망설이면서 대답했다. 사실은 친구 이상의 것이라고 말하고 싶었으나 달리 적절한 말을 찾을 수 없었다. 그는 나를 거들어 주었다.

"아아! 제인. 그런데 내가 원하는 건 아내야."

"정말로?"

"그래. 당신은 이것이 처음 듣는 말인가?"

"물론이에요. 당신은 그런 말씀은 하신 일이 없어요."

"반갑지 않은 소식이오?"

"형편에 따라서는요. 당신의 선택에 달렸어요."

"내 대신 골라 줘요, 제인. 당신의 결정을 따를 테요."

"그럼 어디 골라 보세요, 당신을 가장 사랑하는 여성을."

"내가 고르는 것은—내가 가장 사랑하는 사람이오. 제인. 나와 결혼해 주지 않겠소?"

"네."

"가엾은 장님이지, 이끌고 다녀야 할."

"네."

"정말로 괜찮은가, 제인?"

"정말이고말고요."

"오오! 나의 사랑하는 사람이여! 하느님의 축복과 은총이 당신에게 내리기를!"

"로체스터 님, 제가 오늘날까지 무슨 좋은 일을 한 적이 있었다면—좋은 일을 생각하고, 충심으로 깨끗한 기도를 올리고 올바른 일을 원했다면 지금 그 보답을 받았습니다. 당신의 아내가 되면 이토록 행복한 일은 없을 것입니다."

"당신은 기꺼이 희생이 될 사람이니까."

"희생이라고요! 무엇을 희생한다는 거죠? 굶주림에 음식이, 소원에 만족이 주어진다고 하는데. 소중하게 여기는 분을 이 팔에 안고 사랑하는 사람에게 키스를 하고, 믿는 분에게 기대는 것이 희생일까요? 그것을 희생이라고 한다면 기꺼이 희생하겠습니다."

"그리고, 내 약점에 견디는 일도, 제인. 나에게 모자란 것을 못 본 체하는 일도."

"그런 건 제겐 아무것도 아니에요. 정말로 제가 당신에게 쓸모가 있는 지금이 당신을 훨씬 더 사랑하고 있는 거예요. 당신이 그 누구에게도 의지하지 않으셨던, 자존심이 강한 분이었던 때보다도, 주는 자, 옹호하는 자의 역할 외에는 경멸하고 계셨던 때보다도 더 깊이 사랑하고 있어요."

"이제까지 나는 남의 도움을 받는 일이—남의 손에 끌리는 것이 몹시 싫었소. 그런데 앞으로는 그것을 싫어하지 않게 될 거요. 고용인에게 나의 손을 맡기는 것이 싫었으나 제인의 조그만 손가락에 잡혀질 걸 생각하니 난 기뻐요. 하인들의 돌봄을 받는 것보다는 혼자 있는 것이 좋았소. 그러나 제인의 상냥한 봉사를 받는다는 것은 더없는 기쁨이 될 거야. 제인은 내게 어울려. 그런데 나는 제인에게 어울릴까?"

"제 성격처럼 자상한 점까지."

"그렇다면 더 기다릴 건 없소. 곧 결혼을 합시다."

표정에도 목소리에도 열의가 차 있었다. 이전의 조급한 성격이 고개를 들고 있었다.

"우리들은 더 이상 머뭇거리지 말고 하나가 되어야 해요, 제인. 결혼 허가증을 받으면—바로 결혼합시다."

"로체스터 님, 해가 기울어 가고 있어요. 파일럿도 점심을 먹으러 집으로 돌아갔어요. 시계를 보여 주세요."

"당신의 허리띠에 매어 두시오, 제인. 오늘부터 당신이 가지고 다녀요. 내겐 소용이 없는 거요."

"오후 4시가 다 돼 가요. 시장하지 않으세요?"

"오늘부터 사흘 후를 우리 결혼식 날로 합시다, 제인. 아름다운 옷이나 보석 같은 건 필요 없어요. 그런 건 아무런 가치도 없어요."

"햇볕이 빗방울을 모두 말려 버렸어요. 바람이 없어 퍽 더워요."

"알고 있소, 제인? 내가 지금도 당신의 그 작은 진주 목걸이를 이 목도리 밑의 검붉은 목에 걸고 있었다는 것을? 나의 단 하나의 보물을 잃어버린 날부터 죽 걸고 있어요. 당신이 남긴 물건으로 알고."

"숲을 지나 집으로 돌아가요. 가장 그늘진 시원한 길이 될 거예요."

그는 내 말에는 상관하지 않고 자기 생각을 쫓고 있었다.

"제인! 당신은 나를 신앙심이 없는 놈이라고 생각할 거야. 그러나 이 순간 나의 마음은 이 지상의 자비로운 하느님에 대한 감사로 가득차 있소. 하느님은 인간이 보는 것처럼 보시지 않아. 좀더 분명히 보신다. 인간이 판단하는 것처럼 판단하시지 않는다. 훨씬 현명한 판단을 하신다. 나는 잘못되어 있었다. 나는 나의 신성한 꽃을 더럽힐 뻔 했어—그 순결성에 죄의 입김을 불어넣으려 했단 말이오. 전능하신 하느님은 그걸 내게서 빼앗아 버리셨지. 나는 오만하게도 그것에 반항하여 그 처사를 저주하려 했소. 하느님의 뜻에 복종하지 않고 태연히 무시했어요. 하느님의 정의는 착실하게 이루어져 재난이 연이어 나에게 들이닥쳤소. 나는 죽음의 그림자의 골짜기를 걷지 않으면 안 되었소. 하느님의 여러 징벌은 힘이 있어요. 어떤 것은 나를 마구 때려 영원히 일어날 수 없게 했소. 내가 나의 힘을 자랑하고 있었다는 것은 당신도 알고 있겠지. 그런데 지금은 어떤가? 어린아이처럼 남의 힘에 의지하지 않으면 안 된다는 거요. 늦었지만, 제인—정말로 늦었지만 나의 운명이 남의 손에 위임된 것이 보이게 되고 인정할 수 있게 되었소. 나는 비로소 자책과 회개를 맛보고 나의 주와의 화해를 구했소. 때로는 기도도 드린다. 매우 짧은 기도이지만 진지한 기도지.

며칠 전의 일이었어. 분명히 기억하고 있어. 나흘 전이었어. 금주의 월요일 밤, 이상한 감정에 사로잡혔어. 비탄이 광란으로 변하고—슬픔이 우울로 변했어. 당신이 어디에서도 발견되지 않아 이제 죽은 것으로 생각하고 있었어. 그날 밤 늦게—아마도 11시와 12시 사이였을 것이오—쓸쓸한 잠자리에 들기 전에 하느님에게 탄원했다. 만일 하느님의 뜻이 합당하시다면 부디 빨리 이 목숨을 가져가서서 제인과 다시 만날 수 있도록 희망이 있는 미래의 나라로 보내 주십사 하고.

나는 거실 창가에 앉아 있었다. 창은 열려 있었어. 밤 냄새가 풍기는 밤공기가 나의 기분을 진정시켜 주었어. 별은 보이지 않았으나 뿌연 안개 같은 빛으로 미루어 달이 떠 있는 걸 알 수 있었어. 난 당신이 얼마나 그리웠는지, 제인! 아아, 나의 영혼과 몸 다 같이 당신을 그리워했어! 나는 고민하고 나를 낮추면서 하느님에게 물었어. 나는 오랫동안 버림받고 괴로움 받고 학대되어 왔습니다. 이제는 충분하지 않습니까? 이제 두 번 다시 행복의 기뻠과 평안을 맛볼 수 없을까요—하고. 이제까지 견디어 왔던 고난은 모두 응보라고 생각하지만—더 이상 참을 수 없습니다, 하고 하느님에게 호소했지. 나의 마음이 갈망하고 있던 것이 모두 말이 되어 걷잡을 수 없이 나의 입술에서 튀어나왔어— '제인! 제인! 제인!'"

"소리내어 그렇게 말하셨나요?"

"그래, 제인. 누가 내 말을 들었다면 내가 미쳤다고 생각했을 거요. 미친 듯이 부르짖었지."

"그건 금주 월요일 밤, 한밤에 거의 가까운 시간이었다고요?"

"그래. 그렇지만 시간 같은 건 문제가 아니야. 그 후에 일어난 일이 이상한 거야. 미신이라고 생각할지 모르지만—분명히 미신을 믿는 피는 흐르고 있으니까 말야. 옛날부터 그랬어. 그래도 이건 사실이야—적어도 지금부터 이야기하려고 하는 것을 이 귀로 들은 것은 사실이야.

내가 '제인! 제인! 제인!' 하고 불렀을 때, 어떤 목소리가 들렸어. 어디에서 들렸는지는 모르지만 누구의 목소리인지 알았어. '가겠어요, 기다려 주세요' 하는 소리가 들렸어. 바로 그 뒤에 바람을 타고 이런 속삭임이 흘러왔어— '어디 계세요?'

가능하다면 이 말이 내 마음에 가져온 생각과 심상을 전하고 싶어. 하지만 그것을 나타내기란 어려워. 아는 바와 같이 펀딘은 깊은 숲속에 파묻혀 있어, 여기에서는 소리는 흐려지고 메아리 없이 사라져. '어디 계세요?' 하는 목소리는 산속에서 난 것 같았어. 언덕에서는 메아리가 그 말을 되풀이하였어. 그 순간, 차갑고 상쾌한 바람이 나의 이마에 와 닿는 것 같았어. 어딘가 황폐한 쓸쓸한 곳에서 나와 제인이 만나고 있는 것 같은 생각이 들었어. 두 사람의 영혼이 만났음에 틀림없어. 그 시간에 당신은 푹 자고 있었을 거요. 아마도 당신의 영혼이 몸에서 빠져나와 나의 영혼을 위로하기 위해 왔을 거요. 그것은 틀림없이 당신의 목소리였으니까—절대로 틀림없어—당신의 목소리였어."

독자여, 그것은 월요일 밤이었다—거의 한 밤중이 되었을 때 내가 그 이상한 고함소리를 들은 것도. 분명히 그 고함소리에 나는 그렇게 대답했던 것이다. 로체스터 씨의 이야기에 귀를 기울이고 있었으나 이쪽 이야기는 하지 않았다. 이 우연한, 너무나 무섭고 알 수 없는 일이었으므로 그것을 일부러

전해서 서로 이야기할 생각이 나지 않았었다. 만일 이야기하면 듣는 사람에게 감동을 주었을 것이다. 그 마음이 이렇게까지 받은 고난 때문에 우울한 상태에 빠지기 쉽다는 것을 생각하면 초자연적인 현상으로 그 마음을 더욱 어둡게 할 필요는 없었다. '그리하여 나는 이 일들을 마음에 간직하고 혼자 생각한 것'이다.

"그래서," 로테스터 씨는 말을 이었다. "어젯밤 당신이 뜻밖에 내 앞에 나타났을 때 이것은 단순한 목소리나 환상이 아닌 진짜 당신이라고는 좀처럼 믿을 수 없었어. 언젠가는 남몰래 사라지는 것이 아닐까 하고 생각했어. 그 한밤중의 속삭임이 산울림으로 사라지는 것처럼. 지금 나는 하느님에게 감사한다! 환상이 아니라는 것을 이제야 알았어. 그렇다, 나는 하느님에게 감사한다!"

그는 나를 무릎에서 내려놓고 일어섰다. 공손히 모자를 벗고 보이지도 않는 눈을 땅 위로 향하고 서서 말없는 기도를 드리고 있었다. 기도의 마지막 말만이 들려왔다.

"주님께 감사드립니다. 심판하시는 가운데서도 주께서는 자비심을 잊지 않으셨습니다. 원하옵건대 나의 구주님에게 기도드립니다. 앞으로 더 깨끗한 생활을 할 수 있도록 힘을 주시옵소서."

그리고 그는 인도해 달라는 듯 손을 내밀었다. 나는 사랑하는 그 손을 잡고 잠시 입술에 댄 후 내 어깨로 돌렸다. 그이보다 훨씬 키가 작은 내가 그의 버팀목이 되고 인도자가 되었다. 우리는 숲으로 들어가 집을 향해 천천히 걸어갔다.

38

독자여! 나는 그와 결혼했다. 조용한 결혼식이었다. 그와 나, 교구 목사와 서기만이 참석했다. 교회에서 집으로 돌아오자 나는 메리가 점심 준비를, 존이 칼을 갈고 있는 부엌으로 들어가 이렇게 보고하였다.

"메리, 오늘 아침 나는 로체스터 님과 결혼했어요." 메리도 그의 남편도 신중한 사람들이었으므로 놀랄 만한 소식을 전해도 놀라는 소리를 내는 일도 없고 그 뒤를 잇는 호기심어린 여러 질문으로 이쪽이 어리둥절해 하는 일도 없었다. 메리는 고개를 들고 나를 물끄러미 보았다. 그녀가 불에 굽고 있는 두 마리의 닭에 국물을 붓던 국자가 3분쯤 허공에 머물러 있었다. 같은 순간, 존도 칼을 가는 작업을 멈추고 있었다. 그러나 메리는 굽던 고기에 허리를 굽히며 이렇게 말했을 뿐이었다.

"그래요? 정말 놀라운 일이군요!"

잠시 뒤 그녀는 말을 이었다. "주인님과 함께 나가시는 건 보았지만 결혼식을 올리러 교회로 가시는 줄은 몰랐어요." 그녀는 다시 굽던 닭에 국물을 발랐다. 내가 존에게로 고개를 돌리자 그는 큰 입을 쩍 벌리고 싱글벙글 웃고 있었다.

"이렇게 될 것이라고 메리에게 말했습죠." 그는 말했다. "저는 에드워드 님을 잘 알고 있어요—존은 오래 된 하인으로 그의 주인이 로체스터 집안의 차남일 때부터 알고 있었으므로 에드워드라는 세례명으로 부르는 일이 많았다—에드워드 님이 이렇게 하시리라는 것을 알고 있었습니다. 오래 기다리시지는 않으리라고 믿고 있었죠. 어쨌든 참 그분은 잘하셨습니다. 축하합니다!" 그는 앞머리를 당기며 경의를 표했다.

"고마워요, 존. 로체스터 님이 이걸 당신과 메리에게 주라고 하셨어요." 나는 그의 손에 5파운드짜리 지폐를 쥐어 주었다. 그리고 아무 말도 하지 않고 부엌을 나왔다가 잠시 뒤에 그 앞을 지나가는데 이런 말이 들려 왔다.

"어떤 귀부인들보다도 주인님의 시중을 잘 들어 드릴 거야." 그리고 또, "이렇다 할 미인은 아니지만 그렇다고 밉상은 아니고, 마음씨가 좋은 분이야. 주인님에겐 아주 미인으로 보일 거야. 그건 분명해……."

나는 무어 하우스와 케임브리지에 편지를 내어 우리의 결혼을 알렸다. 왜 내가 이렇게 했는지 그 이유를 편지에 자세히 썼다.

다이애너와 메리는 내 처사를 전적으로 찬성해 주었다. 다이애너는 우리들의 신혼여행이 끝나기를 기다렸다가 만나러 오겠노라고 했다.

"그때까지 기다리게 할 필요는 없겠지, 제인." 내가 다이애너의 편지를 읽어 주자 로체스터 씨가 말했다. "끝날 때까지 기다리라고 말하면 줄곧 기다려야 할 거야. 우리의 밀월은 평생 동안 빛날 테니까. 그 빛은 당신과 내 무덤 위에서 겨우 흐려질 테니까 말야."

세인트 존이 어떻게 이 소식을 받아들였는지 나는 모른다. 내가 이 소식을 알린 편지에 대해서 답장이 없었다. 그래도 여섯 달이 지나서 소식이 있었는데 로체스터 씨의 이름이나 나의 결혼에 대해서는 단 한 마디도 말하고 있지 않았다. 그 편지는 매우 냉정했다. 진지하고 친절한 편지이기는 했지만. 그 후 그렇게 자주는 아니지만 규칙적으로 소식을 전해 주었다. 나의 행복을 빌고 내가 이 세상에서 하느님을 잊고 현세의 것에 집착하고 있는 것 같은 생활을 하지 않을 것으로 믿고 있다고 써 보냈다.

독자여, 여러분은 어린 아델라를 아주 잊어버리지는 않았을 것이다. 나도 잊고 있진 않았다. 나는 이윽고 로체스터 씨의 허락을 받아 그 아이가 다니는 학교로 만나러 갔다. 나를 보고 기뻐 날뛰는 모습을 보고 나는 감동을 받았다. 얼굴빛도 해쓱하고 여위어 보였고, 행복하지 않다고 나에게 호소하였다. 학교 규칙이 너무 엄하고 학과 공부도 그 나이의 아이에게는 너무 어렵다는 것을 알았다. 나는 그녀를 집으로 데리고 돌아왔다. 다시 한 번 나는 그 애의 가정교사가 되려고 생각했기 때문이었다. 그러나 그것도 무리라는 것을 알았다. 지금은 시간도 손도 또 한 사람에게 빼앗기고 있었기 때문이었다— 남편이 그 모든 것을 필요로 하고 있었기 때문이었다. 그래서, 좀더 자유로운 교풍의 학교, 이쪽에서 자주 찾아갈 수 있고 가끔 집으로 데려올 수 있을 있을 정도로 가까운 곳에 있는 학교를 찾았다. 그녀가 쾌적하게 지내기 위해 필요한 것이라면 무엇 하나 부족함이 없도록 배려하였다. 아델라는 곧 새로운 학교에 적응하여 매우 행복해지고 학과 공부에도 상당한 진전을 보였다. 성장함에 따라 건전한 영국의 교육 덕택으로 프랑스 사람이 갖는 약점도 모두 교정되고 졸업을 할 무렵에는 쾌활하고 친절하고 솔직하고 마음씨가 착한 말벗이 되어 있었다. 나나 나의 가족에게 보내는 아델라의 마음씨는 내가 이전에 힘 닿는 대로 해 준 사소한 친절에 충분히 보답해 주는 것이었다.

나의 이야기도 끝이 가까워졌다. 나의 결혼 생활에 대해서 한 마디, 그리고 이 이야기에 자주 등장하는 사람들의 운명에 잠깐 말하면 이 이야기는 끝이 난다.

나는 결혼한 지 10년이 되었다. 이 세상에서 가장 사랑하는 사람을 위해 산다는 것, 그 곁에서 산다는 것이 어떻다는 것을 나는 알았다. 나는 최상의 행복을 누리고 있다—그 어떤 말로도 나타낼 수 없을 정도로 행복하다. 나는 남편의 목숨이고 남편은 나의 목숨이기 때문이다. 나만큼 반려(伴侶)가까이에 있는 여성은 그 어디에도 없을 것이다. 그야말로 그의 '뼈 중의 뼈요 살 중의 살'(〈창세기〉 2장 23절)인 것이다. 에드워드와 함께 있어서 싫증을 모른다. 그도 또한 나와 함께 있어서 싫증을 몰랐다. 각자의 가슴속에서 맥박치고 있는 심장의 고동에 싫증을 내는 일이 없는 것처럼. 그래서 우리는 항상 함께 있었다. 같이 있어도 우리는 혼자 있을 때와 마찬가지로 자유로우며, 많은 사람들과 같이 있어도 즐겁다. 우리는 온종일 서로 이야기를 주고받고 있다. 우리 두 사람이 서로 이야기를 주고받는다는 것은 생생한 생각을 소리로 내어 서로 교환하고 있는 것과 같은 것이었다. 나는 전폭적인 믿음을 그에게 바치고, 그도 또한 전폭적인 믿음을 나에게 준다. 우리의 성격은 완전히 일치하고—완벽한 조화가 이루어졌다.

로체스터 씨는 우리가 결혼한 지 처음 2년 동안은 줄곧 눈먼 채로 지냈다. 아마도 그런 처지가 우리를 더욱 끌어당겼는지도 모른다—굳게 결합시켰는지도 모른다! 지금의 내가 그의 오른손인 것처럼 그 무렵의 나는 그의 눈이었고, 나는 (그는 곧잘 그렇게 부르지만) 그의 소중한 눈동자였다. 그는 나를 통해서 자연을 보고 책을 읽었다. 들판·나무·마을·강·구름·햇빛 등—눈앞의 풍경이나 그때그때의 날씨를 그를 대신해서 바라보고 그것을 말로 나타나는 것에 싫증을 느끼지 않았다. 빛이 그의 눈에 기록할 수 없는 것을 목소리로 그의 귀에 새겼다. 책을 읽어 주고, 그가 가고 싶다는 곳으로 데리고 가서 그가 하고 싶은 일을 그 대신에 하는 일에 나는 싫증을 느끼지 않았다. 이런 봉사는 슬프기는 했지만 더없이 꽉 찬 즐거움이 있었다—이런 봉사를 그가 부끄러워하지도 않고 참담한 굴욕감도 느끼지 않고 요구했기 때문이다. 그는 나를 마음으로부터 사랑하고 있었으므로 나의 돌봄을 받아들이는 데에 조금도 망설이지 않았다. 내가 마음속으로부터 사랑하고 있다는 것을 알고 있었으므로 이런 시중을 받는 것도 나의 소원을 채워 주는 일이기도 하다고 그는 여기고 있었다.

2년이 끝나가는 어느 날 아침, 그의 편지를 내가 받아쓰고 있을 때 그가 내 곁으로 와서 허리를 굽히며 이렇게 말했다.

"제인, 당신 목에 반짝반짝 빛나는 목걸이를 걸고 있소?"

나는 금으로 된 시곗줄을 걸고 있었다. 나는 "네" 하고 대답했다.

"그리고 연한 하늘빛 옷을 입고 있소?"

입고 있었다. 그러자 그는 얼마 전부터 한 쪽 눈의 몽롱한 안개가 조금 얇아진 것 같은 생각이 들었는데 아무래도 분명한 사실 같다고 말했다.

그와 나는 런던으로 갔다. 그는 어떤 유명한 안과 의사의 치료를 받고 마침내 한쪽 눈의 시력을 회복했다. 그는 아직 잘 볼 수는 없고 글을 많이 읽거나 쓸 수는 없지만 길잡이가 없이도 길을 찾을 수 있게 되었다. 하늘은 이미 그에게는 허공이 아니었다. 땅도 이제 공허한 것이 아니었다. 그의 첫아기를 처음으로 그 팔에 안았을 때, 이전의 자기 눈을 아들이 이어받았다는 것을 볼 수가 있는 크고 검게 빛나는 눈이었다. 그때도 그는 마음으로부터 하느님이 자비로써 심판을 가볍게 해 주셨다는 걸 진정으로 감사했다.

에드워드와 나는 그래서 행복했다. 우리가 가장 사랑하는 사람들도 또한 행복해졌으므로 더욱더 행복했다. 다이애너와 메리는 모두 결혼했다. 그녀들은 1년에 한 번씩 우리를 만나러 와 주었고 우리도 그들을 방문하고 있다. 다이애너의 남편은 해군 대령으로 씩씩한 장교이고 마음씨가 좋았다. 메리의 남편은 목사이다. 그녀 오빠의 대학 친구로, 그의 학식이나 신조로 보나 그녀에게 어울리는 반려자였다. 피츠 제임스 대령과 워튼 목사는 모두 아내를 사랑하고 또 아내의 사랑을 받고 있다.

세인트 존 리버스는 영국을 떠나 인도로 갔다. 그는 자신이 목표로 세웠던 길로 들어가 지금도 그 길을 걷고 있다. 갖가지 걸림돌이나 위험 속에서 일을 하고 있어, 이토록 확고한 결의를 갖는 불굴의 개척자는 이제까지 찾아볼 수 없었을 것이다. 그는 확고하고 신념이 강하고 헌신적이고 정력과 열성에 넘쳐 성의를 가지고 인류를 위해 노고를 아끼지 않고 있다. 마치 거인처럼 인류의 향상을 위해 길을 닦고, 진보를 거부하는 교리나 계층의 편견을 베어 넘어뜨렸다. 그는 엄격할지는 모른다. 어쩌면 가혹할지도 모른다. 게다가 야심가일지도 모른다. 하지만 그의 엄격함은 무저갱(無底坑)의 사자(使者)로서 아볼루온이라고 불리는 것들의 습격으로부터 순례자들을 지키는 저 전사(戰士) 그레이트허트(버니언의 〈천로역정〉에 나오는 길잡이)의 가혹함이다. 그의 엄격함은 '아무든지 나를 따라오려거든 자기를 부인하고 자기 십자가를 지고 나를 좇을 것이리라'(마가복음 8장 34절) 하고, 예수 한 사람만을 위해 오직 설교하는 사도(使徒)의 엄격함이다. 그의 야심은 고결하고 위대한 정신의 소유자의 야심이다―그 야심이란 세상에서 구원을 받아 하느님을 위해 첫 이삭이 되기를 원하고―아무런 하자 없이 하느님의 보좌 앞에 서는 자, 어린 양의 최후의 위대한 승리를 같이 나누고 하느님의 부르심을 받고 하느님의 선택을 받은 믿음이 두터운 자들의 맨 앞에 서기를 바라는 야심이다.

세인트 존은 결혼하지 않았다. 앞으로도 결혼은 하지 않을 것이다. 이제까지 그는 혼자서 고역을 견디어 왔다. 그 고역도 이제 끝이 가까워 오고 있다. 그의 찬란한 태양은 이제 갑자기 지려 하고 있다. 요즈음 받은 그의 편지는 나의 눈에서 인간다운 눈물을 흘리게 하고 나의 마음을 하느님이 주신 거룩한 기쁨으로 채워 주었다. 그는 확실한 보답을, '불멸의 면류관'을 기대하고 있었다. 머지않아 다음에 올 편지는 남의 손으로 쓰여, '선량하고 충실한 하느님의 종은 마침내 하느님의 부르심을 받아 기쁜 몸이 되었노라' 알려 올 것이다. 이 소식에 왜 슬퍼하랴? 죽음의 두려움이 세인트 존의 임종을 어둡게 하지는 못하리라. 그의 마음은 한 점의 흐림도 없고 마음 또한 좌절하지 않으리라. 확실한 희망이 있고 믿음은 흔들림이 없을 것이다. 그 자신의 말이 그것을 분명히 보여 주고 있다.

"주님은 나에게 이미 알려 주셨습니다. 주님은 날마다 분명히 '그렇다 나는 속히 가리라!' 말씀하십니다. 그러면 나는 언제나 더 열의를 가지고 대답합니다. '아멘, 주 예수여, 부디 임하옵소서.'"

샬럿 브론테의 생애와 문학

하워스에서의 어린 시절

하워스는 황량한 곳이다. 검은 돌로 된 건물들이 보기에도 위험한 페나인 언덕 중간쯤 바싹 닿듯 늘어서 있다. 말발굽이 미끄러지지 않도록 둥글고 넓적한 돌이 깔려 있고, 가파른 큰길을 따라 올라가 급격히 방향을 틀면 좁은 길이 뻗어 있다. 이 작은 길은 예각으로 굽어 교회를 지나, 묘석이 가득한 묘지와 낮은 지붕 일요학교 건물 사이를 빠져 나간다. 좁은 길을 다 올라가면 아담한 하워스 목사관이 나온다. 이 건물에는 창문이 아홉 개나 달려 있어서, 음울한 교회묘지에 맞닿은 정방형의 뜰이 멀리까지 내다보인다. 이 때문에 목사관은 많은 묘석의 바다 속에서 치솟아 있는 것처럼 보인다. 1820년 브론테 가족이 보금자리로 삼은 이곳은 지금까지도 죽음을 연상시키는 묘석으로 둘러싸여 있다. 목사관 뒤로는 히스가 깔린 황야가 끝도 없이 펼쳐져 있다. 그 누구도 가까이 하지 못하게 만드는 이 풍경이야말로 브론테 집안 아이들의 놀이터였으며, 문학적 감성을 키워 주는 하나의 공간이었다.

1820년 2월, 하워스 교구의 목사로 부임한 패트릭 브론테 목사는 두 달 뒤 콘월 출신의 아내 마리아와 여섯 아이들, 마리아·엘리자베스·샬럿·브런웰·에밀리·앤과 함께 목사관으로 이주했다. 샬럿은 그때 겨우 네 살이었고, 앤은 아직 기어 다니지도 못하는 갓난아기였다. 브론테 가족은 마리아 이외의 모든 아이들이 태어난 브래드퍼드의 손튼에 있는 작은 교구에서 즐겁고 화목한 5년을 보낸 뒤 이 하워스로 왔다.

패트릭 브론테는 1806년 케임브리지 대학교의 세인트 존스 칼리지를 졸업한 이래 이 하워스 교구가 4번째 부임지였다. 그는 비범한 아버지였다. 재기발랄했고 요크셔의 소교구를 맡고 있는 시골목사라는 신분을 넘어서 과학·의학·예술·문학·음악 등에 흥미를 가지고 있었다. 패트릭 브론테는 아일랜드 출신으로 1777년 다운 주(州)의 엠데일에서 태어나, 불우한 환경 속에서도

하워스 마을이 중간쯤 보이는, 황야에서 바라본 풍경
이 마을은 브론테 자매가 살던 시대와 규모가 거의 달라지지 않았다.

계속 노력해 케임브리지 대학교에서 장학금까지 받으며 자신의 길을 개척해
왔다. 그는 맨 처음 요크셔의 듀스베리 근교에 있는 하츠헤드 교회의 목사로
부임했다. 그는 우드하우스 그로브 스쿨 근처의 친척집을 방문하기 위해 멀
리 펜잰스에서 온 마리아 브런웰과 만났다. 패트릭과 마리아는 만난 지 얼마
되지 않아 1812년 12월에 결혼했다. 하워스에 온 이 젊고 생기발랄한 가족
은 밝은 미래의 계획을 세우고, 웨스트 요크셔 근처 벽촌에 뿌리를 내리려
했다.

　브론테 가족이 알고 있는 하워스는 여러 가지 점에서 황량한 곳이었다. 페
나인 언덕의 244미터 되는 고지에 위치한 이 작은 마을의 주민들은 겨울철
이면 끝없는 습기와 거세고 차가운 바람, 마을을 온통 덮어버리는 폭설에 시
달렸다.

　샬럿이 평생 벗인 엘렌 너시에게 보냈던 몇백 통의 편지에서는 하워스의
기후나, 그것이 가족들의 건강에 미치는 영향에 대해서 수없이 언급되고 있
다. 건강은 하워스에서 기후 이외에 관심이 집중되는 또 다른 문제였다. 이
산업 중심지에 부대끼며 사는 지역주민의 거주조건은 좋지 못했다. 이곳에
는 하수도가 없었고, 음료수의 공급도 불충분한 데다가 오염되어 있었기 때

문에 사망률이 높았다. 1840년부터 1850년의 10년 사이에 하워스의 교회 묘지에 1344기의 무덤이 생겨난 것은 믿기 어려운 일이다. 평균 사망연령은 겨우 25세였다. 하워스에서 태어난 아기들 중 여섯 살을 넘길 때까지 사는 아이는 60%도 되지 않았다. 브론테 자매의 죽음은 애처로울 정도로 일렀는데, 이런 배경 아래서는 드문 일도 아니었다.

자급자족하는 농업, 모직이나 방직업이나 양모의 소모(梳毛)가공업 등이 그 지역의 생업이었다. 브론테 가족이 하워스에 온 무렵은 가내수공업적인 시스템이 수력기계를 사용한 공장생산으로 바뀌어 가고 있었고, 워스 강에는 일찍부터 공장이 세워져 가동되고 있었다. 근처에는 전문직에 종사하는 사람도 몇몇 있었지만, 이 밖의 직업이라고는 돌 깨기나 건축, 공예 정도밖에 없었다. 영국 국교회와 그즈음 융성하던 침례교와 감리교의 예배당이 유일하게 교육의 기회를 제공하고 있는 곳으로, 이 지역 사교활동의 거점이 되었다.

브론테 가족은 고립된 황야지대의 한구석에 있었던 점이나 더럽고 황량하고 물자가 부족한 거친 환경과는 동떨어져 생활했다는 점 등은 이제까지 크게 중시되어 왔다. 이런 견해가 지금까지 계속되어 온 책임은 주로 엘리자베스 개스켈에게 있다. 왜냐하면 그녀는 샬럿이 쓴 소설이 거칠다는 비난에 항의하려고 쓴 《샬럿 브론테의 생애》 중에서 18세기의 상태를 기반으로 하워스의 소박함을 강조해서 묘사했기 때문이다. 개스켈 부인의 목적은 샬럿의 작품이 거친 환경의 한가운데에 있으면서도 그것에 영향을 받지 않은 무구함에서 태어났다는 점을 증명하는 것이었다. 실제로 19세기 후반 무렵 하워스는 급속도로 발전해 핼리팩스·번리·키슬리 등 번창한 산업 중심지 중에서도 정점을 차지하고 있었다. 게다가 교역의 중심지가 되어 인구가 집중되었다. 하워스에는 소모 가공업의 모든 공정이 이루어졌기 때문에 자립정신이 싹트고 있었고, 그것이 하워스 사람들의 다부진 성질에 깊게 스며들어 있었다. 브론테 가족이 고립되었다 해도 그것은 단순한 지리적인 문제라기보다는 사회성에 의한 것이었을 것이다. 패트릭 브론테는 1821년 11월에 벗에게 보낸 편지에 주위의 아무런 도움도 없이 아내가 어떻게 불치병과 싸웠는지 썼다. 마리아 브론테는 1821년 9월 15일, 어린 여섯 명의 아이들을 남겨두고 세상을 떠났다.

아내가 세상을 떠난 뒤 47세였
던 패트릭 브론테에게는 어떠한
재산도 사회적 지위도 없었기에,
여섯 명의 아이들을 껴안고서 재
혼상대를 찾을 희망이 없다는 것
이 분명했다. 이런 브론테 가족
을 구원해 준 것은 죽은 아내의
언니인 엘리자베스 브런웰의 너
그러운 배려였다. 그녀는 콘월에
서의 안락한 삶과 결혼에 대한
희망도 모두 버리고, 가사와 어
머니의 대역을 맡기 위해 하워스
의 목사관으로 이사했다.

브런웰 이모(1776~1842)
마리아 브론테의 언니인 그녀는 어머니를 잃은 아이
들을 한평생 성실하게 돌봤다.

　패트릭의 아버지로서의 엄격함
에 관한 에피소드는 일일이 거론
할 겨를이 없다. 그것들은 브론테 집안에서 해고된 유모가 복수하기 위해 날
조한 이야기를 개스켈 부인이 그대로 받아들인 부분이 적지 않다. 그러나 좀
더 출처가 확실한 이야기에서는 브론테 집안의 아이들에게 딱 들어맞는 이
미지를 보다 정확하게 묘사하고 있다. 그것은 어린 시절부터 발랄한 지성이
나 특별한 재능의 싹이 자라고 있었던 점이다. 패트릭이 개스켈 부인에게 보
낸 편지에 쓴, 특히 잘 알려져 있는 에피소드는 아이들의 조숙함만이 아니라
아이들의 개성이나 지성을 성장시키는 데 몰두하고 있는 패트릭의 열의를
증명하는 이야기이기도 하다. 이 때 샬럿은 여덟 살 정도였다.

　내가 생각하는 것보다 아이들이 분별력이 있다고 믿었기에, 아이들의
얼굴에 가면을 씌우면 주눅 들지 않고 이야기를 잘 하지 않을까 하고 생각
했습니다. 그래서 집에 있던 가면을 씌우고, 모두 일어나서 부끄러워하지
않고 말할 수 있도록 했습니다. ……그리고 나는 샬럿에게 이 세상에서
가장 좋은 책이 무엇이냐고 물었습니다. 그랬더니 샬럿은 성경입니다, 하
고 대답했습니다. ……그리고 두 번째로 좋은 책이 무엇이냐고 묻자 그녀

묘지에서 바라본 목사관과 학교

는 자연이라는 책입니다, 라고 대답했습니다. ……그리고 내가 여성에게
최고의 교육이 무엇이냐고 묻자 그녀는 집안일을 능숙하게 처리하도록 하
는 것입니다, 라고 대답했습니다.

샬럿 브론테의 어린 시절 모습은, 1824년까지 동생인 낸시 가스와 함께
브론테 집안에 고용되었던 사라 가스의 회고로부터 엿볼 수 있다. 아침에 기
도를 하고 포리지(죽)와 우유, 버터를 바른 빵으로 아침식사를 한 뒤, 아이
들은 아버지의 서재에서 아버지와 함께 공부를 했다. 그리고 사라에게서 기
초적인 재봉을 배우고, 2시가 되면 점심으로 언제나 고기와 우유, 푸딩을 먹
었다. 오후가 되면 그들은 황야로 산책을 나갔고, 집에 돌아오면 부엌에서
이른 저녁을 먹고는 공부를 하거나 아버지와 토론을 벌이거나 했다. 그리고
밤에는 기도를 하고 침대에 든다. 나이가 각자 다른 아이들이 있는 대가족이
자급자족하며 생활하는 것은 드문 일이 아니었기에, 아이들이 가족 이외의
놀이 상대를 필요로 하지 않았던 것은 자연스러운 일이었다. 아이들은 모두
어린 시절부터 책을 탐독했다. 그들의 놀이 방법은 지방신문 〈리즈 머큐리〉
나 〈리즈 인텔리젠서〉 등 정치토론의 기사나 샬럿의 어린 시절 영웅담의 주
인공인 웰링턴 공작의 이야기나 책이나 잡지의 서평, 상류계급의 가십이나

지방의 문이나 사소한 기삿거리
정도였다.

　패트릭은 아이들이 아직 어렸
을 때부터 딸들의 미래를 생각했
다. 현실주의적인 그는 가난한
목사의 딸들에게는 선택의 자유
가 거의 없다는 것을 잘 알고 있
었다. 그녀들에게는 좋은 혼담이
들어올 가능성도 적었고, 그렇다
고 해서 당시 여성이 전문직을
갖는 것은 논외였으며 노동자 계
급의 일에 종사하는 것도 생각할
수 없는 일이었다. 남겨진 길은
교사가 되는 것뿐이었다. 딸들이
좀더 폭넓은 결혼 선택의 자유를

윌리엄 칼스 윌슨의 초상
《제인 에어》에 등장하는 브로클허스트의 모델로서
엄격해 보이는 인물.

얻기 위해서 필요한 여성으로서의 소양을 몸에 익히는 데나, 가정교사 자격
을 얻기 위해서나 그에 상당한 교육이 필요했다. 그리하여 마리아와 엘리자
베스는 각각 아홉 살과 여덟 살의 나이로 웨이크필드 부근에 있는 크로프턴
홀 여자기숙학교로 가게 되었다. 그러나 이 기숙학교 생활도 오래가지 못했
다. 아무래도 아버지인 패트릭이 학비를 지불할 경제적 여유가 없었기 때문
인 것 같다. 그 때문에 1823년 12월, 하워스에서 45마일 떨어진 커비 론즈
데일 근교의 코완 브리지에 있는 성직자의 딸들을 위한 학교의 신문광고를
우연히 발견했을 때, 패트릭은 기뻐했음이 틀림없다. 학비가 싼─고작 연
14파운드로 크로프턴 홀 여자기숙학교의 절반─것만이 아니라 윌리엄 칼스
윌슨 목사가 창설한 이 학교의 후원명부에 훌륭한 사람들의 이름이 길게 늘
어서 있는 것을 보고 패트릭은 딸들의 장래에 대해 안심했다.

　《제인 에어》의 처음 몇 장에 나오는 내용은 샬럿 브론테의 저작 중에서도
특히 기억에 남을 연민을 불러일으킨다. 바로 제인이 로우드 자선 학교의 학
생으로서 마음에 깊이 상처를 입는 묘사가 이루어진 부분이다. 고아인 제인
에어가 브로클허스트에게 받았던 굴욕이나 거칠고 형편없는 식사에 관한 진

절머리나는 이야기, 일요일의 엄격한 시련에 독자들은 저도 모르게 등골이 서늘해진다.

　이런 추운 계절의 일요일에는 삭막했다. 우리는 우리의 보호자가 목사를 맡아보고 있는 브로클브리지 교회까지 3.2km의 길을 걸어가야 했다. 추위에 떨면서 출발해서 꽁꽁 얼어가지고 교회에 도착한다. 아침 예배를 보는 동안 우리는 추위로 몸이 거의 마비되어 있었다. 점심을 먹으러 돌아오기엔 너무 거리가 멀어서 고기를 끼운 차가운 빵이 평소의 식사와 마찬가지로 인색한 분량이 예배의 틈을 타서 주어진다.

　샬럿은 자신의 진정을 토로하고 있다. 실제로 이 소설은 코완 브리지 학교에서 겪은 브론테 자매의 비참한 체험에 기반을 두고 있다. 그녀는 애정이 넘치는 집을 나와 공동생활을 하는 것이 싫었고 빼앗긴 자유를 되찾으려고 몸부림치며, 자선 학교의 고아라고 낙인찍힌 듯한 비참한 기분에 빠져들었다. 특히 그녀의 두 언니들이 입학하고 나서 목숨을 잃었다는 사실을 그녀는 한시도 잊지 않았고, 용서할 수도 없었다. 가장 사랑하는 언니 마리아의 죽음이 없었더라면, 성인 같은 등장인물 헬렌 번스도 태어나지 않았을 것이다. 이 소설의 등장인물은 실제하기 어렵다고 말하는 비평가도 있다. 샬럿 브론테는 그런 평에 이렇게 반박했다.

　그녀는 거의 실재하는 그대로입니다. 그 작품에는 조금의 과장도 없습니다. 나는 그녀(언니 마리아)의 추억을 마음에 담아두고, 신빙성 없는 이야기가 되지 않도록 있는 그대로를 썼습니다. 그렇기 때문에 '헬렌 번스와 같은 여성은 매우 아름답지만 전혀 실재하지 않는다'고 쓴 잡지를 봤을 때, 이런 독선적인 판단을 비웃지 않을 수 없었습니다.

1825년 2월, 마리아의 폐결핵이 악화되자 패트릭 브론테는 곧장 그녀를 집으로 데려왔다. 샬럿과 엘리자베스, 그리고 여섯 살 에밀리는 그대로 학교에 남았다. 그녀들은 다시는 언니 마리아와 만나지 못했다. 마리아는 1825년 5월 6일, 집에서 사망했다. 겨우 열한 살이었다. 그 직후 엘리자베스 브

턴스톨 교회
샬럿과 여동생들이 일요일마다 친구들과 함께 다녔던 교회. 윌리엄 칼스 윌슨이 이 곳 목사이다.

론테도 언니와 똑같이 불치병을 얻었다. 그녀도 집으로 돌아가 1825년 6월 15일에 하워스 목사관에서 사망했다. 열 살이었다. 패트릭 브론테는 망설임 없이 곧 샬럿과 에밀리를 집으로 데려왔다. 가장 사랑하는 두 자매를 잃은 샬럿과 에밀리에겐 슬프고 괴로운 귀향이었다.

이렇게 해서 샬럿은 브론테 집안의 맏딸로서의 역할을 떠맡게 되었다. 가장 사랑하는 육친을 잃었다는 상실감은 평생 떨칠 수 없었고, 그녀의 작품 속에서 자주 고아들의 이미지로서 표출되었다. 코완 브리지 학교에서 교육 받은 인간의 죄와 죽음을 포함한 벌의 불가피성을 강조하는 종교적인 관점에서 보면, 그녀들의 죽음은 더욱 괴로운 생각에 사로잡히게 만들었다. 학교에서 샬럿은 윌리엄 칼스 윌슨 박사가 쓴 기분 나쁜 아동 교훈서를 질릴 정도로 읽어야 했다. 그 전형적인 이야기는 이렇게 시작된다.

저 나쁜 아이를 보십시오. 그녀는 비뚤어져 있습니다. 그녀는 고집이 셉니다. 아아 이 얼마나 나쁜 일입니까! 여러분께 매우 괴로운 결말을 이야기하지 않으면 안 되겠군요. 그녀가 너무나 화를 낸 나머지 하느님께서 갑자기 그녀를 죽여 버리셨습니다. 그녀는 침대에 쓰러져서 죽었습니다. 기도할 틈도 없이. 신의 가호를 구할 틈도 없이.

샬럿이 로우드 자선 학교에 관해 썼을 때, 마음 속 어딘가에서 상처받기 쉬운 아이들에게 조금씩 주입된 이 냉혹하고 매정한 칼뱅주의의 교의에 대해 복수하려 하고 있었다.
코완 브리지 학교의 기록부에는 소녀들의 전원의 학력에 관해 평가가 기재되어 있다. 샬럿이 일곱 살 때의 평가는 다음과 같다.

독해력은 보통이다…… 작문은 그저 그렇다…… 계산은 조금 가능하다. 문법·지리·역사·기예에 관해서는 아무것도 모른다. 나이에 비해 매우 총명하지만, 관련 지식은 전혀 없다.

엄격한 규율의 코완 브리지 학교에서 나온 뒤 1825년부터 1830년 사이에 그녀와 자매들의 교육은 집에서 이루어졌지만, 그것은 세간의 관습과는 다른 형태로 계속되었다. 그러나 이 교육은 아이들이 함께 단결해서 창조하는 기회를 부여했고, 이것이 샬럿의 문학적 위업을 이루는 기반이 되었다.
이 중요한 어린 시절에 샬럿은 책을 탐독하고 이야기를 지었으며 연극을 하며 그림을 그리는 것을 익혔다. 총명하고 독창적인 어린이라고 기대했던 이는 아버지 패트릭뿐이었지만, 샬럿과 남매들은 단순한 놀이의 영역을 뛰어 넘어 더욱더 창작을 드높이는 데 도움이 되는 여러 가지 것을 활용해서, 자신들의 상상의 세계를 창조해 냈다. J. 골드스미스의 《지리학총람》처럼 어디에나 있는 교재를 자유롭게 사용했지만, 그 책의 여백에는 빈틈없이 글씨가 쓰여 있다. 이 책의 여백에는 그녀가 이 책을 매우 독특한 방법으로 애용했던 것, 곧 그들이 창조해 낸 섬의 지도나 지명의 정보원으로서 이용했던 것을 엿볼 수 있다. 그들은 당시 유행했던 존 번연의 《천로역정》, 존 밀턴의 《실낙원》 등, 아버지가 대학 시절에 썼던 고전 텍스트인 호메로스·호라티우스·렘프리에르의 《고전전집》 등을 가지고 있었다. 이모인 엘리자베스 브런웰의 〈레이디스 매거진〉이나 감리교 교회의 신도잡지 등도 있었다. 아이들은 성경을 구석구석까지 알고 있었다. 패트릭 브론테는 키슬리 기계연구소에서 과학책을 빌렸다. 가족은 순회도서관에 등록해서 역사·전기·여행서·시·소설 등을 읽었다. 그러나 샬럿 남매들이 가장 크게 영향을 받은 것은 〈블랙우즈 에든버러 매거진〉이라는 월간 잡지였던 듯하다. 그들은 그 잡지에서 당시의 정치나 문학에 관한 정보를 얻었다. 이렇듯 조숙한 독서였지만 《이솝 이야기》나 《아라비안나이트》처럼 보통 아이들이 좋아하는 이야기에도 조예가 깊었다. 또 하나 좋아했던 것은 토머스 베윅의 《영국 조류사》였다. 샬럿은 이 책 속에 상세하게 그려진 새나 각 페이지에 있는 재미있으면서도 때로는 오싹한 목판화를 세밀한 부분까지 모사했다. 1829년 패트릭은 키슬리의 화가 존 브랜들리를 아이들의 교사로서 고용했다. 샬럿은 그림을 그리는 데 정열을 불태웠다. 그녀는 화가가 되고 싶다는 꿈을 품을 정도로 열심히 그렸다.

독서를 하거나 그림을 그리거나 《영 멘》이라는 장난감 군대가 등장하는 연극을 하는 것으로 브론테 집안의 어린아이들은 자연히 글쓰기를 익혔고, 그에 따라 글라스타운이나 앵그리아 같은 상상의 세계에 들어갔다. 전쟁·혁명·정치가 이런 세계를 지배하고 있었다. 이런 모험이야기가 브론테 집안의 작은 노트에 쓰인 것은 유명하다. 브론테 집안에서는 종이가 귀했기 때문에, 사탕봉지나 포장지 등 그들의 손에 넣을 수 있는 것은 어떤 것이든 이런 작은 노트의 재료가 되었다. 작은 노트는 겨우 몇 인치짜리였기 때문에, 아이들은 글자를 아주 작게 써야 했다. 이 작은 글자는 아이들밖에 읽지 않았기 때문에 그것이 비밀스런 암호처럼 되어 있어서 어른들은 그들의 상상의 세계에 들어올 수 없었다. 브론테 집안 아이들의 작은 노트는 어찌되었건 간에 자신들 외에는 좀처럼 읽을 수 없는 것이었다. 실제로 브론테 연구자들은 작은 글자뿐만이 아닌, 엉성한 맞춤법이나 엉터리 구독법 등의 해독에 지금까지 시달리고 있다.

작은 노트 속의 등장인물에는 장난감 군대에서 힌트를 얻어, '소곤소곤 애송이', '성실한 꼬마', '한가한 심부름꾼 소년'이라는 유치하지만 재미있는 이름이 붙여졌다. 거기에는 나폴레옹 보나파르트, 웰링턴 공작, 북극탐험가 로스와 페리 등도 있었다. 그들은 당시의 영웅이나 무법자를 본보기로 하여, 차츰 강한 모험자로 성장해 갔다. 마법·수수께끼·초자연현상은 《아라비안

나이트〉나 켈트의 민화 등에서 힌트를 얻어 샬럿의 이야기에 섞여 들어갔다. 샬럿은 무대배경의 묘사를 공을 들여 길게 써 나갔다. 귀중한 보물이 아로새겨져 있고, 올리브나무와 야자나무들로 둘러싸인, 넋을 잃을 정도로 향기로운 지중해의 꽃들로 가득 찬 대리석 궁전을 만들어 냈다. 남동생 브런웰에게서 힌트를 얻어 작은 노트는 좀더 큰 진짜 잡지처럼 되었고, 마침내는 신문으로 발전했다. 이 어린 시절의 창작물을 보면, 샬럿과 브런웰이 서로 예술적 창작에 있어 우위를 점하기 위해 맹렬히 경쟁했음이 확연해진다. 당연히 그 결과로서 그들의 관심은 전투의 영웅에서 예술사의 위인으로 옮겨갔다. 창작물은 시간이 갈수록 차츰 늘어갔다. 1829년에 쓰인 것으로 18개의 작은 노트가 아직까지 남아 있다.

샬럿은 집에서 자유분방한 생활을 보냈다. 그렇게 5년이 흐른 뒤인 1830년, 샬럿 브론테는 자신의 미래를 생각하고, 막연한 불안에 시달렸다. 이제 14세가 된 시골교회 목사의 맏딸 샬럿은 그때까지 정규 학교교육이라고는 1년밖에 받지 않은 상태였다. 일을 해서 돈을 벌어야 할 때가 눈앞으로 다가와 있었다. 그녀의 삶에서 다음 장의 막이 지금 올라가려고 하고 있었다.

교육

샬럿 브론테의 생애에서 교육은 가장 중요하다. 그녀의 지식에 대한 탐구는 작가로서 성공의 열쇠가 되었다. 결혼이 여성의 천직이라고 여겨지고, 가사일이나 독서·회화·음악의 초보적인 소양 이상의 것은 여자의 교육에 아무런 필요가 없다고 생각되던 시대에, 패트릭 브론테는 딸들에게 교육을 시킨 드문 아버지였다. 샬럿 브론테의 재능이 꽃핀 것은 교육의 기회가 주어졌기 때문이었다. 패트릭 브론테 목사는 딸들에게 교사가 될 수 있는 소양을 부여하지 않으면 안 된다고 생각하고 있었다. 왜냐하면 재산이나 좋은 연줄이 없었기 때문에, 브론테 자매가 자신들을 부양해 줄 남편을 간단히 찾을 수 없을 거라고 생각하고 있었다. 그런데 딸들의 상황을 실리적으로 파악하고 있었던 패트릭 브론테 목사는 시야를 넓혀 선택의 폭을 넓히는 수단으로서 교육 그 자체를 높이 평가하고 있었다. 교육을 중시한 패트릭 브론테는 고도로 지적인 아이들에게 예술이나 문학에 대한 호기심을 일으키도록 했다. 그리고 그런 지적욕구가 폭넓은 문학적 지식의 기초를 쌓았고, 이 박식함으로 인해 샬럿 브론테의 작품은 무엇이든 난해한 문학적인 인용으로 가득 차 있었다.

코완 브리지 학교에서의 슬픈 사건이 있고 7년이 지난 1831년 1월, 샬럿은 다시 하워스를 떠나 목사관에서 20마일 떨어진 머필드의 로헤드 학교에 입학했다. 로헤드 학교 정문을 그린 샬럿의 그림이 지금까지 남아 있다. 그것은 현관의 양측에 밖으로 튀어나온 창이 있는 3층짜리 커다란 건물로, 넓은 터 안에 세워져 있었다. 서서히 공업화되어 가는 칼더 골짜기의 드넓은 풍경이 학교의 배경이 되었다. 미스 마거

패트릭 브론테(56세)
교육을 중시한 패트릭 브론테는 아이들에게 지적 호기심을 일으키도록 환경을 조성해 주었다.

릿 울러와 그녀의 자매들 캐서린·수전·메리앤·일라이저가 운영하던 이 학교에는 이 지방의 유복한 공장주들의 10대 딸들이 겨우 10여명 재학하고 있었다. 샬럿은 로헤드 학교에 입학해서 평생 벗으로 편지 교환 상대가 된 소녀들을 만난다. 엘렌 너시와 메리 테일러이다. 이 둘은 샬럿이 그다지 용모가 뛰어나지 않았다고 기록하고 있다. 샬럿 자신이 그 점을 특히 통감했던 때는, 처음 동년배의 벗들과 만났을 때였다. 메리 테일러는 샬럿을 몸집이 자그만 노파 같고, 몸이 약하고 무신경하게 낡아빠진 옷을 입고, 언제나 책에 코를 박은 채 작은 생쥐처럼 안경 너머로 열중해서 읽고 있었다고 쓰고 있다. 샬럿은 유별난 용모를 하고 있는 데다 강한 아일랜드 사투리까지 써서 눈에 띄었지만, 시에 관해서는 발군의 지식을 가지고 있었고, 그림이나 스케치를 각별히 좋아했으므로 갓 입학했을 때부터 다른 학생들에게 강한 인상을 남겼다. 곧 그녀는 공부에 정열을 불태워 지리·역사·영문법·프랑스 어·음악·회화 수업에 탐욕스럽게 몰두했다. 여기의 학생들은 당시 표준적인 학교용의 교과서였던 리치몰 망골의 《역사잡학문제집》으로 공부했다. 학생들에

▲ 만년에 촬영된 마거릿 울러 선생
그녀는 로헤드라는 작은 학교를 양심적으로 운영하여 학생들에게 배우는 기쁨을 가르쳐 줬다.

▼ 울러 선생의 로헤드 학교
하워스에서 약 32km 떨어진 곳에 있다. 샬럿은 이전의 코완 브리지 학교에서 받았던 체계성 없는 교육을 보상하기 위해 열심히 공부하였다.

게 모두 암기시키는 교육방침이었지만 샬럿은 암기가 특기였고, 겨우 반 년 만에 여유롭게 클래스의 톱을 차지해 메달을 수상했다. 그 메달의 앞에는 '경쟁', 뒤에는 '상'이라고 새겨져 있다.

고대조각의 머리부분을 세부까지 정확히 모사한다거나, 프랑스 어의 동사를 익히는 데 몰두하면서 샬럿은 동생들과 즐겁게 지내는 것, 무엇보다도 글라스타운이라는 가공의 땅을 무대로 한 이야기를 모두와 함께 창조해내 자신의 상상력을 단련할 기회를 그리워했다. 그러나 그녀가 학업에 열심히 매진한 것은 교사

로헤드 학교의 돌출창에서 내다본 풍경
샬럿이 처음에는 학생으로서 나중에는 교사로서 이 창에서 바깥 풍경을 바라보았을 것이다.

라는 직업을 찾을 기회를 넓혀서, 교사의 수입에 의해 가계를 도울 수단을 획득하기 위함이었다. 열심히 공부하던 그녀를 지탱해 준 것은 예술이었지만, 그녀가 보아온 회화·건축·음악의 지식은 장래 시간을 들여 곰곰이 생각할 때를 위해 조금씩 저축되어 있었다.

그녀의 학우들의 추억 속에서 10대의 샬럿 브론테는 공부를 제쳐두고 노는 데 열중하는 경우는 좀처럼 없는 성실한 소녀로 남았다. 그리고 샬럿이 이야기꾼으로서의 재능을 가지고 있는 것도 급우들에게 알려졌다. 급우들은 그녀가 솜씨 좋게 엮어 가는 진짜 같은 이야기를 정말로 무서워했기 때문에, 샬럿은 곧 후회한 적도 있었다.

샬럿이 로헤드 학교에서 쌓은 우정은 그 뒤 평생을 통해 이어졌다. 샬럿은 학교 시절의 벗들과의 교분을 오랫동안 유지해 왔던 점에서는 동생들보다도 뛰어났다. 샬럿은 크리스마스 방학과 여름방학에만 하워스로 돌아갔다. 주말이나 휴일은 근처의 듀스베리에 있는 브론테 집안과 친교가 있었던 집들에 놀러가든가, 엘렌이나 메리의 집을 방문하곤 했다. 엘렌 너시의 집은 버스톨 라이딩즈에 있었는데 그녀의 아버지는 봉제업자였다. 메리 테일러의 집은 고머살에 있는 '레드 하우스'였다. 이 활기로 가득 찬 가정의 가장은 조슈아 테일러라는 공장주이자 은행가인 급진적인 사고의 소유자로 샬럿이 성장했던 토리당적인 배경과는 좋은 대조가 되었다.

엘렌과 메리는 샬럿 성격의 두 가지 다른 측면을 각각 만족시켰다. 후에 엘렌은 가난하게 살면서도 상류 생활을 하기 위해 형제에게 의지했지만, 한 편 메리는 뉴질랜드로 이주해서 자립적인 은둔생활을 보낼 수 있을 정도로 재산을 모았다. 샬럿이 엘렌에게 보낸 생애에 걸친 편지는 남아 있지만, 메리에게 보낸 편지는 한 통도 남아 있지 않다. 엘렌은 이지적이지 않았고 체제에 순응하는 벗으로, 샬럿의 마음의 기둥이 되어 고민을 털어놓는 것이 가능했고, 집안일에 관한 것도 편히 말할 수 있는 상대였다. 메리와는 책이나 정치에 관한 이야기를 하는 것이 가능했고 메리는 교양이 넘치는 가정환경에서 즐겁게 지낼 수 있었지만, 샬럿은 그녀와는 대조적으로 하워스에 있는 자신의 가난함을 의식하지 않을 수 없었다.

학교생활이 샬럿의 세계를 점한 것은 정말 짧은 기간이었다. 로헤드 학교에서 보낸 1년 반 동안의 창작이 거의 남아 있지 않은 것은 그녀가 내면 세계보다 외면 세계에 열중했다는 증거이다. 그러나 이런 상태는 오래 계속되지 않았고, 1832년 6월, 샬럿은 1년 반 사이에 학업을 거의 마쳤기 때문에 로헤드 학교를 떠나 집으로 돌아가 동생들을 가르치게 되었다.

1832년 여름, 하워스에 국민일요학교가 개교해, 샬럿은 거기서도 가르치게 되었다. 그녀의 생활은 단조로왔고, 그것에 대해 푸념을 늘어놓게 되었다. 그녀는 일상생활에 대해 엘렌에게 이렇게 쓰고 있다.

하루에 대해 설명하면 매일에 대해 설명한 거나 마찬가지일 거야. 오전 중에는 9시부터 12시까지 동생들을 가르치고 그림을 그려. 그 뒤부터 점심식사 시간까지는 산책을 하고, 식사 후 하이 티 시간이 될 때까지 바느질을 하는 거야. 그 뒤로는 마음 내키는 대로 글을 쓰거나 책을 읽거나, 자수를 놓거나 그림을 그리곤 해. 단조롭지만 즐거운 나날을 보내고 있고, 집으로 돌아온 뒤로는 다과모임에 딱 두 번 참석했어.

15년 가까이 지난 뒤, 샬럿 브론테는 여성이 가정에서 조용히 들어앉아

있지 않으면 안 되는 것에 대
해 《제인 에어》에서 간결하게
표현하고 있다.

여성이란 일반적으로 매
우 온유하다고 한다. 그러
나 여성에게도 남성과 같은
감정이 있다. 여성에게도
그 재능을 발휘해서 남자
형제들과 마찬가지로 노력
할 수 있는 활약의 장(場)
이 필요하다. 남성과 마찬
가지로 여성도 속박이 너무
나 강하여, 완전히 정체되
어 버리는 일에 괴로워한

엘렌 너시의 초상화
샬럿이 학우로서 가장 친했던 당시에 그린 그림. 그녀는
샬럿의 평생 친구였으며, 80세까지 살았다.

다. 그렇더라도 여성은 푸
딩을 만들고 양말을 짜고, 피아노를 치고, 주머니에 자수를 놓을 뿐이라고
하는 것은 유리한 처지에 있는 남성의 편견이다. 여성이 관례에 따라 여성
의 일이라고 생각되는 것보다도 좀더 무언가를 하려하고, 배우려고 노력하
는 것을 질책하거나 비웃는 것은 사리분별이 없는 노릇이다.

이 무렵 샬럿은 단조로운 생활에서 오는 불만이 지워지지 않아서, 남동생
인 브런웰과 함께 창작한 소설의 세계에 진지하게 몰두할 수 없었다. 1832
년, 그녀는 시를 쓰는 데 노력을 기울였다. 예를 들면 어린 시절 위대한 예
술가를 테마로 한 《고명한 베윅의 시》를 마치 출판할 것처럼 퇴고를 거듭하
며 공을 들여 썼다. 그녀는 학우와 마음이 통하는 교제를 계속하면서, 엘렌
을 방문하거나 벗에게 몇백 통의 편지를 쓰는 것에서 가장 큰 행복을 느꼈
다. 전기 작가들은 나중에 이 당시의 편지들로부터 샬럿의 생활 모습을 알아
낼 수 있지만, 그녀의 마음속 깊은 감정에 관해서는 그렇게 많이는 접촉하지
못하고 있다. 예를 들어 그녀는 1833년 드물게도 점잖을 피우며 편지를 쓰

면서 새해를 맞이하고 있다.

새해의 시작에는 언제나 무언가 장엄하고 깊은 생각이 마음속에 떠올라, 묻는 것은 쉽지만 대답하긴 어려운 문제가 차례대로 솟아오르곤 해. 즉, 나는 지금까지의 세월을 어떻게 돌아보고, 앞으로 일어날 일들을 잘 처리하기 위해 어떤 마음가짐을 가져야 할까. 가장 소중한 엘렌 (우린 아직 젊다고 하지만) 너도 나도, 이건 얼마든지 진지하게 깊이 생각해봐도 좋은 것이라고 생각해……

그러나 이 생각이 떠오르고서 얼마 되지 않아 샬럿은 또 글라스타운의 세계로 돌아가 브런웰과 문예창작을 겨루었다. 샬럿이 그려낸 마리안 흄과 결혼하기 전의 두아로 후작의 첫사랑에는, 월터 스콧의 영향이 짙게 드러난다. 그녀의 히로인은 모두 아름다운 귀족으로, 긍지 높고 정열적이며 용감했다. 그녀는 초자연적인 목소리를 연출하고 윤색해서 등장인물의 내력을 숨기고 이야기를 복잡하게 하는 것에 큰 기쁨을 느꼈다.

1833년 5월 31일부터 6월 27일에 걸쳐 쓴 《버려진 아이》에는 이런 요소가 많이 포함되어, 그로부터 몇 년 뒤 고쳐 쓴 《제인 에어》 속에서 활용하고 있다. 이 시기, 목사관에서는 꽤나 많은 분량이 집필되었고, 어른들의 눈에서 자신들의 비밀의 세계를 지키기 위함과 동시에 보다 현실적인 사정이긴 하지만 귀중한 종이를 함부로 사용하지 않기 위해 작은 글자로 쓰여 있다. 패트릭 브론테는 구불구불 구부러진 글자에 질색하며, '이 필기장에 쓸 글자는 모두 똑바로, 명확하고 읽기 쉽게 쓰지 않으면 안 된다'라고 명기해서 샬럿에게 필기장을 주었다. 그 필기장에 쓴 몇 개의 시는 겨우 읽을 수 있지만, 그녀는 결국 앵그리아라는 새로운 왕국을 창조하느라 그 뒤쪽을 깨끗이 쓰는 것은 불가능했다. 이 앵그리아 이야기는 차츰 복잡하고 무서운 것이 되어 갔다. 사모나 공작은 어린 아내를 살해하고, 메리 퍼시와 결혼했지만 그 뒤로도 부도덕한 행동을 하고, 흑인에게서 얻은 사생아인 피닉이라고 불리는 사악한 난쟁이의 아버지가 된다. 그리고 사생아 아들을 낳은 아내가 또 있다는 것이 발각된다.

1834년 샬럿은 18세 생일을 맞이했다. 그녀는 변함없이 집필에 열중했고,

문학적 재능을 조금씩 갈고 닦으며 집필의 소재를 주변에서 구하려고 했다. 예를 들어 남동생 브런웰을 신랄하게 희화화하기 위해 '바흐보다 위대한 음악가이자 바이런보다 뛰어난 시인이며, 클로드 로랑도 항복할 화가'인 벤저민 위긴스라는 등장인물에게 그를 투영시켰다. 그리고 하워스의 음울한 묘사를 '황량한 히스 들판, 토탄 지대와 습지에 파묻힌 비참한 한촌의 음울함'이라고 썼다. 엘렌이 런던에 나갔을 때 샬럿은 부러워했다. 그렇지만 꼼짝달싹할 수 없는 샬럿은 대신 하워스 교회에 새로운 오르간, 핼리팩스의 콘서트, 키슬리의 기계연구소에서의 강연회 등의 마을 행사로 만족하지 않으면 안 되었다. 그러나 집안에는 작은 진보가 있었다. 샬럿의 아버지가 간신히 고급 물건, 코티지 피아노와 화가인 존 마틴이 제작한 성경 묵시록의 판화를 손에 넣은 것이다. 사실 당시 샬럿이 생활 속에서 열중할 수 있는 특별한 것이 미술이었다. 1834년 그린 25장의 스케치와 회화가 지금까지도 남아 있고, 그것은 진지하게 그림을 공부한 젊은 여성이 그린 것이라고 생각될 만큼 완성도가 높다. 이 그림들 중 가장 주목받고 있는 것은, 요크셔에 있는 볼튼 수도원과 커크스톨 수도원의 정취를 묘사한 풍경 판화를 세부적인 부분까지 연필로 모사한 작품 두 점이다. 이 그림은 그 해 리즈에서 열린 왕립 북부 미술장려협회에서 하기전시회에 출품되었다. 브론테 집안이 이 전람회에 나간 최대의 목적은, 리즈의 화가 윌리엄 로빈슨과 만나 프로 화가를 지망하는 브런웰의 가정교사가 되어 달라고 의뢰하기 위해서였다고 오랫동안 생각되었지만, 리처드 웨스톨·윌리엄 맥레디·토머스 로렌스 경이라는 대가들의 작품과 나란히 걸린 샬럿의 그림을 자랑스럽게 보기 위해서이기도 했음이 틀림없다.

샬럿 브론테가 화가가 되고 싶다는 꿈을 가진 것은 분명했지만, 당시 여류화가에 대한 차별이 그녀의 소망을 가로막고 있었다. 그녀 자신도 자신의 작품이 리즈의 전람회에 전시되었을 때조차, 미술 교육이 너무나도 불충분해서 프로로서 성공할 수 있다는 희망이 거의 없다는 것을 자각하고 있었음에 틀림없다. 브론테 집안의 남자인 브런웰은 유화의 레슨에 돈을 쏟아 부을 수 있었던 것에 반해, 샬럿은 소묘·잉크·수채화 이상의 레슨을 받지 못했다. 그 뒤 몇 년 후인 1848년, 《제인 에어》의 제2판에 삽화를 그려달라고 출판사로부터 의뢰의 편지를 받았을 때, 샬럿은 이렇게 답장하고 있다.

화가는 눈을 가지고 있는 것만으로는 충분하지 않고, 재능을 살릴 수 있는 손을 가지지 않으면 안 됩니다. 저는 어릴 적에 고급 종이나 도화지, 크레용이나 그림 도구를 제법 소비했지만, 지금 저의 스케치북을 물끄러미 바라보고 있노라면, 확실히 끝을 낸 지 몇 년 사이에 어딘가의 요정이 내가 금화라고 생각하고 있던 것을 낙엽으로 바꾸어 버린 듯합니다. 그리고 나는 스케치를 모두 불태워 버리고 싶다는 충동에 시달립니다.

샬럿은 이 무렵 초상화를 그리는 데 몰두했다. 샬럿의 연필화의 습작은 앤 브론테가 모델이었다. 그러나 가장 유명한 초상화는 1834년 17세의 브런웰이 그린 '브론테 자매'로, 이것은 런던에 있는 영국 국립 초상화 미술관 전시품 가운데 가장 사람들에게 사랑받는 그림 중 하나이다. 이 그림에는 후에 훌륭한 영국 문학을 탄생시킨 소녀 세 명이 그려져 있고, 세 사람 모두 어둠 속에서 황홀한 기분으로 이쪽을 보고 있다. 이 그림은 남편인 아서 벨 니콜스가 샬럿 사후에 가치가 없는 그림이라고 판단해서 아일랜드 제의 장롱 속에 50년 동안이나 넣어 두었던 것으로, 캔버스에 접힌 자국이 남아 있다. 그러나 이 그림에는 강렬한 임팩트가 있고, 드물게 세 자매의 표정이 확실히 나타나 있다. 세 사람 가운데에 있는 갈색 기둥은 브런웰이 초기 단계에서 이것을 그리고 있는 자기 자신의 초상을 삭제한 부분인데, 이는 네 인물을 능숙히 배치하기 위해 필요한 기술이 충분하지 않았기 때문이었다.

1835년 7월, 샬럿은 생계를 위해 어쩔 수 없이 로헤드 학교로 돌아갔다. 이번은 교사로서였고, 에밀리도 학생으로서 함께 출발했다. 한편 브런웰은 계획하고 있던 런던 왕립미술원의 입학을 신청할 수 있는 수준에 이르지 못했기 때문에 집에 남아 하워스 상인의 평범한 초상화를 그리게 되었다. 에밀리는 집을 그리워했기 때문에 로헤드 학교에서 그리 오래 머물지 않았고, 제법 참을성이 강한 앤이 입학했다. 샬럿에게는 선택의 자유가 없어 언제나 글을 쓰고 싶다는 희망을 안고 있으면서도 학교 교사로서 만족하려고 노력했다. 그녀는 일을 차츰 따분하게 생각하게 되었고, 지루한 학교의 일상 업무에 시달리지 않고 자택에서 조용히 맘껏 환상적인 작품을 쓰고 싶다고 절절히 바랐다. 브런웰이 경제적인 사정으로 실현할 수 없었던 대륙으로의 '대여행'을 가려는 새로운 계획에 마음이 들떴을 무렵, 샬럿은 한결같이 자유를 동경했다. 엘렌에게 보낸 편지 속에서 때때로 그녀는 일의 괴로움을 드러내고 있다. 로헤드 학교에서 16개월을 보낸 1836년 10월, 샬럿은 자신에 대해 이렇게 쓰고 있다.

　매일 괴로운 일에 진절머리가 나. 전도유망한 학생이 어처구니없는 멍청한 일을 하고 있는 사이, 나는 앉아서 좋아하는 엘렌에게 급히 2~3줄의 편지를 쓰고 있어. 내가 말도 안 되는 이야기를 쓰더라도 용서해 주렴. 왜냐하면 정신적으로 나락에 빠져 있기 때문이야. 오늘 밤은 돌풍 때문에 바람이 끊임없이 슬픈 소리를 내고 있어서, 기분이 완전히 울적해졌어.

1836년 말 무렵에 샬럿과 브런웰은 동경하던 문학자에게 조언을 구하는 편지를 쓰고, 문학 성공의 길을 열려는 노력을 거듭했다. 브런웰은 저명한 인물에게 쓸 때에도 언제나처럼 오만한 태도를 누그러뜨리지 않았기 때문에, 1837년 1월의 편지를 쓴 윌리엄 워즈워스로부터도 답장은 없었고, 〈블랙우즈 에든버러 매거진〉의 편집장에게서도 답장을 받지 못했다. 그러나 샬럿 쪽은 훨씬 사정이 나았다. 1836년 12월 29일, 그녀는 계관시인인 로버트 사우디에게 편지를 하면서 향상심에 불타는 햇병아리 여성작가에게 조언을 부탁한다며 자작시를 동봉했다. 그 편지는 남아 있지 않지만, 사우디의 답장에서 샬럿이 어떻게 편지를 썼는지 추측할 수 있다. 그녀는 사우디에 대해서 '빛과 영광의 옥좌로부터 몸을 숙여'라고 썼지만, 이 말이 그대로 인용되어 돌아왔기 때문에 자신의 유치한 어휘사용을 부끄러워했음에 틀림없다. 사우디는 시인으로서의 샬럿의 재능을 상찬하고는 있지만, 그녀의 희망에 대해서는 '현실적으로는 대중의 관심을 끌지 못하는 많은 시집이 매년 출판되고 있다'라고 하며, 자신이 즐기기 위해서만 시를 쓰도록 그녀에게 충고하고 있다. 편지 중에서도 특히 자주 인용되는 이 문장은, 아마도 영국 문학사상 중 잘못된 조언으로서 가장 유명한 한 편이 아닐까 싶다.

　문학이 여성의 일생에 있어 직업이 될 리가 없고, 그렇게 해야 할 것도 아닙니다. 여성이 부여받은 의무를 확실하게 다하면 다할수록 그런 여성의 소양이나 기분전환이라고 해도 문학에 관한 여유는 차츰 없어져 버릴 것입니다. 당신은 이런 의무를 다해야 할 처지는 아닌 듯 싶은데, 그런 처지라면 작가로서의 명성을 좇으려는 기분도 사라져갈 것입니다.

샬럿은 이 조언을 충분히 이해하고, 분별 있는 말로 감사의 편지를 보냈다. 사우디의 조언과 아버지의 조언을 이렇게 비교하고 있다.

어린 시절부터 아버지께서는 당신의 편지와 마찬가지로, 교양이 넘치는 상냥한 말로 제게 조언을 해 주셨습니다. 저는 여성으로서 해야 할 의무를 주의를 기울여 다할 뿐만 아니라, 그 의무에 대해서 깊은 흥미를 가지도록 노력하고 있습니다. 그러나 언제나 이렇게 할 수는 없습니다. 왜냐하면 때때로 저는 교사로서의 직업이나 재봉을 멈추고 책을 읽거나 글을 쓰고 싶어지기 때문입니다.

그녀는 글을 쓰고 싶어하는 욕구를 억누르지 못하여 1837년 1월부터 1838년 7월 사이에 60편이나 되는 시를 썼다. 그것은 차츰 이야기풍의 긴 시에서 서정성이 풍부한 짧은 시로 변해 갔다.

1838년은 목사관에 여러 가지 일이 일어난 해였다. 앤이 병에 걸려 로헤드 학교를 떠났고, 브런웰은 초상화로서 성공하기 위해 브래드퍼드로 떠나 허송세월하며 1년을 보냈다. 에밀리는 직업 세계에 대한 다른 도전을 위해 핼리팩스의 로힐에 있는 미스 패칫 학교에서 단기 교사로서 일하게 되었다. 그리고 샬럿은 듀스베리의 힐즈 하우스를 떠나 미스 울러의 학교에서 얌전히 교사 노릇을 계속하려고 최선을 다하고 있었다. 그러나 이 해의 끝에 그녀는 교사를 그만두고, 두 번 다시 이 직업에 종사하는 일은 없었다.

가정교사

1847년 《제인 에어》가 처음으로 출판되었을 때, 그것이 빅토리아 시대의 독자층에게서 호평을 받았던 이유의 하나는 가정교사의 고난과 역경이 19세기 전반의 영국의 일반 대중들의 관심사였기 때문이다. 1841년의 인구 국세 조사에는 학교교사와 사적으로 고용된 가정교사를 구별하고 있지 않지만, 1850년의 조사에서는 2만 명도 넘는 가정교사가 있다고 기록되어 있다. 19

세기 전반에는 중산계급의 독신여성이 많았기 때문에 그것 자체가 결혼이야 말로 여성의 유일한 천직이라는 빅토리아 시대의 사상과 모순된 사회문제가 되었다. 가난한 교구목사의 딸인 샬럿 브론테는 중산계급의 독신여성의 범주로 분류되어 가정교사가 될 운명이었다. 사실 패트릭 브론테가 아직 열 살도 되지 않은 자신의 딸들을 악명 높은 코완 브리지 학교에 입학등록을 시켰을 때의 학적부의 참고란에는, 딸들의 입학목적은 가정교사로 만드는 것이라고 똑똑히 쓰여 있다.

본디 빅토리아 시대의 가정교사는 사회적으로 모순을 안고 있는 존재였다. 나중에 이스틀레이크 부인이 된 엘리자베스 리그비는 1848년 12월의 〈쿼털리 리뷰〉지에서 《제인 에어》와 《허영의 도시》를 함께 서평하며, 가정교사에게는 대등한 사람도, 처지를 이해해주는 사람도 없다는 사실을 강조하고 있다.

가정교사는 거의 대부분의 사람들을 지겹게 만들며 기피당하는 존재이다. 남성은 그녀들에게 보통의 여자로서의 특권을 인정하지 않으려 하지만, 그것은 끊임없이 그녀들에게 저지당한다. 같은 이유로 가정교사는 대부분의 부인들에게도 기피당하고 있으며 비난의 대상이 되기도 한다. 왜냐하면 가정교사의 괴롭고 무미건조한 생활이, 자신들의 편하고 게으른 생활에 대한 부끄러움을 심어주기 때문이다. 하인들도 반드시 그녀를 심하게 기피하는데 그 이유는 가정교사가 그들과 마찬가지로 고용되어 있음에도, 어떤 점에서는 그들이 복무하는 가족과 같은 정도로 뛰어나기 때문이다. 학생들은 그녀를 마음에 들어 할지도 모르고 그녀도 아이들에게 관심을 기울일지도 모르지만, 아이들은 그녀의 벗이 될 수 있을 리 없다.

샬럿 브론테는 가정교사였을 때의 치욕을 잊지 않았다. 샬럿은 그녀 자신이 저명한 작가가 되자 《허영의 도시》의 저자이자 동경해 왔던 문학가였던 유명한 윌리엄 메이크피스 새커리의 가정을 방문했던 밤에도, 새커리 집안의 가정교사와 함께 밤을 새워 이야기하며 보냈다고 전한다. 《제인 에어》 속에서 샬럿은 고독한 가정교사에게 향하는 차가운 처사에 대해 스스로 분노를 가라앉히고 있다. 그것은 굴욕적인 과거가 있는 제인이 고용주인 블랑슈 잉그램의 이야기를 억지로 들어야 했던 장면이다. 블랑슈는 그때까지 자신이 가정교사를 어떤 식으로 불쾌하게 생각하고 있었는지를 반쯤 장난치듯 장황하게 이야기한다.

"그런 족속들을 통틀어 한 마디로 말할 수 있으니까요. 불쾌하기 짝이 없는 사람들이에요. 혼이 난 것은 아니지만요. 곧잘 역습을 해 주었으니까요. 시어도어와 나는 윌슨 선생, 그레이 선생, 주베르 선생을 곧장 못살게 굴었어요. 메리는 언제나 멍청해서 이쪽에 거들지는 않았지만 말이에요. 가장 재미있었던 것은 주베르 선생이었어요. 윌슨 선생은 연약하고 눈물이 헤프고 기운이 없었어요. 요컨대 못살게 군 보람이 없는 사람이었어요. 그레이 선생은 신경이 둔해서 아무리 떠들어도 까딱도 안 했어요. 그래도 불쌍했던 것은 주베르 선생! 우리로부터 궁지에 몰렸을 때의 화를 냈던 그 모습이 지금도 눈앞에 떠올라요……."

가정교사의 급료는 가지각색이었지만 평균 금액은 연간 35파운드로, 개중에는 16파운드나 12파운드밖에 받지 못하는 가정교사도 있었다. 샬럿이 런던의 어퍼우드 하우스의 화이트 집안에서 가정교사로 있었을 때, 그녀는 20파운드를 받으면서 세탁비로 4파운드를 뺐다. 동생 앤은 젊은 데다 경험도 없었지만, 요크 근처의 소프 그린의 로빈슨 집안에서 언니의 2배 정도를 벌었다. 가정교사에게는 이런 낮은 급료에 비해 많은 것이 요구되었는데, 적어도 프랑스 어·음악·회화·영어·지리·재봉을 가르칠 능력이 필요했다. 그리고 집에서는 다락방으로 쫓겨나 식사는 공부방에서 혼자서 하든가, 심한 경우에는 아이들과 함께 하지 않으면 안 되었다. 밖을 걸을 때에도 가정교사는 자신의 고용주 조금 뒤에서 걷지 않으면 안 되었고, 또 자신의 손님을 불러들이는 것도 허락되지 않았고, 일의 내용도 완전히 불명확했다. 1839년 샬럿이 시지윅 집안에 고용되었을 때도 그러했지만, 시간의 여유가 있으면 밤에는 계속 바느질을 하지 않으면 안 됐다. 그리고 아기들을 돌보거나, 아이들의 어머니가 책을 읽도록 시키는 경우도 있었다. 게다가 해고당할 두려움을 안고 있었고 노후의 저축이 없어질 가능성도 있었다. 동시대의 작가이자 비평가인 안나 제임슨이 지적하듯이 가정교사의 미래를 예상해 보면 '차즘 몸은 망가져서, 불행한 노후를 혼자서 외롭게 보내는 것'뿐이었다. 따라서 정신병원에서 일생을 마치는 가정교사의 수가 적지 않았던 것도 놀랄 일은 아니다.

1841년 가정교사협회가 설립되어, 협회는 합리적인 방침에 기반을 두고 현실을 바꾸려고 했다. 실업 중인 여성들을 돕기 위한 기금을 창설하고, 그녀들이 생활하는 숙박소, 그 재산을 맡아 주는 은행, 늙거나 병들었을 때나 퇴직 후를 위한 집을 짓고, 노후의 연금제도도 정비했다. 1848년에는 직업 훈련을 위한 고등직업교육기관인 퀸즈 칼리지가 창설되었다. 마침내 가정교사는 불행한 직업이 아닌 훌륭한 전문직이 되었다.

샬럿 브론테는 교사를 천직으로 삼을 수 없었다. 배운다는 것을 중시하고 있었지만, 학업에 의해 수확을 얻고 싶은 것은 자기 자신이었기에 미스 울러의 학교에서 맡고 있던 여학생들이 수확을 얻는 것은 자기에게는 아무 의미가 없었다. 로헤드 학교에서 교편을 잡으면서, 샬럿은 일기를 썼다. 어린 시절에 썼던 것처럼 작은 글자로 써 내려갔지만, 이것은 사적인 생각을 비밀스럽게 쓴 것이었다.

나는 미스 리스너와 미스 매리어트와 미스 엘렌 쿡에게 관사와 명사의 차이를 주입시키기 위해 벌써 1시간 가까이 애를 쓰고 있다. 구문의 수업이 모두 끝나고, 고요함이 교실에 펼쳐지자, 화났던 일이나 지겨웠던 것이 잠잠해져서 가만히 앉아 있다. 이런 게으르고 무관심하고 구제할 방도도 없이 우둔한 얼빠진 바보들을 보고 화를 억누르고는 겨우 상냥함과 인내와 부지런함을 가장하며, 내 인생에서 가장 좋은 시기를 이렇게 비참하게 속박당한 상태로 보내다가 결국 끝나고 마는 것일까 하는 생각이 문득 스쳐지나갔다.

그로부터 몇 년 뒤인 1839년 5월, 샬럿이 로더스데일의 스톤갭에 있는 시지윅 집안에서 처음 가정교사로 부임했을 때, 더욱 비참한 굴종을 강요받지 않으면 안 되는 사실을 깨달았다. 그녀는 천성적으로 자존심이 강했고, 고용주보다도 자신 쪽이 지적으로 뛰어나다는 생각을 하고 있었으므로 그녀에게는 가르치는 것이 무거운 짐이 되었고 고용주에 종속되어 있다는 감정에 혐오감이 들었다. 그 해 초 몇 달 동안 샬럿은 집에서 느긋이 보내면서 가족과 단란한 시간을 즐겼다. 그 무렵 그녀는 엘렌 너시의 오빠이자 목사인 헨리로부터 구혼을 받았는데, 후의 작품의 등장인물인 세인트 존 리버스와 마찬가지로 끌리지 않아 거절했다. 앤은 3월에 집을 나와서 머필드의 블레이크 홀에 있는 잉엄 집안의 가정교사가 되었고, 브런웰은 브래드퍼드에서 초상화를 그리는 작업실을 구해 분방한 도시생활을 즐겼다. 스톤갭에서 샬럿의 임기는 임시적이었지만 그렇다고 해도 참기 힘든 것이었다. 그녀는 '소란스럽고 비뚤어지고 다루기 어려운 아이들'을 가르치지 않으면 안 되었을 뿐만 아니라, 그 더러운 코를 닦아 주거나 구두끈을 묶어 주지 않으면 안 되는 현실에 자존심이 상했다. 그녀는 더 이상의 굴욕을 맛보고 싶지 않았다.

샬럿이 노튼 코니어스로부터 그리 멀지 않은 리펀 근처의 스워클리프에 머물렀던 것도 시지윅 집안과 동행했기 때문이며, 거기에는 시지윅 집안의 벗이 빌린 제임스 1세 식의 저택을 방문했다. 샬럿이 《제인 에어》에 차용한, 노튼 코니어스 저택 3층 다락방에 갇혀 있던 광녀의 전설을 들은 것은 아마도 이 시기일 것이다. 6월 30일에 스워클리프에서 엘렌에게 쓴 편지 속에는 샬럿이 '가정교사로서 처음 겪는 시련과 고난'이라고 제목을 붙여 그 비참함을 표현하고 있다. 샬럿은 그 다음 날 시지윅 집안의 일을 그만두었다.

1839년과 1840년, 계속 구애해 오는 부목사들 때문에 골치를 앓았던 체험을 바탕으로 후일의 소설, 특히 《셜리》의 소재로 쓰이고 있다. 그 뒤에도 헨리의 뒤를 이어 아내가 되어 주길 바란다며 프라이스라는 부목사로부터 결혼신청을 받았고, 게다가 윌리엄 웨이트먼이라는 매력적인 남성이 아버지 교구의 부목사로서 브론테 집안의 생활에 들어왔다. 1839년 후반에 샬럿과 엘렌은 브리들링튼 해변을 방문했는데 그것은 평생 잊을 수 없는 추억이 되었다. 또 뒷날 브론테의 많은 귀중한 유품을 관리하게 된 마사 브라운이라는 고용인이 왔다. 이 해의 크리스마스는 브론테 집안의 자매들이 모두 일을 하지 않는 상태였기 때문에 모두 귀향할 수 있었다. 1840년 초에 컴브리아 브로튼 인 퍼니스에 있는 포슬스웨이트 집안의 소년들의 가정교사로서 잠시 일하기 위해 브런웰이 집을 떠났다. 5월이 되자 앤은 소프 그린으로 가서 로빈슨 집안의 가정교사로서 그 후 5년 동안 일을 하게 되었다. 그동안 샬럿은 프랑스 소설을 읽었는데, 그것이 다음 해에는 그녀의 삶을 완전히 변화시킬

브리들링튼의 이스턴 농장
샬럿이 엘렌 너시와 함께 머무르면서 그린 수채화(1839)

정도로 극적이고 강렬한 영향을 끼쳤고, 유럽 대륙에 대한 관심으로 발전했다. 그것과 동시에 그녀는 일이나 책임이라는 속박에서 해방되어 예전과 같이 자유를 맛보면서 글쓰기를 계속했다. 브런웰이 하틀리 콜리지에게 격려를 받아 글을 쓸 기분이 되어 호수지방에서 돌아오자, 샬럿은 브런웰의 연줄을 이용해 자신의 작품을 콜리지에게 보냈다. 그것은 노댕걸랜드와 루이자 버넌과의 사이에서 태어난, 캐럴라인 버넌이라는 아름다운 사생아가 샬럿의 위대한 히어로, 사모나와 차례로 연애에 빠지는 이야기였다. 이 사건에 관한 편지는 남아 있지 않지만, 보낼 기회를 놓쳐 버린 듯한 꽤 오만한 말투의 답장 초안이 남아 있다.

직업을 가지는 것은 여전히 중요한 과제였다. 1840년 10월, 샬럿에게 바보 취급을 받으면서도 브런웰은 콜더데일의 맨체스터 앤드 리즈 철도에 취직했다. 그 뒤 1841년 3월 샬럿은 런던에 있는 어퍼우드 하우스의 화이트 집안의 가정교사가 되었다. 이것은 두 번째이자 마지막 가정교사의 일이었다. 가정교사는 자신의 천직이라 믿고 싶었지만, 결국 잘 되지 않았다. 지식을 몸에 익히는 데 특히 뛰어났던 샬럿이었지만, 이 무렵에는 그 지식을 사람들에게 잘 전달할 수 없다는 것을 자각하고 있었다. 1841년 12월, 이번엔 의기소침하지 않고 마음속에 품은 즐거운 계획을 위해 다시 가정교사를 그만두었다.

브뤼셀

선생님, 가난한 사람에게 있어서 살아가기 위해 필요한 것은 그다지 많지 않습니다. 부자들이 식탁에서 떨어뜨리는 빵 부스러기만으로도 충분합니다. 그렇지만 만일 그 빵 부스러기를 주는 것을 거절당하면 굶어 죽습니다. 내가 사랑하는 사람들이 주는 조금의 애정만 있으면 됩니다. 저는 완벽한 우정에는 익숙해 있지 않기 때문에 어떻게 하면 좋을지 알 수 없습니다. 그렇지만 제가 브뤼셀에서 학생으로 있었을 때, 당신은 아주 조금 제게 관심을 표시해 주었습니다. 저는 조금이라도 관심을 받았던 일이 잊혀지지 않습니다. 제 목숨이 남아있는 한 잊을 수 없겠지요.
　　(1845년 1월 8일 콘스탄틴 에제 앞으로 샬럿 브론테가 보낸 편지)

샬럿 브론테의 사후 60년 가까이 지난 1913년에 그녀가 쓴 4통의 러브레터가 〈타임스〉에 실렸다. 1844년과 1845년 사이에 쓰인 편지가 아주 오랜 시간이 흐른 뒤 어떻게 공개되었는가 하는 것은, 많은 사람들이 샬럿의 저작과 감정에 가장 중요한 영향을 끼쳤다고 생각하는 브뤼셀에서의 시간과 관련되어 있다.

이 고독한 사랑의 편지는 무슈 콘스탄탄 에제라는 에제 기숙학교 교장의 남편 앞으로 쓰인 것이다. 샬럿과 에밀리는 하워스 목사관에 학교를 열려는 꿈을 실현시키기 위해 어학력을 연마할 생각으로 1842년 에제 기숙학교에 입학했다. 샬럿은 브뤼셀에서의 경험을 1853년에 출판된 《빌레트》와 사후인 1857년에 출판된 《교수》의 두 소설에 반영했다.

샬럿의 벗인 메리 테일러는 독신여성을 이주시키려는 당시의 광고에 따라 새로운 삶을 열고자 뉴질랜드로 여행을 떠날 계획을 세웠다. 그러나 우선 직업을 찾고 견문을 넓히기 위해 유럽으로 가서 매우 즐겁게 지내고 있는 메리의 편지를 읽고, 샬럿은 부러웠지만 어쩔 수 없었다. 샬럿은 1841년 8월 7일 엘렌에게 보내는 편지 속에 메리의 경험에 대해 흥분해서 쓰고 있다.

메리의 편지에는 그녀가 본 것들—매우 아름다운 그림, 위엄에 가득 찬 대성당—에 대해서 썼더라. 나는 그녀의 편지를 읽으면서 목 언저리에 복받쳐 오르는 것이 무엇인지 알 수 없었지. 속박당하는 뻔한 일을 하지 않으면 안 되는 것엔 정말로 조바심이 나. 날개, 부를 얻을 수 있는 날개를 얻고 싶은 마음, 보고 듣고 배우고 싶은 집요한 갈망. 마음 속 무언가가 한동안 온몸으로 퍼져 나가는 것 같았어. 나는 아직 능력을 발휘하지 못하고 있다고 생각하면 속이 타지만 이내 사그러들고, 포기하곤 해.

샬럿은 지금은 힐즈 홀로 이사 간 미스 울러의 학교를 인수할 것을 진지하게 생각하고, 그 생각에 대해서 엘렌과의 편지 속에서 상세하게 주고받고 있다. 샬럿은 엘리자베스 브런웰 이모에게 이 계획의 원조로 100파운드만 빌려 달라고 의뢰할 정도로 기분이 들떠 있었다. 그러나 유럽에서 온 메리의 편지를 읽자 그 생각은 완전히 사라져서, 1841년에는 미스 울러의 채용을 거절하고 대신 유럽에 가려고 진지하게 생각하게 되었다. 1841년 9월 29일, 샬럿은 로든의 화이트 집안에서 이모에게 편지를 쓰고, 자신과 에밀리의 브뤼셀 유학비용을 조금 원조해 주길 바란다고 부탁하였다.

반년이면 제 프랑스 어도 능숙해지겠지요. 이탈리아 어도 꽤나 향상될 테고, 독일어도 한 순간에 익힐 수 있을 거예요. ……어쩌면 아버지는 이 계획을 무모하다고 생각하시겠지요. 그렇지만 큰 야망도 없이 세상의 중심에서 두각을 드러낸 사람이 있었을까요. 아버지도 아일랜드를 떠나 케임브리지 대학교에 갔을 때, 지금의 저만큼 큰 야망을 품고 있었을 거예요. 저는 가족 모두가 잘 되었으면 해요. 우리들에게는 재능이 있다고 생각하니까, 그 재능을 살리고 싶어요.

브런웰 이모는 그 계획에 찬성했고, 이때부터 샬럿은 벨기에로 떠난다는 기대에 가슴이 고동쳤다. 그리고 듀스베리 학교의 일은 '인적과 떨어진 쓸쓸한 곳이기도 하고, ……진심을 밝히자면 후회할 이유 따원 없다고 생각해'라고 완전히 흘려보내 버렸다. 샬럿이 엘렌에게 보낸 편지는 1841년 10월부터 브뤼셀에 이른 1842년 봄까지, 의기양양한 계획과 예상으로 가득 차 있었다.

샬럿과 에밀리는 1842년 2월 8일에 브뤼셀로 출발했지만, 처음으로 잉글랜드 북부를 떠나 여행하는 딸들 곁에 아버지가 동행했다. 패트릭은 여행자용 프랑스 관용어집을 직접 만들었다. 그것은 '실 부 프레 모트레 무아 르 프리 뵈 ……내 방의 옥외 트레이는 어디에 있는지 가르쳐 주세요'라고 되어 영어로 읽는 법까지 표기한 것이었다. 그녀들과 예전에 배를 탄 적이 있는 메리 테일러의 오빠인 조가 동행했다. 런던에서의 숙박소는 도시 중심부에 있는 파터노스터 거리의 챕터 커피 하우스였다. 샬럿은 여기서 예전부터 품고 있었던 동경이 만족되는 것을 느꼈다. 오스텐드 행의 정기선이 출항하기 전까지 3일 동안의 시간이 있어서, 샬럿은 이제까지 상상만 해 왔던 런던 시내를 산책하며 다녔다. 드디어 세인트 폴 대성당과 웨스트민스터 대성당, 대영박물관, 내셔널 갤러리 등을 즐길 수 있게 된 것이다. 이때의 체험은 《빌레트》 속에서 그녀와 마찬가지로 해협의 정기선이 출발하기 전까지 런던 관광을 즐기는 주인공 루시 스노의 마음속을 이야기하는 것으로 나타난다. '나는 마치 지금까지 사실은 죽어 있었던 것은 아닐까 싶을 정도로 살아 있다는 실감이 갑자기 솟구쳤습니다. ……그 날 아침 내가 살았던 인생만으로도 터무니없이 엄청나게 차이나는 것이었습니다.'

　　브론테 일행을 기다리고 있었던 것은 기나긴 항해 여행이었다. 2월 12일 토요일 아침에 런던 브리지 부두에서 오스텐드 행 정기선에 올라탔다. 14시간의 항해 뒤 일요일을 오스텐드에서 보냈다. 그리고 브뤼셀까지 112km나 역마차로 달렸다. 다음 날 브론테 자매는 이자벨 거리에 있는, 담으로 둘러싸여 느낌이 좋은 정원 가운데에 세워진 간소한 건물의 에제 기숙학교에 도착했다. 그곳의 정원은 '외부자 출입 금지'가 되어 어슴푸레하게 담쟁이덩굴로 뒤덮인 산책로가 중앙을 가로지르고 있었고, 반대편의 아테네 로열 남자학교를 이웃하고 있었다. 느낌이 좋은 정원과 신비한 산책로의 정경은 《교수》나 《빌레트》에서 매우 효과적으로 쓰이고 있다. 교장은 마담 클레르 조이 에제였다. 옆의 남학교의 교사인 남편 콘스탄틴 무슈 에제가 여학생들의 문학 수업을 맡았다. 이 학교 안에는 '커리큘럼은 종교적 신념을 기반으로 하여 창설되어, 기본적인 프랑스 어·역사·산수·지리학·작문이 있었고, 그리고 마찬가지로 교양 있는 젊은 여성들에게 필요한 재봉 등의 기예도 포함하고 있다'라고 써 있다. 음악이나 외국어 수업은 추가요금이 드는 선택과목이었고, 연간 수업료는 650프랑이었다. 그것은 브론테 집안의 1년 예산과 거의 비슷했다.

5월에 샬럿은 에제 부부에 대해서 상세하게 묘사한 편지를 엘렌 앞으로 쓰고 있다.

나는 1, 2주일 전에 스물여섯 살이 되었어. 인생의 한창인 이 시기에 난 아직도 학생이지만 아주 만족스럽게 생각해. 권위를 행사하는 대신 권위에 순종하고, 명령하는 대신 그것에 따르는 것은 처음에는 꽤 이상한 느낌이 들었지만 지금은 그런 상태가 마음에 들어. 오랫동안 마른 풀만 먹던 소가 신선한 풀밭으로 돌아왔

런던의 웨스트민스터 대성당
샬럿 자매는 브뤼셀 가기 전 사흘 동안 런던 관광을 한다. 이 모든 체험은 샬럿의 작품 속에 녹아든다.

을 때 느끼는 탐욕이 다시 살아나거든. 이런 비유를 우습다고 생각하지는 마. 난 명령보다는 복종이 자연스러워. ……나라와 종교 차이가 우리와 다른 사람들 사이를 가로막아, 우리는 많은 사람들 속에서 완전히 고립되어 있어. 하지만 불행하다고 생각한 적은 없어. 지금 생활은 가정교사 생활과 비교하면 아주 즐겁고 나에게 꼭 맞는 일이야. ……교장 에제 부인은 미스 캐서린 울러와 닮은 꼴로, 그녀와 마찬가지로 교양도 깊고 성격도 닮았어. 그러나 그녀만큼 엄격하지는 않다고 봐. 왜냐하면 그 부인은 실망을 해본 적이 없고, 신랄함이 없어서 그래. 한마디로 말하자면 노처녀가 아니라 결혼한 사람이라서 그래. ……아직 말하지 않은 사람이 한 사람 있어. 바로 에제 부인의 남편 에제 선생이야. 그는 수사학을 가르치는데 정신력이 강한 사람이야. 하지만 화를 잘 내고 성격이 급해. 그는 작고 까무잡잡하며 못생겼는데, 얼굴 표정이 시시각각으로 달라지거든. 어떤 때

는 미친 수고양이 같고, 어떤 때는 흥분한 하이에나 같아. 아주 드물게 그런 위험한 매력이 사라지고 온화한 신사의 모습을 보이기도 해. 그는 지금 나에게 몹시 화가 나 있어. 내가 옮긴 문장이 "대부분 정확하지 않다"라고 비난할 정도로 형편없기 때문이야. ……실은 몇 주 전에 그가 나를 과대평가하여 매우 어려운 영어 작품을 프랑스 어로 옮길 때 사전과 문법책을 전혀 보지 말라고 했는데, 그 때문에 수업이 아주 어려워서 난 때때로 영어를 쓸 수밖에 없었어. 그런데 그는 불같이 화를 내더라. ……에밀리와 그는 전혀 맞질 않아. 그가 내게 심하게 화를 낼 때는 나는 울어버려. 그게 모두 맞는 말이기 때문이야.

무슈 에제는 여학생들에게 프랑스 문학을 가르쳤는데, 그의 교사로서의 뛰어난 능력과 비평가로서의 엄격함은 그 자신의 인격이 샬럿의 감정에 미친 영향과 마찬가지로, 그녀의 작품이 향상되는 데에 매우 중요한 역할을 했다. 무슈 에제는 샬럿에게 낱말의 남용을 억제하도록 하고, 격조 높은 문장을 쓸 수 있도록 압축해서 쓰는 법을 세심하게 지도했다. 에제의 교수법은 교실에서 샬럿과 에밀리에게 하나의 문장을 고르도록 해서 그 좋은 점을 예를 들어 증명하도록 하면서 토론한 뒤, 숙제로 어떤 정해진 문체를 써서 에세이를 쓰도록 하는 방법이었다. 이렇게 해서 둘은 프랑스 문학을 배우고 프랑스 어를 깊이 이해하며 문장력을 향상시킬 수 있었다. 샬럿과 에밀리의 '숙제', 즉 연습장이 하워스의 브론테 기념관과 다른 도서관에 소장되어 있다. 관찰안이 날카로운 교사는 연습장의 여백을 빽빽이 채우며 상세히 논평했는데, 그것은 샬럿이 쓴 1842년 4월 30일자의 〈네스트〉라는 제목의 글에서도 알 수 있다. 현재는 뉴욕 시립도서관의 버그 콜렉션에 소장되어 있다.

명석함·박진감·효과 등에 도움이 되지 않는 것은 모두 아까워하지 말고 삭제할 것. 중심이 되는 생각 주변에 있는 모든 말에 주의를 기울여 확실히 음미해 볼 것. 그러면 자신이 전달하려는 생각에 많은 특징이 나타나서 생생해질 것입니다.

브뤼셀에서 예정된 반 년이 지나가고 있었다. 샬럿은 에제 부부에게 가서

에제 기숙학교
브뤼셀의 이자벨 거리에 성 구둘라 대성당이 있는 곳이다.

브뤼셀에 더 남을 수 있기를 요청했다. 결국 브론테 자매는 공부하면서 교사로서 일하고, 그 급료를 학비에 충당하는 것으로 해서 그대로 학생으로서 남을 수 있었다. 한편 고향 하워스 집에는 몇 개의 어두운 그림자가 드리워지기 시작했다. 브런웰이 사무장으로서 직무를 게을리하고 그의 직원이 회사의 공금을 횡령한 것을 알아채지 못해 철도회사에서 해고당했다. 근처에서는 차티스트 운동에 의해 대혼란이 일어났다. 그리고 슬프게도 사람들에게 사랑받았던 고향의 부목사 윌리엄 웨이트먼이 콜레라에 걸려 9월 6일 사망했다.

그리고 그의 사후에 곧 브론테 집안 아이들의 교육을 맡고 브뤼셀의 유학 자금을 선뜻 내준 브런웰 이모가 10월 29일 사망했다. 이모는 샬럿과 에밀리가 귀향하기 전에 하워스 교회의 브론테 집안 지하납골당에 묻혔다. 브론테 자매는 이 며칠 전에도 브뤼셀에서 얼마 떨어지지 않은 샤토 쾨켈베르크에서 공부하고 있던 벗 마사 테일러가 콜레라에 걸려 숨지는 바람에 슬프고 영원한 이별을 체험했었다. 두 자매는 가족과 1942년 11월 8일에 재회했지만, 그것은 우울한 귀향이었다. 가족들 모두의 어둡게 가라앉은 마음을 유일하게 밝혀 주었던 일은 무슈 콘스탄틴 에제로부터 패트릭 브론테 앞으로 브론테 자매를 칭찬하는 편지가 온 것이었다.

따님들이 여러 가지 수업을 받으며 크게 눈에 띄는 진보를 거두었다고 들으시면 분명 기뻐하시겠지요. 이 진보는 그녀들의 향상심과 인내력의 선물입니다. 이런 학생을 지도할 때에는 특별히 무언가를 할 필요가 없습니다. 이렇게 그녀들이 진보한 것은 우리의 일 때문이 아니라 오히려 아버님의 교육의 산물입니다. 우리들은 시간의 소중함이나 교육의 중요함을 가르쳐 줄 필요도 없었습니다. 그녀들은 그것들을 아버님 슬하에서 모두 몸에 익히고 있었습니다. 우리들은 그저 따님들의 노력을 이끌고, 아버님의 모범과 가르침에서 얻은, 훌륭한 활동력을 더욱 신장시키도록 적절한 제재(題材)를 주었다는 작은 공이 있을 뿐입니다.

에제는 특히 샬럿이나 에밀리 또는 두 사람 모두 앞으로 그의 학교의 교사로서 브뤼셀로 돌아와 줄 수 없겠느냐고 제안하고 있다. 이것은 에밀리를 당황스럽게 만들었지만 샬럿은 가슴이 두근거렸다. 그러나 잠시 동안 샬럿은 하워스에 머물며 이모의 상복을 입었다. 엘리자베스 브런웰의 죽음으로 브론테 집안의 딸들에게는 각각 경제적으로 자립할 수 있는 금액을 새로운 수입으로 가질 수 있게 되었다. 세 사람은 펜잰스의 사촌 엘리자 킹스톤과 함께 이모의 유산을 균등하게 나누어 1인당 약 300파운드씩 상속받았다. 대부분 요크 앤드 노스 미들랜드 철도회사에 투자한 주식에서 얻는 돈이었다. 1842년 크리스마스 무렵에는 에밀리가 집에서 느긋하게 지내며 또 기꺼이 집안일을 담당했다. 그리고 소프 그린에 완전히 정착한 앤은 돌아올 때 오빠 브런웰을 에드먼드 로빈슨의 가정교사로 데리고 돌아갈 계획을 세웠다. 샬럿은 될 수 있는 한 빨리 혼자서 브뤼셀로 돌아갈 계획이었다. 실제로 1843년 1월 27일 그녀는 리즈를 출발하는 런던 행 열차에 몸을 실었다. 런던에서 배편으로 브뤼셀에 도착한 샬럿은 이번엔 신임교사 '마드모아젤 샬럿'으로 에제 기숙학교에 부임했다.

학교에 돌아간 샬럿은 예기치 못한 고독의 습격을 받았다. 그녀는 에밀리가 함께 있지 않다는 것이 이 정도로 외로울 줄은 예상하지 못하고 있었다.

메리 테일러는 독일에 유학을 가서 여기에는 없었고, 가엾은 마사 테일러는 벌써 다른 세상 사람이었다. 초대를 받아도 거실에서 에제 가족과 함께 밤을 보내는 것을 사양했던 샬럿은 그녀가 프랑스 어를 배우는 대신 콘스탄틴 에제와 그 매제에게 영어를 가르치며 함께 지낼 때의 즐거움을 차츰 기대하게 되었다. 샬럿은 다시 독일어 공부에도 힘썼다. 독일어 시를 영어와 프랑스 어로 번역하는 개인 교습도 받았다. 무슈 에제와의 차츰 귀중해지는 한 때에 샬럿은 영시를 프랑스 어로 번역하거나, 또 프랑스 어를 영어로 번역하곤 했다. 무슈 에제가 자신을 뛰어난 제자라고 확실히 인정해 준 사실에 샬럿은 만족했고, 처음으로 가족 이외의 남성과 지적으로 대등한 관계로 있을 수 있다는 데 기쁨을 느꼈다. 이 사람은 천재의 본질에 대해 이야기하며, 또 문예 비평을 통해서 사적인 감정을 토로할 수 있다고 생각되는 상대였다. 1843년이 되자 곧, 샬럿과 이 연상의 기혼남의 관계는 영국 문학에서 가장 유명한 커플 중 하나의 원형으로 발전했다. 즉, 두 사람은 제인 에어라는 서툴고 그다지 아름답지도 않은 작은 몸집의 가정교사와, 제멋대로이고 흥분을 잘하는 로체스터라는 관계였다. 무슈 에제에 대한 샬럿의 경애는 미친 듯한 애정으로 변화해 갔다.

브뤼셀에 있는 샬럿에게 에제 이외의 일은 따분한 것이 되었다. 사람들은 둔감하고 식사도 거칠고 날씨는 매우 습기가 많은 데다가 마담 에제는 참기 어려울 정도로 차가웠다. 긴 여름방학은 그녀에게 우울하고 참을 수 없는 것이었기에 결국 거리를 배회하게 되었다. 어느 날 샬럿은 기분 내키는 대로 성 구둘라 대성당 안으로 들어갔다. 샬럿은 에밀리 브론테에게 보낸 편지에 그 날 일어난 일을 적고 있다. 이것은 후에 《빌레트》라는, 브뤼셀에 대한 소설 중 하나로 결실을 맺게 된다.

나는 가톨릭 교도로 개종해서, 정말로 고해를 한다는 것이 어떤 것일까 생각했어. ……그 신부는 내가 프로테스탄트가 아니냐고 물었지. 나는 어째서인지 거짓말을 하지 않고 '그래요'라고 대답했어. 그러자 그는 나에게 '고해의 비밀스러운 기적을 경험하는 기쁨에는 참여할 수 없습니다'라고 대답했지. 그렇지만 나는 고해를 하기로 결심했어. 겨우 그는 '이것은 참된 교회로 돌아오는 최초의 한 걸음일지도 모르니 괜찮겠지요'라고 말했지. 그리고 나는 고해를 했어. 참된 고해를 한 거야.

　가톨릭 교의에 대해 혐오감을 안고 있는 샬럿 브론테가 먼 이국땅에서 로마 가톨릭의 대성당의 고해실을 마주 대한 것은 기혼자를 사모하는 감정에 대한 가책이었을까?

　10월이 되자 샬럿은 가족들을 설득해서 자신이 하워스에 돌아갈 이유를 만들려고 했다. 비참한 기분이 정점에 이르자 그녀는 자신의 지도책의 표지 속에 저도 모르게 쓰고 있다. '매우 춥다. 아예 불이 없는 것 같다. 나는 아버지나 브런웰·에밀리·앤·타비와 함께 있고 싶다. 외국인 속에서의 우울한 생활에 지쳐 버렸다. 특히 이 집에는 좋아할 수 있는 사람이 단 한 사람밖에 없다. 여기에는 장밋빛의 둥근 사탕과자 같은 사람도 있지만, 그녀는 색분필 같은 사람이다.' 두 달 뒤 샬럿은 의기소침해져서 고향으로 돌아가겠다고 가족들에게 전해 주길 바란다며 에밀리에게 편지를 썼다. 1844년 1월 23일 샬럿은 엘렌에게 비밀스런 편지를 쓰며, 자신의 비참함을 조금 털어 놓았다. '나는 브뤼셀을 떠나기 전까지 고민했어. 살아 있는 한 나를 보살펴 준 무슈 에제와 헤어지지 않으면 안 되었던 것을 절대 잊지 않을 거야. 정말로 상냥하고 사리사욕이 없는 벗이었던 그를 슬프게 하는 것이 무엇보다도 괴로워.' '예전의 나를 열정적으로 만들었었던 무언가가 시들어 사라졌어. ……환상을 가지는 일은 거의 없어지고, 지금 바라는 것은 적극적으로 노력하는 거겠지. 인생을 걸 수 있을 만한 일 말이야. ……하워스는 매우 외롭고 조용한 장소로 세계의 중심의 움직임에서 뒤쳐진 것 같은 곳이야.' 사실 미래의 계획이라고는 하워스 목사관에서 브론테 자매들이 직접 여자학교를 열려는 이전의 계획밖에 없었다. 그러나 학교의 광고를 한다는 꽤나 무모한 시도가 모두 실패로 끝나고, 이 계획은 1844년 여름 영원히 묻혀 버렸다. 샬럿은 계획의 좌절에 그다지 낙담하진 않았다. 그녀는 브뤼셀에 있는 사랑하는 사람을 아직 생각하고 있었던 것이다. 그 해 7월과 10월, 그리고 다음 해 1845년 1월, 샬럿은 정열적인 편지를 썼다. 그것이 1913년 7월 29일자의 〈타임스〉에 실려 문학 관계자들을 놀라게 만든 그 편지였다.

　런던 대영도서관에 있는 샬럿의 편지에는 마음에 강하게 호소하는 것이 있다. 콘스탄틴 에제에 의해 갈가리 찢겨진 편지는 마담 에제가 쓰레기통에서 주워다가 풀로 붙여 본디대로 복원되었다. 아내가 있는 남자에 대한 샬럿의 태도에 비난의 여지가 없을 리 없다는 증거가 필요할 경우에 대비해 보관되어 왔던 것이다. 현재 호박 속에 있는 곤충처럼 무거운 유리판에 끼어 보관되고 있는 이 편지에는 샬럿 브론테의 보답받을 수 없는 사랑의 슬픈 사건이 요약되어 있다. 1913년 이 편지의 존재가 밝혀지기 이전부터 브론테문학 연구자들은 브뤼셀 시대를 샬럿의 인생의 전환점이라고 생각해 왔다. 실제로 엘리자베스 개스켈은 1856년에 무슈 에제로부터 보관되어 온 이제까지의 편지를 받아볼 수 있었지만, 다른 자료도 그러했듯이 이 중요한 자료도 발표하지 않기로 결정했다. 그리고 또 1894년에 무슈 에제의 딸 루이즈에게서 편지를 본 다른 연구자들도 세간에서 이 편지의 존재를 묻어 버리는 쪽을 선택했다. 현존하는 네 통의 편지는 사실 수많은 편지 중 매우 일부분이다. 사랑에 열중했던 샬럿은 한때는 한 주에 2회의 비율로 편지를 쓴 듯하다. 1913년이 되어 겨우 에제의 아들 폴과 그 자매들이 샬럿 브론테와 벨기에인 교사가 실제로 어떤 관계였는지 그 해명을 장래의 문학 연구자들에게 부탁하기 위해 그 편지들을 대영박물관에 기증했다. 그러나 슬픈 사실은 샬럿 브론테의 러브레터에 한 번도 애정 넘치는 답장이 돌아온 적이 없었다.

시

1845년의 거의 반 정도를 샬럿은 계속 낙담의 늪에서 빠져 나오지 못하고 무슈 에제에 대한 혼란스러운 기분과 싸웠다. 30세의 생일이 차츰 다가옴에 따라 그녀는 지루하고 충실감이 없는 생활을 탄식하며 슬퍼했다. 3월에 메리 테일러가 결국 뉴질랜드에 인생을 걸고 여행을 떠났다. 마찬가지로 24일, 샬럿은 멀리 떨어진 땅으로 가 버린 벗과의 이별을 매우 슬퍼하며 엘렌에게 이렇게 편지를 쓰고 있다.

여기 하워스는 시간이 멈춘 듯해. 진보의 특징이 있는 것은 아무것도 없어. 어제도 오늘도 변함없어. 무엇이든 참기 어렵고, 활기 없는 양상을 주고 있어. 일요일은 빵을 굽고, 토요일은 아주 조금 다른 날들과는 다르지만 이렇게 저렇게 하는 사이에 인생이 줄어들고 있어. 나는 이제 곧 30세가 될 거야. 그렇지만 아직 아무것도 이룬 건 없어. 때때로 내 과거나 앞으로의 일을 생각하면 우울해져. 그렇다고 해도 불만에 차 투덜거리는 것은 옳은 게 아니라 어리석은 짓이겠지. 지금은 집에 있는 것이 내가 다해야 할 본분이야. 하워스는 내게 매우 편한 곳이었던 적도 있지만, 지금은 그렇지 않고 마치 모두 이곳에 묻혀 버리고 있는 듯한 기분이 들어.

이 해엔 가족들 중에서도 또 병의 위협을 받는 사람이 있었다. 백내장에 의한 시력저하로 고생하고 있는 아버지는 모두의 걱정의 대상이었다. 1845년 5월 젊은 아일랜드 인 부목사 아서 벨 니콜스가 하워스에 새로 부임해 왔고, 곧 눈이 불편한 패트릭 브론테 목사에게 큰 의지가 되었다.

샬럿의 우울한 기분은 자신의 비참한 감정으로부터 나온 것이 아니라 돈이나 생활의 안정을 생각한 데서 나온 것이었다. 그렇지만 그녀는 아직도 집에 있으면서 적극적으로 일을 찾지 않고 안일하게 지냈다. 그 뒤 6월이 되어 앤 브론테가 소프 그린의 로빈슨 집안의 일을 그만두었는데, 지금까지도 그 이유를 알 수 없다. 그 여름 샬럿은 엘렌 너시와 함께 더비셔의 해더세이지를 방문해, 그녀의 우울한 기분은 잠시 동안이나마 해소되었다. 예전에 샬럿에게 구혼했던 엘렌의 오빠 헨리는 결혼해서 해더세이지의 부목사로 일하고 있었다. 3주 동안 머무르면서 샬럿도 마음이 건강해진 것뿐만이 아니라 이것이 《제인 에어》의 구상에 중요한 영향을 미쳤다. 샬럿은 주변의 볼거리를 즐기면서도 마을이나 주변의 상황을 보고 이 지방의 교회에 있는 에어 집안의 기념판, 에어 집안의 본디 주거지였던 노스 리즈 홀, 더비셔의 기복 없는 황야의 풍경을 작가의 눈을 통해 상상하고 설정했다. 눈 깜짝할 사이에 이런 풍경이나 세세한 사건이 한 권의 소설 속에 엮여 들어갔다. 그리고 이 소설이 샬럿의 인생을 바꿔놓게 된다.

7월의 즐거운 휴가에서 집으로 돌아왔지만, 샬럿에게 기쁜 일이라곤 없었다. 동생 브런웰은 로빈슨 집안의 가정교사를 그만두고 하워스로 돌아와 집안에서 허송세월하면서 나날을 보냈다. 브런웰은 모르는 사이에 기혼자를 흠모하는 병에 걸려 있었다. 브런웰은 리디아 로빈슨이라는 그 집의 여주인과의 정사가 발각되어 소프 그린에서 쫓겨났다. 7월 31일, 샬럿은 가엾은 동생의 상태에 대해 동정의 마음도 없이 이렇게 쓰고 있다.

해더세이지 교회묘지에서 바라본 전원풍경
1845년 브뤼셀을 떠나 하워스로 귀향한 샬럿은 무슈 에제에 대한 연정으로 인해 심한 마음고생을 한다. 엘렌의 제의로 함께 해더세이지로 여행을 떠난다. 이곳에서 샬럿은 《제인 에어》를 구상하며 배경 설정을 하게 된다.

　브런웰의 몸 상태가 좋지 않다. 옛날부터 그에게는 자업자득이라고 할 만한 일이 여러 번 있었다. 그래서 나는 처음엔 놀라지도 않았다. 하지만 앤이 그의 현재 병의 직접적인 원인을 알려 주었을 때에는 심하게 충격을 받았다. ……그 이후로는 우리가 무엇을 해도 브런웰은 슬픔 속에 빠져 있을 뿐이다. 그는 술로 슬픔을 잊는 것만을 생각하고 있다…….

　브런웰은 파멸을 향하고 있었지만, 그는 고생하면서도 생계를 꾸릴 것을 생각하고 소설을 쓰겠다고 선언했다. 샬럿은 이것에 감명을 받아 가족들의 글을 쓰고 싶어하는 바람을 어떻게 하면 돈과 연결시킬 수 있을지 곰곰이 생각했다. 1850년에 《폭풍의 언덕》(제2판)과 함께 출판된 동생들에 관한 〈약전(略傳)〉 속에 샬럿은 브론테 자매가 최초로 출판을 어떻게 생각해 냈는지에 대해 쓰고 있다.

　1845년 가을 어느 날, 마침 동생 에밀리가 쓴 시의 원고가 눈에 띄었다. 물론 나는 놀라지 않았다. 동생이 시를 쓸 수 있다는 것, 그리고 이미 썼다는 것을 알고 있었기 때문이다. 거기에 눈을 돌려보자 놀라움 이상의 무언가가 내 마음을 붙잡았다. 이것은 흔해빠진 시가 아니고, 시심이 있는 여성이 보통으로 쓸 만한 것과는 다르다는 깊은 확신을 가지게 되었다. 그것은 힘이 있고 재능이 넘치는 것이었다고 생각했다. 그 시는 내 귀에 독특한 음악으로 연주되었다. 격렬하고 슬픈, 정신을 고양시키는 것이었다.

에밀리의 시를 몰래 읽은 샬럿은 곧 자신들 자매의 작품을 살릴 가능성을 발견했다. 그것은 세 사람의 시를 가능하다면 묶어서 한 권의 책으로 내는 것이었다. 에밀리는 이 생각에 마지못해 동의했지만, 샬럿이 에밀리의 시를 허락 없이 읽었던 것을 사과하는 것만 해도 몇 시간이나 걸렸고, 이런 시야말로 출판을 해야 한다며 에밀리를 설득시키는 데에도 며칠이나 걸렸다고 술회하고 있다. 샬럿의 말에 의하면 앤은 이 계획에 참가하기 위해 '자신이 쓴 것을 몰래 실었다'는 것이다. 시를 출판할 원동력은 의욕적인 샬럿에게 있던 것이 분명하다. 그리고 세 자매는 모두 필명을 써야 한다는 것에 의견 일치를 보았다.

우리들의 일이 세간에 알려지는 것이 싫었기 때문에 우리들은 본명을 숨기고 커러 벨, 엘리스 벨, 액튼 벨이라고 이름 지었다. 이런 남녀겸용의 이름으로 한 것은 세례명을 완전히 남자로 가장하는 것은 양심에 거리끼고, 또 우리들이 여성이라는 것도 공언하고 싶지 않았기 때문이다. 왜냐하면 당시는 틀림없이 우리들의 집필이나 사고방법이 흔히 말하는 '여자다운' 것이 아니었기 때문이다. 우리들은 여성작가라는 편견을 가지고 볼 게 뻔하다는 막연한 인상을 가지고 있었다.

다시 결의를 굳히고 열심히 몰두하는 데서 얻는 만족감에 휩싸인 샬럿과 동생들은 얇은 시집에 들어갈 시를 선택하기 위해 그 가을을 보냈다. 샬럿은 자신의 작품을 시집에 담는 것보다 시집을 출판한다는 것에 정열을 기울였다. 왜냐하면 그녀는 모두해서 19편의 시밖에 싣지 않았고, 그것도 최신 작품은 한 편도 없이 중간에는 1837년 시도 포함되어 있었다. 앤은 21편을 기고했지만 모두 1840년 이후에 쓴 것이다. 또 에밀리도 21편을 기고했는데

1839년의 것이 2편 있었지만 대부분 최신작이었다. 에밀리는 수수께끼처럼 보이는 곤달에 관련된 작품은 빼자고 제안했고, 그 시집에는 가장 유명한 그녀의 작품을 보충했다.

> 병든 영혼을 나는 가지고 있지 않다
> 폭풍이 덮친 이 세계에서 나는 떨지 않는다
> 하늘의 빛나는 영광을 우러러보면
> 빛나는 신앙이 나를 두려움으로부터 지켜준다.

시집의 출판은 샬럿이 브뤼셀 이후의 무기력한 상태에서 탈출하는 계기가 되었다. 그녀는 장래성 있는 출판사에 편지를 써서 조건에 대해서 교섭을 시도했다. 에일럿 앤드 존즈 사와의 교섭은 1846년 1월 28일 시작해서 급속히 진전되었다. 그리고 비용은 확실히 했다. 시집의 원고가 두 개의 포장으로 나뉘어 발송되자 샬럿은 그것이 무사히 끝날 것인가 어떤가에 대해 걱정하며 보냈다. 그 뒤 출판비용으로 31파운드 10실링이 은행 어음으로 출판사로 보냈는데, 이 돈은 이모가 브론테 자매들에게 남겨준 유산에서 지출되었다. 모든 것이 잘 진행되어 만족한 샬럿은 하워스에 틀어박힌 생활로부터 일단 떨어져서 엘렌을 만났다. 거기서 샬럿은 엘렌의 사촌의 남편인 안과 전문의에게 아버지의 시력에 관해 상담했다. 그리고 될 수 있는 한 빨리 수술을 하는 편이 좋다는 것을 알게 되었다.

집에 돌아온 샬럿은 시집의 교정에 몰두했지만, 될 수 있는 한 집안 사람들의 눈에 뜨이지 않도록 했다. 브런웰의 시는 〈핼리팩스 가디언〉에 실린 적이 있었기 때문에 사실상 그는 출판경험이 있는 시인이었지만, 이 시집출판에 참가하도록 권유하지 않았던 것은 주목할 만하다.

1846년 5월 7일은 하워스 목사관의 세 자매에겐 가슴 두근대는 하루였음이 틀림없다. 왜냐하면 《커러·엘리스·액튼 벨 시집》의 초판 3부가 도착했기 때문이다. 165페이지, 4실링인 이 책은 샬럿에게는 영원한 기쁨의 시집이었고, 어린 시절 집에서 종이 자투리를 잘라 손으로 만든 미숙한 책의 추억이 되살아났을 것이다. 의욕적인 샬럿은 곧 출판사에 서평에 쓸 시집을 보내도록 재촉했다. 그러나 이 시집에 대한 평론가들의 반향을 알기에는 두 달을 기다리지 않으면 안 되었다. 같은 해 5월, 소프 그린의 로빈슨이 사망했다. 리디아는 결혼을 하면 죽은 남편의 유산을 상속할 수 없기 때문에 브런웰을 만날 수 없다고 알려왔다. 이것을 들은 브런웰은 자포자기하여, 가족들은 음울한 기분에 휩싸였다.

브론테 자매는 〈크리틱〉에 실린 최초의 서평이 '벨이란 도대체 누구인가'라는 것에 관심을 기울이는 것을 보고 동요했다. '커러 벨, 엘리스 벨, 액튼 벨은 도대체 누구인가, 우리들에게는 아무런 단서도 없다.' 이 문제는 그녀들의 인생에 계속 따라다니게 된다. 〈애서니엄〉에서 시드니 도버는 에밀리의 시를 높이 평가했다. '후반부의 시는 고풍스럽고 정취 있는 훌륭한 정신이 머물고 있으며, 사람들이 읽고 기뻐할 만한 것이 쓰여 있다. 게다가 여기에는 아직까지 시험해 보지 않은 높이에 이를 수 있는 분명한 날개의 힘이 있다.' 〈크리틱〉의 서평은 긍정적이었지만 지루하였다. '이 시집에는 양질의 도움이 되는, 상쾌하게 가슴을 비울 수 있을 것 같은 시의 정취가 있고, 활기도 있다. 묘하게 감상적인 것이나 잘 알려져 있는 작풍의 지루한 모방도 보이지 않고, 시정이 넘치는 순수한 말들로 표현된 창의적이고 풍부한 사상으로 가득 차 있다.' 샬럿은 가슴이 떨렸고 출판사에 10파운드를 지불해 이 서평을 이용해 광고문을 작성하도록 부탁했다.

《커러·엘리스·액튼 벨 시집》은 19세기 출판의 실패 중 가장 유명한 것 중 하나일 것이다. 팔린 것은 겨우 2부뿐이었다. 거기에 굽히지 않고 샬럿은 남은 책들을 증정본으로 J.G. 로버트 하트, 하틀리 콜리지, 윌리엄 워즈워스, 알프레드 로드 테니슨, 토머스 드퀸시, 에베네저 엘리엇 등 당대 저명한 문호들에게 보냈다. 샬럿은 자신들의 시가 책이 되어 나오는 전 과정을 즐겼고, 거기에서 시는 소설만큼 인기가 없어 자비출판은 매우 비용이 많이 든다는 것을 배웠다. 비록 시집은 실패했으나 샬럿은 그리 크게 상심하지는 않았던 듯하다. 왜냐하면 샬럿, 에밀리, 앤은 이미 작가로서 새로운 문학의 방향을 향해 걸어 나가기 시작했기 때문이다. 1846년 4월 6일 샬럿은 에일럿 앤드 존스 사에 편지를 썼다. 그 내용은 다음과 같다. '벨 형제는 지금 소설을 출판하려고 준비하고 있습니다. 그것은 관련 없는 세 가지 다른 이야기로 이루어져 있고, 함께 보통의 소설 사이즈로 출판하든가 또는 각각 한 권씩 간행할 예정입니다.'

《제인 에어》

　제가 가난하고 미천하고 얼굴이 못생긴 보잘것 없는 여자라고 해서 영
혼도 감정도 없다고 생각하세요? 잘못 생각하셨어요. 저도 당신과 같은
영혼을 갖고 있어요! 마찬가지로 감정도 갖고 있어요! 만일 하느님께서
제게 얼마간의 아름다움과 넘치는 재산을 베풀어 주셨다면 당신도 저를
떠나는 것이 괴로우실 것입니다. 지금 제가 당신과 작별하는 마음이 괴로
운 것처럼. 저는 지금 당신께 관습이나 인습과 같은 것을 사이에 두고 말
씀드리고 있는 것이 아닙니다. 몸을 사이에 두고 하는 말도 아닙니다. 저
의 영혼이 당신의 영혼에 직접 말을 건네고 있는 것입니다. 두 사람이 무
덤으로 들어간 후 하느님 앞에 평등하게 섰을 때처럼. 사실 우리는 평등합
니다.

《제인 에어》 제23장)

　제인 에어는 애정 없는 외숙모 리드 부인에게 몸을 의지하고 있는 고아이
다. 제인은 외숙모의 냉혹한 대우에 격하게 감정이 폭발하는 바람에 로우드
라는 비참한 자선 학교로 쫓겨나게 된다. 제인은 학생에서 교사가 되기까지
로우드 자선 학교에 머물렀고, 그 다음에는 사회에 나와 에드워드 로체스터
의 양녀 아델라의 가정교사가 된다. 냉소적이고 신비적인 매력을 지닌 에드
워드 로체스터는 손필드 저택의 주인이다. 제인은 미인은 아니지만, 아무것
도 두려워하지 않는 그녀의 강인한 정신과 날카로운 재능에 로체스터는 마
음을 빼앗기고, 두 사람은 사랑에 빠진다. 그러나 두 사람의 결혼은 제단 앞
에서 중단된다. 로체스터에게는 손필드 저택 다락방에 갇혀 있는 버사라는
미친 아내가 있다는 사실이 발각되었기 때문이다. 제인은 저택을 도망쳐 나
와 리버스 집안의 도움으로 구조된다. 목사 세인트 존 리버스와 그의 자매는
제인이 건강해질 때까지 간병한다. 세인트 존 리버스는 제인에게 자신의 아
내가 되어 인도로 전도하러 가는 데 함께 가달라고 제안한다. 그러나 섬뜩한
절규에 이끌리듯 제인이 손필드로 돌아가 보니 저택은 불탔고, 로체스터의
아내는 죽어 있었다. 로체스터 자신도 아내를 구하려 하다가 화상을 입어 맹
인이 되고 말았다. 제인은 절망에 빠져 있는 로체스터와 재회하고, 두 사람
은 결혼하여 참된 행복을 함께 발견한다.

샬럿 브론테의 《제인 에어》는 엄밀한 의미의 고전적 소설이다. 1847년 10월에 초판이 나오자마자 큰 인기를 얻었으며, 그 이래로 절판된 적이 없다. 셀 수 없이 다양한 언어로 번역되었고, 언제나 새로운 세대로 이어져 읽힌다. 이 자그마하고 '의지할 곳 없고 가난하고 못생긴' 가정교사의 설득력 있는 이야기에 몇백만 명의 독자들이 상상력을 발휘해 왔다. 제인 에어는 손필드 저택의 무섭지만 매력적인 로체스터 밑에 일하러 가서, 고아라는 불우한 성장 과정과 자신에게 닥쳐오는 극적인 사건을 극복해 간다. 그리고 제인은 자신을 깨닫고, 진실이 충만한 결혼을 하게 된다. 이 소설은 후세의 소설가들에게 큰 영향력을 주었다.

20세기 후반에는 제인 에어가 페미니스트 히로인으로 여겨지면서 그녀의 성격이 샬럿의 성격과 겹쳐지게 되었다. 샬럿은 여주인공을 의도적으로 못생겼으며 돈도 교양도 없고, 작고 볼품없는 무일푼의 천애고아로 설정했다. 샬럿의 의도는 이 연애소설을 종래의 것과 조금 바꾸려는 것이었다. 즉 여주인공에게 연애 상대와의 관계의 중심인 정신적인 문제에 전력을 기울이게 하는 것이었다. 스스로도 몇 번인가 로체스터에게 말하고 있는 것처럼, 제인 에어는 두뇌명석하고, 감정에 휩쓸리지 않고, 객관적으로 자신의 생각을 바라보고 있다. 제인과 로체스터가 마침내 결혼할 때에 두 사람의 관계는 대등하다. 다행스럽게도 제인은 서인도제도에서 사망한 백부에게서 유산을 물려받는데, 경제적으로 부족함이 없다는 것이 여성이 자립하기 위한 가장 중요한 열쇠라는 또 하나의 문제를 제기한다. 아마도 샬럿에게는 그렇게 생각되었을 것이다. 많은 독자들이 이 소설을 연애소설이라 하지만, 19세기 중반의 여성의 사회적 입장까지 표현한 이 복잡성이 작품의 매력 중 하나이다.

《제인 에어》는 샬럿의 첫 출판된 소설이지만 그녀가 처음 쓴 소설은 아니다. 그녀가 에일럿 앤드 존스 사에 '벨 형제는 지금 소설을 출판하려고 준비하고 있습니다. 그것은 관련 없는 세 가지 다른 이야기로 이루어져 있습니다'고 흥미를 불러일으키는 편지를 보냈을 때 그녀의 머릿속에 있었던 것은 에밀리의 《폭풍의 언덕》과 앤의 《아그네스 그레이》, 그리고 샬럿 자신의 《교수》였다. 《교수》는 학교교사로서 길을 열기 위해 브뤼셀에 온 젊은 남자 윌리엄 크림스워스가 영국계 스위스인 교사 겸 학생인 프란시스 앙리와 사랑에 빠지는 이야기다. 《교수》는 샬럿의 브뤼셀 경험에 기초한 것이지만, 나중

해더세이지 목사관
제인 에어가 다이애너와 메리 리버스를 위해 무어 하우스를 준비했듯이, 엘렌과 샬럿이 헨리 내시를 위해 준비한 목사관.

에 쓰인 자전적 소설 《빌레트》의 성공에는 도저히 미치지 못했다. 그러나 최초의 소설 《교수》를 썼다는 것은 샬럿의 문학적 수양 과정—어린 시절 앵그리아와 글라스타운의 그 생기 넘치는 이야기, 일기와 편지, 시, 마지막으로 자기 자신의 인생체험을 창작 힌트로 이용하기에 이른다—에서 중요한 위치를 차지한다.

1846년 6월 27일에 샬럿은 《교수》의 원고를 완성했다. 브론테 자매의 최초의 세 소설은, 어린 시절처럼 매일 밤 테이블 주변을 걸으며 서로의 생각을 이야기하고 비평하면서 아이디어를 모아 거의 합작하듯이 쓰인 것이었다. 《교수》를 집필하던 당시의 샬럿은 아직 앵그리아=고딕적인 작풍에서 벗어나지 못했다. 그녀가 남성 1인칭으로 쓴 것 자체가 주인공이 최고의 모험을 감행한다는 앵그리아 시대의 유풍이다. 집필에서는 아직 충분히 성장하지 못한 것이다. 앤 브론테의 《아그네스 그레이》라는 슬프고 가슴이 찢어질 것 같은 사실적인 가정교사의 시련 이야기나, 에밀리 브론테의 《폭풍의 언덕》이라는 압도적인 시정 넘치는 대걸작과 비교하면, 샬럿의 첫 소설은 박력이 부족하다. 1846년 7월부터 거의 1년 가까이 브론테 자매의 세 권의 첫 소설들은 지긋지긋할 정도로 출판사를 돌며 문을 두드렸다. 마침내 토머스 코틀리 뉴비 사가 출판 예정 리스트에 에밀리와 앤의 책을 넣었을 때 두 사람은 일종의 승리를 손에 넣었으나, 이는 그녀들이 다시 자비출판에 동의했기 때문이었다. 그러나 샬럿의 《교수》는 거부되어 그녀는 낙심했고, 그러던 중 샬럿에게 이런저런 일이 일어난다.

자매가 소설을 발송한 1846년 7월 무렵, 그녀들의 가정의 최대 고민거리는 아버지였다. 당시 패트릭은 눈이 거의 보이지 않게 되어 수술이 필요했다. 8월에 샬럿과 브론테 목사는 이미 자매가 찾아 둔 안과의가 있는 맨체스터를 향해 집을 나섰다. 붉은 벽돌의 맨체스터 중심에 있는 옥스퍼드 거리에서 조금 떨어진 하숙집의 어두운 방에서 수술을 마친 아버지가 회복하는 동안, 가사에 신경이 곤두서고 우울해진 샬럿은 집필에 착수했다. 이것이 훗날 최고의 걸작이 된다. 후에 그녀는 당시의 집필 모습을, 갑자기 무엇에 홀린 것처럼 맹렬한 기세로 써 나갔다고 해리엇 마티노에게 말했다. 샬럿은 인생에서 처음으로 마음 가는 대로 펜을 움직였다. 처음 몇 장에서 20여 년 전에 두 자매 마리아와 엘리자베스가 죽음을 당했던 코완 브리지 학교에 대하여, 그녀는 슬픔과 분노를 담아 썼다. 코완 브리지 학교는 안개 낀 어둑한 풍경 속에서 냉혹한 브로클허스트에 의해 지배되는 로우드 자선 학교로 다시 태어났다. 그리고 긍지 높고 어떤 것에도 굽히지 않는 제인 에어가 탄생했다. 샬럿은 이제껏 접했던 장소와 사람, 인명·일화 등의 기억을 작가로서 불러들여 실제 체험과 허구를 엮어서 썼다. 외딴 곳에 갇혀 있는 미친 아내에 얽힌 지방의 설화 이야기는 샬럿의 신화와 옛날 이야기에 관한 폭넓은 지식과 혼합되었다. 그 결과 손필드의 회랑은 푸른 수염의 성을 연상시키게 되었다. 바이런, 에제, 사모나가 하나로 뭉쳐진 로체스터가 어린 시절의 막연한 두려움의 세계에 나타나는 무시무시한 인물처럼, 거대한 개를 이끌고 제인의 인생에 나타난다. 샬럿은 작품의 여주인공이 자신의 고용주와 사랑에 빠져 온갖 고난 끝에 마침내 제단 앞에 그와 나란히 서지만, 결국은 다락방의 미친 아내의 출현으로 그에게서 떨어지게 되기까지를 썼다.

샬럿은 하워스로 돌아가서도 집필을 계속했지만, 그 정열은 《교수》의 계속된 출판 거절로 조금 시들해졌다. 1847년 7월 15일, 그녀는 《교수》의 원고를 다시 한 번 팔아볼 생각에 런던의 스미스 엘더 사로 보냈다. 그 원고는 새 포장지로 싸지도 않고, 전에 보냈던 출판사의 주소를 선을 그어 지운 뒤 새 주소로 바꿔 쓰기만 해서 보냈다. 받는 쪽으로서는 분명 기분 좋을 리 없지만, 그래도 그 행위가 바로 문학사의 한 장을 만들어 냈다. 샬럿은 스미스 엘더 사에서 보낸 편지를 받고 기뻤다. 그 편지에는 《교수》의 출판은 거절했지만, 《교수》에 대한 정중한 비평과 다음 소설을 기대한다고 쓰여 있었기 때문이다. 이 편지에 힘을 얻은 샬럿은 온 힘을 기울여 《제인 에어》를 완성했고, 그로부터 2주도 지나지 않은 1847년 8월 24일에 출판사로 원고를 보냈다.

출판사가 심사하는 동안 샬럿은 마음을 졸이며 2주일을 보냈다. 사실 원고 판정자들은 《제인 에어》가 걸작이라는 점에서 의견이 일치했다. 출판사 사장인 조지 스미스도 호기심을 보이며 직접 원고를 읽어보기도 했다. 개스켈 부인은 《샬럿 브론테의 생애》에서 《제인 에어》가 조지 스미스에게 얼마나 큰 충격을 주었는가를 표현한 그의 글을 한 토막 인용하고 있다.

일요일 아침을 먹고 나는 《제인 에어》 원고를 서재로 가져가 읽기 시작했다. 그 이야기에 나는 곧바로 마음을 빼앗겼다. 12시 전, 내 말이 현관 앞에 준비되었지만 나는 원고를 놓을 수 없었다. ……나는 원고를 계속 읽었다. 얼마 안 있어 하인이 점심 준비가 되었다고 알렸다. 나는 하인에게 샌드위치와 와인을 한 잔 가져 오라고 했다. 그리고 다시 《제인 에어》를 읽었다. 나는 저녁을 적당히 때우고, 원고를 다 읽고 나서야 겨우 잠자리에 들었다.

출판사는 《제인 에어》의 출판에 강한 열정을 보였지만, 샬럿에게 제시된 조건은 가차 없었다. 샬럿은 제시된 100파운드에 조금의 불만을 제기하고, 작품을 고치는 것만은 완강히 거부했으나 조건은 곧 수용했다.

그녀 쪽에서 양보했기 때문에 이후의 작업은 엄청난 속도로 진행되었다. 1주일이 지나기 전에 그녀는 교정쇄를 받았고, 그것을 교정하여 다시 보냈다. 스미스 엘더 사는 토머스 코틀리 뉴비 사보다도 훨씬 유능한 출판사였다. 1847년 10월 19일 아침에 《폭풍의 언덕》과 《아그네스 그레이》는 아직 인쇄 단계에 이르지 못했으나, 샬럿은 크로스 장정의 3권으로 인쇄된 《제인 에어》 초판 6부를 받을 수 있었다. 그녀는 책의 높은 완성도에 기쁨의 뜻을 출판사에 전하고, 서평이 올라오길 기다렸다. 첫 서평은 그녀를 실망시키지 않았다. 샬럿이 문학적으로 가장 존경하는 윌리엄 메이크피스 새커리에게 《제인 에어》의 서평용 헌정본이 보내졌고, 그 회답이 스미스 엘더 사의 샬럿 출판 담당 편집자 윌리엄 스미스 윌리엄스의 손을 거쳐 샬럿에게 보내졌다. 거기에는 샬럿이 이제까지 기다리고 기다리던, 그것도 저명한 문호의 칭찬이 적혀 있었다.

당신이 내게 《제인 에어》를 보내지 않았더라면 얼마나 좋았을까요. 매우 흥미로웠으므로, 친분 있는 인쇄업자가 원고를 기다리고 있음에도 불구하고 하루를 소비하여 ('유익하게 소비하여'라고 써도 좋습니다) 서둘러 읽었습니다. 지은이가 누구인지 내게는 상상도 되지 않습니다. 만일 여성이라면, 일반적인 여성보다도 더욱 어휘를 잘 알고 있고, '고전적인' 교육을 받았을 겁니다. 매우 훌륭한 작품입니다. 문체는 매우 고결합니다. 나는 《제인 에어》에 매우 감동했고, 즐거움을 느꼈습니다. 여성이 쓴 작품이 분명하겠지만, 대체 누구일까요. 지은이에게 나의 경의와 감사의 뜻을 표합니다. 이 소설은 이제까지 오랫동안 읽어 온 것들 중에서도 가장 으뜸가는 영국 소설 (최근의 프랑스 소설은 연애이야기밖에 없습니다) 입니다.

〈크리틱〉, 〈이어러〉, 〈이그재미너〉는 칭찬하는 말뿐이었고, 〈스펙테일러〉는 《제인 에어》 곳곳에서 발견되는 저속한 행동을 비난하여 샬럿을 당황하게 했다. 그러나 이 작품이 호평을 받고 있음은 의심의 여지가 없다. 2500부의 초판이 3개월 만에 매진된 《제인 에어》는 1848년 1월 4일에 재판되었다. 샬럿은 제2판에 출판사를 설득하여 머리말을 써 넣기로 했다. 왜냐하면 이 머리말에서 그녀는 '인습은 도덕규범이 아니다. 독선도 종교와는 관계없다'라는 지은이의 생각을 밝혀, 비평가들의 신중하지 못하다는 말에 대응하고 싶었기 때문이다. 그녀는 제2판을 새커리에게 헌정해도 좋다는 허락을 받았다. 그러나 결과적으로 그것은 대실패였다. 불행히도 새커리의 아내는 결혼한 4년 뒤에 미쳐서 보호시설로 보내졌었기 때문이다. 또한 새커리의 《허영의 시장》의 베키 샤프 또한 고용주와 결혼하는 가정교사였던 것이다. 런던에서는 커러 벨이 새커리 집안의 가정교사였다는 소문이 무성해졌다. 샬럿은 자신의 경의가 역효과였음을 알았다.

1847년이 저물어 감에 따라 브론테 자매에게는 생계를 꾸려 나갈 정도의 출판이 가능한 작가라는 자각이 생기기 시작했다. 앤의 《아그네스 그레이》나 에밀리의 《폭풍의 언덕》은 12월에 겨우 출판되었다. 그토록 열심히 오식을 정정했는데도 여전히 많은 인쇄 미스가 남은 점이 두 사람에게는 유감이었다. 아버지 패트릭은 가을에 받은 수술 덕분에 시력을 회복하고 다시 건강해졌다. 가족의 가장 큰 걱정거리인 브런웰은 안타깝게도 여전히 자신이 만든 혼돈 속에 빠져 있었다. 샬럿은 몇 달 뒤에 그것이 그녀가 새로이 발견한, 그리고 오랫동안 가슴에 품어 온 문학적 성공을 모조리 망쳐 버릴 정도의 크나큰 슬픔의 조짐이 될 것이라고는 꿈에도 생각지 못했다.

동생들의 죽음

샬럿과 남동생 브런웰은 사이가 매우 좋았지만, 언제나 라이벌이기도 했다. 그러나 세월의 흐름과 함께 그 같은 친밀한 관계는 차츰 빛을 잃었다. 어릴 적부터 두 사람은 자신들이 만든 가공의 이야기 세계를 지배하려고 경쟁했으며, 그로 인해 어린 시절의 문학적 재능을 꽃피워 갔다. 한쪽이 용감한 영웅이나 화려한 여주인공을 생각해 내면 곧바로 또 한쪽이 그에 지지 않는 매력적인 등장인물을 만들어 대항했다. 브런웰은 집에서 학문가 기질의 아버지에게 배울 수 있는 만큼 유리했다. 샬럿은 자신이 기숙 학교에 들어가 집을 비운 동안 브런웰이 그녀의 최고 작중인물을 밀어내려고 기를 쓰고 있지는 않을까 걱정했다. 동생들이 성장하여 샬럿이 여성의 불공평한 운명, 특히 비참한 가정교사라는 직업으로 돈을 벌어야 한다는 운명에 대하여 고민하기 시작한 무렵, 브런웰이 남자라는 이유만으로 얻는 특권을 보는 것은 매우 가혹했음이 분명했다. 그림을 그리는 데 열중하고 회화 기법을 열심히 갈고 닦아 화가가 되려는 큰 뜻을 키워나가고 있던 쪽은 오히려 샬럿이었다.

1834년에 그녀는 세밀하고 훌륭하게 묘사된 그녀의 회화 2점이 권위 있는 리즈 전람회에 전시되는 영예를 얻었다. 그러나 리즈의 초상화 화가 윌리엄 로빈슨에게 비싼 수업료를 내고 유화 수업을 받은 것은 브런웰이었다. 브론테 집안의 남자로서 브런웰에게는 훨씬 다양한 직업을 구할 수 있는 길이 열려 있었으며, 처음에는 주위의 누구나가 그는 천부적인 재능으로 눈부신 인생의 성공을 쉽게 거머쥘 것이라고 생각했다.

첫 번째 좌절은 그가 18살 때 왕립미술원 입학이라는 계획이 수포로 돌아간 것이었다. 실제로 브런웰은 이전부터 생각하고 있던 런던으로 떠나지도 않았던 것이었다. 브런웰은 몇 년 동안 마을의 유복한 교구민과 지역 상인의 초상화를 그리면서 빈둥빈둥 지냈다. 그의 화가로서의 직업은 1838년부터 1839년까지 브래드퍼드에서 초상화를 그렸던 12개월로 끝났다. 지인에게 아들의 취직을 부탁했던 패트릭 브론테의 현존하는 편지에 의하면, 20살이 되었는데도 직업을 갖지 못하는 아들은 아버지의 근심거리였다.

인생의 마지막 8년 동안, 브런웰은 샬럿과 마찬가지로 이따금씩밖에 일하지 않았는데, 그것도 모조리 해고로 끝났다. 1840년에 호수지방에서의 가정교사에서 해고되고, 1842년에는 맨체스터 앤드 리즈 철도 직원에서 해고되었다. 그리고 마지막 일자리인 여동생 앤의 고용주이기도 했던 요크 소프그린의 로빈슨 집안 가정교사 자리는 가장 비참한 형태로 막을 내렸다.

브런웰과 그곳의 여주인 리디아 로빈슨 사이의 불륜관계는 그의 직업을 빼앗았을 뿐 아니라, 그를 절망의 구렁텅이로 몰아넣었다. 상심한 브런웰은 1845년 여름에 하워스로 돌아온 뒤부터 가끔씩 문학적 야심을 다시 성취하려고 노력했지만, 결실을 얻지 못하고 거의 자기 연민에 빠져 허송세월을 보냈다. 그는 술과 마약에 차츰 더 의존하게 되었다. 조각가인 벗 릴랜드에게 보낸 브런웰의 편지는 알아보기 힘들 정도로 갈겨 쓴 필체와 함께 오싹한 만화적인 자화상을 그렸는데, 그것은 분명히 그가 타락한 것을 나타낸다.

그러는 동안 샬럿은 불쌍한 동생에 대한 동정심이 차츰 희미해졌으며, 엘렌에게 보낸 편지에서 그의 비참한 모습을 조금도 숨김없이 이야기했다. 예를 들어 1847년 3월 1일의 엘렌에게 보낸 편지에는 이렇게 쓰여 있었다. '브런웰의 최근의 품행은 정말 형편없어. 금전적으로 무절제한 그의 행위나 우물거려서 알아들을 수 없는 말(그는 낱말을 분명하게 발음하지 않아)로 보아 머지않아 그가 짊어진 빚에 대한 통지를 받게 될 것 같아.' 1848년 초부터 타락한 생활로 혹사된 브런웰의 몸은 결핵으로 그 해를 넘기지 못할 것이라는 진단을 받았다. 현존하는 그의 마지막 편지는 마을의 벗 존 브라운에게 보낸 것으로, 하워스 목사관 앞까지 술을 조금 보내 달라고 불쌍하게 간언하며 갈겨 쓴 메모였다.

브런웰 브론테는 1848년 9월 24일 일요일에 세상을 떠났다. 31살이었다. 가족 모두 그의 임종을 지켜보았다. 샬럿은 그의 파멸적인 죽음에 매우 침울해했으며, 유능한 동생이 자신의 재능을 낭비해 버린 점이 매우 괴로웠다. 그러나 딱 1주일 뒤에 그녀의 벗 같은 존재가 된 W.S. 윌리엄스에게 보낸 편지에서, 샬럿은 남동생의 죽음은 '징벌이라기보다는 자비다'라고 썼다. 그를 잃음으로써 사별의 슬픔을 맛본 것이 아니라, 오히려 '나는 말로 표현할 수 없을 만큼 그의 삶과 죽음에 대한 괴로운 연민의 정을 품고 있으며, 그의 존재 자체의 허무함에 대한 애처로움을 느끼고 있습니다. 시간이 이런 감정을 치유해 줄 것이라고 믿습니다'라고 썼다. 특히 그녀가 받아들이기 힘들었던 것은, 그의 죽음이 세상에 알려지지 않은 무서우리만치 어두운 것이었다는 점이다.

브런웰의 죽음으로 샬럿은 병으로 몸져누웠고, 의기소침해져서 글도 쓰지 못하게 되었다. 그 해 가을, 황야에서 불어오는 차가운 동풍이 슬픔에 잠긴 브론테 집안을 얼어붙게 했고, 에밀리와 앤은 그로 인한 기침과 감기에서 좀처럼 회복되지 못했기 때문에 샬럿의 걱정은 더욱 깊어졌다. 이 건강하지 못한 마을에서는 당시 폐결핵이 퍼져 있어, 샬럿은 더없이 사랑하는 여동생들에게 불행이 덮치지는 않을까 하는 불길한 예감에 사로잡혔다. 10월 말에 그녀는 엘렌에게 자신의 불안한 심정을 적어 보냈다. '에밀리의 오한과 감기가 매우 끈질겨. 그녀는 가슴에 통증을 느끼고 있는 것 같아요. 그리고 때때로 숨을 헐떡거려. ……그녀는 지독히 말랐고, 몹시 해쓱한 얼굴을 하고 있어. 앤의 몸이 매우 허약한 것을 못 본 척할 수는 없어.'

에밀리 브론테의 병은 실제로 매우 심각한 상태였으며, 더욱 나쁜 것은 그녀의 성격상 자신의 몸이 약하다는 것을 절대로 인정하려 들지 않았다. 에밀리는 매일매일 침대에서 몸을 끌어 내리듯 일어나서 지루한 집안일을 어떻게든 돌보려 했으므로, 샬럿은 걱정으로 머리가 터질 것 같아 주위 사람들에게 호소했다. 스미스 엘더 사의 벗이나 편지를 주고받는 벗들은 이 저명한 작가의 괴로움을 따뜻하게 염려해 주었다. 조지 스미스나 W.S. 윌리엄스는 할 수 있는 조언을 때때로 편지에 썼으며, 우울한 집안의 기분전환을 위해 몇몇 새로운 책을 소포로 보내 주었다. 샬럿에게 동독요법(同毒療法)을 권하며 그 요법의 대가인 엡스 박사를 소개해 준 것은 조지 스미스다. 샬럿은 엡스 박사에게 에밀리의 신경 쓰이는 증상을 설명한 편지를 보냈다. 이 편지는 그 당시에는 행방불명이었는데, 20세기 초에 찬우드 부인이 수집한 작가의 편지 컬렉션 속에서 발견되어, 현재는 대영도서관에 보관되어 있다. 안타깝게도 엡스 박사의 조언은 급격하게 쇠약해져 가는 에밀리에게는 별 효과가 없었다. 그녀는 30세의 나이로 숨을 거두기까지 1848년 12월 19일 아침까지도 진찰받기를 계속 거부했다.

샬럿은 1850년에 출판된 여동생들의 〈약전(略傳)〉에서 에밀리의 죽음을 언급했다. 그 문장은 그녀가 썼던 것 중에서 가장 감동적인 것 중 하나로 평가받을 만하다.

나의 여동생 에밀리가 처음으로 쇠약해졌다. 그녀의 병의 자세한 부분은 나의 기억 속에 깊이 새겨져 있으나, 머릿속으로 떠올리거나 말로 표현하여 그것을 설명하는 것은 지금으로서는 도저히 불가능하다. 그녀는 자기 눈앞에 있는 일을 뒤로 미루지 않았다. 그녀는 급격히 약해져 갔다. 게다가 그녀는 몸이 쇠약해져 가는 데도, 정신적으로는 우리가 일찍이 본 적이 없을 정도로 강인해져 있었다. 하루하루 그녀가 끔찍한 괴로움과 싸우고 있는 것을 보며, 나는 놀라움과 사랑으로 넘치는 슬픔을 느끼면서 그녀를 지켜보았다. 나는 그런 것을 본 적이 없다. 진정으로 그녀에게 견줄 만한 것을 본 적이 없다. 남성보다도 강인하고 아이보다도 청순하게, 그녀의 본성은 홀로 우뚝 서 있었다.

에밀리가 죽은 다음 날 샬럿은 W.S. 윌리엄스에게 편지로 슬픈 소식을 알렸다.

어제 에밀리 제인 브론테가 사랑하는 사람들 속에서 세상을 떠났습니다. 그렇게 인간으로서는 도저히 이해할 수 없는 신의 섭리가 완수되었습니다. 남동생이 죽고 난 뒤 3개월은 오랜 악몽 같습니다. 나는 하느님에게 구원을 요청했습니다. 그리고 하느님의 너그러운 조처 덕분에 우리는 이제까지 예상도 할 수 없는 시련의 한복판에서도 자기 자신을 잃지 않고 견딜 수 있었습니다.

스카버러의 세인트 메리 교회 묘지에 있는 앤의 묘
앤의 병 상태가 심상치 않자, 멀리 떨어진 북해의 스카버러 바닷가로 요양갔다가 그곳에서 죽었다. 1849년 29세의 나이였다.

　에밀리는 12월 23일, 교회 지하에 있는 가족 납골당에 묻혔으며, 장례 행렬의 끝에는 에밀리가 죽고 난 뒤에도 주인의 방 앞을 떠나지 않았던 그녀의 애견 키퍼가 따랐다.
　가엾게도 샬럿에게는 에밀리의 죽음을 슬퍼할 시간이 거의 없었다. 1849년이 되자 앤이 에밀리와 같은 끔찍한 병으로 괴로워하고 있음이 밝혀져서, 바로 리즈에서 의사를 불렀다. 샬럿은 다시 출판사 벗에게 편지를 써서 자신의 육친의 죽음이 앞으로도 계속될지도 모른다는 두려운 불안을 전했다. '에밀리가 죽었을 때 우리 집안은 충분히 시련을 맛보았다고 생각했습니다. 그러나 앤이 에밀리와 똑같이 기침하는 것을 듣고는, 아직도 맛보지 못한 더욱 극심한 괴로움이 기다리고 있는 것은 아닌지 두려움에 떨고 있습니다.' 앤은 처음에는 의사의 치료를 잘 받아서 건강을 회복하는 것처럼 보였다. 그러나 그것은 일시적인 회복일 뿐으로, 3월에는 다시 병이 악화되었다. 걱정된 벗 엘렌 너시는 기분전환 삼아 앤을 바닷가로 데려가자고 제안했다. 스카버러는 앤이 각별히 사랑했던 곳으로, 여름철에는 거기서 로빈슨 집안과 함께 보냈었다. 앤은 그 제안에 매우 기뻐했지만, 샬럿은 반대했다. 그 여행이 앤의 죽음을 앞당기게 되진 않을지 걱정스러웠다. 샬럿은 그 계획을 취소하기 위해 온갖 노력을 다했다. 그러나 그것이 환자에게 좋을지도 모른다는 의사의 의견에 굽히고 말았다. 그리하여 5월 24일, 앤과 샬럿과 엘렌은 스카버러로 향했으며, 가는 도중 요크에 들러 물건을 사고 나서 대성당을 찾았다. 앤은 욕장을 찾거나, 바닷가에서 당나귀가 끄는 마차를 타면서 보양지의 오락을 어떻게든 즐길 수 있었다. 옛날 가장 행복했던 시절에 산책을 하거나 스케치를 하고, 빛나는 카넬리안을 모으면서 보냈던 아름답고 장대한 북해의 연안, 그것을 이 가장 어린 브론테가 본 것은 그 때가 마지막이었다. 1849년 5월 28일, 앤 브론테는 29살의 나이로 숨을 거두었다.

특히 패트릭 브론테가 시신과 함께 긴 여행을 하기는 매우 괴로울 것이라고 판단하여 앤은 스카버러에 매장하기로 했다. 그래서 앤은 어머니, 이모, 오빠, 언니들과 멀리 떨어져, 시가지보다 높은 곳에 위치한 세인트 메리 교회에 잠들어 있다.

샬럿은 며칠 뒤 W.S. 윌리엄스에게 편지를 보내어 앤의 죽음을 되돌아보고, 이제껏 체험한 동생들의 죽음에 대한 자신의 태도의 차이와, 자신만이 살아남은 것에 대하여 분명하게 말했다. '앤은 극심한 괴로움 없이 눈을 감았습니다. 하느님에게 몸을 맡기고, 하느님을 믿고, 그리고 괴로운 삶에서 해방되는 것을 감사하며 죽었습니다. 더욱 좋은 영원한 생명이 그녀를 기다리고 있음을 깊이 확신하고 있었습니다. ……앤은 어린 시절부터 요절할 각오를 하고 있었다고 생각됩니다. 에밀리의 성격은 그녀의 인생을 충실히 살기에 충분히 강했다고 생각합니다. 이 두 사람이 모두 사라져 버렸습니다. 그리고 불쌍한 브런웰도 사라졌습니다. 아버지에게는 이제 나밖에 없습니다. 6명의 아이들 중에서 가장 약하고 발육도 나쁘고 장래성 없는 내가 남았습니다. 폐결핵이 5명 모두를 빼앗아 갔습니다.' 샬럿은 그보다 조금 뒤에 W.S. 윌리엄스 앞으로 보낸 다른 편지에서, 극적으로 살아남게 된 자의 입장부터 최근 9개월 동안의 그녀의 슬픔과 절망을 정리하여 썼다. '1년 전 만일 예언자가 1849년 6월에 내가 얼마나 희망을 잃고 상실감을 느끼게 될지를 예언해 주었다고 하더라도, 그것은 도저히 참아낼 수 있는 것이 아니었습니다.'

로폴드 공장
러다이트 폭도들에 의해 공격받았던 당시의 공장. 실제로 로폴드 공장 소유자는 윌리엄 카트라이트였는데 그가 1809년 도입한 새로운 기계가 폭동의 한 원인이 되었다.

《셜리》

만일 남편이 10달란트를 준다면, 나의 의무는 그것으로 장사를 하여 10달란트를 더 버는 거야. 이 10달란트 동전을 집 안의 서랍 안에 잡동사니와 함께 넣어 두어선 안 돼. 나는 그 돈을 주둥이가 깨진 차 주전자 안에 넣어 다른 다구들과 함께 찬장에 넣어 두지 않을 거야. 재봉틀의 모직양말 더미 속에 묻어 두지 않을 거야. 리넨을 넣는 장롱 속의 시트 사이에 숨기거나 하지도 않아. 차가운 감자가 든 냄비에 숨겨서 식료품 선반에 빵과 버터, 과자·햄과 함께 늘어놓지도 않을 거야.

(《셜리》 제23장)

샬럿 브론테의 세 번째 소설 《셜리》는 1849년에 출판되었다. 샬럿은 이 작품을 집필하던 중에 동생들을 잃었으며, 극심한 고독감에 괴로워하며 가장 비참한 상황 속에서 썼다. 그러나 그녀는 글을 쓰면서 그로 인한 치유 효과를 깨닫고 차츰 더 집필활동에 전념했다. 무대는 1811년부터 1812년이라고 확실히 정해져 있으며, 러다이트 운동이 벌어졌던 요크셔 웨스트 라이딩의 상황이 자세히 쓰여 있다. 이야기는 공업의 중심지인 벤틀리·버스톨·듀스베리에서 펼쳐지는데, 그 일대는 머필드의 로헤드 학교 시절과, 그곳의 주인이던 너시 집안, 테일러 집안과 평생 교류하면서 친숙해진 땅이었다. 소설의 무대가 된 시대에는 나폴레옹 전쟁으로 인한 수출부진으로 직물공업이 불황에 빠지자, 극심한 가난에 허덕이던 실업자들이 집단으로 폭동을 일으켰다. 벨기에 인과 영국인의 혼혈로 방직공장의 경영자인 로버트 제러드 무어는, 이처럼 정치적으로 위험한 상황 속에서 자신의 공장에서 노동자를 몰아낼 수 있는 기계를 도입하기로 결심했다. 노동자의 반대는 마침내 그의 공장을 파괴하는 행위(러다이트 운동)로 발전했으며, 결국 그의 생명까지 노리게 되었다. 경제적 원조를 받을 사람이 필요해진 무어는 유복한 집안 딸인 셜리 킬더에게 구혼한다. 그러나 그는 셜리보다 얌전하고 조신한 캐럴라인 헬스턴이라는 목사의 딸을 사랑하고 있었으며, 무어를 향한 캐럴라인의 마음도 똑같았다. 무어는 셜리에게 결혼을 거절당하지만, 나폴레옹 전쟁이 끝나 사업이 회복되자 진심으로 사랑하던 캐럴라인과 결혼한다. 한편 셜리는 로버트 무어의 동생이자, 그녀의 집에서 가정교사를 하던 루이에게 마음을 빼앗긴다. 두 사람 모두 강한 의지의 소유자로, 그들은 신분의 차이를 극복하고 사랑을 관철했다. 이 소설은 여성의 일할 권리 등의 강한 테마를 담고 있지만, 여주인공들이 저마다 남편을 찾는다는 상투적인 결말로 끝난다.

셜럿은 《제인 에어》로 대성공을 거둔 뒤였지만, 이번 작품은 '월요일 아침처럼 흥을 깨는 이야기다'라고 단언하며 《셜리》에 대한 대중의 반응을 걱정했다. 셜럿은 여성 등장인물을 방직공장 노동자와 마찬가지로 사회에서 정해진 운명의 희생자로 보았다. 공장의 기계를 파괴한 폭도들이 그들을 현재의 처지로 몰아넣은 정치적·사회적·경제적 세력에 반항한 것처럼, 여성들도 자신들의 지적 능력과 경제적 요구, 스스로의 활력을 살리고 감정을 제대로 표현해야 할 필요성을 완전히 무시하며 여성스러움의 이상형을 영속시키려는 체제에 저항하는 것이다.

셜럿은 제1권을 스미스 엘더 사로 보내 정식 의견을 청했다. 출판사는 비판적이었다. 남성 등장인물이 좋지 않고, 첫머리 부분의 부목사들의 저녁식사 장면이 마음에 들지 않는다는 이유였다. 셜럿은 일반적인 사람들보다 부목사들의 행동을 실제로 가까이서 보아 왔으므로, 그것이 매우 사실적인 모습이라고 열심히 반론했다. 사실도 그러했다. 등장인물의 모델이 누구인지 그곳의 교구민들은 쉽게 알아챘다. 샬럿은 그녀 자신의 가족과 벗, 지인을 그대로 묘사하여 《셜리》에 나오는 수많은 등장인물을 만들어낸 것이다.

제목이기도 한 여주인공 셜리는 많은 부분에서 불굴의 정신력을 소유한 여동생 에밀리를 모델로 삼았으며, 캐럴라인 헬스턴은 어느 정도 샬럿 자신을 그린 것이라 생각된다. 요크 집안은 분명 메리 테일러 집안을 원형으로 했으며, 문화적으로 진보한 그 집안은 방을 장식한 회화—벽에는 일련의 이탈리아

하몬드 로버슨
요크셔 복음파의 권위자. 리버세지 교회의 목사. 《셜리》에 등장하는 매슈튼 헬스턴 목사의 모델. 샬럿은 《셜리》의 등장인물로 셜리역에 에밀리를, 캐럴라인 헬스턴은 자신을 모델로 하는 등 주변인물을 등장시켰다.

명화가 걸려 있었다—까지 철저하게 재현되어 있다.

샬럿은 여동생들이 세상을 떠나자, 오로지 《셜리》에 몰입하기 위해 집필을 재개했다. 브런웰이 죽은 시점에서 3분의 2가 끝나 있었으며, 이 시기에 쓰기 시작한 제3권은 그녀의 우울한 정신 상태를 반영한 〈죽음의 그림자의 골짜기〉라는 제목으로 시작한다. 캐럴라인 헬스턴의 심각한 병에 대한 묘사는 매우 설득력 있다. '이만큼 치료를 했는데도 딸이 회복되지 못하는 것이 이상하게 생각되었지만, 그것이 현실이었다. 그녀는 이른 봄볕에 녹아내리는 눈처럼 쇠약해졌으며, 가뭄 속의 꽃처럼 빛을 잃어 갔다.'

소설 등장인물의 모델이 누구인지 알 수 있다는 점이 많은 사람들의 흥미를 자아낼 것임을 샬럿이 예상하지 못했다고는 볼 수 없다. 《제인 에어》에서는 훨씬 오래 전인 과거의 인물과 지역을 모델로 했으나, 《셜리》의 모델은 현재 살아 있는 사람들과 모두가 알고 있는 작고 결속력 강한 지역사회의 주민들이었던 것이다. 그녀는 소설의 모델이 누구인가에 대하여 사람들이 흥

미를 보인 것에 놀랐지만, 어디까지나 허구라고 주장했다. 그녀를 더욱 곤란하게 만든 것은, 《셜리》의 출판으로 또다시 '커러 벨(《셜리》의 저자. 이 이름은 샬럿의 필명)'의 성별과 정체에 대한 사람들의 흥미가 거세진 것이었다. '모든 페이지마다 여성의 흔적이 보인다'고 〈아틀라스〉지가 발표했다. 특히 한 비평이 샬럿의 감정을 매우 상하게 했다. 그것은 일찍이 그녀와 편지를 주고받던 조지 헨리 루이스가 쓴 것으로, 《셜리》를 명백히 여성이 쓴 것으로 보고 비평했으며, 커러 벨의 정체에 대한 비밀을 쥐고 있다고 자만하는 내용이었다. 그는 '더욱 고상한 독자들의 요망에 응하려면 요크셔의 거침을 조금이라도 버리라'고 충고했다. 그는 또한 이야기 후반에서 프라이어 부인이 캐럴라인 헬스턴의 어머니임이 밝혀지는데, 부인이 자신의 갓난아기를 버리는 대목이 비현실적이라고 비판하며, 커러 벨은 독신이라고까지 말했다. '커러벨! 당신이 임신을 하거나 품에 아이를 안아 본 적이 있다면, 과연 그런 얼토당토않은 이야기가 떠올랐겠는가.'

《셜리》 원고는 《제인 에어》, 《빌레트》와 마찬가지로 1914년에 엘리자베스 스미스 부인이 대영박물관에 기증했다. 《셜리》는 《제인 에어》 원고보다 훨씬 더 많은 퇴고를 거쳤다. 예를 들어 사이크스 집안은 처음에는 로크스라는 이름이었다. 지명도 몇 군데 바뀌었다. 필적은 《제인 에어》 원고처럼 정연하지 못하며, 집필중의 그녀의 혼란스러운 정신상태를 고스란히 드러낸다.

《빌레트》

그를 잊으라고요? 아아, 그들은 내가 그를 잊게 만들기 위해 참으로 현명한 계략을 꾸몄어요. 정말이지 대단한 현자들이에요. 그가 얼마나 착한 사람인지를 나타내며, 나의 사랑스런 작은 남자를 때 묻지 않은 작은 영웅으로 만들었어요. 그리고 그가 어떻게 사람을 사랑하는지를 주절주절 풀어놓았지요. 그 전까지 나는 그가 사람을 사랑할 수 있는지를 확인할 어떤 방법도 없었어요. 나는 그가 질투가 심하고, 의심 많은 사람인 줄은 알고 있었어요. 그의 상냥함과 변덕—따뜻한 바람처럼 다가오는 온화함, 그리고 초조한 열망 속에서 말라 아침 이슬처럼 사라지는 연민. 내가 본 것은 그것이 모두였습니다.

(《빌레트》 제35장)

《빌레트》는 1853년에 출판되었는데, 제목은 벨기에 수도를 나타내는 가공의 지명이다. 샬럿의 모든 소설 중에서 이 작품이 가장 자전적 요소가 강하며, 외모도 볼품없고 재력도 없는 브론테의 전형적인 히로인 루시 스노의 생애를 이야기하고 있다. 루시는 자기 힘으로 살아가기 위해 브뤼셀의 여학교 교사가 된다. 그녀는 강인한 성격으로, 역경에는 냉정하게 대처하며 현명하게 일하는 여성이었으므로, 유능하고 빈틈없는 교장 베크 부인의 인정을 받는다. 베크 부인은 샬럿의 예전 고용주 클레어 조이 에제 부인을 모델로 한 매력 없는 등장인물이다. 루시는 잘생긴 젊은 영국인 의사 존 그레이엄 브레튼에게 강하게 마음이 끌리지만, 그런 마음을 억제하고, 그가 그녀의 제자인 바람둥이 지네브라 판쇼에게 빠져 드는 모습을 멀리서 관찰한다. 루시는 그가 소꿉친구인 폴리나 홈과의 사이에서 더욱 행복한 사랑을 찾게 되자 안심한다. 샬럿은 배려 깊은 존을, 출판사의 조지 스미스를 모델로 삼아 썼음이 분명하다.

무엇보다 이 소설의 중심 테마는 루시가 독설가인데다 독단적이지만 남을 배려할 줄 알며, 몸집이 작은 폴 에마뉘엘 교수에게 차츰 끌리게 되는 이야기다. 폴 에마뉘엘은 샬럿이 브뤼셀에서 교사로 있을 때 짝사랑하던 콘스탄틴 에제를 모델로 한 인물이다. 폴의 루시에 대한 마음은 가차 없이 비아냥거리던 태도에서 존경과 따뜻한 애정으로 변해 갔다. 너그럽게도 그는 자신이 서인도제도로 부임하게 되자, 그녀가 브뤼셀에서 자신의 학교를 세울 수 있도록 해 주었다. 그가 살아서 돌아와 그녀와 결혼하는지의 여부는 모호한 마지막 몇 절을 읽는 독자의 판단에 맡겨진다.

샬럿이 《빌레트》를 쓸 때는 이미 자신의 정체를 알고 있는 사람들이 읽을 것이라는 점을 몹시 의식하고 있었다. 출판사도 이를 의식했으며, 지나치게 냉담하고 수수께끼로 가득해 보이는 루시 스노의 성격을 좀더 부드럽게 하라고 그녀에게 조언했다. 샬럿은 주인공의 이름은 차가워야 한다고 생각하여, '루시 스노'로 할지 '루시 프로스트'로 할지 망설였다. 그리고 루시의 결점도 장점과 마찬가지로 두드러져야 한다는 결의를 단호하게 밀어붙였다. 그녀는 《빌레트》의 집필에 몰두하여 퇴고에 퇴고를 거듭했다. 그것은 몇 번이나 잉크로 지운 흔적과, 가끔씩 삭제된 페이지도 있는 실제 원고를 보면 확실히 알 수 있다.

《빌레트》의 서평은 처음에는 호의적이었지만 은근했다. 이 소설의 매우 냉소적이고 무정한 정신에 주목하는 비평가도 있었다. 또다시 샬럿은 《셜리》에 대하여 개인적이고 잔혹한 비평을 했던 루이스처럼, 벗이라고 생각하던 인물의 배신을 알고 실망하게 된다. 해리엇 마티노가 〈데일리 뉴스〉의 서평에서 개인적 친분을 통해 알게 된 지은이의 경력을 이용하여 《빌레트》에 대한 의견을 발표했다. '……정말 참을 수 없이 애처롭다……사랑받고 싶은 마음을 그리려는 지은이의 경향이 계속 나타나고 있으며, 자기 자신의 이야기를 말하는 여주인공은 양다리 연애를 즐기고 있거나, 아니면 마음이 바뀐 것을 알리지도 않고 다른 사람에게 옮겨 간 것이 아닌가라는 불쾌한 인상을 독자에게 준다.'

샬럿이 《빌레트》에 대한 새커리의 감상을 읽지 못한 것은 다행이었다. 그는 1853년 3월 11일자의 루시 백스터에게 보낸 편지에 다음과 같이 썼다.

동시에 두 남성에게 끌린다는 지은이의 소박한 고백을 재미있게 읽었습니다. 그리고 언제든 사랑에 빠질 수 있는 그녀의 상태도. 불쌍한 작은 천재 소녀 작가여. 불타는 듯한, 작고 의욕 가득하며 용감하고, 겁 많은 서툰 여자여. 그녀의 작품을 읽으면 그녀의 반평생을 대부분 알 것 같은 느낌입니다. 명성을 얻기보다, 그리고 이 세상의 어떤 훌륭한 것 또는 천상에서 가장 훌륭한 무엇보다 그녀는 자신을 사랑하고, 서로 사랑을 나눌 수 있는 톰킨스라는 사람을 원하고 있음을 알 수 있습니다. 그러나 잘 알고 있듯이 그녀는 정말로 외양이 볼품없는 서른 정도의 나이로, 그 땅에 묻혀 비관에 빠져 있으며, 톰킨스 따위는 나타나지도 않습니다. 귀여운 얼굴에 빨간 부츠를 신은 당신들 주위에는 무리지어 나타나는 젊은 남자들이 많이 있습니다. 그러나 고귀한 마음을 지닌 이 천재는 아무리 맺어지기를 열망해도 그 불타는 욕망을 채울 기회조차 없으며, 미혼인 채로 나이가 들어 퇴색되어 갈 운명인 것입니다.

만일 샬럿이, 지은이는 절망에 빠진 나이 많은 독신 여성이라는 새커리의 묘사를 읽었다면 분노로 불타올랐을 것이다. 그리고 그녀의 소설을, 하나하나 자세한 부분까지 그녀 자신의 인생 이야기라고 판단한 것에 대하여 그에게 쓴 소리를 했을 것임이 틀림없다. 다른 모든 지은이들과 마찬가지로, 자신의 인생체험이 작품의 기반을 이루고 있으나, 지은이가 쓴 것은 어디까지나 픽션임을 잊어서는 안 된다. 샬럿은 폴이 바다에서 익사한다는 불행한 결말로 끝맺으려고 했으나, 좀더 밝은 내용으로 하라는 아버지의 조언을 받아들여 모호한 결말이 되어 버렸다. '여기서 그만하자. 이제는 펜을 놓기로 하자. 이 이상 쓸 필요는 없다. 조용하고 부드러운 마음을 지닌 자를 고민하게 해선 안 된다. 밝은 상상력의 소유자에게는 희망을 남기자. 그런 사람들에게는 끔찍한 두려움에서 새로이 태어나는 환희가, 위험에서 구조되는 감격이, 죽음의 불안에서 눈부신 해방과 귀환이 이루어졌다고 상상하게 두자. 결혼과 그 뒤의 행복한 인생을 마음속에 그리도록 두자.'

《빌레트》를 샬럿의 최고 걸작이라고 보는 독자도 있다. 이 작품에는 얼마간의 뛰어난 문장이 담겨 있다. 건물과 정원 고딕양식의 분위기, 루시의 로마 가톨릭 교회와의 싸움, 그녀의 환각 같은 브뤼셀 산책, 회화에서 여성의 묘사 방법에 대한 단호한 의견 등은 매우 훌륭하다. 많은 점에서 걸작인 《빌레트》는 샬럿 브론테의 마지막 소설이 되었다.

명성

샬럿 브론테는 작가로서의 성공을 진심으로 바랐으나, 명성에 대한 동경은 없었다. 그리고 명성으로 인해 은총과 시련이 다가오자, 그녀는 그 어느 쪽에도 제대로 대처하지 못했다. 브론테 자매는 본명을 밝히지 않기로 약속했으므로, 동생들이 살아 있을 때에는 샬럿도 마지못해 그 약속을 지켰으나, 홀로 남게 된 뒤에는 정체를 밝히는 것도 쉽지 않다고 생각했다. 그녀는 아버지에게도 《제인 에어》의 출판을 비밀로 했으며, 실제로 완성된 책을 아버지에게 보이면서 처음으로 자신이 쓴 작품이라고 밝혔다. 패트릭이 딸의 소설을 읽고 가족에게 했다는 이야기가 남아 있다. '애들아, 샬럿이 책을 쓰고 있었단다. 의외로 꽤 괜찮더구나.' 더욱 넓은 세계에서 《제인 에어》는 활발한 기세로 명성을 쌓아 갔다. 1848년 2월, 작품은 존 커트니에 의해 연극용으로 각색되었고, 프랑스 어 번역판과 미국판도 머지않아 출판되었다. 매출수익이 늘면서, 샬럿은 작가로서 안정된 수입을 얻게 되었다. 그녀의 명성이 가져온 뜻밖의 행운은, 스미스 엘더 사의 W.S. 윌리엄스뿐 아니라, 조지 헨리 루이스와 W.M. 새커리, 줄리아 카바나를 포함한 저명한 작가나 비평가들과 편지를 나눌 기회가 급증한 것이다. 목사관에는 수많은 책 꾸러미가 배달되었다. 그녀의 의견을 청하기 위해 여러 출판사에서 보내온 책들이었다. 샬럿은 그 최신작을 읽으며 문단에 관여하고 있다는 실감을 맛볼 수 있었다. 늘어만 가는 저명인과의 서신 교류에 열중하여, 벗 엘렌에게 보내는 편지가 줄어든 시기도 있었다. 또한 엘렌에게 편지를 쓸 때는 자신의 명성에 대해서는 조금도 언급하지 않았다. 벗의 비밀에서 밀려난 엘렌은 필연적으로 《제인 에어》의 지은이가 샬럿이 아닐까 하고 의심했지만, 에밀리와 앤의 죽음이라는 괴로운 시기가 닥쳐올 때까지 샬럿은 그 비밀을 밝히지 않았다.

커러, 엘리스, 액튼 벨은 끝까지 자신들의 신원을 숨기지 못했고, 샬럿의 두 여동생이 죽기 전부터 비밀이 조금씩 새어나가기 시작했다. 직접적인 계기는, 앤 브론테의 두 번째 소설 《와일드펠 홀의 소작인》을 출판하면서 일어난 몇 가지 사건 때문이었다. 샬럿과 앤은 1848년 7월에 큰맘 먹고 런던 행을 감행했다. 소동을 일으킨 당사자는 교활한 출판업자 토머스 코틀리 뉴비였다. 샬럿은 1847년 12월에 《폭풍의 언덕》과 《아그네스 그레이》 출판 과정에서 성가신 일이 있고난 뒤로, 에밀리와 앤에게 뉴비와의 인연을 끊고 스미스 엘더 사와 계약하도록 열심히 설득했지만 두 사람은 거부했다. 앤은 자신의 두 번째 작품을 뉴비에게 맡겼다. 그리고 에밀리의 책상 속에서 발견된 뉴비에게서 온 편지에 의하면, 에밀리도 두 번째 소설을 쓰기 시작했던 것이 아닐까 하고 추측할 수 있다. 뉴비는 《와일드펠 홀의 소작인》의 발췌를 미국에 보내어 그것이 커러 벨(샬럿)의 작품이라고 주장했다. 이를 알게 된 조지 스미스는 배신당했다고 생각했다. 그래서 샬럿과 앤은 런던으로 가서 두 사람이 각기 다른 인물임을 증명해야 했다.

두 브론테 자매는 야간열차를 타고 런던에 도착하여, 샬럿이 6년 전에 브뤼셀로 가던 도중에 숙박했던 파터노스터 거리의 챕터 커피 하우스로 향했다. 거기서 몸단장을 하고 아침을 먹은 뒤, 불안에 떨면서 스미스 엘더 사로 곧바로 갔다. 조지 스미스는 후에 1902년의 회고록에서 샬럿 브론테의 첫인상을 이렇게 썼다.

솔직히 말하면, 샬럿 브론테의 용모에 대한 첫인상은 매력적이라기보다는 흥미로웠습니다. 그녀는 몸집이 매우 작고 지나치게 유행에 뒤떨어진 옷을 입고 있었습니다. 머리는 몸의 비율로 보자면 좀 큰 것 같았습니다. 그녀는 아름다운 눈을 갖고 있었지만, 입매와 얼굴색 때문에 전체적인 아름다움을 해치고 있었습니다. 그녀에게 여성스러운 매력은 거의 없었습니다. 그녀는 끊임없이 안절부절 못하며 그 점을 신경 쓰고 있는 것 같았습니다. 그만한 재능의 소유자가 자신의 용모를 극단적으로 신경 쓴다는 취약점을 극복하지 못하고 당당할 수 없었던 것이 이상하게 여겨질지도 모릅니다. 그러나 그녀는 아름다워질 수 있다면 모든 재능과 명성을 내던져 버렸을 것이라고 생각합니다.

그의 명쾌한 기록은 샬럿의 인품과 행동거지까지 모두 알게 된 몇 년 뒤에 쓰인 것이지만, 몸집이 작고 창백한 얼굴에, 촌스러운 옷을 입고, 안경 너머 신경질적인 시선으로 그를 가만히 바라보고 있는 이 여성을 보자 한눈에 이 인상의 대부분이 고스란히 전해져 왔을 것이다. 샬럿이 받은 스미스의 첫인상은 '젊고, 키가 큰 신사'였으며, 오랫동안 편지를 주고받았던 W.S. 윌리엄스의 첫인상은 '해쓱하고 온화한, 등이 굽은 50대'였다.

조지 스미스는 그 거친 벨 형제가 사실은 요크셔에서 온 이 겁에 질린 자그마한 두 여성들임이 밝혀지면 틀림없이 세상에 큰 소동이 벌어질 것이라고 생각했다. 그는 이 두 방문자를 런던의 문단 한복판으로 데려가고 싶어서 어쩔 줄 몰라 했다. 그러나 샬럿은 브론테 자매의 신원에 대한 비밀을 출판사 이외에 밝힐 생각은 없다고 단호한 뜻을 밝히며 곧바로 그를 말렸다.

조지 스미스는 두 사람의 신원을 세간에 밝히려고 계획을 세웠지만, 두 사람이 사교 활동의 소용돌이 속으로 빨려들어가는 것을 막을 수는 없었다. 정신이 빠져 멍하니 있는 사이에 샬럿과 앤은 오페라 극장과 내셔널 갤러리나 왕립미술원으로 끌려 다녔다. 일행이 런던을 관광하고 있을 무렵에는 이미 《와일드펠 홀의 소작인》에 대한 서평이 나오기 시작했으며, 〈스펙테이터〉는 '이 작품은 불쾌한 테마를 불쾌한 시선으로 본 것이며, 게다가 별 볼일 없는 것을 단숨에 써 내려가려는, 벨 형제 작품의 공통적인 거침이 있다'고 거세게 비평했다. 앤의 두 번째 작품의 출판은 필연적으로 비평가의 눈을 다시 모든 벨의 작품으로 향하게 했고, 이때의 서평의 대부분은 격렬한 비난과 함께, 젊은 여성들은 읽지 말라는 충고였다.

세 사람이 함께 있던 시절의 브론테 자매는 자신들의 정체에 대한 비밀을 지켰으며, 누군가의 작품이 혹평을 받더라도 서로서로 버팀목이 되어 주었다. 자매들의 지지를 잃고 난 뒤로 샬럿에게는 비밀을 지키는 것은 아무래도 상관없었지만, 그럼에도 자신이 커러 벨이라고 정체를 밝히는 것은 예삿일이 아니었다. 가족에게 갑자기 들이닥친 죽음의 슬픔에서 조금씩 회복되면서, 샬럿은 자신에게 남겨진 것은 자신의 지성과 저작밖에 없다고 깨닫고, 브런웰이 죽었을 때 3분의 2까지 완성했던 《셜리》의 집필을 재개했다. 그녀는 자기 자신과 아버지의 건강 문제만으로도 머리가 터질듯이 복잡했지만, 《셜리》의 원고는 1849년 8월에 완성되었다. 《셜리》를 출판한 샬럿은 언젠가는 독자들에게 자신의 정체가 밝혀질 것이라는 사실을 받아들여야 했다. 커러 벨의 정체에 대한 관심은 수그러들지 않았으며, 이 무렵의 비평가들은 《셜리》가 여성이 쓴 것이라고 단정하고 있었다. 그러나 신원을 공개하고 나자 다소간의 새로운 우정도 생겨났다. 샬럿이 엘리자베스 개스켈의 따뜻한 격려 편지에 성실함과 경의를 갖춰 답신한 다음부터 문학상의 중요한 교우 관계가 시작된 것이다. 1849년 11월, 샬럿은 체력을 회복하자 런던으로 가서 패딩턴의 웨스트본 플레이스에 어머니와 동거하고 있는 조지 스미스 집에 머물며, 큰 희망에 대한 의욕을 되찾기로 결심했다.

샬럿이 유명해져서 다행이라고 생각했던 점은, 그녀가 오랫동안 마음속으로 그려 왔던 동경하는 수도를 관광할 기회가 생긴 것이었다. 그녀가 어린 시절부터 존경해 온 화가의 작품을 마침내 직접 볼 수 있게 되어 더욱 기뻤다. 이번 방문에서 그녀는 위대한 영국인 풍경화가 J.M.W. 터너의 개인 컬렉션을 보러 갔다. 거기서 터너의 작품은 잘 이해할 수 없는 인상파풍의 후기 유화보다 수채화 쪽이 좋다고 분명하게 주장했다. 그녀는 연극도 보러 가서, 윌리엄 찰스 맥레디가 출연한 《맥베스》와 《오셀로》를 보았고, 찰스 배리가 설계하여 새로 지은 의회의사당도 견학했다. 1849년 12월 4일 밤, 그녀는 사교상의 엄청난 시련에 직면했다. 스미스 집안에서 열린 디너파티의 초대 손님 중에 새커리가 있었던 것이다. 그 날은 파티 생각에 불안하여 하루 종일 아무것도 먹을 수 없었다. 아버지에게 보낸 편지에 그녀는 자신이 동경하는 사람에 대한 인상을 다음과 같이 썼다.

제임스 케이 셔틀워스 경의 고숍 저택
커러 벨이라는 필명이 샬럿이라는 것이 알려지자, 셔틀워스 경 부부가 그녀를 번리 근교의 고숍 저택으로 초대한다.

'어제 새커리 씨를 만났습니다. ……그는 6피트(180cm)가 넘는 매우 큰 키에, 독특한 얼굴을 하고 있었습니다. 잘생기진 않았습니다. 사실 매우 못생긴 얼굴이었어요. 평상시에는 빈정거리며 위압적인 얼굴을 하고 있지만, 부드러운 표정도 지을 줄 아는 사람 같았습니다.'

12월 6일 일요일, 그녀는 소설가이자 정치경제 평론가이기도 한 해리엇 마티노를 방문했다. 샬럿은 마티노의 정력적인 지성과 그녀의 외모에 강한 인상을 받았다.

'이제까지(특별한 행사를 제외하고) 이렇게 작은 사람과 만난 적이 없었습니다. 그녀의 눈은 빛나고 있었습니다.'

커러 벨의 정체가 밝혀지자, 그 뉴스는 런던 일대를 어마어마한 기세로 덮쳐 갔다. 샬럿은 에밀리의 일주기(一周忌)에 맞춰 요크셔로 돌아가, 안정을 찾기 위해 엘렌 너시를 방문하여 조금이나마 진정될 수 있었다. 사실 엘렌도 사방으로 울려 퍼지는 벗의 명성을 즐기기 시작하던 무렵이었다. 샬럿의 진상에 관한 뉴스가 지방에까지 전해지자, 곧바로 고향도 피난처가 되지 못했다. 패트릭 브론테는 딸의 성공을 자랑스럽게 벗들에게 이야기하기 시작했으며, 1850년 2월에는 하워스의 누구나가 목사의 딸이 실은 유명한 작가인 커러 벨이라는 사실을 알게 되었다. 키슬리의 메카닉스 인스티튜트가 구입한 《제인 에어》와 《셜리》를 사람들이 앞다투어 빌려 갔고, 구경꾼들이 하워스 목사관에 들이닥쳤다. 그 양상을 확인하자마자 〈브래드퍼드 옵저버〉는 '하워스의 교구목사 패트릭 브론테의 외동딸이 커러 벨이라는 필명을 써서, 오늘날 가장 인기 있는 두 권의 소설 《제인 에어》와 《셜리》를 지었음이 밝혀졌다'고 보도했다.

《셜리》의 출판과 런던을 방문한 뒤의 샬럿은 어떤 실망감에 시달렸으며, 스미스 엘더 사의 벗에게서 편지가 오지 않는 것에 낙담하여 더욱 우울해졌다. 유명인과 교제하고 싶어하는 사람들은 초대받지 않아도 집요하게 다가왔지만, 그것으로 그녀의 우울한 정신상태가 치유되진 않았다. 이런 사람들 중 특히 눈에 띄는 사람은 제임스 케이 셔틀워스 경인데, 그는 랭커셔의 번리 근교의 고솝 저택으로 그녀를 끈질기게 초대하며 곤란하게 했다. 케이 셔틀워스는 의사이자, 교육위원회의 총무를 맡고 있었는데, 건강상의 이유로 은퇴하여 준남작 작위를 받았다. 샬럿은 그녀의 숭배자가 터무니없이 고압적인 인물이라고 생각했지만, 고솝 저택의 아름다움에는 매료되었다. 또한 이 저택에서는 그녀가 청춘기에 쓴 앵그리아 이야기의 풍경을 떠올리는 험준한 곳, 펜들 힐도 잘 보였다.

1850년 봄, 샬럿은 동생들을 잃은 슬픔에 다시 괴로워한다. 집필도 잘 되지 않아서, 보내온 편지나 헌정본을 읽으며 기분을 달래보려 했다. 그녀는 제인 오스틴의 작품을 몇 권 읽고 언제나처럼 예리하게 비평했다.

그녀는 영국의 상류 계급 사람들의 생활 표면을 훌륭하고 상세하게 묘사하고 있다. 그 묘사에는 중국인 같은 정확함, 미세화 같은 정교함이 있다. 그러나 그녀는 격렬한 것으로 독자의 마음을 일렁이게 하지도, 심원한 것으로 그것을 어지럽히지도 않는다. 즉 열정은 그녀와 전혀 관계없는 것이다.

샬럿은 그녀의 충고를 구하며 자신의 작품을 계속 보내오는 작가 지망생들의 초조함어린 요구에 대처하는 것이 차츰 힘들어졌다. 다시 런던의 스미스 집안에 머물기에 딱 적당한 시기였다. 런던으로 가자 샬럿이 고대하던 많은 즐거움들이 실현되었다. 오페라를 보고, 왕립미술원의 전시회에서 랜드시어의 〈웰링턴 공작의 초상화〉와 존 마틴의 〈마지막 인류〉를 감상하고, 동물원과 하원의 부인 방청석을 방문하고, 왕실 예배당에서는 웰링턴 공작의 모습도 볼 수 있었다. 프렌드 파의 회합소에서는 퀘이커 교도의 기도회를 체험하고 우스워하며, 타인의 신앙 양식에 대한 일생에 걸친 무신경함을 무심코 밝히기도 했다. 6월 2일, 샬럿은 새커리 집안에서 열린 만찬회에 초대되어 새커리와 재회했는데, 그 때 그녀를 초대하기 위해 몇 명의 여성작가들도 함께 초대되었다. 새커리의 딸 앤은 만찬회 때의 샬럿의 모습을 이렇게 표현했다.

몸집이 작고, 가냘프고, 고지식하며, 귀엽고 해쓱한 부인. 금발의 곧은 머리와 가만히 응시하는 눈을 하고 있었습니다. 아마 서른을 넘겼을 정도. 그녀는 희미한 녹색 이끼 무늬가 그려진 얇고 귀여운 드레스를 입고 있었습니다. 그녀는 장갑을 낀 채 말 없이 진지한 얼굴로 들어왔습니다.

샬럿이 엘렌 너시의 어울리지 않는 패션 충고에 따라, 가짜임을 확연히 알 수 있는 부분가발을 붙이고 있었던 것을 다들 알고 있었다. 응접실의 부인들은 스스럼없이 대화를 못하는 그녀에게 실망했다. 사실 이 유명작가는 그날 밤을 계속 방의 구석에서 새커리 집안의 가정교사와 작은 소리로 이야기하며 보냈다.

명성은 샬럿에게 많은 시련을 가져다 주었는데, 그 하나가 빅토리아 시대의 대표적인 작가를 그려 온 조지 리치먼드에게 초크로 그린 초상화를 받은 일이었다. 자신의 결점을 지나치게 의식하고 있었으므로, 모델을 수락하기까지 상당한 용기가 필요했을 것이다. 그녀는 매우 예민해져서, 리치먼드가 그녀의 가발을 모자로 착각하고 그것을 벗으라고 부탁하자 그만 눈물을 흘리고 말았다. 완성된 초상화는 확실히 실물보다 나았다. 리치먼드는 곧잘 화제가 되는 그녀의 눈의 지적인 아름다움을 잘 포착했고, 그의 샬럿 상은 이제까지 그려온 작가의 초상화 중에서 가장 유명한 것 중 하나가 되었다. 그것은 패트릭 브론테에게 선물하기 위해 조지 스미스가 의뢰한 것으로, 목사관의 식당 난로 위의 가장 좋은 곳에 걸렸다. 리치먼드의 모델이 되었던 경험을 잊지 못한 샬럿은 이후 초상화를 그리게 해 달라는 다른 화가들의 신청을 모두 거절했다. 거절당한 화가 중에는 라파엘 전파의 화가 존 에버렛 밀레도 포함되어 있었다.

이번 런던 체류는 꼬박 한 달 동안 이어졌으며, 그 다음에는 조지 스미스와 그의 여동생 엘리자와 함께 에든버러로 떠났다. 그것은 아보츠퍼드나 멜로즈의 수도원의 폐허, 스콧 기념비, 아서 왕의 옥좌 등 월터 스콧과 관계된 곳을 돌아보는 여행이었다. 샬럿은 이미 5주 동안 하워스를 떠나 있었으므로, 고향으로 돌아오자 조지 스미스가 패트릭 브론테에게 선물한 리치먼드의 초상화와 샬럿에게 보낸 웰링턴 공작의 초상화 판화가 도착해 있었다. 조지 스미스의 배려를 보고, 엘렌은 그가 샬럿에게 구혼할 것이라고 믿었지만, 샬럿은 극력 부인했다. 명성은 원하지 않는 사람들의 관심뿐 아니라, 참된 우정도 낳았다. 1850년 8월 19일에 그녀는 케이 셔틀워스 저택에 머물기 위해 윈더미어로 가서 개스켈 부인과 만났다. 개스켈 부인은 샬럿의 신체적 결점과 함께 장점에도 주목했다.

말랐고, 나보다 머리 반 이상이나 키가 작았으며, 머리카락은 부드러운 갈색으로, 내 머리카락만큼 검지 않다. 눈(표정이 매우 풍부하며 똑바로 순진하게 상대를 바라보는 눈)은 머리카락과 같은 색깔이며, 얼굴은 발그레하고, 입은 크고, 이가 몇 개 빠져 있었다. 전체적으로 미인이라고는 할 수 없었다. 이마는 네모나고 넓으며 조금 튀어나와 있다. 목소리는 매우 아름다우며, 할 말을 고르느라 조금 머뭇거리기도 하지만, 적절한 말을 찾으면 거침없이 말하며, 정말로 그 상황에 어울리는 말처럼 느껴졌다.

샬럿은 엘리자베스 개스켈에게 마음을 빼앗겨, '그녀와 있을 수 있어서 정말 기뻤습니다. 그녀는 드물게 보이는 재능을 갖춘 여성입니다. 밝고 즐거우며 정중한 태도, 분명 친절하고 착한 마음을 가졌을 것입니다.' 샬럿은 이번 방문으로 풍경화보의 질 나쁜 판화로만 보았던 호수지방의 경치를 모조리 만끽했다. 혼자서 따로 어슬렁거리고 싶었지만, 유명작가를 과시하고 싶은 케이 셔틀워스 부인에게 끌려 다니며 성대한 접대를 받아야 했다.

윈드미어
풍광이 수려한 브라이어 클로즈. 이곳에 제임스 케이 셔틀워스 저택이 있다. 이 저택에서 샬럿
은 엘리자베스 개스켈 부인을 만난다.

  유일하게 살아남은 브론테로서 샬럿은 여동생들의 문학작품과 전기를 관
리하고 검열해야 한다고 생각했다. 나중에 그 점을 들어 그녀를 교묘하게 조
작하는 권력자라고 비판하는 비평가도 있었다. 그러나 스미스 엘더 사가《폭
풍의 언덕》과《아그네스 그레이》의 염가 1권본을 출판할 때, 그녀와 교섭했
다. 샬럿은 '머리말'을 쓸 기회가 생기자, 독단적인 편집으로 여동생의 시
몇 편을 추가했다. 그녀의 씻을 수 없는 상실감과 동생들의 죽음 뒤의 평판
을 지키고 싶다는 굳은 결의 때문이었다. 샬럿의 고독감은 글을 쓰지 못했던
오랜 기간을 어떻게든 극복하며 치유되고 있었다. 마침내 그녀는 다음 작품
《빌레트》의 집필에 착수했다.
  샬럿의 런던 방문은 언제나 목사관의 짓눌린 분위기에서 도망치는 수단이
되었다. 1851년 5월 29일, 그녀는 이제까지보다 가장 바쁘고, 가장 남들 눈
에 띄는 방문을 했다. 18세기 영국인 유머 작가들에 대한 새커리의 강연회
에 참석한 것이다. 새커리는 어머니에게 샬럿을 제인 에어라고 소개하여 샬

럿을 당황하게 했고, 그녀는 그 일에 대하여 새커리에게 불만을 표시했다. 샬럿은 당시 최대의 관광명소였던 런던 대박람회를 방문하여 훌륭한 전시물에 감동했다. 그 외에 인상 깊었던 것은 프랑스 극장에 가서 가장 유명한 여배우 '라셸'을 본 것이었다. 후에 샬럿은 《빌레트》의 인물 와시테로 그녀를 등장시켰다. 샬럿은 자신을 사교계의 유명 부인들의 구경거리로 만들려는 계획은 모조리 거부하고, 조지 스미스와 다양한 곳으로 멀리 다니며 여행하기를 즐겼다. 두 사람은 스트랜드 거리에 있는, 당시 유행했던 골상학자를 찾아갔다. 그는 두개골의 융기나 움푹 팬 곳을 보고 그 사람의 성격을 읽었다. 두 사람은 그 골상학자에게 자신들을 '프레이저 부부'라고 밝혔다. 샬럿의 감정 결과는 신경질적이고, 섬세하고, 우울해지기 쉬우며, 이상이 높고, 시적인 감성을 지니고 있다고 했다. 그녀의 넓은 이마는 사려 깊고, 매우 지적이며, 언어를 사용하는 데 능숙하다는 증거라고 해석했다.

샬럿 브론테의 명성은 그녀에게 다양한 사람들의 배려를 받게 했지만, 그중에는 그녀가 원한 것도 있었지만 대부분 견디기 힘든 것들이었다. 조지 스미스와의 우정은 그녀에게 원기를 북돋워 주었지만, 그로 인해 그녀가 그의 구혼을 기다리고 있는 것이 아닌가라는 억측이 난무했다. 만일 그렇다면 조지 스미스가 1853년 11월에 런던의 와인상인의 딸 엘리자베스 브레이크웨이와 결혼한 것을 그녀가 알았을 때, 그녀의 희망은 불시에 산산조각난 것이 된다.

결혼

아서 벨 니콜스가 샬럿의 인생에 처음으로 등장한 것은, 그가 하워스의 부목사로 임명된 1845년의 일이었다. 니콜스는 브론테 집안의 이야기 중에서 거의 마지막까지도 출신을 알 수 없는 인물이었다. 그가 1819년 1월 북아일랜드의 벨파스트 근교의 가난한 농가의 아들로 태어났다는 출신내력은 패트릭 브론테와도 멀지 않은 인연임을 알려 준다. 그 이유로 니콜스는 숙부의 원조를 받아 더블린의 트리니티 대학(Dublin Trinity College)에서 공부하여 목사의 지위를 받았기 때문이다. 26살에 하워스에 부임해 왔을 당시, 그는 각진 얼굴을 하고 검은색의 머리와 구레나룻을 했으며 키가 크고 성실한 청년이었다. 첫 인상은 근면성실하며 차분했으나, 기회만 된다면 깊은 곳에 숨겨둔 열정을 발휘할 수 있는 사람이라는 것을 알게 된 샬럿은 그에게 흥미를 갖게 되었다. 샬럿이 그에게서 받은 첫 번째 인상은 예배에서 낭독을 잘하는 훌륭한 청년이었다. 니콜스의 가운데 이름인 '벨'이 브론테 자매의 필명 '커러 벨'의 유래가 된 것이 틀림없다. 그는 샬럿의 작품 《셜리》에서 부목사를 묘사한 부분을 읽고는 자기 자신의 모습을 발견하고 겉으로는 모욕당했다고 화를 냈으나, 실은 마음 깊은 곳에서 웃었다는 일화도 있는 것을 보면 니콜스는 유머감각도 갖춘 사람이었다.

커크 스미튼 교회
샬럿에게 구혼했다가 패트릭 브론테의 심한 반대에 부딪친 아서 벨 니콜스는 이 교회로 목사보가 되어 떠나갔다.

니콜스는 하워스에 왔을 때부터 공공연하게 목사관을 방문하였다. 이런 행동은 평소 이웃의 일에 훤할 수밖에 없는 작은 마을에서 '이번에 온 부목사는 목사 댁 맏딸에게 구혼하는 중'이라는 소문을 낳았다. 샬럿은 아마도 마을사람들의 억측 때문에 처음에는 그에 대해 반감을 품었던 것 같다. 엘렌에게 보낸 편지에서 니콜스에 대해서 쓴 글은 한결 같이 무정한 말투였다. 그러나 그는 샬럿의 아버지에게 믿음직스러운 인물이었다. 패트릭 브론테의 건강이 쇠약해져감에 따라 교회구역의 일의 중요한 부분을 그가 담당하기 시작했다. 에밀리 브론테의 장례를 맡아 진행한 것도 니콜스였다. 그는 동생들을 잃은 샬럿의 헤아릴 수 없는 슬픔을 배려해 가며 그녀를 향한 애정을 키웠음이 틀림없다. 그러나 아서 벨 니콜스는 샬럿에게 구혼하는 것을 1852년 12월 13일까지 기다려야만 했다.

샬럿은 그의 강렬한 감정에 깜짝 놀랐다. 그녀는 엘렌에게 보낸 편지에서 당시 니콜스의 모습을 이렇게 적고 있다. '머리꼭대기부터 발끝까지 떨면서 죽은 사람처럼 해쓱한 얼굴을 하고, 목이 메어 낮은 목소리로 말하고 있었어요. 보답받기 힘들 것 같은 상대에게 남성으로서 사랑 고백을 하는 것이 얼마나 대단한 일인지 저는 처음 알았습니다.' 그 이야기를 들은 아버지는 격노하였고 샬럿은 그와 비슷한 정도의 충격을 받았다. '평정을 잃을 정도로 혼란스러웠고 분노를 느꼈습니다.' 니콜스의 프러포즈는 샬럿이 머릿속에 품었던 그의 성격에 대한 선입견을 무너뜨렸다. 이미 이 시점에서 니콜스에 대한 감정은 적의에서 호감으로 차츰 변해 가기 시작한 것이다. 그러나 평소 효심이 지극했던 샬럿은 패트릭의 격렬한 분노에 압도당해 니콜스의 프러포즈를 거절하게 된다. 패트릭 브론테는 니콜스가 프러포즈를 했을 때 자신의 허락을 먼저 구하지 않은 것에 반발했다. 또한 니콜스의 구혼동기가 샬럿이 작가 일로 모은 많은 양의 재산을 노린 것이라고 생각하고는 호되게 꾸짖었다. 그리고 입 밖으로 꺼내지는 않았으나 패트릭은 결혼하면 뒤따르는 임신이란 것을 30대 중반의 허약한 샬럿이 견뎌낼 수 있을지 걱정한 것이 틀림없다. 유일하게 남은 딸을 잃을지도 모른다는 생각에 그는 참을 수가 없었던 것이다.

샬럿은 프러포즈를 거절한 후, 니콜스의 고충이나 아버지의 분노, 그리고 나날이 더해 가는 부목사를 향한 감정적인 대응을 보는 것을 더는 참지 못하고, 1853년에 런던으로 훌쩍 떠나 버린다. 그녀가 돌아왔을 때는 구혼자는 실망으로 가득한 땅을 떠나 오스트레일리아에서 전도사 일을 하려는 생각에 몰두해 있었다. 그러나 결국 니콜스는 전도사의 희망을 접고 다른 부목사 일을 찾았다. 그리하여 1853년 5월 25일 니콜스는 폰티프랙트의 커크 스미튼 교회에서 새로운 일을 찾게 되어 하워스를 떠났으나, 이번에는 샬럿이 니콜스가 없다는 것에 슬픔을 느끼고 그에 대한 대우에 끔찍한 죄책감을 갖게 되었다. 샬럿이 유행성감기에 걸리고 때를 같이해 패트릭은 뇌졸중을 일으켜 시력을 거의 잃고 만다. 그러나 샬럿은 지금까지는 아버지의 바람을 따라 니콜스의 구혼을 거절했지만, 아버지가 니콜스에 대하여 계속 잔혹하게 행동했다고 분명하게 잘라 말했다. 샬럿이 니콜스를 편견을 갖고 바라봤을 때 나왔을 결과를 패트릭이 무의식중에 이끌어 낸 것이었다. 샬럿은 자신의 작품 속에 고민하는 연인으로 그렸던 니콜스를 보게 된 셈이었다. 니콜스의 구혼 사건을 둘러싼 샬럿의 우울한 감정은 벗인 엘렌이 니콜스에 대한 반감을 비치자 차츰 더 악화되어 갔다. 분명 엘렌은 절친한 벗 샬럿의 사랑을 받는 남성을 질투한 것이리라. 또한 조지 스미스의 약혼을 알게 된 것도 두말 할 것 없이 그녀의 기분을 더욱더 어둡게 했다. 아버지와도, 죽마고우와도 그리고 존경하는 출판인과도 마음이 멀어진 그녀는 고독하기만 했다.

1853년 9월 19일, 엘리자베스 개스켈이 하워스를 방문하여 잠시 머물렀다. 샬럿은 그녀에게 니콜스의 구혼과 아버지가 니콜스에게 적의를 품고 있다는 이야기를 모두 털어 놓았다. 개스켈 부인이 샬럿과 그녀의 아버지를 만났을 때, 때마침 두 사람의 관계가 최악의 상황이었다는 것 때문에 개스켈 부인이 《샬럿 브론테의 생애》 안에서 패트릭을 엄격하고 융통성 없는 인물로 묘사하게 되었고, 이런 묘사는 브론테 집안에 관한 여러 기록에 영향을 주게 된다. 개스켈 부인은 두 사람 사이에서 샬럿과 부목사의 결혼을 성사시키기 위해 뭔가를 해야겠다고 생각했다. 개스켈 부인은 문학작품 수집가이자 샬럿의 작품을 호평하기도 한 벗 리처드 몽크턴 밀네스에게 편지를 써 그가 관계하고 있는 여러 복지기금으로부터 아서 니콜스가 연금을 받을 수 있도록 하는 동시에, 둘이 결혼할 수 있도록 어떻게든 도울 일은 없겠느냐며 물었다. 그리고 그 제안은 실현되었다. 니콜스는 이런 은혜가 어찌하여 자신에게까지 왔는지를 전혀 짐작하지 못해 곤혹스러워했다.

1854년 초, 니콜스는 옥스퍼드의 부목사인 그랜트의 곁에 머물며 어떻게든 샬럿과 만나 즐거워하는 것이 가능해졌다. 그러나 샬럿은 처음에는 이 일을 아버지에게 숨겼다. 그러나 마지막에는 아버지를 속이는 것이 싫어서 니콜스와 만난다는 것을 고백하고 당당하게 만날 수 있도록 허가를 받고자했다. 패트릭 브론테는 허락할 수밖에 없었다. 그리하여 1854년 4월, 니콜스는 목사관에서 일 주일 동안 지낸 뒤, 다시 한 번 구혼하게 된다. 이번에는 제의가 받아들여지고, 패트릭은 딸과 따로 떨어지지 않고 같이 살 수 있도록 니콜스가 목사관에 살고 다시 부목사로서 일하는 것을 조건으로 결혼을 허락했다. 곧이어 약혼이 발표되고 샬럿은 벗들에게 이 일을 편지로 알렸다. 그러나 그 편지는 매우 가라앉은 분위기로 쓰여 있어, 결혼의 기대가 그다지 크지 않았다는 것을 보여 준다. 이 결혼이 제인 에어와 로체스터 같은 연애 결혼과는 다르다는 것을 그녀 자신이 잘 알고 있었다. 주체할 수 없는 정열에 대한 책으로 부와 명성을 얻은 소설가의 주의 깊은 사적인 소망은 걱정과 두려움이 뒤섞이고 있었다.

결혼식 준비는 금세 갖추어졌다. 1854년 5월 22일, 니콜스는 부부재산계약을 주고받기 위해 목사관으로 왔다. 기혼부인재산법이 성립하기 전에는 결혼 전 여성의 재산은 결혼한 후에도 자신의 것이라는 법적인 동의서를 만들어 놓지 않는 한 자동적으로 남편의 것이 되어 버렸기 때문에, 당시에는 부부재산계약을 하는 것이 일반적인 일이었다. 샬럿의 재산은 작가로 벌어들인 보수와 철도주식을 합하여 모두 1678파운드 9실링 9펜스였다. 주고받은 동의서에 의해 만일 그녀가 자식 없이 니콜스보다 먼저 사망했을 경우, 그녀의 재산은 남편이 아니라 아버지에게 양도하는 것으로 확인되었다. 장차 인생에서 그녀는 자신의 수입을 '자신만의, 남편과는 다른 이용목적을 위해' 충당하게 되는 것으로, 니콜스는 그녀의 유언으로부터 제외된 것이다.

결혼식은 매우 검소하게 치러졌다. 6월 29일 하워스의 세인트 미카엘 앤드 올 앤젤스 교회에서 서트클리프 사우든 목사의 진행으로 결혼식을 올렸다. 패트릭은 참석하지 않았기 때문에 샬럿의 옛 스승인 울러 부인이 신부를 신랑에게 인도하고 엘렌이 신부의 들러리를 섰다. 아침 8시 이 작은 모임은 예식을 위해 교회로 향했다. 샬럿은 녹색 자수를 놓은 수수한 흰색 모슬린 드레스에, 레이스 망토, 레이스와 꽃으로 가장자리를 꾸민 흰색 보닛(차양이 크고 끈이 달린 여성용 모자)을 썼다. 그 모습을 본 사람들은 샬럿이 마치 아네모네와 같았다고 전했다. 목사관에서 결혼식을 올린 뒤에 회식을 마친 니콜스 부부는 더블린 행 정기 증기선에 타기 위해 북웨일즈로 출발하여 더블린에서 이틀간 관광을 하며 보냈다. 그 뒤 니콜스의 고향인 바나거에 이른 샬럿은 니콜스의 생가가 커다란 저택을 소유한 훌륭한 집안으로 비천한 출신이 아니었다는 것을 알게 되고는 매우 만족해하였다. 샬럿이 아일랜드의 서쪽 해안에서 보낸 편지가 몇 통인가 남아 있는데, 모두 신혼여행에서의 행복이 생생하게 전해지는 것뿐이다. 코크에서는 말에서 떨어지는 사건도 있었지만 여행의 즐거운 분위기를 망치지는 못했다. 그러나 신혼부부는 북아일랜드에 사는 패트릭 브론테 일족 그 누구도 만나러 가지는 않았다.

두 사람은 8월 1일 여행에서 돌아왔다. 샬럿은 지금까지 한 가지 일만 생각하면 되는 단순한 생활을 접은 후 결혼했기 때문에 복잡한 일에 난처할 때가 때때로 있었으나, 그녀의 편지에는 새롭게 찾은 행복에 대해 계속 쓰여 있었다. 실제로도 샬럿은 갓 결혼한 여성이 일상생활에서 느끼는 커다란 기뺨을 누렸다. 니콜스는 평소 아내의 사생활을 존중하고 자신의 사생활도 지켰다. 샬럿은 그 때문에 남편이 그녀가 쓴 편지를 처리하고 싶어한다는 이야기를 엘렌에게 하였고, 이 이야기를 들은 엘렌은 깜짝 놀랐다. 결국 샬럿은 남편에게 그러겠노라 약속은 하였으나 결국 편지를 처분하지 않았다. 그 해가 저물어 브런웰과 에밀리의 기일(忌日)이 가까워질 무렵 샬럿은 생애 처음으로 온화한 기분이 되어 기일을 맞이할 준비가 되어 있었다. 그리고 샬럿의 인생에 또 하나의 커다란 변화가 찾아왔다. 그녀가 작품을 쓰는 것을 그만둔 것이다. 샬럿이 마지막으로 쓴 것은 그녀의 다섯 번째 작품이 될 예정이었던 《에마》의 첫머리 부분이었다.

샬럿 브론테는 결혼할 것이라고는 생각하지 않은 데다 결혼생활을 감싸는 사랑과 교제라는 혜택을 누릴 수 있을 거라고는 상상조차 하지 못했다. 그러나 행복한 결혼생활도 오래가지는 않았다. 1855년 1월 샬럿은 감기에 걸리고는 낫지 못한 것이다. 또한 임신 초기 단계이기도 했기 때문에 심한 입덧에 괴로워했다.

달이 끝나갈 무렵에는 누워서 생활하는 처지가 되어, 의사를 불러야만 했다. 계속되는 구토로 체력이 급격하게 약해지자 2월 17일에 샬럿은 유언장을 작성하게 된다. 유언장 안에서 결혼할 때 작성했던 재산 계약 내용을 완전히 바꾸어 사랑하는 남편 니콜스에게 모두 남기도록 했다. 그 유언장 안에는 아버지에게 남기는 것은 아무것도 없었다. 니콜스가 아버지를 보살피고 있다는 것을 이미 알고 있었기 때문이다. 누구보다 열심히 편지를 써 나갔던 한 여성이, 인생의 막을 내리는 순간에 남긴 것은 연필로 희미하게 쓴 메모였다. 1855년 3월 31일 이른 아침, 39살 생일을 3주 앞두고 샬럿 브론테는 뱃속의 아이와 함께 숨을 거두었다.

그 뒤 이야기

샬럿이 죽은 뒤, 곧바로 그녀의 생애에 대한 의심스러운 관측기사가 잡지 등에 실려 떠들썩해졌다. 패트릭 브론테는 엘렌 너시의 제안을 받아들여, 엘리자베스 개스켈 부인에게 샬럿의 생애를 있는 그대로 정확하게 전해 줄 전기를 써달라고 의뢰했다. 샬럿의 남편과 부친은 서로 샬럿의 생애에 대한 사람들의 강렬한 호기심에 불안해했고, 항상 아내의 평판을 지키기 위해 온 힘을 다한 아서 니콜스의 경우엔 특히 더 불안해했다. 그러나 브론테 신화라는 거대한 톱니바퀴는 이미 움직이기 시작한 것이었다.

개스켈 부인은 정력적이며 강력한 의지를 갖고 맹렬한 속도로 쓰기 시작했다. 그녀는 찾아낼 수 있는 한, 벗과 지인의 협력을 받아내었고, 특히 지금은 샬럿의 모든 생애에 대한 정보의 출처라는 본디의 특색을 발휘하고 있는 엘렌 너시를 많이 의지했다. 엘렌은 니콜스가 처분되었다고 믿고 있던 300통 이상의 편지 중 익명으로 두는 것이 낫다고 생각되는 인물의 이름을 급하게 지우고 개스켈 부인에게 넘겼다. 울러 부인, 조지 스미스, W.S. 윌리엄스, 학창 시절 옛 벗, 예전에 브론테 집안에 고용되었던 사람들, 소문을 좋아하는 마을사람들—이들 모두가 편지나 추억을 밝혀내기 위해 집요하게 파고드는 질문을 피할 수 없었다. 뉴질랜드에 거주하는 메리 테일러에게도 연락을 취했지만 그녀는 샬럿의 편지를 이미 모두 파기해 버린 뒤였다. 케이 셔틀워스는 한달음에 달려와 개스켈 부인의 자료수집 보좌역을 맡는 등 편지나 원고를 고르는 작업진행을 도왔다.

이리하여 샬럿이 세상을 떠난 지 2년도 채 지나지 않은 1857년, 엘리자베스 개스켈 부인의 《샬럿 브론테의 생애》가 출판되었다. 이 평전 안에는 부친과 남편이 삼가주었으면 좋겠다고 바랐을지도 모르는 부분까지 모두 활자화되었다. 개스켈 부인은 샬럿 브론테를 신성화하는 여러 가지 일화를 써, 그녀를 비참한 처지의 순교자로 만들었다. 이로 인해 지금까지 이어져오는 브론테 전기의 한 갈래가 탄생했다. 지적이고 독립적인 정신의 소유자로 여동생들을 이끄는 언니인 동시에 냉소로 가득한 평론가라는 샬럿의 인상은, 비극적인 인생의 불행한 희생자라는 인상 속으로 묻혀 버렸다.

그 후 열혈 독자들이 하워스 마을에 오는 일이 잦아지자 브론테 관광여행이 생겼다. 이 여행은 돈을 내고 브론테의 추억을 나누어 갖고, 브론테의 유품을 보여 주려고 기다리는 마을사람들을 만나기 위해 생긴 형식이었다. 같은 해 샬럿의 첫 번째 소설 《교수》가 출판되었으나 훨씬 흥미를 끈 그녀 자신의 삶의 이야기에 묻혔다.

1861년 6월 7일, 패트릭 브론테가 84살의 나이로 세상을 떠났다. 자식이 모두 죽고 나서도 훨씬 뒤였다. 아서 니콜스는 패트릭의 마지막 몇 년 동안 충직하게 장인을 간병하며 묵묵하고 성실하게 부목사의 의무를 해냈으나,

목사직은 얻지 못하고 아일랜드로 돌아갔다. 그는 샬럿의 개인 유품과 작품을 기념품 수집가의 손에서 지키기 위해 될 수 있는 대로 많이 가져갔고, 남은 것은 목사관의 자선 판매에 내놓았다. 니콜스는 후에 88세까지 살았으나, 브론테 유품 관리인으로서의 역할을 40년 이상 조용히 수행했다.

《제인 에어》의 초판이 출판된 뒤로 150년이 지났지만, 백만을 넘는 사람들이 문학에 큰 영향을 준 작품의 원고를 보려고 대영박물관과 대영도서관을 찾았다. 어떤 종류의 전기를 믿든, 백만을 넘는 사람들이 하워스 목사관을 방문해 샬럿이 생애를 보냈던 장소를 보고 갔다. 《제인 에어》는 1944년 오슨 웰즈(George Orson Wells) 감독의 헐리웃 영화부터 1996년의 제피렐리 감독의 소극적인 해석까지, 세월이 흘러도 계속 리메이크되는 영화로 인해 많은 사람들에게 알려졌다. 그러나 그 중에서도 중요한 것은, 영국 문학의 가장 위대한 작가의 한 사람인 샬럿 브론테의 강력하고 매혹적인 소설이 계속 새로운 세대의 독자를 즐겁게 하고, 그 매력에 이끌려 끊임없이 읽게 되리라는 점이다.

샬럿 브론테 연보

1816년 4월 21일	샬럿 브론테, 요크셔의 브래드퍼드 손턴에서 태어남.
1817년 6월 26일	패트릭 브런웰 브론테 태어남.
1818년 7월 30일	에밀리 제인 브론테 태어남.
1820년 1월 17일	앤 브론테 태어남.
1820년	브론테 집안, 하워스로 이사.
1821년	어머니 죽다. 이모 엘리자베스 브런웰이 조카들을 돌보기 위해 오다.
1824~1825년	코완 브리지 기숙학교에 다님.
1825년	맏딸 마리아, 둘째딸 엘리자베스 죽다.
1829~1830년	키슬리의 존 브래들리에게 그림수업을 받음.
1831~1832년	샬럿, 로헤드에 있는 미스 울러의 학교에 다님.
1834년	샬럿의 그림이 리즈의 전람회에 전시됨.
1835~1838년	샬럿, 미스 울러의 학교에 교사로 부임.
1837년	로버트 사우디와 편지 왕래.
1839년 5~7월	샬럿, 로더스데일 스톤갭의 시지윅 집안의 가정교사로 일함.
1841년 3~12월	샬럿, 로든 어퍼우드하우스의 화이트 집안에서 가정교사로 일함.
1842년 2~11월	샬럿, 에밀리와 함께 브뤼셀에 있는 에제 기숙학교에 들어감.
	엘리자베스 브런웰의 사망으로 귀국.
1843~1844년	샬럿, 두 번째로 브뤼셀에서 지냄.
1846년 2월	샬럿, 《커러, 엘리스, 액튼 벨의 시집》의 원고를 에일럿 앤드 존스 사에 보냄.

1846년 5월	《커러, 엘리스, 액튼 벨의 시집》 출판.
1846년 6월 27일	샬럿, 《교수》 탈고.
1846년 8~9월	샬럿, 패트릭의 백내장 수술을 위해 맨체스터에 감. 《제인 에어》를 쓰기 시작함.
1847년 7월	앤의 《아그네스 그레이》와 에밀리의 《폭풍의 언덕》이 출판자 토머스 코틀리 뉴비에게 받아들여지지만, 샬럿의 《교수》는 거절당함.
1847년 10월 19일	스미스 엘더 사에서 《제인 에어》가 출판되어 호평을 받음.
1847년 12월	《아그네스 그레이》와 《폭풍의 언덕》 출판.
1848년 7월 7일	샬럿과 앤, 벨이라는 이름의 작가는 한 명이 아님을 증명하기 위해 런던으로 향함.
1848년 9월 24일	남동생 브런웰 브론테, 31세로 사망.
1848년 12월 19일	여동생 에밀리 브론테, 30세로 사망.
1849년 5월 28일	막내 여동생 앤 브론테, 스카버러에서 29세로 사망.
1849년 10월 26일	《셜리》, 스미스 엘더 사에서 출판.
1849년 11월 29일	샬럿, 유명작가가 되어 런던을 방문, 새커리를 만남.
1850년 5월 30일	샬럿, 런던 방문.
1850년 8월 19일	샬럿, 윈더미어를 방문해 엘리자베스 개스켈과 만남.
1850년 12월 10일	샬럿, 《아그네스 그레이》와 《폭풍의 언덕》의 1권에 머리말로 동생들의 일을 엮은 〈약전(略傳)〉을 덧붙임.
1851년 5월 28일	샬럿, 런던 방문.
1853년 1월 28일	《빌레트》 출판.
1853년 4월 22일	샬럿, 맨체스터의 엘리자베스 개스켈 집에 머무름.
1853년 9월 19일	엘리자베스 개스켈, 하워스의 샬럿을 방문함.
1854년 6월 29일	샬럿, 아서 벨 니콜스와 결혼.
1855년 3월 31일	샬럿 브론테, 38세로 세상을 떠남.
1857년 3월 25일	엘리자베스 개스켈, 《샬럿 브론테의 생애》 펴냄.
1857년 6월 6일	《교수》 출판.
1861년 6월 7일	아버지(패트릭 브론테), 84세로 세상을 떠남.

옮긴이 박순녀(朴順女)

서울대학교 사범대학 영어교육과 졸업. 조선일보 신춘문예〈케이스워카〉당선 이어《아
이 러브 유》《로렐라이의 기억》《어떤 파리》《마리아의 간통》등 많은 작품을 발표. 현
대문학상 수상. 옮긴책 나보코프《롤리타》피츠제럴드《위대한 개츠비》E. 브론테《폭풍
의 언덕》크리스티《ABC 살인사건》《잠자는 살인》가드너《비로드의 손톱》등이 있다.

World Book
106

Charlotte Brontë

JANE EYRE

제인 에어

C. 브론테/박순녀 옮김

1판 1쇄 발행/1987. 7. 1

2판 1쇄 발행/2009. 8. 1

발행인 고정일

발행처 동서문화사

창업 1956. 12. 12. 등록 16-3799(윤)

서울강남구신사동540-22 ☎546-0331~6 (FAX) 545-0331

www.epascal.co.kr

*

사업자등록번호 211-87-75330

ISBN 978-89-497-0532-3 04080

ISBN 978-89-497-0382-4 (세트)